SOMMAIRE DE LA BIBLIOTHÈQUE

DE LA SCIENCE SOCIALE

AU 1er JANVIER 1878

La Bibliothèque de *la science sociale* a pour point de départ *les Ouvriers européens,* c'est-à-dire, les études faites en Europe, puis continuées dans les autres contrées, selon la méthode d'observation dite des *monographies de familles;* elle aura pour conclusion une *Synthèse sociale.* Chacun des ouvrages intermédiaires s'appuie sur des faits exposés dans les ouvrages antérieurement publiés. Tous ces ouvrages ont entre eux des liens intimes. On peut donc souvent abréger l'exposé spécial à l'un d'eux en renvoyant le lecteur aux autres. Ces renvois sont indiqués par des chiffres précédés de deux lettres caractéristiques. Celles-ci sont marquées ci-dessous en regard de chaque ouvrage. Voir, en outre, ci-après les indications, sur les renvois, données au verso des trois titres : *Introduction, L'organisation des familles, Épilogue.*

TITRES DES OUVRAGES	Dates des éditions extrêmes.	Signes de renvoi.
Les Ouvriers européens	1855-1878	OE
Les Ouvriers des Deux Mondes	1858-1875	OM
La Réforme sociale	1864-1874	RS
L'Organisation du travail	1870-1871	OT
L'Organisation de la famille	1870-1875	OF
La Paix sociale après le désastre (1871)	1871-1876	PS
La Correspondance sur les Unions	1872-1876	CU
La Constitution de l'Angleterre	1875	CA
La Réforme en Europe et le Salut en France	1876	RE

LES

OUVRIERS EUROPÉENS

ÉTUDES

SUR LES TRAVAUX, LA VIE DOMESTIQUE
ET LA CONDITION MORALE DES POPULATIONS OUVRIÈRES
DE L'EUROPE

D'APRÈS LES FAITS OBSERVÉS DE 1829 A 1855

avec des épilogues indiquant les changements survenus depuis 1855

DEUXIÈME ÉDITION EN SIX TOMES

SOMMAIRE

DES OUVRIERS EUROPÉENS

Tome Ier. La Méthode d'observation. — Tome II. Les ouvriers de l'Orient. — Tome III. Les ouvriers du Nord. — Tome IV. Les ouvriers de l'Occident (populations stables). — Tome V. Les ouvriers de l'Occident (populations ébranlées). — Tome VI. Les ouvriers de l'Occident (populations désorganisées).

(Chacun des 6 tomes est un tout complet qui peut être employé sans recours nécessaire aux 5 autres).

ÉPIGRAPHE

« Il s'informait avec soin de la valeur des terres, de ce qu'elles « rapportaient, de la manière de les cultiver, des facultés des paysans, « de ce qui faisait leur nourriture ordinaire, de ce que leur pouvait valoir « en un jour le travail de leurs mains ; détails méprisables et abjects en « apparence, et qui appartiennent cependant au grand art de gouverner. »

(FONTENELLE, *Éloge de Vauban.*)

LES OUVRIERS EUROPÉENS

(2e ÉDITION)

TOME SIXIÈME

LES OUVRIERS

DE L'OCCIDENT

IIIme SÉRIE — POPULATIONS DÉSORGANISÉES

ÉGARÉES PAR LA NOUVEAUTÉ, MÉPRISANT LA TRADITION

RÉVOLTÉES CONTRE LE DÉCALOGUE ET L'AUTORITÉ PATERNELLE

EMPÊCHÉES PAR LA DÉSORGANISATION DU TRAVAIL ET DE LA PROPRIÉTÉ

DE SUPPLÉER A LA SUPPRESSION DES PRODUCTIONS SPONTANÉES

PAR

F. LE PLAY

Ancien Conseiller d'État, ancien Sénateur, Inspecteur général des Mines.
Commissaire général (1855-1862-1867)
aux Expositions Universelles de Paris et de Londres.

TOURS

ALFRED MAME ET FILS, LIBRAIRES-ÉDITEURS

PARIS, DENTU, LIBRAIRE
PALAIS-ROYAL, 19, GALERIE D'ORLÉANS

M DCCC LXXVIII

SOMMAIRE

DU TOME SIXIÈME.

Introduction touchant la constitution sociale des races désorganisées de l'Occident. — *L'organisation des familles* décrite, en neuf chapitres, sous forme de monographies. — *Précis méthodique et alphabétique* touchant l'organisation des familles et la constitution sociale des races de l'Occident (IIIme série. — Populations désorganisées).

Épilogue de 1878. — *Table analytique* des matières.

INTRODUCTION

TOUCHANT

LA CONSTITUTION SOCIALE

DES RACES DE L'OCCIDENT

IIIme SÉRIE — POPULATIONS DÉSORGANISÉES

Des localités où les classes dirigeantes se révoltent contre le Décalogue,

D'APRÈS LES FAITS OBSERVÉS, DE 1829 A 1855.

Pour la 1re édition (in-folio) des *Ouvriers européens*.

SOMMAIRE

DE L'INTRODUCTION

---

§ 1er. L'erreur qui confond, sous une même loi fatale, la mort des individus et la ruine des sociétés. — § 2. Comment les deux sortes de familles stables se constituent par la pratique du Décalogue et la soumission à l'autorité paternelle; comment elles se perpétuent dans les localités où abondent les deux grandes productions spontanées. — § 3. Comment les familles stables, dont l'existence simple repose sur les deux grandes productions spontanées, constituent des sociétés prospères peu accessibles à la désorganisation. — § 4. Comment les sociétés stables, à existence simple, se compliquent, se fortifient et prospèrent momentanément, en organisant les travaux de l'agriculture, des mines, des forêts, du commerce et des manufactures. — § 5. Comment les sociétés, après s'être fortifiées par la complication de leur existence, s'affaiblissent, s'ébranlent et se désorganisent, en abusant de la richesse, de la science et du pouvoir, développés par la prospérité. — § 6. L'abus de la richesse. — § 7. L'abus de la science. — § 8. L'abus du pouvoir.

Exemple
des signes de renvoi au § 3 de l'Introduction,
employés :

dans le texte même de cette Introduction et dans

le Précis de ce volume . . . . 3.

— l'Épilogue de ce volume . . . . In. 3.

— les 5 autres volumes des *Ouvriers européens* . . . VI, In. 3.

— les autres ouvrages de la Bibliothèque . . . . OE, VI, In. 3.

LA

CONSTITUTION SOCIALE

DES RACES DÉSORGANISÉES DE L'OCCIDENT

---

§ 1.

L'ERREUR QUI CONFOND, SOUS UNE MÊME LOI FATALE, LA MORT DES INDIVIDUS ET LA RUINE DES SOCIÉTÉS.

Ce volume achève l'exposé des faits qui établissent le contraste signalé, dès le début de cet ouvrage, entre les régions extrêmes de l'Europe (II, In. 1). Il complète également l'explication de la supériorité que l'Orient et le Nord, comparés à l'Occident, possèdent en ce qui touche le bien-être des populations. Beaucoup de familles excellentes, et, en première ligne, celles des pasteurs (IV, IX; V, II, 17) et celles des pêcheurs-côtiers, conservent à l'Occident les éléments de paix et de stabilité qui sont plus spéciaux aux régions opposées; mais, à mesure qu'on se rapproche de l'Atlantique, on voit ces précieux éléments disparaître, pour ainsi dire, au milieu de familles adonnées à d'autres métiers et marchant d'un pas rapide vers un état inouï de désorganisation qui est déjà caractéristique pour certaines localités. Le meilleur moyen de compléter sommairement la description des constitutions sociales de l'Occident est de montrer comment s'opère sur le Continent cette transition de la prospérité à la souffrance.

Toutefois, avant d'entrer en matière, je crois utile de réfuter une erreur très-répandue. Je vais montrer que la maladie de l'Occident n'aboutit pas fatalement à la ruine et que l'expérience indique, au contraire, les moyens de guérison.

La désorganisation que le présent volume signale dans plusieurs localités de l'Occident n'est pas le terme extrême de la décadence des races humaines. Chez la plupart des grandes nations de l'antiquité, ce fléau a été développé au point de détruire en elles tout principe de vie. Ces nations ont abandonné peu à peu les idées, les mœurs et les institutions qui avaient fait leur grandeur; et elles ont disparu de la scène du monde. Les unes se sont violemment détruites par les discordes intestines; les autres, minées intérieurement par la corruption, se sont fondues au milieu de conquérants énergiques. Ainsi certaines sociétés restent complétement inconnues des historiens, bien que les restes de leurs habitations fournissent la preuve de leur existence. D'autres, dont le nom est conservé par histoire, n'ont laissé, ni un vestige sur le sol qu'elles occupaient, ni un souvenir dans la mémoire des hommes qui habitent aujourd'hui le même sol.

La décadence, complétée par la ruine, est un des traits fréquents de l'histoire. On a dit souvent qu'elle était la fin inévitable vers laquelle s'acheminent toutes les nations, après deux époques successives de développement et de prospérité. A ce point de vue, on assimile les sociétés humaines aux existences individuelles : on admet que les unes et les autres sont fatalement destinées, par leur organisation même, à naître, à s'élever et à mourir.

Un langage spécial est même inventé pour la propagation de cette erreur grossière. On distingue les nations contemporaines en deux classes : les « jeunes » et les

« vieilles » ; et les inventeurs de systèmes historiques s'appuient sur ce classement pour prédire des chutes prochaines. Les politiques, à leur tour, exploitent à leur profit cette fausse science : ils y trouvent un nouveau prétexte pour entreprendre des guerres injustes. Ce fatalisme historique est adopté de bonne foi par les « écoles humanitaires » ; et parfois, sous leur influence, les politiques font emploi des armées pour servir la cause de la « civilisation » et pour hâter l'exécution des arrêts du destin.

La croyance à la mort fatale des nations vieillies est l'une des nouveautés dangereuses dans lesquelles se complaît aujourd'hui cette classe de faux savants qui se fait gloire d'échapper au joug des vérités traditionnelles de l'humanité. Elle est particulièrement funeste à un peuple qui se désorganise ; elle décourage, en effet, les hommes qui, sous une inspiration plus juste, auraient le pouvoir de le ramener au bien. Heureusement cette erreur est réfutée sous nos yeux par la nature même des sociétés et par l'exemple de l'une des plus anciennes. L'individu voué à une mort prochaine par la rapide destruction de ses organes ne peut être, en ce qui touche la durée de l'existence, assimilé aux familles stables, dont les éléments restent dans un état permanent d'équilibre. Encore moins peut-il être comparé à une société composée de familles stables (II et III). Ces familles ont en elles-mêmes les conditions d'une durée indéfinie. Réparties sur un grand territoire, elles se garantissent mutuellement contre les causes accidentelles de souffrance ou de ruine que déchaînent les révolutions du sol et les désordres de l'atmosphère. Ces conditions sont réunies, par exemple, chez l'une des plus vieilles races de l'Orient ; et elles excitent l'admiration de tous les observateurs qui étudient cette race dans ses foyers domestiques et ses ateliers de travail.

Les Chinois ruraux, en effet, n'ont pas cessé de prospérer et de grandir malgré la corruption cantonnée dans les agglomérations urbaines. Ils conservent la constitution sociale que les cent patriarches, issus des fils de Noé, fondèrent il y a 42 siècles. Cette constitution est restée aussi stable que sous les premiers empereurs, parce qu'elle repose encore sur les deux fondements éternels de toute société : la croyance en un Dieu unique et la soumission à l'autorité paternelle. Ils sont maintenant au nombre de 350 millions : ils débordent sur le monde entier avec tous les caractères sociaux de la jeunesse. Ces caractères sont évidents partout où les Chinois sont en contact avec les Européens : en Australie comme en Amérique, ces derniers apparaissent comme la race vieillie.

Ces caractères de la vieillesse se développent rapidement sous nos yeux chez les Européens accumulés sur les deux rivages opposés de l'Atlantique. Ils se manifestent surtout par les abus de la richesse, de la science et du pouvoir. L'origine du mal est surtout l'orgueil qui porte les lettrés à nier Dieu et sa loi. Parmi les résultats de ce principe de ruine figurent au premier rang : chez les nations, les fléaux amenés par les guerres injustes; dans les ateliers de travail, les discordes intestines provoquées par les maîtres qui ne pratiquent point, envers leurs ouvriers, les devoirs imposés par le IVe commandement; dans les foyers domestiques enfin, la désorganisation, due aux enfants révoltés contre l'autorité paternelle. Le mot « vieillesse », que nous appliquons si volontiers aux races de l'Orient, serait donc moins inexact s'il était employé pour peindre notre constitution sociale. Au fond, il ne convient à aucun peuple. Nous sommes envahis par la pire maladie sociale; mais nous pouvons toujours nous guérir en recourant au vrai remède. Nous ne sommes pas vieux : nous sommes corrompus. Telle est, en particulier, la situation de la France. L'erreur et le vice nous ont enlevé, avec la fécondité de la race, la principale apparence de la jeunesse. Toutefois, pour rajeunir, nous avons un procédé infaillible : c'est de revenir, par un effort persévérant, à la vérité et à la vertu.

Nous devons commencer promptement cet effort, si nous voulons échapper à la ruine qui nous menace. Il semble même que cette nécessité est déjà imposée par la prudence à ceux de nos voisins qui, pendant que nous déclinons, grandissent encore en richesse, en science et en pouvoir. C'est ce que démontrent les faits coordonnés dans les cinq derniers volumes de cet ouvrage. Il faut étudier ces faits dans leurs moindres détails pour nous soustraire à l'action des idées fausses qui nous sont inoculées, depuis un siècle, par la corruption des mœurs et surtout par les discordes nationales, politiques ou religieuses. Assurément l'étude directe des sociétés européennes est difficile ; et elle reste telle, même avec les facilités que donnent aujourd'hui les voies nouvelles de communication. La simple lecture de mes six volumes ne sera pas même abordée spontanément par beaucoup de personnes qui les acquerront pour compléter leur bibliothèque. Je voudrais conquérir peu à peu cette classe de lecteurs, sans leur imposer immédiatement un effort trop pénible. Dans ce but, j'ose leur donner d'abord un premier conseil : c'est de consacrer, de loin en loin, quelques instants à user de ce livre comme d'un dictionnaire. Ce conseil est particulièrement applicable au présent volume. Les journaux, qui deviennent de plus en plus la nourriture habituelle de l'esprit, ont souvent à s'occuper des souffrances de l'Occident ; mais leurs récits laissent souvent désirer un complément d'informations. On se procurera parfois aisément ce genre de renseignements en consultant le Précis alphabétique qui, lui-même, renverra le lecteur à certains passages du volume.

La connaissance des maux qui désolent l'Occident et des remèdes qui peuvent le guérir figure parmi les informations les plus utiles. De nombreux détails sont donnés à ce sujet dans les monographies de familles publiées dans ce volume. L'usage habituel du Précis alphabétique apprendra bientôt au lecteur le moyen d'arriver directement aux passages où sont données ces sortes de renseignements.

L'Introduction et l'Épilogue joints à chaque volume offrent, en général, une lecture plus facile que celle des monographies. J'y ai souvent groupé dans une forme sommaire la réponse à beaucoup de questions qui préoccupent aujourd'hui l'attention publique. C'est ainsi que dans les sept paragraphes suivants, j'indique comment tant de races, après avoir conquis la prospérité, tombent aujourd'hui dans la souffrance. J'explique notamment comment les familles stables se constituent; comment les peuples prospèrent; comment ils se corrompent et souffrent par la prospérité même; comment enfin ils échappent à la ruine en se réformant.

§ 2.

COMMENT LES DEUX SORTES DE FAMILLES STABLES SE CONSTITUENT PAR LA PRATIQUE DU DÉCALOGUE ET LA SOUMISSION A L'AUTORITÉ PATERNELLE; COMMENT ELLES SE PERPÉTUENT DANS LES LOCALITÉS OÙ ABONDENT LES DEUX GRANDES PRODUCTIONS SPONTANÉES.

Les herbes des steppes et les poissons des rivages maritimes se classent au premier rang parmi les productions spontanées du sol et des eaux. Ces deux grandes ressources procurent aux populations, avec la moindre somme de travail, la subsistance la plus permanente. Elles abondent particulièrement en Europe; et elles ont contribué, dès les premiers âges, à constituer les deux sortes de races d'où sont sorties, en s'agglomérant sur place ou en émigrant vers d'autres régions, les sociétés les plus stables.

Les steppes sont des plaines ou des plateaux plus ou moins élevés, où les herbes croissent en abondance, à l'exclusion des arbres. Elles sont éminemment propres à la multiplication des grands animaux herbivores qui eux-mêmes, par leur lait, leur chair, leurs peaux et leurs toisons, fournissent les matières les plus utiles à la subsistance de l'homme. Ces produits donnent, en effet, tous les éléments d'une nourriture propre au développement complet du corps humain. Elles offrent, en outre, les matériaux au moyen desquels on fabrique le vêtement et l'habitation qui, sous le climat des steppes, constituent des abris indispensables à l'existence d'une race d'hommes. C'est sur les steppes que les races humaines s'établissent partout le plus aisément.

Les populations des steppes ont pour caractère principal la mobilité des habitations et certaines habitudes qui en dérivent. Elles réunissent en troupeaux les animaux sociables, enclins à subir la domination de l'homme. Chaque propriétaire s'attribue la portion de steppe qui correspond à l'importance du troupeau nécessaire à sa famille. Pour assurer sa propre subsistance, chaque famille se transporte successivement sur tous les points de son pâturage, à mesure que s'épuisent les herbes de chaque station; et c'est ainsi qu'une impérieuse nécessité impose à la race entière la vie demi-nomade et pastorale.

Ordinairement, plusieurs familles, conformément à de

vieilles coutumes, participent à la propriété d'un pâturage et le parcourent en commun avec leurs troupeaux. Elles constituent ainsi des circonscriptions locales, nommées douars en Algérie, plus tranchées que ne sont les communes de la vie sédentaire et agricole. Néanmoins, comme chez ces dernières, la famille nomade forme une unité marquée par certains traits spéciaux qui se reproduisent chez tous les nomades, et qui restent longtemps visibles chez les agriculteurs constitués peu à peu par le défrichement du sol. Plusieurs tendances se réunissent pour organiser la famille des pasteurs et pour déterminer la forme des essaims qui en sortent sous les régimes de fécondité. Le père est porté, par deux sentiments très-énergiques, à conserver près de lui chaque fils marié et à associer le jeune ménage à l'exploitation de son troupeau : le premier mobile est l'amour paternel qui voit une calamité domestique dans la séparation d'existences qui avaient été intimement unies ; le second, plus impérieux encore dans les âmes d'élite, est de veiller journellement à la transmission de la loi morale dans le cœur des jeunes générations qui vont naître. Le fils est porté par intérêt vers une association qui hâte l'époque de son établissement comme chef de ménage et qui lui procure, à ce titre, un premier degré d'émancipation. Le douar n'oppose d'ailleurs aucun obstacle à l'adjonction des nouveaux ménages, tant qu'elle ne compromet pas les moyens de subsistance que chacun a trouvés jusqu'alors dans son pâturage. Au contraire, lorsque certaines années peu favorables à la production des herbes démontrent au douar qu'il touche à la limite où les ressources alimentaires deviendraient insuffisantes, les familles se concertent pour organiser des essaims. L'émigration de ces essaims est l'un des éléments caractéristiques de la constitution des pasteurs nomades. Elle varie selon la nature des régions contiguës à leurs territoires; et, en général, elle se produit spontanément en vue de deux destinations principales. Quand une région de la steppe n'est point encore peuplée, ou bien quand elle a été ravagée par les révolutions du sol ou les désordres de l'atmosphère, toutes les familles fournissent leur contingent à un fort essaim qui, tout d'abord, introduira, dans la région déserte, un premier noyau de douar, capable de pourvoir à sa propre sécurité. Quand, au contraire, le débouché de l'émigration est établi chez une nation sédentaire, riche et commerçante, les émigrants s'y transportent isolément ou par petits essaims. Souvent ceux-ci se constituent seulement en vue de la sécurité ou de l'économie du voyage : rendus au lieu de destination, ils se répartissent selon leurs convenances personnelles pour répondre aux besoins que fait naître le développement des arts, ou pour combler les vides produits, dans le régime du travail, par l'abus de la richesse et la corruption des mœurs.

Le trait principal de cette organisation des sociétés est le groupement des générations successives autour de l'aïeul dont elles sont issues. Par ce motif elle est justement nommée « la constitution patriarcale ». C'est le régime qui pourvoit le mieux au bien-être de chacun. En effet, la famille patriarcale offre aux jeunes enfants une hiérarchie de protecteurs dévoués. Elle procure de bonne heure aux adultes, quelque nombreux qu'ils soient, les bienfaits moraux et matériels des fiançailles et du mariage, car, pour chaque nouveau ménage, il suffit d'ajouter au matériel de la communauté une tente et un chariot. Les hommes faits pourvoient à tous les travaux qui assurent le bien-être de la communauté, parce qu'ils disposent d'un personnel nombreux et obéissant. Enfin les vieillards affaiblis par l'âge, les infirmes et les malades peuvent compter en toutes circonstances sur des égards traditionnels et des soins affectueux.

Les rivages maritimes fournissent aux populations des moyens de subsistance aussi importants que ceux des steppes. Les poissons, les crustacés et les mollusques de la mer n'offrent pas, il est vrai, aussi complétement que le lait et la chair des troupeaux, tous les éléments nécessaires au meilleur développement du corps humain. Le travail du pêcheur-côtier, pour constituer une solide race d'hommes, doit être, en général, complété par la récolte ou même par la culture de certains produits du sol. Il exige d'ailleurs des efforts plus pénibles que ceux qui s'imposent aux pasteurs. Enfin les produits de la pêche-côtière sont transportés moins facilement que les troupeaux aux lieux de consommation. Par tous ces motifs, les pêcheurs-côtiers ont été prêts moins tôt que les pasteurs à constituer des sociétés complètes; et, par ces motifs réunis, ils n'ont pas pris une part aussi grande à l'histoire de l'antiquité. Par compensation, ils ont coopéré plus efficacement pendant l'ère moderne à la formation des races stables. Les poissons ne sont point détruits accidentellement, comme les troupeaux, par les désordres de l'atmosphère; et, en conséquence, ils offrent une base plus sûre à la subsistance d'une race d'hommes. Les avantages sociaux se balancent donc sous les deux régimes ; et ils y font naître également la stabilité, bien que, sur plusieurs points essentiels, ils introduisent la diversité dans les aptitudes et les sentiments. Ces différences apparaissent surtout en ce qui touche l'organisation de la famille ; et, comme on va le voir, elles ont leur origine principale dans le contraste des travaux qui procurent journellement aux pêcheurs-côtiers et aux pasteurs nomades les moyens de subsistance.

Les riverains de l'Océan se procurent des mollusques, des crustacés, et même quelques poissons, sur la petite zone qui est mise à découvert pendant le reflux de la marée (IV, 21). Toutefois cette pêche a peu d'importance; et elle ne fournit qu'un faible appoint à la nourriture des agriculteurs établis le long du littoral. Sur les rivages de l'Océan, et plus exclusivement encore sur ceux des mers intérieures où la marée ne se fait pas sentir, l'aliment marin est pêché journellement dans une zone dont la largeur varie entre des limites assez étendues. L'habitation la plus favorable au développement des animaux marins est fixée, pour la plupart des espèces, en raison de la proximité du rivage et de la faible épaisseur d'eau. Sur les côtes abruptes, où le fond de la mer plonge rapidement au-dessous de la surface, la zone de pêche se réduit habituellement à 5 kilomètres. Quand, au contraire, le fond de la mer s'abaisse lentement, cette zone n'est limitée à 20 kilomètres que par l'inconvénient d'un trop long trajet. Il résulte de là que le champ de pêche correspondant à chaque kilomètre de rivage varie de 500 à 2,000 hectares. L'instrument principal de cette industrie est une barque, au moyen de laquelle on transporte les engins de pêche sur tous les points de la surface exploitée.

Les pasteurs nomades et les pêcheurs-côtiers exploitant les deux grandes productions spontanées se rapprochent donc par un caractère essentiel : l'un se sert de la barque pour se transporter sur le lieu de son travail; l'autre met à profit le cheval, l'un des produits de son troupeau, pour accomplir son œuvre de protection et de surveillance, pour parcourir rapidement le vaste espace sur lequel s'éparpille le troupeau. C'est dans le mode de transport habituel, plus encore que dans la nature du travail spécial, que réside le caractère le plus distinctif des deux races d'hommes : le pêcheur-côtier est un marin ; le pasteur nomade un cavalier. D'un autre côté, c'est la possession d'un bon moyen de transport qui explique le rôle prépondérant que les deux sortes de races ont joué dans les premiers âges de l'histoire. Deux causes principales expliquent cette prépondérance. Les moyens perfectionnés de communication, qui abondent aujourd'hui chez les peuples envahis, à existence compliquée, faisaient alors complétement défaut. Les envahisseurs avaient la supériorité physique et morale, qui se perpétue encore à notre époque par la simplicité des habitudes.

Dans les circonstances que je viens d'indiquer, l'organisation de la famille a été imposée aux pêcheurs-côtiers par la force même des choses. La barque, instrument principal de la pêche, est une propriété très-dispendieuse. Le pêcheur veut donc être en mesure de la protéger, pendant la tempête, contre l'action destructive des vents et des flots ; et il ne peut trouver le refuge nécessaire que dans un port établi sur le rivage. En outre, le pêcheur a deux motifs principaux pour demeurer dans ce port. Il doit employer tous les moments de repos forcé à réparer les avaries de la barque et des engins. Il doit surtout se tenir prêt à reprendre la mer dès qu'une éclaircie l'encourage à se confier de nouveau à l'élément perfide. Le pêcheur-côtier constitue donc, par sa profession même, une population sédentaire.

Il provoque d'ailleurs, sur la région contiguë du Continent, des établissements qui, plus que son port, sont liés au sol d'une manière intime. Il annexe à sa demeure des dépendances rurales, confiées aux soins des membres de la famille qui ne peuvent prendre part au travail de la pêche. Il aide ses rejetons émigrants à constituer des domaines ruraux proprement dits. Les agriculteurs de ces domaines consomment avec avantage les produits de la pêche; et ils livrent, en échange, les céréales qui complètent l'alimentation nécessaire aux pêcheurs.

Le pêcheur sédentaire ne peut pourvoir aussi facilement que le pasteur nomade à l'établissement des enfants. Ici, une nouvelle famille ne peut plus être fondée avec une tente, un chariot et quelques bestiaux. L'acquisition d'une barque capable de résister aux tempêtes est une lourde charge. La construction d'une demeure fixe, à l'épreuve des vents marins et des frimas, exige, en outre, un grand effort d'épargne, même pour une famille réduite aux moindres proportions que comporte le régime de fécondité. Le présent et l'avenir de la famille sont suffisamment assurés si l'héritier de chaque génération parvenu à l'âge adulte peut trouver sous le toit paternel l'emplacement nécessaire à l'établissement de son ménage. L'héritier n'est pas seulement nécessaire à la perpétuité de la maison : il est indispensable, quand le père est malade ou blessé, pour commander, en qualité de second, le nombreux personnel de la barque (IV, VI, 18). Quant aux frères de l'héritier, ne pouvant se marier dans la maison paternelle, ils ne sont point disposés à s'y fixer comme simples matelots. Ils trouvent, en général, une situation plus élevée, comme agriculteurs, forestiers ou mineurs, avec la dot relativement considérable qu'ils reçoivent de leur père, chef de barque. Les matelots de l'équipage sont généralement recrutés, dans les territoires contigus. parmi les cadets des bordiers ruraux, mineurs et forestiers; et ils sont souvent logés dans de petites maisons données, comme subvention, par le chef de barque qui les emploie. Sous ce régime, les plus pauvres ménages, issus de toutes les professions éparses sur le sol, peuvent donc se constituer sous l'autorité et le patronage des chefs de l'industrie principale. Dans cette condition, ils sont dispensés d'acquérir la barque qui est l'instrument du travail et l'habitation qui abrite la famille. En outre, comme je l'ai expliqué ailleurs (IV, In. 3), ils vivent dignement dans un état de communauté qui les classe, dans la hiérarchie sociale, au-dessus des simples salariés.

Cette organisation sociale convient très-particulièrement à la profession du pêcheur-côtier; mais elle s'adapte également à toutes les autres, dans tous les temps et dans tous les lieux. Elle a pour trait essentiel *l'institution d'héritier* que les Catalans appellent « la tête et le fondement du testament ». Malgré l'instabilité inhérente aux existences individuelles, elle maintient, dans un état de stabilité absolue, le pouvoir dirigeant de chaque communauté, avec les qualités indispensables au bien-être des membres qui la constituent. La réunion naturelle de l'héritier, du père et de l'aïeul, parvenus, au moment où le premier se marie, aux âges de 23, de 47 et de 70 ans, groupe en un faisceau les bonnes aspirations essentielles à l'esprit de tradition et à l'esprit de nouveauté, ou, en d'autres termes, les tendances qui doivent se faire jour, à la fois, dans le commandement et l'obéissance. En ce qui touche le succès des gouvernants, elle associe la prudence et la force. En ce qui touche le bonheur des gouvernés, elle combine les garanties qu'offrent, selon les âges, toutes les nuances de l'amour paternel. Dans chaque période de 24 ans, toutes ces forces concourent à quatre résultats principaux : maintenir la famille dans la condition créée par les ancêtres; employer, sous un régime de simplicité et de frugalité, tous les produits du travail commun à établir au dehors, dans la situation que comportent les talents de chacun, les frères et les sœurs de l'héritier; procurer une situation honorable, et exempte de soucis, à ceux qui désirent garder le foyer paternel; enfin cultiver, avec une sollicitude spéciale, les vertus et les talents du futur héritier.

Ce second élément des sociétés stables reporte naturellement la pensée vers l'une de ces souches vigoureuses, solidement incorporées par leurs racines au sol de certaines forêts et qui en perpétuent la fécondité. L'arbre sorti de cette souche produit chaque année des graines qui croissent sous son ombrage ou se développent au loin sous d'autres abris. C'est donc avec un juste sentiment poétique que les langages locaux, créés aux époques de stabilité de notre vieille France, nommaient « familles-souches » les éléments dont la race était formée [1].

Les deux sortes de familles stables ont offert partout, notamment dans l'orient et le nord de l'Europe, un caractère commun. Comme je vais le rappeler, elles sont éminemment propres à perpétuer des sociétés prospères. Cependant elles ont toujours cessé de remplir cette haute mission quand elles ont abandonné la pratique du Décalogue. Ainsi, par exemple, la prospérité commune repose, dans chaque famille, sur l'obéissance des enfants : la désorganisation commence dès que ceux-ci se révoltent contre l'autorité paternelle instituée par le IVe commandement.

§ 3.

COMMENT LES FAMILLES STABLES, DONT L'EXISTENCE SIMPLE REPOSE SUR LES DEUX GRANDES PRODUCTIONS SPONTANÉES, CONSTITUENT DES SOCIÉTÉS PROSPÈRES, PEU ACCESSIBLES A LA DÉSORGANISATION.

Le Décalogue ne prescrit pas seulement la règle qui fait régner l'union dans chaque famille : il impose à tous

1. Dans beaucoup de localités de la Provence, les paysans constituent encore de nos jours, malgré le Code, un héritier pour chaque génération ; et ils l'appellent *la souche de la maison*, « lou cepoun de l'oustaou ».

les obligations qui conservent la paix entre les familles d'un même voisinage. On s'explique donc que, sous l'influence de cette loi suprême, les familles stables engendrent les sociétés prospères.

L'étude attentive des régions extrêmes de l'Orient et du Nord, qu'habitent plusieurs familles décrites aux tomes II et III, indique d'ailleurs pourquoi ces populations sont peu accessibles à la corruption qui désole aujourd'hui l'Occident.

Les produits des troupeaux, et les productions spontanées telles que le gibier, le poisson et les fruits, qui sont, dans ces contrées lointaines, les principaux moyens de subsistance, ne peuvent y être l'objet d'un commerce d'échange. Ils ne sauraient non plus, par leur nature même, être accumulés en grandes masses. On ne peut donc créer, à ces extrémités de l'Europe, les foyers de richesse qui engendrent la corruption chez les peuples commerçants.

Le travail modéré mais continu, qui pourvoit amplement aux besoins des familles, laisse à l'esprit la liberté nécessaire pour méditer sur l'origine et la fin de l'homme, selon les enseignements fournis par le contact de la famille et des voisins. Privées des lumières que l'instruction scolaire donne, sur ces intérêts suprêmes, aux agglomérations urbaines, les familles éparses dans les steppes de la frontière asiatique ou sur les rivages polaires ne se lassent point d'écouter les histoires léguées par la tradition, les récits des pèlerins qui ont visité les lieux saints et surtout les légendes racontées par les sages qu'anime le sentiment poétique. Pendant les longues soirées d'hiver, ces enseignements charment les esprits et gravent dans les cœurs la vérité suprême. Les populations à idées simples, à coutumes frugales, acquièrent ainsi, sur la destinée de l'homme et sur les conditions du bonheur

temporel, une science dont la lucidité tranche singulièrement avec la confusion émanant de certaines écoles occidentales. Le vrai savant, formé par les voyages, aperçoit tout d'abord nettement les lacunes de cette science primitive; mais il en admire l'utilité pratique. Il comprend, en effet, que le bonheur de ses hôtes est la conséquence directe des vérités suivantes qui inspirent leurs pensées et règlent leurs actions. « Dieu est le tout-puis-
« sant créateur du ciel et de la terre. Il n'a pas seulement
« donné à l'homme, comme aux autres créations animées,
« les organes de la vie matérielle : il en a fait un être
« exceptionnel, en lui donnant la vie morale, en se révé-
« lant à lui et en lui déléguant en partie la puissance créa-
« trice. Le principe de cette vie supérieure est la connais-
« sance du Décalogue. Les sociétés peuvent compléter ce
« principe en instituant les moyens d'exécution; mais
« elles sont impuissantes à le perfectionner. Celles qui, par
« orgueil, s'arrogent ce pouvoir tombent dans la con-
« fusion et s'abîment dans la discorde (II, In. 2). »

Le Décalogue est le principe supérieur qui assure la paix à tous les éléments des sociétés humaines. Cependant l'application en est moins facile chez plusieurs familles constituant un voisinage que chez les individus composant une famille. On s'explique très-bien que la difficulté augmente, sur un territoire donné, à mesure que les populations s'y agglomèrent. Trois motifs principaux concourent à résoudre heureusement dans une famille le problème de la paix : le petit nombre et la hiérarchie naturelle des individus réduit beaucoup les causes de conflit; Dieu, par son Décalogue, a expressément délégué au père le pouvoir d'en réprimer les effets; enfin il a tempéré l'autorité paternelle par des sentiments d'amour qui l'empêchent d'abuser de ce pouvoir. Il en est autrement pour les nations : aucune loi naturelle ne limite le nombre des sujets; le Décalogue ne désigne point le souverain chargé de les tenir en paix ; l'histoire ne montre pas que l'amour du peuple soit inhérent à aucune forme de souveraineté.

L'étude comparée des sociétés qui peuplent l'ancien continent montre d'ailleurs les circonstances qui augmentent ou diminuent la discorde et la souffrance. Recherchée à ce point de vue, la supériorité appartient au régime social où les traits suivants sont le mieux marqués. Toutes les familles sont éparpillées sur le territoire. Soumises au Décalogue, éloignées des voies commerciales, attachées aux coutumes d'une vie simple et frugale, elles sont à l'abri des abus émanant de la richesse et d'une fausse science. Les pères ont l'autorité nécessaire pour dresser leurs enfants au respect de la tradition nationale. Unis par la loi suprême et par les coutumes qui en dérivent, ils maintiennent en complet accord leurs voisinages. A cet égard, ils n'ont guère à redouter que les abus de pouvoir du souverain qui doit réprimer, sur le territoire entier, les attentats qui pourraient être commis contre la paix sociale. Cette dernière partie du grand problème de la paix a eu dans l'histoire et offre encore aujourd'hui de bonnes solutions. L'une des meilleures peut être observée chez les « Dvoèdantzi » (peuples à double tribut). Ces races pastorales, disséminées dans la grande steppe d'Asie, au midi de l'Altaï, trouvent le bonheur sous trois conditions : elles restent unies entre elles dans la simplicité de la vie patriarcale ; elles demandent la protection et paient l'impôt à deux souverains puissants qui se contrôlent mutuellement ; elles ont choisi leurs protecteurs à Saint-Pétersbourg et à Pékin, c'est-à-dire à 6,000 kilomètres des protégés. Nous pouvons d'ailleurs admirer près de nous la même solution. Les pasteurs du Val d'Andorre, isolés, loin des voies commerciales, dans la chaîne des Pyrénées, trouvent la paix sociale sous la double protection des souverains de France et d'Espagne.

§ 4.

COMMENT LES SOCIÉTÉS STABLES, A EXISTENCE SIMPLE, SE COMPLIQUENT, SE FORTIFIENT ET PROSPÈRENT MOMENTANÉMENT, EN ORGANISANT LES TRAVAUX DE L'AGRICULTURE, DES MINES, DES FORÊTS, DU COMMERCE ET DES MANUFACTURES.

Les peuples stables, à existence simple, possèdent les vrais éléments du bonheur. Ils sont imbus du Décalogue, source de toute paix ; et ils en placent les commandements sous la garde la plus sûre, celle des pères de famille et des vieillards. Disséminés sur certains territoires privilégiés, riches en productions spontanées, ils jouissent de deux grands avantages. Chaque famille est préservée des maux amenés par le contact trop intime des étrangers qui pourraient ébranler l'esprit des femmes et des enfants et amoindrir ainsi l'autorité de son chef. Elle est dispensée des efforts pénibles qu'imposent à la famille agricole la culture des champs et au mineur l'abatage de la roche : son travail, relativement modéré, a pour unique objet la récolte des produits créés par l'action continue des forces naturelles. Pourvoyant ainsi sans peine à la subsistance du corps, jouissant des loisirs nécessaires pour élever leur esprit à la connaissance de la vérité suprême, trouvant dans l'autorité paternelle la garantie des satisfactions attachées aux nobles besoins de l'âme, les pasteurs nomades et les pêcheurs-côtiers sont heureux et se savent heureux.

Cependant les tendances innées de la nature humaine

concourent presque toutes à faire sortir les populations stables et simples de cette heureuse condition. Je ne vois, dans l'histoire des anciens et dans l'observation des modernes, qu'un seul régime qui maintienne une population dans cet état de bien-être et de quiétude : c'est l'isolement complet opéré, soit par la nature des lieux, soit par l'ascendant moral, et, tout au moins, par la contrainte des gouvernants. Dès qu'il y a contact, les tendances générales comme les inclinations particulières concourent également à transformer cet état primitif des sociétés. Les guerres entreprises par des voisins ambitieux enseignent aux pasteurs et aux pêcheurs qu'il est nécessaire d'accumuler sur leur territoire un plus grand nombre de défenseurs. La paix, qui crée les rapports commerciaux, est un agent de transformation encore plus actif. A toutes les époques, les commerçants ont modifié la constitution sociale des peuples simples, en important chez eux des produits nouveaux. Souvent, comme l'ont constaté les philosophes [1] et les géographes de la Grèce [2], ces importations ont troublé la constitution des races simples et

1. « Le voisinage de la mer est doux pour une ville, à ne faire attention qu'au « moment présent ; mais, à la longue, il devient réellement amer. Le commerce « que cet élément facilite, l'appât du gain qu'il présente, et les marchands qu'il « attire de toutes parts, corrompent les mœurs des habitants, leur donnent un « caractère double et frauduleux, et bannissent la bonne foi et la cordialité des « rapports qu'ils ont, soit entre eux, soit avec les étrangers. » (Platon ; *les Lois*, livre IV.)

2. « Ne considérons-nous pas tous, tant que nous sommes, les Scythes « comme la simplicité et la franchise même..., comme infiniment plus sobres « et plus tempérants que nous, bien qu'en réalité l'influence de nos mœurs ait « pénétré jusque chez les peuples barbares et sensiblement corrompu leurs « mœurs, celles des nomades entre autres ? Il a suffi, par exemple, que ces « peuples aient voulu essayer de la mer pour que leurs mœurs se soient aussitôt « gâtées. Le goût du luxe et les habitudes mercantiles semblent devoir adoucir « les mœurs ; mais, par le fait, elles les corrompent en substituant la *duplicité* « à cette précieuse *simplicité* dont nous parlions tout à l'heure... » (Strabon ; *Géographie*, livre VII, chap. III, 7.)

frugales en développant les passions violentes chez les hommes et en stimulant l'esprit de nouveauté chez les femmes et les enfants. Les chefs de famille des races patriarcales repoussent d'abord, avec répugnance, ces innovations ; mais ils les tolèrent peu à peu, sous la pression d'une jeunesse ardente, ou par indulgence pour les brus, les filles et les petits-enfants (II, II, 3); en sorte qu'à la longue, et sur des points essentiels, la coutume perd son autorité. Les forces, qui, sous l'influence des commerçants, transforment ainsi la constitution sociale des races simples et frugales, se sont progressivement développées avec le perfectionnement des moyens de communication. Sous ce rapport toutefois, une ère nouvelle a été ouverte vers 1830 : le progrès est devenu une révolution. C'est précisément à cette époque que je commençai à recueillir les matériaux du présent ouvrage ; et, depuis lors, mon travail d'enquête m'apporte chaque jour un sujet d'étonnement. Les idées et les mœurs changent avec une rapidité inouïe chez les races que je visitai, au début de mes voyages, à mesure qu'y pénètrent les chemins de fer, les bateaux à vapeur et les télégraphes électriques. En ce qui touche le régime du travail, considéré dans les détails que coordonnent nos monographies, le changement a été si brusque que beaucoup d'anciens régimes locaux resteraient inconnus des générations futures si je ne les avais pas observés dans un temps où l'on voyageait encore à pied, à cheval, par charroi sur de mauvaises routes, et par les bateaux à voiles. A d'autres époques de l'histoire, la transformation des sociétés s'est opérée sous l'influence d'autres forces morales ou matérielles; mais, presque toujours, elle a eu pour résultat d'agglomérer les hommes, en modifiant, par de nouveaux moyens de travail, les anciens régimes de productions spontanées. Les éléments de ces deux régimes n'ont point été complétement supprimés; mais ils ont été diversement affectés par les régimes nouveaux. Sauf quelques changements, la pêche-côtière est restée invariable comme les mers où elle s'exerce; mais cette industrie a été de plus en plus mêlée à toutes les autres, et complétée par l'exploitation du sol. Le pâturage subsiste avec la pêche fluviale, la chasse et la cueillette; mais il a été, en général, modifié par l'établissement des trois formes de la propriété immobilière (IV, In. 3 à 5) et par les développements donnés à l'agriculture, à l'art des forêts, à l'art des mines et des fonderies, à l'industrie manufacturière et au commerce.

Chez les peuples qui exploitent le mieux les ressources de leur territoire, l'agriculture n'a pas pour but essentiel et pour moyen d'action principal l'agglomération des familles. Son objet spécial est la production des aliments et des plantes textiles nécessaires aux populations qui s'emploient exclusivement à l'extraction et à l'élaboration des matières brutes ou au commerce des produits de toute nature et de toute origine. En général, un domaine agricole embrasse, dans l'Occident, des prairies et surtout des champs. Les prairies, soigneusement encloses pour l'élevage et la nourriture du bétail, comprennent les terrains les plus propres à la production spontanée des herbes; elles sont fertilisées sans frais par les eaux dérivées des ruisseaux ou par les eaux pluviales chargées des matières fécondantes enlevées aux champs supérieurs; à surface égale, elles donnent plus de produits ou absorbent moins de travail que les steppes, non encloses, consacrées dans l'Orient à l'industrie pastorale. Les champs, au contraire, livrés de plus en plus à une culture intensive, exigent une population beaucoup plus agglomérée que celle des steppes défrichées de l'Orient; souvent même, les grands et les moyens domaines réclament, à l'époque des moissons, le concours d'une population étrangère à la localité. Ces ouvriers supplémentaires se composent, en général, d'émigrants fournis par des régions peuplées de petits propriétaires ruraux. En résumé, l'agriculture agglomère les hommes, moins en agissant elle-même sur les agriculteurs qu'en fournissant les moyens de subsistance aux autres industries.

Le sol forestier, plus encore que les prairies, emprunte sa fécondité aux forces naturelles ; et il est mis en complète valeur par des populations plus disséminées. Dans l'Occident, l'art des forêts pourvoit à trois intérêts principaux : concentrer sur les points culminants du territoire la production des arbres, afin de préserver les terrains en pente contre l'action destructive des pluies torrentielles; conserver ou créer des massifs boisés dans les localités où ils sont indispensables à l'exploitation des mines et des autres arts usuels; défricher les sols qui peuvent recevoir une destination plus utile. Ainsi pratiqué, l'art des forêts fortifie la constitution sociale en se faisant l'auxiliaire des trois groupes suivants d'arts usuels : ceux-ci, en effet, exercés par des patrons habiles, possèdent presque sans limites la faculté d'agglomération.

L'art des mines, comme la cueillette, la chasse, la pêche et le pâturage, tire parti de créations dues exclusivement à l'action des forces naturelles. Il n'est point, comme l'agriculture et l'art des forêts, un simple auxiliaire de ces forces ; et il ne reproduit pas indéfiniment avec leur concours, sur un territoire donné, les mêmes matières, comme le font ces deux derniers arts. Dans ses deux branches principales, il opère sur des matières déposées dans l'écorce du globe aux époques géologiques. *L'exploitation des mines* extrait, sous de petites surfaces, des minerais abondants, avec le concours de nombreux ouvriers. La *métallurgie* modifie absolument, par des procédés qui lui sont spéciaux, la nature des minerais; et souvent, se rapprochant de l'industrie manufacturière, elle façonne en même temps ses produits sous les diverses formes réclamées par le commerce. Cette seconde branche de l'art produit surtout les métaux. Elle a une importance telle, au point de vue social, que l'apparition de ses progrès successifs a été généralement adoptée comme la vraie mesure du développement des sociétés (V, III, 17). La métallurgie a une autre supériorité. C'est peut-être l'art usuel qui, par ses exemples, contribuera le plus à montrer l'importance qui doit être donnée dorénavant à la méthode d'observation dans l'étude de l'histoire et des subdivisions de la science sociale [1]. Sous ces divers rapports, l'art des mines mérite au plus haut degré l'attention des gouvernants. Sous l'utile influence de leur système fédératif, les petits États allemands ont compris cette vérité (III, III, 17; IV, I, 13 et 19) : ils ont accordé aux mines métalliques un concours direct qu'ils se sont abstenus, fort judicieusement, d'apporter à l'agriculture. Sans doute, l'art des mines n'étend pas aussi directement que l'agriculture ses bienfaits au territoire entier; mais, dans certaines localités, il se montre beaucoup plus apte à instituer les forces morales créées par l'agglomération presque indéfinie de familles stables, religieuses, intelligentes et énergiques. Ces qualités, généralement incompatibles dans les autres agglomérations d'hommes, se réunissent ici sous l'in-

1. « Les arts métallurgiques ne livrent pas seulement à l'homme des produits « utiles : ils sont, pour la science pure, un moyen d'expérimentation aussi « fécond que la chimie, avec ses fourneaux et ses appareils... La science des « fondeurs l'emporte sur beaucoup d'autres sciences, parce qu'elle ne se com« pose que de données certaines fournies par la pratique des ateliers. » (SWEDENBORG, *Regnum subterraneum*.)

fluence, éminemment saine, des travaux souterrains. Ces travaux, aménagés avec prévoyance, sous l'inspiration de pensées suivies pendant plusieurs siècles, ne subissent pas, comme ceux du pâturage et de l'agriculture, l'impression des désordres atmosphériques; ils peuvent donc offrir, au plus haut point, les caractères de la stabilité. Exerçant, à d'immenses profondeurs, un métier pénible et périlleux, le mineur, comme le soldat, est pénétré des idées salutaires qu'inspire la pensée constante de la mort. Il acquiert surtout la perspicacité et le courage réfléchi que développe l'imminence continuelle du danger. Par ces divers motifs, l'art des mines est un des plus solides éléments de la constitution des peuples prospères. L'importance sociale de l'industrie minérale continue à s'accroître. Plus justement encore que les âges précédents, l'ère ouverte au XIXe siècle sera caractérisée par un produit de l'industrie minérale : elle sera vraisemblablement nommée « l'âge de la houille ».

L'industrie manufacturière ne concourt point, comme les industries précédentes, à produire les matières brutes, en développant ou en complétant l'action des forces naturelles : elle se borne à façonner ces matières. Elle date du premier âge de l'humanité; et, dans ses développements successifs, elle offre partout deux époques distinctes dans le travail des peuples sédentaires. Pendant la première époque, l'activité sociale a surtout pour objet la nourriture, qui est le plus impérieux des besoins. Les arts usuels produisent surtout les aliments. Les industries manufacturières constituent certaines professions spéciales ; et elles commencent à fabriquer, avec les produits forestiers ou minéraux, les instruments employés par ces arts et les ustensiles servant à la préparation ou à la consommation de la nourriture. Les autres industries restent, en quelque sorte, à l'état embryonnaire : elles n'ont point, à vrai dire, rang dans la société ; elles sont, comme la cuisson des aliments, des annexes de l'industrie domestique ; et elles pourvoient aux besoins les plus indispensables qui se rapportent à l'habitation, à l'ameublement, au vêtement, à la sécurité et aux récréations de la famille ; enfin à cette multitude de détails qu'embrasse la vie publique ou privée d'un voisinage. Dans la seconde époque, qui commence en Occident vers le milieu du moyen âge, quand le territoire, complétement occupé, est approprié aux trois constitutions de la propriété foncière (IV, In. 3 à 5), l'industrie manufacturière se sépare de la vie domestique. Adoptant des méthodes de travail perfectionnées, elle substitue, à l'effort de l'homme, celui des moteurs inanimés ; elle développe rapidement des établissements spéciaux, épars dans les campagnes, ou bien elle s'agglomère en certaines localités, en créant des villes populeuses. Enfin, la force de la vapeur multiplie les moteurs inanimés ; et les engins mécaniques, substituant leur action à celle des mains, transforment aujourd'hui, en une révolution brusque, l'évolution lente des cinq derniers siècles. Les populations manufacturières envahissent, par une impulsion irrésistible, tous les territoires contigus aux bassins carbonifères. Dix hommes, préposés, dans une usine moderne, à la direction de ces moteurs et de ces engins, fabriquent la quantité de produits qui exigeait autrefois, dans les ateliers domestiques, le concours de cent ouvriers. Toutefois, dans ces nouvelles conditions, les prix de fabrication sont tellement réduits et les débouchés s'étendent à ce point qu'en définitive la population manufacturière est souvent décuplée.

Le commerce ne crée, ni ne façonne, aucun produit ; et, en cela, il diffère de toutes les autres industries ; mais il est pour elles un auxiliaire toujours utile, souvent indispensable. Il achète, conserve, transporte et vend les matières, les instruments et les autres moyens d'action nécessaires aux producteurs. Il rend les mêmes services aux consommateurs des produits marchands. Comparé aux autres industries, le commerce, pour manier une quantité donnée de marchandises, emploie un nombre d'ouvriers relativement faible. Cependant il contribue beaucoup à augmenter la population d'une contrée, soit en procurant un débouché aux produits qu'elle fabrique, soit en y important les matières premières et les objets, de toutes sortes, nécessaires à ses ateliers de travail. Ce double mouvement s'opère surtout, de nos jours, au profit des rivages carbonifères. Des populations nombreuses sont agglomérées dans plusieurs localités de l'Angleterre, pour fabriquer des produits dont la matière première et le débouché ne se trouvent pas sur le sol anglais. Ainsi, par exemple, le Pays de Galles expédie dans toutes les parties du monde des cuivres fabriqués avec des minerais importés de l'Amérique et de l'Australie; le Lancashire livre également au monde entier des tissus de coton dont la matière est fournie en totalité par les pays étrangers. Il n'y a, pour ainsi dire, pas de limites à l'accroissement que la population peut recevoir, sur un territoire riche en houillères, par l'alliance du commerce et de l'industrie manufacturière. Sous ce rapport, la Grande-Bretagne reproduit, de nos jours, sur une plus grande échelle, les phénomènes d'agglomération et de richesse que présentèrent Tyr, Carthage et les autres peuples manufacturiers ou commerçants de l'antiquité. La population de l'Angleterre, qui dépassait à peine 2 millions au XIe siècle, sous le régime rural, pastoral et forestier des Saxons, a atteint, aux époques suivantes, les développements indiqués ci-après : au XVe siècle, 3 millions, après l'établissement des premières manufactures rurales et urbaines; au XVIIe, 6 millions, après la création des usines à moteurs hydrauliques et le développement donné au commerce étranger, sous le protectorat de Cromwell ; au commencement du XIXe, 9 millions, trente ans après les premiers effets de la machine à filer et des machines à vapeur. En ce moment, l'âge de la houille et des engins mécaniques montre plus que jamais sa force d'agglomération : au recensement de 1851, la population s'est élevée à 18 millions; elle s'accroît à raison de 2 millions en dix années; et, en 1881, elle atteindra vraisemblablement 24 millions.

§ 5.

COMMENT LES SOCIÉTÉS, APRÈS S'ÊTRE FORTIFIÉES PAR LA COMPLICATION DE LEUR EXISTENCE, S'AFFAIBLISSENT, S'ÉBRANLENT ET SE DÉSORGANISENT, EN ABUSANT DE LA RICHESSE, DE LA SCIENCE ET DU POUVOIR, DÉVELOPPÉS PAR LA PROSPÉRITÉ.

Les peuples qui se sont ainsi fortifiés par l'emploi judicieux de leur territoire et par l'organisation intelligente de leurs travaux ont eu le même point de départ. Ils sont sortis de l'une de ces races patriarcales, à existence simple, que j'ai précédemment décrites (3); et tous ont trouvé le principe de leurs succès dans les coutumes fondées par leurs ancêtres sur la pratique du Décalogue. Toutefois, là s'arrête l'analogie. Les peuples prospères n'ont point atteint le but en suivant tous la même voie; ou, plutôt, ils n'y ont guère persévéré. Ils se sont souvent égarés en abandonnant le fil conducteur que leur fournissait la loi suprême. En général, ces temps d'arrêt ou de recul sont survenus au milieu même des circonstances qui semblaient avoir assuré aux peuples les trois éléments de la prospérité. A quelques nuances près, l'histoire du passé et l'observation du présent nous montrent les mêmes caractères dans ces phénomènes alternatifs de progrès et de décadence.

La substitution de l'agriculture au régime des productions spontanées accroît la sécurité de la vie matérielle. En raison de leur variété, les produits agricoles ne souffrent pas tous, autant que les herbes, des termes extrêmes de chaleur et de froid, de sécheresse et d'humidité : ils mettent donc les populations à l'abri des disettes cruelles qu'infligent aux pasteurs nomades les épizooties et les désordres de l'atmosphère. Les agglomérations d'hommes que crée la vie sédentaire donnent un autre élément de sécurité : elles augmentent la force des armées qui défendent le territoire contre des agressions injustes. La propriété foncière se constitue sous ses trois formes naturelles (IV, In. 3 à 5) : elle devient l'appui de la hiérarchie rurale qui est le fondement de toute société stable et prospère (III, IV, 19). Aux trois degrés de cette hiérarchie se conservent les grandes forces sociales : chez le bordier, la frugalité liée à l'exiguïté des ressources et l'énergie physique indispensable aux travaux des arts usuels ; chez le paysan, les vertus usuelles assurées par la possession d'une fortune modeste, garanties contre la mauvaise impulsion d'un maître par la libre direction d'une propriété individuelle ; enfin, chez les grands propriétaires, les hautes vertus du patronage, garanties par les sentiments d'honneur et de devoir. L'initiation à ces sentiments a toujours été l'enseignement principal transmis à leurs héritiers par les familles placées au sommet de la hiérarchie agricole. Cet enseignement donné par la tradition des ancêtres et par la pratique journalière de la famille peut, à la rigueur, se résumer en une vérité. La possession d'un grand domaine rural est liée étroitement à trois obligations : à la conservation des races stables de tenanciers; au soulagement de certains malheurs privés; au service gratuit des principaux intérêts publics.

Une société qui se complique ainsi, en restant fidèle au Décalogue et aux coutumes qui en émanent, développe sans secousse les trois éléments de la prospérité. L'exploitation intelligente du sol, complétée par le bon ordre de la vie privée et de la vie publique, crée partout une puissante réserve de denrées, de métaux et des autres matières utiles. La richesse constituée par l'accumulation de ces produits conjure toutes les formes de la souffrance; et, tout au moins, elle y porte remède. Elle fait pénétrer le bien-être dans toutes les couches de la société et favorise la mission de paix confiée aux gouvernants. Elle permet à la minorité studieuse de procurer à la nation les bienfaits émanant des arts libéraux et surtout des cultures intellectuelles. La science, créée par ces cultures, augmente beaucoup les forces physiques de l'homme; elle féconde les forces morales inculquées à l'enfance par les méthodes traditionnelles; les classes dirigeantes, mieux instruites, voient plus clairement la grandeur de Dieu, la destinée de l'homme et l'étendue de leurs propres devoirs. Sous l'influence de cet enseignement, le pouvoir exercé par les gouvernants acquiert ses deux caractères essentiels : il donne, dans tous ses actes, le bon exemple aux particuliers; et, en réprimant avec justice les défaillances de la nature humaine, il crée la paix et la stabilité.

Quand les peuples reviennent à cette heureuse condition par un retour à la loi morale, ils ne remontent pas tous au même niveau. Cependant, ils offrent, aux bonnes époques, au moins deux caractères communs. A l'intérieur, ils réunissent toutes les classes de la société dans le sentiment du patriotisme. A l'extérieur, ils se montrent modestes : ils n'oppriment point les faibles ; et ils recueillent l'estime de leurs contemporains.

Quand, au contraire, revient la décadence à la suite d'une grande prospérité, les peuples cèdent tous à une impulsion dominante. Ils s'abandonnent à l'orgueil : ils abusent de la richesse, de la science et du pouvoir qu'ils viennent de conquérir.

§ 6.

L'ABUS DE LA RICHESSE.

Chez les peuples prospères, les riches, tout en s'acquittant de leurs obligations envers la famille, se chargent de nombreux devoirs ; et, pour les remplir, ils se croient tenus de résider en permanence sur l'atelier qui leur fournit les moyens de subsistance. Ils dirigent plus ou moins le travail de cet atelier. Ils président personnellement à la direction morale et à l'assistance matérielle des populations attachées à leur fortune. Enfin, ils s'appliquent à concilier ces devoirs privés avec l'exercice gratuit des fonctions publiques qui assurent à leur voisinage les bienfaits de la paix sociale.

Les devoirs ayant pour objet le bien-être des pauvres et les besoins du public sont surtout imposés, par la coutume, aux propriétaires ruraux et forestiers. Les commerçants et les manufacturiers ne peuvent guère être chargés de ces obligations : leurs travaux professionnels sont difficiles ; et le succès en serait compromis s'ils n'y consacraient pas toutes leurs pensées.

Au contraire, les grands propriétaires ruraux joignent tout naturellement, à leur patronage privé, l'exercice gratuit des fonctions publiques locales. Ils n'ont point, comme les manufacturiers et les commerçants, des intérêts opposés, en certains cas, à ceux du public. Ils sont moins dominés par le soin de ces intérêts ; car il se présente fréquemment, dans le cours de l'année, des moments où le succès des opérations peut être laissé, sans inconvénient grave, à la surveillance des serviteurs éprouvés, ou à l'action des forces naturelles. Ils sont donc intéressés à conquérir la considération de leurs concitoyens en consacrant ces nombreux moments aux services locaux de la justice, de la force armée, de la police, de l'administration civile, des routes et des établissements publics.

Quand l'oubli de la loi morale détruit les sentiments d'honneur et de devoir, le riche subit, l'un des premiers, les effets de cette déchéance. Il est tout d'abord porté à se soustraire aux lourds devoirs que la tradition lui impose, pour descendre, par degrés insensibles, au luxe, aux plaisirs égoïstes, aux satisfactions sensuelles et enfin à l'existence dépravée que sa fortune peut lui procurer. Il abandonne sa résidence rurale, pour satisfaire ces inclinations coupables dans les villes et les lieux de plaisir. Les riches échappent ainsi, de proche en proche, à l'accomplissement des devoirs locaux qui étaient, pour leurs pères, essentiellement professionnels. De là résultent des souffrances physiques et morales d'autant plus dangereuses qu'elles sont d'abord masquées, dans les apparences, par la continuation de l'ancien état de paix et de stabilité. Les salariés, auxquels sont déléguées les fonctions du maître, ne sauraient dans aucun cas le remplacer. Sous le régime antérieur, ils subissaient l'utile influence d'un contrôle permanent ; ils servaient leurs propres intérêts et s'élevaient dans la hiérarchie en obéissant à un homme digne de commander. Ils trouvaient, dans le travail, le complément de leur éducation morale. Ils avaient, d'ailleurs, sous les yeux l'exemple journalier d'un chef qui avait pour mobile le sentiment de sa responsabilité personnelle ; qui, dès l'enfance, avait acquis la conviction qu'une vertu exceptionnelle était la justification nécessaire des privilèges attachés à la richesse et à l'autorité.

Dès que le grand propriétaire rural, fuyant sa résidence, crée le régime de « l'absentéisme », ce contrôle, ces habitudes d'obéissance, cette éducation fondée sur les grands exemples de vertu, manquent aux salariés qui exercent le commandement, au lieu de rester des auxiliaires. Quelles que soient les qualités acquises sous le régime antérieur, ces salariés sont tout d'abord incapables de remplacer le maître absent ; puis, peu à peu, ils perdent ces qualités. Ils découvrent bientôt que leur intérêt consiste à violer les devoirs que leur chef abandonne ; puis ils oppriment et ils corrompent les tenanciers qui leur ont été indûment subordonnés. Ceux-ci, à leur tour, réagissent sur leur famille et leurs serviteurs. La corruption et la souffrance deviennent générales. De bas en haut se développent des sentiments de haine et de mépris contre les autorités qui sont la cause première de ces maux. Parvenues à ce point, les populations agglomérées sont moins une force qu'un danger : elles perdent l'esprit d'obéissance qui est, en quelque sorte, l'élément matériel de la paix sociale. Cependant, tout en méprisant leurs supérieurs, elles imitent leurs vices. Elles donnent à la corruption des mœurs un caractère moins raffiné et plus dégradant. Sous ces influences, qui apparaissent souvent dans les monographies du présent volume, le corps social marche vers une désorganisation rapide. L'Occident toucherait à sa ruine si ces influences n'y étaient pas encore neutralisées en partie par les forces morales et les coutumes décrites dans l'ensemble de cet ouvrage. Ces forces et ces coutumes subsistent en beaucoup de lieux, notamment : chez une élite de riches ; chez les paysans, les bordiers et les artisans chefs de métier, sous le régime de la petite propriété ; enfin, chez les clercs et les gouvernants qui gardent avec soin « la paix de Dieu » et « la paix du souverain ». Malheureusement, ces réserves de vertu deviennent rares, en France plus qu'ailleurs. Les riches dignes de leurs fonctions naturelles en ont été spoliés par l'ancien régime et la révolution; les petits propriétaires, plus que les grands, sont désorganisés par le régime de succession ; recrutés au sein de familles où s'éteignent les sentiments d'honneur et de devoir, les clergés et les gouvernants deviennent impuissants à faire la réforme.

En France, il est vrai, pendant que les petites fortunes sont détruites par la loi civile, les grandes fortunes se reconstituent par le commerce et l'industrie manufacturière. Mais les nouveaux enrichis ne sont point initiés aux devoirs du patronage; et ils ne songent qu'à « se retirer », pour jouir, avec quiétude, des fruits de leurs succès. Transmise ou créée sans la pratique du patronage, la richesse n'est plus une force : elle devient un fléau.

§ 7.

L'ABUS DE LA SCIENCE.

Je groupe ici, sous le nom générique de « science », les œuvres de ceux qui, ne consacrant pas toutes les forces de leur esprit à satisfaire les besoins usuels de la société, recherchent, formulent et enseignent « les vérités générales ». Au premier rang d ces vérités, figure celle dont la connaissance a toujours fécondé les aptitudes de l'homme et multiplié les produits de son activité. Depuis les premiers âges, toutes les races prospères ont, à cet égard, la même opinion. La première des vérités est celle qui donne la paix et la stabilité ; le principe de la science est le Décalogue éternel (II, In. 2). De nos jours encore, cette opinion se maintient, chez les pasteurs de la Grande-steppe, avec une lucidité qui devient rare en Occident, même chez les meilleurs esprits [1]. L'énergie de cette conviction est le trait de mœurs qui m'a le plus frappé dans le cours de mes voyages. Chez ces races modèles, le patriarche confie le travail journalier aux trois générations de ses descendants. Il se réserve le complément nécessaire des deux hautes fonctions sociales : il est « le savant », comme il est « le pontife et le roi ».

Les branches de la science, ainsi que les arts usuels (4), se multiplient et s'étendent à mesure qu'une société se complique. Elles constituent aujourd'hui des subdivisions importantes parmi les arts libéraux. Tant que la loi suprême conserve son empire sur les esprits et les cœurs, cette transformation, sans être exempte de mal, peut être appelée un bien. Les conditions de la vie matérielle offrent plus de sécurité, les idées s'ennoblissent, l'ordre moral, fondé sur les traditions du foyer, de l'atelier, de l'Église et de l'État, s'affermit par l'usage méthodique de la raison. Au contraire, lorsque ces traditions se perdent, les développements donnés à l'esprit deviennent encore plus dange-

1. Dans sa « Démocratie en Amérique », c'est-à-dire dans le plus dangereux des livres écrits de notre temps par un homme de bien, Alexis de Tocqueville s'étonne que les fondateurs de la Nouvelle-Angleterre aient pris dans le Décalogue le principe de leurs lois. Il écrit, dans cet ouvrage (t. I, ch. II) : « Les législateurs du Connecticut s'occupent d'abord des lois pénales ; et, pour « les composer, ils conçoivent l'idée étrange de puiser dans les textes sacrés. »

reux que les conquêtes faites sur la matière (6). A cet égard toutefois, il convient de maintenir une distinction naturelle entre la connaissance du monde physique et la science des sociétés.

Les sciences physiques suivent maintenant dans leurs recherches une voie sûrement tracée. Elles observent et décrivent les faits; elles les tiennent toujours exposés à des débats contradictoires, et elles en assurent ainsi l'authenticité. Dès que ce résultat est obtenu pour un groupe de faits, la science spéciale qui s'y rapporte en induit des vérités générales ; et celles-ci acquièrent plus d'étendue et de précision, à mesure que les faits sont plus complétement connus. Ces faits et ces vérités ont d'ailleurs des rapports peu directs avec les intérêts et les passions dont la lutte désorganise aujourd'hui l'Occident. Ils sont donc rarement, pour les esprits divisés, un sujet de méfiance ; et, au milieu de l'ébranlement des sociétés, ils ne sont guère entravés dans leur marche. Ils continuent donc à donner un concours utile à tous les arts. Sous ce rapport, il est vrai, les sciences physiques subissent l'impulsion imprimée par l'antagonisme des nations : elles s'emploient trop à inventer des moyens de destruction; mais elles ne cessent pas d'accroître la production de la richesse.

La science sociale diffère des principales sciences physiques par un caractère important. Comme ces dernières, elle est essentiellement fondée sur des expériences réitérées; mais celui qui les fait, sous le poids de devoirs impérieux, n'est nullement disposé à formuler les grandes vérités qui s'en induisent; tandisque le savant qui se donne cette mission n'est point en mesure d'expérimenter. Ainsi, par exemple, le chimiste, après avoir opéré sur un fragment de minerai, peut aujourd'hui quelquefois enseigner le meilleur mode de travail au fondeur qui veut extraire le métal contenu dans une mine. Au contraire, dans l'état actuel des sociétés, le moyen de résoudre le problème de la stabilité et de la paix, en un lieu donné, est uniquement fourni par les bons exemples des praticiens qui, en des circonstances analogues, ont trouvé la meilleure solution. La science sociale n'est donc point, à vrai dire, « expérimentale ». Elle n'en est pas moins fondée sur l'expériênce. Elle se constitue, non, comme certains arts usuels, par la méthode d'invention, mais bien par l'observation comparée des meilleures coutumes.

A ce caractère près qui la distingue des sciences physiques, la science sociale se transforme comme ces dernières chez les peuples qui, en se compliquant, n'abandonnent pas le fil conducteur de la prospérité. Les Autorités sociales, qui dirigent les familles, les voisinages et les nations, observent les faits. Elles mettent à profit cette connaissance pour conserver la paix et la stabilité. Elles créent ainsi des coutumes dont l'observation met en relief les vérités éternelles. La science sociale, fondée sur ces vérités, garde, à travers les âges, la simplicité de la loi morale, quelles que soient l'agglomération des hommes et la complication des lois générales enseignées par l'observation du monde matériel.

Lorsque le mal commence à se faire jour dans une société compliquée, les savants et les lettrés deviennent, plus que les riches, ses principaux auxiliaires. C'est ce qui est arrivé au XVIIIe siècle. Les lettrés anglais et allemands, réagissant contre les maux déchaînés, au siècle précédent, par les guerres religieuses, ont inventé l'erreur fondamentale de notre temps. Ils ont propagé en France la croyance à « la perfection originelle de l'enfant », parmi les nobles et les riches, ébranlés, depuis 1661, par la corruption des mœurs.

Cette erreur, évidemment contraire à la nature de l'homme, a complété en France la corruption des mœurs par celle des idées. Elle a engendré les trois faux dogmes du XVIIIe siècle : la liberté systématique, l'égalité providentielle et le droit de révolte. Enseignées par les disciples du « Contrat social », appliquées, depuis 1789, par les efforts combinés des lettrés et des gouvernants[1], ces erreurs ont fait déchoir les Français du rang qu'ils occupaient en Europe jusqu'en 1789. Avertis par cette déchéance, les Allemands se sont gardés, pendant près d'un siècle, d'appliquer chez eux l'enseignement qu'ils avaient créé; aussi sont-ils moins malades que nous. Cependant, comme les autres peuples de l'Occident, ils sont déjà envahis par le mal ; et ils restent indécis, ou bien ils oscillent, entre la tradition et la nouveauté.

§ 8.

L'ABUS DU POUVOIR.

Chez les grandes nations révoltées contre le Décalogue et l'autorité paternelle, les gouvernants ont souvent

1. Alexis de Toqueville a été, à ces deux titres, le grand propagateur contemporain. Homme de bien, lettré célèbre et ministre sous la révolution de 1848, il a achevé de pervertir l'esprit des « conservateurs » européens : il a publié, en effet, un livre très-répandu, charmant dans la forme et excellent dans une foule de détails; mais ce livre omet l'exposé des faits essentiels; et il aboutit à une conclusion absolument fausse. Cette conclusion, placée *deux fois*, et en caractères différents, en tête de l'ouvrage, y est résumée dans les termes suivants :

« Le développement graduel de l'égalité est un fait providentiel. Il en a les « principaux caractères : il est universel, il est durable, il échappe chaque jour « à la puissance humaine; tous les événements comme tous les hommes ont « servi à son développement. Serait-il sage de croire qu'un mouvement social « qui vient de si loin puisse être suspendu par une génération? Pense-t-on « qu'après avoir détruit la féodalité et vaincu les rois la démocratie reculera « devant les bourgeois et les riches? S'arrêtera-t-elle maintenant qu'elle est « devenue si forte et ses adversaires si faibles? » (*La Démocratie en Amérique :* Avertissement et Introduction.)

abusé de leur pouvoir, plus que les riches de leur fortune, plus que les lettrés de leur fausse science. Au XVIIe siècle, en particulier, grâce à la diversité des hommes et des lieux, l'Europe a reproduit, dans un court espace de temps, tous les abus signalés par l'histoire du passé. Les rois ont encouragé, dans leurs cours, les habitudes de luxe, les plaisirs futiles et les mauvaises mœurs. Ils ont fait appel à l'erreur et à l'intrigue pour accomplir des desseins ambitieux et violer le droit des gens. Sous leur influence, les corps constitués, qui avaient le devoir d'assurer le règne du bien, ont propagé la corruption jusque dans les classes moyennes de la société. Le désordre des mœurs se produisit surtout à la cour de France qui, depuis le règne réparateur de Louis XIII, exerçait sur le Continent un ascendant irrésistible. Jusqu'à la fin du règne de Louis XV, les défenseurs officiels de la tradition cédèrent au sentiment que l'illustre Burke appela plus tard « un excès de loyauté » ; et ils manquèrent au devoir qui leur commandait de s'opposer au mal. Sous Louis XVI, au contraire, égarée par les lettrés de l'Encyclopédie et par l'auteur du *Contrat social*, la noblesse poussa l'esprit de réforme jusqu'à la révolte. Ce remède était pire que le mal ; et il fut employé successivement, en Amérique et en France, contre deux rois, peu judicieux à la vérité, mais qui réagissaient, par leurs vertus privées, contre la corruption de leurs ancêtres.

Sous le régime institué par la violence, en 1787 par les Américains et en 1789 par les Français, les gouvernants, ne pouvant changer la nature des choses, pervertirent les esprits. Ils substituèrent, à la tradition de l'humanité, la nouveauté propagée en Allemagne par Wolff et en France par J.-J. Rousseau. Selon le nouvel enseignement, la loi suprême des nations n'est plus le Décalogue interprété par les sages qui représentent l'autorité paternelle : c'est la volonté du peuple entier exprimée par ses délégués. Le souverain nouveau n'a pas le devoir de se soumettre à la contrainte morale dont l'oubli a provoqué la chute des rois. Loin de là, il est tenu de détruire les institutions qui, depuis les premiers âges, organisaient cette contrainte. Une erreur fondamentale, d'où dérivent logiquement les trois faux dogmes (7), est le point de départ de cette doctrine. Selon les novateurs, l'enfant naît bon [1]; et la morale vient en lui comme les jambes et les bras[2]. Le mal ne provient pas de la nature humaine : il est créé artificiellement par les sociétés qui dépravent les individus, sous prétexte de les ramener au bien. La prospérité d'une race n'est pas l'œuvre d'une aristocratie naturelle[3], dressée à la vertu par le

1. « Le principe fondamental de toute morale, sur lequel j'ai raisonné dans tous mes écrits, est que l'homme est un être naturellement bon, aimant la justice et l'ordre; qu'il n'y a point de perversité originelle dans le cœur humain, et que les premiers mouvements de la nature sont toujours droits. » (J.-J. Rousseau, *Lettre à Christophe de Beaumont, archevêque de Paris.*) — « C'était la conviction du XVIIIe siècle et de la génération formée à son école que l'homme est essentiellement bon et que, dans les sociétés humaines, le mal provient, non de la nature humaine, mais de la mauvaise organisation sociale et du mauvais régime politique. La confiance dans la bonté naturelle de l'homme était, en 1789, l'une des colonnes de l'orgueil humain. » (Guizot, *Mémoires.* — Introduction.)

2. « C'est perdre son temps que de suivre des leçons sur cette matière (la morale). L'homme était destiné à vivre en société : il fallait que sa moralité fût conforme à ce but. Le sens moral vient à l'homme comme ses jambes et ses bras. » (Mélanges politiques de Jefferson : *Conseils à un jeune homme*, t. Ier, p. 298.)

3. « Je considère l'aristocratie naturelle comme le don le plus précieux que nous fasse la nature, pour l'instruction de la société, pour la direction et le maniement de ses affaires... La meilleure forme de gouvernement est celle qui pourvoit avec efficacité à ce que les fonctions publiques soient exclusivement confiées à ces *aristoï* naturels. Je crois que le meilleur remède est... de laisser aux citoyens le soin de séparer, par des élections libres, les *aristoï* des *pseudo-aristoï*... Les hommes de nos États... peuvent avec sécurité se réserver à eux-mêmes un contrôle salutaire sur les affaires publiques, et un degré de liberté

Décalogue, contrôlant les gouvernants, garantissant au peuple par ses conseils, au besoin par ses remontrances, les libertés et les égalités nécessaires. Elle réside dans le peuple, parce qu'il possède en lui-même le principe de la vertu. C'est donc le peuple qui doit instituer l'aristocratie et choisir les gouvernants. C'est lui qui a le droit absolu à la liberté, à l'égalité et à la révolte.

Thomas Jefferson, le disciple de Rousseau, le maître de La Fayette, a inoculé ces erreurs à ses concitoyens. En les propageant par leurs révolutions de 1789, de 1830, de 1848 et de 1870, les Français ont plongé leur pays et le Continent dans un abîme de maux. L'Occident, en particulier. marche rapidement vers la désorganisation dont les premiers symptômes sont signalés dans le présent volume. L'avenir de ses petites nations peut être sérieusement compromis, en présence des trois grands empires qui tendent déjà à se disputer la domination du monde.

Cependant, les maux déchaînés par les erreurs d'un siècle, et les vérités mises journellement en lumière par la méthode d'observation, suffiraient amplement pour arrêter l'Europe sur la pente où elle glisse. Le salut de l'Occident sera assuré si les vrais savants s'unissent pour contrôler mutuellement leurs propres travaux et pour conseiller les réformes qui peuvent être accomplies sans recours à la violence. Jefferson lui-même provoquerait cette union, si Dieu lui eût accordé la longévité biblique. Il condamnerait son œuvre en voyant réfutées par les faits les erreurs qu'il a propagées.

En résumé, les régimes révolutionnaires, qui eurent pour agents principaux Jefferson et La Fayette, n'ont

qui, dans les mains de la *canaille* des villes d'Europe, serait bientôt employé à la destruction des intérêts publics. » (Conseil, *Mélanges politiques de Jefferson*, t. II, p. 213-220.)

point répondu aux vues honnêtes de leus promoteurs. En Amérique, le peuple excellent, soumis au Décalogue, que Jefferson jugeait avec raison digne de choisir l'aristocratie naturelle, abuse maintenant de son pouvoir plus que ne l'ont fait ses rois avant 1787. En France, le peuple imparfait, que Jefferson nommait injustement « la canaille », a justifié constamment, depuis 1789, la prédiction d'impuissance faite, à cette époque, par le démocrate américain. Il se révolte plus que jamais contre le Décalogue ; et il est à craindre, par conséquent, que le nouveau régime n'amène pas pour lui un accroissement de bonheur. Il semble même qu'en France, comme en Amérique, certains abus du pouvoir populaire ont déjà produit le résultat opposé.

L'ORGANISATION

DES FAMILLES

DÉCRITES, EN NEUF CHAPITRES, SOUS FORME DE MONOGRAPHIES

ÉTUDES

SUR LES TRAVAUX, LA VIE DOMESTIQUE

ET LA CONDITION MORALE DES OUVRIERS DE L'OCCIDENT

IIIme PARTIE. — POPULATIONS DÉSORGANISÉES

D'APRÈS LES FAITS OBSERVÉS, DE 1829 A 1855,

Pour la 1re édition (in-folio) des *Ouvriers européens.*

SOMMAIRE

DES MONOGRAPHIES

Chapitre Ier. Mineur des gîtes de mercure d'Idria (Carniole). — Chapitre II. Horloger de la fabrique collective de Genève (jeune ménage)[1]. — Chapitre III. Bordier-émigrant du Laonnais[2]. — Chapitre IV. Bordier-vigneron de l'Aunis. — Chapitre V. Tisserand de Mamers (Maine)[3]. — Chapitre VI. Chiffonnier de Paris[4]. — Chapitre VII. Manœuvre, à famille nombreuse, de Paris[5]. — Chapitre VIII. Tailleur d'habits de Paris. — Chapitre IX. Débardeur de la banlieue de Paris.

SOMMAIRE DES PRÉCIS DE MONOGRAPHIES

Précis 1. Horloger de Genève (vieux ménage). — Précis 2. Manœuvre-agriculteur du Maine. — Précis 3. Tisserand des Vosges. — Précis 4. Lingère de Lille. — Précis 5. Auvergnat-brocanteur (en boutique) de Paris.

Exemple des signes de renvoi au § 17 du ch. IX des Monographies, employés :

dans le texte même de ces Monographies et dans
ce volume. . . . . IX, 17.
— les 5 autres volumes des *Ouvriers européens*. . . VI, IX, 17.
— les autres ouvrages de la Bibliothèque. . . . . . OE, VI, IX, 17.

L'ORGANISATION DES FAMILLES

CHAPITRE I

MINEUR

DES GITES DE MERCURE D'IDRIA (CARNIOLE)

OUVRIER-TACHERON

dans le système des engagements volontaires permanents,

D'APRÈS LES RENSEIGNEMENTS RECUEILLIS SUR LES LIEUX, EN 1846,

PAR M. F. LE PLAY.

OBSERVATIONS PRÉLIMINAIRES

DÉFINISSANT LA CONDITION DES DIVERS MEMBRES DE LA FAMILLE.

Définition du lieu, de l'organisation industrielle et de la famille.

§ 1.

ÉTAT DU SOL, DE L'INDUSTRIE ET DE LA POPULATION.

La ville d'Idria qu'habite l'ouvrier est située à 22 kilomètres E. N. E. d'Ober-Laibach, en Carniole. Elle se présente sur une petite colline, au pied d'un chaînon des Alpes juliennes, près du point de partage des eaux qui se déversent par l'Isonzo à l'Adriatique et par la Save au Danube. La rivière Idriza, qui amène à Idria les bois par flottage, est un affluent de l'Isonzo. Le sol est constitué par les grès, les argiles schisteuses et surtout les calcaires appartenant au groupe géologique du trias.

C'est dans ces roches que se trouvent en amas, en couches et en parcelles disséminées, les minerais de mercure qui forment la principale richesse de cette localité célèbre.

Le climat d'Idria, assez rigoureux en hiver, mais doux en été, est favorable à la production de toutes les céréales de l'Europe. On y cultive principalement le froment, le seigle, le maïs et le sarrasin. Une grande partie du sol est occupée par les forêts domaniales : elles sont peuplées surtout de hêtre (*Fagus sylvatica, L.*) et de sapin argenté (*Abies pectinata, L. D.*); les bois en sont transportés aux mines et aux usines par des glissoirs et par l'Idriza. La principale industrie du pays a pour objet l'exploitation et le traitement métallurgique des minerais de mercure. La partie de la population qui s'emploie à ces travaux s'en occupe exclusivement et ne prend aucune part aux travaux agricoles du pays. Elle forme une corporation organisée sur les bases indiquées pour les ouvriers de plusieurs monographies décrites précédemment (III, III; IV, I). Les travaux des forêts et les transports sont accomplis par des ouvriers-domestiques attachés aux fermes et aux métairies, et surtout par des journaliers-agriculteurs qui possèdent, pour la plupart, au moins une maison et un jardin. La division du sol est souvent poussée à ses extrêmes limites; en sorte que les petits propriétaires peuvent rarement entretenir plus d'une vache.

Ici, comme dans toutes les localités où un tel régime a été adopté (IV, II, 20), le morcellement indéfini fait tomber peu à peu les propriétaires dans un état permanent d'indigence. Il leur enlève les moyens d'émigrer avec avantage, c'est-à-dire de fonder de nouveaux établissements agricoles, soit en Hongrie et dans les autres contrées de la monarchie autrichienne où la population est encore trop rare, soit dans les pays étrangers. Dans les conditions mal réglées où elle s'est établie, l'émigration ne produit ordinairement, dans cette partie de l'empire, qu'un accroissement de misère. Aucune contrée, peut-être, n'est plus propre à montrer les embarras qu'entraîne, pour les patrons dignes de ce nom, une population surabondante (12).

Selon des évaluations modérées, les minerais des gîtes d'Idria pourront encore fournir au moins 30,000 tonnes métriques de mercure métallique. En comparant cette réserve à la production annuelle, les chefs de la corporation se sont souvent demandé s'il y aurait lieu, en développant les travaux, de laisser un libre cours à l'accroissement de la population. Ils ont toujours conclu pour la négative. L'histoire du passé démontre, en effet, que la production de la mine d'Idria a pour limites la production des 7,000 hectares de forêt qui fournissent le bois de soutènement aux travaux souterrains, les planches et madriers réclamés par les machines et les établissements de toutes sortes, les combustibles consommés par les fourneaux de distillation et les foyers domestiques. Cependant, l'exploitation judicieuse des forêts peut se concilier avec l'augmentation graduelle de la production du mercure et un progrès correspondant de la population. Sous le gouvernement Vénitien, depuis la découverte en 1497, la production d'Idria s'est progressivement élevée à 170 tonnes. Sous le gouvernement autrichien, entre 1575 et 1846, elle a varié entre 170 et 280 tonnes. Depuis 1846 elle augmente peu à peu, et l'on espère la porter dans peu d'années à 350 et même à 400 tonnes. On pourra ainsi augmenter de moitié le nombre des 750 ouvriers employés aujourd'hui aux travaux des mines et des usines.

§ 2.

ÉTAT CIVIL DE LA FAMILLE.

La famille comprend les deux époux et quatre enfants, savoir :

1. Anton R***, chef de famille, né à Idria, marié depuis 4 ans......	36 ans.
2. Barbara T**, sa femme, née à Idria..........................	30 —
3. Bertha R***, leur 1re fille, née à Idria.......................	10 —
4. Carl R***, leur 1er fils, né à Idria..........................	8 —
5. Fritz R***, leur 2me fils, né à Idria.........................	4 —
6. Maria R***, leur 2me fille, née à Idria........................	1 —

Conformément à la pression exercée sur la population ouvrière des mines par les règlements de l'administration, des relations illicites ont commencé entre les deux époux, avec l'autorisation des parents, sept ans avant le mariage. Les enfants qui en sont issus ont été légitimés dès que le père et la mère ont obtenu l'autorisation de se marier.

§ 3.

RELIGION ET HABITUDES MORALES.

La famille professe la religion catholique romaine. Les habitudes religieuses sont contrariées par les unions illicites que les ouvriers contractent, pour la plupart, avant l'âge de 25 ans.

Ce désordre social est la conséquence des règlements qui interdisent le mariage en vue de restreindre le développement de la population (17 et 18).

Ces règlements n'ont pas seulement l'inconvénient d'être contraires à la morale ; ils n'atteignent aucunement le but en vue duquel ils sont promulgués. Ainsi, les ouvriers de la corporation d'Idria contractent tous, dès leur première jeunesse, des unions illicites qui se légitiment ordinairement à l'époque légale du mariage. Par un déplorable renversement de leurs devoirs, les parents sont obligés, sous peine de condamner leurs filles au célibat, de favoriser ces relations et d'établir dans leur propre maison une sorte de concubinage régulier. En étudiant les mœurs de cette localité, en recherchant, par exemple, comment un état de choses aussi anormal peut se concilier avec l'empressement que montrent la plupart de ces jeunes mères de famille à pratiquer les devoirs de la religion catholique, on demeure profondément attristé de cette grave atteinte portée aux mœurs publiques et au sentiment religieux.

§ 4.

HYGIÈNE ET SERVICE DE SANTÉ.

Les travaux des mines et ceux des usines mettent incessamment les ouvriers en contact avec des matières mercurielles. Ils ne sont pas cependant aussi malsains que ceux d'Almaden, en Espagne. Beaucoup d'ouvriers, tout en travaillant d'une manière à peu près permanente, peuvent parvenir à une vieillesse avancée. Les secours de médecine et de chirurgie sont donnés aux malades par les soins de l'administration supérieure des mines et des usines. Celle-ci en paie aussi presque tous les frais; les ouvriers n'y contribuent chacun que pour le prix d'une journée de travail, attribué au chirurgien comme complément des appointements payés par l'administration.

§ 5.

RANG DE LA FAMILLE.

L'ouvrier est payé à la tâche pour les travaux qu'il exécute à la mine; cependant, la rétribution qu'il obtient moyennement pour chaque jour de travail ne varie qu'entre des limites fort restreintes. Ici, comme dans les autres cas où les chefs d'industrie se croient tenus de pourvoir à tous les besoins essentiels des ouvriers, le travail à la tâche perd plus ou moins le caractère de spéculation qui le distingue partout où l'on se tient strictement aux clauses de la convention, quel qu'en soit le résultat pour l'ouvrier. Dans les habitudes de solidarité qui distinguent toutes les corporations de mines en Allemagne, l'administration supérieure, obligée d'indemniser l'ouvrier lorsque le salaire à la tâche reste notablement inférieur au taux moyen des journées, doit, d'un autre côté, diminuer immédiatement le tarif des prix faits, dès que le salaire atteint un taux notablement supérieur. Cette situation implique, à la vérité, pour l'ouvrier, un certain état de dépendance. Mais il en est ainsi nécessairement dans tous les cas où l'ouvrier ne trouve point, dans son énergie et sa tempérance, les moyens d'assurer en toute éventualité l'existence de sa famille, et lorsqu'il s'habitue à laisser ce devoir à la sollicitude de ses chefs. En général, l'étude des diverses conditions sociales ramène toujours à cette vérité : que les éléments de la liberté et de la dépendance résident dans l'homme lui-même, beaucoup plus que dans les circonstances extérieures au milieu desquelles il est placé.

Moyens d'existence de la famille.

§ 6.

PROPRIÉTÉS.

(Mobilier et vêtements non compris.)

Immeubles ruraux........................ 0f 00

Quelques ouvriers possèdent par héritage un jardin de 1 are concédé précédemment à leurs ancêtres, à une époque où l'administration supérieure des mines d'Idria ne croyait pas devoir entraver l'essor de la population. Ces sortes de concessions ne se renouvellent plus aujourd'hui (7).

Animaux domestiques...................... 0f 00

La rareté du sol disponible et le manque de pâturages communaux ne permettent point aux ouvriers d'exploiter des animaux domestiques.

Matériel spécial des travaux et industries.... 12f 00

1° *Pour la culture du jardin* (pris à loyer de l'administration). — Outils, 8f 00.
2° *Pour l'abatage du bois*. — Outils, 4f 00.

Droit éventuel aux allocations d'une caisse d'assurances mutuelles garantissant des subsides en argent dans les cas de longue maladie; des pensions à l'ouvrier vieux ou infirme, aux veuves et aux orphelins; enfin une sépulture décente à l'ouvrier (13)................................ 105f 00

Valeur totale des propriétés............... 117f 00

§ 7.

SUBVENTIONS.

L'administration supérieure des mines et usines fournit à ses ouvriers une certaine quantité de blé et de tabac à des taux inférieurs aux prix qui ont cours dans le commerce. Elle leur concède, contre un faible loyer, un petit jardin qui donne à la famille la moitié de la provision de pommes de terre et la majeure partie des légumes qui lui sont nécessaires. L'ouvrier récolte, à titre gratuit, dans les forêts domaniales, le bois de chauffage que réclament les besoins du ménage. L'administration pourvoit à l'instruction des enfants et aux secours de médecine et de chirurgie; enfin elle paie aux ouvriers malades des subsides équivalant presque à la solde entière de l'ouvrier valide. Ce système de subventions est complété par les allocations provenant d'une caisse fraternelle dotée d'un capital accumulé depuis longtemps, et entretenu en partie par une retenue de 1,67 p. 100 opérée sur le salaire des ouvriers. La destination de cette caisse est de venir au secours des familles dans les cas de longues maladies ou de mort prématurée des ouvriers (13). L'administration concède à un fermier, pour toute l'étendue de ce district de mines, le privilége exclusif de la vente du vin, à la charge de payer par chaque litre une redevance de 6 centimes. Le produit de cette ferme est consacré à l'entretien de l'école et à l'achat de toutes les fournitures de matériel scolaire qui sont faites aux enfants.

§ 8.

TRAVAUX ET INDUSTRIES.

TRAVAUX DE L'OUVRIER. — Le travail principal s'exécute successivement dans les mines où le minerai est exploité et dans les usines où ce minerai, convenablement préparé, est soumis à la distillation. Il a pour objet l'abatage de la roche, puis le chargement et le déchargement des fourneaux où le mercure est volatilisé par l'action de la chaleur. Les travaux des mines sont rétribués à la tâche, d'après la quantité de minerai abattu. Ils se font par postes de huit heures de travail effectif; mais ils se prolongent, en fait, pendant dix heures, en raison du temps nécessaire pour descendre dans la mine et pour remonter au jour. Les travaux de l'usine se font également à la tâche, selon la convention particulière dite « à forfait », c'est-à-dire, d'après un prix fixé pour la distillation de chaque fournée, quel que soit le temps que l'ouvrier consacre au travail. Le principal des travaux secondaires de l'ouvrier est la culture du jardin; puis vient la récolte du bois de chauffage pour les besoins du ménage. Pour exécuter ce dernier travail, l'ouvrier abat le bois dans la forêt domaniale : il le transporte et le dépose près du ruisseau de flottage (1); enfin, au moment opportun, il jette les bûches dans le courant qui les amène à un barrage établi près d'Idria; là, l'ouvrier reprend le bois pour le transporter au logis.

TRAVAUX DE LA FEMME. — Le travail principal a pour objet la fabrication de dentelles, qui se vendent, par l'entremise de marchands, en Croatie et en Hongrie. Parmi les travaux secondaires, viennent au premier rang les travaux de ménage, puis la confection des vêtements neufs pour la famille, le tricotage des bas pour la consommation de la famille ou pour la vente, et enfin la culture du jardin potager.

INDUSTRIES ENTREPRISES PAR LA FAMILLE. — Les industries dont les bénéfices sont pour la famille une source de recettes se réduisent à la spéculation implicitement comprise dans les travaux que l'ouvrier exécute à la tâche (2), et à la culture du jardin potager.

Mode d'existence de la famille.

§ 9.

ALIMENTS ET REPAS.

Les farines de seigle et de froment, bases de la nourriture de la famille, servent principalement à faire du pain et des nouilles. Les farines de maïs et de sarrasin sont surtout mangées à l'état de bouillie épaisse ou de pâte ferme frite sur la poêle avec du lard. On ne mange la viande de boucherie que les jours de fête. La famille fait ordinairement trois repas.

Déjeuner (six heures) : pain sans aucun assaisonnement.

Dîner (midi) : bouillie ou pâte ferme de sarrasin ou de maïs ; pain associé à de la viande de porc bouillie, à des légumes farineux ou à de la choucroute.

Souper (7 heures) : bouillie de farine plus claire que celle du dîner; plus habituellement, pain de seigle associé aux pommes de terre et aux autres légumes.

§ 10.

HABITATION, MOBILIER ET VÊTEMENTS.

L'habitation des ouvriers consiste, tantôt en une maison séparée, tantôt en une partie de maison réunissant plusieurs ménages. Elle se compose de deux pièces : dans l'une se trouvent les lits, dans l'autre on prépare les aliments et l'on prend les repas. Ordinairement un seul poêle sert à la cuisson du pain et des autres aliments et au chauffage de l'habitation.

Le mobilier et les vêtements, tenus proprement, comprennent :

MEUBLES ET USTENSILES : simples, peu nombreux, et proprement tenus. 150f 00

1 lit garni ; — 2 lits d'enfant ; — 1 berceau ; — 1 poêle en fonte dans le style allemand ; — 2 coffres en bois ; — 2 chaudrons en fonte ; — 1 poêle en fer battu ; — vaisselle en terre commune ; — fourchettes et cuillers en fer étamé. — Total, 150f 00.

VÊTEMENTS : réduits au plus strict nécessaire et témoignant de l'état de pénurie de la famille. 70f 00

VÊTEMENTS DE L'OUVRIER (32f 00).

1° *Vêtements du dimanche.* — Veste, pantalon et gilet de drap pour l'hiver ; — veste, pantalon et gilet de toile pour l'été ; — 1 chemise fine. — Total, 18f 00.

2° *Vêtements de travail.* — Veste et pantalon de forte toile noire ; — 2 chemises ; — 1 paire de souliers ; — 1 chapeau de feutre. — Total, 14f 00.

VÊTEMENTS DE LA FEMME (du dimanche et de travail) (19f 50).

VÊTEMENTS DES ENFANTS (18f 50).

VALEUR TOTALE du mobilier et des vêtements 220f 00

§ 11.

RÉCRÉATIONS.

L'usage du tabac à fumer est une des principales récréations de l'ouvrier. L'une des subventions auxquelles il attache le plus d'intérêt est le droit d'acheter sa provision annuelle de 15k7, au prix de 0f 60 le kilogramme, lorsque le prix courant du commerce monte à 1f 60. Toute la famille prend un très-vif intérêt à jouer chaque quinzaine à la loterie. Elle engage chaque fois sur « l'extrait » 0f 23; et cette charge est aussi régulière pour la famille que celles qui se rapportent à ses principaux besoins. On ne remarque pas que ce divertissement excite la cupidité ou l'amour du jeu : il entretient chez tous les membres de la famille une agréable excitation, à laquelle on ne pourrait évidemment suppléer, avec une dépense aussi modique, par aucune autre combinaison. Les promenades faites le dimanche en famille, une consommation modérée de vin et de bière au cabaret, quelquefois des jeux d'adresse, complètent les moyens de distraction accessibles à la population ouvrière de ce district. Les fêtes religieuses, la recette du salaire qui a lieu à des intervalles réguliers de quatre semaines, quelques anniversaires locaux, sont pour l'ouvrier et sa famille l'occasion de réjouissances spéciales.

On pouvait observer, il y a quelques années, un divertissement pris par les ouvriers à l'occasion des achats de viande de porc pour les salaisons domestiques. Cette coutume était appelée dans le pays « la chasse aux cochons ». Les cochons, amenés de la Croatie à l'époque de Pâques, étaient achetés en bloc en quantité proportionnée aux demandes, et la dépense totale d'acquisition était répartie également entre tous les ouvriers ou groupes d'ouvriers qui avaient déclaré vouloir acquérir un cochon entier. A un moment donné, tous ces animaux préalablement excités étaient lâchés devant les concurrents acquéreurs et sous les yeux des autorités, dans une grande cour fermée. Puis chacun, usant d'adresse et d'agilité, cherchait à saisir le plus gros cochon, qui devenait aussitôt sa propriété. Ce divertissement grossier, mais très-populaire, a été interdit depuis quelques années par [raison de convenance. Lorsque l'on considère l'importance sociale des récréations, il semble qu'un divertissement consacré par la tradition ne devrait être supprimé, pour un tel motif, qu'à la condition d'être remplacé par un divertissement plus convenable, approprié au développement intellectuel et moral des ouvriers.

Histoire de la famille.

§ 12.

PHASES PRINCIPALES DE L'EXISTENCE.

Dans la situation faite à la population ouvrière par les règlements de la corporation, les parents, sous peine de condamner leurs filles au célibat, doivent favoriser les unions illicites qui précèdent toujours les mariages (18). Les enfants qui en proviennent sont élevés par les parents de la mère. La nouvelle famille ne se constitue donc réellement qu'à dater du mariage, c'est-à-dire six ou sept ans en moyenne après la naissance des premiers enfants. La pression ainsi éprouvée par les ouvriers exerce directement, sur la moralité publique, la plus funeste influence. Elle a des conséquences fâcheuses pour presque tous les détails de l'organisation sociale. Ainsi, chaque nouveau ménage se trouvant d'abord rattaché à celui des parents de la jeune femme, le père n'y est en quelque sorte qu'un étranger, et il se trouve privé devant ses enfants de toute autorité. Cette organisation est, comme on voit, le contre-pied de celle qui règne en Russie, où les jeunes femmes viennent toujours s'établir dans la famille de leurs maris.

Les fils des ouvriers mineurs, parvenus à l'âge de 14 ans, et pourvus d'une instruction peu développée, commencent leur apprentissage en exécutant quelques légers travaux. Mais ils ne sont admis définitivement dans les cadres de la population ouvrière qu'après un noviciat de trois années, vers 17 ou 18 ans. ils reçoivent alors, outre les subventions, un salaire journalier de 0f 38. Ce salaire augmente graduellement avec l'âge, jusqu'à ce qu'il ait atteint, pour les ouvriers ordinaires. un taux variable entre 0f 68 et 0f 87. C'est seulement alors qu'âgés moyennement de 32 ans ils sont autorisés à se marier. Ce groupe industriel, alimenté exclusivement par les forêts du pays, privé par conséquent des moyens de développement qu'assure aux usines de la Grande-Bretagne la proximité des bassins houillers, ne suffit plus à l'activité d'une population incessamment croissante. L'administration supérieure des mines voit donc croître chaque jour les charges imposées par le patronage qu'elle exerce depuis une époque ancienne. Elle n'empêche pas, elle favorise même indirectement l'émigration de la population. Dans ces derniers temps, les ouvriers les moins rétribués se sont portés avec empressement vers quelques ateliers industriels créés par des compagnies financières sous le régime des engagements momentanés. Plus récemment, les émigrants se sont dirigés de préférence vers les travaux du chemin de fer de Vienne à Trieste. Le ralentissement et la suspension de ces entreprises (en 1846) ont plongé ces populations déclassées dans un état de souffrance jusqu'alors inconnu. Dans cette contrée, en effet, à défaut de la corporation des mines d'Idria, les institutions communales de la contrée avaient toujours suffi au soulagement des classes pauvres (19 et 20).

Un tel exemple indique mieux que ne pourraient le faire de longs raisonnements le devoir imposé aujourd'hui aux gouvernements et aux classes dirigeantes de l'Europe occidentale : ils ont le devoir d'organiser, en faveur des populations surabondantes, des moyens réguliers d'émigration.

L'administration se garde d'accroître rapidement la population en développant les travaux des mines. Elle se rappelle qu'en 1786 le gouvernement autrichien avait compromis la prospérité de la mine en s'engageant à livrer annuellement à l'Espagne 670 tonnes de mercure pour les mines d'argent de l'Amérique.

§ 13.

MOEURS ET INSTITUTIONS ASSURANT LE BIEN-ÊTRE PHYSIQUE ET MORAL DE LA FAMILLE.

Les ouvriers des mines et usines d'Idria jouissent en principe des garanties qui dérivent, dans les grands districts de mines de l'Allemagne, du régime des corporations. Une caisse d'assurances mutuelles, dite caisse fraternelle, alloue, en cas de maladie, des subsides en argent qui sont continués pendant sept semaines. Elle accorde une pension de retraite, égale au montant de la solde d'activité, aux ouvriers ayant 40 ans de service et à ceux qui, par suite de blessures, sont devenus infirmes. Enfin. la famille reçoit chaque semaine, en cas de mort de l'ouvrier. savoir : la veuve, 1f 15; chaque garçon, jusqu'à l'âge de 12 ans, et chaque fille, jusqu'à l'âge de 14 ans, 0f 17. Malgré l'analogie qui existe entre toutes les institutions protectrices propres aux corporations de mines de l'empire autrichien, les ouvriers mineurs de la Carniole sont loin de jouir du bien-être acquis à ceux de plusieurs autres districts métallurgiques, et en particulier à ceux de la Basse-Hongrie (IV, I, 7). A Idria, où le sol manque aujourd'hui à la population. l'ouvrier doit tirer presque exclusivement de l'industrie minérale ses moyens de subsistance. L'administration supérieure des mines et usines, qui ne peut y développer le travail au delà des limites fixées par les ressources forestières, commence à succomber sous la charge que lui impose une population incessamment croissante; et c'est ainsi qu'elle s'écarte des devoirs tracés par l'ancienne tradition. C'est précisément sous la pression des mêmes circonstances, que le patronage se restreint de plus en plus en Allemagne et dans les autres États de l'Occident. Les classes dirigeantes ont donc le devoir d'organiser l'émigration; et elles devraient tout au moins créer des moyens nouveaux d'activité. C'est du reste ce qu'on a déjà fait en introduisant à Idria les fabrications de la dentelle, des objets de tricot et de divers tissus.

§ 14. — BUDGET DES RECETTES DE L'ANNÉE.

SOURCES DES RECETTES.	ÉVALUATION approximative des sources de recettes.
	VALEUR des propriétés.
SECTION Ire.	
Propriétés possédées par la famille.	
ART. 1er. — PROPRIÉTÉS IMMOBILIÈRES.	
(La famille ne possède aucune propriété de ce genre)........	»
ART. 2. — VALEURS MOBILIÈRES.	
MATÉRIEL SPÉCIAL des travaux et industries :	
Pour la culture du jardin........	8f 00
Pour l'abatage du bois........	4 00
ART. 3. — DROIT AUX ALLOCATIONS DE SOCIÉTÉS D'ASSURANCES MUTUELLES.	
CAISSES accumulant les souscriptions de la famille :	
Droit éventuel à des subsides en argent en cas de longue maladie; à une pension pour l'ouvrier vieux ou infirme, pour la veuve et les orphelins; à une sépulture décente pour l'ouvrier........ (13)	105 00
VALEUR TOTALE des propriétés (sauf déduction des dettes mentionnées, 15, Son V)....	117 00

SECTION II.

Subventions reçues par la famille.

ART. 1er. — PROPRIÉTÉS REÇUES EN USUFRUIT.

(La famille ne reçoit aucune propriété en usufruit)........

ART. 2. — DROITS D'USAGE SUR LES FORÊTS DOMANIALES.

DROIT sur le bois de chauffage des forêts domaniales........

ART. 3. — ALLOCATIONS D'OBJETS ET DE SERVICES.

ALLOCATIONS concernant la nourriture........

— concernant l'instruction des enfants........

— concernant les récréations........

— concernant le service de santé........

— concernant les industries........

— concernant les assurances........

§ 14. — BUDGET DES RECETTES DE L'ANNÉE.

RECETTES.	MONTANT DES RECETTES.	
	Valeur des objets reçus en nature.	Recettes en argent.
SECTION Ire.		
Revenus des propriétés.		
ART. 1er. — REVENUS DES PROPRIÉTÉS IMMOBILIÈRES.		
(La famille ne jouit d'aucun revenu de ce genre)	»	»
ART. 2. — REVENUS DES VALEURS MOBILIÈRES.		
Intérêt (5 p. 100) de la valeur de ces outils	0f 40	»
— — —	0 20	»
ART. 3. — ALLOCATIONS DE CAISSES D'ASSURANCES MUTUELLES.		
(Ce droit ne donne actuellement aucun revenu)	»	»
TOTAL des revenus des propriétés	0 60	»
SECTION II.		
Produits des subventions.		
ART. 1er. — PRODUITS DES PROPRIÉTÉS REÇUES EN USUFRUIT.		
(La famille ne jouit d'aucun produit de ce genre)	»	»
ART. 2. — PRODUITS DES DROITS D'USAGE.		
Bois (3,360 kil.) évalué sur pied à (16, D)	17 20	»
ART. 3. — OBJETS ET SERVICES ALLOUÉS.		
Remise (0f 073 par kil.) sur le prix marchand du froment (380 kil.)	27 74	»
Remise (0f 043 par kil.) sur le prix marchand du seigle (730 kil.)	31 39	»
Instruction donnée aux enfants aux frais de l'administration des mines : dépense moyenne par famille d'ouvriers	6 00	»
Livres et papier, payés par un prélèvement sur la consommation du vin	1 50	»
Remise (1f 00 par kil.) sur le prix marchand du tabac (15k 7)	15 70	»
Secours de médecine et de chirurgie donnés aux frais de l'administration des mines : par famille d'ouvriers	12 00	»
Remise sur le prix courant du loyer du jardin appartenant à l'administration des mines	0 87	»
Secours de médecine et de chirurgie accordés par l'administration des mines : voir ci-dessus	»	»
Subsides en argent accordés par l'administration des mines en cas de maladie, évalués par famille d'ouvriers à	»	6f 00
Contribution de la même administration à la caisse d'assurances mutuelles, qui alloue des subsides en argent en cas de longues maladies, et qui paie des pensions aux ouvriers vieux ou infirmes, aux veuves et aux orphelins : par famille d'ouvriers	45 00	»
TOTAUX des produits des subventions	157 40	6 00

§ 14. — BUDGET DES RECETTES DE L'ANNÉE (SUITE).

SOURCES DES RECETTES (SUITE).

DÉSIGNATION DES TRAVAUX ET DE L'EMPLOI DU TEMPS.	QUANTITÉ de travail effectué. père	mère
	journées	journées
SECTION III. Travaux exécutés par la famille.		
TRAVAIL PRINCIPAL, exécuté au compte de l'administration des mines et usines :		
Travaux de mine : abatage de la roche et du minerai	300	»
Travaux d'usine : chargement et déchargement des fours à mercure	30	»
TRAVAIL PRINCIPAL, exécuté au compte de la famille :		
Fabrication de la dentelle pour la vente	»	100
TRAVAUX SECONDAIRES, exécutés au compte de la famille :		
Travaux de ménage : préparation des aliments, soins donnés aux jeunes enfants, soins de propreté concernant la maison et le mobilier, entretien et blanchissage des vêtements et du linge	»	120
Culture du jardin	4	2
Récolte et transport du bois de chauffage	12	»
Confection de vêtements pour la famille	»	20
Tricotage de bas, pour la famille et pour divers à prix d'argent	»	20
TOTAUX des journées de tous les membres de la famille	346	328

SECTION IV.

Industries entreprises par la famille

(À son propre compte).

SPÉCULATIONS relatives aux travaux de mine exécutés à la tâche par l'ouvrier.

Substitution du travail à la tâche au travail à la journée.

SPÉCULATIONS relatives aux travaux d'usine exécutés à la tâche par l'ouvrier.

Substitution du travail à la tâche au travail à la journée.

INDUSTRIES entreprises au compte de la famille :

Culture du jardin.

§ 14. — BUDGET DES RECETTES DE L'ANNÉE (SUITE).

PRIX des salaires journaliers. père	mère	RECETTES (SUITE).	MONTANT DES RECETTES. VALEUR des objets reçus en nature.	RECETTES en argent.
fr. c.	fr. c.	**SECTION III.**		
		Salaires.		
		(Non compris la portion des salaires considérée comme le bénéfice des spéculations du tâcheron, S^on IV.)		
0 81	»	Salaire que recevrait un journalier libre exécutant le même travail..	»	243f00
0 81	»	— — — — ..	»	24 30
»	0 43	Salaire total attribué à ce travail..............................	»	71 38
»	»	(Aucun salaire ne peut être attribué à ces travaux)...........	»	»
0 65	0 35	Salaire total attribué à ce travail..............................	3 30	»
0 65	»	— —	7 80	»
»	0 35	— —	7 00	»
»	0 35	— —	1 75	5 25
		Totaux des salaires de la famille.............	19 85	343 93

SECTION IV.	CALCUL des salaires journaliers moyens.	VALEUR des objets reçus en nature.	RECETTES en argent.
Bénéfices des industries.			
(Y compris la portion des salaires considérée comme le bénéfice des spéculations du tâcheron, S^on III.)			
Nota. — Un journalier, exécutant le même genre de travail, recevrait (S^on III)........................	0f81		
Supplément de salaire résultant de cette substitution............ (16, A)	0 06	»	18 00
Total du salaire journalier moyen de l'ouvrier...........	0 87		
Nota. — Un journalier, exécutant le même genre de travail, recevrait (S^on III)........................	0 81		
Supplément de salaire résultant de cette substitution............ (16, A)	0 27	»	8 10
Total du salaire journalier moyen de l'ouvrier...........	1 08		
Bénéfice résultant de cette industrie...................... (16, B)		4 90	»
Totaux des bénéfices résultant des industries...... (16, C)		4 90	26 10
Nota. — Outre les recettes portées ci-dessus en compte, les industries donnent lieu à une recette de 0f87 (16, C), qui est appliquée de nouveau à ces mêmes industries. Cette recette et les dépenses qui la balancent (15, S^on V) ont été omises dans l'un et l'autre budget.			
Totaux des recettes de l'année (balançant les dépenses)...... (558f78)		182 75	376 03

§ 15. — BUDGET DES DÉPENSES DE L'ANNÉE.

DÉSIGNATION DES DÉPENSES.	POIDS et PRIX des ALIMENTS		MONTANT DES DÉPENSES.	
	POIDS consommé	PRIX par kilogr.	VALEUR des objets consommés en nature.	DÉPENSES en argent.
SECTION Ire.				
Dépenses concernant la nourriture.				
ART. 1er. — ALIMENTS CONSOMMÉS DANS LE MÉNAGE				
(Par l'ouvrier, la femme, 4 enfants de 10 ans à 1 an, pendant 365 jours.)				
CÉRÉALES :				
Froment, évalué à l'état de blé (acheté à l'administration des mines).. (14, S^{on} II)	380^{k}0	0^{f}183	27^{f}74	41^{f}80
Seigle, acheté à l'état de blé (acheté à l'administration des mines).. (14, S^{on} II)	730 0	0 137	31 39	68 62
Maïs, évalué à l'état de blé (acheté au marché)................	68 0	0 198	»	13 46
Sarrasin, évalué à l'état de blé (acheté au marché)............	85 0	0 285	»	24 22
Poids total et prix moyen..............	1,263 0	0 161		
CORPS GRAS :				
Gras de lard..	50 5	0 770	»	38 88
Huile de noix..	1 1	0 950	»	1 05
Poids total et prix moyen..............	51 6	0 773		
LAITAGES ET ŒUFS :				
Lait de vache (pour *Polenta* de maïs)...	29 0	0 045	»	1 30
VIANDES ET POISSONS :				
Viandes de boucherie : Bœuf ou vache, 3^{k}4 à 0^{f}54, 1^{f}84 ; — veau, 2^{k}2 à 0^{f}64, 1^{f}41 ; — mouton, 3^{k}4 à 0^{f}34, 1^{f}16........	9 0	0 490	»	4 41
Viande de porc..	22 4	0 540	»	12 10
Poissons (ils n'entrent qu'exceptionnellement dans la consommation du ménage)..	»	»	»	»
Poids total et prix moyen..............	31 4	0 525		

§ 15. — BUDGET DES DÉPENSES DE L'ANNÉE (SUITE).

DÉSIGNATION DES DÉPENSES (SUITE).	POIDS et PRIX des ALIMENTS		MONTANT DES DÉPENSES.	
	POIDS consommé	PRIX par kilogr.	VALEUR des objets consommés en nature.	DÉPENSES en argent.
SECTION Ire.				
Dépenses concernant la nourriture (suite).				
LÉGUMES ET FRUITS :				
Tubercules : Pommes de terre [achetées, 123 kil.; — du jardin (16, B) 123 kil.]	216k0	0f028	3f44	3f44
Légumes farineux secs : Haricots secs, 30k à 0f277, 8f31 ; — pois secs, 6k à 0f433, 2f60	36 0	0 303	»	10 91
Légumes verts à cuire : Choux [achetés, 70 kil.; — du jardin (16 B), 40 kil.]	110 0	0 040	1 60	2 80
Légumes racines : Raves (16, B) — Légumes épices : Oignons (16, B) — Salades diverses (16, B) — Cucurbitacées : Concombres (16, B)	115 0	0 016	4 43	0 87
Fruits à pepin et à noyau : Prunes, poires	10 0	0 100	»	1 00
Poids total et prix moyen	517 0	0 035		
CONDIMENTS ET STIMULANTS :				
Sel	29 1	0 350	»	10 18
Épices	»	»	»	0 50
Vinaigre	11 0	0 140	»	1 54
Poids total et prix moyen	40 1	0 304		
BOISSONS FERMENTÉES :				
(Voir récréations)	»	»	»	»
ART. 2. — ALIMENTS PRÉPARÉS ET CONSOMMÉS EN DEHORS DU MÉNAGE.				
(Aucune nourriture n'est consommée en dehors du ménage)			»	»
TOTAUX des dépenses concernant la nourriture			68 60	237 08

§ 15. — BUDGET DES DÉPENSES DE L'ANNÉE (SUITE).

DÉSIGNATION DES DÉPENSES (SUITE).	MONTANT DES DÉPENSES.	
	VALEUR des objets consommés en nature.	DÉPENSES en argent.
SECTION II.		
Dépenses concernant l'habitation.		
LOGEMENT :		
Loyer de la maison, 26f00; — achats pour l'entretien de la maison, 1f00	»	27f00
MOBILIER :		
Achats pour le renouvellement et l'entretien	»	2 50
CHAUFFAGE :		
Bois, 3,360k à 0f75 les 100 kil	25f20	»
ÉCLAIRAGE :		
Huile, 6k7 à 1f16	»	7 77
TOTAUX des dépenses concernant l'habitation	25 20	37 27
SECTION III.		
Dépenses concernant les vêtements.		
VÊTEMENTS DE L'OUVRIER :		
Achats d'étoffes et de vêtements (16, E), 31f20; — travaux de confection, exécutés par la femme (16, F), 2f00	2 00	31 20
VÊTEMENTS DE LA FEMME :		
Achats d'étoffes et de vêtements, 22f80; — travaux de confection, exécutés par la femme (16, F), 2f00	2 00	22 80
VÊTEMENTS DES ENFANTS :		
Achats d'étoffes et de vêtements, 11f40; — travaux de confection, exécutés par la femme (16, F), 4f75	4 75	11 40
BLANCHISSAGE :		
Savon, 2k8 à 0f93, 2f60; — cendres du foyer (comprises dans la valeur du bois de chauffage)	»	2 60
TOTAUX des dépenses concernant les vêtements	8 75	68 00
SECTION IV.		
Dépenses concernant les besoins moraux, les récréations et le service de santé.		
CULTE :		
Offrandes à l'église et sacrements	»	0 80
INSTRUCTION DES ENFANTS :		
Frais de l'école payés par l'administration des mines, 6f00; — livres, etc., payés par un prélèvement sur la consommation du vin, 1f50 (14, Son II)	7 50	»
SECOURS ET AUMÔNES :		
(La famille ne fait aucune dépense de cette nature)	»	»

§ 15. — BUDGET DES DÉPENSES DE L'ANNÉE (SUITE).

DÉSIGNATION DES DÉPENSES (SUITE).	MONTANT DES DÉPENSES.	
	VALEUR des objets consommés en nature	DÉPENSES en argent.
SECTION IV.		
Dépenses concernant les besoins moraux, les récréations et le service de santé (suite).		
RÉCRÉATIONS ET SOLENNITÉS :		
Tabac à fumer, 15k 7 à 1f 60 (prix de vente du commerce)............... (14, Son II)	15f 70	0f 42
Vin, bière et eau-de-vie, pris les dimanches et les jours de fête au cabaret, 7f 73 ; — pris les jours de paie, 2f 30..	»	10 03
Loterie : 0f 23 par quinzaine	»	6 12
SERVICE DE SANTÉ :		
Secours de médecine, de chirurgie et de pharmacie : contribution de l'administration des mines (14, Son II), 12f 00 ; — contribution de l'ouvrier : salaire d'une journée de travail, 0f 87..	12 00	0 87
TOTAUX des dépenses concernant les besoins moraux, les récréations et le service de santé..	35 20	27 30
SECTION V.		
Dépenses concernant les industries, les dettes, les impôts et les assurances.		
DÉPENSES CONCERNANT LES INDUSTRIES :		
NOTA. — Les dépenses concernant les industries entreprises au compte de la famille montent à.. (16, C) 5f 41		
Elles sont remboursées par les recettes provenant de ces mêmes industries, savoir :		
Argent et objets employés pour la consommation du ménage et portés à ce titre dans le présent budget... .... 4f 57 } 5 41		
Argent appliqué de nouveau aux industries (14, Son IV) comme emploi momentané du fonds de roulement, et qui ne peut conséquemment figurer parmi les dépenses du ménage........ 0 87 }		
INTÉRÊTS DES DETTES :		
Intérêt (15 p. 100) des objets de consommation achetés à crédit (10f 00), perçu par les marchands sous forme d'augmentation des prix de vente au comptant portés au présent budget..	»	1 50
IMPÔTS :		
La famille ne paie pas d'impôts directs..	»	»
ASSURANCES CONCOURANT A GARANTIR LE BIEN-ÊTRE PHYSIQUE ET MORAL DE LA FAMILLE :		
Contribution annuelle à une caisse d'assurances mutuelles garantissant des subsides en argent en cas de longue maladie ; une pension pour l'ouvrier vieux ou infirme, pour la veuve, pour les orphelins jusqu'à l'âge de travail ; une sépulture décente à l'ouvrier :		
Contribution de l'ouvrier : 1/60 du salaire..	»	4 88
Contribution de l'administration des mines et usines........... (14, Son II)	45 00	»
TOTAUX des dépenses concernant les industries, les dettes, les impôts et les assurances..	45 00	6 38
ÉPARGNE DE L'ANNÉE :		
La famille ne fait point d'épargne ; mais son avenir est garanti par les droits acquis à l'ouvrier en sa qualité de membre de la corporation des mines et usines...........	»	»
TOTAUX DES DÉPENSES de l'année (balançant les recettes)...... (558f 78)	182 75	376 03

§ 16.

COMPTES ANNEXÉS AUX BUDGETS.

SECTION I.

COMPTES DES BÉNÉFICES

Résultant des industries entreprises par la famille (à son propre compte).

	Valeurs en nature.	Valeurs en argent.
A. — Spéculation relative aux travaux de mine et d'usine exécutés par l'ouvrier.		
RECETTES.		
Somme obtenue des travaux de mine, en sus du salaire que recevrait un journalier exécutant le même genre de travail	»	18f00
Somme obtenue des travaux d'usine, en sus du salaire que recevrait un journalier exécutant le même genre de travail	»	8 10
Total	»	26 10
DÉPENSES.		
(Aucune)	»	»
Supplément de salaire résultant de la substitution du travail à la tâche au travail à la journée pour les travaux de mine	»	18 00
Supplément de salaire résultant de la substitution du travail à la tâche au travail à la journée pour les travaux d'usine	»	8 10
Total comme ci-dessus	»	26 10
B. — Culture du jardin (1 are).		
RECETTES.		
Pommes de terre : 123k à 0f028	3f44	»
Légumes divers : 155k à 0f044 (15, Son I)	6 03	0 87
Totaux	9 47	0 87
DÉPENSES.		
Loyer du jardin	»	0 87
Remise sur la valeur locative du jardin (14, Son II)	0 87	»
A reporter	0 87	0 87

DÉPENSES (SUITE).	VALEURS en nature.	VALEURS en argent.
Report	0f87	0f87
Travaux de la famille (14, Son III)	3 30	»
Frais du matériel spécial :		
Intérêt (5 p. 100) de la valeur des outils (4f00) (6)	0 40	»
Entretien de ces outils : frais insignifiants	»	»
BÉNÉFICE résultant de l'industrie	4 90	»
Totaux comme ci-contre	9 47	0 87

C. — Résumé des comptes des bénéfices résultant des industries (A et B).

RECETTES TOTALES.		
Produits employés en nature pour la nourriture de la famille	9 47	0 87
Recettes en argent à employer de nouveau pour les industries elles-mêmes	»	0 87
Recettes en argent appliquées aux dépenses du ménage	»	25 23
Totaux	9 47	26 97
DÉPENSES TOTALES.		
Intérêts des propriétés possédées par la famille et employées par elle aux industries (14, Son I)	0 40	»
Produits des subventions reçues par la famille et employées par elle aux industries (14, Son II)	0 87	»
Salaires afférents aux travaux exécutés par la famille pour les industries (14, Son III)	3 30	»
Dépenses en argent qui devront être remboursées par des recettes résultant des industries	»	0 87
Totaux des dépenses (5f44)	4 57	0 87
BÉNÉFICES TOTAUX résultant des industries	4 90	26 10
Totaux comme ci-dessus	9 47	26 97

SECTION II.

COMPTES RELATIFS AUX SUBVENTIONS.

D. — Récolte des bois de construction dans les forêts domaniales.

RECETTE.		
Bois : 3,360k à 0f75 par 100 kil	25 20	»

DÉPENSES.	VALEURS en nature.	VALEURS en argent.
Travaux de l'ouvrier .... (14, Son III et 8)	7f 80	»
Frais du matériel spécial :		
Intérêt (5 p. 100) de la valeur des outils	0 20	»
VALEUR à attribuer au bois avant l'abatage	17 20	»
Total comme ci-contre	25 20	»

SECTION III.

COMPTES DIVERS.

E. — Compte de la dépense annuelle pour vêtements de l'ouvrier.

	PRIX des objets neufs.	DURÉE.	DÉPENSE par an.
Vêtements du dimanche :			
Veste, pantalon et gilet d'hiver	18f 20	14 ans.	1f 30
Veste, pantalon et gilet d'été	13 00	3	4 33
1 chemise fine	2 60	1	2 60
Vêtements de travail :			
Veste et culotte de forte toile noire	2 60	1	2 60
2 chemises	4 33	1	4 33
1 paire de souliers	6 50	1	6 50
Coiffure	»	»	3 47
Achat de boutons et de doublures	»	»	6 07
Total			31 20

F. — Compte de la dépense annuelle pour confection domestique de vêtements.

ART. 1er. — *Dépense pour le ménage tout entier.*

	VALEURS en nature.	VALEURS en argent.
Travaux de la femme pour confection de vêtements	7f 00	»
Travaux de la femme pour tricotage	1 75	»
Total	8 75	»

ART. 2. — *Distribution de la dépense sur les divers membres du ménage.*

	VALEURS en nature.	VALEURS en argent.
Vêtements de l'ouvrier	2 00	»
— de la femme	2 00	»
— des enfants	4 75	»
Total comme ci-dessus	8 75	»

ÉLÉMENTS DIVERS DE LA CONSTITUTION SOCIALE

FAITS IMPORTANTS D'ORGANISATION SOCIALE; PARTICULARITÉS REMARQUABLES; APPRÉCIATIONS GÉNÉRALES; CONCLUSIONS.

§ 17.

PRÉCIS SUR LA CAUSE PRINCIPALE DE DÉSORGANISATION QUI AGIT A LA MINE D'IDRIA ET DANS PLUSIEURS AUTRES LOCALITÉS DE L'EMPIRE AUTRICHIEN.

Parmi les conditions indispensables au bonheur des sociétés, figure aux premiers rangs la nécessité de créer, puis de maintenir, un juste état d'équilibre entre le nombre des habitants et les moyens de subsistance fournis par le sol et les eaux. Le problème varie selon que la population fait défaut ou surabonde; et, à toutes les époques de l'histoire, il a reçu, dans les deux cas, de bonnes solutions. De nos jours, dans les régions occidentales du Continent, le cas habituel des races fécondes est l'excès des agglomérations d'hommes; et l'on y pourvoit par l'organisation méthodique de l'émigration. La meilleure solution, celle de « l'émigration riche » (III, IV, 19), a été décrite pour la plaine saxonne (III, III, 20) située au nord des États allemands. C'est en raison de ce régime et des faits sociaux qui lui ont donné naissance que les constitutions de la Westphalie, de l'Oldenbourg et du Hanovre, doivent être classées parmi les modèles de l'Europe.

Au midi des États allemands, en Moravie (V, I, 17), dans plusieurs autres provinces de l'empire autrichien et notamment dans la localité qui fait l'objet de la présente monographie, les populations sont souvent surabondantes. Cependant, à défaut d'institutions convenables, la fécondité n'est plus, pour ces contrées, un élément de prospérité; elle est même devenue une cause de désorganisation. Ce genre de désordres sociaux se distingue de ceux qui, pour la plupart, sont amenés en Occident par l'oubli des devoirs du patronage et par les aberrations de l'esprit de nouveauté. Les faits exposés dans la présente monographie montrent, au contraire, qu'ici la source du mal est dans la fausse direction donnée à la sollicitude des classes dirigeantes et dans l'exagération imprimée à l'esprit de tradition.

Dans les provinces de l'Autriche, comme dans plusieurs États de l'Allemagne centrale, les corporations de mines, les corporations municipales, et beaucoup de propriétaires exploitant, à titre privé, des établissements forestiers, ruraux ou manufacturiers, sont profondément pénétrés des obligations que la tradition leur impose. La force de ce sentiment a souvent excité mon admiration chez les corporations de mines que j'ai particulièrement étudiées de 1829 à 1851. Sous cette inspiration, la classe dirigeante se croit tenue d'assurer des moyens de subsistance, non-seulement aux familles placées sous son patronage, mais encore aux rejetons qui doivent les perpétuer. On s'explique donc qu'elle se préoccupe de ne point succomber sous le poids de cette obligation; or, c'est ce qui arriverait si les ouvriers qu'elle emploie se multipliaient au delà des limites fixées par l'activité des ateliers de travail et par les ressources alimentaires de la localité. Cet écueil est redouté par tous les patrons intelligents; mais le moyen auquel on a recours pour l'éviter, en Autriche (V, I, 22) et notamment à Idria (18), est la loi qui restreint la population par les obstacles opposés au mariage des ouvriers. Ce régime est condamné par les résultats mêmes qu'on en obtient et par la pratique des peuples prospères. A Idria, en effet, le but est manqué : les règlements relatifs au mariage ont uniquement pour conséquence de substituer aux unions légitimes une sorte de concubinage régulier. Cette situation anormale blesse profondément les sentiments délicats que le régime antérieur avait développés au cœur de ces excellentes populations; mais elle ne prend fin qu'à l'époque où les mariages sont enfin autorisés par les pouvoirs compétents. Aussi longtemps que règne l'interdiction, les familles doivent surmonter les répugnances que leur inspire la violation de la loi morale ; elles n'ont en effet que deux alternatives : organiser des unions prématurées, ou condamner leurs filles au célibat. Quant au clergé, il est dans une situation plus pénible encore : il est obligé de tolérer l'un des désordres sociaux qui, depuis les premiers âges, est condamné par toutes les races prospères ; et il ne peut refuser les sacrements à ceux dont le plus cher désir est de se conformer aux règles de la religion. Trois causes se réunissent, sous ce déplorable régime de contrainte, pour désorganiser la société. L'interdiction du mariage viole deux commandements du Décalogue, le VIe et le IXe ; elle compromet la dignité des parents et, en cela, elle amoindrit le principe d'autorité ; enfin, elle impose indirectement aux ministres du culte une tolérance qui nuit à l'ascendant de la religion. La réforme de ce régime est indispensable ; elle est d'ailleurs facile à Idria, car aucune population n'est mieux placée pour organiser un bon système d'émigration. F. L.-P.

§ 18.

IMPUISSANCE ET IMMORALITÉ DES RÈGLEMENTS QUI RESTREIGNENT LES MARIAGES DANS PLUSIEURS ÉTATS ALLEMANDS.

Plusieurs administrations européennes ont contracté d'une manière formelle l'obligation d'assister les ouvriers qui tombent momentanément dans la détresse et les familles qui vivent dans un état habituel d'indigence. Dans cette situation, elles se croient autorisées à diminuer leurs charges en entravant autant que possible parmi leurs clients le développement de la population par un ensemble compliqué de mesures restrictives. Cependant cette tendance ne se révèle guère comme système général que dans les États allemands (19). Dans les autres contrées de l'Occident, on a pensé qu'il n'était pas permis d'intervenir par des mesures directes contre l'accroissement des populations. Dans le Nord et dans l'Orient, l'abondance du sol disponible conseille naturellement de laisser un libre essor au vœu de l'humanité ; et cette circonstance explique en partie la quiétude et la sérénité dont jouissent les classes ouvrières de ces contrées.

L'opposition qui existe, sous ce rapport, entre le régime russe et le régime allemand se révèle dans tous les détails de l'administration des populations ouvrières. Elle est clairement marquée dans ceux qui se rattachent aux subventions de céréales accordées à certaines catégories d'ouvriers. Ainsi, en Russie, une allocation spéciale de blé est toujours accordée à la femme et à chacun des enfants. Dans les corporations allemandes, au contraire, la subvention de blé est rarement accordée aux enfants, en sorte que la pénurie apparaît dès que la famille commence à s'accroître. Les privations imposées par ce régime sont d'autant plus sensibles, que les ouvriers allemands sont rarement en situation, comme le sont pour la plupart les ouvriers russes, de joindre au blé une proportion notable de nourriture animale. Les chiffres ci-après indiquent la quantité de farine de seigle mensuellement allouée à deux familles de composition moyenne, soit au Hartz, soit dans l'Oural; et ils caractérisent suffisamment les deux systèmes :

	HARTZ.	OURAL.
Seigle alloué à l'ouvrier chef de famille................	36k 21	33k 76
Seigle alloué à la femme..............................	36 21	33 76
Seigle alloué à 4 enfants en bas âge et non admis au travail.	»	67 52
TOTAUX..........................	72 42	135 04

Aux entraves établies par le régime des subventions, les municipalités et les corporations allemandes joignent ordinairement l'interdiction du mariage pour tous les indigents (V, I, 22) et pour les ouvriers qui n'ont point atteint un certain grade. Ainsi, les mineurs du Hartz ne peuvent se marier qu'à 25 ans révolus; ceux de la corporation décrite dans la présente monographie ne peuvent être admis au mariage que lorsqu'ils sont en possession d'un grade auquel les règles de l'avancement ne permettent guère d'arriver avant l'âge de 32 ans.

La rareté du sol disponible, en présence d'une population qui ne cesse de s'accroître, est évidemment la principale cause des difficultés qui surgissent, sous ce rapport, dans l'Europe occidentale. La science de l'homme d'État consistera dorénavant, en grande partie, à y maintenir un juste équilibre entre le nombre des ouvriers et le développement de l'agriculture, des industries extractives et des manufactures. Mais les classes dirigeantes ne doivent point atteindre ce but par des moyens que la morale repousse et dont l'expérience démontre d'ailleurs l'inefficacité. La solution du problème ne peut être trouvée que dans la création de nouvelles sources d'activité et dans l'établissement d'un système régulier d'émigration. Au reste, la difficulté n'est pas nouvelle, même en Europe. Les peuples de l'antiquité s'y sont heurtés; et ils l'ont résolue en créant de florissantes colonies. A cet égard, les peuples modernes possèdent évidemment des ressources que n'avaient pas les anciens. Ils ne resteront donc pas impuissants lorsque ce grand problème de l'époque sera posé dans ses véritables termes.

§ 19.

PRINCIPES ADOPTÉS TOUCHANT L'ASSISTANCE DES PAUVRES PAR LES COMMUNES DE L'ALLEMAGNE MÉRIDIONALE.

Les administrations municipales prennent souvent, en Allemagne, l'initiative des restrictions dont le principe est indiqué précédemment (18). Le droit qu'elles s'attribuent à cet égard se lie, au reste, à un ensemble d'institutions protectrices établies en faveur des classes pauvres, et qui expliquent en partie le régime qu'on vient de signaler. Les libertés municipales, progressivement développées sous le régime féodal, sont restées intactes dans beaucoup de provinces allemandes. Chaque corporation urbaine y exerce une telle influence dans la direction de ses propres affaires, que, pour tout ce qui concerne l'ordre civil, l'État n'y doit être envisagé que comme une agglomération de communes souveraines. La qualité de « citoyen communal » (*gemeinde Bürger*) est fort importante; elle est considérée parfois comme la partie la plus précieuse de l'héritage paternel. Il ne suffit pas pour l'acquérir d'avoir élu domicile dans la commune : il faut être né de parents possédant eux-mêmes les droits communaux et dont le mariage a été autorisé par la corporation. L'individu qui demande à être adopté par une commune est tenu de prouver qu'il jouit d'une réputation intacte et qu'il possède les ressources nécessaires pour soutenir sa famille et pour supporter sa part des charges locales. En outre, lors de son admission, il doit payer une somme en rapport avec les avantages que confère le titre de citoyen communal et, par exemple, avec l'importance des revenus et des subventions provenant des biens communaux. De son côté, l'autorité communale a des devoirs à remplir envers les citoyens : elle doit fournir du travail ou des moyens de subsistance à tous ceux qui tombent dans l'indigence, soit qu'ils aient toujours habité la commune, soit qu'ils y reviennent après une absence plus ou moins prolongée. Dans ce dernier cas, la commune est tenue, en outre, de rembourser aux autres communes du même État les avances que celles-ci ont pu faire pour secourir ses indigents vagabonds et pour les acheminer vers le lieu natal. Sous ce rapport, il y a analogie complète entre les institutions communales de l'Allemagne et celles qui se rattachent, en Angleterre, à l'administration de la taxe des pauvres (III, VI, 19).

§ 20.

MODIFICATIONS RÉCEMMENT INTRODUITES DANS LA CONSTITUTION SOCIALE DES ÉTATS ALLEMANDS.

Depuis le commencement de ce siècle, les institutions rurales de l'Allemagne tendent visiblement à s'altérer sous l'influence du régime financier et industriel qui envahit peu à peu l'Europe. L'ancien régime n'y a point assez développé la moralité et l'intelligence chez les populations des campagnes pour que celles-ci puissent se passer complétement d'un patronage exercé par les grands propriétaires. Le conseil ou l'intervention de ces derniers sont utiles encore, dans la plupart des cas, pour réglementer la transmission des terres exploitées par diverses catégories de tenanciers; pour assurer le bien-être des classes inférieures de la population agricole, qui sont attachées à ces tenanciers, en qualité de valets et de servantes de ferme; pour favoriser l'établissement ou l'émigration des jeunes gens et, en général, pour maintenir l'ensemble de la population dans les voies de la tradition et du bien-être. Ces fonctions, pour être bien remplies, supposent dans les propriétaires une connaissance approfondie du personnel et des intérêts de chaque localité. Elles exigent également de la libéralité, une disposition marquée à la bienveillance et à la sollicitude sincère pour la prospérité des classes ouvrières. D'un autre côté, l'expérience des nations où le patronage est exercé avec le plus de succès prouve que, dans ce régime, aucun intérêt étranger ne doit s'interposer; que le concours des ouvriers doit être d'autant plus exclusif que la protection accordée par le patron est plus soutenue et plus efficace. Malheureusement les grands propriétaires allemands ne se sont pas tous maintenus à la hauteur de cette mission. Souvent aussi des circonstances de force majeure sont venues paralyser les meilleures intentions chez ceux qui avaient conservé l'esprit de tradition et le sentiment de leurs devoirs. Le goût du luxe, en donnant une direction nouvelle aux idées et aux habitudes des grands propriétaires, a diminué l'intimité des relations que provoquait autrefois un contact continuel avec les populations rurales. Élevés dans les villes, loin des tenanciers et des ouvriers attachés à leur propriété, ils ont été peu à peu conduits à confier le soin de la diriger à des agents qui n'avaient, en général, ni la volonté, ni le pouvoir de remplir les obligations du patronage. Ici, comme en France, et dans tous les États de l'Occident où l'ancienne hiérarchie sociale a été brisée, ce sont les propriétaires, et non les populations, qui ont pris l'initiative de la rupture; ce sont les chefs, et non les clients, qui ont manqué au patronage.

D'un autre côté, la création de grandes fortunes financières et industrielles a élevé à la condition de propriétaires beaucoup de personnes entièrement étrangères aux devoirs que la propriété impose. Ces parvenus, en raison de la direction ordinaire de leurs idées, n'ont vu souvent dans l'acquisition de leur domaine qu'une forme particulière de spéculation. Enfin, l'impulsion subite imprimée récemment aux entreprises industrielles a fait peser sur les populations elles-mêmes de funestes influences et a porté la perturbation jusque dans les districts agricoles où les propriétaires étaient restés fidèles à l'esprit de tradition.

L'établissement d'industries nouvelles, dans les régions de l'Allemagne où la population était surabondante, pouvait être un bienfait pour toutes les classes de la société. La construction des chemins de fer, la fabrication du fer à la houille, les filatures de coton et les fabriques de sucre avaient, en effet, le double avantage d'assurer à la population de nouveaux moyens de travail et de créer de nouveaux débouchés pour l'agriculture. En recrutant leur personnel avec prudence, ces industries auraient amélioré à la fois la situation des propriétaires et celle des ouvriers ruraux, puisque, en augmentant le salaire de ces derniers, elles auraient dégrevé les propriétés territoriales des charges imposées par une population partiellement inoccupée. Mais, en Allemagne, comme dans les autres parties de l'Occident, les promoteurs du nouveau régime industriel n'ont pas su conserver une certaine harmonie entre ce régime et les anciennes institutions. Ils ont fait une révolution de ce qui ne devait être qu'une transformation sociale. Habitués à la simplicité et à la netteté des opérations financières, étrangers aux sentiments développés sous l'influence de la propriété territoriale et des vieilles institutions, visant toujours à réaliser en peu de temps des bénéfices, les capitalistes placés à la tête de ces entreprises n'ont pu songer à s'attacher par les liens de la solidarité les ouvriers qu'ils arrachaient à une situation assurée. Ils ont porté une atteinte grave à la moralité et au bien-être des ouvriers, en provoquant, par l'appât d'un salaire élevé, l'abandon des anciens patrons. Puis, après avoir déclassé ces ouvriers, ils n'ont point hésité à les laisser dans le dénûment chaque fois que les circonstances rendaient leurs services inutiles ou onéreux (12). Au milieu de ces alternatives, les propriétaires ruraux ont eu successivement à souffrir de la rareté et de la surabondance de la main-d'œuvre. Les liens de la tradition morale ont été rompus : les ouvriers, livrés sans défense à de mauvais instincts, sont, pour la plupart, tombés dans une condition inférieure à celle où le patronage les avait placés. Cette même perturbation s'est fait sentir plus vivement encore dans l'économie industrielle. C'est ainsi, par exemple, que les anciennes usines à fer (au bois), frappées par la dispersion et la démoralisation de leur personnel, se sont trouvées dans des conditions doublement désavantageuses pour soutenir la concurrence de nouvelles usines à la houille. Dans la lutte qui s'est établie, ces dernières ont profité à la fois des avantages inhérents à l'emploi de nouvelles méthodes de fabrication, et de l'économie que comporte la suppression du régime paternel des subventions. Chaque jour elles détruisent les anciennes habitudes de solidarité, d'abord par leur propre exemple, puis en provoquant la suppression des établissements qui en conservaient la tradition. Cette révolution est déjà avancée dans les provinces rhénanes, où les usines, récemment élevées sur les bassins houillers, empiètent de plus en plus sur les petites forges (au bois) établies, depuis plusieurs siècles, au milieu des forêts qui leur fournissent le combustible.

Cependant ces diverses causes de perturbation ont agi moins vivement en Allemagne qu'elles ne l'ont fait dans la plupart des contrées d'Angleterre, de Belgique et de France, situées à proximité des bassins houillers. Les chefs de la grande industrie, en particulier, ont mieux résisté à ces funestes influences. Il existe même en Allemagne un riche bassin carbonifère (III, IV, 20), où la vigilance de l'opinion publique a su concilier, jusqu'à ce jour, un rapide essor de l'industrie manufacturière avec la permanence des salaires, avec le maintien des petites subventions territoriales et, en général, avec la conservation de toutes les habitudes de patronage. La force des mœurs a suffi pour y maintenir, sous ce rapport, l'ordre traditionnel qui, après une courte interruption due à l'excitation d'une concurrence désordonnée, tend à se reconstituer en Angleterre sous la pression de salutaires réformes (III, IX, 18).

CHAPITRE II

HORLOGER

DE LA FABRIQUE COLLECTIVE DE GENÈVE

JEUNE MÉNAGE D'OUVRIERS-TACHERONS

dans le système des engagements momentanés,

AVEC UN PRÉCIS DE LA MONOGRAPHIE AYANT POUR OBJET

LE VIEUX MÉNAGE D'HORLOGERS-TACHERONS (20),

D'APRÈS LES RENSEIGNEMENTS RECUEILLIS SUR LES LIEUX,
EN AOUT 1848,

Avec le concours de MM. MUNIER et LEFORT,

PAR M. F. LE PLAY.

OBSERVATIONS PRÉLIMINAIRES

DÉFINISSANT LA CONDITION DES DIVERS MEMBRES DE LA FAMILLE.

Définition du lieu, de l'organisation industrielle et de la famille.

§ 1.

ÉTAT DU SOL, DE L'INDUSTRIE ET DE LA POPULATION.

La famille décrite dans cette monographie habite, dans la ville de Genève, l'un des quartiers populeux qui longent la rive droite du Rhône. L'industrie à laquelle cette famille est liée dépend de la fabrique urbaine collective d'horlogerie (18), dont les premières branches sont éparses dans les montagnes du Jura suisse, et dont les produits reçoivent à Genève les dernières élaborations. Les denrées nécessaires à la population ouvrière sont produites dans la banlieue ou importées, par le lac, des cantons voisins; le surplus vient de la France et de la Savoie.

Les ouvriers des deux sexes travaillent pour des fabricants qui achètent des parties de montres ou des montres ébauchées pour y donner la dernière main, soit chez eux, soit chez les ouvriers eux-mêmes, et qui les livrent ensuite au commerce. Les engagements réciproques contractés par les chefs d'industrie et les ouvriers sont, en principe, momentanés. Parfois ils sont, en effet, de courte durée; mais, en général, ils se continuent assez longtemps dans les ateliers dépendant des chefs d'industrie les plus respectables. Les deux époux, dont la condition est décrite dans la présente monographie, sont attachés déjà depuis plusieurs années à la même maison. Mais celle-ci les laisse manquer de travail aux époques de crises commerciales; et, en revanche, lorsque le travail abonde, il s'élève souvent, entre les ouvriers et les chefs d'industrie, de vives discussions au sujet de la fixation du salaire. Ces discussions ont plusieurs fois amené, pour l'ouvrier et pour sa femme, l'interruption complète du travail. Elles se sont toujours apaisées à la suite de concessions mutuelles; mais elles entretiennent, entre la famille et son chef d'industrie, une cause permanente d'irritation. Elles sont le premier symptôme de la désorganisation sociale. Les inconvénients de cet antagonisme sont plus graves sous ce régime de petits ateliers qu'ils ne le sont dans les grandes usines à engins mécaniques (10).

§ 2.

ÉTAT CIVIL DE LA FAMILLE.

La famille comprend les deux époux et un enfant, savoir :

1. Louis M***, chef de la famille, né à Carouge, marié depuis 3 ans 1/2. 27 ans.
2. Sophie B***, sa femme, née à Genève........................ 25 —
3. Henri M***, leur fils, né à Genève........................ 2 — 1/2

Dans cette condition sociale, les familles ont une tendance prononcée à imiter les habitudes de la bourgeoisie. Comme ces dernières, elles sont peu portées à la fécondité.

§ 3.

RELIGION ET HABITUDES MORALES.

Les deux époux professent la religion réformée de Calvin. La ferveur religieuse et l'assiduité au culte sont remarquables, surtout chez la femme. Les manières comme le langage du mari et de la femme sont distingués; leur intelligence s'élève au niveau de leur moralité. Aucune autre contrée en Europe n'a présenté, à l'Auteur de ces études, des types sociaux plus remarquables sous ce double rapport. Des types analogues se retrouvent, dans quelques grandes villes manufacturières de l'Europe occidentale : tel est le cas à Lyon, à Paris, à Bruxelles, à Liége, à Londres et à Glascow. Cette variété de la classe ouvrière ne s'est pas produite, jusqu'à ce jour, dans les conditions politiques, économiques et sociales propres à l'est du continent européen. L'Auteur a même constaté que les hommes éclairés de cette région ne peuvent s'en former une idée juste. Il est difficile à ces derniers de concevoir l'heureuse influence exercée sur la moralité des ouvriers par les institutions libres de l'Europe occidentale; de même qu'en France, on trouve aujourd'hui peu de personnes disposées à rendre justice à un passé dont la tradition est perdue, et à comprendre que le régime de la propriété féodale a pu être, pour les classes imprévoyantes, un moyen d'amélioration. Des visites pastorales (23) faites dans toutes les familles à des époques rapprochées, et tout au moins une fois par an, ont une heureuse influence sur la tenue des habitations, et, en général, sur la moralité de la population ouvrière. A beaucoup d'égards, le clergé de Genève exerce, sur les ouvriers de cette ville, le patronage qui, dans l'ancienne économie européenne, était attribué aux chefs d'industrie.

Cette situation morale et intellectuelle est loin d'appartenir à toutes les familles de Genève. On voit d'ailleurs apparaître souvent, même dans la famille décrite, l'animosité contre le maître et l'irritation contre l'organisation actuelle de la société.

§ 4.

HYGIÈNE ET SERVICE DE SANTÉ.

Les deux époux sont de petite taille et présentent tous les caractères d'une constitution lymphatique. Cependant, l'état général de leur santé est aussi bon que le comporte le séjour dans un quartier populeux et dans une maison peu aérée. En cas de maladie, la famille a recours aux soins d'un médecin, dont les visites sont rétribuées à raison de 1f. Le prix des médicaments est directement payé au pharmacien.

§ 5.

RANG DE LA FAMILLE.

L'ouvrier appartient à la catégorie des tâcherons; sa femme, qui exerce un travail industriel spécial, est de même rétribuée à la tâche. L'ouvrier a le désir de s'élever un jour au rang de petit fabricant, c'est-à-dire, d'acheter la matière première de son industrie de [l'or (8)], de l'élaborer à la maison avec ses propres outils, et de vendre enfin le produit [des boîtes de montres (8)] à d'autres fabricants opérant sur une plus grande échelle, et livrant au commerce des montres achevées. La famille atteindrait sûrement ce but, si elle exerçait plus d'empire sur elle-même, si surtout, réprimant sa tendance au luxe (10), elle s'appliquait à l'épargne avec plus d'ardeur. Sous ces divers rapports, comme par la distinction de ses habitudes, la famille offre déjà la transition de la classe ouvrière à la bourgeoisie. Le jeune ménage, objet principal de cette monographie, cède à la préoccupation qui entraîne de plus en plus les ouvriers génevois. Il recherche les satisfactions données par les apparences qui semblent déceler l'égalité des conditions. Il tend à se rapprocher autant que possible de la bourgeoisie par la nourriture, le mobilier, le logement et surtout par le costume. Mais, par là, il retarde en fait l'élévation qui, sous tous les régimes sociaux, est conquise dans la hiérarchie sociale par le talent et la vertu. Sous ce rapport, il suit une marche moins sûre que le vieux ménage observé à la même époque à Genève, et décrit dans le Précis inséré ci-après (20).

Moyens d'existence de la famille.

§ 6.

PROPRIÉTÉS.

(Mobilier et vêtements non compris.)

ARGENT.................................. 657f 00

Somme déposée à la caisse d'épargne, 657f 00.

Cette somme ne s'est pas accrue depuis le mariage : ce n'est que le restant de celle qui avait été épargnée avant l'origine de la communauté. Les principales causes de la diminution de l'épargne sont, indépendamment d'une tendance marquée au luxe et au confort (10), le service imposé à l'ouvrier à l'occasion de la guerre du Sonderbund, la disette de 1847 et les chômages dus à la crise politique de 1848. Cet état financier et l'instabilité politique devraient donner plus de prudence au ménage.

MATÉRIEL SPÉCIAL des travaux et industries..... 40f 00

Pour le polissage des montres (travail exécuté par la femme, 8). — Établi et outils, valeur approximative, 40f 00.

DROIT ÉVENTUEL aux allocations d'une caisse d'assurances mutuelles garantissant des subsides en argent en cas de maladie de l'ouvrier et de chômage (13)................. 0f 00

VALEUR TOTALE des propriétés.............. 697f 00

§ 7.

SUBVENTIONS.

Bien que l'ouvrier et sa femme travaillent déjà depuis longtemps pour le même fabricant, celui-ci n'exerce sur eux aucun patronage et ne leur accorde aucune subvention. La rétribution se compose exclusivement d'un salaire fixé de gré à gré, après des débats qui ont souvent provoqué des rancunes et des ruptures momentanées. La seule subvention dont jouisse l'ouvrier de Genève est l'admission, à titre gratuit, pour ses enfants, à l'asile, à l'école primaire et au collége. L'ouvrier de la présente monographie ne profite pas de l'asile pour son enfant, mais il se propose de l'envoyer plus tard à l'école primaire et peut-être au collége. Par une exception due à la crise commerciale et aux événements politiques de 1848, l'ouvrier a obtenu, à cette époque, de l'administration municipale un subside en argent : il a reçu par jour 1f 50, à la charge de prendre part aux travaux de terrassement organisés en ateliers nationaux.

§ 8.

TRAVAUX ET INDUSTRIES.

TRAVAUX DE L'OUVRIER. — Le principal travail a pour objet un détail de l'industrie des montres. L'ouvrier fabrique la boîte en or qui enveloppe le mouvement et reçoit le verre. Ce travail comprend la fusion et le moulage de l'or, le martelage et le laminage du fond de la boîte, le tréfilage des pièces recevant le fond et le verre, puis l'assemblage du tout. Ces travaux s'exécutent dans l'atelier du maître. Les travaux secondaires sont nuls. L'ouvrier n'a aucune expérience des travaux de l'agriculture. Il est inhabile à toute autre occupation que celle qui constitue sa spécialité. Il reste complétement inactif lorsque le travail ordinaire vient à lui manquer ; et, comme aujourd'hui, il tombe dans le dénûment.

TRAVAUX DE LA FEMME. — Le travail principal s'applique à un autre détail de la fabrication des montres. La femme adoucit et polit les boîtes déjà gravées, en employant successivement la ponce, le tripoli et le colcotar. On voit par ces détails que le travail de la famille dépend plutôt de l'orfévrerie que de l'horlogerie proprement dite. Les travaux secondaires sont les travaux de ménage, c'est-à-dire, la préparation des aliments, les soins donnés à l'enfant, les soins de propreté concernant la maison et le mobilier, enfin l'entretien des vêtements et du linge. Lorsque le travail industriel manque, la femme ne peut se créer aucune occupation lucrative; cependant, ayant été exercée dans son enfance aux travaux d'aiguille par une parente couturière habile, elle consacre, en cas de chômage, quelque temps à la confection des vêtements de la famille.

Industries entreprises par la famille. — Ces industries consistent uniquement dans les spéculations relatives aux travaux exécutés à la tâche, par l'ouvrier et la femme, pour la fabrication et le polissage des boîtes de montres.

Mode d'existence de la famille.

§ 9.

ALIMENTS ET REPAS.

Les céréales sont consommées, en partie à l'état de pain acheté chez le boulanger, en partie à l'état de pâtes et de bouillies diversement assaisonnées avec beurre, sel et légumes. La viande se mange bouillie; le bouillon qui en résulte ne sert pas à faire de la soupe; il est employé pour assaisonner les légumes soumis à la cuisson; souvent aussi la viande est rôtie à la marmite, avec un peu de beurre. Les légumes se mangent, tantôt cuits à l'eau, avec sel et beurre, tantôt à l'état de soupe, avec beurre, sel et pain trempé, tantôt avec du riz. Les repas sont au nombre de quatre, savoir :

Déjeuner (7 heures) : café au lait, cassonade et pain.

Dîner (midi) : soupe au lait, au beurre et aux légumes, avec gruau ou pain; viande bouillie avec pain; légumes assaisonnés au bouillon, au beurre et au sel, avec pain; rarement du poisson au beurre.

Goûter (4 heures) : comme le déjeuner.

Souper (8 heures 1/2) : mets très-variés : soupe aux légumes et au pain, soupe au riz, avec peu de légumes en hiver; bouillie de farine de maïs, avec lait, beurre et sel; pain et fromage.

§ 10.

HABITATION, MOBILIER ET VÊTEMENTS.

La maison habitée par la famille communique avec la rue et avec une petite cour intérieure par un long couloir. Au rez-de-chaussée se trouvent deux boutiques et une grande pièce où tous les habitants de la maison font à tour de rôle la lessive de leur linge. A chacun des trois étages supérieurs de la maison se trouvent deux appartements, tous desservis par le même escalier. Au 4e étage sont des greniers, où les locataires font sécher le linge venant de la lessive ou du savonnage. Cette disposition, fort ordinaire à Genève, offre de grandes convenances pour la propreté et pour la salubrité des habitations. Elle est bien préférable, par exemple, à la disposition ordinaire des maisons d'ouvriers de la ville de Londres (III, VI, 8). L'appartement occupé par la famille est au 2e étage. Il donne à la fois sur la cour et sur la rue. Il comprend une salle-cuisine, un salon, trois alcôves, un cabinet noir et un petit cabinet vitré, servant d'atelier à la femme. Il communique avec l'escalier commun par une galerie ouverte, et sur la balustrade de laquelle la femme entretient des pots de fleurs. Selon la saison, l'enfant joue dans cette galerie ou dans la salle, sous les yeux de la mère, qui se tient ordinairement dans son atelier. Le mobilier est à la fois propre et élégant : il décèle dans ce ménage les habitudes de la petite bourgeoisie.

MEUBLES : ils comprennent plus d'objets de luxe que ne le comporte la situation du ménage; ces objets au surplus, sont, pour la plupart, des cadeaux de noces faits par les parents; le reste a été acheté avec une partie des sommes que les jeunes gens avaient épargnées avant le mariage.......... 927f 00

1° *Lits*. — 1 bois de lit pour le ménage, 60f 00; — 1 matelas élastique, 60f 00; — 1 matelas de crin, 70f 00; — 1 traversin de crin, 15f 00; — 1 couverture de coton, 12f 00; — 1 couvre-pied en duvet couvert d'indienne, 15f 00; — 1 berceau pour le premier âge, garni, 15f 00; — 1 lit d'enfant d'un âge plus avancé, 30f 00. — Total, 277f 00.

2° *Mobilier.* — 1 secrétaire de noyer, 110f 00; — 1 canapé de noyer, 140f 00; — 1 table ronde (noyer), 40f 00; — 1 tapis en laine imprimée, 20f 00; — 1 armoire en noyer, 60f 00; — 1 guéridon avec tapis en laine imprimée, 22f 00; — 1 glace à cadre doré, 25f 00; — 2 tableaux, 20f 00; — rideaux de lit, de cuisine et d'alcôve, 50f 00; — 1 meuble à tiroir pour l'usage de la femme, 30f 00; — 1 toilette avec glace, 15f 00; — 6 chaises de salon, 40f 00; — 6 chaises de cuisine, 24f 00; — 2 petites chaises de cuisine, 7f 00; — 1 table de cuisine, 7f 00; — 1 poêle-calorifère, 30f 00; — 1 table de nuit, 10f 00. — Total, 650f 00.

USTENSILES : indiquant une tendance au luxe.. 450f 00

1° *Pour le service de l'alimentation.* — Verrerie ordinaire, 25f 00; — porcelaine et poterie commune (terre de pipe), 35f 00; — 3 plateaux en tôle vernie, 20f 00; — verrerie de luxe, 25f 00; — porcelaine de luxe, 15f 00; — porte-liqueurs, 15f 00; — thé en porcelaine avec plateau, 40f 00; — 2 marmites en fonte, 1 casserole, trépied en fonte pour bouillir et rôtir, 15f 00; — 1 chaudron (cuivre rouge), 15f 00; — 1 bouillotte en fer battu, 2f 00; — 1 poêle à frire, 7f 00; — 2 casseroles (cuivre jaune), 7f 00; — 1 rôtissoire à café, 3f 00; — 1 réchaud en fonte, 3f 00; — 1 moulin à café, 3f 00; — cuillers et fourchettes d'argent, 122f 00; — couteaux, cuillers et fourchettes, en acier, fer étamé et étain, 25f 00. — Total, 386f 00.

2° *Pour l'éclairage.* — 1 lampe (mèche plate), 5f 00; — 1 petite lampe portative, 3f 00; — 1 petite lampe de salon (mèche ronde), 8f 00; — 4 chandeliers, 10f 00. — Total, 26f 00.

3° *Pour usages divers.* — 2 fers à repasser, 6f 00; — objets en fer-blanc, 21f 00; — 3 chauffe-pieds (*Brasero*), 12f 00; — pelle et pince de salon, 5f 00; — 1 soufflet, 3f 00. — Total, 47f 00.

LINGE : abondant et bien entretenu......... 580f 00

Draps de lit, 480f 00; — nappes, serviettes et essuie-mains, 100f 00.

VÊTEMENTS : tenus avec recherche et propreté.. 360f 00

VÊTEMENTS DE L'OUVRIER (200f 00).

1° *Équipement militaire.* — 1 habit, pantalon et guêtres (d'hiver et d'été), havresac et sa garniture, souliers, épaulettes, sabre, fusil et giberne. — Total, 75f 00.

2° *Vêtements du dimanche.* — 1 redingote, 1 pantalon et 1 gilet de drap; 1 pantalon et 1 gilet d'été; 1 chapeau de feutre; 1 paire de bottes; 1 paire de gants. — Total, 80f 00.

3° *Vêtements de travail.* — 2 blouses bleues en toile de coton; 1 cravate de coton imprimé; 2 chemises; 2 paires de chaussettes; 2 paires de souliers; 1 casquette en drap; 2 chemises de coton. — Total, 45f 00.

VÊTEMENTS DE LA FEMME (140f 00).

1° *Vêtements du dimanche.* — 1 robe d'hiver en étoffe thibet; 1 robe d'été, en mousseline de laine; 1 châle, façon cachemire; 2 paires de brodequins en étoffes d'été et d'hiver; 1 chapeau en velours de soie; 1 chapeau en gros de Naples; 1 col brodé; nœud de ruban de soie pour le cou; écharpe de mantelet en soie; 2 paires de gants. — Total, 80f 00.

2° *Vêtements de la semaine.* — 1 robe de laine; 1 robe en mousseline de laine, ou indienne; jupons, bas et chemises; 1 chapeau en paille avec rubans de soie; 2 cols; 2 paires de souliers; 1 paire de gants. — Total, 60f 00.

VÊTEMENTS DE L'ENFANT (20f 00).

VALEUR TOTALE du mobilier et des vêtements..	2,317f 00

§ 11.

RÉCRÉATIONS.

La principale récréation du mari est la fréquentation d'une société de cours publics, dont l'entrée est gratuite, mais dans laquelle les assistants prennent ordinairement quelques boissons. Plus rarement il va au café, en compagnie de quelques amis. Dans la belle saison, il prend, en compagnie de sa femme, le plaisir de la promenade dans les beaux sites de la banlieue de Genève, et ce plaisir consiste en partie à s'y montrer bien vêtu. Les deux époux vont ensemble une ou deux fois par an au théâtre. La femme trouve une agréable distraction dans la culture des fleurs (10). Une autre de ses récréations favorites est la lecture de quelques livres de piété, plus ordinairement de livres amusants, loués dans les nombreuses bibliothèques privées de la ville. Les romans et les récits de voyages sont les ouvrages les plus recherchés. Les repas et les fêtes de famille, les cadeaux faits aux parents à l'occasion des principaux anniversaires, complètent les moyens de récréation de la famille. Lorsque l'on considère la dépense considérable qui est faite dans le ménage pour l'acquisition d'objets de luxe, appartenant à la catégorie des meubles et des vêtements, on reconnaît que la possession de ces objets a un très-vif attrait pour les ouvriers des villes. Le présent exemple prouve que cet attrait, excité par le contact de la bourgeoisie, l'emporte, même auprès des ouvriers moraux et prévoyants, sur les réflexions que suggèrent la prudence et la prévision de l'avenir. On ne prétend point ici qu'il y ait lieu de réagir, même par la seule force des mœurs, contre l'uniformité du costume. Toutefois on constate que cette uniformité impose aux ouvriers des charges dont ils seraient exempts sous un régime où chaque classe de la société aurait un costume spécial.

Histoire de la famille.

§ 12.

PHASES PRINCIPALES DE L'EXISTENCE.

Les enfants ne se livrent à aucun travail industriel avant l'âge de 14 ans; jusque-là ils fréquentent régulièrement l'école, et ils reçoivent dans le temple l'enseignement religieux. De 14 à 19 ans, les garçons vont en apprentissage dans les ateliers, puis ils commencent à disposer de leur salaire en payant une pension aux parents, qui continuent à les loger et à les nourrir. La plupart des ouvriers épargnent, dans ces conditions, une somme qui est déposée à la caisse d'épargne et qui, à l'époque de leur mariage, est employée à l'acquisition du linge et des meubles. Les jeunes filles sont à peu près placées dans les mêmes conditions, si ce n'est que l'apprentissage a lieu ordinairement dans la maison paternelle ou chez des parents. A l'époque de leur mariage, elles peuvent également disposer d'une certaine somme. Les deux époux auxquels s'applique spécialement cette monographie possédaient à la caisse d'épargne, avant leur entrée en ménage, une somme totale de 2,900 francs, dont 1,000 francs avaient été épargnés par la jeune fille dans le cours de cinq années. Les épargnes annuelles diminuent, en général, dès que les jeunes gens entrent en ménage. La dépense devient en effet plus lourde qu'elle ne l'était pour les deux célibataires vivant chez leurs parents. L'épargne se restreint encore lorsque les enfants surviennent, et surtout quand les deux époux ont trop de tendance à introduire des habitudes de luxe dans la tenue du mobilier et des vêtements. Elle cesse tout à fait quand cette tendance au luxe dépasse certaines limites, et quand les naissances d'enfants se succèdent fréquemment. Enfin la famille se trouve dans la nécessité d'entamer le capital accumulé, quand les chômages ou la maladie viennent tarir les recettes de l'un des époux. Beaucoup d'ouvriers qui, à l'époque de leur mariage, se trouvaient dans l'état d'aisance indiqué par la présente monographie, sont obligés, dans leur vieillesse, de recourir à l'assistance publique.

§ 13.

MŒURS ET INSTITUTIONS ASSURANT LE BIEN-ÊTRE PHYSIQUE ET MORAL DE LA FAMILLE.

L'ouvrier s'assure des allocations en argent dans les cas de maladie ou de chômage en versant 18 francs par an dans une caisse d'assurances mutuelles. Cette caisse, poursuivant en partie le même but que se proposent certaines Unions anglaises (III, VII, 21), fournit aux ouvriers de Genève les moyens de lutter avec les chefs d'industrie pour la fixation des salaires. Cette direction, donnée à la prévoyance des classes ouvrières, est l'une des conséquences naturelles de la rupture des liens de solidarité qui, dans l'ancienne économie européenne, unissaient les patrons et les ouvriers. Le bien qu'elle produit n'est pas sans mélange de mal, car elle tend à détruire les derniers vestiges de cette solidarité pour y substituer en quelque sorte un antagonisme permanent. Les institutions d'assurances mutuelles fondées sur ce principe sont d'ailleurs trop imparfaites et trop peu développées pour donner la sécurité aux familles. Les ouvriers se trouvent, pour la plupart, dépourvus d'épargnes (12) à l'approche du dernier âge. Ceux qui ne peuvent être soutenus par leurs enfants n'ont alors d'autre appui que l'assistance publique. Les pasteurs de Genève interviennent avec dévouement à la distribution des secours fournis par les particuliers (23).

Sous l'inspiration des idées d'égalité qui dominent à Genève, l'ouvrier tend sans cesse à sortir de la classe où il est né. Il a pris, autant qu'il dépendait de lui, dans le mobilier, le costume et les habitudes, les apparences du bourgeois. Par là, il s'éloigne du but qu'il voudrait atteindre (6); il se ferme la voie où il serait entré peut-être par l'épargne et la simplicité (17).

§ 14. — BUDGET DES RECETTES DE L'ANNÉE.

SOURCES DES RECETTES.	ÉVALUATION approximative des sources de recettes.
	VALEUR des propriétés.
SECTION Ire.	
Propriétés possédées par la famille.	
ART. 1er. — PROPRIÉTÉS IMMOBILIÈRES.	
(La famille ne possède aucune propriété de ce genre)...........................	»
ART. 2. — VALEURS MOBILIÈRES.	
ARGENT :	
Argent déposé à la caisse d'épargne..	657f00
MATÉRIEL SPÉCIAL des travaux et industries :	
Établi et outils pour le polissage des boîtes de montres (travail spécial à la femme)..	40 00
ART. 3. — DROIT AUX ALLOCATIONS DE SOCIÉTÉS D'ASSURANCES MUTUELLES.	
SOCIÉTÉ répartissant immédiatement la souscription de la famille :	
Droit éventuel à des subsides en argent en cas de maladie de l'ouvrier et en cas de chômage.. (13)	»
VALEUR TOTALE des propriétés........................	697 00

SECTION II.

Subventions reçues par la famille.

ART. 1er. — PROPRIÉTÉS REÇUES EN USUFRUIT.

(La famille ne reçoit aucune propriété en usufruit)..

ART. 2. — DROITS D'USAGE SUR LES PROPRIÉTÉS VOISINES.

(La famille n'exerce aucun droit d'usage sur les propriétés voisines)..

ART. 3. — ALLOCATIONS D'OBJETS ET DE SERVICES.

ALLOCATIONS concernant les assurances..

§ 14. — BUDGET DES RECETTES DE L'ANNÉE.

RECETTES.	MONTANT DES RECETTES.	
	VALEUR des objets reçus en nature.	RECETTES en argent.
SECTION Ire.		
Revenus des propriétés.		
ART. 1er. — REVENUS DES PROPRIÉTÉS IMMOBILIÈRES.		
(La famille ne jouit d'aucun revenu de ce genre).........	»	»
ART. 2. — REVENUS DES VALEURS MOBILIÈRES.		
Intérêt (3 1/2 p. 100) de cet argent.........	»	23f 00
Intérêt (5 p. 100) de la valeur de ces objets.........	»	2 00
ART. 3. — ALLOCATIONS DES SOCIÉTÉS D'ASSURANCES MUTUELLES.		
Allocation supposée égale à la contribution annuelle de la famille, 18f00. — Cette somme, n'étant que la rentrée d'une somme égale versée à la caisse de la société d'assurances, est omise ici comme la dépense qui la balance (15, Son V).........	»	»
TOTAL des revenus des propriétés.........	»	25 00
SECTION II.		
Produits des subventions.		
ART. 1er. — PRODUITS DES PROPRIÉTÉS REÇUES EN USUFRUIT.		
(La famille ne jouit d'aucun produit de ce genre).........	»	»
ART. 2. — PRODUITS DES DROITS D'USAGE.		
(La famille ne jouit d'aucun produit de ce genre).........	»	»
ART. 3. — OBJETS ET SERVICES ALLOUÉS.		
Subside donné exceptionnellement par la ville à l'ouvrier lors de la crise politique de 1848, sous forme de salaire pour des travaux de terrassement exécutés dans des ateliers nationaux (pour mémoire).........	»	»
TOTAL des produits des subventions.........	»	»

§ 14. — BUDGET DES RECETTES DE L'ANNÉE (SUITE).

SOURCES DES RECETTES (SUITE).

DÉSIGNATION DES TRAVAUX ET DE L'EMPLOI DU TEMPS.	QUANTITÉ de travail effectué. homme	femme
	journées	journées
SECTION III.		
Travaux exécutés par la famille.		
TRAVAIL PRINCIPAL, exécuté à la tâche au compte d'un fabricant :		
Confection de boîtes de montres	276	»
Polissage de boîtes de montres	»	144
TRAVAUX SECONDAIRES :		
Travaux de ménage : préparation des aliments, soins donnés à l'enfant, soins concernant la propreté de la maison et du mobilier, entretien des vêtements et du linge	»	110
Façon de vêtements, tricotage de bas	»	30
NOTA. — Aucun travail secondaire n'est régulièrement fait par l'ouvrier.		
TOTAUX des journées de tous les membres de la famille	276	284

SECTION IV.

Industries entreprises par la famille

(à son propre compte).

SPÉCULATIONS relatives aux travaux d'horlogerie exécutés par l'ouvrier

Substitution du travail à la tâche au travail à la journée

SPÉCULATIONS relatives aux travaux d'horlogerie exécutés par la femme

Fournitures de l'atelier, du matériel et des matières premières

Substitution du travail à la tâche au travail à la journée

§ 14. — BUDGET DES RECETTES DE L'ANNÉE (SUITE).

PRIX des salaires journaliers. homme	femme	RECETTES (SUITE).	MONTANT DES RECETTES. VALEUR des objets reçus en nature.	RECETTES en argent.
fr. c.	fr. c.			
		SECTION III.		
		Salaires.		
		(Non compris la portion des salaires considérée comme le bénéfice des spéculations de l'ouvrier et de sa femme travaillant à la tâche, S^on IV.)		
3 50	»	Salaire que recevrait un journalier exécutant le même travail....	»	966f 00
»	1 80	Salaire que recevrait une ouvrière exécutant le même genre de travail à la journée et ne fournissant que son travail.........	»	259 20
»	»	(Aucun salaire ne peut être attribué à ces travaux)	»	»
»	1 00	Salaire total attribué à ce travail............................	30f 00	»
		Totaux des salaires de la famille............	30 00	1,225 20

SECTION IV. — Bénéfices des industries.	CALCUL du salaire journalier moyen.	VALEUR des objets reçus en nature.	RECETTES en argent.
(Y compris la portion des salaires considérée comme le bénéfice des spéculations du tâcheron, S^on III.)			
Un journalier, exécutant le même genre de travail, recevrait.... (S^on III)	3f 50		
Supplément de salaire résultant de cette substitution....................	0 71	»	204 00
Total du salaire journalier moyen de l'ouvrier.......	4 21		
Une ouvrière, exécutant le même genre de travail à la journée et ne fournissant que son travail, recevrait................................	1 80		
Supplément de salaire résultant de cette fourniture.... .... (16, A)	0 20	»	28 80
Supplément de salaire résultant de cette substitution........... (16, A)	0 20	»	27 98
Total du salaire journalier moyen de la femme......	2 20		
Total des bénéfices résultant des industries.........		»	260 78
Nota.— Outre les recettes portées ci-dessus en compte, les industries donnent lieu à une recette de 42f02 (16, B), qui est appliquée de nouveau à ces mêmes industries ; cette recette et les dépenses qui la balancent (15, S^on V) ont été omises dans l'un et l'autre budget.			
Totaux des recettes de l'année (balançant les dépenses)...... (1,540f 98)		30 00	1,510 98

§ 15. — BUDGET DES DÉPENSES DE L'ANNÉE.

DÉSIGNATION DES DÉPENSES.	POIDS et PRIX des ALIMENTS		MONTANT DES DÉPENSES.	
	POIDS consommé	PRIX par kilogr.	VALEUR des objets consommés en nature.	DÉPENSES en argent.
SECTION 1re.				
Dépenses concernant la nourriture.				
ART. 1er. — ALIMENTS CONSOMMÉS DANS LE MÉNAGE.				
(Par l'ouvrier, la femme, 1 enfant de 2 ans 1/2 pendant 365 jours, et une ouvrière auxiliaire pendant 12 jours.)				
CÉRÉALES :				
Froment : évalué à l'état de pain, 304 kil. à 0f355, 107f92; — évalué à l'état de farine (pour cuisine), 14 kil. à 0f447, 6f26	318k0	0f359	»	114f18
Céréales diverses : Maïs, 4k5 à 0f447, 2f01; — riz, 11k2 à 0f536, 6f00; — vermicelle, 6 kil. à 0f50, 3f00	21 7	0 508	»	11 01
Poids total et prix moyen	339 7	0 368		
CORPS GRAS :				
Beurre de vache (acheté en provision, fondu et salé)	22 5	1 420	»	31 95
Gras de lard	3 5	1 420	»	4 97
Huile de noix	2 7	2 200	»	5 94
Poids total et prix moyen	28 7	1 493		
LAITAGES ET ŒUFS :				
Lait de vache	286 0	0 110	»	31 46
Fromage	25 3	1 070	»	27 07
Œufs	10 0	0 720	»	7 20
Poids total et prix moyen	321 3	0 204		
VIANDES ET POISSONS :				
Viandes de boucherie : Bœuf, veau, mouton	130 0	0 770	»	100 10
Viande de porc : Saucisses	3 0	1 420	»	4 26
Poissons (du lac de Genève et du Rhône)	20 0	0 500	»	10 00
Poids total et prix moyen	153 0	0 747		

§ 15. — BUDGET DES DÉPENSES DE L'ANNÉE (SUITE).

DÉSIGNATION DES DÉPENSES (SUITE).	POIDS et PRIX des ALIMENTS		MONTANT DES DÉPENSES.	
	Poids consommé	Prix par kilog	Valeur des objets consommés en nature.	Dépenses en argent.
SECTION Ire. **Dépenses concernant la nourriture (suite).**				
Légumes et fruits :				
Tubercules : Pommes de terre	343k0	0f070	»	24f00
Légumes farineux secs : Haricots secs	6 0			
Légumes verts à cuire : Oseille, chicorée, épinards, artichauts, choux-fleurs, pois verts, choux	130 0			
Légumes racines : Scorsonères, carottes, navets	60 0	0 100	»	26 00
Légumes épices : Oignons	20 0			
Salades : Laitue	22 0			
Cucurbitacées : Citrouilles	22 0			
Fruits : Noix; Fruits à pepin et à noyau : Pommes, poires, cerises, raisins; Fruits baies : Fraises, framboises, groseilles à grappes et groseilles à maquereau	30 0	0 133	»	4 00
Poids total et prix moyen	633 0	0 085		
Condiments et stimulants :				
Sel (des salines de Bex)	16 0	0 250	»	4 00
Épices : Poivre, clous de girofle, muscade	0 3	»	»	2 00
Vinaigre	6 6	0 330	»	2 18
Matières sucrées : Cassonade, 24k à 0f88, 21f12; — sucre en pain, 2k8 à 1f07, 3f00	26 8	0 900	»	24 12
Boissons aromatiques : Café, 6k7 à 1f26, 8f44; — chicorée, 2k3 à 0f61, 1f40; — thé, 0k1, 0f80	9 1	1 169	»	10 64
Poids total et prix moyen	58 8	0 730		
Boissons fermentées :				
Eau-de-vie : Kirschwasser	2 2	1 820	»	4 00
Vin de la banlieue de Genève : de qualité ordinaire, 158 litres à 0f266, 42f03; — de meilleure qualité, 26 litres à 0f31, 8f06	184 0	0 272	»	50 09
Poids total et prix moyen	186 2	0 290		
Art. 2. — Aliments préparés et consommés en dehors du ménage.				
(Aucune nourriture n'est consommée en dehors du ménage)			»	»
Total des dépenses concernant la nourriture			»	499 17

§ 15. — BUDGET DES DÉPENSES DE L'ANNÉE (SUITE).

DÉSIGNATION DES DÉPENSES (SUITE).	MONTANT DES DÉPENSES. Valeur des objets consommés en nature.	Dépenses en argent.
SECTION II.		
Dépenses concernant l'habitation.		
LOGEMENT :		
Loyer de l'appartement [atelier non compris (16, A)], 210f00 ; — entretien, 1f50. — transport d'eau pour nettoyage de la maison, 12f00.	»	223f50
MOBILIER :		
Entretien, 20f00 ; — achat d'articles neufs, 60f00........	»	80 00
CHAUFFAGE :		
(Y compris le bois pour lessives) : Bois, fagots, charbon de bois et braise, 1,415 kil. revenant à........ (16, C)	»	58 00
ÉCLAIRAGE :		
Huile, 28k1 à 1f335, 37f51 ; — chandelles, 0k3, 0f35........	»	37 86
TOTAL des dépenses concernant l'habitation........	»	399 36
SECTION III.		
Dépenses concernant les vêtements.		
VÊTEMENTS DE L'OUVRIER :		
Vêtements du dimanche et de travail (16, D), 143f00 ; — équipement militaire (16, D), 19f35 ; — travaux de la femme (14, Son III), 10f00........	10f00	162 35
VÊTEMENTS DE LA FEMME :		
Vêtements du dimanche et de travail (16, D), 85f03 ; — travaux de la femme (14, Son III), 10f00........	10 00	85 03
VÊTEMENTS DE L'ENFANT :		
Vêtements divers (16, D), 32f00 ; — travaux de la femme (14, Son III), 10f00........	10 00	32 00
BLANCHISSAGE ET SOINS DE PROPRETÉ :		
Deux lessives faites à la maison (16, E), 22f86 ; — blanchissage de linge fin (au dehors), 3f50 ; — objets de toilette (savon), 5f00........	»	31 36
TOTAUX des dépenses concernant les vêtements........	30 00	310 74
SECTION IV.		
Dépenses concernant les besoins moraux, les récréations et le service de santé.		
CULTE :		
(L'exercice du culte ne donne lieu à aucune dépense)........	»	»
INSTRUCTION DES ENFANTS :		
(L'instruction des enfants ne donne encore lieu à aucune dépense)........	»	»
SECOURS ET AUMÔNES :		
Aumônes données à divers........	»	5 00
RÉCRÉATIONS ET SOLENNITÉS :		
Promenades de l'ouvrier avec la femme, repas pris à la campagne, spectacles, lecture de livres amusants, 50f00 ; — récréations de l'ouvrier seul : café, société de cours publics gratuits où l'ouvrier consomme diverses boissons, 105f00 ; — fêtes de famille, cadeaux donnés aux parents, 35f00 ; — fleurs et pots de fleurs, 3f00........	»	193 00

§ 15. — BUDGET DES DÉPENSES DE L'ANNÉE (SUITE).

DÉSIGNATION DES DÉPENSES (SUITE).	MONTANT DES DÉPENSES. Valeur des objets consommés en nature.	MONTANT DES DÉPENSES. Dépenses en argent.
SECTION IV.		
Dépenses concernant les besoins moraux, les récréations et le service de santé (suite).		
SERVICE DE SANTÉ :		
Visites du médecin, 3f00 ; — médicaments, frais d'accouchement, par an, 10f00.	»	13f00
TOTAL des dépenses concernant les besoins moraux, les récréations et le service de santé..........	»	211 00
SECTION V.		
Dépenses concernant les industries, les dettes, les impôts et les assurances.		
DÉPENSES CONCERNANT LES INDUSTRIES :		
NOTA. — Les dépenses concernant les industries entreprises au compte de la famille montent à.... .... (16, B) 44f02		
Elles sont remboursées par les recettes provenant de ces mêmes industries, savoir :		
Argent employé pour les consommations du ménage ou faisant partie de ses épargnes, et porté à ce titre dans le présent budget.......... 2f00 } 44 02		
Argent appliqué de nouveau aux industries (14, Son IV), comme emploi momentané du fonds de roulement, et qui ne peut conséquemment figurer parmi les dépenses du ménage........ 42 02 }		
INTÉRÊTS DES DETTES :		
(Aucune dette n'a été contractée par la famille)..........	»	»
IMPÔTS :		
Impôt sur le loyer [1 p. 100 de 225f00 (Son II et 16, A)], 2f25 ; — dépenses pour le service militaire (en campagne et au corps de garde), par an en moyenne, 8f65 ; — pour équipement militaire, 19f35 (pour mémoire : voir Son III)..........	»	10 90
ASSURANCES CONCOURANT A GARANTIR LE BIEN-ÊTRE PHYSIQUE ET MORAL DE LA FAMILLE :		
Contribution annuelle à une société d'assurances mutuelles garantissant des subsides en argent en cas de maladie de l'ouvrier et en cas de chômage (13), 18f00. — Cette somme ne fait que passer par la caisse de la société d'assurances pour revenir à la famille : on a donc pu l'omettre ici comme la recette (14, Son I) qui la balance..........	»	»
TOTAL des dépenses concernant les industries, les dettes, les impôts et les assurances...	»	10 90
ÉPARGNE DE L'ANNÉE :		
Somme d'argent placée à la caisse d'épargne...	»	79 81
NOTA. — Cette épargne, bien inférieure déjà à celles que l'ouvrier et sa femme s'imposaient avant le mariage, diminuera peut-être progressivement, pour prendre fin dans quelques années, à mesure que la famille s'accroîtra et que les deux époux céderont davantage à l'attrait du confort inspiré par le contact de la bourgeoisie. Il se pourrait cependant aussi qu'à la faveur de circonstances heureuses cette épargne, maintenue et augmentée, fût employée plus tard pour l'acquisition du matériel et comme fonds de roulement par l'ouvrier devenu chef de métier (5).		
TOTAUX DES DÉPENSES de l'année (balançant les recettes) ...... (1,540f 98)	30f00	1,510 98

§ 16.

COMPTES ANNEXÉS AUX BUDGETS.

SECTION I.

COMPTES DES BÉNÉFICES

Résultant des industries entreprises par la famille (à son propre compte).

A. — Spéculations relatives aux travaux d'horlogerie exécutés par la femme.

		Valeurs en nature.	Valeurs en argent.
RECETTES.			
Somme obtenue, par la femme, des travaux d'horlogerie : polissage de 900 boîtes de montres à 0f 40	360f 00		
Somme qu'obtiendrait une ouvrière exécutant à la journée le même genre de travail et ne fournissant que son travail.... (14, Son III)	259 20		
Somme obtenue, par la femme, en sus du salaire que recevrait une ouvrière exécutant à la journée le même travail et ne fournissant que son travail	100 80	»	100f 80
DÉPENSES.			
Loyer de la partie de la maison qui sert d'atelier à la femme		»	15 00
Achat de matières fournies par la femme :			
Charbon à adoucir, 1f 00; — ponce, 0k 6, 0f 50; — tripoli, 1k 1 à 1f 45, 1f 60; rouge de colcotar, 12 onces à 0f 60, 7f 20; — savon blanc, 0k 8, 0f 90; — eau-de-vie, 1l 65, 1f 32; — bois à polir, 0f 50; — brosses, 25 pièces à 0f 40, 14f 00		»	27 02
Intérêt (5 p. 100) de la valeur de l'établi et des outils (40f 00)		»	2 00
Supplément de salaire résultant de la fourniture de l'atelier, du matériel et des matières premières		»	28 80
Supplément de salaire résultant de la substitution du travail à la tâche au travail à la journée		»	27 98
Total comme ci-dessus		»	100 80

B. — Résumé des comptes des bénéfices résultant des industries.

	Valeurs en nature.	Valeurs en argent.
RECETTES TOTALES.		
Recettes en argent à employer de nouveau pour les industries elles-mêmes	»	42 02
Recettes en argent appliquées aux dépenses du ménage	»	262 78
Total	»	304 80
DÉPENSES TOTALES.		
Intérêts des propriétés possédées par la famille, et employés par elle aux industries (14, Son I)	»	2 00
Dépenses en argent qui doivent être remboursées par des recettes	»	42 02
Total	»	44 02
Bénéfice total résultant des industries (14, Son IV)	»	260 78
Total comme ci-dessus	»	304 80

SECTION II.

COMPTES RELATIFS AUX SUBVENTIONS.

Nota. — Les subventions ne sont accordées que comme exception et ne peuvent être l'objet d'aucune appréciation régulière (7).

SECTION III.

COMPTES DIVERS.

C. — Compte de la dépense annuelle pour chauffage (y compris le bois pour lessives).

	Valeurs en nature.	Valeurs en argent.
Achat de 100 grosses fascines... 800 kil...	»	26f00
— d'un char de bois de chêne... 500 — ...	»	19 00
— de charbon de bois... 50 — ...	»	6 00
— de braise... 65 — ...	»	9 00
Dépense totale pour combustible...	»	60 00
On obtient de ce combustible :		
Cendres : 30 litres, évalués à...	»	2 00
Reste de la dépense pour chauffage (y compris le bois pour lessives)...	»	58 00

D. — Compte de la dépense annuelle pour vêtements.

Art. 1er. — *Vêtements de l'ouvrier.*

	Prix.	Durée.	Dépense par an.
Vêtements du dimanche et de travail :			
1 redingote de drap vert : drap, 40f 00 ; — façon, 25f 00...	65f 00	2 ans.	32f 50
2 blouses bleues de coton, à 3f 00...	6 00	1	6 00
1 gilet d'été...	12 00	2	6 00
1 gilet d'hiver...	15 00	2	7 50
1 pantalon d'été...	10 00	1	10 00
1 pantalon d'hiver...	18 00	1	18 00
1 cravate en coton...	2 00	1	2 00
1 cravate en soie...	5 00	5	1 00
2 chemises de coton (façonnées par la femme) : l'étoffe...	5 00	1	5 00
Chaussettes : 1 paire d'été, 1 paire d'hiver (tricotées par la femme)...	3 00	1	3 00
Chaussure : 1 paire de bottes pour le dimanche, 20f 00 ; — remontage, 12f 00...	32 00	3	10 70
— 2 paires de souliers, 20f 00 ; — 2 remontages, 6f 00...	26 00	1	26 00
1 chapeau en feutre...	12 00	2	6 00
1 casquette de drap...	5 00	2	2 50
1 paire de gants...	1 00	2	0 50
Achats divers...	6 30	1	6 30
Total...	......	......	143 00
Équipement militaire :			
Habit fourni par l'État pendant les 7 ans du contingent ; plus tard à acheter à 40f 00, et durant toute la vie...	40 00	20	2 00
Pantalon d'hiver...	18 00	4	4 50
Pantalon d'été...	12 00	6	2 00
Guêtres d'hiver...	6 00	2	3 00
Guêtres d'été...	3 00	4	0 75
Havre-sac...	10 00	10	1 00
A reporter...	......	......	13 25

ART. 1er. — *Vêtements de l'ouvrier (suite).*	PRIX.	DURÉE.	DÉPENSE pour l'an.
Report..........	....	....	13f 25
Équipement militaire (suite) :			
Souliers militaires........	6f 00	4 ans.	1 50
Col militaire........	3 00	3	1 00
Garniture de sac, crosse........	20 00	10	2 00
Épaulettes........	7 00	7	1 00
Sabre, fusil et giberne........	15 00	25	0 60
Total........	....	....	19 35
ART. 2. — *Vêtements de la femme.*			
1 robe de dimanche, d'hiver, en laine fine (thibet) : 4 aunes 1/2 à 4f 50.	20 25	6	3 37
1 robe de dimanche, d'été, mousseline de laine : 9 aunes à 3f 00.....	27 00	6	4 50
1 robe ordinaire d'hiver, laine à carreaux : 4 aunes 1/2 à 5f 00......	22 50	3	7 50
1 robe ordinaire d'été, mousseline de laine et coton : 9 aunes à 2f 00..	18 00	2	9 00
Jupons, bas, chemises, châles façon cachemire, provenant du trousseau.	»	»	»
Chaussure : brodequins gris en été (dimanche)........	7 00	3	2 33
— brodequins noirs en hiver (dimanche)........	10 00	3	3 33
— souliers : 1 paire, 6f 00 ; — réparations, 2f 00........	8 00	1	8 00
Chapeau de dimanche, d'hiver, en velours de soie........	22 00	8	2 75
4 réparations à 4f 00........	16 00	8	2 00
Chapeau de dimanche, d'été, en gros de Naples........	18 00	6	3 00
3 réparations à 5f 00........	15 00	6	2 50
Chapeau de chaque jour, en paille, avec rubans de soie : achat.....	4 00	4	1 00
4 fournitures de rubans à 3f 00........	12 00	4	3 00
Cols brodés : 1 de dimanche, 4f 00 ; — 2 ordinaires à 1f 50, 3f 00..	7 00	1	7 00
Pointe de soie ou ruban de soie au cou........	2 00	1	2 00
Écharpe ou mantelet en soie........	40 00	4	10 00
Gants : 3 paires à 1f 00........	3 00	1	3 00
Dépenses diverses, salaire de la couturière........	10 75	1	10 75
Total........	....	....	85 03
ART. 3. — *Vêtements de l'enfant.*			
Vêtements divers........	10 00	1	10 00
Chemises........	3 00	1	3 00
Souliers : 3 paires à 3f 50........	10 50	1	10 50
Raccommodage des 3 paires de souliers........	3 50	1	3 50
2 chapeaux, en feutre et en paille........	10 00	2	5 00
Total........			32 00

E. — COMPTE DE LA DÉPENSE POUR DEUX LESSIVES ANNUELLES. (On fait la lessive à la maison.)	DÉPENSES en matières	déjà comprises dans la Son I.	spéciales en argent.
Grande lessive faite en mai.			
Cendres du foyer domestique........ 20 litres... (C)	1f 33	»	1f 33
Cendres achetées........ 20 —	»	»	1 33
Location d'un grand cuvier........	»	»	0 48
Lessiveuses : 1 journée........	»	»	1 00
Laveuses ; 3 journées........	»	»	3 00
Location de 4 places au bateau de lavage, sur le Rhône........	»	»	0 65
Porteur de linge (de la maison au bateau et retour) : 0f 50 pour chaque laveuse employée........	»	»	1 50
Repasseuses : 4 journées........	»	»	4 00
Savon : 1k 7 à 0f 97........	»	»	1 65
Bleu........	»	»	0 30
Nourriture des ouvrières : vin, aliments divers........	»	5f 00	»
Totaux........	1 33	5 00	15 24
Petite lessive faite en octobre.			
Moitié des frais relatifs à la grande lessive........	0 67	2 50	7 62
Totaux généraux........	2 00	7 50	22 86

ÉLÉMENTS DIVERS DE LA CONSTITUTION SOCIALE

FAITS IMPORTANTS D'ORGANISATION SOCIALE; PARTICULARITÉS REMARQUABLES; APPRÉCIATIONS GÉNÉRALES; CONCLUSIONS.

§ 17.

APERÇU DES CAUSES QUI ÉBRANLENT, EN SUISSE, L'ANCIEN ÉTAT DE STABILITÉ, ET AMÈNENT, EN CERTAINES LOCALITÉS, UN COMMENCEMENT DE DÉSORGANISATION.

La vieille Suisse devait à quatre éléments principaux son juste renom de stabilité et de sagesse. Le Décalogue était la loi suprême d'où dérivaient les coutumes de la vie privée et de la vie publique. L'autorité paternelle veillait partout à l'application de ces coutumes. Le prêtre fortifiait les familles en procurant à la paroisse l'appui de la religion. Enfin, la souveraineté échappait aux influences qui la corrompent dans les grands États : elle était directement constituée et contrôlée par les paroisses placées sous son autorité; et, à cet effet, elle ne s'étendait pas au delà des limites d'un canton de médiocre étendue. En résumé, l'ancien canton suisse s'appuyait sur les quatre forces essentielles à toute bonne constitution. Ces cantons n'étaient pas seulement éloignés des rivages maritimes et des autres voies commerciales. Adossés, pour la plupart, à des montagnes inaccessibles, ils ne pouvaient être parcourus par des chariots que dans les vallées débouchant aux lacs et aux plaines.

La région dite Oberland est celle où ces anciennes mœurs sont le mieux conservées. Elle est située au centre de la Suisse, entre la région des lacs et la chaîne méridionale du Valais. Les bourgs y sont rares et les habitations peu agglomérées. La majeure partie de la population est agricole et surtout pastorale. Elle se rattache presque partout au type de la famille-souche, dans des conditions semblables à celles qui sont décrites pour le Lavedan (IV, IX). La propriété de famille comprend deux subdivisions, le *domaine* et le *chalet*. Les deux territoires sont agglomérés; mais ils sont éloignés l'un de l'autre et situés à des niveaux très-différents. Presque toujours, cette différence est comprise entre 600 et 1,000 mètres. Pendant la majeure partie de l'année, la famille entière habite le domaine situé sur les pentes inférieures de l'une des petites vallées qui sillonnent, en grand nombre, des plateaux herbus. Au-dessus des plateaux inférieurs s'élèvent de hautes montagnes, où les pâturages alternent avec les bois et les rochers. La propriété produit les céréales, les bestiaux et surtout les gros fromages, dits de *gruyère*. Pendant la saison chaude, dont la durée diminue à mesure que s'accroît l'altitude, une partie de la famille et, tout au moins, quelques serviteurs se transportent au chalet avec la majeure partie des troupeaux. Sous le régime de l'Oberland, le patronage (IV, In. 5) des grands propriétaires n'a, dans les constitutions sociales, qu'un rôle peu important. Au contraire, la communauté (IV, In. 3) complète presque partout, par un large contingent, les ressources fournies par la propriété individuelle (IV, In. 4). Les pâturages communaux pourvoient surtout à la nouriture des vaches; et, pour chaque propriété, ils forment deux groupes séparés, correspondant aux régions du domaine et du chalet. Les bestiaux sont nourris exclusivement : en été, sur ces pâturages; en temps de neige, au moyen des foins récoltés sur la propriété, associés parfois à des racines fourragères. En Suisse, comme partout, la transmission d'une propriété rurale, ayant pour objet la culture des céréales et l'élevage des bestiaux, implique nécessairement l'union indissoluble de tous les éléments constitutifs. Cette condition est remplie, chez les générations successives d'une même famille, par la coutume des maisons-souches décrite, dans cet ouvrage, pour le Lavedan (IV, IX, 17 et 18), la plaine saxonne (III, III, 10) et les pays scandinaves (III : In. 1 et 5; I, 17). Le père de famille prend pour associé celui de ses enfants qui arrive le plus tôt à l'âge du mariage; pendant vingt-cinq ans environ, il emploie tous les produits nets du domaine à établir ses autres enfants avec des dots dont la quotité est fixée selon l'importance du domaine et la frugalité de la famille. L'enfant associé, qui vient d'aider le père de famille dans l'accomplissement de la lourde charge qui absorbait tous les produits du domaine patrimonial, est alors parvenu à l'âge de 50 ans. Il est devenu, en fait, propriétaire de l'instrument de production créé et amélioré par les aïeux. Il s'adjoint à son tour, avec l'assentiment des vieux parents qui survivent, un associé et futur héritier, choisi parmi ses enfants aînés. De concert avec lui, pendant un nouveau laps de vingt-cinq ans, il consacre tous les produits qu'il obtient à soigner les vieux parents et les infirmes; et il établit successivement ses propres enfants, pendant que naissent et grandissent ceux du nouvel héritier. Les familles que le sol peut nourrir se perpétuent dans les meilleures conditions de bien-être. Elles donnent à leur canton toute la prospérité que comporte la nature du territoire. Elles en étendent l'influence au dehors, car les émigrants emportent avec eux les ressources matérielles nécessaires à leur établissement et les forces morales qui en assurent le bon emploi. Les héritiers des domaines et des chalets propagent et perpétuent les bonnes traditions des foyers domestiques et des ateliers de travail. Aujourd'hui, ces traditions restent aussi fermes qu'elles l'étaient au XVIe siècle, lorsque la corruption incorrigible du clergé, de la noblesse et des gouvernants, amena le déchirement de l'Église dans les autres cantons de la Suisse, en France, dans les Pays-Bas et dans les États allemands. En résumé, dans les six petits cantons catholiques, pastoraux, à idées simples, de l'Oberland, les familles-souches conservent, sans aucune altération, l'une des constitutions modèles de l'Europe. Elles continuent à fonder la vie privée sur la foi et les coutumes de leurs pères. Elles assurent, par deux moyens principaux, le règne du bien dans la vie publique : elles confient aux Autorités sociales de chaque voisinage le soin de diriger la vie publique du canton; elles désignent, avec un sentiment profond de responsabilité personnelle, les hommes dignes de représenter leur canton devant les autorités fédérales qui président aux intérêts généraux des 22 cantons de la Suisse.

La constitution sociale garde quelques-uns de ces traits excellents, avec la foi catholique, dans le canton du Tessin, chez une population de langue italienne. Elle offre des caractères fort différents, souvent opposés, dans les riches cantons manufacturiers, agricoles et lettrés, qui confinent à la France et aux États allemands. Ces cantons recèlent, en beaucoup de points, des germes de désorganisation. Ici la source du mal n'existe pas dans l'esprit de révolte dirigé contre les autorités légales (II, In. 7), ni dans l'exagération donnée par l'emploi de la houille au régime manufacturier (V, III, 17), ni dans les règlements publics qui, en faisant obstacle au mariage des pauvres, provoquent l'infraction à deux commandements du Décalogue et compromettent l'ascendant social de la religion (I, 17). La principale cause du mal qui menace l'avenir de la Suisse est la formation d'une classe de lettrés qui, prenant pour point de départ la croyance à « la perfection originelle », arrive à la négation des trois premiers commandements. Parmi les trois faux dogmes qui dérivent logiquement de cette erreur, les lettrés que je signale se sont attachés au plus dangereux (II, In. 7). Ils professent que l'homme apporte avec lui, en naissant, tous les éléments de sa destinée et qu'en conséquence, dans le cours entier de son existence, il ne doit rien attendre de Dieu. Ils se partagent entre le matérialisme et le nihilisme, c'est-à-dire, entre les deux variétés du naturalisme importé de l'Allemagne. C'est, en général, dans la langue des maîtres allemands qu'ils enseignent leurs propres élèves. Cet enseignement ne s'est jamais concilié avec la stabilité d'une race d'hommes. Les lettrés qui nient Dieu font plus de mal que ceux qui s'adonnent aux peintures de la débauche : ces derniers, en effet, ne dégradent guère que les hommes déjà abaissés par leurs passions sensuelles ; tandis que les premiers, en inspirant l'orgueil, pervertissent les natures supérieures qui ont la force de dominer leurs semblables. Depuis l'année 1848, pendant laquelle j'ai étudié le canton de Genève, le naturalisme se développe rapidement. Il semble inspirer de plus en plus les gouvernants qui dirigent les affaires des cantons manufacturiers et celles de la confédération suisse. Il est à craindre que, sous ces influences, la désorganisation ne marche plus vite en Suisse qu'en Allemagne, où cependant le mal est plus ancien. Cette anomalie apparente s'explique facilement. Imbus de l'esprit de tradition, les gouvernants de l'Allemagne ne favorisent pas l'application des inventions dangereuses; ceux de la Suisse, au contraire, cèdent ostensiblement, comme les lettrés, à l'esprit de nouveauté; et cette attitude seule est déjà un grave symptôme de désorganisation.

F. L.-P.

§ 18.

APERÇU GÉNÉRAL DU SYSTÈME MANUFACTURIER DE LA SUISSE ET ORGANISATION SPÉCIALE DE LA FABRIQUE D'HORLOGERIE A GENÈVE.

En Suisse, comme dans la majeure partie de l'Europe, l'industrie manufacturière s'est d'abord établie dans de petits ateliers domestiques. Les grandes usines à engins mécaniques s'y sont rapidement développées, à une époque comparativement récente; en sorte que la grande et la petite industrie sont aujourd'hui largement représentées dans ce pays. Celui-ci occupe désormais un rang distingué parmi les régions manufacturières de l'Occident. La petite et la grande industrie y offrent d'ailleurs, d'un lieu à l'autre, des nuances extrêmement variées : on y peut donc aisément constater les avantages et les inconvénients qui sont propres à chacune d'elles. Le régime des petits ateliers ruraux se maintient, avec les conditions les plus favorables au bien-être et à la sécurité des ouvriers, dans plusieurs cantons qui s'inspirent de l'esprit allemand. Tel est le cas pour Zurich, Glaris et Appenzell. Au nombre de ces conditions, il faut placer en première ligne le respect des coutumes, assurant dans chaque famille d'ouvriers la transmission intégrale du petit domaine agricole qui fournit une occupation permanente aux femmes et aux enfants, et qui donne à la famille des moyens de subsistance indépendants du travail manufacturier. La conservation de ces coutumes se lie toujours à l'organisation d'un bon régime d'émigration, qui enlève régulièrement le superflu de la population. Dans les mêmes cantons, la partie la moins morale et la moins intelligente de la population trouve appui et assistance dans de fermes institutions municipales et dans les subventions qui se rattachent à l'exploitation d'une grande étendue de biens communaux.

Au midi et à l'ouest de la Suisse, le régime des petits ateliers se désorganise souvent par le partage forcé des héritages. La famille ne possède plus assez de terre pour occuper les bras des femmes et des enfants : elle souffre donc quand le travail manufacturier fait défaut. Les populations se détachent alors des campagnes : elles s'accumulent dans les villes, pour être plus à portée des fabricants qui, aux époques d'activité, leur procurent le travail ; mais ce déplacement ne fait qu'accroître leur misère aux époques de chômage. Les ouvriers des grandes usines tombent rarement dans une situation aussi fâcheuse. Les fabricants auxquels ils sont attachés en permanence exercent sur eux un patronage bienveillant, à la ville comme à la campagne, aux époques d'activité comme aux époques de chômage. Ils peuvent assez facilement remplir leur devoir à cet égard : n'employant guère que la force de l'eau pour mettre en mouvement les engins de fabrication, ils ne se sont point agglomérés autant que l'on a dû le faire ailleurs dans les fabriques à la houille. Il leur a donc été plus facile d'annexer à leurs établissements des dépendances territoriales et, par conséquent, de pourvoir les ouvriers d'habitations, de jardins potagers, de prairies et de pâturages. Souvent même, la proximité des forêts (V, II, 18) ou des biens communaux a permis d'accroître, au grand avantage de la population manufacturière, l'ampleur de ce régime de subventions.

La fabrique d'horlogerie de Genève, à laquelle sont liées les deux familles décrites dans la présente monographie, n'a point été, jusqu'à ce jour, entièrement rattachée à la grande industrie. Les tentatives faites pour y appliquer le travail des machines n'ont réussi que pour quelques détails de la fabrication. Celle-ci, considérée dans son ensemble, a encore pour moyens d'action, au sud-ouest de la Suisse, deux groupes principaux de petits ateliers.

Le premier groupe est composé d'éléments épars. Il s'étend dans plusieurs vallées comprises entre les sommets du Jura et le lac de Neufchâtel : il comprend un grand nombre d'ateliers où l'on fabrique des pièces détachées d'horlogerie, et où l'on en effectue un premier assemblage. Ces ateliers domestiques étaient autrefois fondés sur une alliance intime de l'industrie et de l'agriculture. Ce caractère rural a été conservé chez quelques-uns ; mais, chez la plupart, il se dénature de plus en plus, sous l'influence du morcellement indéfini des héritages et des diverses causes signalées précédemment (V, II). Déjà même beaucoup de familles, en s'agglomérant dans les bourgs de la Chaux-de-Fonds et du Locle, ont à peu près renoncé à toute occupation agricole pour se dévouer exclusivement au travail manufacturier. L'abandon de l'agriculture, l'agglomération exagérée des familles, enfin l'absence de tout patronage, ont ici les mêmes inconvénients qui se présentent partout dans les circonstances analogues. Aux époques de crise commerciale, ce régime impose aux ouvriers des privations qui ne se produisent guère dans les ateliers exclusivement ruraux. Il s'en faut de beaucoup cependant que le paupérisme ait jamais pris, dans ce district, les développements que l'on constate dans beaucoup d'ateliers qui, en Allemagne, en Belgique et en France, s'adonnent à la fabrication des tissus. Ces derniers, en effet, ne souffrent pas seulement des vices propres à leur organisation : ils sont surtout frappés, depuis trente ans, par la concurrence des grandes usines à engins mécaniques où s'exploitent les mêmes branches d'industrie. La fabrique d'horlogerie du Jura, au contraire, n'a point encore été atteinte par la concurrence des grandes usines. Par un privilége dont l'industrie manufacturière offre peu d'exemples, elle a même pu, jusqu'à ce jour, se garantir de la concurrence étrangère et exploiter presque seule le commerce du monde entier. Ces conditions spéciales, et les demandes sans cesse croissantes adressées à la Suisse par les consommateurs d'objets d'horlogerie, ont assurément contribué à l'abandon des travaux agricoles et à l'agglomération des ouvriers dans les bourgs du Jura ; mais, en même temps, elles ont atténué les inconvénients qui devaient résulter des altérations introduites dans l'organisation primitive de ces ateliers.

Le second groupe, établi à Genève, comprend plusieurs milliers de petits établissements, où l'on s'adonne spécialement à la révision et à l'assemblage complet des mouvements d'horlogerie, à la confection des boîtes, et au montage définitif des pièces. Ces travaux sont parfois dirigés par des ouvriers fabricants, qui groupent près d'eux un petit nombre d'auxiliaires et qui s'acheminent ainsi vers une situation plus élevée; mais ils s'exécutent, pour la majeure partie, par des ouvriers travaillant dans leur propre ménage. La première famille décrite dans cette monographie présente la réunion de deux modes : l'ouvrier travaille dans l'atelier d'un chef de métier à la fabrication des boîtes de montre ; la femme se livre, dans un petit atelier faisant partie du ménage (10), au polissage de ces mêmes boîtes. Agglomérés à l'intérieur d'une ville populeuse, ces petits ateliers sont nécessairement dépourvus de dépendances agricoles. Les ouvriers doivent demander au travail manufacturier tous leurs moyens d'existence; en sorte qu'ils ressentent vivement le contre-coup de toutes les crises qui restreignent momentanément l'activité de la fabrique. A l'époque même où ont été réunis les éléments de cette étude, le travail manquait presque complétement; et la population se trouvait exposée aux plus dures privations. Le chef de la famille présentement décrite avait dû renoncer momentanément à ses occupations ordinaires pour se livrer, moyennant un modique salaire, à des travaux de terrassement organisés par le gouvernement génevois. La femme, n'ayant exercé aucune industrie domestique, restait ordinairement inactive : les deux époux se trouvaient donc obligés de prendre, sur le capital qu'ils avaient accumulé avant le mariage, le complément de leurs moyens d'existence. C'est ici le lieu de remarquer que cette organisation de la fabrique urbaine de Genève, qui s'applique à la fois à l'horlogerie et à la bijouterie, est commandée en grande partie par la nature même de travaux exigeant du goût et de l'adresse manuelle. Ces travaux ne pourraient guère être exécutés avec succès par des populations exclusivement rurales. Cette même difficulté se représente, au reste, plus ou moins pour la plupart des industries manufacturières; et elle explique en partie la transformation qui s'opère presque partout, à mesure que l'industrie se perfectionne, dans l'organisation des ateliers ruraux. Alors même que les coutumes assureraient, dans les familles d'ouvriers, la transmission intégrale des héritages, une grande nation ne pourrait pourvoir exclusivement, à l'aide de tels ateliers, à toutes les convenances d'industries variées. Il en est évidemment qui réclament, soit, comme à Genève, le système des fabriques urbaines, soit, comme à la Chaux-de-Fonds, le système des fabriques demi-rurales. Seulement, les gouvernements doivent veiller à ce que ces nouveautés, que l'agglomération des hommes rend nécessaires, ne soient pas funestes aux classes ouvrières. Leur mission consiste surtout à seconder l'initiative individuelle, lorsque celle-ci s'applique à organiser, dans les villes, des institutions de prévoyance et surtout le patronage.

§ 19.

PRÉFÉRENCE A ACCORDER, SELON LES CAS, AUX GRANDS OU AUX PETITS ATELIERS DE TRAVAIL.

On a souvent mis en balance, en industrie aussi bien qu'en agriculture, les avantages et les inconvénients des grandes ou des petites exploitations. On a surtout discuté pour rechercher quel est celui des deux systèmes qui exerce l'influence la plus heureuse sur le bien-être des populations et sur la puissance des États. Les conclusions de ces sortes de polémiques ont rarement réuni l'assentiment général. Ici, comme dans la plupart des discussions soulevées par la comparaison des divers systèmes sociaux, on s'est ordinairement appliqué à développer certaines opinions préconçues. Souvent même, on a subordonné les questions aux préoccupations que faisait naître la politique du moment. Ainsi, les écrivains de notre époque enclins aux idées dites « démocratiques » ont, en général, accordé leurs sympathies au système de la petite propriété et des petites exploitations, tandis que leurs adversaires sont ordinairement accusés de donner la préférence au système opposé. L'étude méthodique de l'Europe, et en particulier celle de la Suisse, où les divers systèmes d'exploitation se trouvent tous réunis, démontrent que la vérité ne se trouve dans aucune de ces théories exclusives. L'évidence des faits ne tarde pas à indiquer ce qu'il y a de vrai ou de faux dans chacune d'elles. L'observation la plus sommaire enseigne qu'il n'y a point, en Europe, un seul État où l'on ne constate l'existence simultanée de grandes et de petites exploitations. Elles se maintiennent les unes et les autres, presque toujours sans se nuire, parfois même en se prêtant un mutuel appui. L'antagonisme, que plusieurs écrivains ont mis en relief en discutant leurs systèmes, n'existe guère dans la réalité. Le progrès matériel, qui se manifeste aujourd'hui chez toutes les nations européennes, est dû à la fois à l'influence des deux régimes. Ceux-ci se modifient incessamment, selon l'état des mœurs et en raison des découvertes qui viennent, de temps en temps, changer les conditions du travail. Toutefois, ces changements ont lieu, en agriculture et en industrie, dans des circonstances essentiellement différentes.

La distribution relative des grandes et des petites cultures dépend de l'état des mœurs et des tendances actuelles de la race, beaucoup plus que des convenances dérivant du climat, du sol, des productions et des méthodes de travail. Ainsi, les petites cultures prospèrent dans la région boréale aussi bien que dans la région centrale et dans les plus chaudes contrées de l'Espagne et de l'Italie; dans les plaines déboisées de la Russie centrale, de l'Allemagne du Nord, de la Lorraine, de la Champagne et des Castilles, comme dans les forêts du Nord et du Centre, et dans les montagnes de la Scandinavie, de l'Allemagne occidentale, de l'Auvergne, des Alpes, de l'Apennin et des Pyrénées. On les voit même, dans la plupart de ces contrées, se rapprocher des grandes cultures et, en quelque sorte, s'enchevêtrer avec elles. La cause première du succès des petites cultures est l'existence d'une race énergique de paysans doués de discernement, d'habitudes laborieuses et de prévoyance. Cette classe déjà prépondérante en Norvége, dans plusieurs provinces de la Suède et en Suisse, exerce, sur le bien-être de la société, une influence considérable, lorsqu'une bonne direction religieuse tempère chez elle la soif du gain, et la préserve ainsi contre l'exagération même de sa principale vertu. D'un autre côté, les lois, respectant la liberté individuelle à tous les degrés de la hiérarchie sociale, permettent aux familles de paysans de se constituer d'une manière stable par la transmission intégrale des héritages, et d'établir les jeunes générations dans les conditions les plus favorables, soit par l'émigration, soit par l'acquisition et le morcellement des grandes propriétés voisines. Organisée sur ces bases, la petite propriété forme une souche vigoureuse, de laquelle sortent continuellement des individualités éminentes. Elle devient un élément essentiel de la nationalité; elle mérite tous les éloges que les partisans de ce régime ont souvent émis d'une manière trop absolue, en ne tenant pas compte des restrictions que nous venons de signaler. Dans les contrées où ces conditions n'existent pas, où les populations ne sont point imbues de l'esprit d'ordre et de prévoyance, le législateur tenterait en vain de constituer la petite propriété. Les lois, qui provoquent le morcellement forcé du sol ou le partage des biens communaux, n'ont alors d'autres résultats que de livrer les petits propriétaires aux usuriers comme une proie assurée.

Dans plusieurs contrées de l'Europe, la grande propriété, qui peut également constituer la grande, la moyenne et la petite culture, se conserve sous diverses influences, et notamment avec le concours des richesses créées par le commerce. La plus puissante de ces influences est celle qui porte les grands propriétaires à garder des goûts simples, à résider sur leurs terres et à s'y dévouer au bonheur de la population. Ce régime subsiste, en résumé, quand les propriétaires conservent, sous l'inspiration du patronage, les bonnes mœurs qui se maintiennent presque naturellement dans la classe des petits propriétaires, sous l'influence d'un travail opiniâtre. En industrie, le partage des grandes et des petites exploitations n'est pas seulement fixé par la proportion relative et la valeur morale des classes extrêmes de la société; il s'établit aussi conformément à des nécessités techniques, dont l'influence devient chaque jour plus marquée. La force des bras et les aptitudes de l'esprit, qui intervenaient autrefois d'une manière directe et exclusive dans le travail des produits manufacturés, ont conservé leur prépondérance dans presque tous les genres de tissage et dans une multitude d'élaborations qui donnent de l'emploi à des populations entières. Ces produits continuent à être préparés avec succès au moyen de petits ateliers. Ceux-ci, d'ailleurs, sont, tantôt isolés, tantôt groupés sous le régime des fabriques collectives. D'un autre côté, les grandes inventions qui font la gloire de notre époque, et qui lui imprimeront dans l'histoire un caractère particulier, ont permis de substituer, avec une supériorité décidée, le travail des machines à celui des bras dans une multitude de fabrications. Au premier rang de celles-ci, il convient de citer tous les filages de matières textiles, la production des métaux et plusieurs grandes élaborations des matières brutes. Ces produits ne peuvent dorénavant être fabriqués, d'une manière économique, que dans de grandes usines, où les engins mécaniques sont mis en action par des moteurs inanimés. Sous l'influence des découvertes que chaque jour voit éclore, les grandes usines envahissent donc incessamment le domaine des petits ateliers. La petite industrie se maintient d'une manière stable, pour les produits exigeant seulement le degré d'adresse et d'intelligence qu'on peut attendre de l'ouvrier des campagnes. Dans ces conditions spéciales, qui se trouvent réalisées, par exemple, dans plusieurs cantons allemands de la Suisse (18), le régime des fabriques rurales collectives place les ouvriers dans un état de bien-être et d'indépendance qui ne laisse rien à désirer, même aux partisans exclusifs des principes démocratiques.

Malheureusement, cet état de choses ne subsiste, en Europe, que dans un nombre relativement restreint de districts manufacturiers. Il s'altère incessamment, dans la plupart des autres, par le morcellement indéfini des héritages, à défaut d'un bon régime d'émigration, et parfois aussi par la corruption qu'introduit dans les mœurs une agglomération trop brusque des populations. L'organisation exclusivement rurale reste d'ailleurs insuffisante pour plusieurs branches d'industrie : pour celles qui exigent un développement particulier du goût et de l'adresse manuelle, ou un contact presque journalier entre les ouvriers et les négociants, qui centralisent le commerce d'exportation. C'est dans ces conditions que se trouvent placées les fabriques collectives demi-rurales et urbaines qui ont conservé, en Russie, en

Allemagne, en Hollande, en Belgique, en France et en Angleterre, un grand développement. Toutefois, en sortant du domaine des faits constatés, on peut se demander si les usines à engins mécaniques conserveront, dans le régime manufacturier, la prépondérance qui leur est acquise aujourd'hui : si, par exemple, il sera toujours nécessaire d'agglomérer les ouvriers autour des puissants moteurs qu'animent aujourd'hui la houille et les cours d'eau. Sans être encore en mesure d'affirmer, la science peut déjà donner, à ce sujet, quelques encouragements. On commence à entrevoir, par exemple, que la force magnétique répandue sur toute la surface du globe pourrait un jour s'adapter aux besoins de chaque ménage. Plusieurs exemples prouvent même que les moteurs actuels se prêtent, jusqu'à un certain point, aux convenances de la petite industrie. La découverte de quelque moyen économique de transmettre le mouvement à distance développerait infailliblement une tendance dont le germe est déjà prononcé. L'esprit humain s'est montré si fécond, depuis un siècle, dans les arts mécaniques, qu'il n'y a rien de déraisonnable à penser que la filature des matières textiles, qui sera toujours le principal aliment de l'activité manufacturière, pourra, sous cette influence, redevenir une industrie domestique.

Quoi qu'il en soit de ces espérances, le partage de la grande et de la petite industrie s'établira toujours conformément à des convenances dérivant des conditions techniques de la production. En agriculture, au contraire, le partage analogue est presque partout une conséquence directe de l'état des mœurs. Pendant longtemps, la grande propriété s'est conservée à la faveur des substitutions. Aujourd'hui elle se perpétue principalement à l'aide de grands capitaux. Quant à la petite propriété, il est chimérique d'espérer qu'on puisse la créer par des lois de morcellement forcé, quand les populations rurales ne sont point à la hauteur de ce régime. Les atteintes portées, sous ce rapport, à la liberté individuelle sont, en définitive, plus nuisibles qu'utiles à la classe des paysans. Le seul moyen efficace à employer pour fortifier les propriétaires ruraux, soit au bas, soit au sommet de l'échelle sociale, est d'y rendre les mœurs plus fermes et plus pures.

§ 20.

PRÉCIS DE LA MONOGRAPHIE AYANT POUR OBJET

L'HORLOGER DE LA VILLE DE GENÈVE

(VIEUX MÉNAGE).

INTRODUCTION.

Ce second type d'ouvrier génevois ressemble, sous plusieurs rapports, à celui qui est l'objet principal de ce chapitre. Comme ce dernier, il est ouvrier-tâcheron sous le régime des engagements momentanés. Comme lui il est dénué de toute propriété foncière; il vit habituellement dans une situation moins aisée. Ce vieux ménage, en effet, ne se procure pas, par son travail, des salaires aussi élevés que le jeune, et son enfant lui impose de plus lourdes charges. Il se préoccupe autant que son jeune voisin de s'élever dans la hiérarchie sociale; mais, pour atteindre ce but, il semble avoir adopté un meilleur plan de conduite. Fidèles aux habitudes simples et frugales de l'ancien temps, les vieux époux réduisent au plus strict nécessaire la vie matérielle du ménage; et les petites épargnes qu'on peut obtenir sont employées entièrement à développer l'éducation intellectuelle et morale de leur jeune garçon. Selon l'opinion des maîtres, l'enfant répondra aux soins qui lui sont prodigués. S'il en est ainsi, ce placement des ressources du pauvre ménage, fécondé par une culture morale assidue, sera plus fructueux que s'il était fait à la caisse d'épargne.

I. Définition du lieu, de l'organisation industrielle et de la famille.

La famille habite, comme celle qui est précédemment décrite, la ville de Genève, et se rattache également à la fabrique d'horlogerie. Conformément aux mœurs dominantes du pays, l'ouvrier n'est pas lié en permanence au fabricant pour le compte duquel il travaille; mais ses rapports avec lui se prolongent ordinairement pendant plusieurs années, malgré les discussions qui s'élèvent souvent au sujet du salaire. La famille est dans un état habituel de gêne, qui résulte surtout des charges qu'elle s'impose pour l'éducation de son unique enfant. Cette situation s'aggrave aux époques de crises provoquées par la cessation des opérations commerciales. Dans ce cas, la famille souffre, plus que la majorité des ouvriers génevois, de l'agglomération exagérée de population qui commence à se manifester dans la ville.

L'ouvrier, né à Genève, marié depuis 20 ans, est âgé de 50 ans. Sa femme, née à Montreux (Valais), est âgée de 53 ans. Leur fils unique, né à Genève, est âgé de 13 ans.

La famille professe la religion réformée de Calvin. Elle montre une grande ferveur religieuse, entretenue par l'assiduité aux exercices du culte, et surtout par des lectures de piété, qui sont la récréation presque unique des deux époux. Ce développement remarquable du sentiment religieux se fait sentir dans toutes les habitudes de la famille, dans une condition toujours gênée, descendant parfois à l'indigence. Il donne une véritable distinction au père, et lui communique un caractère touchant de résignation. La famille n'est nullement imbue des idées et des habitudes de routine (22) qui, dans d'autres parties de l'Europe, exercent sur la condition des ouvriers, et sur l'ensemble de la société, une influence regrettable. Elle s'intéresse aux grandes découvertes qui, de nos jours, introduisent des modifications si profondes dans la situation de l'humanité. Elle apprécie surtout les bienfaits d'une bonne éducation. La plus grande sollicitude des deux époux est d'assurer le développement intellectuel et moral de leur fils unique. Dans ce but, ils s'imposent les sacrifices les plus pénibles; et ils parviennent, à force d'abnégation personnelle et de dévouement, à mettre cet enfant en mesure de suivre les exercices du principal établissement d'instruction publique de la ville de Genève. Placée, par sa valeur morale, au premier rang parmi les ouvriers européens, la famille rentre complétement, pour ce qui concerne le défaut de prévoyance, dans les habitudes dominantes des populations ouvrières. Elle se trouve même placée, sous ce rapport, au-dessous du type décrit dans la première partie de ce chapitre. On peut remarquer, cependant, que l'amour paternel, qui, avec l'esprit religieux, domine dans ce ménage tous les autres sentiments, donne à la dépense journalière une direction qui deviendra, en fait, un acte de haute prévoyance, si l'enfant répond par le succès aux soins qu'on lui prodigue. Cette circonstance est précisément l'une de celles qui mettent le mieux en relief la différence qui existe entre l'organisation sociale de l'Orient et celle de l'Occident. En Russie, par exemple, les enfants n'imposent aux parents que des charges légères; et cependant leur vie tout entière doit être employée à assurer le bien-être de la communauté dont ils font partie (II, v). Ici, au contraire, toutes les ressources des parents sont employées dans l'intérêt de leur fils : l'avenir de la famille se trouve dès lors subordonné aux qualités individuelles de ce dernier. On sacrifie la stabilité aux chances du déclassement : le succès se fonde, non sur une institution, mais sur un fait individuel.

Les trois membres de la famille jouissent d'une bonne constitution physique; et ils résistent bien à l'influence des mauvaises conditions hygiéniques résultant de l'habitation dans un appartement exigu, privé d'air et de lumière. En cas de nécessité absolue, ils se procurent les secours médicaux par les moyens indiqués précédemment pour le jeune ménage (4).

L'ouvrier, bien qu'il n'apporte au travail qu'une habileté médiocre, appartient à la catégorie des tâcherons. Ce mode de rétribution s'applique parfaitement à toutes les branches de la fabrique d'horlogerie, où le travail est très-subdivisé, et où l'ouvrier est indéfiniment chargé du même détail de fabrication. Placée dans une condition gênée, et n'ayant aucune tendance à l'épargne, cette famille rentre tout à fait, par les éléments matériels de l'existence, dans les conditions propres à la classe la plus nombreuse; mais elle marche de pair, en ce qui concerne le développement des sentiments moraux, avec les individualités les plus éminentes. La tendance qui excite les ouvriers de l'Occident à s'élever vers une condition meilleure se présente avec des caractères d'autant plus honorables, chez les deux époux, qu'elle est exempte de toute préoccupation personnelle et s'exerce exclusivement dans l'intérêt de leur fils. Dans aucun autre lieu du monde, si ce n'est dans quelques villes de France et d'Angleterre, l'Auteur de ces études n'a trouvé, parmi les classes ouvrières, un type aussi distingué. Toutefois, cette famille dont l'avenir sera subordonné aux succès d'un jeune enfant n'apporte pas à la constitution sociale un élément de stabilité.

II. Moyens d'existence de la famille.

La famille n'a jamais eu la pensée de se constituer par l'épargne un capital de réserve, et encore moins d'acquérir un immeuble. On peut cependant considérer, à quelques égards, l'excellente éducation donnée à l'enfant comme un placement judicieux des épargnes de la famille. L'ouvrier travaillant chez un fabricant y trouve les outils nécessaires à l'exercice de sa profession. En souscrivant à une caisse d'assurances mutuelles il reçoit des subsides en argent en cas de maladie ou de chômage.

Les rapports entre les ouvriers et les fabricants de Genève se bornent, en général, à la réception du travail exécuté par l'ouvrier et au paiement du salaire convenu. L'ouvrier ne reçoit du fabricant aucune subvention. Il envoie son fils au collége entretenu aux frais de la ville, et tire avantage, par conséquent, de cette subvention municipale, tout en s'imposant à ce sujet de lourdes charges. Dans les cas de maladies, de chômages prolongés ou d'accidents imprévus, la famille est soutenue, indépendamment des subsides insuffisants alloués par la caisse d'assurances mutuelles, au moyen de secours distribués par l'intermédiaire de MM. les pasteurs, agents principaux de la bienfaisance publique et privée (22).

Travaux de l'ouvrier. — Travail principal : fabrication des ressorts de montres, 285 journées payées 1,000f 00. L'ouvrier, faute d'aptitude et d'occasions, n'entreprend aucun travail secondaire. — *Travaux de la femme.* — Travail principal : travaux de ménage (sans valeur appréciable), blanchissage des vêtements et du linge, transport de l'eau depuis la fontaine jusqu'au logis, 15 journées évaluées 23f 00 ; — travaux secondaires : confection des vêtements et des objets de tricot, 60 journées estimées 48f 00.

III. Mode d'existence de la famille.

Les repas sont composés à peu près comme chez le jeune ménage décrit précédemment (9). Seulement, il y règne plus d'économie; et, quoiqu'il y ait une bouche de plus à nourrir, la dépense n'est guère plus élevée.

La famille occupe, au troisième étage d'une maison desservie par un escalier sombre et étroit, un petit appartement composé d'une cuisine servant de salle à manger et de lieu de réunion pour la famille, d'une chambre à coucher pour les époux, et d'un cabinet renfermant le lit du jeune garçon, avec une petite bibliothèque. L'ouvrier consacre surtout à la bibliothèque les sommes qui ne sont pas impérieusement réclamées pour la nourriture, le logement et les vêtements. Il trouve, dans cette collection de livres adaptés à son plan d'éducation, son principal délassement : il en fait usage pour développer l'intelligence et la moralité de son fils. Le mobilier semble indiquer un degré d'aisance supérieur à la condition réelle de la famille et peut être évalué, avec les vêtements, à un total de 982f 00, savoir : *meubles*, 595f 00; — *ustensiles*, 187f 00; — *vêtements*, 200f 00. — En ce qui concerne le vêtement, la famille a conservé les habitudes de l'ancienne population génevoise. Elle contraste, sous ce rapport, avec le jeune ménage (10), qui a adopté le costume de la bourgeoisie.

Le père de famille consomme une quantité modérée de tabac à priser. Il ne va jamais au café, et ne prend, en dehors de son ménage, aucune boisson spiritueuse. Les lectures faites en commun, pendant toutes les saisons, sont la principale récréation de la famille. Le dimanche, en été, après les offices religieux, la famille prend souvent le plaisir de la promenade aux environs de la ville. Sauf en deux ou trois occasions, elle s'interdit, dans ces promenades, toute espèce de dépense.

En résumé, ce vieux ménage n'a pas plus que le jeune (6) l'esprit d'épargne sans lequel l'ouvrier ne saurait s'élever à la bourgeoisie. Toutefois, le mode d'existence qu'il a adopté l'éloigne moins de ce but tant désiré par l'ouvrier génevois.

IV. Histoire de la famille.

Les considérations relatives au jeune ménage (12) s'appliquent en partie à la famille présentement décrite. L'enfant, qui reçoit l'instruction dans le collége de la ville, se trouvera porté, par son éducation, au-dessus de la condition sociale de ses parents. Si, comme l'espèrent ses maîtres, il est doué de toutes les qualités intellectuelles et morales qui conduisent au succès, il trouvera l'occasion de s'élever, par l'industrie ou le commerce, dans les rangs de la bourgeoisie. Dans le cas contraire, ne pouvant se classer, selon ses goûts, à aucun degré de la hiérarchie sociale, il sera condamné à une existence malheureuse; et il deviendra probablement un élément de trouble pour la localité.

V. Budget domestique annuel et avenir de la famille.

Recettes de la famille. — Produits des subventions, 45f 00; — salaire de l'ouvrier, 855f 00; — salaire de la femme, 70f 00; — bénéfices des industries entreprises par la famille, 145f 00. — *Total des recettes,* 1,115f 00.

Dépenses de la famille. — Nourriture, 550f 00; — habitation, 255f 00; — vêtements, 185f 00; — besoins moraux, récréations et services de santé, 122f 00; — dettes, impôts et assurances, 3f 00. — *Total des dépenses,* 1,115f 00.

L'ouvrier, en s'affiliant à une société d'assurances mutuelles, obtient des subsides en argent dans les cas de maladie ou de chômage; mais il ne pourra plus compter sur cette ressource quand la vieillesse lui enlèvera l'aptitude au travail et lorsqu'en conséquence il ne sera plus en mesure de payer sa cotisation. Il sera dès lors privé de tout moyen d'existence, à moins que son fils ne puisse lui venir en aide. Il sera réduit, conformément aux habitudes qui tendent à prévaloir en Occident pour les populations agglomérées, aux secours émanant de la bienfaisance publique. Les sacrifices considérables que font les parents pour l'éducation de leur fils ne sont pas seulement un témoignage touchant d'amour paternel: ils peuvent encore être considérés comme un calcul de haute prévoyance et comme un fructueux placement d'épargne. Ce calcul sera justifié si cet enfant est doué heureusement : d'une part, sous le rapport intellectuel, pour tirer parti de l'instruction reçue ; de l'autre, sous le rapport moral. pour remplir ses devoirs envers ses vieux parents.

§ 21.

LES USINES A ENGINS MÉCANIQUES ET LES AGGLOMÉRATIONS MANUFACTURIÈRES CONSTITUÉES RÉCEMMENT EN SUISSE.

L'altération graduelle du principe des anciennes fabriques rurales collectives et l'antagonisme qui se développe, dans les fabriques urbaines, entre les maîtres et les ouvriers (1), ne sont pas les seuls éléments de perturbation introduits dans la constitution sociale de la Suisse. Les succès obtenus par les négociants qui expédient dans les pays étrangers les produits de l'industrie locale, les grandes agglomérations de capitaux créées à Bâle, à Genève et à Zurich, par ces succès mêmes et par de sévères habitudes d'économie domestique, ont provoqué la création de grandes usines à engins mécaniques et engagé la Suisse dans la voie ouverte depuis longtemps par la France et par l'Angleterre. Il faut reconnaître, cependant, qu'en obéissant à cette tendance nouvelle les capitalistes se sont plus inspirés des habitudes allemandes (III, IV, 20) que de celles qui prévalent en France et en Angleterre. Ils n'ont pas pensé, en général, que les relations des maîtres et des ouvriers dussent avoir un caractère accidentel, et se réduire au débat des conditions du salaire. Appréciant les garanties de bien-être et de sécurité qui résultent de l'association des travaux agricoles et manufacturiers, ils se sont souvent appliqués à pourvoir, sous ce rapport, leurs ouvriers de subventions permanentes. Il existe en Suisse plusieurs grands établissements où ces principes d'administration sont observés avec sollicitude. Les filatures de coton, par exemple, empruntent pour la plupart leur force motrice à des cours d'eau : elles ont pu, en conséquence, être établies dans les campagnes. Les ouvriers y sont pourvus, presque tous, de l'étendue de terrain nécessaire pour produire la provision de légumes que réclame la nourriture de la famille, et pour entretenir une vache laitière. Dans les cantons allemands, l'existence d'une grande étendue de biens communaux a souvent offert de précieuses ressources pour constituer, sur de solides bases, cette organisation industrielle.

D'autres chefs d'industrie, moins prévoyants ou visant trop à réduire les frais de premier établissement, ont cru pouvoir se dispenser d'assurer à leurs ouvriers ces garanties de bien-être et de sécurité. Suivant l'exemple donné par beaucoup d'autres fabricants de l'Occident, ils tendent à concentrer leurs établissements dans les villes. Ils ont ainsi contribué à accroître le danger du déclassement des ouvriers appartenant aux anciennes fabriques rurales collectives (18). Ainsi se forment peu à peu les premiers rudiments de ces populations ouvrières à existence instable, qui se sont déjà agglomérées dans les autres régions de l'Occident. La fabrique d'horlogerie seule réunit déjà, dans l'intérieur de la ville de Genève, 6,000 ouvriers et 3,000 ouvrières, tirant exclusivement du travail industriel leurs moyens de subsistance.

Les embarras qui se manifestent dans les constitutions sociales de l'Occident ont pour causes principales le développement trop brusque du régime manufacturier, l'agglomération exagérée des populations industrielles et surtout l'emploi des femmes dans les manufactures. La réforme que cet état de choses réclame doit, comme en Angleterre, s'opérer en grande partie par la force des mœurs. Les fondateurs des nouveaux établissements devraient assurer, en toute éventualité, à leurs ouvriers une partie de leurs moyens de subsistance, et rentrer, à cet égard, dans les conditions de l'ancien régime européen. Dans cette voie, l'expérience déjà acquise et la fécondité de l'esprit humain ne tarderaient pas à indiquer les solutions pratiques, souvent fort différentes, qui conviennent aux diverses localités. Les plus riches cantons de la Suisse, le pays d'Elberfeld, dans le nord-ouest de l'Allemagne (III, IV, 20), et plusieurs grandes fabriques de France et d'Angleterre offrent déjà la réalisation spontanée de l'ordre de choses qu'il s'agirait de généraliser.

§ 22.

COMPARAISON DE L'ÉTAT INTELLECTUEL DES OUVRIERS, EN ORIENT ET EN OCCIDENT.

Les faits exposés aux tomes II et IV ont déjà fourni quelques éléments de la comparaison à établir entre les conditions intellectuelles propres aux ouvriers des deux régions de l'Orient et de l'Occident. C'est surtout par la profondeur du sentiment religieux, et par les conséquences morales qui s'y rattachent, que l'ouvrier de Genève et plusieurs autres types d'ouvrier de l'Occident l'emportent sur les ouvriers de l'Orient les mieux disposés d'ailleurs à subir l'influence de l'islamisme ou de la religion chrétienne. Les récréations favorites du modèle d'ouvriers genevois sont peut-être le détail d'existence qui révèle le mieux la distinction de ses goûts. Pendant la belle saison, il se plaît surtout à se promener, avec sa femme et ses enfants, dans la contrée pittoresque qui confine à la ville. La tenue des familles y est pleine de convenance dans tous les lieux de réunion et de plaisir. Elle forme un contraste frappant avec celle qu'on peut remarquer dans les réunions populaires de beaucoup d'autres contrées. Pendant l'hiver, l'ouvrier de bonne conduite passe une partie de ses loisirs dans une société particulière à laquelle il est régulièrement affilié, et où des cours publics sont professés gratuitement par des personnes dévouées à l'amélioration du sort des classes inférieures. Les lectures faites en famille sont considérées comme une récréation indispensable, surtout par les femmes et par les adolescents des deux sexes. Presque tous les ménages possèdent quelques livres ; ils s'en procurent d'ailleurs, moyennant une rétribution modique, dans une multitude de bibliothèques privées. Ces lectures, si le choix n'en est pas toujours irréprochable, prouvent du moins que l'ouvrier de Genève est déjà affranchi, en grande partie, de la domination des appétits matériels, c'est-à-dire des inclinations qui, dans la majeure partie de l'Europe, abaissent les ouvriers proprement dits au-dessous des classes bourgeoises et aristocratiques.

Les réunions de parents et d'amis, les cadeaux échangés à certains anniversaires, et qui se composent, en général, d'articles de toilette et de mobilier, entrent profondément dans les habitudes de la classe ouvrière de Genève. L'ouvrier génevois tend incessamment à imiter la bourgeoisie pour tout ce qui se rattache à l'ameublement, aux vêtements et aux habitudes de la vie sociale. Les détails donnés dans la présente monographie indiquent les avantages moraux de cette inclination; cependant l'ouvrier dépasse souvent, dans cette direction, les limites tracées par la raison et par la prévoyance. Les fâcheuses conséquences de la disproportion qui existe entre cette propension bourgeoise et l'exiguïté des ressources de la famille se manifestent surtout pour le jeune ménage ci-dessus décrit. Cette forme de l'imprévoyance, quoique liée à des qualités estimables, peut, dans certains cas, produire des résultats aussi funestes que le vice ou l'intempérance, et plonger la famille dans le dénûment. L'instabilité provoquée, même chez les ouvriers les plus moraux et les plus intelligents, par l'emploi peu judicieux de leurs ressources est l'un des traits les plus regrettables de la condition des ouvriers occidentaux. Toutefois, il est juste de remarquer que ces inconvénients, amenés par l'exagération des tendances vers l'égalité civile, sont en partie compensés par les avantages moraux qui ont été précédemment signalés.

Les observateurs qui se dévoueront à l'étude méthodique des ouvriers européens seront toujours amenés à constater la supériorité dont jouissent, sous le rapport de la sécurité et du bien-être, les populations du Nord et de l'Orient. L'ampleur des moyens de subsistance assurés à ces populations constitue réellement le trait distinctif de ces deux régions. En rapprochant les monographies relatives à ces ouvriers des descriptions lamentables qui ont été faites touchant les populations attachées aux grandes manufactures de l'Occident, on sera conduit à se demander, comme l'ont déjà fait tant de penseurs, si les merveilles d'industrie produites au prix de tant de souffrances ne constituent pas au fond une véritable décadence. On pourra douter que le développement intellectuel et moral d'une partie de la classe ouvrière balance l'abaissement sans exemple dans lequel tombe l'autre partie ; que le progrès de la richesse ou de l'aisance, même chez le plus grand nombre, dégage de toute responsabilité les sociétés chez lesquelles une partie importante de la population vit dans un état d'indigence inconnu des organisations sociales les plus imparfaites. Plus on envisage le contraste que présentent, dans les contrées extrêmes de l'Europe, les conditions des classes inférieures, et plus on est conduit à rechercher avec anxiété si les sociétés occidentales, où existent tant de misères, où fermentent, par conséquent, tant d'éléments de perturbation, ne sont pas menacées d'une désorganisation prochaine.

La fabrique de Genève, à laquelle sont attachés les deux ménages décrits dans cette monographie, est un des groupes industriels qui peuvent donner quelque confiance dans l'avenir des sociétés occidentales. On y constate, en effet, que l'activité manufacturière n'implique pas nécessairement la dégradation d'une partie de la population ouvrière. Assurément, l'influence combinée de l'imprévoyance et du libre arbitre impose, à certaines époques de crise, de dures privations à la classe inférieure ; mais celles-ci sont maintenues entre certaines limites ou adoucies par les habitudes laborieuses, et surtout par l'esprit religieux répandu dans toutes les classes de la société. En résumé, le canton de Genève l'emporte à certains égards sur toute région de même étendue de l'est et du nord de l'Europe, non-seulement par le développement de l'agriculture, de l'industrie et du commerce, par l'impulsion imprimée aux sciences et aux arts libéraux, mais encore par le niveau intellectuel et moral que les ouvriers ont atteint pour la plupart. Il reste seulement à désirer que la sécurité de l'avenir réponde au développement actuel de l'intelligence. Les qualités qu'on observe chez les populations laborieuses de la Russie et de plusieurs autres régions du Nord et de l'Orient sont, en général, le résultat d'un ensemble de conditions extérieures, presque indépendantes du libre arbitre des individus. Si, par exemple, le bon ouvrier ne s'adonne point à l'ivrognerie, c'est que les subventions accordées par le patron, dans le but de pourvoir aux besoins de la famille, laissent peu de marge à l'essor des appétits brutaux. Si le même ouvrier s'applique au travail avec assiduité, c'est qu'une discipline sévère, établie par les mœurs, par les règlements locaux, et au besoin par la loi, le défend contre les incitations à la paresse. L'ouvrier génevois, au contraire, n'est lié par aucune entrave. Sa vertu, moins passive, ne dépend pas exclusivement des circonstances extérieures : c'est en lui-même, dans sa raison et sa conscience, qu'il puise la force nécessaire pour contenir ses passions et pour remplir ses devoirs.

Les ouvriers de l'Orient diffèrent encore de ceux de l'Occident par une disposition fondamentale qui exerce sur l'état des populations une influence considérable, et qui imprime même à la société tout entière un cachet particulier. Les premiers sont essentiellement conservateurs. Satisfaits de leur condition présente, ils n'éprouvent jamais le désir de la voir changer; toute tentative faite pour modifier les usages établis se présente à leur esprit comme une attaque contre leurs droits, comme une atteinte à leur bien-être. Cet attachement pour la tradition assure la conservation des avantages acquis par l'expérience des siècles. Il garantit la société contre l'imprudence des novateurs; mais trop souvent il dégénère en une routine aveugle, et développe une hostilité systématique contre tout changement et même contre les améliorations les plus fécondes. Dans cette organisation sociale, l'esprit de progrès et d'initiative n'existe guère que dans les classes supérieures de la société; et c'est en cela que réside une des sources les plus légitimes de l'influence qui leur est acquise. Dans l'Occident, les classes inférieures commencent à adopter une disposition d'esprit diamétralement opposée. Les unes, mécontentes de leur condition présente, travaillées par des passions intéressées à la ruine de l'ordre social, se montrent hostiles au régime de tradition. D'autres, en plus grand nombre, tout en résistant à ces fâcheuses influences, montrent une disposition prononcée pour les innovations, parce qu'elles comprennent que l'amélioration de leur sort est intimement liée aux découvertes qui étendent chaque jour le domaine de l'intelligence et de l'activité matérielle. Les sociétés de l'Occident, qui savent concilier dans une juste mesure le désir des perfectionnements avec le respect de la tradition, voient donc toutes les classes animées par une pensée commune de progrès et d'amélioration. Cette unanimité de vues est évidente à Genève, par exemple, où de simples ouvriers sont aussi enclins à développer l'éducation de leurs enfants (3) que les ouvriers orientaux se montrent décidés, pour la plupart, à les maintenir dans la situation illettrée où ils ont eux-mêmes vécu (V, II, 3).

L'étude des ouvriers génevois donne donc occasion de constater que l'impulsion donnée à l'Occident est réellement un progrès de l'humanité. D'autres exemples, empruntés à l'Angleterre et à la France, serviront également à réfuter les critiques qu'a fait naître la déplorable situation d'une partie de la classe ouvrière. L'essor de l'industrie et le développement de la liberté individuelle n'entraînent nullement, comme conséquence, la dégradation d'une partie de l'espèce humaine. Toute société religieuse, qui, à l'exemple de Genève, saura régler le mouvement où sont entraînés les peuples occidentaux, produira le bien sans le mélange de maux qui s'y joint trop souvent aujourd'hui. Les recherches méthodiques dont nous offrons le plan dans cet ouvrage feront justice des paradoxes décourageants et des entraînements irréfléchis. Elles indiqueront ce qu'il y a de réel et de fécond dans la constitution sociale de l'Occident. Elles signaleront la voie à suivre et les écueils à éviter dans cette région pour conjurer des maux intolérables et pour placer définitivement les classes ouvrières dans une situation dont la supériorité ne puisse plus être contestée.

§ 23.

AVANTAGE DES VISITES PASTORALES FAITES CHAQUE ANNÉE CHEZ LES OUVRIERS GÉNEVOIS.

Les ministres du culte placent, à Genève, au nombre de leurs principaux devoirs, les visites régulières faites chez les ouvriers de leur paroisse. Chacun d'eux a, pour ainsi dire, charge d'une circonscription déterminée. Il s'impose l'obligation de visiter tous les ménages, au moins une fois chaque année, plus souvent si les familles en témoignent le désir. Sa mission est de donner des conseils et des consolations ; au besoin, des secours d'argent, de denrées, de médicaments et de vêtements. La connaissance approfondie qu'il a du personnel de sa paroisse le rend l'intermédiaire naturel entre les pauvres et les riches charitables. Il est aussi l'agent le plus actif et le plus dévoué de la bienfaisance municipale. Mais l'utilité de ces visites consiste moins dans l'adoucissement apporté aux souffrances physiques des classes pauvres que dans les effets moraux qui s'y rattachent. La présence du pasteur relève l'ouvrier à ses propres yeux ; elle le soustrait au sentiment de l'isolement et de l'abandon ; elle lui donne de nouvelles forces pour lutter contre les difficultés de sa position. Souvent aussi des visites pastorales stimulent des qualités que la pauvreté tendrait à engourdir. C'est ainsi que l'attente de ces visites à des époques indéterminées, tenant sans cesse en éveil la sollicitude de la ménagère, influe utilement sur la bonne tenue de l'habitation, du mobilier et des vêtements. En résumé, les tournées pastorales de Genève doivent être citées au nombre des moyens de moralisation et d'assistance les plus efficaces, par lesquels se révèle le patronage qui se reconstitue sous de nouvelles formes, au milieu des institutions modernes de l'Occident. Consacrée déjà par une assez longue expérience, cette coutume est en harmonie complète avec les besoins matériels et les aspirations morales des populations ouvrières accumulées dans les villes.

CHAPITRE III

BORDIER-ÉMIGRANT

DU LAONNAIS

OUVRIER-PROPRIÉTAIRE ET JOURNALIER

dans le système des engagements momentanés,

AVEC UN PRÉCIS DE LA MONOGRAPHIE AYANT POUR OBJET

LE MANŒUVRE-AGRICULTEUR DU MAINE (20),

D'APRÈS LES RENSEIGNEMENTS RECUEILLIS SUR LES LIEUX, DE 1848 A 1850,

PAR M. DE BARIVE.

OBSERVATIONS PRÉLIMINAIRES

DÉFINISSANT LA CONDITION DES DIVERS MEMBRES DE LA FAMILLE.

Définition du lieu, de l'organisation industrielle et de la famille.

§ 1.

ÉTAT DU SOL, DE L'INDUSTRIE ET DE LA POPULATION.

La commune de Bourguignon, qu'habite l'ouvrier, se trouve dans le canton d'Anizy-le-Château, arrondissement de Laon, département de l'Aisne. Le sol de la commune fait partie de la formation tertiaire à lignites du Soissonnais. Les principaux produits de l'agriculture locale sont les légumes farineux et les céréales. Des lignites pyriteux sont extraits des minières voisines. pour être convertis en couperose et en alun : les gîtes minéraux fournissent des moyens continus de travail aux deux époux, aux époques de l'année où les travaux agricoles sont suspendus par les intempéries.

La population se compose de propriétaires, de fermiers, d'ouvriers-domestiques à engagement annuel, attachés aux exploitations des précédents, enfin de journaliers travaillant au compte de divers, et qui cumulent ordinairement cette fonction avec celle de moissonneur-émigrant (8). Ces derniers se distinguent, entre les catégories analogues d'ouvriers européens, par leurs qualités morales et leur tendance à l'épargne, et ils s'élèvent pour la plupart, après une dizaine d'années de travail, à la condition de propriétaires. Leur succès est dû, en partie aux heureuses influences qui se développent dans le régime des émigrations périodiques, en partie à la jouissance indivise de pâturages communaux, qui adoucit, en faveur des jeunes ménages non pourvus de capitaux, les premiers obstacles qui se trouvent toujours à l'entrée de la voie qui conduit à la propriété. Il faut l'attribuer aussi à l'amour du travail et aux autres qualités éminentes qui distinguent la plupart des femmes (18) dans cette partie de la France.

§ 2.

ÉTAT CIVIL DE LA FAMILLE.

La famille comprend les deux époux et 3 enfants, savoir :

1. CHARLES B***, chef de famille, marié depuis 13 ans, né à Coucy-le-Château	35 ans.
2. CÉCILE M***, sa femme, née à Bourguignon	32 —
3. Henri B***, leur 1er fils, né à Bourguignon	12 —
4. Eugène B***, leur 2me fils, né à Bourguignon	8 —
5. Berthe B***, leur fille, née à Bourguignon	1 —

§ 3.

RELIGION ET HABITUDES MORALES.

La famille professe la religion catholique romaine. La femme pratique régulièrement les devoirs religieux, et, en particulier.

suit les exercices du culte avec toute l'assiduité que comporte l'accomplissement de ses travaux domestiques. Le sentiment religieux n'est pas développé chez le mari, qui n'assiste que les jours de fête aux offices de l'Église. Les infractions aux mœurs, assez communes chez les jeunes gens, sont toujours rachetées par le mariage. Les habitudes morales des deux époux deviennent ensuite excellentes. Les enfants sont traités avec sollicitude par les parents : ils suivent assez régulièrement les exercices de l'école communale, et ils parviennent, pour la plupart, à posséder les éléments de la lecture, de l'écriture et du calcul.

L'amour du travail et la tendance à l'épargne, qui distinguent si honorablement cette famille, ne dégénèrent pas, ainsi qu'il arrive souvent ailleurs dans les mêmes conditions (V, VIII, 24), en une avarice sordide, ou en défauts d'une nature plus grave. En général, les familles placées, dans cette localité, aux premiers échelons de la propriété obéissent, sous ce rapport, à l'influence de la religion. Elles concilient les qualités qui les distinguent avec les entraînements naturels de l'humanité, et particulièrement avec l'esprit de charité. Ces familles occupent donc, dans la constitution sociale de la France, une position plus honorable et plus utile que certaines catégories de petits propriétaires chez lesquels l'esprit d'individualisme et l'amour du gain, poussés jusqu'aux limites les plus extrêmes, ont, en quelque sorte, desséché les sentiments qui forment le principal fondement des sociétés. Cette heureuse condition morale de la population de Bourguignon n'est pas le trait dominant des contrées voisines de l'Ile-de-France, de la Champagne et de la Picardie; la corruption y règne souvent dans la classe des journaliers-agriculteurs. Dans de telles conditions, cette monographie a paru offrir beaucoup d'intérêt. Elle prouve que, sous l'influence des classes dirigeantes qui donnent le bon exemple, certaines localités peuvent échapper à l'action corruptrice du milieu ambiant.

Les influences bienfaisantes signalées ci-dessus émanent particulièrement de quelques grands propriétaires ruraux et surtout de certains membres du clergé qui exercent depuis longtemps dans la contrée le ministère ecclésiastique. Cependant, les ouvriers les plus recommandables ne se distinguent guère par leur ferveur religieuse. Ils diffèrent beaucoup, à cet égard, des ouvriers de l'Orient et du Nord qui trouvent une existence facile dans la récolte des productions spontanées du sol et des eaux. Chez les populations agglomérées du Laonnais et des régions contiguës, ces productions sont rares. L'ouvrier, dépourvu de toute propriété, doit faire des efforts presque surhumains pour se créer par l'épargne des moyens permanents de subsistance avant l'époque de la vieillesse. C'est donc par une sorte de nécessité qu'il emploie au travail le temps qui devrait être consacré au devoir religieux.

§ 4.

HYGIÈNE ET SERVICE DE SANTÉ.

Tous les membres de la famille jouissent d'une constitution vigoureuse et d'une santé excellente. En général, la population n'a recours que dans des cas graves aux soins d'un homme de l'art. Dans les maladies ordinaires et dans les simples indispositions, on fait usage de recettes transmises par la tradition, et qui ne manquent pas d'efficacité.

§ 5.

RANG DE LA FAMILLE.

Les ouvriers salariés de la commune de Bourguignon exécutent, en général, à la journée tous les travaux des minières et de l'agriculture. Les plus actifs d'entre eux émigrent pendant la saison des moissons et vont exécuter à la tâche les récoltes de céréales dans les départements voisins. L'ouvrier décrit dans la présente monographie cumule ces deux catégories de travaux; il a déjà acquis des immeubles ruraux. Le travail qui emploie la majeure partie de son temps se fait à la journée, successivement, pour le compte de divers chefs d'industrie. A tous ces titres, il y a lieu de le classer parmi les ouvriers-propriétaires. L'ouvrier, à mesure que ses immeubles ruraux prendront plus d'importance, consacrera à leur exploitation une plus grande partie de son temps. Avant d'être atteint par la vieillesse, il trouvera dans ces propriétés emploi pour toute son activité, et se classera ainsi dans la catégorie des propriétaires-agriculteurs.

Moyens d'existence de la famille.

§ 6.

PROPRIÉTÉS.

(Mobilier et vêtements non compris.)

IMMEUBLES.............................. 2,150f 00

1° *Habitation.* — Maison, 910f 00.

2° *Immeubles ruraux.* — Étable, 150f 00; — jardin de 3 ares attenant à la maison, 90f 00; — champ à pommes de terre, de 25 ares, 1,000f 00. — Total, 1,240f 00.

ARGENT.............................. 0f 00

La famille ne possède jamais d'argent placé à intérêt. Lorsque l'ouvrier a acquitté la dette contractée à l'occasion d'une précédente acquisition, il achète à crédit un autre terrain et il emploie son épargne annuelle à amortir la nouvelle dette. C'est ainsi que, dans l'année prise pour exemple, l'épargne a servi à payer la somme de 90f encore due sur un champ à pommes de terre, et à faire un premier versement sur l'acquisition d'une prairie.

ANIMAUX DOMESTIQUES entretenus toute l'année.. 120f 00

1 vache, valant en moyenne 120f 00.

La famille élève elle-même une génisse qui peut vêler après 3 ans. La vache donne du lait pendant 10 ans; après ce temps on la vend au boucher.

ANIMAUX DOMESTIQUES entretenus seulement une partie de l'année.............................. 25f 00

1 porc, d'une valeur moyenne de 40f 00, entretenu pendant 7 mois 1/2 : la valeur moyenne calculée pour l'année entière équivaut à 25f 00.

La famille achète un jeune porc au printemps ; elle l'élève et l'engraisse jusqu'à l'arrière-saison pour la vente.

MATÉRIEL SPÉCIAL des travaux et industries... 36f 50

1° *Culture du jardin et du champ.* — 2 louchets, 4f 50 ; — 2 houes et 1 râteau, 4f 50. — Total, 9f 00.

2° *Exploitation d'une prairie affermée et récolte de céréales dans les départements voisins.* — 1 faux montée, 8f 00 ; — 2 faucilles, 1f 50. — Total, 9f 50.

3° *Récolte de l'herbe sur les biens communaux.* — 1 faucille, 3f 00.

4° *Exploitation d'une vache.* — 1 râtelier, 3f 00, — 1 baratte, 2f 00. — Total, 5f 00.

5° *Travaux forestiers et travaux de terrassement.* — 1 cognée, 5f 00 ; — 1 pioche, 5f 00. — Total, 10f 00.

VALEUR TOTALE des propriétés..... 2,331f 50

§ 7.

SUBVENTIONS.

L'aisance de la famille est en grande partie fondée sur l'usufruit des biens communaux. Chaque habitant a le droit d'y faire paître, à titre gratuit, ses animaux domestiques et d'y récolter des herbes qui servent en partie à nourrir ces animaux à l'étable. Par la tolérance des propriétaires voisins, les habitants appartenant à la classe ouvrière peu aisée ramassent dans les forêts la majeure partie du bois nécessaire au chauffage domestique.

§ 8.

TRAVAUX ET INDUSTRIES.

TRAVAUX DE L'OUVRIER. — Le travail principal varie aux diverses époques de l'année : pendant 7 mois de la belle saison, l'ouvrier s'emploie dans le pays aux travaux de l'agriculture et aux terrassements ; pendant trois mois de la mauvaise saison, il se procure de l'ouvrage dans les minières de lignite pyriteux et dans les exploitations forestières des environs ; enfin, dans le temps de la moisson, il émigre dans les départements voisins, jusqu'à une distance de 100 kilomètres de la commune, pour y travailler à la récolte des céréales. Il est digne de remarque que les moissonneurs-émigrants du Laonnais et du Soissonnais s'emploient également, pendant la saison des récoltes, dans les grandes exploitations rurales de la Brie et de la Beauce, et dans les petites cultures des paysans-propriétaires de la Champagne (19). Deux causes essentiellement différentes, l'organisation de la grande culture et les mœurs de la petite propriété, concourent à produire dans ces deux districts ruraux le même résultat, l'insuffisance de la population locale. Les travaux secondaires ont pour objet l'exploitation d'un champ à pommes de terre et d'une prairie. Ils n'absorbent encore qu'une faible partie du temps de l'ouvrier; mais ils prendront chaque année plus d'importance, à mesure que la famille acquerra de nouvelles propriétés. Ils pourront devenir un jour son unique occupation.

Travaux de la femme. — Le travail principal a pour objet les travaux de ménage. Néanmoins, pendant une grande partie de l'année, la femme ne s'en occupe que le matin et le soir. Le reste de la journée est consacré : en été et en automne, à des travaux agricoles exécutés au compte des fermiers voisins; en hiver, à des transports de lignite au compte de la fabrique établie dans le voisinage (1). Les travaux secondaires se ressentent déjà de l'importance que commence à acquérir l'exploitation agricole de la famille. La culture du jardin et du champ à pommes de terre, les récoltes de foin et d'herbe, et les autres soins exigés par les animaux domestiques remplissent, avec le filage de chanvre et quelques travaux de couture, le temps que les occupations principales laissent encore disponible.

Travaux du fils aîné. — Le fils aîné assiste le père et la mère dans les travaux exécutés au compte de la famille, et peut déjà gagner un salaire chez les fermiers voisins dans les occasions, telles que la récolte des pommes de terre par exemple, où les bras font défaut. Une de ses principales occupations consiste à récolter du bois mort dans les forêts voisines.

Industries entreprises par la famille — Elles comprennent : les spéculations relatives au travail de récolte des céréales exécuté à la tâche par l'ouvrier; la culture du jardin;

l'exploitation du champ à pommes de terre; l'exploitation de la prairie affermée; l'exploitation d'une vache et l'engraissement d'un porc. Souvent la famille se constitue une industrie lucrative, indépendante de ses travaux ordinaires, en prenant en nourrice un enfant trouvé, qui lui est confié par l'hospice d'une ville voisine, et, plus rarement, l'enfant d'un artisan ou d'un bourgeois.

Mode d'existence de la famille.

§ 9.

ALIMENTS ET REPAS.

Le régime alimentaire de la famille ne présente aucun symptôme de pénurie; mais il est réduit, par esprit d'économie, au strict nécessaire. Il a pour base principale le pain, composé de 1/3 de froment et de 2/3 de seigle.

En hiver on fait trois repas, savoir :

Déjeuner (9 heures du matin) : soupe au pain.

Dîner (1 heure) : pain et pommes de terre cuites sous la cendre ou fricassées, une demi-bouteille de vin ou de cidre.

Souper (7 heures du soir) : pain, haricots, pois, salade, oignons et pommes de terre.

En été, on fait quatre repas, composés d'une manière analogue. La famille ne mange de la viande que les jours de la fête patronale et du mardi-gras.

§ 10.

HABITATION, MOBILIER ET VÊTEMENTS.

L'habitation est saine, commode et entretenue avec un soin qui va parfois jusqu'à l'élégance. Elle se compose d'un rez-de-chaussée et d'un premier étage comprenant en tout quatre pièces. Le mobilier et les vêtements sont choisis exclusivement en vue de l'utilité, et l'on n'y voit apparaître aucun symptôme de luxe. Ils ont pour trait distinctif la propreté.

MEUBLES : conservés dans un état parfait d'entretien. 282f 50

1° *Lits.* — 1 lit pour les deux époux : 1 bois de lit, 15f 00; — 1 paillasse, 4f 00; — 1 matelas de laine, 35f 00; — 1 traversin ou oreiller, 8f 00; — 1 couverture de laine, 15f 00; — 1 couvre-pied, 6f 00; — 2 lits d'enfants : 2 bois de lit, 16f 00; — 2 paillasses, 6f 00; — 2 couvertures, 20f 00; — 2 traversins, 8f 00. — Total, 133f 00.

2° *Meubles.* — 2 tables, 9f 00; — 6 chaises, 9f 00; — 1 armoire, 50f 00; — 1 buffet ou porte-vaisselle, 40f 00; — 1 miroir, 1f 50; — 1 horloge, 40f 00. — Total, 149f 50.

USTENSILES : réduits au strict nécessaire........ 63f 60

1° *Pour le service de l'alimentation.* — 2 marmites et 1 chaudron en fer, 10f 00; — 1 soupière, 2 plats de terre, 12 assiettes, 4f 00; — 4 couteaux de poche, 12 fourchettes et 12 cuillers d'étain, 5f 60. — Total, 19f 60.

2° *Pour usages divers.* — 2 seaux, 8f 00; — 1 hotte et 3 paniers, 6f 00; — 1 cognée, 5f 00; — 1 pioche, 5f 00; — objets divers, 20f 00. — Total, 44f 00.

LINGE DE MÉNAGE : strictement indispensable à la bonne tenue du ménage.......................... 96f 00

8 paires de draps de lit, serviettes et torchons, 96f 00.

VÊTEMENTS : excluant d'une manière absolue toute apparence de superflu.............................. 370f 00

VÊTEMENTS DE L'OUVRIER (170f 00).

1 grand chapeau de feutre, 5f 00; — 1 chapeau de paille, 2f 00; — 1 habit, 6f 00; — 2 blouses, 13f 00; — 1 gilet, 3f 00; — 1 pantalon noir, 14f 00; — 2 pantalons de toile, 5f 00; — 2 paires de souliers, 12f 00; — 48 chemises, 110f 00.

VÊTEMENTS DE LA FEMME (150f 00).

2 bonnets, 3f 00; — 1 robe noire, 12f 00; — 1 robe commune, 5f 00; — 2 châles, 16f 00; — 2 tabliers, 3f 00; — 2 jupons, 4f 00; — 2 paires de souliers, 7f 00; — 48 chemises, 100f 00.

VÊTEMENTS DES ENFANTS (50f 00).

La majeure partie des habits et des chemises est confectionnée avec les vieux vêtements des parents. Les sommes spécialement dépensées s'élèvent à 50f 00, savoir : 20f 00, pour les habits et les chaussures; 30f 00, pour 24 chemises.

VALEUR TOTALE du mobilier et des vêtements.... 812f 10

§ 11.

RÉCRÉATIONS.

Quand on étudie à fond les sentiments et les habitudes de la famille décrite dans la présente monographie, on reconnaît que ses principales récréations se trouvent dans les jouissances et même dans les obligations ou les travaux qu'implique la possession d'une propriété territoriale. La plus agréable préoccupation des deux époux consiste évidemment à rechercher sans cesse le moyen d'accroître cette propriété avec le produit de leurs bénéfices et de leurs épargnes. L'ouvrier joue quelquefois aux cartes au cabaret; mais alors l'enjeu ne dépasse jamais la valeur des objets qu'il y consomme avec une grande modération. La femme se distrait souvent par le travail à l'aiguille; les jeunes gens jouent à la paume ou au petit palet. Ils conservent ordinairement, pour ce dernier jeu, des pièces d'argent de 5 francs, et cette sorte de luxe n'est pas sans utilité pratique, car elle habitue les jeunes gens à ne pas dissiper immédiatement l'argent qu'ils ont gagné. Pendant la belle saison, les jeunes filles jouent aux quilles sur la place publique. Les principales récréations de l'hiver ont lieu dans les veillées, où les femmes filent jusqu'à minuit, pendant que les hommes causent d'affaires d'intérêt.

Histoire de la famille.

§ 12.

PHASES PRINCIPALES DE L'EXISTENCE.

Les enfants des journaliers, tout aussi bien que ceux des petits propriétaires, depuis le premier âge jusqu'à 14 ans, partagent leur temps entre les enseignements donnés par l'instituteur et le curé, et les travaux agricoles accomplis en compagnie et sous la direction des parents. Habitués ainsi dès l'enfance au travail, inspirés par l'exemple de parents laborieux, et ayant fait vers 14 ans leur première communion, ils commencent à travailler à la journée pour le compte des fermiers et des propriétaires voisins. Dans cette première période de leur existence, et jusqu'à l'époque de leur mariage (24 ans pour les garçons et 20 ans pour les filles), ils contribuent beaucoup à augmenter le capital immobilier de la famille. Les jeunes mariés entrent en ménage avec une petite dot provenant de leurs propres épargnes, capitalisées par les parents. Ils emploient cette dot à acquérir les animaux domestiques, le mobilier, les outils de travail et les objets de vêtement. Dès l'origine, le jeune ménage maintient ses dépenses au-dessous de ses recettes. La principale préoccupation est d'appliquer son épargne à la construction d'une maison d'habitation et à l'achat d'un jardin. Après un délai de 6 à 10 ans, ce but est ordinairement atteint : le ménage, dispensé de payer un loyer, voit croître ses épargnes annuelles et s'applique incessamment à réunir le capital nécessaire pour acheter la terre sur laquelle il produit des pommes de terre et d'autres légumes nécessaires à la nourriture du ménage ou destinés à la vente. Après un terme de 12 à 16 ans (terme où est parvenue la famille décrite dans cette monographie), la famille possède ordinairement 25 ares de terre, représentant une valeur de 1,000 francs. A dater de ce moment, le capital s'accroît plus rapidement au moyen du travail des jeunes gens, et ordinairement, après 25 ou 30 ans, le père de famille a pu constituer la dot de ses enfants et acquérir, outre sa maison, 1 hectare de terre, dont la culture suffit seule à assurer l'aisance de la famille. Le ménage, lorsqu'il est privé des enfants qui viennent de se marier, s'accroît ordinairement, vers cette époque, par l'arrivée des vieux parents, qui, parvenus à l'âge du repos, viennent vivre chez leurs enfants, en leur faisant l'abandon de leur propriété. L'héritage, comme on le voit, ne joue ici qu'un rôle secondaire dans l'existence de la famille. Le bien-être de celle-ci repose principalement sur la possession des biens qu'elle doit à son application au travail et à des habitudes d'épargne développées au plus haut degré.

Le journalier-propriétaire du Laonnais se fait remarquer par des mœurs douces et des sentiments de générosité (18) qui tranchent singulièrement avec l'âpreté de beaucoup d'autres ouvriers parvenus à la propriété par le travail. Ce caractère se révèle surtout par un trait de mœurs digne d'être cité. On a vu précédemment (8) que les jeunes ménages se chargent souvent, moyennant rétribution, d'élever un enfant trouvé, confié par l'hospice d'une ville voisine. Souvent la mère de famille s'attache à cet enfant qu'elle a nourri de son lait, et l'élève exactement dans les mêmes conditions que ses propres enfants. Ainsi adopté par tous les membres de la famille, il prend part à tous les avantages comme à toutes les charges de la communauté. Ordinairement, les parents adoptifs pourvoient à l'établissement de leur nourrisson et lui assurent même, avec l'assentiment de la famille, une part d'héritage.

§ 13.

MOEURS ET INSTITUTIONS ASSURANT LE BIEN-ÊTRE PHYSIQUE ET MORAL DE LA FAMILLE.

La famille trouve en elle-même, dans son amour pour le travail et dans sa propension à l'économie, ses principaux moyens de sécurité. Elle a été soutenue, au début de sa carrière, par les mœurs de la localité, qui exigent, des jeunes gens aspirant au mariage, des habitudes reconnues d'ordre et de tempérance. Elle a également trouvé un certain secours dans les biens dont jouissent, à titre indivis, les habitants de cette commune, et qui fournissent en partie, à la plupart d'entre eux, les moyens d'entretenir une vache laitière. Cependant, la conservation des biens communaux ne semble plus être, dans l'état actuel des choses, indispensable au bien-être de la population. Les qualités qui distinguent à la fois les ouvriers-agriculteurs et les propriétaires de cette localité donnent lieu de penser que le moment n'est pas éloigné où l'on pourrait exploiter ces biens sous le régime plus rationnel, plus fécond, de la propriété privée. Parmi les éléments de succès de la famille, il faut encore citer l'exploitation d'une branche importante d'industrie minérale qui a toujours fourni les moyens de travail à l'ouvrier et à sa famille. Enfin il faut rappeler les bons exemples donnés par des propriétaires ruraux qui résident en permanence dans cette localité. Ces autorités sociales ont réussi jusqu'à ce jour à repousser l'invasion des mauvaises mœurs fort développée dans plusieurs contrées voisines (17).

§ 14. — BUDGET DES RECETTES DE L'ANNÉE.

SOURCES DES RECETTES.	ÉVALUATION approximative des sources de recettes.
	VALEUR des propriétés.
SECTION Ire.	
Propriétés possédées par la famille.	
ART. 1er. — PROPRIÉTÉS IMMOBILIÈRES.	
HABITATION :	
Maison	910f 00
IMMEUBLES RURAUX :	
Étable	150 00
Jardin (3 ares) attenant à la maison	90 00
Champ à pommes de terre (25 ares)	1,000 00
ART. 2. — VALEURS MOBILIÈRES.	
ANIMAUX DOMESTIQUES entretenus toute l'année :	
1 vache	120 00
ANIMAUX DOMESTIQUES entretenus seulement une partie de l'année :	
1 porc, valeur calculée (6)	25 00
MATÉRIEL SPÉCIAL des travaux et industries :	
Pour la culture du jardin et du champ (6)	9 00
Pour l'exploitation de la prairie affermée et pour la récolte des céréales dans les départements voisins (6)	9 50
Pour les récoltes d'herbe, les travaux forestiers et les terrassements (6)	13 00
Pour l'exploitation de la vache (6)	5 00
ART. 3. — DROIT AUX ALLOCATIONS DE SOCIÉTÉS D'ASSURANCES MUTUELLES.	
(La famille ne fait partie d'aucune société de ce genre)	»
VALEUR TOTALE des propriétés (sauf déduction des dettes mentionnées, 15, Son V)	2,331 50

SECTION II.

Subventions reçues par la famille.

ART. 1er. — PROPRIÉTÉS REÇUES EN USUFRUIT.

(La famille ne reçoit aucune propriété en usufruit)..............

ART. 2. — DROITS D'USAGE SUR LES PROPRIÉTÉS VOISINES.

DROIT sur l'herbe des pâturages communaux..............
— sur le bois mort des forêts appartenant à des propriétaires voisins..............

ART. 3. — ALLOCATIONS D'OBJETS ET DE SERVICES.

(La famille ne reçoit aucune allocation de ce genre)..............

§ 14. — BUDGET DES RECETTES DE L'ANNÉE.

RECETTES.	MONTANT DES RECETTES.	
	VALEUR des objets reçus en nature.	RECETTES en argent.
SECTION Ire.		
Revenus des propriétés.		
ART. 1er. — REVENUS DES PROPRIÉTÉS IMMOBILIÈRES.		
Intérêt (5 p. 100) de la valeur de la maison	45f 50	»
— — de l'étable (16, E et F)	5 00	2f 50
— — du jardin	4 50	»
— — du champ	»	50 00
ART. 2. — REVENUS DES VALEURS MOBILIÈRES.		
Intérêt (6 p. 100) de la valeur de la vache	7 20	»
— de cette valeur	»	1 50
Intérêt (5 p. 100) de la valeur de ce matériel	0 45	»
— — —	0 06	0 41
— — —	0 15	0 50
— — —	0 25	»
ART. 3. — ALLOCATIONS DES SOCIÉTÉS D'ASSURANCES MUTUELLES.		
(La famille ne reçoit aucune allocation de ce genre)	»	»
TOTAUX des revenus des propriétés	63 11	51 91
SECTION II.		
Produits des subventions.		
ART. 1er. — PRODUITS DES PROPRIÉTÉS REÇUES EN USUFRUIT.		
(La famille ne jouit d'aucun produit de ce genre)	»	»
ART. 2. — PRODUITS DES DROITS D'USAGE.		
Herbe évaluée sur pied à	34 50	»
Bois mort évalué avant la récolte à	11 95	»
ART. 3. — OBJETS ET SERVICES ALLOUÉS.		
(La famille ne jouit d'aucune recette de ce genre)	»	»
TOTAL des produits des subventions	46 45	»

§ 14. — BUDGET DES RECETTES DE L'ANNÉE (SUITE).

SOURCES DES RECETTES (SUITE).

DÉSIGNATION DES TRAVAUX ET DE L'EMPLOI DU TEMPS.	QUANTITÉ DE TRAVAIL EFFECTUÉ.		
	père	mère	fils aîné
	journées	journées	journées
SECTION III.			
Travaux exécutés par la famille.			
TRAVAIL PRINCIPAL, exécuté en partie à la journée et en partie à la tâche, au compte de divers :			
Travaux d'agriculture et de terrassement exécutés à la journée au compte des fermiers, en été	168	»	»
Exploitation des mines de lignite, exécutée à la journée au compte d'une fabrique voisine, en hiver	40	»	»
Travaux forestiers exécutés à la journée au compte de propriét. voisins, en hiver	32	»	»
Récolte de céréales exécutée à la tâche dans les départements voisins, en automne (travail, 28 j.; voyage, 4 j.)	32	»	»
Travaux agricoles divers exécutés pour les fermiers voisins, en été	»	80	20
Travaux dans les champs des fermiers voisins et dans les minières, en hiver	»	35	»
Récolte de céréales pour les fermiers voisins, en automne	»	16	»
TRAVAUX SECONDAIRES :			
Travaux de ménage : préparation des aliments, soins donnés aux enfants, soins de propreté concernant la maison et le mobilier, entretien et blanchissage des vêtements et du linge	»	110	»
Culture du jardin	»	10	»
Exploitation du champ à pommes de terre, appartenant à la famille	3	15	33
Exploitation de la prairie affermée	1	3	3
Récolte d'herbe sur les biens communaux (pour la vache)	»	6	42
Travaux pour l'entretien de la vache et la confection du beurre	»	15	»
Travaux pour l'engraissement du porc (pour la vente)	»	10	»
Récolte de bois mort dans les forêts voisines (pour la famille)	»	»	40
Entretien de la maison	4	»	»
Filage de chanvre (8 kilogrammes) (pour la famille)	»	32	»
Façon de chemises et de vêtements neufs, de chanvre et de coton (pour la famille)	»	15	»
NOTA. — Le fils aîné exécute la plupart de ses travaux comme auxiliaire du père et de la mère. TOTAUX des journées des divers membres de la famille	280	347	138

SECTION IV.

Industries entreprises par la famille

(à son propre compte).

SPÉCULATIONS relatives aux travaux de récolte exécutés par l'ouvrier

Fourniture des outils

Substitution du travail à la tâche au travail à la journée

INDUSTRIES entreprises au compte de la famille :

Culture du jardin

Exploitation du champ à pommes de terre

— de la prairie

— de la vache

Engraissement du porc

Entretien d'un enfant trouvé confié par l'hospice d'une ville voisine

§ 14. — BUDGET DES RECETTES DE L'ANNÉE (SUITE).

PRIX DES SALAIRES JOURNALIERS. père	mère	fils aîné	RECETTES (SUITE).	CALCUL du salaire journalier moyen.	MONTANT DES RECETTES. Valeur des objets reçus en nature.	Recettes en argent.
fr. c.	fr. c.	fr. c.	**SECTION III.** **Salaires.**			
			(Non compris la portion des salaires considérée comme le bénéfice des spéculations faites par l'ouvrier sur ses travaux exécutés à la tâche, Son IV.)			
1 25	»	»	Salaire total attribué à ce travail........		»	210f 00
1 00	»	»	— —		»	40 00
1 00	»	»	— —		»	32 00
1 75	»	»	Salaire que recevrait un journalier (argent (produit de 32 j.)..		»	56 00
1 00			exécutant le même genre de travail. (nourriture (pendant 28 j.).		28f 00	»
»	0 75	0 40	Salaire total attribué à ce travail........		»	68 00
»	0 50	»	— —		»	17 50
»	1 00	»	— —		»	16 00
»	»	»	(Aucun salaire ne peut être attribué à ces travaux).....		»	»
»	0 60	»	Salaire total attribué à ce travail........		6 00	»
1 00	0 60	0 20	— —		18 60	»
2 00	1 00	0 20	— —		5 60	»
»	0 30	0 20	— —		10 20	»
»	0 30	»	— —		4 50	»
»	0 30	»	— —		»	3 00
»	»	0 20	— —		8 00	»
0 50	»	»	— —		2 00	»
»	0 20	»	— —		6 40	»
»	0 30	»	— —		4 50	»
			Totaux des salaires de la famille........		93 80	442 50
			SECTION IV. **Bénéfices des industries.**			
			(Y compris la portion des salaires considérée comme le bénéfice des spéculations faites par l'ouvrier sur ses travaux exécutés à la tâche Son III.)			
			Salaire que recevrait, outre la nourriture, un journalier exécutant le même genre de travail........ (Son III)	1f 75		
			Supplément de salaire résultant de cette fourniture........ (16, A)	0 10	»	2 80
			— — de cette substitution........ (16, A)	0 90	»	25 20
			Total du salaire journalier moyen de l'ouvrier (outre la nourriture reçue en nature)........ (Son III)	2 75		
			Bénéfice résultant de cette industrie........ (16, B)		10 10	»
			— — .... (16, C)		2 10	32 50
			— — .... (16, D)		19 04	»
			— — .... (16, E)		28 30	24 80
			— — .... (16, F)		5 00	31 00
			— — .... (16, G)		»	96 00
			Totaux des bénéfices résultant des industries........ (16, H)		64 54	212 30
			Nota. — Outre les recettes portées ci-dessus en compte, les industries donnent lieu à une recette de 186f 05 (16, H), qui est appliquée de nouveau à ces mêmes industries ; cette recette et les dépenses qui la balancent (15, Son V) ont été omises dans l'un et l'autre budget.			
			Totaux des recettes de l'année (balançant les dépenses)..... (977f 61)...		267 90	789 71

§ 15. — BUDGET DES DÉPENSES DE L'ANNÉE.

DÉSIGNATION DES DÉPENSES.	POIDS et PRIX des ALIMENTS		MONTANT DES DÉPENSES.	
	POIDS consommé	PRIX par kilogr.	VALEUR des objets consommés en nature.	DÉPENSES en argent.
SECTION Ire.				
Dépenses concernant la nourriture.				
ART. 1er. — ALIMENTS CONSOMMÉS DANS LE MÉNAGE.				
(Par l'ouvrier pendant 333 jours; la femme et 3 enfants de 12 ans, de 8 ans et de 1 an, pendant 365 jours.)				
CÉRÉALES :				
Froment, évalué à l'état de grain (pour pain, avec 2/3 de seigle)..	327k0	0f300	»	98f10
Seigle, évalué à l'état de grain (pour pain, avec 1/3 de froment)..	654 0	0 225	»	147 15
Poids total et prix moyen...............	981 0	0 250		
CORPS GRAS :				
Beurre de vache.............................. (16, E)	26 0	1 800	46f80	»
Huile de colza..	8 0	1 250	»	10 00
Poids total et prix moyen...............	31 0	1 670		
LAITAGES ET ŒUFS :				
Lait de vache : 480 litres........................... (16, E)	480 0	0 100	48 00	»
Fromage blanc.. (16, E)	50 0	0 100	5 00	»
Poids total et prix moyen...............	530 0	0 100		
VIANDES ET POISSONS :				
Viande de boucherie : Bœuf ou vache (pour la fête patronale et le mardi gras)......................................	5 5	1 000	»	5 50
Poissons (aliment presque entièrement étranger aux habitudes du ménage)..	»	»	»	»
Poids total et prix moyen...............	5 5	1 000		
LÉGUMES ET FRUITS :				
Tubercules : Pommes de terre..................... (16, C)	600 0	0 060	36 00	»
Légumes farineux secs : Haricots blancs......... (16, B)	5 0	0 150	»	0 75
Légumes verts à cuire : Choux, haricots et pois verts (dont 50 kil. achetés)............................... (16, B)	200 0	0 100	15 00	5 00
Légumes racines : Carottes, navets (dont 50 kil. achetés). (16, B)	100 0	0 100	5 00	5 00
Légumes épices : Oignons......................... (16, B)	5 0	0 200	1 00	»
Salades.. (16, B)	25 0	0 100	2 50	»
Cucurbitacées : Concombres, citrouilles.............. (16, B)	15 0	0 150	2 25	»
Fruits à pepin et à noyau : Pommes, poires, prunes et cerises.....	30 0	0 100	»	3 00
Poids total et prix moyen...............	980 0	0 077		
CONDIMENTS ET STIMULANTS :				
Sel...	15 0	0 500	»	7 50
Épices : Poivre et épices diverses........................	0 5	4 000	»	2 00
Vinaigre..	5 0	0 200	»	1 00
Poids total et prix moyen...............	20 5	0 512		
BOISSONS FERMENTÉES :				
Cidre : 380 litres..	380 0	0 100	»	38 00

§ 15. — BUDGET DES DÉPENSES DE L'ANNÉE (SUITE).

DÉSIGNATION DES DÉPENSES (SUITE).	MONTANT DES DÉPENSES.	
	VALEUR des objets consommés en nature.	DÉPENSES en argent.
SECTION Ire.		
Dépenses concernant la nourriture (suite).		
ART. 2. — ALIMENTS PRÉPARÉS ET CONSOMMÉS EN DEHORS DU MÉNAGE.		
ALIMENTS DIVERS :		
Nourriture donnée à l'ouvrier pendant la récolte des céréales dans les départements voisins (28 jours) et nourriture consommée par le même pendant 4 jours de voyage (1f00 par jour)...	28f00	4f00
TOTAUX des dépenses concernant la nourriture...	189 55	327 00
SECTION II.		
Dépenses concernant l'habitation.		
LOGEMENT :		
Loyer (intérêt de la valeur de la maison), 45f50 ; — entretien : travaux de l'ouvrier, 2f00 ; — achats, 3f00...	47 50	3 00
MOBILIER :		
Entretien...	1 60	2 30
CHAUFFAGE :		
Bois mort, 1,500k, à 1f33 par 100 kil., 19f95 ; — bois acheté, 500k, à 1f60 par 100 kil., 8f00	19 95	8 00
ÉCLAIRAGE :		
Chandelle, 4k à 1f30, 5f20 ; — huile, 1k, 1f30...	»	6 50
TOTAUX des dépenses concernant l'habitation...	69 05	19 80
SECTION III.		
Dépenses concernant les vêtements.		
VÊTEMENTS :		
Vêtements de l'ouvrier : Frais d'achat et de confection domestique...	3 10	44 55
— de la femme : — — — ...	3 10	42 55
— des enfants : — — — ...	3 10	35 10
BLANCHISSAGE :		
Savon, 4k à 1f10, 4f40 ; — blanchissage de bonnets, 2f00...	»	6 40
TOTAUX des dépenses concernant les vêtements...	9 30	128 60
SECTION IV.		
Dépenses concernant les besoins moraux, les récréations et le service de santé.		
CULTE :		
Place à l'église, quêtes et offrandes...	»	3 00
INSTRUCTION DES ENFANTS :		
Frais d'école et de livres, pour les deux fils aînés...	»	14 00

§ 15. — BUDGET DES DÉPENSES DE L'ANNÉE (SUITE).

DÉSIGNATION DES DÉPENSES (SUITE).	MONTANT DES DÉPENSES.	
	VALEUR des objets consommés en nature.	DÉPENSES en argent.
SECTION IV.		
Dépenses concernant les besoins moraux, les récréations et le service de santé (suite).		
SECOURS ET AUMÔNES :		
Argent donné à divers	»	1f 50
RÉCRÉATIONS ET SOLENNITÉS :		
Dépenses de cabaret, 5f 00 ; — tabac à fumer et à priser, 2f 00 ; — foires, spectacles, 2f 00.	»	9 00
SERVICE DE SANTÉ :		
Secours médicaux	»	6 00
TOTAL des dépenses concernant les besoins moraux, les récréations et le service de santé	»	33 50
SECTION V.		
Dépenses concernant les industries, les dettes, les impôts et les assurances.		
DÉPENSES CONCERNANT LES INDUSTRIES :		
NOTA. — Les dépenses concernant les industries entreprises au compte de la famille montent à (16, II) 340f 47		
Elles sont remboursées par les recettes provenant de ces mêmes industries, savoir :		
Argent et objets employés pour les consommations du ménage ou faisant partie de ses épargnes, et portés à ce titre dans le présent budget. 154f 42 } 340 47		
Argent et objets appliqués de nouveau aux industries (14, Sen IV), comme emploi momentané du fonds de roulement, et qui ne peuvent conséquemment figurer parmi les dépenses du ménage 186 05 }		
INTÉRÊTS DES DETTES :		
Intérêt (5 p. 100) de la somme (90f 00) restant encore due, pendant les 6 premiers mois de l'année, sur l'acquisition du champ à pommes de terre (dette équivalant à 15f 00 dus pendant une année entière)	»	2 25
IMPÔTS :		
Impôts communaux et domaniaux	»	15 00
ASSURANCES CONCOURANT A GARANTIR LE BIEN-ÊTRE PHYSIQUE ET MORAL DE LA FAMILLE :		
Aucune dépense proprement dite n'est faite pour cet objet ; l'avenir de la famille est suffisamment assuré par la prévoyance qui lui conseille l'épargne (voir ci-dessous), par les propriétés qu'elle a déjà acquises et par les subventions communales	»	»
TOTAL des dépenses concernant les industries, les dettes, les impôts et les assurances	»	17 25
ÉPARGNE DE L'ANNÉE :		
Solde de la somme encore due sur l'acquisition du champ à pommes de terre	»	90 00
Premier versement pour une acquisition de prairie que la famille se propose de conclure pendant l'année, pour assurer à l'avance le placement de l'épargne des prochaines années	»	93 56
TOTAL de l'épargne	»	183 56
TOTAUX DES DÉPENSES de l'année (balançant les recettes)..... (977f 61)	267f 90	709 71

§ 16.

COMPTES ANNEXÉS AUX BUDGETS.

SECTION I.

COMPTES DES BÉNÉFICES

Résultant des industries entreprises par la famille (à son propre compte).

A. — Spéculation relative a la récolte des céréales dans les départements voisins.

	Valeurs en nature.	Valeurs en argent.
Recette.		
Somme obtenue du travail, en sus du salaire que recevrait un journalier exécutant le même genre de travail et ne fournissant que les outils.....	»	30f 51
Dépenses.		
Frais du matériel spécial :		
Une partie (7/8) de l'intérêt (5 p. 100) de la valeur des outils........	»	0 41
Une partie (7/8) des frais d'entretien de ces outils......	»	2 10
Supplément de salaire :		
Résultant de la substitution du travail à la tâche au travail à la journée...	»	25 20
Résultant de la fourniture des outils	»	2 80
Total comme ci-dessus.............	»	30 51

B. — Culture du jardin (3 ares).

	Valeurs en nature.	Valeurs en argent.
Recettes.		
Légumes divers : Haricots blancs, 5k à 0f 15, 0f 75; — choux, haricots et pois verts, 150k à 0f 10, 15f 00; — carottes, navets, 50k à 0f 10, 5f 00; — oignons, 5k à 0f 20, 1f 00; — salades, 25k à 0f 10, 2f 50..	23f 50	0 75
Cucurbitacées : Concombres, citrouilles, 15k à 0f 15, 2f 25..	2 25	»
Totaux........................	25 75	0 75
Dépenses.		
Intérêt (5 p. 100) de la valeur du jardin........	4 50	»
Fumier..........	5 00	»
Travaux de la femme..........	6 00	»
Frais du matériel spécial :		
Une partie (1/3) de l'intérêt de la valeur des outils..	0 15	»
Une partie (1/3) des frais d'entretien de ces outils..	»	0 75
Bénéfice résultant de l'industrie............	10 10	»
Totaux comme ci-dessus.........	25 75	0 75

C. — Culture du champ a pommes de terre (25 ares).

	Valeurs en nature.	Valeurs en argent.
Recettes.		
Pommes de terre : pour la consommation du ménage, 600k à 0f 06.........	36 00	»
— pour l'engraissement du porc, 200k à 0f 06.	»	12 00
— pour la vente, 1,200k à 0f 06.	»	72 00
Totaux	36 00	84 00

DÉPENSES.	VALEURS en nature.	VALEURS en argent.
Intérêt (5 p. 100) de la valeur du champ	»	50f 00
Fumier	15f 00	»
Travaux de l'ouvrier, 3f 00; — de la femme, 9f 00; — du fils aîné, 6f 60	18 60	»
Frais du matériel spécial :		
Une partie (2/3) de l'intérêt de la valeur des outils	0 30	»
Une partie (2/3) des frais d'entretien de ces outils	»	1 50
BÉNÉFICE résultant de l'industrie	2 10	32 50
Totaux comme ci-contre	36 00	84 00

D. — EXPLOITATION DE LA PRAIRIE.

RECETTE.		
Foin récolté, 1,000k à 0f 077	24 70	52 30

DÉPENSES.		
Loyer de la prairie	»	50 00
Travaux de l'ouvrier, 2f 00; — de la femme, 3f 00; — du fils aîné, 0f 60	5 60	»
Frais du matériel spécial :		
Une partie (1/8) de l'intérêt de la valeur des outils	0 06	»
Une partie (1/8) des frais d'entretien de ces outils	»	0 30
Transport de foin exécuté par un voisin (à prix d'argent)	»	2 00
BÉNÉFICE résultant de l'industrie	19 04	»
Totaux comme ci-dessus	24 70	52 30

E. — EXPLOITATION DE LA VACHE.

RECETTES.		
Beurre consommé par le ménage, 26k à 1f 80	46 80	»
Lait consommé par le ménage, 480k à 0f 10	48 00	»
Lait vendu, 600k à 0f 10	»	60 00
Fromage consommé par le ménage, 50k à 0f 10	5 00	»
Vente de veaux (9 en 10 ans) et de vieilles vaches (1 en 10 ans)	»	22 50
Fumier	15 00	»
Totaux	114 80	82 50

DÉPENSES.		
Intérêt de la valeur de la vache	7 20	»
Une partie (2/3) de l'intérêt de la valeur de l'étable	5 00	»
Foin, 1,000k à 0f 077	24 70	52 30
Herbe des communaux	44 85	0 15
Paille	»	5 00
Travaux de la femme	4 50	»
Frais du matériel spécial :		
Intérêt de la valeur de ce matériel	0 25	»
Entretien de ce matériel	»	0 25
BÉNÉFICE résultant de l'industrie	28 30	24 80
Totaux comme ci-dessus	114 80	82 50

F. — Engraissement du porc.

	Valeurs en nature.	Valeurs en argent.
RECETTES.		
Porc engraissé, vendu 65f 00	»	65f 00
Fumier	5f 00	»
Totaux	5 00	65 00
DÉPENSES.		
Achat d'un jeune porc	»	15 00
Intérêt du capital engagé	»	1 50
Une partie (1/3) de l'intérêt de la valeur de l'étable	»	2 50
Pommes de terre, 200k à 0f 06	»	12 00
Débris des aliments de la famille (pour mémoire)	»	»
Travaux de la femme	»	3 00
Bénéfice résultant de l'industrie	5 00	31 00
Totaux comme ci-dessus	5 00	65 00

G. — Entretien d'un enfant trouvé confié par l'hospice d'une ville voisine.

	Valeurs en nature.	Valeurs en argent.
Le bénéfice est à peu près équivalent à l'abonnement de 8f 00 par mois payés par l'hospice, ou à la recette totale de	»	96 00

H. — Résumé des comptes des bénéfices résultant des industries (A à G).

	Valeurs en nature.	Valeurs en argent.
RECETTES TOTALES.		
Produits employés en nature pour la nourriture de la famille	161 55	0 75
Produits en nature et recettes en argent à employer de nouveau pour les industries elles-mêmes (186f 05)	44 70	111 35
Recettes en argent appliquées aux dépenses du ménage	»	268 96
Totaux	206 25	411 06
DÉPENSES TOTALES.		
Intérêts des propriétés possédées par la famille et employées par elle aux industries (14, Son I)	17 61	54 41
Produits des subventions reçues par la famille et employées par elle aux industries (14, Son II)	34 50	»
Salaires afférents aux travaux exécutés par la famille pour les industries (14, Son III)	44 90	3 00
Produits des industries dépensés en nature et dépenses en argent qui doivent être remboursés par les recettes résultant des industries (186f 05)	44 70	111 35
Totaux des dépenses (340f 47)	141 71	198 76
Bénéfices totaux résultant des industries (276f 84) (14, Son IV)	64 54	212 30
Totaux comme ci-dessus	206 25	411 06

SECTIONS II ET III.

COMPTES RELATIFS AUX SUBVENTIONS; COMPTES DIVERS.

Nota. — Les comptes relatifs au pâturage, à la récolte du bois et aux vêtements, sont analogues à ceux qui ont été produits en d'autres monographies.

ÉLÉMENTS DIVERS DE LA CONSTITUTION SOCIALE

FAITS IMPORTANTS D'ORGANISATION SOCIALE; PARTICULARITÉS REMARQUABLES; APPRÉCIATIONS GÉNÉRALES; CONCLUSIONS.

§ 17.

CAUSES QUI DÉSORGANISENT LES POPULATIONS DU LAONNAIS ET DES AUTRES RÉGIONS DE LA PICARDIE, OÙ LES TERRES, EXPLOITÉES PAR DE RICHES FERMIERS, ALIMENTENT DE GRANDES FABRIQUES DE SUCRE.

Les populations de la Champagne pouilleuse, décrites dans le tome précédent, sont fortement ébranlées par la perte des croyances religieuses, par la déchéance de l'autorité paternelle et par les contraintes du travail forcé; mais ce désordre social ne va pas jusqu'à la désorganisation. Trois circonstances principales permettent, aux Champenois des plaines morcelées, de s'arrêter ainsi sur les pentes de la décadence. Le sol est peu fertile et ne donne point la richesse à ceux qui le cultivent. Chaque paysan emploie toute sa vie à conquérir pièce à pièce son domaine ou à le compléter : il le cultive avec énergie de ses propres mains; et ce travail opiniâtre donne en partie aux possesseurs du sol les forces morales qu'ils ne demandent plus à la religion. Les individus qui forment la classe inférieure, paralysés par l'imprévoyance et le vice, ne s'élèvent point à la propriété; la plupart dissipent promptement l'héritage qui leur est attribué par la loi et non par les services rendus aux parents. Les moins dégradés restent au pays natal en qualité de manœuvres et secondent les paysans à l'époque des récoltes; les autres, repoussés de tous, s'exilent eux-mêmes pour chercher du travail dans les manufactures urbaines, et notamment dans les riches campagnes contiguës à la localité qu'habite l'ouvrier décrit dans la présente monographie. C'est donc dans ces régions que s'accumule aujourd'hui le personnel de la corruption rurale engendrée, dans le nord-est de la France, par l'oubli de la loi morale et les contraintes du partage forcé.

Le Laonnais, le Soissonnais et, en général, les campagnes de la Picardie, où prospèrent les cultures de betterave et les fabriques de sucre, recèlent, en effet, des éléments de corruption plus dangereux que ceux des plaines stériles, à vaine pâture, de la Champagne pouilleuse (19). Sauf dans quelques régions boisées, la propriété rurale n'est point constituée en corps de domaines. Comme dans les plaines crayeuses, chaque propriété comprend beaucoup de parcelles éparses; mais ici, sous l'influence combinée de la fertilité du sol, des grands profits manufacturiers et du partage forcé, ces parcelles sont ordinairement accumulées dans les mains de grands propriétaires. Ceux-ci ne sauraient se créer, sur une propriété ainsi morcelée, une vraie résidence rurale, pourvue des satisfactions attachées à celles du Morvan (V : In. 9 ; VI) : ils ne songent donc point à l'exploiter eux-mêmes en régie avec leurs domestiques, ou au moyen de tenanciers permanents. Ils concèdent cette exploitation, par un bail de courte durée, à de riches fermiers. Un tel régime assure aux propriétaires de solides revenus, et aux fermiers de gros profits; mais, au point de vue social, il constitue la plus déplorable organisation que j'aie observée en Europe. Tout y concourt, en effet, à priver les populations rurales des avantages garantis par les sociétés stables. Le propriétaire non résident ne voit, dans sa terre, que le placement de son capital : il est exempté, par le bail, de tout rapport avec les journaliers qui s'y succèdent rapidement; et son rôle se réduit à imposer, autant que possible, lors du renouvellement des baux, un supplément de charges aux fermiers qui, parfois, ne sont guère plus stables que les ouvriers. Le fermier des sols qui produisent la betterave et l'exploitant des fabriques qui la convertissent en sucre ne se croient pas liés aux ouvriers qu'ils emploient, dès qu'ils ont payé le salaire convenu. Dans la situation précaire où ils sont eux-mêmes placés, ils se persuadent aisément que l'intérêt de leur propre famille doit être leur unique préoccupation. Quant aux ouvriers qui exécutent les travaux des fermes et des fabriques, ils tombent, pour la plupart, dans un état de dégradation dont, à ma connaisssance, il n'existe aucun autre exemple chez les Européens.

Dépourvus de toute propriété, ces ouvriers ont pour unique moyen d'existence le travail de leurs bras. Ils sont chassés, comme je l'ai dit ci-dessus, des districts ruraux où il n'y a place que pour les individus aptes à l'épargne. Ils se recrutent aussi, dans la localité, parmi les imprévoyants et les vicieux qui, nés paysans, ont fui la discipline paternelle; qui ont ensuite complété leur état de dégradation, en dissipant dans la débauche la part d'héritage qu'ils ont exigée, sans profit pour eux-mêmes et au détriment de la maison-souche. Sans croyances et sans mœurs, fuyant le travail quand le crédit procure le nécessaire et faisant effort seulement pour s'élever à un superflu abrutissant, cette classe infortunée ne peut s'améliorer dans le milieu où elle vit. Les opinions politiques l'éloignent de ceux qui pourraient, par leurs conseils, la ramener au bien. La classe dirigeante lui donne le mauvais exemple en violant ouvertement la loi morale. Souvent la ferme et la fabrique, parfois même la maison du maître, sont des lieux de perdition pour les ouvrières. Par un renversement des lois divines et humaines, le mal est propagé par ceux qui, dans toute société stable, ont la mission expresse de tenir leurs subordonnés dans les voies du bien. Averti en 1848 de l'état de dégradation où les ouvriers des deux sexes tombaient dans certaines localités, j'ai voulu les visiter. Les descriptions qu'on m'avait faites m'ont paru dépassées par la réalité. Les mariages qui se constituent, après une ère d'unions inqualifiables, ramènent, au milieu du XIXe siècle, le spectacle signalé par le poëte de la décadence romaine. La nouvelle génération est toujours pire que les parents. Ceux qui, après moi et mes amis, recommenceront cette pénible enquête pourront, au surplus, se dispenser de la prolonger autant que nous l'avons fait. Ils constateront aisément la désorganisation actuelle de ces malheureuses races : en écoutant les conseils donnés par les parents à leurs filles, ils auront la mesure de l'abaissement imprimé à l'autorité paternelle par les révoltes de la jeunesse.

J'en ai assez dit sur ce point pour faire comprendre que la description de ces mœurs immondes ne pouvait devenir l'objet d'une monographie. Les enquêtes de la justice enseignent d'ailleurs chaque jour comment l'oubli du Décalogue fait tomber l'homme au-dessous de la brute. Ne pouvant peindre, avec tous leurs traits distinctifs, les familles désorganisées du Laonnais, j'ai cru utile de montrer comment, en présence d'une telle corruption, certaines familles se préservent du mal, grâce aux forces morales qui leur sont assurées par l'assiduité au travail, l'amour de la propriété rurale, les croyances religieuses et les conseils du prêtre. Cet enseignement est donné par la monographie du Bordier-émigrant de Bourguignon.

Beaucoup de manœuvres-agriculteurs possèdent, en France, les moyens de succès que donnent aux ouvriers les croyances et les bonnes mœurs. Malheureusement, ils ne sont pas tous soutenus par le patronage comme le manœuvre du Morvan (V, VI), ni par l'amour de la propriété comme le Bordier présentement décrit. Ils méritent toute la sollicitude des classes dirigeantes; et, comme ils sont rares en Picardie, j'ai cru utile de compléter ci-après (20) cette étude par une monographie empruntée au Maine où abonde ce type intéressant de nos populations rurales.

§ 18.

INFLUENCE HEUREUSE EXERCÉE EN FRANCE PAR LA FEMME DE L'OUVRIER.

En coordonnant les divers détails présentés dans cette monographie, touchant les occupations de la femme, on est conduit à admirer l'influence que celle-ci exerce sur le bien-être de la famille. Elle apporte au travail une ardeur non moins active et encore plus soutenue que celle de son mari. Dans le cercle des travaux du ménage, elle doit préparer les aliments, y compris le pain, soigner les enfants, blanchir le linge et entretenir les vêtements. Elle soigne les animaux domestiques et fabrique le beurre avec le lait de la vache; elle cultive presque seule le champ à pommes de terre et le jardin potager; elle récolte, avec le concours des enfants, l'herbe nécessaire pour la nourriture de la vache; de concert avec son mari, elle récolte le foin sur une prairie affermée pour la même destination. Après avoir pourvu à ces diverses occupations, et s'être au besoin concertée avec une voisine pour la garde des jeunes enfants, elle trouve le moyen de fournir, à prix d'argent, 130 journées de travail environ, dans les mêmes exploitations agricoles et minérales où son mari est employé pendant dix mois. Enfin, pendant l'hiver, elle prolonge encore ses veillées jusqu'à minuit, pour filer 8 kilogrammes de chanvre, pour tisser la toile domestique et confectionner tous les vêtements de toile et de coton consommés dans le ménage. Dans le cours de vingt années de voyages, je n'ai jamais rencontré, hors de la France et des régions contiguës de l'Allemagne (IV, II, 8), de pareils prodiges d'activité. Mais ce qui est le plus digne d'admiration, et ce qui distingue les classes populaires de la France, plus encore peut-être que les traits qu'on vient de citer, c'est l'influence que la femme exerce, sous le rapport moral, sur ses enfants et même sur son mari. Le développement du sentiment religieux et une sensibilité plus développée lui donnent souvent une distinction qui manquent à ce dernier. Parfois même une plus grande vivacité d'intelligence, un usage plus fréquent de la réflexion et du raisonnement (V, VI, 21), une énergie plus marquée, la rendent plus propre que le mari à diriger les affaires de la communauté. Guidée par ces considérations, une grande compagnie industrielle du Soissonnais, qui exerce depuis deux siècles un patronage bienveillant sur la population qu'elle emploie, a adopté la coutume de payer chaque semaine aux femmes le salaire gagné par leurs maris. L'expérience a prouvé que l'introduction de ce mode de paiement avait singulièrement amélioré la condition des familles non disposées à la prévoyance. Chez les populations où se manifeste la disposition inverse, la femme exerce souvent son ascendant à défendre la famille contre l'égoïsme et l'avidité qu'engendre une préoccupation trop exclusive pour le gain et pour l'épargne, c'est-à-dire contre le principal écueil que doive redouter cette classe de la société qui forme la transition entre les types de l'ouvrier et du propriétaire. L'étendue de l'influence morale des mères de famille se révèle particulièrement dans ce district par les soins accordés aux nourrissons confiés par l'hospice d'une ville voisine, et par l'adoption d'une partie de ces enfants (12).

Il s'en faut de beaucoup que les femmes occupent, en Angleterre, une situation aussi influente ; mais les hommes d'État de ce pays, avec lesquels j'ai parfois agité cette question, ne sont point disposés à voir, dans ce trait de mœurs, un symptôme d'infériorité. Ils pensent, pour la plupart, que tout ce qui étend l'autorité de la femme au dehors du cercle de l'administration domestique amoindrit d'autant la situation du chef de famille, et exerce en définitive une influence fâcheuse sur la société. A ce point de vue, ils condamnaient la tendance signalée ci-dessus chez quelques administrations françaises, et en général tout système qui, même en vue d'améliorer un détail de l'existence des classes populaires, confère à la femme les attributions naturelles du mari. Un habile légiste anglais, qui a étudié la constitution sociale des deux pays, faisait remarquer, en outre, que la situation prépondérante des femmes françaises doit être attribuée en partie aux lois qui confèrent des droits égaux aux deux sexes, en ce qui concerne la transmission des biens et des industries ; que, d'un autre côté, ces lois portent indirectement une grave atteinte aux principes du mariage, et que, par ce motif, l'influence échappe souvent, en France, aux femmes de la classe riche, dans les rapports sociaux où elles auraient le plus d'intérêt à l'exercer.

Il y a évidemment un grand intérêt social à faire aux femmes la situation la plus convenable : il importerait par conséquent de fixer les principes qui doivent régner à cet égard dans une bonne organisation. A ce point de vue, il est utile de signaler la divergence d'opinions qui existe en France et en Angleterre sur les particularités les plus essentielles de la condition des femmes. Il y a également opportunité à remarquer que l'opinion des Anglais, en ce qui concerne le maintien de l'autorité des hommes, se retrouve aussi chez les peuples dont l'état social est peu avancé. Ce qui distingue essentiellement la constitution anglaise, c'est que, tout en maintenant sur certains points la prépondérance des hommes, elle défend fermement les femmes contre les manœuvres de séduction. C'est encore ici le lieu de constater que les Suédois, en dispensant la femme (III, I, 21) des travaux pénibles qui l'accablent trop souvent en France (20), semblent apprécier mieux qu'on ne le fait chez nous la situation qu'il convient de faire aux femmes dans une bonne constitution sociale.

§ 19

MŒURS D'UNE CATÉGORIE NOMBREUSE DE PETITS PROPRIÉTAIRES FRANÇAIS.

L'état dans lequel se trouvait, en France, vers la fin du siècle dernier, la propriété agricole, est une des circonstances qui préoccupaient le plus les économistes de cette époque, et qui ont exercé l'influence la plus marquée sur les changements accomplis après la révolution de 1789. On se plaignait surtout que de vastes étendues restassent sans culture entre les mains de grands propriétaires absents, et ne produisissent que du gibier, cause de destruction pour les petites cultures du voisinage. L'agriculteur anglais Arthur Young, qui visita à cette époque la plupart de nos provinces et dont les écrits[1] furent vivement appréciés, insista, souvent avec vérité, parfois avec une exagération qui ne contribua pas peu à le rendre populaire, sur les fâcheux résultats de cette influence combinée de la grande propriété et de l'absentéisme. Les lois promulguées par les assemblées de la Révolution, en ce qui concerne les successions, et qui ont été coordonnées sans modification essentielle dans le Code civil, ont, en général, été inspirées par cette pensée, que l'intérêt public était intimement lié au morcellement des héritages. Appliquée avec les formes absolues qui distinguent les institutions de cette époque, cette

1. Voyage en France pendant les années 1787 à 1790, entrepris plus particulièrement pour s'assurer de l'état de l'agriculture, des richesses, des ressources et de la prospérité de cette nation, par Arthur Young; traduit de l'anglais, 2e édition, Paris, 1794 (vieux style); 3 vol. in-8°.

pensée est restée la thèse favorite de l'administration publique, de la science et de la littérature. Elle est d'ailleurs profondément entrée dans les habitudes, sous l'influence même de la législation qui nous régit depuis plus d'un demi-siècle. L'opinion se plaît à voir le type de la nationalité française dans le propriétaire cultivant son héritage de ses propres mains, se tenant fermement à égale distance de la richesse et de la pauvreté, faisant régner sous son toit modeste, avec le travail et la sobriété, les vertus du citoyen, élevant une vigoureuse famille, où se maintient, avec l'autorité paternelle, le respect des supériorités sociales; où se recrutent surtout l'agriculture, l'industrie et l'armée, souche féconde où se régénèrent sans cesse les forces vives de l'État.

L'observation nous a fait rarement rencontrer en France ce type du petit propriétaire. Les études que j'ai faites dans beaucoup de districts ruraux m'ont fait apprécier certains avantages obtenus, sous la pression des nouvelles lois civiles, par l'attribution à la petite propriété des biens qui étaient précédemment soumis au régime des substitutions ou de la mainmorte. Elles démontrent aussi que ce but, désormais atteint, est souvent dépassé. Après avoir utilement morcelé les trop grands héritages, la loi, continuant à exercer fatalement la même influence, détruit sans cesse, à leur tour, les modestes existences qu'on avait voulu organiser. Elle provoque, dans la plupart des cas, à la mort du propriétaire, le morcellement de l'unité agricole, dont la création avait été l'œuvre d'une vie entière de travail et d'épargne. En cela, la loi française exagère son principe au delà des limites tracées par la tradition européenne; elle fait violence aux sentiments que développe la possession de la terre; elle provoque, à chaque transmission nouvelle de la propriété territoriale, une énorme déperdition de force productive. Déjà même cette influence pèse d'une manière permanente sur la petite propriété; et, dans beaucoup de localités, celle-ci tend à s'organiser sur des bases contraires à l'intérêt général du pays.

L'homme prévoyant, qui, dans le cours d'une existence vouée au travail et à la réflexion, a réuni tous les éléments nécessaires aux besoins d'une famille, l'habitation, le potager, le verger ou la vigne, la chènevière, la terre arable et la prairie, qui a enrichi le tout de clôtures et de plantations, qui, par ses soins intelligents, a doublé la force productive du sol, ne peut admettre la pensée que cette œuvre d'améliorations progressives, au lieu d'être continuée par l'un de ses enfants, sera inévitablement détruite après sa mort. Si donc, parvenu aux premiers échelons de la propriété, il ne peut entrevoir le moyen d'éluder les prescriptions de la loi, s'il comprend que les efforts qu'il pourrait faire pour constituer un ensemble répondant à toutes les nécessités de l'agriculture locale et aux besoins d'une famille n'aboutiront qu'à un résultat éphémère, il cessera bientôt d'étendre les effets de sa prévoyance au delà du terme de sa vie. Son découragement se révélera surtout par l'absence de ces plantations, de ces haies vives, de ces habitations disséminées que le voyageur déjà cité admirait, avant la Révolution, dans plusieurs parties de l'ancien Béarn, qui donnent tant de charme à certains districts ruraux de la Lombardie, de la Suisse, de l'Allemagne, de la Hollande, des États scandinaves et saxons, et, en général, aux contrées où règne le principe de la transmission intégrale des petits héritages. C'est dans ce régime d'instabilité, par exemple, que se conserve en France l'institution de la vaine pâture (22), dans de vastes plaines morcelées à l'infini, s'étendant entre de petits groupes d'habitations agglomérées, où l'individualité du cultivateur ne se révèle, ni par une cabane, ni par un arbre, ni par un fossé. Les petits propriétaires français se préoccupent, pour la plupart, de l'œuvre de destruction qui doit s'opérer à l'époque de leur mort. Les combinaisons variées qu'ils imaginent pour éluder, sous ce rapport, les prescriptions de la loi sont un des traits les plus caractéristiques des mœurs actuelles. Le plan d'études indiqué dans cet ouvrage, alors même qu'il s'appliquerait seulement à ce détail, serait encore fécond en enseignements.

Dans les provinces méridionales (IV, IX, 17), en Bretagne (IV, VII, 12), en Auvergne (V, IV, 12), la force des anciennes mœurs suffit encore, dans beaucoup de familles, pour annuler les conséquences de la loi nouvelle et pour conserver l'intégrité de l'héritage paternel. Dans les localités mêmes où l'ancienne coutume n'attribuait pas à l'aîné un privilége apparent, qui n'était en réalité qu'une charge, on apprécie encore aujourd'hui les avantages qui s'attachent à la conservation de l'immeuble patrimonial. Ainsi, chez les maraîchers de la banlieue de Paris, les enfants, lorsque le père de famille n'a pas préparé de son vivant cette solution, se concertent pour céder la totalité des biens à l'héritier le plus capable d'en tirer parti et de garantir une soulte en argent aux autres héritiers (V, VIII, 20). Ailleurs, et par exemple dans les petites cultures de mûriers des Cévennes et dans plusieurs autres contrées du Midi et du Centre, le petit propriétaire vise, pendant toute la durée de son existence, à assurer la transmission intégrale de son bien par une série d'actes simulés, passés au profit de l'un des enfants. Dans le Morvan, les petits propriétaires les plus intelligents éludent, au moins en ce qui concerne les filles, le principe du partage forcé. Ils diffèrent le mariage de ces dernières jusqu'à l'époque de la majorité, et les mettent alors en demeure de se passer de dot ou de renoncer, moyennant une dot en argent immédiatement payée, à tout droit ultérieur sur les immeubles de la famille (V, VI, 18). Ces manœuvres exercent une fâcheuse influence sur la moralité publique; car la transmission intégrale, ne s'effectuant plus ouvertement, n'a plus le contrepoids qu'y apportait autrefois l'opinion. L'héritier, infidèle à l'esprit de l'ancienne coutume, ne se croit plus tenu d'accorder à ses frères et sœurs l'affection et l'appui que ceux-ci trouvaient précédemment chez le père de famille. Dans cette organisation incomplète, on se trouve conduit à un ordre de choses qui ne donne satisfaction, ni aux intérêts publics, ni au bien-être des individus.

Les petits propriétaires, déjà fort nombreux sous l'ancien régime, se sont souvent multipliés depuis la Révolution de 1789, dans plusieurs districts nouveaux. En ce qui concerne l'assiette des cultures, ils sont établis aujourd'hui suivant deux systèmes principaux. Tantôt les terres, spécialement destinées au pâturage et aux cultures d'arbres fruitiers, sont circonscrites par des clôtures et annexées aux habitations disséminées sur la surface du territoire; le remaniement des éléments dont elles se composent offre alors de grandes difficultés; et c'est ordinairement dans ce cas que les paysans ont recours aux combinaisons qu'on vient d'indiquer, pour éluder les prescriptions de la loi. Tantôt, au contraire, les terres, consacrées spécialement à la production des céréales, font partie d'un territoire dénué de plantations, de clôtures et d'habitations. Le principe de l'égalité de partage n'est alors entravé formellement par aucun obstacle matériel; et le morcellement du sol se trouve ordinairement poussé jusqu'à ses plus extrêmes limites. Ce dernier cas, qui devient chaque jour plus commun en France, entraîne, du reste, selon l'état moral des paysans, des conséquences fort différentes. Lorsque la prévoyance fait défaut, et lorsque, d'ailleurs, la population obéit dans son développement aux lois naturelles, le morcellement indéfini du sol, ainsi qu'il arrive par exemple dans plusieurs parties de l'Alsace, de la Lorraine et des provinces allemandes contiguës, multiplie, avec l'hypothèque et l'usure, le type, spécial à ces contrées, du *propriétaire indigent* (IV, II, 20). Partout, au contraire, où règne l'esprit de prévoyance, les paysans comprennent que la loi leur enlève l'ascendant nécessaire pour pourvoir au bien-être d'une famille nombreuse, et qu'ils ne peuvent assurer l'avenir de leurs enfants qu'en en limitant le nombre. Toute enquête faite en France sur la partie la plus intelligente de la petite propriété démontrera qu'elle tend de plus en plus à se constituer sur le principe de la stérilité du mariage.

Le régime actuel des successions annule, chez nos plus énergiques paysans, au détriment de la nationalité française, la force d'expansion qui se manifeste, sous l'influence d'un meilleur ordre de choses, chez les Slaves et les Anglo-Saxons. Il laisse du moins la voie ouverte aux améliorations agricoles, lorsque des entraves d'une autre nature ne viennent pas comprimer l'initiative individuelle. Dans nos plus riches provinces du Nord et de l'Est, où les paysans jouissent librement de la propriété, ils remédient, à force de travail et d'assiduité, aux inconvénients que le morcellement entraîne; et ils arrivent à des résultats qui ne le cèdent en rien à ceux des grandes cultures les plus florissantes. Ils admettent dans leurs assolements les fourrages artificiels et les plantes sarclées, et, en général, ils s'assimilent les méthodes de culture les plus parfaites. Ils réalisent de véritables prodiges de production, qui ont justement déterminé beaucoup d'écrivains à accorder leurs sympathies à la petite culture. Le succès de ce régime repose en partie sur l'emploi d'une grande quantité de travail manuel; cependant il n'est pas vrai de dire qu'il entraîne nécessairement la diminution du nombre des animaux de trait. Beaucoup de petits propriétaires, qui ne sont pas en position d'entretenir un attelage de charrue, ne sont pas cependant privés, en ce qui concerne le labourage, du service de ces animaux. Se réunissant par groupes formés par de bonnes relations de voisinage, ils emploient, à tour de rôle, l'attelage entretenu par l'un d'eux. Ils obtiennent ainsi, sans entraver la liberté individuelle, tous les avantages qui, dans le système russe, résultent du régime patriarcal et du principe de la communauté.

Mais, lorsque le libre arbitre, déjà comprimé périodiquement par la loi des successions, est en outre entravé d'une manière permanente par le régime de la vaine pâture (22), les admirables qualités de la race ne peuvent plus contribuer, ni à l'essor de la nationalité, ni au progrès de l'agriculture. Étouffées pour ainsi dire dans le cercle de l'économie domestique, seul refuge laissé à l'initiative individuelle, elles ne peuvent qu'entretenir péniblement l'ordre social le plus stationnaire que présente l'organisation agricole la plus vicieuse qu'on puisse observer en Europe. Un exemple, emprunté à l'une des communes françaises placées dans ces conditions, donnera une idée des mœurs qui tendent, de plus en plus, à s'établir chez une catégorie nombreuse de petits propriétaires.

La commune de Villeneuve occupe, dans la Champagne pouilleuse, près d'Angluve, un territoire de 600 hectares environ, composé d'une vaste prairie tourbeuse de 120 hectares, ancienne propriété communale, et de terre arable morcelée en plusieurs milliers de parcelles, dont la largeur ne comprend parfois que quelques sillons de charrue. Une moitié de la prairie a été attribuée à la propriété privée par une compagnie, qui a desséché, par des travaux d'art, l'ancien marais de cette localité. L'autre moitié est encore possédée à titre indivis par les habitants qui, en payant, pour les parcelles dont ils jouissent, une faible rente, constituent le fonds annuel nécessaire à l'acquittement des charges communales. Ces charges concernent seulement la police locale, les chemins vicinaux et l'instruction primaire. La commune repousse, par raison d'économie, toute dépense relative à l'exercice du culte. Le service religieux, presque nul en fait, est nominalement attribué à un curé établi dans un village distant de 6 kilomètres, et qui a charge de quatre communes, placées, sous ce rapport, dans les mêmes conditions. La destruction de l'esprit de famille et surtout la décadence de l'autorité parternelle paraissent marcher de front avec l'oubli des sentiments religieux. Les enfants montrent généralement, dans leur conduite, peu d'égards pour leurs parents; et ils ne dissimulent guère le désir qu'ils ont d'entrer promptement en possession de leur héritage. Le sol est cultivé par cinq fermiers et par une cinquantaine de petits propriétaires chefs de maison, dont les habitations sont groupées en deux hameaux, au centre d'un territoire d'un aspect triste, entièrement dépourvu de clôtures et de plantations. Ces cultivateurs produisent la plupart des objets nécessaires à leur propre consommation. Ils livrent, en outre, aux marchés voisins quelques céréales, de la laine et des moutons. Les produits de ces ventes servent à acquitte. les fermages, à compléter les moyens d'existence des petits propriétaires, et à constituer une faible épargne à ces derniers.

La vaine pâture, qui domine complétement le régime agricole de cette localité, y a fait conserver l'antique assolement triennal, comprenant un grain d'automne, un grain de printemps, et une jachère. Les fermiers qui, à l'aide des capitaux fournis par les propriétaires, tenteraient d'augmenter leurs troupeaux, de les nourrir avec le produit des prairies artificielles remplaçant les jachères, en seraient empêchés par la pression des intérêts locaux, et au besoin par des arrêtés municipaux. En fait, l'impossibilité d'établir des clôtures dans des exploitations morcelées (l'une d'elles comprend 500 parcelles), la difficulté de défendre contre la dent du troupeau commun les prairies artificielles, l'influence des jalousies locales, hostiles à toute amélioration qui tendrait à restreindre le régime de la vaine pâture, maintiennent le sol dans un état de stérilité qui dépasse toute croyance. Les champs, et quelques enclos contigus aux habitations, ont seuls reçu des améliorations témoignant de l'avenir qui, dans une meilleure organisation, pourrait être assuré à ce pays. Une partie du territoire reste à peu près improductive, ou rembourse à peine les frais de culture. Les petits propriétaires de Villeneuve, ne pouvant entreprendre les améliorations agricoles, telles que constructions, plantations, clôtures, amendements, accroissement de bestiaux, qui offrent à la fois placement utile de capital et augmentation de revenus, sont les premières victimes de ce régime routinier. Le seul emploi qu'ils puissent faire de leurs épargnes est de racheter leurs fils uniques des obligations du service militaire, pour lequel la répugnance devient de plus en plus marquée, et d'acheter à tout prix des parcelles confinant à celles qu'ils possèdent, parcelles qui, dans la plupart des cas, avaient déjà été acquises par le père, et seront détachées de nouveau à la mort du propriétaire actuel. Par la plus déplorable de toutes les combinaisons, l'épargne, ce puissant moyen d'améliorations agricoles, est infructueusement employée, soit à éluder un devoir public, soit à hausser rapidement la valeur marchande d'un sol dont la force productive reste à peu près stationnaire. La population a cependant toutes les qualités nécessaires pour tirer parti, avec de meilleures institutions, d'un territoire placé dans d'excellentes conditions agronomiques. Aucune race européenne n'est plus ardente au travail, plus sobre, plus disposée à l'épargne. Distinguée par sa finesse et son intelligence, habile à calculer la portée de tous ses actes, elle apporte dans les transactions d'intérêt un remarquable esprit de conciliation. Elle se trouve ainsi préservée des procès et de l'intervention des gens de loi. Il paraît aussi que, jusqu'à ce jour, elle a montré assez d'intelligence et d'honnêteté pour repousser l'usure, cet autre écueil des populations rurales.

Les bras manquent à l'agriculture. Cette commune est précisément l'une de celles que dessert le moissonneur-émigrant décrit dans la présente monographie (1 et 8). Tous les chefs actuels de maison, voulant conserver la plus grande part possible dans les prairies communales, s'opposent, autant qu'il dépend d'eux, à la construction d'habitations nouvelles qui permettraient à des étrangers de s'établir dans la localité (IV, VII, 18). Mais leur principale préoccupation est de ne point laisser leurs enfants dans une situation de fortune inférieure à celle où ils ont eux-mêmes vécu. La solution à l'aide de laquelle ce résultat est obtenu se trouve nettement indiquée par les relevés des registres de l'état civil. Les habitants de la commune de Villeneuve se subdivisent, en effet, dans les trois catégories indiquées ci-après : personnes mariées (y compris 13 veufs et veuves) habitant 63 maisons et formant 73 ménages, 133 ; — enfants non mariés des ménages ci-dessus indiqués, 98 ; — domestiques célibataires attachés aux mêmes ménages, 16. — Total, 247. — Ce régime social, en un mot, est essentiellement fondé sur la stérilité du mariage. Il forme un remarquable contraste avec celui qui règne en d'autres localités (IV, II, 19), où la population obéit dans son développement aux lois naturelles. Ces chiffres caractérisent, mieux que ne pourrait le faire un long commentaire, la déplorable organisation qui s'établit dans cette localité et dans une multitude d'autres communes rurales. L'essence de ce système est de rendre stationnaires ou stériles les principales sources de puissance ou d'activité propres au sol français ou aux races qui l'habitent. Une étude spéciale, dirigée vers les classes supérieures de la société, révélerait un ordre de choses non moins regrettable. Cette situation des races les plus énergiques et les plus prévoyantes exercera, sur l'avenir de la France, une influence d'autant plus fâcheuse, que la partie la plus dégradée ou la plus imprévoyante de la population ne cesse de se multiplier dans les groupes de manufactures agglomérées (V, 13), et dans un grand nombre de districts agricoles.

Une meilleure constitution sociale, fondée sur les principes tutélaires qui produisent de si heureux résultats dans le nord de l'Europe, en Hongrie, en Allemagne, en Angleterre, et même dans quelques parties de la France, dans le Béarn par exemple, introduirait d'heureuses modifications dans la constitution physique et dans l'organisation sociale de la commune de Villeneuve. Le territoire, divisé d'une manière permanente en petits héritages disséminés sur toute la surface, et pourvus chacun d'une habitation, de bâtiments agricoles, de plantations et de haies vives, prendrait un aspect tout nouveau. Il nourrirait, sans effort, un nombre double de petits propriétaires jouissant de l'état de bien-être qui ne se conserve aujourd'hui, au milieu de plaines dénudées, que par un calcul en opposition avec les lois de la morale. Le vœu de la nature cessant d'être comprimé, la commune suffirait largement, par sa propre population, aux nécessités de la culture. Chaque année, en outre, elle fournirait un vigoureux essaim de jeunes gens des deux sexes, pourvus par la prévoyance paternelle des instruments de travail, et qui, dirigés vers les colonies françaises, y introduiraient les mêmes éléments de prospérité qu'apportent les Allemands à l'Amérique du Nord (III, IV, 10), les Anglais au Canada et à l'Australie et les Béarnais aux provinces de la Plata. La France retrouverait, sous un régime de libre arbitre conforme à l'esprit de ses nouvelles institutions, les moyens de colonisation qu'elle a tirés de la Normandie, tant que la sage coutume de cette province est restée en vigueur, pour créer ses beaux établissements du Canada, de la Louisiane et des Antilles.

Par suite de cette transformation, une population stationnaire, incapable de servir au recrutement de l'armée ou des colonies, bornant ses préoccupations à l'entretien d'un troupeau de moutons exploité sous le régime ruineux de la vaine pâture et des jachères, serait remplacée par une population rapidement croissante, riche en pâturages enclos et en bestiaux d'espèces variées, et où chaque famille fournirait à l'État, dans le cours d'une génération, au moins un soldat vigoureux, un colon aisé et entreprenant, et une demi-douzaine de chevaux propres au service de l'armée. Cette réforme aurait, en définitive, pour résultat de reconstituer dans cette localité une race de paysans maintenant affaiblie, presque désorganisée, par le régime des partages forcés. Les propriétaires de cette région de la Champagne sont, en effet, privés de l'avantage acquis aux véritables paysans européens (IV, IX); ils ne peuvent plus, comme ces derniers, trouver dans le concours de leurs familles, et dans des échanges amicaux avec leurs voisins, la quantité de travail nécessaire à leur culture. Ils doivent nécessairement recourir aux émigrants que décrit la présente monographie, et ils introduisent ainsi, dans la constitution sociale, tous les inconvénients auxquels donne lieu, de nos jours plus que dans le passé, l'emploi de ces auxiliaires. Cette pénurie de main-d'œuvre leur interdirait également l'adoption des cultures perfectionnées, des plantes sarclées par exemple, s'ils n'étaient déjà, à cet égard, empêchés par la vaine pâture, autre conséquence funeste du régime de morcellement. La commune de Villeneuve est l'une de celles où la population a le discernement nécessaire pour exploiter les biens communaux, jusqu'à présent indivis, sous le régime plus fécond de la propriété privée; elle tirerait surtout avantage de la suppression de la vaine pâture. Mais cette transformation du régime agricole, qu'on a vainement tenté de provoquer en France par des lois générales, ne pourrait être obtenue que par une décision de l'autorité locale, autorisant le remaniement du territoire, conformément aux principes adoptés avec succès dans plusieurs parties de l'Allemagne (IV, II, 20). D'un autre côté, les avantages du groupement ne pourraient se conserver que si les propriétaires avaient le pouvoir de maintenir, au profit de la génération suivante, les unités qui auraient été ainsi constituées. Tout progrès durable de ce régime de petite propriété est donc subordonné, en définitive, à la réforme de la loi des successions.

§ 20.

PRÉCIS DE LA MONOGRAPHIE AYANT POUR OBJET

LE MANŒUVRE-AGRICULTEUR DU MAINE.

I. Définition du lieu, de l'organisation industrielle et de la famille.

L'ouvrier est dans une condition devenue fort commune en France dans les campagnes désorganisées. Il est journalier dans le système des engagements momentanés.

La famille habite la commune de Louvigny, canton de Mamers (Sarthe). Le sol de la commune est assis sur le terrain jurassique, à l'est de la grande formation de transition du Maine et de la Normandie. Les produits agricoles expédiés hors de la localité sont les poulains et les génisses, les bœufs et les porcs engraissés; on exporte, en outre, une certaine quantité de froment, principalement dans les années où le prix des céréales s'élève au-dessus du taux moyen. La partie la plus aisée et la plus intelligente de la population se compose de petits propriétaires et de fermiers employant, dans le système des engagements momentanés, la partie la plus nombreuse, composée d'ouvriers-domestiques et de journaliers. Les ouvriers-domestiques sont généralement engagés pour un an. Les journaliers travaillent alternativement pour divers propriétaires ou fermiers du voisinage. Ils ne s'engagent avec eux que pour un petit nombre de journées, ou pour l'exécution d'un travail de courte durée. Un grand propriétaire a conservé, jusqu'à ce jour, les anciennes traditions du patronage, en faveur d'une partie des journaliers les plus pauvres et les moins prévoyants. L'ouvrier présentement décrit appartient à la catégorie la moins heureuse : à celle des journaliers travaillant successivement, en dehors de ce patronage, pour les petites exploitations agricoles de la contrée.

La famille comprend les deux époux et trois enfants. L'ouvrier, né à Louvigny, marié depuis 13 ans, est âgé de 38 ans. Sa femme, née à Louvigny, est âgée de 34 ans. Les trois enfants, dont l'aîné est un garçon, sont âgés de 12, 10 et 6 ans.

Les deux époux professent la religion catholique romaine, mais avec peu de ferveur. Dans cette condition, il n'y a guère que la moitié du nombre des femmes et un quart du nombre des hommes qui pratiquent régulièrement les devoirs religieux. Les naissances d'enfants naturels sont assez communes, et elles ne sont pas toujours légitimées par le mariage. L'ouvrier-agriculteur de cette contrée est d'un caractère indolent. Il ne fait avec énergie, ni le bien, ni le mal. Les rixes sanglantes sont rares; les injures et les actes agressifs donnent toujours lieu à un procès, et il est rare que, dans ces conflits, on ne s'efforce pas de défendre sa cause à l'aide du parjure. La tendance à la duplicité, dans toutes les relations d'intérêt, est très-prononcée; et il est impossible d'obtenir, de l'ouvrier ou du petit propriétaire-agriculteur, une réponse catégorique à la question la plus précise et la plus simple. On remarque trop souvent, chez les ouvriers chefs de famille, une tendance à rechercher les conditions de travail qui leur assurent hors du ménage une nourriture copieuse avec un salaire modique, en laissant la femme et les enfants exposés à un véritable dénûment. Comme compensation à ces traits du caractère manceau, on doit remarquer que toute la population a du respect pour les décisions de la justice, et que la peine de la prison est considérée partout comme un grand déshonneur; que les mœurs des femmes mariées sont généralement pures; que les enfants sont toujours traités par leurs parents avec affection. Ce sont les enfants qui ressentent le moins les privations que la misère impose aux familles les plus pauvres. L'enseignement religieux est donné, à tous les enfants, par le curé et par l'instituteur. Presque tous reçoivent dans l'école, pendant les mois d'hiver, les éléments de l'enseignement primaire. Le trait le plus remarquable des mœurs locales est la propreté exemplaire qui règne dans l'habitation des plus pauvres ménages. Cette propreté des meubles et des vêtements, dans une condition voisine de l'indigence, contraste avec l'état de choses qu'on observe même chez les populations plus aisées de plusieurs autres régions de la France, et surtout de celles de l'Europe orientale. L'ouvrier dont il est spécialement question dans ce précis n'est point, en général, initié aux sentiments de prévoyance et aux habitudes d'épargne. La consommation de la famille n'a d'autres limites que les recettes provenant du travail, les avances faites par le boulanger et les secours dus à la bienveillance des personnes qui se dévouent, dans les moments de détresse, à soulager les souffrances des familles nécessiteuses. Il existe cependant, dans la commune, des ouvriers qui, à force de travail, et surtout en vivant avec la plus stricte économie, sont parvenus à la condition de propriétaires. En outre, une revue attentive du personnel de la commune a démontré que, sur dix ouvriers-agriculteurs pris au hasard dans la catégorie décrite par la présente esquisse, on en trouverait ordinairement trois doués des facultés intellectuelles et des qualités morales nécessaires pour faire fructifier un petit prêt d'argent et pour s'élever ainsi à la condition de propriétaires ruraux. Une expérience directe a prouvé la justesse de ces sortes d'appréciations. Une somme de 300 francs, prêtée sans intérêt par une personne bienfaisante à un ouvrier de cette catégorie, a suffi pour le mettre en voie d'arriver à un certain degré d'aisance. La somme a été ponctuellement remboursée au terme convenu. Le même résultat eût été atteint lors même que l'emprunteur aurait eu à servir un intérêt modéré. Ces sortes d'avances, faites avec discernement et avec la connaissance approfondie du personnel de chaque commune, ont partout le plus complet succès (23). Elles remplaceraient utilement les avantages obtenus ailleurs des biens communaux, si elles étaient faites sur une échelle suffisamment étendue; elles contribueraient à acheminer vers la propriété les ouvriers pauvres qui ont de l'empire sur leurs appétits physiques, et qui possèdent, au moins en germe, le sentiment de la prévoyance.

La constitution physique de la population est bonne; et la contrée est salubre. Le service médical n'est point organisé pour les ouvriers-agriculteurs qui sont placés dans les conditions présentement décrites. Le principal propriétaire de la commune y pourvoit à ses frais, dans les cas les plus graves. Un tel état de choses fait désirer la propagation de l'œuvre bienfaisante qui a pris naissance en Bretagne, dans l'arrondissement de Châteaubriant (Loire-Inférieure). En 1840, le curé d'une commune rurale de ce district, ayant été sauvé, par le concours de deux habiles médecins, d'une maladie grave qui, avec les mêmes symptômes, avait emporté un de ses pauvres paroissiens privé de secours, se dévoua dès lors à créer une association charitable ayant spécialement pour but d'assurer aux indigents les secours médicaux. Les fonds donnés par l'association sont employés à acheter du linge et des objets de literie, et à rétribuer des médecins et des pharmaciens qui, s'associant à la pensée des fondateurs, se contentent du tiers de la rétribution ordinaire. Cette institution, à la fois efficace et peu dispendieuse, s'étend chaque jour avec un succès inespéré. Dans la commune où elle a pris naissance, on a pu, en quatre années, soigner 92 malades indigents avec une dépense, en honoraires, de 185 francs. Dans 15 communes où ce service est organisé, la moyenne de la dépense, par malade traité, ne dépasse pas 2f 58.

Ordinairement l'ouvrier travaille de concert avec les petits agriculteurs qui l'emploient. Ces derniers exercent donc sans difficulté la surveillance qu'exigent les travaux exécutés à la journée, et ils n'ont guère intérêt à provoquer l'introduction du travail à la tâche. A cet égard, d'ailleurs, l'indolence des journaliers manceaux se prêterait difficilement à un changement d'habitudes.

II. Moyens d'existence de la famille.

Immeubles et argent : entièrement étranger aux habitudes d'épargne, l'ouvrier ne possède ni immeubles ni argent. — *Animaux domestiques entretenus seulement une partie de l'année :* 8 oies, d'une valeur moyenne de 2f, entretenues pendant 6 mois : la valeur moyenne calculée pour l'année entière est de 8f 00. — *Matériel spécial des travaux et industries :* outils pour la culture du jardin : 1 pelle en fer, 1 pioche double, 1 fourche en fer, 1 râteau à dents de fer, 17f 00. — *Valeur totale des propriétés,* 25f 00.

La principale subvention, celle qui permet à la famille d'élever ses oies, ne repose que sur la bienveillance ou la tolérance des propriétaires et des fermiers voisins. On remarque que le nombre des oies qu'une famille peut ainsi élever sous ce régime de vaine pâture (22) a diminué depuis 20 ans, soit parce que la population ouvrière augmente sans cesse, soit parce que l'espace qu'on pouvait nommer le domaine de la subvention tend, au contraire, à se restreindre par diverses causes, et surtout par l'établissement de nouvelles clôtures élevées par de petits propriétaires (21). La récolte de bois mort dans une forêt domaniale, située à 5 kilomètres, offre encore une subvention précieuse, fondée sur la tolérance de l'administration forestière plutôt que sur un droit d'usage aussi bien établi que ceux de l'Allemagne (V, II, 18). Chaque jour également cette subvention tend à se restreindre par suite de la mauvaise direction donnée aux règlements forestiers. Enfin, la famille tire encore, à titre gratuit, une ressource utile du ramassage des excréments d'animaux sur la voie publique. Ces matières, réunies au fumier des oies, fournissent l'engrais nécessaire à la culture du jardin. Un certain excédant de fumier est même vendu aux fermiers voisins. L'admission des enfants à l'école communale est autorisée à titre gratuit par décision du conseil municipal, elle peut encore être considérée comme une subvention régulièrement acquise aux familles nécessiteuses. Les secours médicaux sont accordés accidentellement à ces mêmes familles par l'intervention de personnes bienfaisantes.

Travaux de l'ouvrier. — Travail principal : récolte des foins, des céréales et des pommes; battage des grains, transport des fumiers, semailles, façon et curage des fossés, 215 journées, évaluées à 287f 00; — travaux secondaires : construction et entretien des routes, culture du jardin et récolte du bois de chauffage, 45 journées, évaluées à 34f 00. — *Travaux de la femme.* — Travail principal : travaux de ménage, 120 journées; — travaux secondaires : récoltes, lessive du linge et autres travaux moins importants exécutés pour le compte des fermiers ou des propriétaires du voisinage; travaux exécutés pour le compte de la famille : culture du jardin, récolte et transport à dos de fortes charges de bois mort destiné au chauffage domestique, confection de vêtements, filage du chanvre pour les besoins du ménage et pour la vente, 195 journées, évaluées à 100f 00. — Le transport du bois, qui se fait à dos, d'une distance de 5 kilomètres, est pour la femme un service pénible. Il exerce une influence fâcheuse sur sa constitution physique. Cette obligation d'opérer des transports à dos, déjà signalée explicitement pour divers types d'ouvriers (III, III, 8; IV, I, 8), est un des traits les plus fréquents et aussi les plus regrettables de la condition des populations ouvrières de l'Europe occidentale. Elle n'est jamais imposée aux plus pauvres familles du Nord et de l'Orient, qui ont presque toujours à leur disposition un cheval et un chariot (II, IV, 20). — *Travaux des enfants.* — L'enfant aîné est placé comme berger chez un propriétaire voisin. Gages annuels, 102f 00. — Les travaux des enfants de 10 et de 6 ans ont surtout pour objet la conduite des oies au pâturage, la récolte du fumier sur la voie publique, et le concours apporté à la mère pour les travaux de ménage. L'élevage des oies est une des ressources importantes de la famille; il réclame, pendant la belle saison, tout le temps de l'un des jeunes enfants qui, par ce motif, est empêché de suivre, à cette époque, les travaux de l'école, 250 journées, évaluées à 15f 00. — *Industries entreprises par la famille.* — Culture du jardin et élevage des oies. — L'ouvrier achète chaque année, au commencement de mai, 8 oisons; les plus jeunes des enfants les conduisent aux pâturages, sur les voies communales et sur les lisières des propriétés voisines. Au mois d'août, les oies déjà grandes sont plumées vives, et fournissent chacune 2 francs de duvet; en novembre et décembre enfin, elles sont vendues à des entrepreneurs qui les engraissent et les envoient à Paris.

III. Mode d'existence de la famille.

Le régime alimentaire de la famille est un des plus imparfaits qu'on puisse observer en Europe. Pendant l'été, la famille fait quatre repas : déjeuner (cinq heures) : soupe au beurre, au sel, aux légumes et au pain ; — dîner (onze heures) : soupe, comme au déjeuner; pain assaisonné de fromage ou de fruits; — goûter (trois heures et demie): pain assaisonné d'un peu de beurre, de fromage ou de fruits; — souper (sept heures) : soupe, comme au déjeuner et au dîner. — La boisson ordinaire est l'eau; elle est remplacée le dimanche par une boisson légère, dite *poiré,* fabriquée, dans le ménage, avec des poires et beaucoup d'eau. Ce même poiré sert aussi à préparer le vinaigre destiné à l'assaisonnement de la salade. Pendant l'hiver, les repas sont réduits à trois.

On ne mange de viande, dans le ménage, que le mardi gras et le jour de la fête patronale. La nourriture de l'ouvrier et de sa femme devient plus abondante et un peu plus succulente lorsqu'ils sont nourris par les fermiers qui les emploient. Chaque dimanche, la soupe est faite alors avec du lard, et on accorde à discrétion une boisson, dite *cidre*, fabriquée avec du jus de pommes. Pendant les 30 jours consacrés aux récoltes, l'ouvrier employé par les fermiers mange, chaque semaine, trois fois de la soupe au lard, avec environ un demi-kilogramme de lard, et il boit environ 4 litres de cidre par jour. Les journées de travail pendant lesquelles l'ouvrier prend sa nourriture et trouve un véritable bien-être en dehors du ménage, en ne recevant qu'un salaire médiocre (50 cent. par journée), sont un temps de pénurie et de privations pour la femme et les enfants retenus au logis faute d'occupations. La tendance qu'a l'ouvrier à rechercher ce genre de contrat, qui le soustrait aux privations de la vie commune, est souvent une cause de dissensions domestiques. Ce trait de mœurs, qui devient commun chez certains ouvriers de l'Europe occidentale, est l'un des détails qui permettent le mieux d'apprécier le niveau moral où ces ouvriers sont maintenant tombés. Les enfants placés en service chez les fermiers reçoivent, comme tous les ouvriers domestiques et les journaliers, la même nourriture que la famille même du fermier. Cette nourriture se prend à une table commune; cependant, on commence à remarquer, chez les petits propriétaires et chez les fermiers les plus aisés, une tendance à prendre des repas séparés et une nourriture plus choisie.

La famille habite une chaumière composée d'un rez-de-chaussée de deux pièces, et placée dans un petit enclos avec l'appentis des oies, une petite cour et le jardin. La maison et le pauvre mobilier de la famille sont tenus avec un luxe de propreté qu'on a rarement l'occasion d'observer dans les autres régions de l'Europe. Chaque jour, la table, l'armoire, les chaises et les bois de lit sont cirés avec un soin minutieux. Une grande partie des ustensiles, assiettes, écuelles, tasses, fourchettes et cuillers, désignés dans le pays par le nom de *Cochelin*, a été donnée au ménage, selon l'usage du pays, le jour du mariage, par le parrain et la marraine. Le mobilier et les vêtements ont une valeur approximative de 303 francs.— *Meubles :* 1 bois de lit pour les deux époux, 1 matelas de plume, 1 paillasse,1 traversin, 1 couverture de laine, 2 bois de lit pour enfants avec garnitures, 1 table, 5 chaises, 1 armoire de noyer, 1 dressoir à vaisselle, 1 huche à farine, 195f 00. — *Ustensiles :* 1 chaudière et 1 marmite en fonte, 1 poêle à frire en fer battu, assiettes et écuelles en terre vernissée, tasses à boire, fourchettes en fer étamé, cuillers d'étain, 1 paire de chenets en fonte, pelle, pincettes, crémaillère, 1 rouet à filer, 40f 00. — *Linge de ménage :* 2 paires de draps en toile de chanvre, 18f 00. — *Vêtements :* ils sont insuffisants dans l'hiver et témoignent d'un véritable état de pénurie. — Vêtements de l'ouvrier : vêtements du dimanche : 1 veste en drap grossier; 1 veste, 1 gilet et 1 pantalon en étoffe de coton ; 1 cravate en coton imprimé, 1 mouchoir de poche, 1 paire de souliers, 2 paires de guêtres, 1 chapeau de feutre, 11f 00 ; — vêtements de travail : vieux vêtements du dimanche ; 1 blouse, 1 gilet et 1 pantalon en étoffe de coton ; 2 paires de sabots, 3 chemises, 10f 00. — Vêtements de la femme : vêtements du dimanche : 1 robe, 1 tablier et 1 fichu d'indienne ; 1 jupon de calicot, 1 corset, 1 mouchoir de poche, 2 paires de bas de laine (hiver) et de coton (été), 2 coiffes, 11f 00 ; — vêtements de travail : vieux vêtements du dimanche, 4 chemises, 3 paires de bas, 2 mouchoirs de poche, 2 paires de sabots avec chaussons, 8f 00. — Vêtements des enfants : confectionnés en majeure partie avec les vieux vêtements des parents, 10f 00. — *Valeur totale,* 303f 00.

La principale récréation de l'ouvrier est la consommation du café, du vin et de l'eau-de-vie, dans les cabarets du village et dans ceux des villages voisins, où il aime à se rendre les jours de foires et de marchés. Les femmes, qui n'ont, en général, aucun penchant pour l'usage des boissons spiritueuses, ont trop peu d'influence pour réprimer chez leurs maris une tendance qui est souvent la principale cause des privations de la famille. Le jeu de boules et le tir au fusil sont la récréation des ouvriers aisés et des petits fermiers, et sont ordinairement l'occasion d'une dépense de cabaret. Les récréations favorites des femmes sont les veillées d'hiver : 12 à 15 voisines se cotisent pour louer et éclairer en commun un local où elles se réunissent chaque soir après le souper, de 8 heures à 11 heures. Elles choisissent de préférence une cave, que sa disposition souterraine préserve contre le froid, et où chaque membre de la société se chauffe avec un peu de braise contenue dans un petit vase de terre. Là, on file le chanvre en causant ou en écoutant des histoires qui, pour la plupart, se rapportent à des « revenants », c'est-à-dire à des événements de l'ordre surnaturel. Les veillées réunissent ordinairement des jeunes gens des deux sexes, et déterminent souvent des mariages. On ne prend guère le plaisir de la danse qu'à l'occasion d'une noce. Une ou deux fois par an, toute la famille se rend à une foire voisine où elle est reçue par des amis ou des parents. Cette politesse est rendue à ces derniers par la famille, dans l'une des fêtes qui ont lieu dans le village de Louvigny.

IV. Histoire de la famille.

Les enfants, élevés avec toute la sollicitude que comporte la pénurie qui règne trop souvent dans les familles, font, en général, leur première communion, les filles à l'âge de 9 ou 10 ans, les garçons à l'âge de 10 ou 11 ans, trop tôt, par conséquent, pour que cet acte religieux développe à un degré suffisant les sentiments moraux. Ils sont immédiatement placés en service chez un propriétaire ou chez un fermier en qualité de berger. Ceux qui, devenus adultes, ne se fixent pas en qualité d'ouvriers-domestiques dans l'exploitation où ils ont d'abord été attachés prennent, à l'exemple de leurs parents, la profession de journalier-agriculteur. Vers l'âge de 22 à 25 ans, les jeunes ouvriers se marient, en se formant un petit mobilier, en partie avec les dons des parents et des parrains, en partie avec les faibles économies qu'ils ont pu faire. Ils se trouvent alors placés dans les conditions où est parvenue la famille présentement décrite. Grâce à l'heureuse influence des travaux agricoles et à la salubrité des lieux, et nonobstant l'imperfection du régime alimentaire, la vie des ouvriers, celle de la femme surtout, se prolonge souvent jusqu'à une vieillesse avancée. Les vieux ouvriers sont soutenus par leurs enfants; parfois aussi ils sont assistés par les propriétaires ou les fermiers pour lesquels ils ont travaillé.

V. Budget domestique annuel et avenir de la famille.

Recettes de la famille. — Revenus des propriétés, 1f 00; — produits des subventions, 28f 00; — salaires, 537f 00; — bénéfices des industries, 32f 00. — *Total des recettes*, 598f 00.

Dépenses de la famille. — Nourriture, 436f 00; — habitation, 59f 00; — vêtements, 80f 00; — besoins moraux, récréations et service de santé, 20f 00; — industries, dettes, impôts et assurances, 3f 00. — *Total des dépenses*, 598f 00.

La famille qui est décrite dans le présent résumé appartient à une catégorie trop nombreuse en France : elle n'a guère trouvé des garanties nouvelles de sécurité et de bien-être dans les changements qui se sont opérés depuis la fin du siècle dernier; et elle a perdu, en partie, celles que lui assuraient les anciennes mœurs nationales. Dépourvues de l'esprit de prévoyance, sans empire sur leurs appétits physiques, incapables de se suffire à elles-mêmes dans les circonstances difficiles qu'amène le cours naturel des existences, les familles descendues à ce niveau intellectuel et moral n'ont pu s'élever à la propriété comme l'ont fait, à la faveur des nouvelles institutions, les individualités plus heureusement douées. La formation d'une classe nombreuse de petits propriétaires, en donnant plus de valeur au sol, en multipliant les clôtures et en réduisant les espaces précédemment consacrés à la vaine pâture, a même eu pour résultat de diminuer les ressources que les journaliers-agriculteurs tiraient autrefois de l'élevage des oies. Dans cette localité, l'existence de ces familles devient chaque jour plus difficile par suite de l'accroissement de la population; en raison de l'établissement de filatures mécaniques qui tarissent, pour les femmes des campagnes, les moyens de travail qu'offrait autrefois le filage à la main; enfin par suite des restrictions journellement apportées aux droits d'usage établis sur les forêts domaniales. En attendant que de nouvelles combinaisons économiques, et entre autres l'établissement d'un système régulier d'émigration, mettent fin à des embarras qui ne peuvent être que momentanés, il serait à désirer que l'on conservât, autant que possible, à cette classe de journaliers, les garanties de sécurité qu'ils trouvaient autrefois dans la grande propriété, dans les subventions forestières, et, en général, dans les habitudes de l'ancienne économie nationale. A. DE SAINT-LÉGER.

§ 21.

COMMENT SE RESTREIGNENT LES SUBVENTIONS ACCORDÉES AUX POPULATIONS PAUVRES DES CAMPAGNES DU MAINE.

Les productions spontanées que récoltent à titre gratuit les ouvriers français décrits dans ce volume sont beaucoup moins abondantes que celles dont disposent les types analogues de l'Orient et du Nord. L'étude comparée des diverses régions de l'Europe démontre que la diminution progressive de cette classe de subventions est d'autant plus marquée qu'on se rapproche davantage des rivages de la Manche et de l'Atlantique. Cette diminution est une des circonstances les plus graves dont puissent se préoccuper les personnes ayant la tutelle morale des populations. Elle doit être attribuée à une série de causes qu'on ne saurait étudier avec trop de soin, et qu'on peut résumer dans les termes suivants :

1° Les ventes de propriétés ayant lieu pour cause de partage entre les héritiers, à la mort de l'ancien propriétaire, ont ordinairement pour conséquence d'introduire dans le pays un étranger, qui, ne tenant pas compte des coutumes sur lesquelles les subventions reposent, revendique les droits de propriété tels que le Code civil les établit, et dépossède les usagers (IV, VII, 21).

2° Si les vertus de la petite propriété se sont développées dans la localité, si, en conséquence, les anciens domaines peuvent être subdivisés en parcelles à la mort des propriétaires, le bien-être des usagers pauvres est encore plus sérieusement compromis. Les nouveaux propriétaires, dont le succès repose précisément sur la parcimonie et sur l'amour du gain, apportent, en général, dans la jouissance de leurs nouveaux droits, une âpreté que rien ne peut désarmer. Une surveillance de chaque instant et l'établissement de nouvelles clôtures viennent immédiatement priver le pauvre des droits qui lui étaient acquis. C'est à ces derniers motifs qu'il faut surtout attribuer la diminution constatée depuis 20 ans, dans le Maine, sur le nombre des oies que peut élever chaque année une famille de journaliers. Les représentants de la petite et de la moyenne propriété poussent même parfois l'avidité jusqu'à dépouiller les journaliers, possesseurs de quelques parcelles de terre, de leur droit le plus légitime. Abusant de leur influence dans les conseils municipaux, ils organisent la vaine pâture (22) ou le parcours dans des conditions telles que les pauvres journaliers, qu'ils nomment « *petites gens* », ne puissent profiter, en proportion de leur part de propriété, des avantages de l'institution. Ainsi se constitue une aristocratie de bas étage, pesant sur la classe inférieure plus lourdement peut-être que ne l'ont fait les plus mauvaises influences de l'ancien régime.

3° Le fléau de l'absentéisme, qui a été l'une des principales causes de la désorganisation de l'ancienne société française (IV, VII, 20), se fait encore sentir aujourd'hui. Ce mal est entretenu, non plus, comme sous l'ancien régime, par l'influence de la cour, qui éloignait de leur résidence héréditaire les familles les plus riches, mais bien par des habitudes nouvelles qui se rattachent à la possession de la terre, et qui se développent de plus en plus. Le mode de transmission des biens imprimant au sol une mobilité extrême, beaucoup de capitalistes sont conduits à acquérir des propriétés agricoles à titre de simple placement, et sans contracter, avec les populations vouées à la culture, aucune des relations qui, dans les bonnes organisations rurales, sont le principal lien entre les classes extrêmes. La nouvelle constitution sociale présente donc les mêmes inconvénients que l'ancienne, nonobstant la diversité des situations. La partie la plus intelligente et la plus influente de la population, parvenue par le travail à la grande propriété agricole, n'exerce souvent aucun patronage sur les populations attachées à la culture.

4° Enfin, les inconvénients qui, sous ces divers rapports, se présentent dans la propriété foncière, se font sentir d'une manière plus grave encore dans les forêts qui, par toute l'Europe, fournissent aux populations les subventions les plus utiles et les plus variées (V, II, 18). Les subventions s'y amoindrissent sans cesse : en premier lieu, parce que les forêts elles-mêmes se détruisent à chaque génération, à chaque mutation, par des coupes anticipées, par la destruction des dernières futaies qu'avait créées la prévoyance des derniers siècles et par des défrichements opérés sous l'influence de l'intérêt momentané du propriétaire; en second lieu, parce que l'antagonisme qu'on a laissé développer entre les propriétaires de forêts et les propriétaires des usines métallurgiques, contrairement aux principes adoptés dans les régions stables de l'Europe et à l'esprit même des lois françaises, désorganise en ce moment la propriété forestière (V, VI, 22); en troisième lieu, parce que l'administration domaniale des forêts, s'occupant exclusivement de l'intérêt financier qui lui est confié, renchérit ordinairement, par sa tendance à restreindre les droits d'usage, sur celle des propriétaires particuliers. Les privations imposées par la diminution incessante du domaine des subventions sont vivement ressenties par les populations pauvres des campagnes. Elles ont en partie provoqué les agitations qui se sont manifestées, dans ces derniers temps, parmi ces populations.

§ 22.

AVANTAGES ET INCONVÉNIENTS DE LA VAINE PATURE.

On nomme « *vaine pâture* » la coutume qui autorise des propriétaires-cultivateurs à nourrir leurs animaux domestiques au moyen d'herbe broutée sur des propriétés voisines appartenant à d'autres particuliers. Tantôt ce droit s'exerce exclusivement au profit d'habitants pauvres. Ce cas, encore fort commun en France, présente plus ou moins le caractère d'un bienfait accordé par tolérance (V, VI, 7). Tantôt, au contraire, le droit en question s'exerce entre de petits propriétaires plus ou moins aisés et de condition analogue, participant à peu près au même degré aux avantages et aux inconvénients de l'institution. C'est ce dernier cas qu'ont eu surtout en vue les lois qui règlent en France le régime de la vaine pâture.

Cette institution est ordinairement en vigueur dans de grandes plaines où le sol est morcelé à l'infini par le principe de la division, par portions égales, entre cohéritiers. Dans beaucoup de contrées, le morcellement est même poussé beaucoup au delà de ce qu'exigerait l'application intelligente de ce principe, parce que souvent, pour éviter toute chance de mécompte, les cohéritiers tiennent, non pas seulement à se partager la terre par groupes de parcelles d'égale valeur, mais bien à partager matériellement chaque parcelle, même à la condition de rendre impossible la culture à la charrue. Dans cette organisation, il arrive souvent qu'un petit propriétaire possède, sous forme de cent parcelles distribuées sur toute la surface de la commune, la quantité de terre qui suffit à peine pour occuper toute l'activité de sa famille. Poussée jusqu'à ces limites, la division du sol implique la négation de presque tous les avantages inhérents à la propriété territoriale. Le propriétaire ne peut, ni l'enclore, ni l'enrichir par des plantations. Il ne peut y pénétrer qu'en passant sur les propriétés de ses voisins, et il est à son tour soumis, au profit de ces derniers, aux mêmes servitudes. Ne pouvant, par les mêmes motifs, organiser sur ses propres parcelles un système particulier de pâturage, il est obligé de renoncer, sur ce point, au principe de la propriété individuelle, et de se concerter avec ses voisins pour assurer la subsistance des troupeaux dans le régime de l'indivision. Les animaux sont ordinairement réunis sous la direction d'un berger commun qui les conduit successivement sur toutes les parties du territoire, sans avoir égard aux subdivisions, qui ne sont maintenues que pour la culture des céréales.

Frappé des inconvénients que présente ce régime et des obstacles qu'il oppose à l'adoption de toute culture perfectionnée, le législateur a autorisé chaque propriétaire à se soustraire aux inconvénients de la vaine pâture en établissant des clôtures et des fossés, et en cultivant des plantes fourragères dont l'existence, même en l'absence de toute clôture, doit défendre, en principe, le sol contre le parcours du troupeau commun. Mais cette faculté est illusoire dans les localités, fort nombreuses en France, où le morcellement a été poussé jusqu'aux limites extrêmes qu'on vient d'indiquer. En fait, dans les régions de la France soumises à ce régime, l'agriculture s'est à peine élevée au-dessus de la situation qu'on observe de nos jours dans les contrées les plus arriérées de l'empire russe. On n'y voit encore que l'antique assolement triennal, comprenant la succession d'un grain d'automne, d'un grain de printemps et d'une jachère. Cette organisation, si défavorable au progrès de la culture, offre, à la vérité, aux habitants les moins aisés quelques avantages spéciaux. Elle permet à ceux qui sont dépourvus de terre, ou qui n'en possèdent qu'une quantité insignifiante, d'entretenir quelques animaux domestiques. Sous ce rapport, la vaine pâture offre à ces derniers des avantages analogues à ceux qui dérivent de la jouissance des biens communaux et d'une exploitation confiée à un berger commun. Mais cette classe même de la population est profondément lésée par une organisation qui s'oppose à l'introduction de toute culture perfectionnée, des plantes sarclées par exemple, pouvant donner emploi à un supplément considérable de main-d'œuvre.

Les administrateurs les plus intelligents ne se sont pas seulement appliqués à restreindre les inconvénients de la vaine pâture; ils ont, en outre, cherché à supprimer une institution qui annule presque la force productive des régions où elle est en vigueur. Si leurs efforts n'ont point abouti, jusqu'à ce jour, à un résultat pratique, c'est que, d'une part, on est trop porté, en France, à promulguer des lois sans pourvoir à leur exécution; et que, de l'autre, on n'a pas assez analysé les causes qui, jusqu'à ce jour, rendent indispensable, pour certaines contrées, l'institution de la vaine pâture. Partout où subsistera le morcellement poussé jusqu'à ses dernières limites, la possession des troupeaux de moutons sera nécessairement subordonnée à la conservation de la vaine pâture. Pour détruire celle-ci, il faudrait donc préalablement, comme l'ont fait plusieurs communes allemandes, sous l'habile direction des gouvernements, répartir à nouveau la possession du sol d'une manière plus rationnelle entre les propriétaires actuels. Les avantages d'une telle réforme sont évidents : le calcul et l'expérience démontrent que la culture d'un seul lot de terre exige moins de temps et de dépenses que celle d'une même surface disséminée en cent parcelles sur un territoire étendu. Le groupement des parcelles est avantageux aux cultivateurs, non-seulement en raison de cette réduction sur les frais de culture, mais parce qu'il peut seul se prêter à l'abolition de la vaine pâture et à l'adoption d'une culture perfectionnée. Les objections opposées à cette réforme ne peuvent se trouver dans l'attachement qu'auraient les propriétaires pour leurs parcelles. Les faits prouvent, en effet, que le sentiment si respectable de l'appropriation disparaît complétement aux limites de morcellement qui ne comportent plus l'établissement de clôtures, ni de plantations. Ces objections seraient levées, le jour où une administration intelligente, à l'exemple des gouvernements de la Saxe (IV, II, 21) et du Nassau, exciterait les populations à adopter un meilleur régime, et mettrait à leur disposition des agents honnêtes, capables d'effectuer, avec le contrôle des intéressés, une nouvelle répartition du sol.

La portée de cette réforme serait presque incalculable pour certaines régions de la France, condamnées aujourd'hui à l'immobilité en présence des progrès agricoles de l'Angleterre et de l'Allemagne. Elle deviendrait plus féconde encore, et les résultats en seraient plus durables, si la loi, cessant de contrarier les tendances individuelles, attribuait dorénavant au père de famille le droit qui lui est acquis dans la majeure partie du monde civilisé, c'est-à-dire la faculté d'assurer après sa mort la conservation des unités ainsi constituées, selon les convenances de la famille et les exigences de l'agriculture.

§ 23.

COUTUMES ADOPTÉES EN EUROPE TOUCHANT LES INSTITUTIONS DE CRÉDIT DES POPULATIONS RURALES.

On a beaucoup insisté, dans ces derniers temps, sur la convenance de développer, en Occident, des institutions de crédit appropriées aux convenances des populations rurales; mais l'observation nous a rarement permis de constater la justesse des opinions émises à ce sujet. Souvent, au contraire, il nous a été démontré que ces institutions ne pouvaient s'étendre utilement en dehors de limites fort étroites; et qu'en somme les personnes préoccupées du bien-être de ces populations devaient, dans la plupart des cas, employer leur influence à fermer, autant que possible, la voie des emprunts. L'étude méthodique des coutumes adoptées, à cet égard, dans les diverses contrées de l'Europe aurait une grande utilité. Elle mettrait en garde contre de dangereuses innovations beaucoup de personnes qui, en cette grave matière, pourraient être égarées par leurs bonnes intentions. En Russie, où l'abondance du sol disponible permet ordinairement d'attribuer une exploitation agricole à tous les chefs de maison, les seigneurs admettent que leur devoir est de les doter, sans intervention d'aucun compte d'intérêts, de tous les éléments de cette exploitation. Les paysans ne sont donc jamais dans le cas de recourir au crédit pour se procurer les moyens de travail. Mais la tendance aux emprunts, neutralisée par cette sollicitude, se fait jour dans une autre direction chez des populations imprévoyantes, ayant une grande propension aux jouissances matérielles. Les chefs de familles qui ne contractent pas de dettes sont relativement rares. Pour la plupart des familles, la considération se mesure ordinairement au montant de la dette qu'il est permis de contracter chez l'épicier, le cabaretier ou le colporteur. Cette tendance, toutefois, est retenue dans de justes limites, en premier lieu, par le droit seigneurial qui garantit de toute aliénation les biens des paysans; en second lieu, par le régime patriarcal qui soumet les jeunes ménages au contrôle et à la direction de chefs de maison plus expérimentés et plus retenus dans leurs dépenses. En résumé, dans le système russe, la tendance aux emprunts, très-prononcée chez la plupart des paysans, se trouve réprimée à la fois par l'administration seigneuriale et par l'organisation de la famille. D'ailleurs, le principe même de la propriété, qui exclut formellement le système hypothécaire, rend naturellement les prêteurs fort réservés dans les manœuvres au moyen desquelles ils exploitent l'imprévoyance ou les vices des populations rurales.

Dans l'Europe occidentale, où l'initiative individuelle est plus prononcée qu'en Orient, où cependant toutes les familles ne savent point encore user avec discernement de leur libre arbitre, il existe une multitude de coutumes qui, avec des formes moins directes, tendent à restreindre, autant que possible, chez les paysans, la propension aux emprunts. Le moyen le plus efficace auquel on ait recours pour les en détourner consiste à maintenir parmi eux la transmission intégrale des héritages (IV, IX, 17). Sous ce régime, en effet, les paysans, recevant libres de toutes charges la propriété, les bestiaux et les instruments de travail nécessaires à l'entretien d'une famille, n'ont aucun motif de recourir à l'emprunt pour exercer leur industrie. A dater du moment où il dispose du bien paternel, chaque chef de maison consacre ses bénéfices à former le capital réclamé par l'établissement de ceux de ses enfants qui ne sont point appelés à lui succéder. Diverses influences se réunissent ordinairement pour assurer la possession du bien de famille à celui qui est le plus capable d'y perpétuer les bonnes traditions, d'établir ceux qui doivent quitter la maison paternelle dans la classe des artisans, ou de leur fournir les moyens de se créer une carrière dans le commerce, dans l'armée et dans les colonies (III, IV, 19). Cette organisation sociale repose parfois sur le droit de primogéniture. Elle se concilie aussi bien avec le principe de l'égalité entre les enfants issus d'un même sang : dans ce dernier cas, le mécanisme économique consiste essentiellement à prélever, non sur le capital de la propriété, mais sur les produits qu'on en obtient annuellement, la dot des enfants qui ne doivent pas s'y établir. Partout où ce régime est en vigueur, le législateur, sans nuire à aucun intérêt, a pu restreindre considérablement le système hypothécaire. Les institutions économiques et les habitudes sociales tendent d'ailleurs, pour la plupart, vers le même but. On ne saurait trop recommander l'étude de celles qui règnent, par exemple, en Norvége, en Danemark, dans le Mecklembourg, le Hanovre et la Westphalie, dans les cantons allemands de la Suisse, et, en général, dans les contrées d'Europe où la petite propriété est organisée sur les bases les plus stables.

Considéré d'une manière absolue, le droit d'emprunter, de même que toute autre liberté, est utile à ceux qui sont capables d'en user avec discernement. Il est, par conséquent, dans la nature des choses que ce droit s'étende à mesure que les mœurs se perfectionnent. Néanmoins, en Occident comme en Orient, la classe chargée du patronage des populations rurales doit, presque toujours, s'employer, dans la pratique, à restreindre l'exercice de ce droit plutôt qu'à le développer. En France, elle a surtout à combattre les influences exploitant insidieusement l'entraînement irréfléchi que provoque la loi des successions. En effet, dans les districts ruraux où la population obéit, dans son développement, aux lois naturelles, les unités agricoles se divisent matériellement, à chaque génération, en nombreuses parcelles, sous la pression de cette loi. Ce régime attribue la propriété territoriale à une multitude de personnes incapables de l'exploiter avec discernement et qui n'eussent point été pourvues de cette manière, si les pères de famille avaient eu le pouvoir de distribuer leur héritage conformément aux aptitudes diverses de leurs enfants. Élevés ainsi à la propriété par le fatalisme de la loi, ne recevant que des lambeaux de l'unité agricole constituée par les parents, les héritiers se trouvent naturellement excités à reconstituer, dans d'onéreuses conditions et au moyen de l'emprunt, des unités nouvelles. Mais la plupart, ayant tout au plus l'aptitude nécessaire pour conduire une exploitation conformément à des traditions établies, échouent, presque toujours, dans ces tentatives d'organisation. La majorité descend peu à peu à la condition de propriétaires indigents, qui caractérise en quelque sorte les populations soumises au régime des partages forcés, ou, tout au moins, à cette situation gênée où le paysan, en proie aux usuriers, n'a plus qu'en apparence la qualité de propriétaire. La propriété se trouve également grevée lorsque les héritiers ont assez d'intelligence pour en assurer la possession intégrale à l'un d'eux, tenu de payer aux autres une soulte en argent. Il arrive donc en fait que, partout où les populations rurales se multiplient, les dots se prélèvent, par voie d'emprunt, sur le capital même de la propriété, au lieu de se constituer peu à peu avec les produits. C'est sous ces influences surtout que la dette hypothécaire s'est développée, avec des proportions excessives, dans quelques districts ruraux de la France. Il est chimérique d'espérer que l'on puisse remédier à ce vice radical de la condition actuelle des paysans par une meilleure organisation du crédit. Il est même vrai de dire que toute facilité nouvelle apportée au système actuel d'emprunt aggravera le mal au lieu de l'atténuer.

Cependant, les faits observés dans le Maine (20) prouvent que des prêts d'argent, judicieusement faits par des personnes bienfaisantes, favorisent l'essor de cette catégorie, relativement peu nombreuse, de la population, qui peut exploiter un capital avec discernement. La propagation de ces systèmes de prêt serait certainement l'une des formes les plus fécondes du patronage qui tend à se reconstituer en Occident, dans les conditions appropriées aux exigences de la liberté individuelle. L'étude de la société américaine, où l'organisation du patronage est liée si intimement à celle des banques locales, fournirait, à cet égard, des enseignements utiles, et signalerait le but qu'on pourra se proposer en France quand les aptitudes de la classe supérieure se seront convenablement modifiées. D'un autre côté, les tentatives faites, dès à présent, par beaucoup de personnes vivant au milieu des populations rurales, indiquent déjà un point de départ conforme aux habitudes de notre société.

CHAPITRE IV

BORDIER-VIGNERON

DE L'AUNIS (FRANCE)

OUVRIER-PROPRIÉTAIRE

dans le système du travail sans engagements,

D'APRÈS LES RENSEIGNEMENTS RECUEILLIS SUR LES LIEUX,
DE 1858 A 1860,

PAR M. P. A. TOUSSAINT.

OBSERVATIONS PRÉLIMINAIRES

DÉFINISSANT LA CONDITION DES DIVERS MEMBRES DE LA FAMILLE.

Définition du lieu, de l'organisation industrielle et de la famille.

§ 1.

ÉTAT DU SOL, DE L'INDUSTRIE ET DE LA POPULATION.

La famille habite le village de la Genillière, commune de l'Houmeau, arrondissement de la Rochelle, à 5 kilomètres de cette ville. La commune faisait autrefois partie de l'Aunis, pays dont l'étendue superficielle était d'environ 154,200 hectares, et qui a été réuni en 1790 à une partie de la Saintonge et de l'Angoumois pour former le département de la Charente-Inférieure. La commune est située sur le bord de la mer, en vue de l'île de Ré, qui est séparée du continent par un canal de 4 kilomètres de largeur. Le terrain qui constitue le sol du pays a pour base les argiles et les sables tertiaires du Bordelais. Il est dominé par des coteaux ou de petits plateaux de nature crayeuse. C'est sur un tuf également crayeux que reposent les terres dites de « Varennes » et de « Groix », qui sont très-favorables à la culture de la vigne (18). Les seules plaines de quelque importance que l'on remarque dans cette contrée se trouvent sur le littoral et ne sont que des atterrissements de la mer, laissés à l'état de marais au-dessous du niveau des hautes eaux. Mais ces plaines étant pour la plupart endiguées, plus ou moins desséchées, sont cultivées en prairies ou exploitées à l'état de marais salants. Les terres hautes sont généralement cultivées en vignes.

La superficie de la commune de l'Houmeau est de 420 hectares; le cadastre se résume dans les chiffres suivants :

Terres labourables	247	hectares
Vignes	106	—
Prés, bois, vergers, pépinières et jardins	16	—
Terrain vague sur le bord de la mer	20	—
Marais salants	6	—
Propriétés bâties	4	—
Routes, chemins et rues	17	—
Cours d'eau	1	—
Forêts, domaines non productifs	3	—
Total	420	hectares.

Le havre du Plomb, qui se trouve dans cette commune, était, dès le XIe siècle, très-fréquenté par les bâtiments du commerce, qui venaient faire de l'eau à la fontaine de Grimault. Sous le règne de Louis XIV, on eut l'idée de faire de ce havre un port de guerre, mais ce projet fut abandonné. Ce chenal deviendrait pourtant, sans trop de dépenses, un excellent port de refuge pour les navires surpris par les gros temps. Aujourd'hui, le chenal sert à alimenter quelques marais salants, mais il est souvent obstrué par les cailloux que la grosse mer y jette. La culture de la vigne occupe le premier rang parmi les industries locales; viennent ensuite la culture des céréales (19), l'exploitation des parcs d'huîtres et des marais salants (21), la pêche des poissons et des coquillages (20). La population de la commune se compose de 420 habitants, la plupart cultivateurs-vignerons. On n'y compte qu'un maréchal ferrant, un marchand épicier, un cabaretier, un boulanger, un négociant propriétaire distillateur d'eaux-de-vie, et faisant en outre le commerce de grains. Un bureau de tabac s'est établi depuis peu dans la commune. Il y existe deux moulins à vent. Un poste de douane est installé près des marais salants; il est chargé du service de la côte. La commune a une foire qui se tient le troisième samedi du mois de mai. Elle est très-fréquentée par les habitants des communes voisines et par ceux de La Rochelle, qui s'y rendent en partie de plaisir.

Le climat de l'Aunis, comme celui de tous les rivages occidentaux de la France, est à l'abri des termes extrêmes du chaud et du froid. L'un de ses principaux avantages est d'être rarement désolé par les sécheresses prolongées qui sont fréquentes à l'Est et au Midi. Ces rivages sont redevables de ce bien au courant marin du *Gulf-stream*, dont l'influence a été signalée pour plusieurs autres régions de l'Europe (III, In. 6; IV, VII, 13). Les émanations chaudes et humides du courant sont transmises aux cultures par les vents d'Ouest qui prédominent sur la côte et les îles pendant la majeure partie de l'année. Le courant lui-même semble contribuer, par une action directe, à fournir aux habitants du littoral des moyens de subsistance. Par les causes déjà indiquées (III, In. 6), il apporte des matières alimentaires aux poissons et spécialement aux sardines sur les rivages compris entre les finistères de France et d'Espagne, il favorise la multiplication rapide des huîtres et des autres mollusques qui sous le nom générique de « coquillages » apportent un contingent précieux à la nourriture de la localité décrite.

§ 2.

ÉTAT CIVIL DE LA FAMILLE.

La famille comprend quatre personnes, savoir :

1. ANTOINE F***, chef de famille, né à L'Houmeau (Charente-Inférieure), marié en secondes noces depuis 15 ans .... 58 ans.
2. MARIE P***, sa femme, née à Monsidon (Charente-Inférieure) .... 50 —
3. Étienne F***, leur fils unique, né à la Genillière .... 13 —
4. Anne P***, mère de la femme, née à Monsidon .... 70 —

L'ouvrier avait eu un enfant de son premier mariage, contracté 13 ans avant son second. Cet enfant ne vécut que quelques années. La première femme de l'ouvrier, d'un caractère très-doux, mourut peu de temps après la mort de son fils, du chagrin que lui causait l'inconduite de son mari.

§ 3.

RELIGION ET HABITUDES MORALES.

La famille appartient à la religion catholique romaine, qui est celle de la majorité des populations du département de la Charente-Inférieure. On n'y compte plus aujourd'hui que 16,000 protestants; autrefois le nombre en était plus considérable; mais la révocation de l'édit de Nantes a fait émigrer la plus grande partie des huguenots à l'étranger. Les deux époux ne pratiquent leur religion qu'accidentellement et extérieurement. L'ouvrier, né de parents sans instruction et sans foi religieuse, n'a reçu d'eux aucune notion de morale : aussi ne parle-t-il de la religion que pour la décrier et la tourner en ridicule. La femme vit dans le même état de complète indifférence et d'ignorance volontaire. Ces sentiments sont partagés par la majorité des habitants des communes voisines (22). Ils croient encore aux sorciers, aux fées, aux sorts jetés sur les hommes et sur les animaux, aux loups-garous, et à une foule d'autres superstitions. Tous se soumettent, quelques-uns avec répugnance, aux cérémonies du baptême. Les enfants font leur première communion à un âge où, ne pouvant être encore assez instruits, cet acte n'a sur eux aucune influence morale, d'autant qu'ils vivent au milieu de parents qui ne leur donnent pas le bon exemple. Ces derniers, en général, considèrent les préparations nécessaires à ce grand acte comme une charge et un dérangement. Souvent même, quand l'enseignement préliminaire se prolonge plus qu'il ne leur convient, ils menacent le prêtre de retirer leurs enfants du catéchisme s'il ne consent à les débarrasser au plus tôt. Ils essaient quelquefois d'employer l'autorité des magistrats pour exercer une sorte de pression sur le prêtre et hâter la clôture de l'enseignement. Parfois aussi ils se rendent dans une paroisse voisine où ils espèrent rencontrer plus de facilité à s'acquitter d'un devoir qu'ils trouvent aussi lourd. Ce qui les pousse à agir ainsi, c'est le désir qu'ils ont de faire travailler leurs enfants le plus tôt possible, et de les avoir moins longtemps à leur charge.

Cette indifférence en matière religieuse a pu être aggravée par l'absence, pendant 60 ans, de tout ministre du culte dans la commune, qui n'était visitée qu'à de rares intervalles par un prêtre des environs. Aujourd'hui, succursale d'une paroisse voisine, la commune a son église desservie par un chapelain, et depuis lors on remarque un certain adoucissement dans les mœurs de la population (22). Le défaut de croyances religieuses a eu dans cette commune de funestes résultats. Les liens de famille se sont relâchés à ce point que les parents n'ont d'affection pour leurs enfants que lorsque ceux-ci sont en bas âge. Ces derniers, de leur côté, perdent en grandissant tout sentiment filial ; quelques-uns même voient sans regret s'approcher le moment où ils pourront partager le patrimoine ou cesser de payer la rente viagère à laquelle le plus souvent la loi les a contraints. Une autre conséquence de l'indifférence religieuse, c'est l'antagonisme qui s'est élevé entre les diverses classes de la société. Les maîtres, et indistinctement toutes les classes dirigeantes, sont craints plutôt qu'aimés de leurs subordonnés, à moins qu'ils ne coopèrent sensiblement au bien-être matériel de ces derniers; et encore, dans ce cas, la reconnaissance qu'ils inspirent est-elle toujours entourée d'une certaine méfiance. Les subalternes croient généralement que des sacrifices onéreux seront exigés en échange du bien qu'on leur fera. Le communisme serait de leur goût. Le patriotisme ne leur fait pas défaut, mais ce n'est chez eux qu'un sentiment peu éclairé.

La famille ici décrite ne se distingue en rien de celles dont nous venons de signaler les défaillances morales. L'ouvrier s'adonne fréquemment à l'ivresse ; il bat sa femme, maltraite sa belle-mère. Les deux époux n'ont d'ailleurs, pour celle-ci, aucun respect ; et souvent même ils lui refusent le droit de parler.

L'instruction est fort peu répandue dans la localité, qui ne possède une école communale que depuis peu d'années. La population n'éprouve pas le besoin de l'instruction; les enfants ne vont à l'école qu'irrégulièrement et machinalement. Ils cessent d'ailleurs de la fréquenter à l'âge où ils seraient le plus à même de profiter des leçons de l'instituteur. Les deux époux ont bien envoyé leur enfant à l'école dès qu'il a été en état de marcher, et, quoiqu'il n'y fasse pas de progrès sensibles, ils en paraissent émerveillés. Du reste, quand il lui plaît de manquer la classe pour aller vagabonder et piller les arbres fruitiers, il n'encourt aucune disgrâce de la part de ses parents, qui ont eux-mêmes un penchant prononcé pour la maraude (17).

§ 4.

HYGIÈNE ET SERVICE DE SANTÉ.

L'ouvrier est d'une bonne constitution; ses débauches n'ont pas altéré sa santé; il n'est point sujet aux maladies. La femme, quoique d'un tempérament délicat, supporte assez bien les privations amenées par l'imprévoyance. Le fils est d'une faible santé; il a perdu un œil, peu de temps après avoir été vacciné, à la suite d'une fièvre cérébrale. Le climat de la localité est sain, quoique un peu humide. L'air y est très-vif, il n'y existe pas de maladies chroniques. Les causes ordinaires des maladies sont l'évaporation de l'eau des marais, les brusques alternances du chaud et du froid sur le littoral et le défaut de précautions pour en prévenir les effets : les maux habituels sont les rhumes, les pleurésies et les fièvres intermittentes. Aucun médecin n'est établi dans la commune. Quand on en a besoin, on fait appeler celui d'une commune voisine. Du reste, on n'y a généralement recours que pour des maladies graves et à la dernière extrémité. On vient d'organiser dans la commune une société de secours mutuels; mais l'ouvrier n'en fait pas partie, ayant dépassé l'âge fixé par les statuts pour y être admis. Les frais de sage-femme, de médecin et de médicaments, n'ont pas dépassé, pour la famille ici décrite, une moyenne de 6f 00 par an.

§ 5.

RANG DE LA FAMILLE.

L'ouvrier appartient à la catégorie des ouvriers-propriétaires; il possède en effet une maison avec un jardin et une pièce de vigne (6). Mais il est peu attaché à cette propriété qu'il n'a pas acquise au moyen d'épargnes et qui a été apportée au ménage par sa belle-mère devenue veuve. L'ouvrier néglige son jardin et sa vigne; il loue un petit champ à céréales d'une contenance de 34 ares, mais qui n'est guère mieux soigné. La condition de l'ouvrier est celle d'un ouvrier journalier-tâcheron dans le système du travail sans engagements. Tout le travail des vignes est exécuté à la tâche dans le pays; les autres travaux des champs se font à la journée.

L'ouvrier est considéré par le propriétaire de vignes qui l'emploie comme l'un des meilleurs vignerons de l'endroit : aussi ce maître l'a-t-il conservé depuis vingt ans. Ce n'est pas par amour du travail qu'Antoine P*** est devenu habile dans son état, mais à force de pratique. La femme se livre à l'exploitation d'une vache qu'elle prend en location; ces soins absorbent une bonne partie de son temps et celui de sa mère; il s'ensuit que les travaux du ménage sont fort négligés.

Les membres de la famille sont loin de trouver le bonheur dans la triste condition matérielle et morale qui vient d'être décrite. Cependant le chef de famille n'est nullement enclin à améliorer le sort de la communauté, parce que le principe de cette amélioration devrait être demandé à des réformes morales qu'il ne voudrait faire à aucun prix. Il ne songe point à s'élever dans la hiérarchie sociale; mais, à cet égard, il ne s'inspire point des sentiments de quiétude qui règnent chez les populations de l'Orient (II, In. 1) : il cède à l'imprévoyance et à une sorte d'abrutissement amené par les satisfactions de l'ivrognerie et de la débauche.

Moyens d'existence de la famille.

§ 6.

PROPRIÉTÉS.

(Mobilier et vêtements non compris.)

IMMEUBLES : représentant la propriété personnelle de la belle-mère de l'ouvrier, laquelle en a fait abandon aux deux époux en venant habiter avec eux 2,100f 00

1° *Habitation.* — Maison composée d'un rez-de-chaussée et d'un premier étage, 800f 00; — étable attenant à la maison, 140f 00; — étable à porc, 60f 00. — Total, 1,000f 00.

2° *Immeubles ruraux.* — Jardin de 3 ares, 100f 00; — pièce de vigne de 32 ares, 1,000f 00. — Total, 1,100f 00.

ARGENT 5f 00

Somme gardée au logis pour les besoins journaliers, 5f 00.

ANIMAUX DOMESTIQUES entretenus seulement une partie de l'année 32f 00

1 porc, d'une valeur moyenne de 48f 00, entretenu pendant huit mois seulement; la valeur moyenne calculée pour l'année entière est de 32f 00.

MATÉRIEL SPÉCIAL des travaux et industries.... 90f 75

1° *Pour la culture de la vigne et la fabrication du vin.* — 1 houe appelée *bouelle*, 8f 00; — 1 houe à deux dents appelée *pic*, 8f 00; — 1 serpe à tailler la vigne, 2f 50; — 1 tranche étroite, 2f 50; — 2 baquets en bois, 1f 00; — 1 fût appelé *pièce*, 15f 00; — 1 fût appelé *barrique*, 6f 00; — 1 fût appelé *quart*, 3f 00. — Total, 46f 00.

2° *Pour la culture du jardin et du champ.* — 1 bêche appelée tranche plate, 2f 50; — 1 faux et ses accessoires, 8f 00; — 1 faucille, 3f 00; — 1 fléau et une fourche en bois, 1f 25; — 1 pelle en bois, 2f 00; — 1 crible, 1f 50; — 1 cercloir, 2f 00; — 1 grosse serpe, 3f 00. — Total, 23f 25.

3° *Pour l'exploitation de la vache et du porc.* — 1 fourche en fer, 1f 00; — 1 civière à bras, 9f 00. — Total, 10f 00.

4° *Pour le blanchissage du linge.* — 1 petite baille, 1f 50; — 1 battoir, 0f 25. — Total, 1f 75.

5° *Pour les réparations à exécuter dans la maison.* — 1 scie et 1 marteau, 2f 00.

6° *Pour la fabrication du pain.* — 3 corbeilles en osier, 1f 00; — 1 coupe-pâte, 0f 75. — Total, 1f 75.

7° *Pour la pêche de la côte.* — 1 tranche, 1 marachon, 1 croc en fer et 1 panier. — Total, 6f 00.

VALEUR TOTALE des propriétés.... 2,227f 75

§ 7.

SUBVENTIONS.

Il faut placer au premier rang des subventions dont jouit la famille l'herbe broutée par la vache sur la voie publique ou sur les terrains communaux, et celle que la famille ramasse dans les vignes aux époques où les propriétaires le permettent (16, L). Il existe le long de la côte une assez grande étendue de terre qui sert de pacage aux moutons; mais cette subvention ne profite pas à la famille qui ne tient pas cette sorte de bétail. Une autre subvention est due à la pêche des coquillages et des petits poissons à la marée basse (16, J). Les habitants des communes riveraines de la mer considèrent comme biens communaux la plage que les eaux couvrent et découvrent. C'est surtout aux époques des grandes marées qu'ils y vont en foule pour ramasser les coquillages et les poissons qui s'y trouvent.

Il faut aussi ranger parmi les subventions la récolte des escargots ou hélices vigneronnes (*Helix Pomatia*, Lin.) que la famille va ramasser dans les vignes, et qui servent à sa nourriture (9). C'est surtout à la rosée du matin et à l'époque des vendanges que cette récolte est abondante. Il existe, en outre, dans la localité une industrie importante, que l'on peut considérer en quelque sorte comme une subvention : c'est l'exploitation des huîtres (20); mais elle profite peu à la famille ici décrite. En 1845, les habitants de L'Houmeau, à l'exemple des communes voisines, voulurent avoir des parcs à huîtres; ils demandèrent à l'administration de la marine l'autorisation d'en établir, mais cette faveur leur fut refusée. Les habitants passèrent outre, se partagèrent la plage, et chacun établit un parc sur le lot qui lui était échu, sans que l'autorité vînt s'y opposer. En peu de temps ces parcs furent garnis d'une assez grande quantité d'huîtres. L'ouvrier avait voulu avoir son parc comme les autres habitants de la commune, mais il l'a toujours mal entretenu, et il n'en tire qu'un faible produit (16, J).

La chasse fournirait encore aux habitants une certaine subvention ; on trouve, en effet, sur le littoral et dans les marais, un assez grand nombre d'oiseaux de passage, tels que oies (*Anas Anser*, Lin.), canards (*Anas Boschas*, Lin.), sarcelles (*Anas Querquedula*, Lin.), moratons, goëlands (*Larus glaucus*, Lin.), bécassines (*Scolopax Gallinago*, Lin.), alouettes de mer (*Tringa Cinclus*, Lin.), vanneaux (*Tringa Vanellus*, Lin.); mais les paysans se livrent peu à cette chasse, par suite du prix élevé des permis exigés par la loi. Cette circonstance indispose vivement les paysans, qui se plaignent de ce que la chasse n'est possible que pour les gens riches, qui en ont le moins besoin.

§ 8.

TRAVAUX ET INDUSTRIES.

Travaux de l'ouvrier. — Le travail principal se rattache à la culture de la vigne, et se fait le plus souvent à la tâche pour le compte d'un propriétaire vigneron (18). Ce travail consiste à donner quatre façons de labour à la vigne pendant le cours de l'année, ainsi qu'à la tailler quand elle en a besoin. Ces travaux sont toujours entrepris pour une année entière. Les travaux entrepris à la journée, dans les intervalles que laisse le travail à la tâche, consistent dans la récolte des foins et des céréales, le battage des grains, la plantation de la vigne et les vendanges. Le prix moyen de la journée est habituellement de 1f 50, non compris l'allocation d'un litre de vin et de la nourriture, pendant les travaux de moisson et de vendange. Il faut encore comprendre dans le travail principal la prestation en nature pour l'entretien des chemins vicinaux. Quoique ces travaux ne l'occupent que 3 jours par an, l'ouvrier ne les exécute que de très-mauvaise grâce et en murmurant contre les gens plus aisés qui devraient, dit-il, payer pour l'entretien des routes au prorata de leur fortune. Les travaux secondaires de l'ouvrier sont : la culture de sa pièce de vigne et d'un champ pris en location. Il consacre en outre quelques journées à la pêche sur le littoral et à la récolte des escargots (7).

Travaux de la femme. — La femme a pour travail principal

l'exploitation de la vache. Elle ramasse une partie de l'herbe pour la nourriture de celle-ci ; elle la trait et porte le lait à la ville pour le vendre. Elle s'occupe en outre des travaux du ménage et de la préparation des aliments. Comme travaux secondaires, la femme élève un porc dont les produits sont consommés dans la famille. Elle fabrique le pain, blanchit et entretient le linge et les vêtements de la famille, ramasse des coquillages sur le bord de la mer, cultive le petit jardin et aide encore son mari dans la culture de la pièce de vigne qui appartient à la famille (6).

Travaux de la mère de la femme. — La mère de la femme va une ou deux fois par jour, selon la saison, faire paître la vache dans les communaux et ramasser de l'herbe fraîche. Elle s'occupe également de la récolte des escargots dans les vignes. Enfin, elle aide sa fille dans tous les soins du ménage.

Travaux du fils. — Le fils n'a pas d'autre travail que de ramasser des coquillages sur le bord de la mer et des escargots dans les vignes.

Mode d'existence de la famille.

§ 9.

ALIMENTS ET REPAS.

L'alimentation de la famille se compose essentiellement de pommes de terre, de choux et d'autres légumes, de viande de porc, de poissons frais et salés, de coquillages marins et d'escargots. Pendant l'hiver, l'habitude est de faire trois repas réglés comme il suit :

1° Déjeuner (cinq heures du matin) : composé de poisson salé (morue, harengs ou sardines) ou d'escargots, de pain ; pour boisson, du vin chaud ou de *la piquette*.

2° Dîner (midi) : rarement on mange de la soupe à ce repas ; car les deux femmes, très-absorbées par l'exploitation de la vache, n'ont pas le temps de la préparer. Il est ordinairement composé de lard, de quelques mollusques, ou de poissons frais, et de pain.

3° Souper (à la nuit tombante) : il se compose de soupe au lard, tant que dure le porc salé, ou de soupe aux légumes (oignons, poireaux et pois), ou d'un ragoût de morue accommodée avec des pommes de terre.

En été, on fait cinq repas : le premier déjeuner a lieu de 3 à 4 heures du matin ; le second déjeuner à 8 heures ; le dîner à midi ; le goûter à 4 ou 5 heures ; et le souper, qui est toujours le meilleur repas, à 8 heures du soir.

Le poisson est grillé sur la braise ; ou bien il est accommodé en ragoût avec des légumes. Les moules et les coquillages se mangent souvent crus, simplement trempés dans du vinaigre. Quelquefois on les fait bouillir dans l'eau, qui sert ensuite à tremper la soupe. La famille ici décrite et en général tous les habitants de ce pays sont particulièrement friands des escargots que l'on trouve dans les vignes. Ces escargots sont cuits dans l'eau et trempés dans du vinaigre ou dans une sauce composée de beurre, de vinaigre et d'ail. Quelquefois aussi on les fait griller sur la braise et on les mange secs avec du sel.

L'eau pure est la boisson habituelle de la famille. Le vin de fabrication domestique est consommé sans ménagement peu de temps après la vendange (16, A). La sobriété est toujours forcée dans cette famille. Si celle-ci ne prend pas une nourriture plus substantielle, c'est qu'elle n'a pas le moyen de se la procurer. Aussi, quand l'occasion se présente de faire quelque festin, à l'époque de la plantation d'une vigne ou de la vendange, par exemple, tous les membres de la famille, le mari plus que les autres, mangent avec excès, au point de se rendre malades.

§ 10.

HABITATION, MOBILIER ET VÊTEMENTS.

La maison, bâtie en moellons et couverte en tuiles, est dans une situation agréable. Elle est ainsi distribuée. Au rez-de-chaussée deux pièces : la première, en entrant par la rue, a une superficie de 15 mètres ; elle n'a d'autre ouverture que la porte qui y donne accès ; la seconde pièce, qui a une superficie de 18 mètres, sert de cuisine ; elle a une cheminée, un évier, et est éclairée par une petite fenêtre de 1 mètre de hauteur sur 0m 60 de large. Dans la première pièce se trouve un escalier en bois qui conduit à une chambre supérieure dans laquelle est placé le lit des époux. Au-dessus de la cuisine se trouve une petite pièce qui sert de grenier et où couche la mère de la femme. Ces deux pièces, la première haute de 2 mètres, la seconde de 1m 80 seulement, sont toutes deux percées d'une croisée. La maison n'est pas proprement entretenue ; les murs en sont rarement blanchis à la chaux. L'étable est située derrière la maison et y est jointe. Elle a une superficie de 24 mètres et une hauteur de 3 mètres, et est éclairée par un œil-de-bœuf. Le jardin, d'une contenance de 3 ares, est situé derrière la maison ; il est entouré d'une haie vive d'aubépine. Il contient quelques arbres fruitiers, mal entretenus, dont les fruits sont presque toujours mangés avant leur maturité. Le jardin serait très-fertile, s'il n'était pas aussi négligé.

MEUBLES : presque tous achetés d'occasion et fort mal entretenus. 174f 00

1° *Lits.* — 1 lit pour les époux : 1 bois de lit provenant d'héritage, 0f 00 ; — 1 paillasse, 3f 00 ; — 1 lit de plume commune, 30f 00 ; — 1 traversin, 4f 00 ; — 1 couverture en laine, 12f 00 ; — rideaux en coton, 5f 00 ; — 1 lit pour la mère de la femme : 1 bois de lit, 5f 50 ; — 1 paillasse, 2f 00 ; — 1 lit de plume, 20f 00 ; — 1 traversin, 3f 00 ; — 1 vieille couverture en laine, 8f 00 ; — vieux rideaux en laine, 4f 00 ; — 1 lit pour le fils : 1 bois de lit, 3f 00 ; — 1 vieille paillasse, 2f 00 ; — 1 vieux matelas, 10f 00 ; — 1 mauvaise couverture en laine, 5f 00 ; — 1 petit traversin, 2f 00. — Total, 124f 00.

2° *Chambre à coucher.* — 3 chaises en mauvais état, 1f 00 ; — 1 armoire, 30f 00 ; — 1 table, 3f 00 ; — 1 miroir, 1f 50. — Total, 35f 50.

3° *Chambre servant de cuisine.* — 1 table en bois blanc, 3f 00 ; — 1 banc, 1f 00 ; — 1 vieux dressoir et son buffet, 5f 00 ; — 1 met ou pétrin, 3f 00 ; — 1 chaise, 0f 50. — Total, 12f 50.

4° *Livres.* — 1 livre d'école pour le fils, 2f 00.

USTENSILES : communs et en partie usés. 19f 45

1° *Dépendant de la cheminée.* — 1 crémaillère, 2f 00 ; — 1 pelle à feu, 1f 00. — Total, 3f 00.

2° *Pour le service de l'alimentation.* — 1 marmite en fonte, 2f 00 ; — 1 casserole en cuivre, 4f 00 ; — 1 poêle à frire, 4f 00 ; — 1 plat creux en faïence, servant de soupière, 0f 35 ; — 1 autre plat plus petit, 0f 20 ; — 6 assiettes en terre, 0f 60 ; — 1 pot à eau et 1 bouteille, 0f 60; — 4 verres à boire, 0f 40; — 6 cuillers en fer battu, 0f 90; — 1 fourchette, 0f 10; — 4 couteaux de poche, 0f 60. — Total, 13f 75.

3° *Pour les soins de propreté.* — 1 brosse servant en même temps pour les chaussures et les habits, 1f 00.

4° *Pour l'éclairage.* — 1 chandelier en fer, 0f 50.

5° *Pour usages divers.* — 2 chaufferettes en terre cuite, 0f 50; — 1 panier en osier, 0f 20; — 1 baquet en bois, 0f 50. — Total, 1f 20.

LINGE DE MÉNAGE : en toile grossière et insuffisant. 27f 00

3 paires de draps usés, 15f 00; — 4 torchons et quelques vieux linges, 6f 00; — 2 nappes, 6f 00.

VÊTEMENTS : communs et mal tenus.......... 169f 55

VÊTEMENTS DE L'OUVRIER : sans affinité avec le costume bourgeois (62f 25).

1° *Vêtements du dimanche.* — 1 gilet rond en gros drap et à manches, 10f 00; — 1 gilet rond sans manches, en toile de coton, 4f 00; — 1 blouse en coton bleu, 3f 00; — 1 pantalon en gros drap, 8f 00; — 1 cravate de coton, 1f 00; — 1 chapeau en feutre, 4f 00; — 1 paire de souliers, 6f 00; — 2 paires de chaussettes de laine, 2f 00. — Total, 38f 00.

2° *Vêtements de travail.* — Vieux vêtements du dimanche (pour mémoire); — 1 pantalon en toile de fil, 1f 00; — 1 pantalon en droguet, 2f 00; — 1 gilet en tricot de laine, 1f 00; — 1 paire de sabots garnis de clous, 0f 60; — 1 paire de *Sabarons* (demi-souliers), 3f 00; — 1 chapeau de paille, 0f 50; — 6 chemises en grosse toile de lin, 12f 00; — 6 mouchoirs de coton, 3f 00; — 1 bonnet en laine, 1f 15. — Total, 24f 25.

VÊTEMENTS DE LA FEMME (53f 75).

1° *Vêtements du dimanche.* — 1 camisole de coton, 3f 00; — 1 jupe en droguet de laine, 7f 00; — 2 jupons en gros droguet, 10f 00; — 1 tablier de coton, 2f 00; — 1 *Corselette,* 3f 00; — 1 fichu en coton de couleur, 1f 00; — 2 paires de bas de laine, 3f 00; — 2 paires de bas de coton, 2f 00; — 1 bonnet piqué avec dessus en mousseline, 3f 50; — 6 mouchoirs de poche, en coton, 2f 00; — 1 paire de souliers, 3f 00. — Total, 39f 50.

2° *Vêtements de travail.* — Vieux vêtements du dimanche (pour mémoire); — 1 camisole de coton, 1f 00; — 1 jupe en gros droguet de laine, 1f 50; — 1 tablier en toile grise, 1f 00; — 2 coiffures en coton, 1f 00; — 1 paire de sabots garnis de clous, 0f 75; — 6 chemises en toile de lin demi-usées, 9f 00. — Total, 14f 25.

VÊTEMENTS DU FILS (33f 10).

1° *Vêtements du dimanche.* — 1 gilet de dessus, en laine, 5f 00; — 1 gilet sans manches, en coton, 3f 00; — 1 pantalon en laine, 4f 00; — 1 cravate de coton, 0f 75; — 1 paire de bas de laine, 1f 25; — 1 paire de bas de coton, 1f 00; — 2 mouchoirs, 0f 75; — 1 chapeau en feutre, 3f 50; — 1 paire de souliers, 2f 50. — Total, 21f 75.

2° *Vêtements de la semaine.* — 1 blouse, 2f 00; — 1 gilet de dessous, 2f 00; — 1 pantalon de drap, 2f 00; — 1 casquette, 1f 25; — 1 paire de sabots, 0f 60; — 3 chemises de coton, 3f 50. — Total, 11f 35.

VÊTEMENTS DE LA MÈRE DE LA FEMME : tous très-anciens et presque usés (20f 45).

2 camisoles, 3f 00; — 2 jupes en droguet, 3f 00; — 1 vieille mante en grosse étoffe de laine, 5f 00; — 1 tablier en toile grise, 1f 20; — 2 paires de bas de laine, 1f 50;

— 1 paire de sabots, 0f 50; — 3 chemises, 4f 50; — 1 coiffure en futaine pour l'été, 0f 75; — 1 coiffure en laine pour l'hiver, 1f 00. — Total, 20f 45.

VALEUR TOTALE du mobilier et des vêtements..	390f 00

§ 11.

RÉCRÉATIONS.

La boisson et le jeu constituent les deux principales récréations de l'ouvrier; il passe souvent de longues heures au cabaret à boire et à jouer aux cartes. Le dimanche, il aime à rendre visite à ses camarades de la ville ou des villages voisins; on se réunit alors au cabaret, et, quand les têtes sont excitées par la boisson, on serait assez tenté de faire une émeute, de se soulever, non pas contre le gouvernement, car la politique est étrangère à toutes les discussions, mais contre la classe supérieure de la société, envers laquelle les classes ouvrières entretiennent une haineuse jalousie, sous le prétexte que les riches exploitent les pauvres (22). Ils ne comprennent pas que l'égoïsme du maître n'est pas la seule cause du mal, et que, le plus souvent, la misère des ouvriers résulte de leur vie désordonnée, de leur imprévoyance et de leur improbité.

La femme, accompagnée de son fils, va deux fois par an à La Rochelle, à l'époque de la foire. Elle en rapporte quelques gâteaux ou friandises qu'on mange en famille. Mais ses récréations les plus ordinaires sont d'aller causer avec les voisines en raccommodant du linge ou des vêtements. Quand on tue le porc, on réunit pour dîner quelques parents et amis; les membres d'une même famille ne se voient guère que dans ces occasions.

Histoire de la famille.

§ 12.

PHASES PRINCIPALES DE L'EXISTENCE.

Les parents de l'ouvrier étaient de petits propriétaires vignerons dont les mœurs étaient assez relâchées. Ils ne se préoccupaient que du bien-être matériel; et ils ne songèrent point à procurer à leur fils une éducation morale. Aussi celui-ci tomba-t-il bientôt dans des habitudes de débauche; et, dès l'âge de 18 ans, il quittait le toit paternel. Empressé de jouir au plus vite de la totalité des fruits de son travail, il entra comme domestique chez un propriétaire-vigneron et mena joyeuse vie pendant quelques années. Puis, désirant se marier, il fut contraint de faire quelques économies, afin de se procurer les meubles et ustensiles, et les autres objets nécessaires à l'entrée en ménage. Il épousa la fille de pauvres vignerons; mais il reprit bientôt sa vie de désordres. Sa femme en fut tellement affligée qu'elle tomba malade et mourut peu de temps après avoir perdu le seul enfant issu de ce triste mariage.

L'ouvrier resta veuf pendant plusieurs années, puis il épousa la domestique du propriétaire chez lequel il travaillait. Celle-ci, née de petits cultivateurs vignerons, a contracté dès son enfance des habitudes empreintes d'un matérialisme grossier. Dès qu'elle eut atteint une quinzaine d'années, elle se plaça comme domestique à La Rochelle. Dans cette condition, elle prit de nouveaux goûts et des inclinations peu morales; puis, se trouvant mal chez ses maîtres, elle accepta les propositions de mariage que lui fit Antoine F***. Elle n'ignorait pas les mauvais antécédents de celui qu'elle épousait; mais elle espérait prendre sur lui assez d'influence pour le ramener au bien. Malheureusement elle n'y réussit pas. L'absence, chez les deux époux, de toute éducation religieuse et de tout sentiment moral, amena le désordre dans le ménage. Les querelles commencèrent et les coups suivirent. Depuis lors, les deux époux ne cessent point de se maltraiter réciproquement; c'est entré dans leurs habitudes.

La succession du père de l'ouvrier consistait en une part dans la propriété d'une maison, et en deux petits champs. Ces propriétés furent vendues par l'ouvrier, avant son second mariage, pour une somme de 600f 00, qui fut dépensée en débauches aussitôt que reçue. Un seul petit champ lui restait de ce côté, il le vendit peu de temps après son second mariage, et employa le produit de cette vente à construire une étable, afin de pouvoir y entretenir une vache et un porc. La mère de la femme possédait une maison, un jardin et une pièce de vigne; elle en abandonna la propriété à sa fille au moment du mariage de celle-ci avec l'ouvrier, et vint demeurer chez les nouveaux mariés. Depuis lors, les deux époux n'ont fait aucune épargne qui puisse leur permettre d'ajouter quelque chose à cet immeuble. D'ailleurs, leurs prétentions ne vont pas jusque-là : ils ne songent pas à améliorer leur sort; et ils vivent au jour le jour.

§ 13.

MŒURS ET INSTITUTIONS ASSURANT LE BIEN-ÊTRE PHYSIQUE ET MORAL DE LA FAMILLE.

Les mœurs de la famille sont loin d'assurer son avenir. Ce n'est pas non plus la possession de leurs petites propriétés (6) qui garantirait l'existence des deux époux dans le cas où l'ouvrier viendrait à être frappé d'une incapacité permanente de travail. Ils n'auraient alors d'autres ressources que l'assistance publique et la charité privée.

Une société de secours mutuels s'est formée récemment dans la localité (6); mais l'ouvrier ne peut en faire partie, ayant dépassé l'âge fixé par les règlements pour y être admis. Une commission, formant un bureau de bienfaisance et composée du maire et de quelques conseillers municipaux, distribue des secours aux plus nécessiteux. Cette caisse de secours est alimentée : 1° au moyen d'un revenu de 1,910 f 00, provenant de la vente des marais salants que la commune avait établis autrefois; 2° au moyen de deux rentes, chacune de 50 f 00, faites à la commune par une vieille demoiselle et par un ancien maire. L'ecclésiastique qui dessert l'église communale distribue de son côté un assez grand nombre d'aumônes. Il est le distributeur zélé des sommes qui lui sont confiées par des personnes généreuses. Selon la coutume qui est également pratiquée par les ministres protestants, il joint de bons conseils à ces distributions de secours.

§ 14. — BUDGET DES RECETTES DE L'ANNÉE.

SOURCES DES RECETTES.	ÉVALUATION approximative des sources de recettes.
SECTION Ire.	VALEUR des propriétés.
Propriétés possédées par la famille.	
ART. 1er. — PROPRIÉTÉS IMMOBILIÈRES.	
HABITATION :	
Maison, écurie, toit à porc	1,000f00
IMMEUBLES RURAUX :	
Jardin de 3 ares attenant à la maison	100 00
Pièce de vigne de 32 ares	1,000 00
ART. 2. — VALEURS MOBILIÈRES.	
ANIMAUX DOMESTIQUES entretenus une partie de l'année :	
Un porc, valeur calculée	32 00
MATÉRIEL SPÉCIAL des travaux et industries :	
Pour la culture de la vigne et la fabrication du vin (6) (16, A)	46 00
— du champ et du jardin (6) (16, B et C)	23 25
Pour l'exploitation de la vache et du porc (6) (16, D et E)	10 00
Pour le blanchissage du linge (6) (16, G)	1 75
Pour les réparations à exécuter dans la maison (6)	2 00
Pour la préparation du pain (6) (16, F)	1 75
Pour la pêche de la côte (6) (16, J)	6 00
ARGENT :	
Somme gardée au logis	5 00
ART. 3. — DROITS AUX ALLOCATIONS DE SOCIÉTÉS D'ASSURANCES MUTUELLES.	
(La famille ne fait partie d'aucune société de ce genre)	»
VALEUR TOTALE des propriétés	2,227 75

SECTION II.

Subventions reçues par la famille.

ART. 1er. — PROPRIÉTÉS REÇUES EN USUFRUIT.

(La famille ne reçoit aucune propriété en usufruit)

ART. 2. — DROITS D'USAGE SUR LES PROPRIÉTÉS DE LA COMMUNE.

DROIT sur les herbes broutées par la vache sur la voie publique et ramassées dans les vignes
— sur les poissons et coquillages
— sur les escargots ramassés dans les vignes et sur la voie publique

ART. 3. — ALLOCATIONS D'OBJETS ET DE SERVICES.

(La famille ne reçoit aucune allocation de ce genre)

§ 14. — BUDGET DES RECETTES DE L'ANNÉE.

RECETTES.	MONTANT DES RECETTES. Valeur des objets reçus en nature	Recettes en argent.
SECTION Ire.		
Revenus des propriétés.		
ART. 1er. — REVENUS DES PROPRIÉTÉS IMMOBILIÈRES		
Intérêt (3 p. 100) de la valeur de ces immeubles.	30f 00	»
— — de ce jardin	3 00	»
— — de cette vigne	30 00	»
ART. 2. — REVENUS DES VALEURS MOBILIÈRES.		
Intérêt (5 p. 100) de cette valeur	1 60	»
— de la valeur de ce matériel	2 30	»
— — —	1 16	»
— — —	0 50	»
— — —	0 08	»
— — —	0 10	»
— — —	0 08	»
— — —	0 30	»
— de cette somme	»	0f 25
ART. 3. — ALLOCATIONS DES SOCIÉTÉS D'ASSURANCES MUTUELLES.		
(La famille ne jouit d'aucune allocation de ce genre)	»	»
TOTAUX des revenus des propriétés	69 12	0 25
SECTION II.		
Produits des subventions.		
ART. 1er. — PRODUITS DES PROPRIÉTÉS REÇUES EN USUFRUIT.		
(La famille ne jouit d'aucun produit de ce genre)	»	»
ART. 2. — PRODUITS DES DROITS D'USAGE.		
Valeur attribuée aux herbes sur pied	15 00	39 00
— aux poissons et coquillages avant la pêche	3 30	24 80
— aux escargots avant la récolte	6 00	»
ART. 3. — OBJETS ET SERVICES ALLOUÉS.		
(La famille ne jouit d'aucune recette de ce genre)	»	»
TOTAUX des produits des subventions	24 30	63 80

§ 14. — BUDGET DES RECETTES DE L'ANNÉE (SUITE).

SOURCES DES RECETTES (SUITE).

DÉSIGNATION DES TRAVAUX ET DE L'EMPLOI DU TEMPS.	QUANTITÉ DE TRAVAIL EFFECTUÉ.			
	père	mère	grand'mère	fils
	journées	journées	journées	journées
SECTION III.				
Travaux exécutés par la famille.				
TRAVAIL PRINCIPAL, exécuté, en partie à la tâche, en partie à la journée, pour le compte de divers :				
Culture de la vigne exécutée à la tâche	192	»	»	»
Récolte des foins, des céréales, battage des grains, plantation de la vigne, vendange	50	»	»	»
Prestation en nature pour l'entretien des chemins vicinaux	3	»	»	»
TRAVAUX SECONDAIRES, exécutés au compte de la famille :				
Exploitation de la pièce de vigne	36	2	»	»
— d'un champ loué	18,4	»	»	»
Soins donnés à la vache et transport du lait à la ville	»	88	»	»
Travaux de ménage : préparation des aliments	»	102	25	»
Soins donnés au porc	»	14	»	»
Fabrication du pain	»	12	»	»
Blanchissage du linge et des vêtements	»	24	»	»
Entretien des vêtements et du linge	»	20	20	»
Pêche de la côte (7 et 8)	24	9	»	18
Culture du jardin	»	7	»	»
Récolte des escargots	3	»	3	2
Récolte de l'herbe fraîche	»	30	75	»
TOTAUX des journées de tous les membres de la famille	326,4	310	123	20

SECTION IV.

Industries entreprises par la famille

(à son propre compte).

INDUSTRIES entreprises pour le compte de la famille :

Exploitation d'une pièce de vigne
Culture d'un champ pris en location
— du jardin
Exploitation d'une vache prise en location
Engraissement d'un porc
Fabrication du pain
Blanchissage du linge

§ 14. — BUDGET DES RECETTES DE L'ANNÉE (SUITE).

PRIX DES SALAIRES JOURNALIERS. père	mère	grand'-mère	fils	RECETTES (SUITE).	MONTANT DES RECETTES. Valeur des objets reçus en nature.	Recettes en argent.
fr. c.	fr. c.	fr. c.	fr. c.	**SECTION III.**		
				Salaires.		
1 65	»	»	»	Salaire que recevrait un journalier exécutant le même ouvrage	»	316f 88
1 41	»	»	»	Salaire total attribué à ce travail. Argent	»	72 00
1 00				Salaire total attribué à ce travail. Nourriture valant	50f 00	»
1 50	»	»	»	— —	4 50	»
1 50	1 00	»	»	— —	56 00	»
1 50	»	»	»	— —	27 60	»
»	1 00	»	»	— —	»	88 00
»	»	»	»	(Aucun salaire ne peut être attribué à ces travaux	»	»
»	1 00	»	»	Salaire total attribué à ce travail	14 00	»
»	1 00	»	»	— —	12 00	»
»	1 00	»	»	— —	26 00	»
»	1 00	0 50	»	— —	30 00	»
1 50	1 00	»	0 50	— —	51 00	»
»	1 00	»	»	— —	7 00	»
1 50	»	0 50	0 50	— —	7 00	»
»	1 00	0 50	»	— —	»	67 50
				TOTAUX des salaires de la famille	288 10	541 38
				SECTION IV.		
				Bénéfices des industries.		
				Bénéfice résultant de cette industrie (16, A)	»	35 20
				— — (16, B)	66 33	»
				— — (16, C)	2 11	»
				— — (16, D)	»	62 05
				— — (16, E)	14 45	»
				— — (16, F)	8 67	»
				— — (16, G)	7 07	»
				TOTAUX des bénéfices résultant des industries	98 63	97 25
				NOTA. — Outre les recettes portées ci-dessus en compte, les industries donnent lieu à une recette de 646f 60 (16, H), qui est appliquée de nouveau à ces mêmes industries; cette recette et les dépenses qui la balancent (15, Son V) ont été omises dans l'un et l'autre budget.		
				TOTAUX DES RECETTES de l'année (balançant les dépenses)...... (1,185f 83)	480 15	705 68

§ 15. — BUDGET DES DÉPENSES DE L'ANNÉE.

DÉSIGNATION DES DÉPENSES.	POIDS ET PRIX DES ALIMENTS		MONTANT DES DÉPENSES	
	POIDS consommé	PRIX par kilogr.	VALEUR des objets consommés en nature	DÉPENSES en argent.
SECTION Ire.				
Dépenses concernant la nourriture.				
ART. 1er. — ALIMENTS CONSOMMÉS DANS LE MÉNAGE.				
(Par l'ouvrier pendant 315 jours; la femme, le fils et la mère de la femme pendant 365 jours.)				
CÉRÉALES :				
Froment et orge évalués à l'état de pain.............. (16, F)	1,065k0	0f250	110f50	155f75
CORPS GRAS :				
Beurre de vache.. (16, D)	20 0	1 700	»	34 00
Graisse de porc.. (16, E)	5 0	2 000	10 00	»
Lard.. (16, E)	90 0	1 200	22 70	85 30
Huile pour salades..	1 0	2 500	»	2 50
Poids total et prix moyen..............	116 0	1 332		
LAITAGES ET ŒUFS :				
Lait de vache.. (16, D)	30 0	0 150	4 50	»
Œufs, 36 pièces..	2 0	0 900	»	1 80
Fromage dit de Hollande..	2 0	1 800	»	3 60
Poids total et prix moyen..............	34 0	0 291		
VIANDES ET POISSONS :				
Viandes de boucherie..	25 0	1 000	»	25 00
Gras-double, 5k à 0f40, 2f00; — boudin, 2 douzaines, 2k à 1f20, 2f40.. (16, E)	7 0	0 629	4 40	»
Poissons : Harengs salés, 2k à 1f125, 2f25; — morue, 10k à 0f80, 8f00; — sèches, congres, anguilles, loches, 51k à 0f50, 27f00 (16, J); — huîtres, moules et autres coquillages, 94k5 à 0f324, 30f60 (16, J)..	160 5	0 423	57 60	10 25
Escargots.. (16, K)	30 0	0 433	13 00	»
Poids total et prix moyen..............	222 5	0 496		

§ 15. — BUDGET DES DÉPENSES DE L'ANNÉE (SUITE).

DÉSIGNATION DES DÉPENSES (SUITE).	POIDS et PRIX des ALIMENTS		MONTANT DES DÉPENSES.	
	POIDS consommé	PRIX par kilogr.	VALEUR des objets consommés en nature.	DÉPENSES en argent.
SECTION Ire.				
Dépenses concernant la nourriture (suite).				
LÉGUMES ET FRUITS :				
Tubercules : Pommes de terre, dont 80 kil. provenant du jardin .... (16, C)	350k0	0f050	3f50	14f00
Légumes farineux : Haricots secs	30 0	0 400	»	12 00
Légumes verts à cuire : Choux, 250k (dont 60 kil. du jardin) à 0f10, 25f00 (16, C) ; — pois verts, 15 kil., achetés, à 0f277, 4f15	265 0	0 110	5 60	23 55
Légumes épices : Oignons du jardin, 3f00 (16, C) ; — poireaux (achetés), 2f00 ; — persil et cerfeuil du jardin, 0f50 (16, C) ; — aulx (achetés), 1f50	26 0	0 270	3 30	3 70
Légumes racines : Carottes, navets	4 0	0 300	»	1 20
Salades : Chicorée et laitue du jardin .... (16, C)	25 0	0 100	»	2 50
Fruits : Prunes et poires du jardin, 5f00 (16, C) ; — raisin et autres fruits, 11f00	40 0	0 400	5 00	11 00
Poids total et prix moyen	740 0	0 115		
CONDIMENTS ET STIMULANTS :				
Sel	12 0	0 200	»	2 40
Épices	0 5	3 000	»	1 50
Vinaigre	5 0	1 000	»	5 00
Matières sucrées : Sucre de canne	5 0	1 500	»	7 50
Poids total et prix moyen	22 5	0 720		
BOISSONS FERMENTÉES :				
Vin blanc de fabrication domestique .... (16, A)	1,054 0	0 080	81 30	»
ART. 2. — ALIMENTS PRÉPARÉS ET CONSOMMÉS EN DEHORS DU MÉNAGE.				
Nourriture prise par l'ouvrier quand il travaille à la journée : 50 jours à 1f00... (14, Son III)			50 00	»
TOTAUX des dépenses concernant la nourriture			371 40	402 55

§ 15. — BUDGET DES DÉPENSES DE L'ANNÉE (SUITE).

DÉSIGNATION DES DÉPENSES (SUITE).	MONTANT DES DÉPENSES.	
	VALEUR des objets consommés en nature.	DÉPENSES en argent.
SECTION II.		
Dépenses concernant l'habitation.		
LOGEMENT :		
Loyer de l'habitation, représenté par l'intérêt de la valeur de la maison possédée par la famille, 24f 00; — entretien de la maison, 10f 00 (6)........	24f 00	10f 00
MOBILIER :		
Achat d'objets et intérêt de la valeur des outils pour l'entretien du mobilier........	0 10	13 00
CHAUFFAGE :		
Achat de fagots de chêne, 1,500k à 40f 00, dont il faut déduire 6f 00, valeur des cendres employées pour le blanchissage (16, G); — sarments de vigne, 9f 00; — rafles de raisins, 2f 00 (16, A)........	11 00	34 00
ÉCLAIRAGE :		
Chandelle de suif, 5k à 1f 32, 6f 60; — chandelle de résine, 5k à 0f 30, 1f 50........	»	8 10
TOTAUX des dépenses concernant l'habitation........	35 10	65 10
SECTION III.		
Dépenses concernant les vêtements.		
VÊTEMENTS :		
Vêtements de l'ouvrier : prix d'achat........ (16, L)	»	21 70
— de la femme : prix d'achat........ (16, L)	»	22 10
— du jeune garçon : prix d'achat........ (16, L)	»	20 85
— de la mère de la femme : prix d'achat........ (16, L)	»	12 43
Réparations et entretien des vêtements et du linge, 20 journées de la femme et 20 journées de la mère de la femme........	30 00	»
BLANCHISSAGE :		
Blanchissage des vêtements et du linge de la famille........ (16, G)	36 15	19 00
TOTAUX des dépenses concernant les vêtements........	66 15	96 08
SECTION IV.		
Dépenses concernant les besoins moraux, les récréations et le service de santé.		
CULTE :		
(Aucune dépense ordinaire qui soit appréciable)........	»	»
INSTRUCTION DES ENFANTS :		
Onze mois d'école à 1f 50, 16f 50; — achat de livres et de papier, 5f 00........	»	21 50
SECOURS ET AUMÔNES :		
(La famille ne donne aucun secours et ne fait pas d'aumône)........	»	»

§ 15. — BUDGET DES DÉPENSES DE L'ANNÉE (SUITE).

DÉSIGNATION DES DÉPENSES (SUITE).	MONTANT DES DÉPENSES.	
	VALEUR des objets consommés en nature.	DÉPENSES en argent.
SECTION IV.		
Dépenses concernant les besoins moraux, les récréations et le service de santé (suite).		
RÉCRÉATIONS ET SOLENNITÉS :		
Dépenses faites au cabaret par l'ouvrier (11)........	»	106f 00
SERVICE DE SANTÉ :		
Frais de médecin et de médicaments........	»	6 00
TOTAUX des dépenses concernant les besoins moraux, les récréations et le service de santé........	»	133 50
SECTION V.		
Dépenses concernant les industries, les dettes, les impôts et les assurances.		
DÉPENSES CONCERNANT LES INDUSTRIES :		
NOTA. — Les dépenses concernant les industries montent à..... (16, II) 1,043f 42		
Elles sont remboursées par les recettes provenant de ces mêmes industries, savoir :		
Argent et objets employés pour les consommations du ménage et portés à ce titre dans le présent budget........ 396f 82 } 1,043 42		
Argent et objets appliqués de nouveau aux industries (14, Son IV) comme emploi momentané du fonds de roulement, et qui ne peuvent conséquemment figurer dans les dépenses du ménage........ (16, II) 646 60 }		
INTÉRÊTS DES DETTES :		
(La famille n'a pas de dettes)........	»	»
IMPÔTS :		
Impôt foncier, cote personnelle et mobilière, portes et fenêtres, 8f 45 ; — impôt communal ; prestation en nature (14, Son III), 4f 50........	4f 50	8 45
ASSURANCES CONCOURANT A GARANTIR LE BIEN-ÊTRE PHYSIQUE ET MORAL DE LA FAMILLE :		
(La famille ne participe à aucune assurance de ce genre)........	»	»
TOTAUX des dépenses concernant les industries, les dettes, les impôts et les assurances........	4 50	8 45
ÉPARGNE DE L'ANNÉE :		
(La famille vit au jour le jour et ne réalise aucune épargne)........	»	»
TOTAUX DES DÉPENSES de l'année (balançant les recettes).... (1,185f 83)	480 15	705 68

§ 46.

COMPTES ANNEXÉS AUX BUDGETS.

SECTION I.

COMPTES DES BÉNÉFICES

Résultant des industries entreprises par la famille (à son propre compte).

A. — Exploitation d'une pièce de vigne (32 ares).

	Valeurs en nature.	Valeurs en argent.
RECETTES.		
Vin blanc, 20 hectolitres à 8f 00 l'hectol., dont 10 hect. 54 lit. consommés dans la famille (15, Son I)	84f 30	75f 70
Rafles brûlées (15, Son II)	2 00	»
Sarments brûlés (15, Son II)	12 00	»
Totaux	98 30	75 70
DÉPENSES.		
Intérêt à 3 p. 100 de la valeur de la pièce de vigne (1,000f 00)	30 00	»
Travaux de la famille : 36 journées de l'ouvrier à 1f 50, 54f 00 ; — 2 journées de la femme à 1f 00, 2f 00	56 00	»
Frais de vendange : 8 personnes employées pendant une journée, à 2f 00	»	16 00
Location d'un cheval pour transporter la vendange au pressoir	»	5 50
Location du pressoir et de ses agrès	»	3 00
Location et entretien de futailles	»	10 00
Fumier provenant de la vache et du porc	10 00	»
Impôts	»	6 00
Intérêt à 5 p. 100 de la valeur du matériel spécial à la culture de la vigne et à la fabrication du vin	2 30	»
Bénéfice résultant de cette industrie	»	35 20
Totaux comme ci-dessus	98 30	75 70

B. — Culture d'un champ (34 ares) pris en location.

L'assolement de ce champ est trionnal, avec deux années de jachères sur un bail de cinq années ; la première récolte est de froment, la seconde d'orge et la troisième d'avoine ; le bénéfice de la première récolte, qui est de 66f 33, n'est plus que de 10f 60 dans la seconde, il est nul dans la dernière ; le bénéfice moyen annuel pour la durée d'un bail de 5 ans est donc de 15f 39.

	Valeurs en nature.	Valeurs en argent.
RECETTES.		
Froment, 8 hectolitres à 18f 00 l'hectolitre, consommé dans la famille	113 75	30 25
Paille, 750k à 0f 02	6 05	8 95
Herbe broutée par la vache	»	2 00
Totaux	119 80	41 20
DÉPENSES.		
Semences, 63 litres à 0f 20	»	12 60
Loyer annuel du champ	»	20 00
Loyer des deux années de jachères (40f 00), à répartir sur la durée du bail de 5 ans, soit 8f 00 par an	»	8 00
Labour : 7 journées de l'ouvrier à 1f 50	10 50	»
Moisson et fauchage du grain : 10 journées de l'ouvrier à 1f 50	15 00	»
Labour pendant les années de jachères : 7 journées de l'ouvrier à 1f 50, 10f 50, à répartir sur les 5 années de la durée du bail, soit 2f 10 par an	2 10	»
A reporter	27 60	40 60

DÉPENSES (SUITE).	VALEURS en nature.	VALEURS en argent.
Report............................	27f 60	40f 60
Fumier provenant de la vache et du porc..............................	25 00	»
Intérêt (5 p. 100) des 3/4 de la valeur du matériel spécial (23f 25)...........	0 87	»
Entretien du matériel..	»	0 60
BÉNÉFICE résultant de cette industrie................................	66 33	»
Totaux comme ci-contre..............	119 80	41 20

C. — Culture du jardin de 3 ares.

RECETTES.		
Pommes de terre, 80k à 0f05 le kil...	3 50	0 50
Oignons, 400 à 0f75 le cent..	2 85	0 15
Choux, 60k à 0f10 le kil...	5 60	0 40
Persil et cerfeuil...	0 45	0 05
Prunes...	2 00	»
Poires...	3 00	»
Totaux................................	17 40	1 10

DÉPENSES.		
Main-d'œuvre : 7 journées de la femme à 1f 00..................................	7 00	»
Intérêt (3 p. 100) de la valeur du jardin..	3 00	»
— (5 p. 100) du 1/4 de la valeur du matériel spécial (23f 25).............	0 29	»
Semences : 10 litres de pommes de terre à 0f 05 le litre........................	»	0 50
— 40 têtes de choux à 0f 01..	»	0 40
— Graines d'oignons, de cerfeuil et de persil.	»	0 20
Fumier provenant de la vache et du porc	5 00	»
BÉNÉFICE résultant de l'industrie..	2 11	»
Totaux comme ci-dessus............	17 40	1 10

D. — Exploitation d'une vache prise en location.

RECETTES.		
Produit de la vache : 2,320 litres de lait, dont 2,290 litres sont vendus et 30 litres consommés dans la famille..	4 50	343 50
Vente d'un veau..	»	30 00
Fumier produit, 4,500k...	30 00	»
Totaux..........................	34 50	373 50

DÉPENSES.		
Location de la vache..	»	30 00
Nourriture : Foin, 1,250k achetés..	»	60 00
— Herbe fraîche ramassée dans les vignes.................. (L)	»	31 50
— Herbe broutée au pâturage, 75f 00 (L); — dans le champ, 2f 00 (B)....	»	77 00
— Son, 240k provenant de la fabrication du pain.......... .... (F)	21 00	»
— Paille, 1,500k, dont la moitié provenant du champ.......... (B)	6 05	23 95
Travaux de la famille : soins d'entretien et vente du lait, 88 journées de la femme à 1f 00..	»	88 00
Intérêt (3 p. 100) de la valeur de l'étable (140f 00)...........................	4 20	»
— (5 p. 100) de la moitié de la valeur du matériel spécial (10f 00).	0 25	»
Renouvellement et entretien de ce matériel..	»	1 00
BÉNÉFICE résultant de l'industrie..	»	62 05
Totaux comme ci-dessus..............	34 50	373 50

E. — Engraissement d'un porc.

	Valeurs en nature.	Valeurs en argent.
RECETTES.		
Produit de l'abatage du porc : Lard, 90k à 1f20	22f70	85f30
— — Graisse de porc	10 00	»
— — Boudin, 2 douzaines à 1f20	2 40	»
— — Gras-double, 5k à 0f40	2 00	»
— — Fumier produit	10 00	»
Totaux	47 10	85 30
DÉPENSES.		
Achat d'un jeune porc de 2 mois	»	20 00
Intérêt (5 p. 100) de la valeur calculée (32f00)	1 60	»
Nourriture : Achat de 240k de pommes de terre à 0f07 le kil	»	16 80
— Achat de 100k de son à 0f10	»	10 00
— Achat d'orge, 2 hectolitres à 10f00	»	20 00
Herbe fraîche ramassée dans les vignes (L)	15 00	»
Débris d'aliments du ménage (mémoire)	»	»
Travail de la femme : 14 journées à 1f00	14 00	»
Dépeçage et salaison : Achat de 10k de sel à 0f20	»	2 00
— payé à un charcutier	»	1 50
Intérêt (3 p. 100) de la valeur du toit à porc (60f00)	1 80	»
Achat de paille pour litière, 750k à 0f02	»	15 00
Intérêt (5 p. 100) de la moitié de la valeur du matériel spécial (10f00)	0 25	»
Bénéfice résultant de l'industrie	14 45	»
Totaux comme ci-dessus	47 10	85 30

F. — Fabrication du pain.

	Valeurs en nature.	Valeurs en argent.
RECETTES.		
Pain consommé par la famille, 1,065k à 0f25	110 50	155 75
Son extrait de la farine et consommé par la vache (D)	24 00	»
Totaux	134 50	155 75
DÉPENSES.		
Froment récolté : 8 hectolitres à 18f00	113 7	30 25
Orge achetée : 7 hectolitres à 11f00	»	77 00
Sel pour mêler avec la farine	»	1 50
Frais de mouture, à 2f00 par hectolitre	»	30 00
Combustible nécessaire au chauffage de l'eau	»	6 00
Frais de cuisson de 1,065k de pain, à 0f01 le kil.	»	10 65
Main-d'œuvre de la famille : 12 journées de la femme à 1f00	12 00	»
Intérêt (5 p. 100) de la valeur du matériel spécial (1f75)	0 08	»
Renouvellement de ce matériel	»	0 35
Bénéfice résultant de l'industrie	8 67	»
Totaux comme ci-dessus	134 50	155 75

G. — Blanchissage du linge.

	Valeurs en nature.	Valeurs en argent.
RECETTE.		
Prix qui serait payé si le blanchissage était fait au dehors	36 15	19 00
DÉPENSES.		
Savon	»	13 00
Cendres du foyer	»	6 00
Sarments de vigne	3 00	»
Main-d'œuvre : 26 journées de la femme à 1f00	26 00	»
Intérêt (5 p. 100) de la valeur du matériel spécial	0 08	»
Bénéfice résultant de l'industrie	7 07	»
Totaux comme ci-dessus	36 15	19 00

II. — Résumé des comptes des bénéfices résultant des industries (A à G).

	Valeurs en nature.	Valeurs en argent
Recettes totales.		
Produits employés pour la nourriture de la famille	253f 80	242f 15
— pour l'habitation	11 00	»
— pour les vêtements	36 15	19 00
Recettes en argent appliquées aux dépenses de la famille	»	30 60
Produits en nature et recettes en argent à employer de nouveau pour les industries elles-mêmes (646f 60)	186 80	459 80
Totaux	487 75	751 55
Dépenses totales.		
Intérêt des propriétés possédées par la famille et employées par elle aux industries	44 72	»
Produits des subventions reçues par la famille et appliquées par elle aux industries	15 00	103 50
Salaires afférents aux travaux exécutés par la famille pour les industries	142 60	88 00
Produits des industries employés en nature et dépenses en argent qui devront être remboursés par des recettes provenant des industries (646f 60)	186 80	459 80
Totaux des dépenses (1,013f 42)	389 12	651 30
Bénéfices totaux résultant des industries (195f 88)	98 63	97 25
Totaux comme ci-dessus	487 75	751 55

SECTION II.

COMPTES RELATIFS AUX SUBVENTIONS.

J. — Pêche des coquillages et des poissons sur la côte.

	Valeurs en nature.	Valeurs en argent
Recettes.		
Coquillages : Huîtres pêchées aux grandes marées, 300 à 1f 00 le cent (poids de la chair, 1k 50)	3 00	»
— Huîtres récoltées dans le petit parc dont jouit l'ouvrier, 2,000 à 1f 25 le cent (poids de la chair, 10k)	»	25 00
— Moules....... 72k à 0f 20 le kil.	14 40	»
— Pétoncles..... 6 à 1 00 —	6 00	»
— Palourdes..... 3 à 1 00 —	3 00	»
— Jambles...... 2 à 0 60 —	1 20	»
— Cancres...... 10 à 0 30 —	3 00	»
Poissons : Sèches venues à la falaise après avoir été tuées et décapitées par les marsouins; congres, anguilles, loches et autres petits poissons attardés dans les marées, 54k à 0f 50	27 00	»
Totaux	57 60	25 00
Dépenses.		
Temps passé à la pêche par l'ouvrier, 24 journées à 1f 50, 36f 00; — par la femme, 9 journées à 1f 00, 9f 00; — par le jeune garçon, 18 journées à 0f 50, 9f 00	54 00	»
Intérêt (5 p. 100) de la valeur du matériel spécial (6f 00)	0 30	»
Usure de ce matériel	»	0 20
Valeur à attribuer aux poissons et aux coquillages avant la pêche	3 30	24 80
Totaux comme ci-dessus	57 60	25 00

K. — Récolte des escargots.

	Valeurs en nature.	Valeurs en argent.
Recettes.		
Escargots ramassés par l'ouvrier en labourant la vigne, 2,000 à 0f25 le cent..	5f00	»
— pendant les vendanges, 2,000 à 0f25 le cent..........	5 00	»
— le matin, à la rosée, 1,200 à 0f25 le cent...........	3 00	»
Total...........................	13 00	»
Dépenses.		
Temps passé par l'ouvrier à ramasser les escargots, 3 journées à 1f50......	4 50	»
— par la vieille mère, pour la même occupation, 3 journées à 0f50........................	1 50	»
— par le jeune garçon, 2 journées à 0f50..................	1 00	»
Valeur à attribuer aux escargots avant la récolte.....................	6 00	»
Total comme ci-dessus.............	13 00	»

L. — Récolte de l'herbe sur les terrains communaux et dans les vignes.

	Valeurs en nature.	Valeurs en argent.
Recettes.		
Herbes broutées par la vache dans les terrains communaux..............	»	75f00
— ramassées dans les vignes pour la vache et le porc..................	15 00	31 50
Totaux...........................	15 00	106 50
Dépenses.		
Travail de la famille :		
75 journées de la mère de la femme, à 0f50........................	»	37 50
30 — de la femme à 1f00..................................	»	30 00
Valeur à attribuer aux herbes sur pied..............................	15 00	39 00
Totaux comme ci-dessus............	15 00	106 50

SECTION III.

COMPTES DIVERS.

M. — Compte de la dépense concernant les vêtements.

Art. 1er. — *Vêtements de l'ouvrier.*

	Prix d'achat.	Durée.	Dépense annuelle.
Vêtements du dimanche :			
1 gilet rond en gros drap, à manches..............................	15f00	15 ans.	1f00
1 gilet rond en toile de coton, sans manches..........................	5 00	10	0 50
1 blouse en coton bleu..	3 00	6	0 50
1 pantalon en gros drap...	12 00	10	1 20
1 cravate de coton..	1 50	5	0 30
1 chapeau en feutre...	6 00	6	1 00
1 paire de souliers...	7 00	4	1 75
2 paires de chaussettes de laine..................................	3 00	3	1 00
A reporter....................	....	....	7 25

ART. 1er. — *Vêtements de l'ouvrier (suite).*	PRIX d'achat.	DURÉE.	DÉPENSE annuelle.
Report..........................	....	....	7f 25
Vêtements de travail :			
1 pantalon en toile de fil..................	4f 00	4 ans.	1 00
1 pantalon en droguet..................	5 00	4	1 25
1 gilet en tricot de laine..................	5 00	5	1 00
2 paires de sabots garnis de clous, à 1f 10..........	2 20	1	2 20
1 paire de *Sabarons* (demi-souliers)..........	3 00	1	3 00
1 chapeau de paille..................	4 00	4	1 00
6 chemises en grosse toile de lin..................	25 50	6	4 25
3 mouchoirs de coton..................	3 00	6	0 50
1 bonnet en laine..................	2 00	8	0 25
Total..................	....	....	21 70
ART. 2. — *Vêtements de la femme.*			
Vêtements du dimanche :			
1 camisole de coton..................	4 40	2	2 20
1 jupe en droguet de laine..................	12 00	6	2 00
2 jupons en gros droguet..................	12 00	6	2 00
1 tablier de coton..................	3 00	2	1 50
1 corselette..................	3 75	3	1 25
1 fichu en coton de couleur..................	1 20	3	0 40
2 paires de bas de laine..................	4 00	4	1 00
2 paires de bas de coton..................	3 00	4	0 75
1 bonnet piqué avec dessus en mousseline..........	5 00	5	1 00
6 mouchoirs de poche en coton..................	3 00	6	0 50
1 paire de souliers..................	5 00	5	1 00
Vêtements de travail :			
1 tablier en toile grise..................	2 50	1	2 50
2 coiffures de coton..................	1 50	2	0 75
2 paires de sabots garnis de clous, à 1f 00..........	2 00	1	2 00
6 chemises en toile de lin..................	19 50	6	3 25
Total..................	....	....	22 10
ART. 3. — *Vêtements du fils.*			
Vêtements du dimanche :			
1 gilet de dessus en laine, avec manches..........	6 00	6	1 00
1 gilet de coton sans manches..................	4 00	4	1 00
1 pantalon de laine..................	5 00	4	1 25
1 cravate de coton..................	1 00	4	0 25
1 paire de bas de laine..................	2 00	2	1 00
1 paire de bas de coton..................	1 50	3	0 50
2 mouchoirs..................	1 00	1	1 00
1 chapeau en feutre..................	5 00	5	1 00
1 paire de souliers..................	4 00	1	4 00
Vêtements de la semaine :			
1 blouse..................	2 00	1	2 00
1 gilet de dessous..................	3 00	2	1 50
1 pantalon de drap..................	4 00	2	2 00
1 casquette..................	1 50	1	1 50
1 paire de sabots..................	0 60	1	0 60
3 chemises de coton..................	4 50	2	2 25
Total..................	....	....	20 85
ART. 4. — *Vêtements de la mère de la femme.*			
2 camisoles..................	4 00	2	2 00
2 jupes en droguet..................	4 00	2	2 00
1 vieille mante en grosse étoffe de laine..........	10 00	5	2 00
1 tablier en toile grise..................	1 20	2	0 60
2 paires de bas de laine..................	2 50	3	0 83
1 paire de sabots..................	0 75	1	0 75
3 chemises..................	9 00	3	3 00
1 coiffure en futaine pour l'été..................	1 00	2	0 50
1 coiffure en laine pour l'hiver..................	1 50	2	0 75
Total..................			12 43

ÉLÉMENTS DIVERS DE LA CONSTITUTION SOCIALE

FAITS IMPORTANTS D'ORGANISATION SOCIALE; PARTICULARITÉS REMARQUABLES; APPRÉCIATIONS GÉNÉRALES; CONCLUSIONS.

§ 17.

LES CAUSES PRINCIPALES DE LA DÉSORGANISATION OBSERVÉE CHEZ LA POPULATION RURALE DES VIGNOBLES DE L'AUNIS.

Les faits de désorganisation signalés, pour une localité spéciale, aux §§ 3, 7 et 12 se présentent souvent dans l'Aunis; mais ici, comme dans les autres monographies de ce volume, l'impression pénible que font naître ces tableaux du mal doit être tempérée par une même remarque. Partout les désordres sociaux me sont signalés par des hommes de bien qui voudraient y porter remède. Il ne faut donc jamais oublier que le mal n'est point universel et que les moyens de guérison ne font pas défaut. D'ailleurs, plus j'avance dans mon enquête et plus j'arrive à une vérité qui soutiendra l'espoir d'un avenir meilleur au milieu des catastrophes qui peuvent encore survenir. La réforme est plus facile qu'on n'est porté d'abord à le croire à la vue des débordements du mal actuel. Cette conclusion s'est souvent présentée à mon esprit. Elle a été corroborée par de longs entretiens que j'ai eus, au sujet de la présente monographie, avec des hommes qui connaissaient fort bien le passé et le présent des régions contiguës à la ville de La Rochelle.

La crainte que ces entretiens ont écartée se présentait à notre esprit dans les termes suivants. Les traits ignobles de corruption indiqués par cette monographie se lient manifestement à l'oubli des règles fondamentales dont les peuples prospères se sont inspirés dans tous les temps et dans tous les lieux : telles sont surtout la soumission au Décalogue et l'obéissance à l'autorité paternelle. Jusqu'à présent la pratique de ces vertus n'a été inculquée aux classes populaires que par la religion et la coutume, appuyées sur l'exemple des classes dirigeantes. Or, depuis deux siècles, le bon exemple fait défaut : aujourd'hui, plus que jamais, ceux qui disposent de l'opinion publique sont hostiles, non-seulement à la religion et à la coutume des familles, mais encore à l'ensemble des traditions nationales de nos époques de prospérité. Sous cette impulsion, la race perd de plus en plus les idées et les mœurs qui lui assuraient autrefois, dans la vie privée, le plus grand des biens : la paix unie à la stabilité. Dès lors, la nation ne marche-t-elle pas fatalement, par la discorde, à la ruine? L'histoire du passé nous a fait entrevoir la réponse à cette question, pour l'Aunis, comme pour une grande partie de la France. L'étude du présent nous fait espérer que le mal n'est point sans remède.

En 1628, recommença, pour la France, une ère de paix et de stabilité. La prise de La Rochelle avait clos définitivement les luttes armées des catholiques et des protestants. L'édit de grâce de 1629 avait mis en lumière la clémence de Louis XIII et la sagesse de Richelieu : il avait fait pénétrer dans les cœurs l'œuvre de pacification commencée en 1598 par l'édit de Nantes et achevée dans l'Aunis par un juste emploi de la force. A la guerre acharnée commencée en 1562 à Vassy, succéda dès lors une émulation pacifique, tandis que la guerre de 30 ans continuait en Allemagne jusqu'en 1648, et que les querelles religieuses désolaient l'Angleterre de 1642 à 1660. Pendant ces désordres sociaux de l'Occident, la France redevint, comme elle l'avait été déjà au temps de Saint-Louis, le modèle du christianisme. Les bons exemples donnés par Louis XIII à la noblesse et par les protestants à la bourgeoisie aidèrent beaucoup à rétablir les mœurs ébranlées sous le règne des derniers Valois. L'ascendant du clergé catholique, compromis au temps de Rabelais, de Montaigne et de Charron, fut pleinement restauré par les vertus d'Olier et la science de Bossuet; enfin, l'ère de sainteté de Thomas d'Aquin et de Louis IX fut ramenée par François de Sales, Jeanne de Chantal et Vincent de Paul.

Sous cette impulsion, la France devint le modèle de l'Europe. Comme toujours, l'ordre moral ramena successivement la prospérité, le développement de la richesse, de la science et du pouvoir, puis les maux qu'engendre bientôt l'abus de ces biens. Ce funeste retour fut le caractère distinctif du gouvernement personnel de Louis XIV. Dès 1661, l'adultère fut, en quelque sorte, établi sur le trône; et il s'y perpétua pendant plus d'un siècle. Après le funeste édit de 1685, les protestants n'eurent plus qu'à choisir entre l'exil ou des persécutions cruelles. Avant la fin du règne, la cour devint le foyer des mauvaises mœurs et du scepticisme irréligieux. Depuis lors, ces deux fléaux ont envahi chaque jour plus profondément les couches inférieures de la nation. Dans l'Aunis, la persécution religieuse a engendré de grands maux. La désorganisation des classes rurales a maintenant pour caractères principaux la révolte contre la religion et le mépris de l'autorité paternelle. Elle y est surtout développée dans les vignobles. Ceux-ci, en effet, se prêtent à un morcellement indéfini, comme les champs crayeux de la Champagne. Ils peuvent être immédiatement divisés, et, au besoin, réduits à quelques pieds de vigne. Les individus les plus dégradés par le vice sont les plus ardents à réclamer leur part du bien paternel. Ils s'empressent d'aliéner cette part pour se soustraire momentanément au devoir du travail et satisfaire leurs appétits sensuels; et ils ne trouvent dans leur droit à l'héritage qu'un nouvel élément de déchéance sociale.

Les campagnes de l'Aunis, comme celles de la Picardie (III, 17), semblent étrangères à certaines formes de dégradation qui sont signalées dans les grandes villes. En revanche, je ne vois point, même à Paris et dans sa banlieue, que les classes urbaines de salariés, vouées au vice et à l'imprévoyance, soient dénuées de certaines vertus au même degré que les campagnes dégradées. Plusieurs causes tendent, en effet, à réagir contre la corruption urbaine qui sera signalée plus loin par deux exemples (VIII; IX). Chaque ville offre un noyau de bourgeoisie qui trouve une stabilité relative dans l'exercice de certaines professions pratiquées avec honnêteté. Ces familles s'appuient de plus en plus sur la transmission de biens meubles qui, étant représentés par des titres au porteur, résistent aux contraintes du code civil et à l'inquisition de ses agents. Elles sont en contact intime avec une partie de la population imprévoyante : chaque jour elles lui donnent l'exemple de la sobriété, de l'ordre domestique et des autres qualités traditionnelles de la race (IV, IV, 12; V, IX, 12). Cette supériorité des bourgeoisies urbaines devient de plus en plus évidente à mesure que les lois et les hommes qui ont la mission de détruire en France la famille rurale font leur œuvre dans les régions défendues jusqu'alors par les montagnes, les forêts et les bocages (V, In. 9). Depuis longtemps cette destruction est accomplie dans les vignobles français où se produisent les vins communs, où les petits propriétaires peuvent se partager la grande propriété dans les licitations après décès. Ainsi expulsés de leurs résidences rurales, les anciens propriétaires laissent les campagnes exposées sans défense à la désorganisation sociale engendrée par deux causes principales : par l'intempérance ou le vice des journaliers imprévoyants ; par l'âpreté au gain des paysans vignerons. Réfugiées dans les villes avec les débris mobiliers de l'héritage paternel, les familles qui emportent avec elles le trésor moral des ancêtres exercent la mission bienfaisante que je viens d'indiquer. Parmi ces familles, quelques natures d'élite sentent même le besoin de réagir, par des efforts extraordinaires de vertu, contre une persécution légale qui, comme celle de 1685, les a condamnées à l'exil. C'est ainsi que, sous mes yeux, plusieurs familles conservent la coutume qui maintient, sous le même toit et à la même table, plusieurs ménages issus d'un même sang. Je vois dans leur sein la soumission journalière au Décalogue et l'obéissance à l'autorité paternelle. En me reportant par la pensée à mes voyages en Orient, je ne saurais assez admirer les vertus traditionnelles de nos vieilles races rurales. Je constate, en effet, que leurs rejetons conservent encore à Paris, parmi trois générations successives, des mœurs patriarcales qui ne le cèdent en rien à celles de la Grande-Steppe d'Asie (II, In. 3). A quelle hauteur notre nation ne se serait-elle pas élevée, si elle avait conservé les forces créées par Louis XIII et par les grands hommes de son siècle; si elle n'avait pas été depuis lors ébranlée par tous ses rois et désorganisée par ses lettrés!

Le même ensemble de circonstances concentre dans les villes tous les restes de la tradition nationale et en fait surgir les premiers symptômes de la réforme. Chez les nations riches et lettrées, un clergé national est indispensable à la conservation des races stables et à la restauration des races ébranlées (III, In. 5). Or il n'est à la hauteur de cette mission que s'il reste fidèle à la tradition des époques de prospérité. A ces époques, les familles rurales sont la vraie pépinière des ministres du culte; mais, comme je viens de l'expliquer, l'élite du personnel ecclésiastique ne se trouvera guère dorénavant que dans les villes. Cette origine est visible aujourd'hui chez les prêtres français qui ont l'ascendant nécessaire pour arrêter quelque peu la nation sur la pente du scepticisme irréligieux. D'un autre côté, les villes deviennent moins que jamais la patrie naturelle de la vertu. Les familles qui s'y réfugient, après avoir été expulsées du domaine paternel par les contraintes légales, ne peuvent guère conserver la tradition des ancêtres pendant plus de trois générations. La destruction des forces morales de la nation se produirait donc tôt ou tard dans ces lieux de refuge si elle s'accomplissait partout aux lieux d'origine; et la ruine de la race deviendrait alors inévitable. Déjà même l'oubli de Dieu a pris, sur notre sol, par la révolte d'une fausse science, un caractère plus dangereux que pendant la décadence de l'empire romain. Il est temps de réagir contre le mouvement qui nous pousse à l'abîme. Les derniers éléments de cette réaction nécessaire disparaissent rapidement; et il serait peut-être impossible au XXe siècle, à la ville comme à la campagne, de trouver intactes des familles d'où pourraient sortir les nouveaux apôtres des Gaules!

§ 18.

PRÉCIS SUR LA CULTURE DE LA VIGNE DANS L'AUNIS.

L'ancien pays d'Aunis, qui fait aujourd'hui partie du département de la Charente-Inférieure, est un des plus beaux vignobles de la France. On estime que les vignes couvrent le cinquième de la superficie totale de la contrée et qu'elles produisent, année moyenne, environ 300,000 hectolitres de vin. Un tiers à peu près de cette quantité est consommé dans le pays ou exporté; les deux autres tiers sont convertis en eaux-de-vie. La vigne est principalement cultivée dans deux sortes de terres. Dans les terres de Varennes, qui ont généralement plus de profondeur que les autres, les produits sont plus abondants, mais moins spiritueux, et la vigne a moins de durée. Dans les terres de Groix, composées de craie tendre et marneuse, qu'on ne trouve généralement que dans la Saintonge et l'Angoumois, on obtient l'eau-de-vie la plus estimée, dite de *Champagne*.

Les cépages blancs sont les plus cultivés, comme étant les plus convenables à la fabrication des eaux-de-vie. La petite proportion des cépages rouges que l'on cultive donne des vins très-foncés en couleur qui servent à la consommation locale. On recueille aussi quelques vins délicats; mais l'excellente qualité des eaux-de-vie et la facilité de leur débit ont amené les vignerons à porter toute leur attention sur les moyens d'en obtenir la plus grande quantité possible. On peut résumer dans les termes suivants les principaux faits qui se rattachent à la plantation et à la culture de la vigne, à la récolte de ses produits et à la fabrication des eaux-de-vie.

Pour planter la vigne, on emploie généralement des boutures ou pousses de l'année, que l'on choisit toujours sur le cep, avant de le tailler, parmi les sarments dont les nœuds sont les plus rapprochés et qui ont déjà donné des raisins. On coupe ces boutures au-dessus du second nœud, et, après les avoir laissées quelque temps dans l'eau, on les enfonce dans des trous de 30 centimètres de profondeur, disposés en quinconce à 1m 25 de distance les uns des autres en tous sens. Ces trous sont faits à force de bras, à l'aide d'une barre de fer, d'où est venue l'expression de *barrer* la vigne. On remplit les trous avec de la terre meuble en scellant la bouture le plus exactement possible, au moyen d'un piquet en bois, afin de ne laisser aucun vide à l'entour. Les plantations se font du milieu de février au commencement d'avril. C'est de cette opération bien ou mal faite que dépend la réussite plus ou moins prompte de la vigne. On donne ensuite de fréquents labours; et au bout de deux ans on coupe la vigne au-dessus du premier nœud qui se trouve au dessous de la surface du sol, afin de lui faire produire trois à quatre branches principales. Celles-ci donnent alors des raisins et l'on continue d'entretenir ainsi le cep chaque année, autant que possible près du sol, afin de préserver les branches des vents de mer. Les labours se font le plus ordinairement à bras d'hommes, au moyen d'une houe simple appelée *boelle,* dans les terres meubles, et avec la houe à deux branches appelée *pic,* dans les groix rocailleuses. La vigne reçoit généralement trois façons ou labours par an, quelquefois quatre (s). La première façon commence dès le mois de décembre, avant la taille; la seconde aussitôt après la taille, en février, et la troisième après la floraison de la vigne. La quatrième façon, appelée *binage,* a pour but de retirer la terre voisine du cep, laquelle pourrait faire pourrir le raisin; cette façon n'a pas lieu partout. Les engrais que l'on emploie à cette culture sont en général les fumiers ordinaires de ferme; mais sur le littoral on se sert spécialement de varech ou *sart;* cet engrais augmente beaucoup le produit, mais il donne au vin un mauvais goût que l'on retrouve encore dans l'eau-de-vie.

La récolte du raisin commence ordinairement à la fin de septembre et dure près de trois semaines. Beaucoup de paysans des départements voisins viennent à cette époque louer leurs bras pour la vendange. L'usage du ban de vendange existe encore dans quelques localités; mais cet usage commence à tomber en désuétude. Les paysans propriétaires ont toujours le droit de commencer leur récolte quelques jours avant l'époque fixée pour la vendange générale. Le raisin étant cueilli, on le met dans des baquets en bois, puis dans une hotte; de la hotte on le met dans des *crosses,* où on l'*écrase* à moitié avec un gros *croston;* puis on le transporte au cellier où on le foule avec les pieds; on laisse égoutter pendant quelque temps; on met ensuite toutes les rafles sous le pressoir, et le jus qui en découle est reçu dans un grand *timbre* en pierre, quelquefois dans une grande *baille.* On le met après dans des fûts, où il fermente pendant dix ou quinze jours, suivant la température. Aussitôt la fermentation calmée, le vin est propre à la distillation.

Autrefois, le propriétaire qui exploitait au moins 4 hectares de vignes possédait un alambic : il distillait lui-même son vin et livrait directement son eau-de-vie au commerce. Depuis une trentaine d'années, l'art de distiller s'est tellement perfectionné que la plupart des propriétaires ont renoncé à s'en occuper. Ils vendent leurs vins à des *bouilleurs* de profession, qui, à l'aide de nouveaux procédés, en élaborent des quantités considérables. Un établissement de ce genre existe dans la commune de L'Houmeau et suffit aux besoins de la localité. Les eaux-de-vie se divisent en trois qualités principales : celles d'Aunis, celles de Bois et celles de Champagne. Les premières se distinguent par un goût assez prononcé, provenant de l'usage de fumer les vignes avec le varech. Les eaux-de-vie de Bois sont plus sèches, ont à un moindre degré le goût que l'on remarque dans les précédentes et sont mieux classées. Les eaux-de-vie de Champagne, qui se récoltent dans les contrées à sol marneux, sont les plus estimées. Depuis quelques années, les eaux-de-vie de raisins ont trouvé une grande concurrence dans les alcools que l'on extrait maintenant de différentes espèces de grains, des betteraves et des pommes de terre. Aussi les vignerons de l'Aunis, en présence de cette concurrence, s'attachent-ils moins à améliorer la qualité de leurs eaux-de-vie qu'à en produire de grandes quantités à peu de frais.

§ 19.

ÉTAT DE L'AGRICULTURE DANS L'AUNIS.

Avant la révolution de 1789, la presque totalité du pays d'Aunis n'était qu'un vaste vignoble ; les champs de céréales ne s'y rencontraient que très-exceptionnellement. La perte de nos grandes colonies, qui servaient de débouchés aux eaux-de-vie du pays, et les malheurs d'une longue guerre maritime portèrent, vers la fin du siècle dernier, une rude atteinte au commerce et à l'industrie des spiritueux. Ce fut à partir de cette époque que les propriétaires songèrent à transformer une partie de leurs vignes en champs de céréales. De son côté, le paysan, délivré de la dîme et pressé d'ailleurs par le besoin que lui faisait éprouver la perte du patronage, se mit à labourer avec ardeur pour obtenir de la terre les produits nécessaires à son existence. Les grands domaines se vendirent par parcelles et la culture des céréales se répandit de plus en plus. On calcule qu'elle occupe aujourd'hui dans le département une superficie d'environ 200,000 hectares. soit les 0,30 de la superficie totale. On évalue à 2,250,000 hectolitres les quantités de céréales récoltées. Ces quantités ne suffisent pas aux besoins du département, qui en tire encore 150,000 hectolitres des départements voisins.

Cependant les procédés agricoles ne se sont guère améliorés dans le pays depuis le commencement du siècle. On ne pouvait guère espérer que les fermiers et les petits propriétaires fissent une prompte application des procédés nouveaux : en effet, la vigne préoccupe le plus grand nombre des cultivateurs et consomme la majeure partie des fumiers; et les baux à ferme n'ont communément qu'une durée de cinq ans. Aussi, le système d'assolement le plus usité, particulièrement dans les hautes terres de l'ancien Aunis, est encore triennal. Il comprend, savoir : 1re année, froment; 2e année, avoine ou orge; 3e année, jachère. Cette jachère n'offre le plus souvent dans ces sortes de terres qu'un très-faible produit ; il en résulte qu'on n'y élève qu'un petit nombre de bestiaux. On pourrait cependant obtenir des fourrages abondants, et par suite engraisser un bétail plus nombreux, si, au moyen d'un meilleur assolement, on faisait des cultures sarclées. Mais la routine, la faible durée des baux et l'ambitieuse manie qu'ont les fermiers d'exploiter plus de terres qu'ils ne peuvent en cultiver convenablement, enfin la désorganisation de la vie rurale, tendent à maintenir longtemps encore cet état de choses.

Il ne faut pourtant pas conclure de là qu'aucune amélioration n'a été introduite dans le pays. Depuis quelques années, un certain nombre de fermiers se sont décidés à faire des prairies artificielles, des sainfoins, des luzernes et des trèfles; ils ont remplacé des jachères inutiles par diverses plantes sarclées qui préparent à peu de frais d'abondantes récoltes. L'exemple est donné, il ne faut que le suivre. Un bon moyen de perfectionnement serait l'augmentation de la durée des baux. Peut-on prévoir, en effet, qu'un fermier consente à faire de grandes dépenses sur des terres dont il n'a qu'une courte jouissance? Un autre fait qui mérite de fixer l'attention, c'est l'énorme différence que l'on voit de tous côtés entre les produits que le petit paysan obtient de son propre champ, et ceux que le plus grand nombre des propriétaires retirent des leurs. S'il n'est pas possible de trouver des ouvriers qui travaillent aussi bien pour un salaire que pour leur propre compte, c'est au fermier qu'il appartient de remédier à cet inconvénient par de meilleurs procédés agricoles.

§ 20.

RESSOURCES OFFERTES PAR LA PÊCHE CÔTIÈRE AUX POPULATIONS DE L'AUNIS.

La pêche est une des plus grandes ressources des pays maritimes, non-seulement par la valeur de ses produits, mais encore parce qu'elle procure aux classes indigentes du littoral une nourriture saine, abondante et peu coûteuse. Le pays de l'Aunis est placé dans les conditions les plus favorables pour jouir de cette précieuse industrie.

La pêche maritime peut se diviser en quatre classes. — 1° La pêche à la mer, qui se fait au moyen de barques pontées de 8 à 20 tonneaux et avec des filets nommés *chaluts*. Cette pêche emploie environ dans tout le département quatre cents bateaux montés par un millier d'hommes d'équipage. — 2° La pêche sur la partie du rivage qui reste découverte à marée basse. Cette pêche se fait avec des filets nommés *courtines*, que l'on tend lorsque la mer se retire et que l'on va relever, lorsque la mer, les ayant couverts, s'est retirée de nouveau. — 3° La pêche des écluses, ou enceintes murées, dans lesquelles le poisson entre au *flot* et se trouve captif au *jusant*, lorsque la mer a baissé au-dessous du niveau des murs d'enceinte. Ces écluses ne sont pas sans inconvénients pour la navigation, mais ces établissements existent depuis si longtemps qu'il serait bien difficile de les supprimer ou de les réduire. L'administration de la marine a même déjà beaucoup de peine à empêcher les créations nouvelles. Les produits de ces trois sortes de pêche sont, parmi les poissons, les soles (*Pleuronectes Solea*, Lin.), les plies (*Pleuronectes Platessa*, Lin.), les merlus (*Gadus Merluccius*, Lin.), les grondins (*Trigla Cuculus*, Lin.), les rougets (*Mullus barbatus*, Lin.), les meuils ou mulets (*Mullus Surmuletus*, Lin.), les loubines (*Centropomus Lupus*, Cuv.), les congres (*Muræna Conger*, Lin.), les anguilles (*Muræna Anguilla*, Lin.), et, parmi les crustacés, les crabes (*Cancer Mænas* et *Cancer puber*, Lin.), les araignées de mer (*Cancer Maïa*, Lin.), les homards (*Cancer Gammarus*, Lin.), et enfin les crevettes (*Palæmon serratus*, Leach.). — 4° La quatrième sorte de pêche est celle des coquillages, tels que : huîtres (*Ostræa edulis*, Lin.), moules (*Mitylus edulis*, Lin.), palourdes, pétoncles (*Arca Pectunculus*, Lin.), jambles, sourdons, guignettes et cancres. A part les moules et les huîtres qui forment de véritables branches d'industrie, cette pêche aux coquillages ne constitue pas un commerce bien important comme valeur en argent; mais elle est extrêmement précieuse, parce qu'elle nourrit toute la population pauvre du littoral (9). C'est à marée basse qu'on se livre à cette pêche, qui dure chaque jour de deux à trois heures, selon la durée du reflux.

Il existe dans l'arrondissement de La Rochelle de nombreux établissements, nommés *bouchots*, où l'on conserve les moules entre deux palissades de plusieurs centaines de mètres de longueur, et qui s'élèvent de 2 à 3 mètres au-dessus du niveau des vases à mer basse. Ces deux palissades forment un angle dont le sommet est opposé à la mer. Elles sont maintenues par des pieux de 3 mètres de hauteur, qu'on enfonce dans la vase jusqu'à moitié. On enlève les moules, très-petites encore, des lieux où elles naissent, et on les dépose à la main sur les clayons où elles s'attachent et où elles acquièrent, au bout de deux à trois ans, un volume et une finesse de goût remarquables. Indépendamment de ces établissements, il existe sur divers points de la côte des bancs de moules, d'où l'on extrait ces coquillages, soit à sec à marée basse, soit en les draguant à mer haute.

Les huîtres sont conservées dans des établissements connus sous le nom de *parcs*, espèces de réservoirs ou bassins creusés dans la plage, dans lesquels on dépose les petites huîtres provenant du dragage sur certains fonds où il existe des bancs de ce coquillage; ce n'est qu'au bout de deux à trois ans qu'elles sont bonnes pour la consommation. Dans les parcs de Marennes, les huîtres contractent cette couleur verdâtre qui est si recherchée par les amateurs. Les opinions sont divisées sur les causes de ce changement de couleur : les uns l'attribuent à une petite mousse qui tapisse le fond des parcs; d'autres à la verdure qui entoure ces réservoirs; quelques naturalistes à un animalcule appelé *vibrion*. On les attribue à la combinaison de l'eau douce et de l'eau salée. Les huîtres, comme les moules, ne sont bonnes à manger que pendant huit mois de l'année. Durant les mois de mai, juin, juillet et août, elles sont prohibées, autant parce qu'elles sont laiteuses et malsaines, que dans l'intérêt du frai et de la conservation des bancs. Les premiers parcs ont été établis sur cette côte il y a très-longtemps par les pêcheurs auxquels les seigneurs avaient octroyé, dans ce but, quelques petits espaces, moyennant une faible redevance. L'instinct populaire y voyait une source de produits; aussi, quand survint la révolution de 1789, qui dégagea les paysans de toute redevance envers les seigneurs, chacun voulut-il avoir son parc à huîtres. Les municipalités permirent l'installation de ces établissements; et, l'idée de la multiplication des huîtres se généralisant, à mesure que les prix de vente augmentaient, la côte fut bientôt couverte d'établissements prospères, au grand bénéfice des populations. On a parlé récemment des nouveaux moyens de faire multiplier les huîtres artificiellement. Ces moyens ne sont pas nouveaux : ils étaient en partie déjà connus des anciens pêcheurs de l'Aunis; seulement ceux-ci ne les employaient qu'autant que les prix de vente des huîtres pouvaient donner un bénéfice, et que l'administration de la marine laissait la liberté d'en faire usage. C'est qu'en effet celle-ci n'a pas toujours vu favorablement l'extension, sur la côte, des parcs à huîtres Elle prétendait qu'ils gênaient la navigation; et, sous ce prétexte, elle en détruisit un assez grand nombre. Aujourd'hui cependant l'administration de la marine est revenue de ses rigueurs envers les parcs à huîtres; elle leur accorde même sa protection.

§ 21.

PRÉCIS SUR L'EXPLOITATION DES MARAIS SALANTS DE L'AUNIS.

L'établissement des marais salants sur les côtes de l'Aunis remonte à des temps éloignés; et les produits de cette industrie ont été l'une des origines du commerce de la province. Cependant le nombre de ces établissements a beaucoup diminué. En 1612, la généralité de La Rochelle contenait 32,668 livres[1] de marais salants; en 1812, il n'y en avait plus que 16,311 livres. Cet abandon d'une partie des marais a eu le grave inconvénient de créer de véritables foyers d'infection qui, sur certains points, ont élevé le chiffre de la mortalité annuelle au 17e de la population totale. C'est évidemment au défaut d'entretien et à l'envasement qui en est la suite qu'il faut attribuer l'abandon d'une grande partie des marais. Parmi les causes qui ont amené un relâchement dans les mesures de conservation et d'entretien, il faut citer : 1° les dépenses assez considérables que ces mesures nécessitaient et auxquelles les populations les plus rapprochées de la côte ne voulaient pas contribuer, parce qu'elles n'y trouvaient pas un intérêt immédiat; 2° le défaut de lois spéciales qui eussent obligé les propriétaires à une communauté de sacrifices qu'exigeait la similitude de leurs intérêts. Un règlement général d'administration et de police, homologué par ordonnance royale du 29 septembre 1824, vint remédier à cette absence de lois spéciales, en créant une surveillance active et en faisant connaître à chacun ses droits et ses devoirs. L'exécution de ce règlement a déjà restitué une certaine étendue de marais à la fabri-

1. La livre de marais est une mesure superficielle d'une contenance de 50 ares.

cation du sel. Les calculs les plus exacts portent à 24,582 livres la surface actuelle des marais salants du département de la Charente-Inférieure. La plupart des salines de la côte sont encore livrées à la plus aveugle routine. Les moyens qu'on employait il y a des siècles sont encore suivis, de nos jours, avec un respect superstitieux que rien n'a pu vaincre.

Les marais salants comprennent trois éléments principaux : 1° de nombreux canaux, appelés *vivres*, dans lesquels est reçue l'eau de mer qui y circule, s'y concentre et y dépose les terres qu'elle tient en suspension ; 2° des *aires*, ou petits bassins carrés, de 5 à 6 mètres sur chaque face, dans lesquels l'eau concentrée est répandue en nappes minces, lesquelles, soumises à une évaporation rapide sous l'influence du soleil, ne tardent pas à saliner, c'est-à-dire à déposer le sel qu'elles contiennent ; 3° des *bossis* ou tailles élevées produites par l'accumulation des terres qui proviennent du creusement et du curage des canaux. Ces terres très-fertiles sont généralement mises en culture. Le travail commence au mois de mars ; on nettoie les canaux, on évacue l'eau douce, on introduit l'eau de mer, on corroie la terre des aires, on les nivelle et on refait les séparations. Le moment de la saunaison dépend de la température plus ou moins chaude ; elle commence habituellement vers le solstice d'été et cesse au mois de septembre. On introduit alors dans les marais une assez grande quantité d'eau pour que les gelées ne puissent les détériorer. Le mode d'extraction du sel est des plus simples. L'eau de mer étant exposée dans les aires à la chaleur du soleil, le sel s'y forme en s'y cristallisant à la surface et en y produisant une croûte que le saunier ramasse en l'écrémant avec un râteau à long manche, ou qu'il brise et fait tomber au fond, où s'amasse bientôt une couche épaisse qu'il recueille avec un outil nommé *rable*. Il dépose ce sel sur les chemins étroits qui séparent les aires, en petits tas qu'il transporte ensuite sur les bossis, où il les réunit en gros tas. Ceux-ci sont garantis de la pluie par une couverture de paille ou d'herbages.

La production varie, en raison de l'influence plus ou moins favorable de la température, de 0 à 7,600 kilogr. par an et par livre de 50 ares. La valeur du sel présente également de grandes variations; le prix le plus élevé peut être porté à 2f, le plus faible à 0f 75 les 100 kilog. Les marais salants sont généralement exploités par des familles de colons partiaires ou sauniers qui sont à la fois fabricants et laboureurs. Ils reçoivent des propriétaires des salines, comme rétribution de leur travail, le tiers du produit de la vente du sel et la totalité de la culture des bossis des marais qu'ils exploitent. Un saunier, avec sa femme et deux ou trois enfants de 12 à 18 ans, peut cultiver 4 à 5 livres de marais. Ne trouvant point dans cette industrie une occupation permanente, il doit chercher ailleurs un supplément de travail; et ce supplément ne lui fait jamais défaut[1].

Il a paru utile de compléter ces données générales sur les marais du département par quelques détails spéciaux au principal groupe situé à l'embouchure de la Seudre. Les ouvriers attachés aux marais salants de Marennes forment deux catégories distinctes : 1° les *sauniers-lettriers*, qui ont un droit perpétuel au travail de certains marais, et qui reçoivent la moitié du sel produit, à la condition de faire tous les travaux (y compris les réparations que le marais exige); 2° les *sauniers à engagement annuel*, qui reçoivent le tiers du sel produit, comme rétribution du travail de saunaison, les réparations du marais restant à la charge du propriétaire. Tous les sauniers de cette région se distinguent par des habitudes particulières. Indépendamment des rétributions en nature indiquées ci-dessus, ils reçoivent des subventions extrêmement variées qui contribuent singulièrement à assurer le bien-être de la famille. Ainsi, chaque saunier cultive divers produits agricoles, et particulièrement des fèves, sur les bossis incessamment engraissés par le limon provenant du curage des canaux et des aires d'évaporation. Il jouit d'un pâturage abondant sur ces mêmes bossis et sur les rivages herbus nommés *laides*. Il nourrit des anguilles dans les réservoirs d'eau de mer

1. Résumé de l'enquête parlementaire sur la production et le commerce des sels, par M. Favreau, membre de l'Assemblée législative. — Cours de Métallurgie, professé de 1840 à 1855, à l'École des Mines de Paris, par M. F. Le Play, ingénieur en chef des Mines. — Voir aussi les détails donnés sur la condition et sur l'industrie des sauniers de Marennes (V, VIII, 23).

nommés *jars*. Il cultive des huîtres dans des parcs spéciaux disposés près des marais. Il pêche, sur le rivage de la mer, diverses sortes de coquillages et de poissons. Il récolte, sous forme de fagots, le bois de chauffage fourni par les arbrisseaux épars sur le bord des réservoirs d'eau de mer. Le saunier exécute tous ses travaux en communauté avec sa femme et ses enfants. Indépendamment de son occupation principale, il entreprend ordinairement des travaux de culture. Il est logé dans des villages bâtis sur la lisière des marais. Souvent il est propriétaire de sa maison et de quelques pièces de terre éparses dans une banlieue extrêmement morcelée. Ce morcellement est poussé à ce point, surtout dans les parcelles plantées de vignes, que celles-ci se réduisent parfois à quelques mètres carrés. Le saunier possède habituellement un cheval d'une valeur moyenne de 100 à 150^{f}, qui est nourri, en grande partie, avec les herbes récoltées ou broutées dans le marais. L'ouvrier s'en sert d'abord pour se transporter lui-même sur le lieu du travail, aux époques pluvieuses où le marais est impraticable pour des hommes à pied, puis pour transporter, au compte du patron, le sel des bossis au lieu de chargement sur les navires qui doivent distribuer ce produit dans les divers ports de l'Océan, de la Manche et du nord de l'Europe. Un saunier, aidé par sa femme et par un jeune garçon, peut exploiter 2^{h} 8 de marais, où la surface d'eau est de 1^{h} 6, et la surface cultivée 1^{h} 2. Il y consacre pendant la saison 90 journées ; sa femme et son enfant fournissent chacun 60 journées. Comme rétribution de ce travail, la famille obtient une valeur approximative de 246^{f}, savoir : sel 140^{f}; valeur locative du sol cultivé, et des autres parties du marais dont la jouissance est attribuée à l'ouvrier, 106^{f}. La famille consacre le reste de son temps à cultiver le marais et les terres de la banlieue du village; à transporter le sel pour son compte et pour celui du patron; enfin à réparer le marais à prix fait pour le compte du patron.

Comme on l'a indiqué ci-dessus, la production du sel s'est accrue dans l'Aunis depuis la réforme opérée en 1824. Elle se réduit maintenant pour la production des huîtres et par la concurrence des salines de l'est et du midi.

§ 22.

ALTÉRATION DES ANCIENNES MŒURS DANS L'AUNIS, ET MOYENS D'Y PORTER REMÈDE.

Il y a lieu d'abord de constater un fait regrettable : c'est que le niveau moral des habitants actuels de l'Aunis est inférieur à celui des générations du siècle précédent. Mal initiées à la connaissance de Dieu et de ses lois, les consciences, depuis le commencement du siècle, ont erré dans les devoirs de la vie civile. Le goût des plaisirs sensuels a prévalu. On ne s'est adonné sérieusement au travail qui assure l'avenir qu'après avoir usé ses forces physiques; et l'on n'a plus eu alors, ni la force de reproduction, ni la capacité nécessaire pour élever des citoyens. L'esprit de famille n'a plus de racine. Habitué à diviser les héritages, quelque modiques qu'ils soient, chacun trouve naturel d'obtenir ce que la loi lui accorde. Aperçoit-on la moindre inégalité dans les partages, de vives contestations s'élèvent aussitôt et se terminent le plus souvent devant les tribunaux. Cependant l'ancien régime de succession est parfois regretté par des esprits perspicaces; mais personne ne se sent la force de le faire revivre. Les parents étalent sans scrupule devant leurs enfants leur aversion et leur méfiance contre les personnes qui tendent à améliorer les mœurs. Ils ne cherchent pas non plus à dissimuler leurs propres vices. Ne se rendant plus respectables, comment seraient-ils respectés? L'esprit de charité est banni de la société; et il est remplacé par un esprit d'antagonisme (3). On a bien entendu raconter qu'anciennement la société était moins dissolue, que les mœurs étaient plus pures, que ceux qui manquaient à l'honneur étaient mis à l'index de la société, enfin que la confiance mutuelle était plus générale; mais la mémoire de faits particuliers, se rattachant à cet ordre de choses, est complétement éteinte.

Les paysans de l'Aunis sont en général orgueilleux. A la moindre contrariété, ils sont prêts à quitter leurs maîtres. Ils n'acceptent donc que malgré eux toute disposition au patronage; et les rapports qui existent entre ouvriers et patrons sont peu amicaux. Est-ce à dire qu'aucun remède ne peut être apporté à cette désorganisation sociale? Nous ne le pensons pas; et chacun peut y contribuer dans la mesure de ses forces. Déjà même quelques faits locaux peuvent être considérés comme le commencement d'une réforme des mœurs. Depuis que la commune possède un prêtre et un instituteur, on constate une certaine amélioration chez les enfants (4). Les vieillards écoutent avec plus d'attention la parole du ministre de Dieu. Les jeunes gens seuls sont encore rétifs à suivre les bons exemples. Voici, suivant nous, quelques remèdes propres à combattre le mal et à resserrer les liens de famille. D'après la loi du recrutement de l'armée, la plupart des paysans sont enlevés à l'agriculture à un moment où ils seraient le plus utiles à leur famille. Il serait à désirer qu'en temps de paix du moins les gouvernants comprissent mieux que, s'il faut des bras pour servir la patrie, il en faut aussi pour la nourrir : il serait à désirer, disons-nous, qu'une disposition légale exemptât du service militaire le fils de famille qui aurait constamment pratiqué, avec son père, l'agriculture ou un art mécanique quelconque. Le père de l'exempté devrait avoir au moins 60 ans d'âge. Cette disposition légale ne devrait pas rencontrer beaucoup d'opposition; et elle aurait pour effet de retenir les jeunes gens à la campagne et sous le toit paternel.

L'introduction d'institutrices dans la commune aurait également un effet salutaire. Quelques communes voisines en ont déjà éprouvé les bons résultats : ce qui autorise à penser que, si le mal est entré dans le monde par la femme, c'est aussi par elle qu'il doit en sortir. L'instruction sur l'économie domestique manque dans la famille : il serait utile de créer des écoles de ménagères. Certaines personnes préfèrent des laïques pour institutrices; nous pensons qu'en général celles-ci n'offrent pas les mêmes garanties, ni surtout la même prépondérance que des religieuses dont la vocation est éprouvée et qui sont surveillées par des supérieures attentives. Leur mission ne se borne pas à instruire les jeunes filles : elles sont aussi d'un grand secours pour les malades. Il conviendrait également de créer, dans chaque commune, un gymnase, une bibliothèque publique qui serait composée de livres utiles et à la portée de tous. Ces créations amèneraient de bons rapports sociaux et préviendraient les discussions du cabaret. Enfin il est toujours utile et nécessaire de procurer des distractions licites au peuple et surtout à la jeunesse, si l'on veut éviter qu'elle en cherche d'illicites, qui sont toujours funestes.

Enfin, il est une dernière mesure dont on ne saurait trop recommander l'exécution : c'est la modification de la loi sur la chasse. D'après la législation en vigueur, le paysan peut rarement se procurer cette distraction (11). On ne devrait donc imposer que les chasseurs qui chassent avec des chiens ; mais le paysan qui prend un fusil pour se distraire en allant visiter ses champs ne devrait pas avoir de permis de chasse à payer. S'il est soumis à l'impôt, il renoncera à ce plaisir innocent et utile à la santé, et ira chercher d'autres distractions au cabaret.

CHAPITRE V

TISSERAND

DE MAMERS (MAINE)

OUVRIER-TACHERON

dans le système des engagements momentanés,

AVEC UN PRÉCIS DE LA MONOGRAPHIE AYANT POUR OBJET

LE TISSERAND DES VOSGES (20),

D'APRÈS LES RENSEIGNEMENTS RECUEILLIS SUR LES LIEUX,
DE 1848 A 1850,

PAR MM. A. DE SAINT-LÉGER ET PÉLISSON.

OBSERVATIONS PRÉLIMINAIRES

DÉFINISSANT LA CONDITION DES DIVERS MEMBRES DE LA FAMILLE.

Définition du lieu, de l'organisation industrielle et de la famille.

§ 1.

ÉTAT DU SOL, DE L'INDUSTRIE ET DE LA POPULATION.

L'ouvrier habite le faubourg de la ville de Mamers, commune, canton et arrondissement du même nom (Sarthe). Le district environnant est situé sur le terrain crétacé inférieur et sur le terrain jurassique. Il n'exporte guère d'autres produits agricoles que les jeunes chevaux, les bêtes à cornes, les porcs et les volailles. Les céréales, produites dans le pays en quantité considérable, ont pour débouché local la nombreuse population occupée au tissage des grosses toiles de chanvre qui constituent le principal article d'exportation. La population comprend les éléments ordinaires d'un chef-lieu de district rural. La classe ouvrière est spécialement formée de tisserands travaillant dans le système des engagements momentanés. Chaque ouvrier n'est point exclusivement en relation avec un chef déterminé, mais travaille successivement pour le compte de divers spéculateurs qui exploitent le commerce des toiles produites dans cette petite ville et dans les districts ruraux qui y confinent. Cette combinaison se rattache à une organisation industrielle fort répandue encore dans toute l'Europe, et qu'on désigne dans cet ouvrage sous le nom de *système des fabriques collectives* (18). Ce système, dans sa pureté primitive, est fondé sur l'alliance intime de l'industrie manufacturière et du travail agricole. Il assure le bien-être des ouvriers partout où il s'est conservé intact. Lorsque, au contraire, ainsi qu'il est arrivé pour la localité décrite dans cette monographie, on a cru pouvoir abandonner ce principe tutélaire et consacrer exclusivement les ouvriers au travail industriel, ceux-ci, en s'agglomérant dans les villes, sont tombés dans un état de pénurie, devenu en quelque sorte l'état normal de la population, et qui constitue l'une des plus affligeantes particularités de l'Occident (17, 18, 21).

§ 2.

ÉTAT CIVIL DE LA FAMILLE.

La famille comprend les deux époux et quatre enfants, savoir :

1. Jean-Baptiste P***, chef de famille, marié depuis 13 ans, né à Mamers. 36 ans.
2. Marguerite T**, sa femme, née à Mamers........................ 33 —
3. Louis P***, leur 1er fils, né à Mamers........................ 12 —
4. Henri P***, leur 2e fils, né à Mamers........................ 9 —
5. Marie P***, leur fille, née à Mamers........................ 7 —
6. Auguste P***, leur 3e fils, né à Mamers........................ 4 —

Les deux époux ont pu, pendant les premières années de leur mariage, donner quelques secours à leurs parents. Aujourd'hui ils laissent ce soin au bureau de bienfaisance de la ville.

§ 3.

RELIGION ET HABITUDES MORALES.

La famille professe sans ferveur la religion catholique romaine. D'ailleurs, la nécessité où elle se trouve souvent de travailler les dimanches et les fêtes l'empêche d'assister régulièrement aux exercices du culte. Les habitudes morales sont assez bonnes, tant avant qu'après le mariage. La famille supporte avec courage l'existence laborieuse et sévère décrite dans la présente monographie. Elle parvient à l'améliorer un peu lorsque les enfants sont en âge de travailler; mais, trop souvent, les chômages ou les maladies viennent la plonger dans la misère. Si une famille ainsi frappée n'est pas immédiatement secourue par la charité privée ou par le bureau de bienfaisance, elle ne tarde pas à se décourager. Le mari s'adonne aux boissons spiritueuses et ne travaille plus avec suite, même quand le commerce a repris toute son activité. La femme cesse de faire régner la propreté dans l'habitation et dans les vêtements. La famille, s'affaissant en quelque sorte sous le poids de sa souffrance, reste désormais dans un état habituel de misère et de dégradation. Incapable de se soutenir elle-même par son travail, elle devient une charge permanente pour la société. En laissant même de côté les motifs d'humanité qui commandent d'entrer dans cette voie, on peut dire que toute institution ayant pour but d'assurer aux ouvriers de ce district un certain minimum de bien-être, ou de ne pas permettre que leurs privations dépassent une certaine limite, serait une bonne spéculation pour cette portion de la société qui, en fait, se charge maintenant (7) de porter remède aux maux causés par l'imprévoyance de la classe la plus nombreuse. La réforme de ce système industriel devrait consister surtout à lui restituer progressivement son ancien caractère de fabrique rurale (18), à rendre plus stable le régime des engagements (1), et à charger, par suite, chaque fabricant de veiller personnellement au bien-être des ouvriers qu'il emploie. L'esprit de patronage et de bienfaisance pourrait encore s'appliquer utilement à provoquer dans ce district des habitudes d'émigration.

§ 4.

HYGIÈNE ET SERVICE DE SANTÉ.

Les tisserands doivent souvent à leur occupation sédentaire, et à l'humidité de l'atmosphère où ils travaillent, une constitution faible et un tempérament lymphatique. Cependant ils sont rarement attaqués de maladies graves; et ils vivent ordinairement jusqu'à un âge avancé. Nonobstant leur état habituel, les tisserands des villes sont mieux pourvus de secours médicaux que ne le sont ordinairement les ouvriers de même condition disséminés dans les campagnes. Les médecins de la ville accordent généreusement, à titre gratuit, le secours de leur art aux ouvriers nécessiteux; mais cela ne compense pas l'inconvénient de la vie urbaine.

§ 5.

RANG DE LA FAMILLE.

L'ouvrier appartient à la catégorie des tâcherons. Assisté par sa femme, pour le dévidage des écheveaux, et par son fils aîné pour la confection des trames, il élabore dans son ménage le fil que lui confient successivement divers chefs d'industrie ; et il est rétribué suivant le nombre et la qualité des pièces de toile fabriquées.

Moyens d'existence de la famille.

§ 6.

PROPRIÉTÉS.

(Mobilier et vêtements non compris.)

IMMEUBLES ET ARGENT........................ 0f 00

Les tisserands les plus actifs et les plus intelligents, non chargés de famille, arrivent seuls à épargner une somme de quelque importance ou à acquérir un immeuble. L'ouvrier auquel se rapporte la présente monographie, loin de posséder une épargne, contracte envers le boulanger une dette permanente qui peut être évaluée moyennement à 8 francs.

Matériel spécial des travaux et industries....	45f 00

1° *Pour les travaux de tissage.* — 1 métier avec ses accessoires (acheté d'occasion), 40f 00; — 1 dévidoir, 3f 00. — Total, 43f 00.

2° *Pour la culture du jardin.* — 1 bêche, 2f 00.

Valeur totale des propriétés................	45f 00

§ 7.

SUBVENTIONS.

L'existence de l'ouvrier et de sa famille repose en grande partie sur les secours du bureau de bienfaisance de la ville de Mamers. Ce bureau intervient en cas de chômages et fournit alors à l'ouvrier du pain, du combustible et des vêtements. En cas de maladie, il fournit les médicaments et les moyens de subvenir aux besoins de la famille; il entretient l'hospice et la salle d'asile. Chez les familles surchargées d'enfants et de vieux parents, le bureau de bienfaisance agit encore plus régulièrement, par des distributions mensuelles de pain, de combustible et de vêtements. La charité privée intervient souvent, de son côté, soit en faveur des nombreux mendiants qui se recrutent sans cesse parmi les ouvriers les moins moraux et les moins prévoyants de la fabrique de toile, soit en faveur de familles honorables qui, n'ayant pas atteint les dernières limites de l'indigence, hésitent à recourir au bureau de bienfaisance. Ces relations s'établissent de préférence entre les chefs d'industrie charitables et les ouvriers qui travaillent le plus ordinairement pour leur compte. Les premiers avancent de temps en temps de petites sommes qui, pour beaucoup de familles, ne sont jamais remboursées. Ils se chargent aussi de pourvoir aux frais d'apprentissage des jeunes filles (12). Ainsi se manifestent, chez les cœurs les plus généreux, des rudiments de patronage qui prendraient plus de développement, si, par la pression de l'opinion publique (3), les rapports des maîtres et des ouvriers devenaient plus permanents et plus intimes. Les médecins accordent en général, à titre gratuit, le secours de leur art aux indigents, et la commune pourvoit à l'éducation des enfants pauvres.

§ 8.

TRAVAUX ET INDUSTRIES.

TRAVAUX DE L'OUVRIER.—Le travail principal a pour objet le tissage des toiles de lin et de chanvre. Lorsque la fabrique est dans son état régulier, l'ouvrier tisse des toiles de qualité supérieure ayant une largeur de 1m 00 à 1m 20. Lorsque ce travail lui manque, il est réduit à tisser des toiles d'une qualité inférieure et d'une faible largeur (de 0m 75 à 0m 80), qui ne lui donnent que les trois quarts du salaire normal (5). Quelques-uns des tisserands de Mamers ont fait dans leur jeunesse l'apprentissage de la profession de maçon. Ils s'emploient, en été, dans les travaux de construction, et cèdent, pendant ce temps, l'usage du métier à tisser à leurs femmes ou à leurs vieux pères, pour la fabrication des toiles de faible largeur, qui n'exigent qu'un médiocre développement de force. Dans le cas le plus général, les tisserands ne peuvent faire ce double apprentissage ; et c'est ce qui est arrivé spécialement pour l'ouvrier auquel se rapporte la présente monographie. L'ouvrier commence, pendant toute l'année, son travail à 5 heures du matin, et le termine, en hiver à 8 heures, en été à 8 heures 1/2 du soir. Si l'on déduit de cet intervalle de temps 3 heures, qui sont moyennement consacrées aux trois repas, on trouve que la durée effective du travail est de 12 heures en hiver, et de 12 heures 1/2 en été. L'ouvrier ne fait guère de travaux secondaires. La culture de son petit jardin occupe seulement, de loin en loin, quelques moments. La nécessité de chercher de l'ouvrage et de discuter les conditions du salaire impose à l'ouvrier une perte de temps qui peut être moyennement évaluée à trois journées par an.

TRAVAUX DE LA FEMME. — La femme exécute son travail principal comme auxiliaire du mari. Elle prépare le fil pour le tissage en le dévidant sur des fuseaux appelés canettes. Les plus importants de ses travaux secondaires sont les travaux de ménage, puis les travaux de filage et de tricotage exécutés pour la famille, ou, à prix d'argent, pour divers. La culture du jardin réclame en outre un petit nombre de journées.

TRAVAUX DU FILS AÎNÉ AGÉ DE 12 ANS. — Le fils aîné a pour travail principal un détail des travaux de tissage. Il confectionne des trames pour le père et pour un tisserand voisin. Il s'occupe exclusivement de ce travail accessoire, en attendant que ses forces lui permettent de faire l'apprentissage du métier de tisserand.

INDUSTRIES ENTREPRISES PAR LA FAMILLE. — L'esprit d'entreprise s'applique presque exclusivement aux spéculations concernant les travaux de tissage. Malheureusement ces efforts n'assurent aucun bénéfice appréciable ; et la famille serait heureuse de pouvoir compter pendant toute l'année sur le salaire attribué dans le pays aux ouvriers journaliers exécutant d'autres genres de travaux. La culture du jardin est pour la famille une récréation autant qu'une industrie.

Mode d'existence de la famille.

§ 9.

ALIMENTS ET REPAS.

La famille se nourrit principalement de pain, mangé sans aucun assaisonnement, ou avec addition d'un peu de beurre, de fromage ou de hareng salé. Elle mange également comme ordinaire des soupes composées de pain, d'un peu de beurre, de pommes de terre et d'autres légumes. Elle ne mange de la viande que les jours de fête, et elle ne consomme régulièrement à la maison aucune boisson fermentée. Par exception à ces habitudes, l'ouvrier prend quelquefois, le matin, un petit verre d'eau-de-vie. La famille fait habituellement quatre repas, savoir :

Premier déjeuner (5 heures du matin) : pain sans autre assaisonnement que quelques fruits dans la belle saison.

Second déjeuner (9 heures du matin) : soupe au pain et aux légumes, confectionnée avec peu de corps gras.

Dîner (2 heures) : soupe au pain et aux pommes de terre ou aux haricots ; puis pain assaisonné d'un peu de beurre, de fromage ou de hareng salé.

Souper (7 heures) : soupe au pain et aux légumes.

§ 10.

HABITATION, MOBILIER ET VÊTEMENTS.

L'expérience prouve que le tissage ne réussit bien que dans un air humide et dans un milieu où les variations de température sont peu prononcées. Le métier est donc ordinairement établi dans une cave pratiquée, au moins en partie, en contre-bas du sol. L'habitation comprend toujours, en outre, une ou deux pièces situées au-dessus du niveau du sol. Beaucoup de maisons de la ville et des faubourgs sont construites en vue de satisfaire à cette convenance de la fabrique locale.

Meubles 178f 00

1° *Lits.* — 3 bois de lit, 24f 00 ; — 3 paillasses, 9f 00 ; — 2 matelas de plume (de poule), 50f 00 ; — 2 traversins, 12f 00 ; — 3 couvertures de laine, 21f 00. — Total, 116f 00.

2° *Mobilier.* — 1 table, 3f 00 ; — 6 chaises, 4f 00 ; — 1 armoire, 30f 00 ; — 1 huche, 10f 00 ; — 1 poêle en fonte, 15f 00. — Total, 62f 00.

Ustensiles 26f 00

1° *Pour le service de l'alimentation.* — 2 poêlons, 4f 00 ; — 1 marmite en fonte, 1f 50 ; — poterie en grosse terre, 4f 00 ; — 6 couvercles en fer étamé, 3f 00 ; — 1 cuiller à pot en bois, 0f 50. — Total, 13f 00.

2° *Dépendant du foyer.* — 1 paire de chenets avec pelles et pincettes, 7f 00.

3° *Pour usages divers.* — 2 rouets, 6f 00.

Linge de ménage.............................. 50f 00

6 paires de draps, 42f 00 ; — 6 essuie-mains, 4f 00 ; — 12 torchons, 4f 00.

Vêtements : ils sont plus complets et en meilleur état que ceux de la famille précédemment décrite (III, 20) et employée dans la même contrée au travail des champs, bien que la dépense annuelle pour les frais d'entretien et de renouvellement soit moins considérable : cette circonstance s'explique par la nature des occupations qui tient ici la famille à l'abri des intempéries. . 148f 00

Vêtements de l'ouvrier (52f 00).

1° *Vêtements du dimanche.* — 1 habillement complet (veste, gilet et pantalon) en drap pour l'hiver; — 1 habillement complet en étoffe de coton pour l'été; — 1 cravate de soie; — 1 cravate de coton imprimé; — 1 paire de souliers; — 2 paires de guêtres. — Total, 32f 00.

2° *Vêtements de travail.* — Vieux habits du dimanche; — 1 blouse d'étoffe de coton; — 2 paires de sabots avec chaussons; — 6 chemises; — 4 mouchoirs. — Total, 20f 00.

Vêtements de la femme (40f 00).

1° *Vêtements du dimanche.* — 1 habillement complet (robe et tablier) en étoffe de laine pour l'hiver; — 1 habillement complet (robe et tablier) en indienne pour l'été; — 2 fichus; — 1 paire de souliers; — 2 coiffes. — Total, 31f 00.

2° *Vêtements de travail.* — Vieux vêtements du dimanche; — 6 chemises; — 6 mouchoirs de poche; — 3 paires de bas; — 1 paire de sabots avec chaussons. — Total, 15f 00.

Vêtements des enfants, comprenant une assez forte proportion d'objets neufs (50f 00).

Valeur totale du mobilier et des vêtements... 402f 00

§ 11.

RÉCRÉATIONS.

La principale récréation de la famille consiste à ajouter un peu de viande et de cidre, les jours de grande fête et parfois le dimanche, à son ordinaire de pain, d'eau, de beurre et de pommes de terre. Lorsque le pain est à bas prix et lorsque l'ouvrage ne manque pas, l'ouvrier peut, en outre, faire de loin en loin au cabaret une petite consommation de cidre; et, dans ce cas, il prend plaisir à en jouer le prix aux cartes avec un ami. L'usage du tabac à fumer est encore peu répandu parmi les ouvriers de ce district. La femme ne sort de chez elle que pour assister aux offices religieux. Sa seule récréation est la culture du jardin et la conversation avec quelques voisines. Les enfants vont, les dimanches et les fêtes, se divertir à la campagne ou sur les promenades publiques.

Histoire de la famille.

§ 12.

PHASES PRINCIPALES DE L'EXISTENCE.

Les enfants sont admis de 3 à 6 ans à la salle d'asile. Ils fréquentent ensuite l'école communale jusqu'à 11 ans, puis ils font leur première communion. Vers 12 ou 13 ans, après avoir fait leur seconde communion, les garçons commencent ordinairement leur apprentissage chez leur père ou chez un autre tisserand. Quelquefois, ainsi qu'on l'a indiqué (8), ils apprennent en outre, pendant une certaine portion de l'année, le métier de maçon, plus rarement celui de menuisier ou de charpentier. Jamais ils ne se livrent aux travaux de l'agriculture. Les filles, à la suite d'un apprentissage qui dure 2 ans, et dont le prix est ordinairement payé par la bienfaisance d'un patron du chef de famille ou d'une personne charitable de la ville, deviennent assez ordinairement couturières, et gagnent alors, outre leur nourriture, 0f 40 par jour. Pour la plupart, cependant, elles se placent en qualité de femmes de chambre, de bonnes d'enfant ou de cuisinières, aux gages de 50 à 150 francs par an. Dans l'une comme dans l'autre condition, elles arrivent ordinairement à posséder, à l'âge de 18 à 20 ans, une armoire, du linge et des effets d'habillement. Les garçons, de leur côté, après avoir consacré pendant quelques années les produits de leur travail à jeter un peu d'aisance dans la maison paternelle, font les économies nécessaires pour entrer en ménage, et se marient vers l'âge de 22 à 24 ans. Le jeune ménage peut d'abord faire quelques économies qu'il emploie à compléter son mobilier; mais bientôt les enfants surviennent, et la famille tombe désormais dans l'état de pénurie que signale la présente monographie. Les enfants devenus grands peuvent, à la vérité, venir en aide à la communauté; mais, par contre, les vieux parents viennent à leur tour accroître les charges du ménage, lorsqu'ils sont devenus incapables, en raison de l'âge et des infirmités, de se suffire à eux-mêmes. Cependant beaucoup de vieillards ayant dépassé l'âge de 60 ans se livrent encore au travail et s'adonnent à la fabrication des toiles de faible largeur.

§ 13.

MŒURS ET INSTITUTIONS ASSURANT LE BIEN-ÊTRE PHYSIQUE ET MORAL DE LA FAMILLE.

On n'a point seulement à regretter, pour ce groupe industriel, l'absence des mœurs et des institutions propres à assurer en toute éventualité le bien-être des ouvriers. On n'y a pas même complété encore la charité privée par le palliatif de l'assistance mutuelle (25, 26). Depuis 30 ans la population augmente sans cesse, tandis que les moyens de travail restent stationnaires ou diminuent. L'essor imprimé aux ateliers élaborant, au moyen de machines, le lin et le chanvre modifie chaque jour les anciennes conditions de succès de ce genre d'industrie, et ruine la fabrique de toile de Mamers qui continue à reposer exclusivement sur le travail des bras. Déjà, par les atteintes de la concurrence (19), l'industrie des fileuses est presque anéantie dans la contrée; et celle des tisserands, même dans les circonstances commerciales les plus favorables, suffit à peine pour fournir aux familles des moyens de subsistance. L'émigration n'étant point encore entrée dans les mœurs du pays, on n'a trouvé jusqu'à présent, pour remédier à ce triste état de choses, d'autres moyens que de recourir à la bienfaisance publique et privée. Mais ce palliatif ne peut conjurer une cause incessante de décadence. Il tend, d'ailleurs, à aggraver le mal en affaiblissant l'énergie morale de la population et en lui ôtant la force de réagir contre les difficultés au milieu desquelles elle est placée. On n'est pas fondé assurément à critiquer une organisation sociale pour cela seulement qu'on y observe des traits défectueux; mais le doute n'est guère possible, lorsqu'on peut constater, en ce qui concerne le bien-être et la moralité de la population, une décadence permanente.

§ 14. — BUDGET DES RECETTES DE L'ANNÉE.

SOURCES DES RECETTES.	ÉVALUATION approximative des sources de recettes.
	VALEUR des propriétés.
SECTION Ire.	
Propriétés possédées par la famille.	
ART. 1er. — PROPRIÉTÉS IMMOBILIÈRES.	
(La famille ne possède aucune propriété de ce genre)	»
ART. 2. — VALEURS MOBILIÈRES.	
MATÉRIEL SPÉCIAL des travaux et industries :	
Pour les travaux de filage (6)	43f00
Pour la culture du jardin (6)	2 00
ART. 3. — DROIT AUX ALLOCATIONS DE SOCIÉTÉS D'ASSURANCES MUTUELLES.	
(La famille ne fait partie d'aucune société de ce genre)	»
VALEUR TOTALE des propriétés (sauf déduction des dettes mentionnées, 15, Son V)	45 00

SECTION II.

Subventions reçues par la famille.

ART. 1er. — PROPRIÉTÉS REÇUES EN USUFRUIT.

(La famille ne reçoit aucune propriété en usufruit)

ART. 2. — DROITS D'USAGE SUR LES PROPRIÉTÉS VOISINES.

(La famille n'exerce aucun droit d'usage sur les propriétés voisines)

ART. 3. — ALLOCATIONS D'OBJETS ET DE SERVICES.

ALLOCATIONS concernant la nourriture

— concernant l'habitation

— concernant les vêtements

— concernant l'instruction des enfants

— concernant le service de santé

— concernant les dettes

— concernant les assurances

§ 14. — BUDGET DES RECETTES DE L'ANNÉE.

RECETTES.	MONTANT DES RECETTES. Valeur des objets reçus en nature.	Recettes en argent.
SECTION Ire.		
Revenus des propriétés.		
ART. 1er. — REVENUS DES PROPRIÉTÉS IMMOBILIÈRES.		
(La famille ne jouit d'aucun revenu de ce genre)…………	»	»
ART. 2. — REVENUS DES VALEURS MOBILIÈRES.		
Intérêt (5 p. 100) de la valeur de ce matériel………… (16, F)	»	2f 15
— — — ………… (16, C)	0f 10	»
ART. 3. — ALLOCATIONS DES SOCIÉTÉS D'ASSURANCES MUTUELLES.		
(La famille ne reçoit aucune allocation de ce genre)…………	»	»
TOTAUX des revenus des propriétés…………	0 10	2 15
SECTION II.		
Produits des subventions.		
ART. 1er. — PRODUITS DES PROPRIÉTÉS REÇUES EN USUFRUIT.		
(La famille ne jouit d'aucun produit de ce genre)…………	»	»
ART. 2. — PRODUITS DES DROITS D'USAGE.		
(La famille ne jouit d'aucun produit de ce genre)…………	»	»
ART. 3. — OBJETS ET SERVICES ALLOUÉS.		
Pain donné par le bureau de bienfaisance :		
Pendant 7 mois (hiver) : par mois, pour 4 enfants, 8 kil…… 56 kil.		
Pendant 5 mois (été) : par mois, pour 4 enfants, 4 kil…… 20 —		
Total………… 76 kil. à 0f 20……	15 20	»
Argent donné par la bienfaisance privée, pour achat de pain…………	»	26 05
Combustible donné par le bureau de bienfaisance : fagots de bois et mottes de tourbe, valant…………	4 00	»
Vêtements donnés (au mois de décembre de chaque année) par le bureau de bienfaisance.	6 00	»
Frais d'école payés par la commune : par famille…………	6 50	»
Admission des jeunes enfants dans la salle d'asile : par famille…………	1 50	»
Visites accordées à titre gratuit par les médecins : évaluées par famille à…………	1 00	»
Médicaments accordés par l'hospice aux malades : évalués par famille à…………	2 00	»
Remise d'intérêt (5 p. 100) sur une avance accordée par un chef d'industrie : montant en moyenne par an à 10f 00…………	0 50	»
Secours donnés en pain, combustible et vêtements, dans les cas de chômage, par le bureau de bienfaisance : évalués par année à…………	4 00	»
Secours donnés par la bienfaisance privée : évalués par année à…………	4 00	»
Secours donnés aux infirmes et aux vieillards par le bureau de bienfaisance : évalués par famille et par année à…………	6 00	»
TOTAUX des produits des subventions…………	50 70	26 05

§ 14. — BUDGET DES RECETTES DE L'ANNÉE (SUITE).

SOURCES DES RECETTES (SUITE).

DÉSIGNATION DES TRAVAUX ET DE L'EMPLOI DU TEMPS.	QUANTITÉ DE TRAVAIL EFFECTUÉ.		
	père	mère	fils aîné
	journées	journées	journées
SECTION III.			
Travaux exécutés par la famille.			
TRAVAIL PRINCIPAL, exécuté à la tâche, au compte de divers chefs d'industrie :			
Tissage de toile : travail normal de l'ouvrier........................ (16, A)	261	»	»
— travail exécuté par l'ouvrier lorsque le travail normal manque.................... .... (16, A)	60	»	»
TRAVAIL PRINCIPAL de la femme, travaillant à la tâche comme auxiliaire du mari :			
Dévidage du fil sur les fuseaux..........	»	160	»
TRAVAIL PRINCIPAL du fils aîné, travaillant en partie comme auxiliaire de l'ouvrier :			
Confection de trames pour le père....	»	»	153
Confection de trames pour un autre tisserand............... ...	»	»	153
TRAVAUX SECONDAIRES :			
Travaux de ménage : préparation des aliments, soins donnés aux enfants, soins de propreté concernant la maison et le mobilier, entretien et blanchissage des vêtements et du linge.....	»	100	»
Culture du jardin..	1	3	»
Filage, au compte de la famille..	»	5	»
Filage, moyennant un salaire, au compte de divers..........................	»	10	»
Tricotage de bas de laine, au compte de la famille..........................	»	12	»
Tricotage de bas de laine, moyennant un salaire, au compte de divers.......	»	23	»
Temps employé pour chercher du travail..	3	»	»
TOTAUX des journées de tous les membres de la famille........	325	313	306

SECTION IV.

Industries entreprises par la famille

(à son propre compte).

SPÉCULATIONS relatives aux travaux de tissage exécutés par l'ouvrier :

Fourniture des métiers et des outils..

Substitution du travail à la tâche au travail à la journée..............................

Emploi d'ouvriers auxiliaires (la femme et le fils aîné)..............................

SPÉCULATIONS relatives aux travaux de dévidage exécutés par la femme :

Substitution du travail à la tâche au travail à la journée..............................

INDUSTRIES entreprises au compte de la famille :

Culture du jardin ($0^a 6$)..

§ 14. — BUDGET DES RECETTES DE L'ANNÉE (SUITE).

PRIX DES SALAIRES JOURNALIERS.			RECETTES (SUITE).	MONTANT DES RECETTES.	
père	mère	fils aîné		VALEUR des objets reçus en nature.	RECETTES en argent.
fr. c.	fr. c.	fr. c.	**SECTION III.**		
			Salaires.		
0 121	»	»	Salaire total attribué à ce travail........ (16, E et F)	»	292f 70
0 930	»	»	— — .... (16, E et F)	»	54 00
»	0 50	»	— — .... (16, B)	»	80 00
»	»	0 05	— —	»	7 65
»	»	0 05	— —	»	7 65
»	»	»	(Aucun salaire ne peut être attribué à ces travaux).....	»	»
0 600	0 35	»	Salaire total attribué à ce travail..................	1f 65	»
»	0 35	»	— —	1 75	»
»	0 35	»	— —	»	3 50
»	0 35	»	— —	4 20	»
»	0 35	»	— —	»	8 05
»	»	»	(Aucun salaire ne peut être attribué à ces journées)....	»	»
			Totaux des salaires de la famille..............	7 60	453 55
			SECTION IV.		
			Bénéfices des industries.		
			Supplément de salaire résultant de cette fourniture.................... (16, A)	»	»
			— — de cette substitution.................. (16, A)	»	»
			— — de cet emploi.......................... (16, A)	»	»
			— — de cette substitution.................. (16, B)	»	»
			Bénéfice résultant de cette industrie.......................... (16, C)	3 75	»
			Total des bénéfices résultant des industries........ (16, D)	3 75	»
			Totaux des recettes de l'année (balançant les dépenses)...... (543f 90)	62 15	481 75

§ 15. — BUDGET DES DÉPENSES DE L'ANNÉE.

DÉSIGNATION DES DÉPENSES.	POIDS et PRIX des ALIMENTS		MONTANT DES DÉPENSES.	
	POIDS consommé	PRIX par kilog	VALEUR des objets consommés en nature	DÉPENSES en argent.
SECTION 1re.				
Dépenses concernant la nourriture.				
ART. 1er. — ALIMENTS CONSOMMÉS DANS LE MÉNAGE.				
(Par l'ouvrier, la femme et 4 enfants de 12, de 9, de 7 et de 4 ans, pendant 365 jours.)				
CÉRÉALES :				
Seigle évalué à l'état de pain : reçu du bureau de bienfaisance (14, Son II), 76 kil.; — acheté, 1,384 kil.	1,460k0	0f200	15f20	276f80
CORPS GRAS :				
Beurre de vache (acheté salé, en détail)	20 0	1 600	»	32 00
LAITAGES ET ŒUFS :				
Lait de vache (riche en crème)	8 0	0 300	»	2 40
Fromage frais et sec	13 0	0 300	»	3 90
Poids total et prix moyen	21 0	0 300		
VIANDES ET POISSONS :				
Viandes de boucherie : Bœuf, veau ou chèvre	15 0	0 400	»	6 00
Poissons de mer : Hareng salé	2 0	1 000	»	2 00
Poids total et prix moyen	17 0	0 471		
LÉGUMES ET FRUITS :				
Tubercules : Pommes de terre (achetées)	150 0	0 040	»	6 00
Légumes verts à cuire : Haricots verts; Légumes racines : Navets; Légumes épices : Oignons, oseille, persil, thym, poireaux; Salades (16, C)	80 0	0 100	5 50	2 50
Fruits à pepin et à noyau : Pommes, poires	39 0	0 100	»	3 90
Poids total et prix moyen	269 0	0 066		
CONDIMENTS ET STIMULANTS :				
Sel	26 0	0 450	»	11 70
Épices : Poivre, etc.	0 1	5 000	»	0 50
Vinaigre	3 0	0 300	»	0 90
Poids total et prix moyen	29 1	0 450		
BOISSONS FERMENTÉES :				
Eau-de-vie (prise à titre de régal, dans quelques circonstances exceptionnelles)	0 7	1 430	»	1 00
ART. 2. — ALIMENTS PRÉPARÉS ET CONSOMMÉS EN DEHORS DU MÉNAGE.				
(Aucune nourriture n'est consommée en dehors du ménage)			»	»
TOTAUX des dépenses concernant la nourriture			20 70	349 60

§ 15. — BUDGET DES DÉPENSES DE L'ANNÉE (SUITE).

DÉSIGNATION DES DÉPENSES (SUITE).	MONTANT DES DÉPENSES. Valeur des objets consommés en nature	Dépenses en argent.
SECTION II.		
Dépenses concernant l'habitation.		
LOGEMENT :		
Loyer de la maison, 57f00 ; — entretien, 0f50	»	57f50
MOBILIER :		
Entretien	»	1 50
CHAUFFAGE :		
Fagots de bois et mottes de tourbe reçus du bureau de bienfaisance (14, Son II), 4f00 ; — bois mort, copeaux et mottes de tourbe, achetés, 10f00	4f00	10 00
ÉCLAIRAGE :		
Chandelle de suif (pour le travail), 8k à 1f50, 12f00 ; — chandelle de résine, 6k à 0f50, 3f00	»	15 00
TOTAUX des dépenses concernant l'habitation	4 00	84 00
SECTION III.		
Dépenses concernant les vêtements.		
VÊTEMENTS ET ÉTOFFES ACHETÉS :		
Étoffes de laine, 8f00 ; — fil et étoffes de coton, 5f00 ; — toile de chanvre (pour chemises), 7f00 ; — mouchoirs de poche et de cou, 2f00 ; — casquettes, 2f00 ; — chaussons : 12 paires à 0f50, 6f00 ; — souliers, 5f35	»	35 35
VÊTEMENTS REÇUS du bureau de bienfaisance (14, Son II)	6 00	»
TRAVAUX DE CONFECTION :		
Travaux exécutés par la femme (filage et tricotage, 14, Son III), 5f95 ; — travaux exécutés par le tailleur, 4f00	5 95	4 00
BLANCHISSAGE :		
Savon, 4k à 1f15, 4f60 ; — bleu, 0f20	»	4 80
TOTAUX des dépenses concernant les vêtements	11 95	44 15
SECTION IV.		
Dépenses concernant les besoins moraux, les récréations et le service de santé.		
CULTE :		
(L'exercice du culte ne donne lieu à aucune dépense)	»	»
INSTRUCTION DES ENFANTS :		
Frais de l'école payés par la commune (14, Son II), 6f50 ; — frais de la salle d'asile payés par le bureau de bienfaisance (14, Son II), 1f50	8 00	»
SECOURS ET AUMÔNES :		
(La famille ne fait aucune dépense de ce genre)	»	»

§ 15. — BUDGET DES DÉPENSES DE L'ANNÉE (SUITE).

DÉSIGNATION DES DÉPENSES (SUITE).	MONTANT DES DÉPENSES.	
	Valeur des objets consommés en nature.	Dépenses en argent.
SECTION IV.		
Dépenses concernant les besoins moraux, les récréations et le service de santé (suite).		
Récréations et solennités :		
Cidre consommé au cabaret ou dans le ménage, les jours de fête	»	2f 00
Service de santé :		
Visites accordées à titre gratuit par les médecins (14, Son II), 1f 00 ; — médicaments reçus de l'hospice (14, Son II), 2f 00	3f 00	»
Totaux des dépenses concernant les besoins moraux, les récréations et le service de santé	11 00	2 00
SECTION V.		
Dépenses concernant les industries, les dettes, les impôts et les assurances.		
Dépenses concernant les industries :		
Nota. — Les dépenses concernant les industries montent à (16, D) 4f 25		
Ces dépenses sont remboursées par les recettes provenant de ces mêmes industries, c'est-à-dire par des objets employés pour les consommations du ménage et portés à ce titre dans le présent budget (Son I).		
Intérêts des dettes :		
Intérêt (5 p. 100) de l'argent (10f 00) emprunté d'un chef d'industrie, à titre d'avance sur le salaire : intérêt non exigé par le prêteur (14, Son II)	0 50	»
Intérêt (25 p. 100) des objets de consommation achetés à crédit (8f 00), perçu, par les marchands, sous forme d'augmentation des prix de vente au comptant portés au présent budget	»	2 00
Impôts :		
(La famille ne paie pas d'impôts directs)	»	»
Assurances garantissant le bien-être physique et moral de la famille :		
Assurances contre les chômages : secours donnés par le bureau de bienfaisance et par la bienfaisance privée (14, Son II)	8 00	»
Assurances contre les infirmités et la vieillesse : secours donnés par le bureau de bienfaisance	6 00	»
Totaux des dépenses concernant les industries, les dettes, les impôts et les assurances	14 50	2 00
Épargne de l'année :		
Loin de faire une épargne, la famille, qui vit dans un état habituel d'indigence (18), ne peut subvenir à ses besoins qu'en ayant régulièrement recours à la bienfaisance publique et privée	»	»
Totaux des dépenses de l'année (balançant les recettes) (543f 90)	62 15	481 75

§ 16.

COMPTES ANNEXÉS AUX BUDGETS.

SECTION I.

COMPTES DES BÉNÉFICES

Résultant des industries entreprises par la famille (à son propre compte).

NOTA. — Tous les tisserands européens exercent leur industrie en qualité de tâcherons. Pour la fabrication des toiles communes, cette industrie n'exige point l'emploi d'une aptitude supérieure à celle d'un simple manœuvre; mais elle procure toujours à l'ouvrier un supplément de salaire ayant le caractère d'un bénéfice (V, II, 14). A Mamors, par suite de l'agglomération exagérée des ouvriers, le salaire d'un tisserand n'est pas plus élevé que celui d'un simple manœuvre.

	VALEURS en nature.	VALEURS en argent.
A. — SPÉCULATIONS RELATIVES AUX TRAVAUX DE TISSAGE EXÉCUTÉS PAR L'OUVRIER.		
FOURNITURE DES MÉTIERS ET DES OUTILS DE TISSAGE : cette fourniture étant une habitude générale du pays, on ne peut lui attribuer aucun supplément de salaire appréciable..........	»	»
SUBSTITUTION DU TRAVAIL A LA TACHE AU TRAVAIL A LA JOURNÉE : le tissage de la toile se fait toujours à prix fait dans le pays, et l'on ne peut, en conséquence, établir de comparaison entre cette rétribution et celle qui serait donnée à un journalier. Du reste, le temps que l'ouvrier économise en déployant plus d'activité dans l'exécution de ses travaux ne lui produit guère de supplément de salaire, puisque le temps économisé reste inoccupé ou est employé à des travaux d'un moindre rapport..........	»	»
EMPLOI D'OUVRIERS AUXILIAIRES : l'ouvrier emploie pour des travaux accessoires de son industrie sa femme et le fils aîné; malgré ce concours, le salaire de l'ouvrier atteint à peine le salaire attribué, dans le district, aux ouvriers journaliers exécutant d'autres genres de travaux : on ne peut donc considérer aucune partie de la rétribution comme un supplément de salaire assuré par cette spéculation..........	»	»
B. — SPÉCULATIONS RELATIVES AUX TRAVAUX DE TISSAGE EXÉCUTÉS PAR LA FEMME.		
SUBSTITUTION DU TRAVAIL A LA TACHE AU TRAVAIL A LA JOURNÉE : la femme prépare par journée 5 canettes (8) dont la façon est payée en moyenne, dans le pays, 0f 10; la rétribution journalière (0f 50) qui en résulte est tellement faible, qu'on ne peut guère regarder la spéculation comme donnant lieu à un supplément de salaire..........	»	»

C. — Culture du jardin (0² C).

Nota. — Les petites exploitations rurales, qui conservent encore beaucoup d'importance dans la vie domestique des tisserands européens (V, II, 11), se trouvent complétement supprimées dans l'agglomération urbaine de Mamers. La culture d'un très-petit jardin est ici la dernière trace de cette excellente tradition.

	Valeurs en nature.	Valeurs en argent.
RECETTES.		
Haricots verts, carottes, oignons, persil, poireaux, salade : 80 kil. à 0f 10...	5f 50	2f 50
DÉPENSES.		
Loyer du jardin..........	»	2 50
Travaux de la famille.......... (14, Son III)	1 65	»
Intérêt (5 p. 100) de la valeur des outils (2f 00)..........	0 10	»
Bénéfice résultant de l'industrie..........	3 75	»
Totaux comme ci-dessus..........	5 50	2 50

D. — Résumé des comptes des bénéfices résultant des industries (A à C).

	Valeurs en nature.	Valeurs en argent.
RECETTES TOTALES.		
Produits employés en nature pour la nourriture de la famille.....(15, Son I)	5 50	2 50
DÉPENSES TOTALES.		
Intérêt des propriétés possédées par la famille et employées par elle aux industries.......... (14, Son I)	0 10	»
Salaires afférents aux travaux exécutés par la famille pour les industries.......... (14, Son III)	1 65	»
Salaires afférents à d'autres travaux exécutés par la famille et employés par elle aux industries..........	»	2 50
Totaux des dépenses (4f 25)..........	1 75	2 50
Bénéfice total résultant des industries.......... (14, Son IV)	3 75	»
Totaux comme ci-dessus..........	5 50	2 50

SECTION II.

COMPTES RELATIFS AUX SUBVENTIONS.

Nota. — Les subventions territoriales qui placent dans un état d'aisance le tisserand du Rhin (V, II, 7) manquent complétement au tisserand de Mamers. Pour cette catégorie d'ouvriers, toutes les subventions ont le caractère d'une aumône. Les comptes qui s'y rapportent sont fort simples; et ils ont pu être établis dans le budget même (14, Son II).

SECTION III.

COMPTES DIVERS.

E. — Compte des travaux de tissage exécutés par l'ouvrier.

DÉSIGNATION de la TOILE TISSÉE.	Longueur par pièce.	Nombre des pièces de toile tissées.	NOMBRE des journées employées		PAIEMENT reçu		Somme à déduire comme dépense du tisserand (F) en total	RESTE pour tissage, en total.	Montant de la rétribution journalière.
			par pièce.	en total.	par pièce.	en total.			
ESPÈCES DE TOILE FORMANT LE TRAVAIL NORMAL DE L'OUVRIER (8).									
Toile dite *aune pleine*.....	125m	6	30j	180	44f 00	264f 00	51f 90	209f 10	1f 161
Toile dite *petite aune*......	125	3	27	81	36 00	108 00	24 40	83 60	1 032
Totaux et moyennes...	125	9	29	261	41 33	372 00	79 30	292 70	1 121
ESPÈCES DE TOILE QUI POURRAIENT ÊTRE CONFECTIONNÉES PAR LES FEMMES ET PAR LES VIEILLARDS (8).	»								
Toile dite *3/4 aune*......	125	1	24	24	30 00	30 00	6 10	23 90	0 996
Toile dite *2/3 aune*.....	75	1	18	18	20 00	20 00	3 65	16 35	0 908
Toile dite *torchon*.........	75	1 1/2	12	18	12 00	18 00	4 25	13 75	0 764
Totaux et moyennes...	89 3	3 1/2	17 1	60	19 43	68 00	14 00	54 00	0 900

F. — Compte des dépenses faites par le tisserand pour les travaux de tissage, remboursées par une partie de la rétribution (E).

	VALEUR en nature.	VALEUR en argent.
ART. 1er. — *Dépenses pour tous les travaux de tissage exécutés par l'ouvrier.*		
Intérêt (5 p. 100) de la valeur du métier et des outils (43f 00).............	»	2f 15
Dévidage du fil : travail exécuté par la femme..............(14, Son III)	»	80 00
Confection des trames : travail exécuté par le fils aîné........(14, Son III)	»	7 65
Colle, etc..	»	3 50
Total..................................	»	93 30
ART. 2. — *Distribution de la dépense sur les divers travaux de tissage exécutés par l'ouvrier.*		
Toile dite *aune pleine* (6 pièces de 125 mètres de longueur)............	»	54 90
Toile dite *petite aune* (3 pièces de 125 mètres de longueur)............	»	24 40
Toile dite *3/4 aune* (1 pièce de 125 mètres de longueur)............	»	6 10
Toile dite *2/3 aune* (1 pièce de 75 mètres de longueur)............	»	3 65
Toile dite *torchon* (1 pièce 1/2 de 75 mètres de longueur)............	»	4 25
Total comme ci-dessus..................	»	93 30

ÉLÉMENTS DIVERS DE LA CONSTITUTION SOCIALE

FAITS IMPORTANTS D'ORGANISATION SOCIALE; PARTICULARITÉS REMARQUABLES; APPRÉCIATIONS GÉNÉRALES; CONCLUSIONS.

§ 17.

CAUSES ET REMÈDES DE LA DÉSORGANISATION OBSERVÉE CHEZ LES TISSERANDS URBAINS DU MAINE.

Les innovations introduites de nos jours dans les deux branches principales de la fabrication des tissus figurent au premier rang parmi les causes qui ébranlent ou désorganisent les familles européennes. La machine à filer, découverte par Arkwright en 1769, a enlevé au foyer domestique sa principale industrie manufacturière, pour la concentrer dans de grands ateliers. Le filage au fuseau ne reste une industrie permanente pour les familles que dans la région polaire (II, I, 18). Dans les autres contrées de l'Europe, les jeunes filles et les femmes sont encore chargées en grande partie de cette branche de travail; mais, à cet égard, leur condition sociale est complétement modifiée. Elles ne sont plus chefs de métier dans leur propre maison : elles sont devenues auxiliaires salariées des machines dans de grands ateliers; et de ce changement résultent de grands désordres, surtout quand les maîtres et leurs employés sont les agents de la corruption. La débauche de certaines filatures est un des traits odieux de la décadence européenne.

Les engins mécaniques du tissage ont porté une atteinte moins profonde à l'ordre moral et matériel. Le travail humain subit une réduction moins considérable; les hommes y prennent une plus grande part ; et, en conséquence, l'esprit d'invention s'est moins donné carrière. Beaucoup de tisserands opèrent encore, dans toute l'Europe, avec l'ancien métier à bras, plus ou moins perfectionné. Ils ne sont point cependant à l'abri de la souffrance. Le mal, loin d'être une nouveauté, remonte à une époque ancienne. L'antiquité l'a probablement connu ; et le moyen âge l'a singulièrement développé en Italie et dans les Flandres (V : II, 17 ; III, 17). L'organisation normale du tissage, constitué en métier indépendant, est celle qui s'est établie au moyen âge et qui se conserve encore en plusieurs localités. Le tisserand habite, à la campagne, une borderie qui, grâce aux soins des vieux parents, de la femme et des enfants, fournit au ménage une partie importante de la nourriture. Quant au chef de famille, il partage son temps entre l'agriculture et le tissage. Pendant l'été, il seconde dans les travaux de récolte un cultivateur voisin qui se trouve ainsi dispensé, à l'avantage de la moralité publique, de recourir à des ouvriers nomades. Pendant les autres saisons, il travaille pour le compte d'un fabricant. Ce dernier a, dans une ville voisine, son magasin et son comptoir. Il visite périodiquement les tisserands de la banlieue pour leur livrer le fil, reprendre les tissus fabriqués et payer les salaires convenus. Il entretient, en outre, à l'intérieur et à l'étranger, les rapports commerciaux nécessaires à l'approvisionnement et au débouché de « la fabrique rurale collective ». Dans cette alliance de l'agriculture et de l'industrie, les tisserands trouvent de précieuses garanties contre les crises commerciales ; et, quand celles-ci surviennent, ils peuvent recourir à l'assistance des deux patrons auxquels ils sont liés par des rapports volontaires permanents. D'ailleurs, les tisserands adonnés aux principales branches de leur industrie, à celles des tissus communs, ressentent peu le contre-coup de ces crises qui frappent surtout le commerce des tissus de luxe. Comme les autres artisans ruraux qui répondent aux besoins permanents de la population, ils ont, à la fois, la stabilité et le bien-être.

Les tisserands du Maine ont compromis cette heureuse situation, en abandonnant leurs demeures rurales pour s'agglomérer dans les villes. Ce changement s'est opéré peu à peu, aux époques de prospérité commerciale. En réunissant dans le même lieu le maître et les ouvriers, et en rendant leurs rapports plus faciles, il a paru d'abord fournir à la fabrique un élément nouveau de succès. Cette illusion a été dissipée par une dure expérience. Le fabricant, dispensé d'aller à la campagne visiter son ouvrier, peut lui accorder à la ville une certaine augmentation de salaire ; mais celle-ci reste fort inférieure à la perte que subit la famille du tisserand, devenue inactive à la ville, en se trouvant privée des produits en nature qu'elle obtenait sans peine à la campagne. On se rendra compte du contraste des deux situations, en comparant le budget de la présente monographie avec celui d'un tisserand rural (V, II, 14 à 16).

En résumé, les dures épreuves que subit en ce moment la fabrique de toiles du Maine ne sont point dues à la cause qui, dans le cours du XIXe siècle, a désorganisé plusieurs branches anciennes d'industrie manufacturière. L'origine du mal n'est point ici le remplacement du travail des bras par l'effort des machines : c'est tout simplement l'adoption des résidences urbaines par le personnel d'une industrie essentiellement rurale. La même remarque peut s'appliquer à d'autres branches de travail. Les entraînements inconsidérés qui déterminent certains ouvriers ruraux à s'agglomérer dans les villes sont plus regrettables que les inventions judicieuses qui, en créant des méthodes perfectionnées de fabrication, enlèvent à des populations entières leurs moyens traditionnels de subsistance. Cette vérité apparaît avec évidence quand on compare les vicissitudes survenues, de nos jours, dans les deux branches de la fabrique collective du Maine. La machine d'Arkwright a complétement détruit l'art du fuseau et de la quenouille qui, au commencement de ce siècle, contribuait beaucoup au bien-être des familles pastorales et rurales de la province. En s'attachant plus que jamais à la campagne, les familles des fileuses ont obtenu quelques compensations à une perte irréparable ; et, dans les cas les plus fâcheux, elles ont été seulement ébranlées. Il en a été autrement des familles de tisserands, qui se trouvaient cependant placées dans des conditions plus favorables.

Jusqu'à ce jour, le métier à bras soutient sans peine la concurrence du métier mécanique. Dans les cas même où de nouveaux perfectionnements apportés au dernier engin augmenteraient la force de cette concurrence, le tisserand rural trouverait encore de larges compensations autour de lui, à une époque où les cultures intensives exigent plus de bras, tandis que les domestiques ruraux deviennent plus rares. En persévérant dans la voie fausse où elle est engagée, la fabrique compléterait la désorganisation vers laquelle elle s'achemine. Heureusement le remède est facile : les propriétaires ruraux et les fabricants urbains sont également intéressés à l'appliquer. Cette réforme est indiquée par l'histoire du passé, comme par l'observation du présent. Elle consiste dans le rétablissement des borderies rurales de tisserands (V, III, 17), constituées en petites propriétés indépendantes, ou annexées à de grands domaines.

Une étude récente, faite dans le pays de Caux, justifie les conclusions qui viennent d'être exposées. Malgré les recherches spéciales entreprises à ce sujet, on n'a pu trouver une seule exception à la règle qui se résume dans les termes suivants : l'alliance de l'agriculture et des industries textiles est fécondée par toutes les mesures qui favorisent les établissements ruraux des tisserands à bras.

§ 18.

ÉLÉMENT DE DÉSORGANISATION INTRODUIT DANS LA FABRIQUE COLLECTIVE DE MAMERS.

L'alliance de l'agriculture et de l'industrie manufacturière a constitué presque partout l'origine du travail dans la vie sédentaire. Chaque famille fabriquait elle-même les produits qui lui étaient nécessaires quand les travaux agricoles ne réclamaient pas tous ses instants. Cette organisation subsiste encore, dans toute son intégrité, dans la majeure partie du Nord et de l'Orient. On en trouve même encore, dans l'Occident, de nombreux vestiges. Au moyen âge et à l'époque de la Renaissance, des ateliers se consacrèrent spécialement à l'industrie manufacturière. Ces ateliers prospérèrent surtout en Italie, dans les Flandres et dans les autres localités où le sol fertile confinait à la mer et aux grandes voies commerciales. Ce système manufacturier, applicable surtout aux produits d'un usage général et de qualité commune, se créait à la même époque où les corporations urbaines d'arts et métiers commençaient à pourvoir méthodiquement aux besoins des villes, ou à la fabrication des articles réclamant de l'ouvrier un degré supérieur d'habileté et d'intelligence. Une partie de la population, sans cesser de demander à l'agriculture ses principaux moyens de subsistance, consacra tous ses loisirs au travail industriel. Chaque famille, au lieu de fabriquer elle-même tous les produits grossiers nécessaires à sa propre consommation, s'appliqua à fabriquer exclusivement, et, par suite, avec plus d'art et de méthode, un produit spécial destiné au commerce étranger. Le bien-être individuel et la richesse publique se développèrent rapidement, dans un ordre de choses impliquant à la fois un travail plus soutenu et une production perfectionnée. C'est dans ces conditions générales que s'élevèrent d'abord les célèbres fabriques de draps et de toiles de la Toscane, de la Hollande, des Flandres, de l'Angleterre, de la Normandie et de la Bretagne ; les fabriques d'outils tranchants et de coutellerie de Solingen (III, IV, 1), de la Styrie et de la Carinthie ; les fabriques de menus objets de métal et de bois de Nuremberg et de la forêt Noire. Au milieu des révolutions industrielles et commerciales qui occupent une si large place dans l'histoire de l'Europe, plusieurs de ces fabriques ont conservé fermement, jusqu'à ce jour, leur organisation première et les principes qu'on va résumer succinctement.

Les ouvriers des fabriques rurales les mieux organisées ont pour occupation principale l'agriculture. Ils sont établis, pour la plupart, dans de petites maisons disséminées au milieu des campagnes. Ils jouissent en toute propriété de l'habitation, d'un jardin potager, et des dépendances agricoles que réclament l'entretien et la nourriture des animaux domestiques. Ils produisent au moins le lait, le beurre, les œufs, les volailles, le lard, les pommes de terre, les choux, les cucurbitacées et les autres légumes nécessaires à la nourriture de la famille. Ils se procurent la provision de combustible à titre gratuit, ou par quelque combinaison économique. Souvent, en aidant pendant la saison des récoltes les grands agriculteurs de la contrée, ils se procurent, à titre de salaire, une partie de la provision de céréales. Dans tous les cas, le salaire qui leur est attribué pour le travail industriel suffit pour compléter, par voie d'achat, les moyens d'existence, pour conserver en bon état d'entretien la propriété de la famille, et pour doter les enfants qui ne doivent pas s'y établir. Cette organisation de la fabrique rurale est complétée par l'intervention d'une classe nombreuse de négociants, qui établissent un lien entre tous ces ateliers domestiques, et qui y impriment même une certaine impulsion. Ils parcourent fréquemment les campagnes pour diriger les travaux des ouvriers, c'est-à-dire pour distribuer les matières premières, pour prendre livraison des produits et pour payer les salaires, qui sont ordinairement établis à la tâche. Ils exportent enfin les produits revêtus de leur marque, en profitant des relations qu'ils entretiennent, dans ce but, avec les pays consommateurs. Les avantages de ce système sont évidents. L'ouvrier, tirant de l'agriculture ses principaux moyens d'existence, peut se contenter, pour le travail industriel, d'un modique salaire, ce qui permet à la fabrique rurale de lutter avec succès contre les fabriques urbaines ou les grandes usines, dans lesquelles le salaire industriel est l'unique ressource des familles. La même combinaison permet à l'ouvrier rural de traverser, sans être exposé à de trop dures privations, les crises commerciales entraînant le ralentissement ou même la suspension temporaire des travaux. Cette organisation apporte d'utiles entraves au développement de cette mauvaise concurrence (19), le plus grand fléau des sociétés modernes, qui, aux époques de prospérité commerciale, provoque sans mesure l'accroissement de la production; et qui, par l'abus exagéré qu'elle a fait du crédit, spécule sur l'avilissement du salaire, et accélère la dépréciation de toutes les valeurs. On ne peut improviser, en effet, sans de grandes dépenses, les petits ateliers ruraux nécessaires à l'établissement d'une famille. L'élément modérateur, que les anciennes fabriques urbaines n'avaient pu constituer que dans le système restrictif et réglementaire des corporations, se trouvait donc naturellement créé dans les fabriques rurales, sous un régime de libre concurrence, par les conditions de sécurité et de bien-être résultant de l'établissement même des artisans ruraux et de la nature mixte de leurs occupations.

On peut observer aujourd'hui, dans la Suisse allemande, dans les provinces hollandaises d'Over-Yssel et de Zélande, et dans la Champagne, beaucoup d'ouvriers, appartenant, pour la plupart. à la classe des tisserands ou des bonnetiers, et qui ont su conserver, dans ce siècle de concurrence effrénée, la sécurité et le bien-être qui résultent de cette organisation. A cette même catégorie se rattachent encore les petits ateliers de ferronnerie, de quincaillerie, de coutellerie et de taillanderie, des districts d'Iserlohn et de Solingen (Westphalie), de la vallée de la Vesdre (Belgique), de la Picardie et de la Champagne. Malheureusement il n'en a pas été de même dans la plupart des fabriques collectives (V, II, 17). Pour s'assurer des avantages éphémères, les fabricants et les ouvriers ont, à l'envi, renoncé au salutaire état d'équilibre qui fait de l'agriculture la principale occupation, et de l'industrie le travail accessoire. Séduits par les salaires élevés qu'offre le travail manufacturier à certaines époques de surexcitation industrielle, les ouvriers ont été entraînés à consacrer à ce travail la totalité de leur temps. Cédant aux instigations des fabricants, ils ont consenti à s'établir dans des habitations privées de toute dépendance agricole, ou même à s'accumuler dans les villes qui n'étaient jusqu'alors que le magasin des produits et le comptoir des opérations commerciales. Rien ne s'oppose plus, sous ce régime, à l'agglomération indéfinie des populations, et ne modère, par conséquent, les funestes effets de la mauvaise concurrence. Dans les fabriques collectives, ainsi détournées de leur organisation primitive et désormais concentrées dans les villes, les ouvriers sont dans une situation plus précaire que ceux des grandes usines à appareils mécaniques où le travail est nécessairement aggloméré. Ces derniers, en effet, dépendent d'un patron unique, sur lequel l'opinion fait toujours retomber, en partie, la responsabilité de leur bien-être; tandis que les premiers, travaillant indifféremment pour le compte de divers fabricants, n'ont d'autre protection, d'autres moyens d'assistance, que la charité publique. Depuis longtemps déjà, ce vice organique a déterminé la décadence graduelle de fabriques naguère florissantes. Il désole périodiquement les agglomérations de tisserands de Lyon, des Flandres, de l'Angleterre et du nord de la France. Comme on peut le constater par plusieurs détails de la présente monographie, il se révèle en particulier dans la petite ville de Mamers, avec les circonstances les plus affligeantes pour l'humanité.

Le maire d'une commune rurale de ce district, homme de bien, à vues élevées, attaché par les traditions de sa famille aux coutumes traditionnelles, et auquel est due la majeure partie de ces renseignements, communiquait, vers la fin de 1848, les plus tristes détails sur la situation du pays. Il constatait qu'une troupe de 600 mendiants venait périodiquement envahir son habitation pour y réclamer des secours ; et il convenait qu'à la longue notre ordre social ne pourrait résister à un tel état de choses. Une autre personne, qui a bien voulu concourir activement à ces mêmes recherches, et qui, vivant habituellement au contact même de ces misères, est moins disposée à en apercevoir le danger, transmettait, à la même époque, les détails suivants :

« Je vous fais passer, ainsi que nous en sommes convenus, « le tableau de la situation d'un ouvrier tisserand de notre ville, « ayant femme et quatre enfants. Vous remarquerez un grand « déficit dans la comparaison des besoins et des ressources ; *mais* « je vous ferai observer que je me suis particulièrement occupé « d'un *ouvrier tout à fait ordinaire ;* un *bon ouvrier, qui prolonge* « *un peu le temps du travail,* arrive à son affaire, *mais ne fait* « *que cela.* La position de l'ouvrier ordinaire est des plus « fâcheuses ; elle s'améliore sensiblement quand les enfants sont « en âge de travailler; mais, si l'ouvrier ou sa femme viennent « à éprouver la moindre maladie, ils tombent dans la misère, « pour à peu près le reste de leurs jours ; s'ils ne sont promp- « tement secourus, ils perdent tout courage... »

A Mamers, comme en d'autres localités, les classes dirigeantes adoucissent généreusement les souffrances qu'elles apprécient en ces termes ; mais elles ne se préoccupent pas assez d'y remédier au moyen des réformes indiquées ci-dessus.

§ 19.

LA MAUVAISE CONCURRENCE ET SES EFFETS FÂCHEUX.

La concurrence a été de tout temps, pour l'industrie, le principal moyen d'excitation et de progrès; mais ce principe, de même que toutes les lois qui servent de base à l'organisation des sociétés, peut être faussé, dans l'application, par l'abus, par l'exagération, et surtout par l'oubli des prescriptions de la morale et de la religion. L'organisation économique des sociétés bien établies a toujours été subordonnée à cette règle, que chaque industrie doit assurer des moyens réguliers d'existence aux ouvriers qui en dépendent. Cette grande loi sociale a donné naissance aux fabriques rurales collectives (18); elle a présidé à l'organisation de corporations urbaines d'arts et métiers, et plus tard à celle des grandes usines à moteurs hydrauliques qui se sont développées en France dans les mêmes conditions qu'en Angleterre. Nonobstant l'excitation désordonnée imprimée, dans le cours de ce siècle, à plusieurs branches de la production industrielle, c'est encore ce même principe qui, dans toute l'Europe, inspire les chefs des maisons les plus honorables, qui maintient dans ces maisons les traditions de patronage léguées par l'ancien régime européen, et qui provoque le retour vers ces traditions, dans plusieurs districts manufacturiers où celles-ci avaient été momentanément abandonnées.

Le patronage largement exercé, conformément à ces honorables traditions, impose à la grande industrie des charges considérables, et qui ne laissent pas que d'influer sur le prix de revient des produits. Pour continuer à supporter ces charges, nonobstant la concurrence qui tend incessamment à faire baisser les prix de vente et à restreindre les débouchés, il faut nécessairement que les fabricants fassent entrer de hautes vues d'avenir dans leurs appréciations. Il faut aussi qu'ils s'inspirent des sentiments de devoir, et qu'ils soient contenus par une certaine pression de l'opinion publique. Lorsque ces conditions sont remplies, lorsque la lutte s'établit seulement entre des chefs d'industrie comprenant la responsabilité qu'ils contractent, par l'extension incessante de leurs moyens de production, soit envers les nouveaux ouvriers qu'ils enlèvent à la vie agricole, soit envers les personnes qui leur confient des capitaux, il n'y a pas lieu de craindre de graves perturbations. La concurrence est toujours alors un aiguillon; elle n'est jamais une cause de ruine. Les fabricants qui, sous ce rapport, ont su se maintenir dans une situation honorable déclarent ordinairement qu'ils ne redoutent point l'arrivée de nouveaux concurrents appréciant comme eux la nécessité de pourvoir à la sécurité de la population ouvrière. L'expérience prouve, en effet, que l'ascendant donné par un tel renfort à leur groupe industriel compense bientôt, pour les anciens fabricants, les embarras momentanés qu'entraîne la création d'un nouveau centre de production. Mais il en est autrement des entreprises fondées par ces fabricants sans scrupules qui s'établissent de préférence dans les grandes villes, où il leur est plus facile de manquer aux devoirs du patronage; qui ne craignent pas, aux époques de prospérité commerciale, d'augmenter sans mesure leur production, sauf, dans les époques de crise, à exclure de leurs ateliers et à laisser dans le dénûment les ouvriers dont ils ne peuvent plus tirer profit; qui, loin d'attacher leur avenir à la propagation d'une marque garantissant une fabrication loyale, livrent au commerce des produits défectueux ou revêtus de fausses marques; qui, enfin, fondent principalement leurs succès éphémères sur la suppression des subventions, sur la réduction des salaires, sur la détérioration des qualités jusqu'alors admises dans le commerce, et, ce qui résume tout, sur l'avilissement des prix de vente. La loyale industrie ne reçoit pas un moindre dommage de ces hommes à courtes vues et sans crédit personnel qui, égarés par de faux calculs, ou abusant les autres à l'aide de prospectus mensongers, attirent dans l'industrie des capitaux qu'ils sont impuissants à faire fructifier; aventuriers d'un nouveau genre, contribuant, par la ruine des entreprises qu'on leur confie, à déprécier à la fois les salaires et les produits manufacturés; qui, après avoir imprimé aux affaires une excitation factice, livrent à vil prix des instruments de travail à d'autres spéculateurs mieux avisés, mais non moins redoutables pour les anciens établissements. On peut appliquer justement à ces entreprises la qualification de *mauvaise concurrence*.

Les chefs d'industrie disposés à comprendre et à pratiquer les devoirs du patronage mettent, naturellement, une extrême circonspection à étendre leurs opérations aux époques de prospérité. Cette réserve leur est commandée à la fois par la crainte d'introduire des éléments de corruption au milieu de leurs ateliers, et par la convenance de ne point augmenter démesurément les charges qu'ils ont à supporter aux époques de chômage. Ils doivent donc volontairement renoncer aux avantages qu'assure un accroissement considérable de la production, lorsque l'état de la fabrique est prospère. D'un autre côté, lorsque surviennent les crises commerciales, ils luttent difficilement contre ceux de leurs concurrents qui, sans scrupule de conscience et sans respect pour l'opinion, se permettent, en temps de détresse comme en temps de prospérité, tout ce que la loi n'interdit pas formellement. Cette lutte devient également difficile contre ceux qui, profitant des désastres produits par une concurrence imprévoyante et inhabile, ont pu se procurer à vil prix le matériel de leur fabrication. On comprend donc que des chefs d'industrie loyaux et honorables, ainsi placés dans l'alternative de se ruiner ou de rompre les relations de patronage qui jusqu'alors les unissaient à leurs ouvriers, se résignent à adopter ce dernier parti. On aperçoit aussi que, quand l'opinion publique a dû tolérer, dans ces cas de force majeure, la rupture de l'ancienne solidarité, le même exemple est bientôt suivi par tous ceux qui, sans être poussés par la même nécessité, ne sont pas retenus par leur conscience dans la ligne du devoir. Et c'est ainsi que, peu à peu, les mœurs se corrompent et les institutions s'altèrent.

Lorsque, en faisant appel aux souvenirs qui subsistent encore dans nos principaux groupes industriels, on étudie l'histoire des modifications survenues dans les rapports des maîtres et des ouvriers, on arrive toujours à conclure qu'il faut attribuer surtout à cette mauvaise concurrence la désorganisation du patronage et l'altération de l'ancien régime industriel (18). On constate également que les ouvriers n'ont rien à redouter des luttes qui s'établissent, au milieu de populations religieuses et avec le contrôle de bonnes mœurs publiques, entre des fabricants loyaux et intelligents. En France, particulièrement, l'industrie manufacturière n'a point eu à subir les épreuves qui ont pesé sur elle en Angleterre, par suite d'une distribution plus abondante des bassins houillers (III, VII, 18), d'une plus grande diffusion des voies de communication, et à raison de l'excitation donnée par un commerce plus étendu et plus actif. Avec plus de fermeté dans les mœurs publiques, ou à la faveur de quelques règlements suppléant à leur insuffisance, il eût donc été facile, chez nous, de ne point donner contre un écueil que l'industrie anglaise ne pouvait guère éviter. Les établissements français qui ont le mieux conservé, jusqu'à ce jour, les anciennes traditions de patronage ne doivent pas seulement ce succès à l'intelligence et aux sentiments élevés de leurs propriétaires. Souvent, pour écarter la mauvaise concurrence, ceux-ci ont habilement profité de quelque circonstance particulière, inhérente à la nature même de leur industrie ou de leurs débouchés. C'est ce qui est arrivé, par exemple, pour les fabriques de glaces de Saint-Gobain (Aisne), et pour la fabrique de draps de Villeneuvette (Hérault). Saint-Gobain, par la puissance de ses ressources financières, par l'habileté de ses administrateurs, par les excellentes relations établies entre tous les membres de la compagnie financière, a pu, jusqu'à ce jour, se soustraire à toute concurrence inquiétante, aussi bien en France que dans les pays étrangers. La fabrique de Villeneuvette, à raison des garanties spéciales de moralité qu'elle offre à l'administration de la guerre, a presque toujours été comprise dans le nombre limité des établissements admis à soumissionner la fourniture des draps destinés à l'habillement des troupes. L'expérience a prouvé que cette concurrence, restreinte entre des fabriques tenant à honneur de livrer les plus solides qualités de draps qu'il soit possible de produire dans l'état actuel de l'art, était, en définitive, la combinaison la plus avantageuse au trésor public. Sous plusieurs rapports, le bien-être des ouvriers de cette fabrique doit être attribué à la sagesse de l'administration publique, qui a repoussé jusqu'à ce jour la mauvaise concurrence de cette branche de l'activité nationale. L'antique organisation qui assure ce bien-être ne subsiste, en partie du moins, que par une intelligente dérogation au droit commun.

Les groupes industriels placés au premier rang par la qualité de leurs produits sentent moins vivement que les autres les atteintes de la mauvaise concurrence. Il en est de même, pour chaque groupe considéré isolément, des établissements qui ont su conserver d'honorables traditions de prééminence. Cette nuance est facile à saisir dans toute l'Europe, et surtout dans les principales subdivisions de l'industrie anglaise (III, VII, 21). Elle se remarque en France, avec des caractères frappants, dans l'industrie métallurgique. M. le docteur Villermé, qui a décrit avec tant de succès la condition des ouvriers français attachés aux fabriques de tissus, a fait remarquer que la solidarité des patrons et des ouvriers existe à un degré remarquable chez les principaux fabricants de la ville de Sedan, placés incontestablement, dans l'opinion générale, à la tête des producteurs de draps. Les premières maisons de cette ville emploient un nombre considérable d'ouvriers, qui y sont fixés, de père en fils, depuis plusieurs générations. Ces ouvriers savent qu'ils n'ont point à craindre les chômages; qu'ils ne tomberont pas dans le dénûment en cas de maladie prolongée; qu'ils peuvent compter sur des pensions de retraite quand la vieillesse ou les infirmités ne leur permettront plus de travailler; et qu'enfin le sort de leurs enfants sera de même assuré. Il n'est pas à espérer cependant que, dans un grand État, la solidarité des patrons et des ouvriers puisse être généralement établie sur ces bases. L'activité industrielle a pour but de produire des objets caractérisés par leur bas prix, plutôt que par une qualité supérieure. Les fabriques, qui, comme celles de Saint-Gobain, de Villeneuvette et de Sedan, trouvent dans une production perfectionnée les moyens d'échapper aux atteintes de la mauvaise concurrence, auront toujours un caractère exceptionnel. La désorganisation que provoque la mauvaise concurrence ne peut donc être efficacement combattue que par la force des mœurs ou de l'opinion, imposant aux fabricants certaines obligations, ou, à défaut de celles-ci, par les prescriptions formelles de la loi, imposant certains devoirs ou interdisant certains actes. Sous ces divers rapports, le principe des réformes à opposer aux envahissements de la mauvaise concurrence a été résolument posé, depuis 1833, par le parlement anglais (III, IX, 18). On pourra également recourir avec utilité à des mesures réglementaires, dont l'initiative a été prise en d'autres pays. Ainsi les gouvernements, après avoir étudié les moyens d'action ordinaires de la mauvaise concurrence, comprendront bientôt la nécessité d'interdire l'usage des fausses marques, devenu incompatible avec les principes d'équité qui tendent de plus en plus à prévaloir dans les relations internationales. Sous ce rapport, on ne se bornera même pas à réprimer la fraude. Pour quelques industries spéciales, conformément à l'exemple donné par des corporations intelligentes[1] et aux vœux souvent émis par les plus honorables représentants de l'industrie française, on ira jusqu'à prescrire l'emploi de marques authentiques. Par là, on établira comme règle générale la loyauté des transactions, et l'on réprimera une multitude d'abus qui se sont introduits dans le régime industriel. C'est ainsi, par exemple, qu'on détruira le privilége scandaleux que s'arrogent les marchands qui font marquer à leur nom[2] les objets produits par de petits fabricants, obligés de recourir à leur intervention pour obtenir le capital et le débouché, et de renoncer, sous cette dure pression, à leur droit et, en quelque sorte, à leur individualité. Dans cette voie féconde, en résumé, on laissera à l'industrie toute la liberté que comporte l'état actuel des mœurs ; mais, en même temps, on n'hésitera pas à restreindre cette liberté quand l'intérêt public l'exigera. La libre concurrence restera la règle; mais l'exception se produira quand l'évidence des faits prouvera que le principe même de la liberté commerciale est compromis par l'abus de la liberté.

1. M. Michel Chevalier a, depuis longtemps, présenté, à ce sujet, des détails d'un haut intérêt dans son célèbre ouvrage sur les États-Unis. (*Lettres sur l'Amérique du Nord*, tome II, p. 199. Paris, 1836.)

2. F. Le Play, *Rapport sur la coutellerie et les outils d'acier, fait à la commission française du jury international de l'exposition universelle de Londres*. Imprimerie impériale, Paris, 1854.

§ 20.

PRÉCIS D'UNE MONOGRAPHIE AYANT POUR OBJET

LE TISSERAND DES VOSGES

I. Définition du lieu, de l'organisation industrielle et de la famille.

La famille qui fait l'objet de cette monographie habite la ville de Sainte-Marie-aux-Mines (Haut-Rhin). La commune de Sainte-Marie renferme 12,332 habitants. Elle se compose de la ville du même nom, peuplée de 7,920 âmes, des villages d'Échery, Fertraupt, Saint-Blaise, et de nombreuses fermes isolées. Les montagnes qui environnent la ville sont très-élevées ; elles atteignent, près d'Échery, une hauteur de 1,250 mètres. Elles sont coupées par des vallées nombreuses, étroites et escarpées; et leurs pentes ne sont interrompues, de la base au sommet, par aucun plateau. Les roches compactes dont le sous-sol est formé s'opposent à l'infiltration des eaux ; celles-ci s'écoulent à travers une terre végétale de 0m 50 à 1m 50 d'épaisseur; elles entretiennent une fraîcheur constante sur les flancs de ces montagnes et fournissent une source jaillissante à chaque ferme du pays. La ville de Sainte-Marie s'étend sur une longueur d'environ 3 kilomètres. Elle sera reliée avec Schelestadt et la plaine d'Alsace par un chemin de fer de 22 kilomètres, actuellement en construction. L'aspect général des maisons, dont quelques-unes sont très-vastes et qui sont généralement bien entretenues, indique un centre de population industrielle où règne l'aisance. Les marchés sont abondamment pourvus; mais les vivres, apportés de loin, sont plus chers que dans la plaine d'Alsace. La principale industrie de Sainte-Marie est la fabrication des tissus de couleur, qui fait vivre une population d'environ 40,000 âmes, dans les arrondissements de Colmar, Schelestadt et Saint-Dié (21). Au commencement du XVIe siècle, l'industrie des mines, déjà fort ancienne, occupait plus de trois mille ouvriers. Il y avait trente-cinq galeries d'où l'on tirait des minerais d'argent, de plomb, de cobalt et d'arsenic. Ces exploitations, tantôt florissantes, tantôt peu productives, cessèrent en 1832. La draperie compta de nombreux métiers à Sainte-Marie; mais, lors de l'introduction des moyens mécaniques, le capital trop faible des drapiers ne leur permit pas de renouveler leur matériel, et ils abandonnèrent cette fabrication. La bonneterie eut le même sort. Outre les industries se rattachant à la fabrication des tissus de couleur, Sainte-Marie possède encore deux filatures de coton, ayant ensemble 25,000 broches, et quatre ateliers de tissage mécanique renfermant environ 800 métiers. Sainte-Marie offre un remarquable mélange de cultes, de langues, de nationalités. Un ruisseau séparait jadis, au milieu même de la ville, l'Alsace de la Lorraine, l'Allemand du Français, le régime de la tolérance religieuse du système créé par la révocation de l'édit de Nantes. Les nuances que l'on aperçoit encore entre les différentes parties de la population n'empêchent pas de constater une grande uniformité d'habitudes, de préoccupations et de jugements au sein même des classes ouvrières.

La famille comprend les deux époux et cinq enfants. L'ouvrier, né à Sainte-Marie-aux-Mines, est âgé de 44 ans. Sa femme, née à Ribeauvillé, est âgée de 48 ans. La fille aînée a 20 ans; le 1er fils, 19 ans; le 2e fils, 17 ans; la 2e fille, 10 ans; la 3e fille, 6 ans. Cette fécondité, unie à de bonnes mœurs, a été une source de prospérité pour la famille. La fille aînée est placée comme domestique dans une maison du pays. Elle pourvoit elle-même avec ses gages à ses dépenses de vêtement et de récréation, et elle place ses épargnes, sous le contrôle de son père, au comptoir d'escompte. Les salaires des deux fils concourent au bien-être de la communauté. Les deux époux ont eu deux autres enfants : une fille morte à l'âge de 11 ans et un garçon qui n'a vécu que 8 mois. Un ouvrier, pauvre et invalide, âgé de 65 ans, est reçu dans la famille, qui le loge moyennant une faible rétribution hebdomadaire; il se nourrit lui-même. Il n'est parent d'aucun des époux, mais il a travaillé autrefois dans le même atelier que le chef de la famille ici décrite. Aujourd'hui il gagne, dans le travail du bobinage, 1f 60 par semaine; il reçoit d'ailleurs 2f 00 par mois du bureau de bienfaisance.

La famille professe le culte protestant réformé. Il y règne des habitudes religieuses et morales. Les pratiques du culte sont régulièrement suivies par les parents et par les filles. Les fils, au contraire, se ressentent plus ou moins, à cet égard, des influences diverses qui les entourent. Tous les enfants ont exactement fréquenté l'école jusqu'à l'âge de quatorze ans révolus, époque de leur première communion, et possèdent une instruction primaire satisfaisante. Ils ont également suivi, et les plus jeunes suivront de même, l'instruction religieuse donnée, trois fois par semaine, par le pasteur de la paroisse. La vie purement industrielle, la vie de fabrique, développe à l'excès les tendances matérielles aux dépens des sentiments moraux. Cédant à ces tendances, l'ouvrier de Sainte-Marie-aux-Mines a fréquemment recours au crédit pour les satisfaire; et la dette devient pour lui une source de souffrances, presque toujours une nouvelle cause de vices. Il aliène souvent son avenir au profit des jouissances du présent, en contractant la dette sous toutes ses formes : avances sur le travail fait ou sur celui qu'il espère entreprendre (23); dettes chez le boulanger, les fournisseurs et le cabaretier. Ce dernier défaut est très-fréquent parmi les tisserands de Sainte-Marie; ils s'entraînent mutuellement au cabaret ou à la brasserie, et s'y laissent aller facilement à l'abus de la boisson et à la passion du jeu. La femme administre ordinairement le foyer domestique; elle dépense sans contrôle le salaire de son mari. Dans beaucoup de cas, sa direction est providentielle pour le ménage en refrénant la faiblesse et les mauvais penchants de l'ouvrier; mais, par malheur, elle emploie souvent les ressources de la communauté à satisfaire sa vanité ou sa gourmandise, vices assez répandus parmi les ouvrières de Sainte-Marie. Elle devient alors impérieuse, égoïste, exigeante même à l'égard de son mari. De là naissent de fréquentes querelles dans le ménage. L'éducation des enfants souffre beaucoup de ces désordres; ils n'ont plus pour leurs parents le même respect et se laissent plus facilement entraîner par leurs passions et par les mauvais conseils. L'autorité paternelle est encore affaiblie par la délivrance de livrets personnels aux ouvriers encore mineurs (22). Les ateliers les plus corrompus sont les ateliers de bobinage mécanique, entièrement composés de femmes, dont les mœurs sont souvent altérées au milieu de conversations légères ou obscènes. La corruption des ouvrières provient surtout de leur goût pour le luxe, de la fréquentation des salles de danse et aussi de la liberté d'esprit et de parole que leur laissent un travail peu astreignant et une surveillance mal établie. Le concubinage, appelé par l'ouvrier *vie à la parisienne*, a diminué. Il y a cependant encore beaucoup d'enfants naturels, souvent légitimés par un mariage postérieur. On peut considérer comme principales causes de ces naissances : la présence des soldats de la réserve ou en congé temporaire, les trop grands rapports des sexes dans les ateliers (24) et leur cohabitation dans des logements trop étroits. On voit assez fréquemment une famille entière entassée dans une seule pièce qui sert à la fois de cuisine et de chambre. La famille ici décrite possède l'esprit et les habitudes de la classe ouvrière; mais les tendances propres à cette dernière y sont contre-balancées par des sentiments moraux et religieux.

Le chef de famille, bien constitué et de taille moyenne, supporte sans peine le travail fatigant d'un métier à tisser à la Jacquart. Sa santé est généralement bonne. Membre d'une caisse de secours mutuels depuis 17 ans, il n'en a reçu qu'une subvention de 15f 00. La femme et les enfants ont été, pendant assez longtemps, souffrants ou malades. Actuellement, la santé de la famille ne laisse rien à désirer. La vie réglée qu'elle mène et la bonne nourriture qu'elle peut se donner y contribuent sans aucun doute. En cas de maladie, l'ouvrier, sa femme et les deux filles recevraient les secours des sociétés d'assurance mutuelle, auxquelles ils sont affiliés. Quant aux deux fils, ils seraient soignés aux frais de la famille ou iraient à l'hôpital de l'église réformée. Certains logements humides, d'autres trop étroits pour le nombre des personnes qui les habitent, peuvent être considérés comme contraires à l'hygiène des ouvriers de Sainte-Marie. D'un autre côté, les boissons prises au cabaret occupent une place trop importante dans l'alimentation. Celle-ci souffre souvent des grandes dépenses faites pour ces boissons et de la négligence de la mère de famille pour la préparation convenable des aliments. La femme de l'ouvrier achète, non les plus nourrissants, mais ceux qui flattent le plus son goût. Souvent aussi, pour s'éviter de la peine, elle choisit de préférence des aliments froids, tels que le fromage, le pain pris avec le vin et même avec de l'eau-de-vie. Cependant, la santé des classes ouvrières de Sainte-Marie s'est considérablement améliorée, sous l'influence d'une nourriture plus substantielle, de soins médicaux plus étendus, de logements plus salubres, de vêtements meilleurs, de soins plus grands donnés à l'enfance dans les salles d'asile, de la fréquentation des écoles par les enfants adonnés autrefois aux travaux de bobinage, qui se font actuellement en partie à la mécanique. Il y a aujourd'hui dans la classe ouvrière un excédant notable des naissances sur les décès.

L'ouvrier appartient depuis l'âge de quinze ans à la classe des tisserands. Il a toujours travaillé en atelier et est attaché depuis vingt-cinq années au même patron. Il occupe un rang honorable parmi ses camarades, et n'est point sans rapports avec des personnes d'une classe plus aisée. Un esprit religieux et des habitudes morales, l'absence de dettes, l'ordre et la régularité dans le travail, assurent à la famille une certaine considération.

II. Moyens d'existence de la famille.

La famille ne possède point d'immeubles. — *Argent :* somme placée à la caisse d'épargne, 100f 00. — *Matériel des travaux et industries :* outils pour le façonnage du bois de chauffage, 19f 00; — ustensiles destinés au blanchissage du linge et des vêtements, 41f 00. — *Valeur totale des propriétés*, 160f 00.

L'ouvrier et sa famille ont droit à quelques subventions. Il faut citer : en premier lieu, l'instruction gratuite qui est donnée dans les écoles communales, et qui peut être évaluée à une somme annuelle de 13f 00 pour chacun des deux enfants; en second lieu, le droit d'admission à l'hôpital de l'église réformée, auquel la famille aurait recours pour ceux de ses membres qui ne font partie d'aucune société d'assurance mutuelle. La famille n'a usé de la faculté de ramasser du bois mort dans les forêts communales que lorsque les enfants étaient plus jeunes. Ne possédant pas d'animaux domestiques, elle n'a pu faire usage du droit d'envoyer les vaches et les chèvres sur les pâturages communaux, très-éloignés d'ailleurs de son habitation. Le droit d'affouage, qui était peu productif à Sainte-Marie, est supprimé depuis quelques années; et cette suppression a permis à la commune de vendre comme bois de construction les sapins qui étaient autrefois façonnés en bois de chauffage. Les soins du médecin cantonal ne sont point réclamés par la famille. Elle a renoncé aux secours de la société des dames patronnesses, depuis que le gain a augmenté par le travail productif des enfants. Elle n'a pas davantage recours à d'autres subventions de charité qui existent dans le pays, telles que les distributions du bureau de bienfaisance et les aumônes du diaconat.

Travaux de l'ouvrier. — Le chef de famille, très-bon ouvrier, tisse, au moyen du métier Jacquart, les étoffes dites *nouveautés* (21). Ce travail, pénible et difficile, est aussi très-productif. L'ouvrier fournit son éclairage, qui lui revient à 25f 00 par année; il est pourvu, par son chef d'atelier, du bobinage moyennant une retenue de 0f 20 par jour, et il a encore à payer, pour l'usure du harnais, 0f 05 par 7 mètres d'étoffe tissée. Il travaille aux pièces. Déduction faite des dépenses qui précèdent, son salaire moyen peut être évalué à 2f 50 par jour. L'ouvrier se rend à l'atelier de 5 heures du matin à midi et de 1 heure à 7 heures du soir. Dans ses moments de loisir, il s'occupe à façonner le bois de chauffage de la famille. — Travail principal : 302 journées, payées 755f 00. — Travaux secondaires : 4 journées évaluées à 8f 00. — *Travaux de la femme.* — Travail principal : achat et préparation des aliments, soins donnés aux enfants, soins de propreté concernant l'habitation et le mobilier, 168 journées. — Travaux secondaires : confection et entretien des vêtements de la famille, blanchissage du linge, 132 journées évaluées à 132f 00. — *Travaux des fils.* — Les deux fils travaillent dans le même atelier que leur père, et aux mêmes conditions. Leur salaire peut être évalué en moyenne à 1f 50 par jour; leur père en dispose, mais il leur abandonne, sous forme de gratification, une petite somme proportionnée à la vitesse avec laquelle ils ont exécuté leur travail. Cette somme peut être évaluée à 0f 70 par semaine; les fils l'emploient pour leurs récréations et pour l'achat de quelques vêtements. Les deux plus jeunes filles vont à l'école; à leur retour, elles étudient, cousent ou tricotent. — Travail des deux fils: 604 journées, payées 906f 00. — *Industries entreprises par la famille.* — Façon du bois de chauffage, confection et entretien des vêtements, blanchissage du linge. La femme et les enfants ont longtemps bobiné du coton de chaîne; ils avaient alors cinq rouets à dévider. Chaque instant laissé libre, par les soins du ménage pour la mère, et par l'école pour les enfants, était employé au bobinage, qui augmentait les ressources de la famille d'environ 2f 00 par semaine. Depuis quatre ans, cette petite industrie a été abandonnée, par suite de l'augmentation du salaire des deux fils.

III. Mode d'existence de la famille.

L'alimentation de l'ouvrier dépend généralement beaucoup de ses ressources, mais aussi du savoir-faire de sa femme et de l'habileté que met celle-ci à diriger le ménage. Les heures de repas se règlent sur les heures du travail de l'atelier. La nourriture de la famille se compose surtout de pain de seigle, de beurre, de lait, de viande de bœuf ou de vache, de pommes de terre et de vin. Elle est meilleure que celle des ouvriers adonnés à un travail moins fatigant. La famille fait quatre repas : déjeuner (8 heures): café au lait avec un petit pain blanc; — dîner (midi) : soupe grasse, bœuf bouilli, pommes de terre, choux, carottes et vin; — goûter (4 heures) : pain et vin; — souper (7 heures) : pommes de terre et salade.

La famille occupe entièrement depuis deux ans une petite maison située dans un faubourg de la ville. Le prix de la location est de 100 francs par an, payable par trimestre. La famille avait demeuré pendant sept années dans une autre maison dont le loyer ne lui revenait qu'à 80f00, parce qu'elle en avait sous-loué trois logements. Le logement actuel de la famille est à très-bon marché, si l'on tient compte du prix ordinaire des loyers. Il comprend : une grande chambre ayant 19 mètres carrés, éclairée par trois fenêtres ; une chambre de 12 mètres carrés ; une cuisine de 12 mètres carrés, et deux portions de grenier arrangées en chambres. Le mobilier comprend les objets désignés ci-après. — *Meubles :* 3 lits, avec leur garniture, 1 commode, 2 armoires, 1 armoire-buffet, 2 tables, 6 chaises, 1 étagère pour les livres, 2 miroirs, 1 horloge, 1 poêle, 5 rideaux de croisée et autres objets, livres et autres objets relatifs au culte domestique, 511f 00. — *Ustensiles :* pour la préparation et la consommation des aliments, 51f 00. — *Linge de ménage :* 9 draps, 6 taies d'oreiller, 6 taies de lits de plume, 4 nappes, 6 serviettes, 142f 00. — *Vêtements :* — vêtements de l'ouvrier : vêtements du dimanche : 1 paletot, 1 gilet, 1 pantalon de drap, 1 cravate, 1 chapeau, 1 paire de bottes, 1 paire de souliers, 98f 00 ; — vêtements de travail : 2 blouses, 2 gilets, 1 pantalon de drap, 2 pantalons d'été, 6 chemises, 2 caleçons, 6 mouchoirs de poche, 6 paires de bas, 2 cravates, 1 casquette, 1 paire de chaussons, 2 paires de sabots, 73f 00. — Vêtements de la femme : vêtements du dimanche : 1 robe, 1 châle, 1 bonnet, 1 paire de souliers, 28f 00 ; — vêtements de travail : 2 robes, 1 mouchoir de cou, 2 jupons, 6 chemises, 6 mouchoirs de poche, 6 paires de bas, 2 bonnets, 1 paire de chaussons, 2 paires de sabots, 45f 00. — Vêtements des deux fils aînés, 262f 00. — Vêtements de la deuxième et de la troisième fille, 83f 00. — *Valeur totale,* 1,293f 00.

Les récréations du chef de famille, de sa femme et de ses deux filles, sont simples et peu coûteuses. Ils font, le dimanche, des visites, quelques promenades, et prennent rarement un léger rafraîchissement. Les deux fils aînés se joignent le plus souvent à quelques camarades de leur âge. La modicité de leurs ressources et l'autorité que le père a conservée sur eux les empêchent de faire de la dépense. L'ouvrier et ses fils ne fréquentent pas le cabaret, qui est l'unique et funeste récréation des ouvriers de Sainte-Marie. Le chef de famille fait usage de tabac à priser.

IV. Histoire de la famille.

L'ouvrier a toujours résidé à Sainte-Marie-aux-Mines. Il avait un an lorsque son père mourut. Celui-ci était maçon ; les faibles économies qu'il laissa furent bientôt épuisées, et sa veuve se remaria à un tisserand. Le chef de famille ici décrit adopta la profession de son beau-père. Il entra en apprentissage dans un atelier à l'âge de 15 ans. Il tira à la conscription un numéro qui l'exempta, et se maria en 1841, à l'âge de 24 ans. Sa femme, plus âgée que lui de quatre ans, est fille d'un petit cultivateur de la plaine. Elle avait servi comme domestique pendant plusieurs années. Orpheline dès son enfance, elle avait consacré une somme de 200 francs qu'elle avait recueillie de la succession de son père, et les économies qu'elle avait réalisées étant au service, à l'entretien de sa vieille mère, dépourvue de toutes ressources. Doué d'une bonne santé, l'ouvrier travailla avec ardeur. L'état souvent maladif de la mère et des enfants et la mort d'une fille de 10 ans furent à tous égards de dures épreuves. Mais, lorsque les fils aînés commencèrent à gagner de l'argent, l'aisance arriva et avec elle l'épargne, qui pourra s'accroître régulièrement, si les enfants conservent la bonne direction qu'ils ont prise et si la famille reste unie.

V. Budget domestique annuel et avenir de la famille.

Recettes de la famille. — Revenus des propriétés, 30f 00; — produits des subventions, 26f 00 ; — salaires, 1,801f 00 ; — bénéfices des industries, 56f 00. — *Total des recettes*, 1,913f 00.

Dépenses de la famille. — Nourriture, 1,094f 00; — habitation, 208f 00 ; — vêtements, 410f 00; — besoins moraux, récréations et service de santé, 123f 00; — dettes, impôts et assurances, 24f 00. — *Total des dépenses*, 1,859f 00.

Les recettes de l'année ne sont pas absorbées par les dépenses et donnent un excédant annuel de 54f 00. Cette somme est placée à la caisse d'épargne.

L'ouvrier est, depuis dix-sept ans, membre d'une caisse de secours mutuels libre, connue sous le nom de *Société des tisserands*, dont les séances se tiennent chez un cabaretier de la ville. Il a droit, moyennant une cotisation mensuelle de 0f 80, à une indemnité de 6f 00 par semaine de maladie, ainsi qu'aux visites du médecin et aux médicaments. Le fonds de secours de la société est encore alimenté par le produit d'une amende de 0f 25 que paie tout sociétaire qui néglige de se rendre à l'enterrement d'un confrère. L'ouvrier fait aussi partie d'une société dite *caisse supplémentaire*, qui se tient chez le même cabaretier. Il verse 0f 30 par mois et il recevrait 4f 00 par semaine en cas de maladie : indemnité supérieure, relativement à la cotisation, à celle que donnent ordinairement les sociétés de secours mutuels.

La femme et les deux plus jeunes filles sont membres de la *société mixte d'assurance et de charité*. Moyennant une cotisation annuelle de 4f 80 pour la mère, et de 1f 50 pour chacun des deux enfants, cette société assure les visites du médecin, les médicaments gratuits et, si on le réclame, le droit de se faire soigner pendant deux mois dans un hôpital. Le mobilier de la famille est assuré contre l'incendie, moyennant une prime annuelle de 2f 60.

L'ouvrier et sa femme ont des habitudes d'ordre et d'économie; mais leur faible capital et les petites épargnes qu'ils peuvent réaliser ne permettent pas de supposer qu'ils seront toujours à l'abri du besoin. Heureusement que l'industrie du tissage offre à l'ouvrier un travail productif, en rapport avec ses forces, presque jusqu'à la fin de sa vie. En outre, les fils aînés, soumis et élevés convenablement pour leur condition, suivront sans doute les bons exemples de leurs parents, et, plus tard, pourront leur venir en aide. La famille n'a pas recours à l'assistance publique; mais, si le malheur venait à la frapper, les secours de la Société des dames patronnesses, du bureau de bienfaisance et du diaconat, ne lui feraient pas défaut.

§ 21.

ORGANISATION DE LA FABRIQUE DES TISSUS DE COULEUR DE SAINTE-MARIE-AUX-MINES (ALSACE).

L'industrie des tissus de couleur a successivement remplacé toutes les autres à Sainte-Marie-aux-Mines. Elle y fut établie en 1754 par J.-G. Réber, de Mulhouse, qui était venu chercher à Sainte-Marie la liberté du travail, chaque fabricant de Mulhouse étant alors obligé de limiter sa production à la quantité désignée par l'administration. Tout était alors à créer : filature, teinture et tissage. Grâce à l'intelligence de son fondateur et au concours d'habiles ouvriers venus du dehors, l'industrie de Réber prospéra, et d'autres fabricants vinrent s'établir dans la vallée. Les perfectionnements réalisés par la filature mécanique et par la teinture donnèrent un grand essor à la fabrique de Sainte-Marie.

L'industrie des tissus de couleur est exercée actuellement par 30 maisons, occupant environ 14,500 ouvriers tisseurs et 7,250 bobineuses. A cette industrie se rattachent : 9 commissionnaires en matières premières ; 15 teintureries, dont 6 sont annexées à des fabriques ; 5 établissements d'apprêt et de blanchissage ; 6 fabricants de peignes et de harnais. Les ouvriers de Sainte-Marie se répartissent dans les catégories suivantes, rangées dans l'ordre des phases successives du travail. — 1° Les ouvriers teinturiers, travaillant tous en ville, au nombre de 190 environ. Ils gagnent de 10 à 12 francs par semaine ; les heures de travail supplémentaire se paient 0f 15 l'heure. — 2° Les bobineuses de chaîne, qui comprennent les bobineuses à la machine, au nombre d'environ 350, gagnant de 6 à 8 francs par semaine, ou 0f 45 par kilog. dévidé ; et les bobineuses au rouet, dont le gain hebdomadaire ne peut dépasser 3f 50. — 3° Les ourdisseurs de chaîne, tous en ville, et au nombre de 185. Ils font peu d'apprentis pour ne pas abaisser le salaire par la concurrence. Ils gagnent de 16 à 20 francs par semaine. Ils occupent la première place, dans la classe ouvrière, par leur instruction, leur bonne conduite et leur goût pour l'épargne. — 4° Les bobineuses de trame. — 5° Les tisserands échantillonneurs, qui sont payés par semaine de 14 à 16 francs, et dont le nombre varie selon la saison. — 6° Les tisserands à façon, au nombre de 14,500, habitant la ville, les villages et les fermes, jusqu'à une distance de 50 kilomètres de Sainte-Marie. On peut les diviser en trois catégories : les ouvriers tissant les étoffes de mode ou la *nouveauté;* leur gain ne descend guère au-dessous de 2f 50 par jour et s'élève parfois à 4 ou 5 francs; un certain nombre emploient le métier Jacquart; ils sont 3,000 et travaillent pour la plupart en atelier. Les ouvriers tissant les étoffes ordinaires, formées le plus souvent de coton et de laine; on en compte 11,000 et leur salaire varie de 1f 50 à 1f 80 par jour. Les ouvriers tissant les étoffes grossières et communes; ils sont environ 1,500 et gagnent en moyenne de 1f 00 à 1f 25 par jour; ils souffrent de la concurrence qui résulte de la fabrication mécanique des tissus. — 7° Les tricoteuses de harnais, qui gagnent un peu plus que les bobineuses au rouet, et qui sont au nombre de 1,000. — 8° Les contre-maîtres et les commis, qui, dans chaque établissement, dirigent les diverses parties de la fabrication, et qui exercent une grande influence sur la production et la condition morale des ouvriers. Leur traitement, avec les gratifications, s'élève à 900 ou 1,000 francs par an.

Ces notions sur l'organisation de la fabrique peuvent être utilement complétées par quelques détails sur les livrets délivrés aux jeunes ouvriers, sur le régime des prêts et de l'assistance.

La fabrication des tissus de couleur présente de grandes difficultés, tant à cause des détails techniques qu'elle comporte que par suite des modifications qu'elle reçoit tous les jours. Les oscillations commerciales et les frais de vente, qui s'élèvent en moyenne à 3 pour 100, diminuent encore les bénéfices de cette industrie. Le gain annuel du fabricant peut être évalué à peu près à 4 pour 100 de la valeur des produits confectionnés, ou à 50f 00 par ouvrier employé. La valeur des tissus fabriqués à Sainte-Marie doit s'élever à 18 ou 20 millions de francs par an, et la somme des salaires payés, de 4,500,000 francs à 5,500,000 francs.

§ 22.

INCONVÉNIENTS ATTACHÉS A LA DÉLIVRANCE DE LIVRETS AUX JEUNES OUVRIERS.

Les résultats pratiques d'une loi ne dépendent pas seulement de l'intention du législateur, mais aussi de l'interprétation que lui donne l'opinion publique et de l'usage qui est fait de ses prescriptions. Ce principe se vérifie à propos de la loi qui accorde des livrets aux ouvriers encore mineurs, ayant terminé leur apprentissage. Ces livrets sont délivrés à ces derniers dans la même forme et de la même manière que ceux des ouvriers majeurs, auxquels ils ont été, par suite, complétement assimilés dans la pratique habituelle des centres industriels et dont ils ont eu toutes les prérogatives. Pourvu de son livret, l'ouvrier mineur peut à volonté changer de maître, de fabrique ou de localité; quitter la maison paternelle et aller loger partout où le conduiront ses caprices, son désir d'indépendance ou ses mauvaises passions; s'endetter et trouver dans ses dettes un aliment à sa débauche. Aux termes de l'article 6 de la loi du 22 mai 1841, le livret de l'enfant âgé de moins de 16 ans doit être délivré à son père; mais la délivrance de ce livret, même à cet âge, est le signe extérieur d'une véritable émancipation, qui devance de cinq ans le terme fixé par le Code Napoléon. Généralement, l'enfant de 16 ans, nanti du livret personnel, traite d'égal à égal avec ses parents, et ne s'assied à leur table que moyennant une pension, dont il abaisse le prix autant que possible, afin de consacrer plus d'argent à ses plaisirs. A Sainte-Marie, on n'évalue pas à moins de 150 ou 200 francs la somme qu'un jeune ouvrier pourrait épargner annuellement, s'il ne se soustrayait pas à l'autorité paternelle pour s'adonner à la dissipation. La délivrance de livrets aux ouvriers mineurs est une des causes les plus puissantes de l'affaiblissement des liens de famille et de la corruption des classes ouvrières. C'est ordinairement de 16 à 18 ans que les ouvriers se perdent moralement. A cet âge, ils se laissent facilement entraîner au cabaret et se livrent sans réserve à l'usage immodéré des liqueurs alcooliques.

Un retard apporté à la délivrance des livrets aux jeunes ouvriers donnerait une force matérielle incontestable à l'autorité des parents. L'enfant, n'ayant pas la jouissance de son salaire, serait moins aisément entraîné au mal. Ce serait une mesure morale qui imprimerait à l'opinion publique une impulsion salutaire; et il est opportun de ne pas négliger d'inscrire une fois de plus dans notre législation la dépendance de l'enfant envers son père. L'espèce d'émancipation que le livret confère peut être considérée comme un droit par les jeunes ouvriers, alors même qu'ils n'en réclament pas l'usage; elle ne tarderait pas à être justement flétrie par l'opinion, le jour où la loi la condamnerait. Dans les prescriptions réglementaires, il faut rechercher les conséquences morales encore plus que les résultats matériels. On en trouve une preuve frappante en regardant ce qui se passe en général dans les campagnes, où le livret n'est pas en usage, puisqu'il n'est pas exigé des ouvriers agriculteurs. Là, les enfants remettent la totalité ou la plus grande portion de leur salaire à leurs parents, qui les entretiennent jusqu'à l'époque de leur mariage. Ce gain contribue à former la majeure partie des épargnes de la famille; accumulé pendant plusieurs années, il sert à doter, quand ils entrent en ménage, les filles et les garçons. Le livret, délivré à 16 ans, est une prime d'encouragement donnée à l'émigration des campagnes vers les usines et vers les villes. Au moindre déplaisir ou au premier mirage, l'adolescent quitte le foyer paternel, et le voilà enrôlé pour toujours sous la bannière industrielle et dans la vie urbaine. Jusqu'à 16 ans, il manifeste en général des sentiments honorables, et c'est à cet âge qu'il prend un parti et une profession. Si l'enfant, qui entre alors dans la vie active de la société, n'était détourné des champs par aucune facilité spéciale d'émigration, il y resterait, et son sort serait fixé pour toujours. Il accroîtrait les rangs des cultivateurs. Entraîné vers les centres de population par un coup de tête, retenu par mille séductions, il trouve dans la possession immédiate d'un livret un encouragement qui décide de toute sa carrière, effet très-fâcheux d'un affranchissement prématuré.

En reportant à 18 ans, au moins, l'obtention d'un livret

personnel, on aurait, à Paris, dans les grandes villes, dans les manufactures, moins de jeunes ouvriers déserteurs de la vie rurale. Moins les populations s'agglomèrent artificiellement, plus elles se distribuent sur la surface entière du sol, et plus il y a profit pour la production économique et l'aisance générale, pour la santé et la moralité publiques, pour le respect des lois et l'autorité du pouvoir. La délivrance du livret personnel à 16 ans paraît donc être une fâcheuse institution. A côté d'une majorité légale fixée à 21 ans, à côté d'une majorité facultative fixée à 18 ans par l'émancipation, convient-il d'introduire une majorité industrielle fixée à 16 ans par le livret? Il semble que la réponse à cette question doive être négative. La mesure proposée n'ajoute rien au pouvoir donné au père par la loi civile, quant à l'administration des biens du mineur, et il importe de produire un effet moral, de relever le drapeau de la puissance paternelle, d'agir sur l'opinion des classes ouvrières. L'âge de 18 ans est celui où la loi de 1832 permet au mineur de s'engager; celui où cesse pour le père la jouissance légale du salaire de son enfant; celui, enfin, où l'émancipation de l'orphelin peut être prononcée par le conseil de famille.

§ 23.

MOTIFS QUI CONSEILLENT DE SUPPRIMER LES RÈGLEMENTS ÉTABLIS PAR LA LOI POUR GARANTIR LE REMBOURSEMENT DES AVANCES FAITES PAR LES PATRONS AUX OUVRIERS.

Les livrets ont été créés par des lettres patentes de 1749 qui imposaient aux *garçons* et *compagnons* l'obligation de prendre de leurs maîtres un *congé par écrit* justifiant l'achèvement du travail promis et le remboursement des avances reçues. D'autres lettres patentes de 1781 réunirent ces certificats sous forme de livre ou cahier. La loi du 17 mars 1791 abolit le régime des corporations, des jurandes et des maîtrises, et rétablit le droit commun dans les relations entre maîtres et ouvriers. Mais la loi du 22 germinal an XI revint aux anciens errements. Depuis cette époque, l'arrêté du 9 frimaire an XII, les lois des 14 mai 1851 et 22 juin 1854, et le décret du 30 avril 1855 ont réglementé la matière. L'arrêté consulaire du 9 frimaire an XII (art. 7, 8 et 9) ne permettait à l'ouvrier de réclamer son livret qu'après avoir acquitté sa dette envers son patron. Si l'ouvrier était obligé de se retirer, le créancier pouvait mentionner la dette sur le livret, et le nouveau patron devait retenir, pour le lui remettre, un cinquième sur le salaire de l'ouvrier. De là des inconvénients graves, reconnus par M. Villermé dans son Tableau physique et moral de l'état des ouvriers, par le conseil général des manufactures (session de 1841-1842), enfin par M. Beugnot, rapporteur à la chambre des pairs en 1845. Ces avances étaient souvent en disproportion avec le salaire. L'ouvrier était amené à les dissiper dans l'inconduite; et, dès lors, il se trouvait dans l'impossibilité de changer d'atelier. Réduit à un état de dépendance à l'égard de son patron, il devait subir les diminutions de salaires qu'imposait celui-ci. Bientôt, perdant son individualité, il s'abandonnait au découragement ou recourait à la fuite. Le patron spéculait parfois sur cet état de choses, et ne faisait des avances à ses ouvriers que pour se les inféoder en quelque sorte; dans ce but il prêtait 300 francs, 500 francs, et même 1,000 francs, à de simples ouvriers, pour abaisser ensuite les salaires, et rendre toute concurrence impossible. On arrivait ainsi, comme le disait M. Randoing en 1851, à démoraliser l'ouvrier d'une part, de l'autre, à l'anéantir physiquement.

Pour remédier à ces abus, la chambre des pairs avait voté, en 1846, la réduction du privilége des avances à 30 francs. En 1850, MM. Lanjuinais et Seydoux en proposèrent à l'Assemblée législative l'abrogation complète; et la commission, pénétrée des dangers signalés plus haut et que son rapporteur, M. Salmon, fit ressortir énergiquement, adopta leur avis. Il fallait, disait-elle, décourager les avances intéressées; quant aux avances charitables, qui d'ailleurs ne s'inscrivent pas généralement sur les livrets, il était bon que la prudence les rendît moins faciles, dans l'intérêt même de l'ouvrier. Cependant, le 8 juin 1850, le gouvernement proposa la réduction du privilége des avances à la somme de 30 francs; et ce tempérament fut adopté le 14 mai

1851, sur un nouveau rapport de M. Salmon, constatant qu'il avait été approuvé par un grand nombre de chambres de commerce, de chambres consultatives des arts et manufactures, et de conseils de prud'hommes consultés à cet effet.

D'après les articles 2 à 5 de la loi nouvelle, l'ouvrier qui a accompli les engagements relatifs à son travail peut réclamer son livret, même quand il n'a pas acquitté les avances qu'on lui a faites : seulement, ces avances sont inscrites sur son livret jusqu'à concurrence de 30f 00, et le nouveau patron doit prélever pour les éteindre un dixième du salaire de l'ouvrier. En 1854, la commission du Corps législatif, saisie d'un nouveau projet de loi, demandait que les avances pussent être mentionnées en totalité sur le livret, bien que la retenue sur le salaire ne pût être exercée que jusqu'à concurrence de 30f 00. Mais le conseil d'État, loin d'adopter cette idée, décida au contraire, par un sentiment de respect pour la dignité de l'ouvrier, et fit décider par la Chambre, que le livret, après avoir reçu les mentions relatives au contrat ou à l'acquit des engagements, devait dans tous les cas être remis à l'ouvrier et rester entre ses mains (Loi du 22 juin 1856, art. 6). Ainsi le livret n'est plus retenu par le fabricant, qui peut y inscrire ses avances, jusqu'à concurrence de 30 francs.

Malheureusement, les conséquences pratiques de cette loi ne paraissent pas avoir beaucoup modifié l'ancien état de choses. Dans le rayon de Sainte-Marie-aux-Mines, la dette pesant sur les ouvriers indique encore un chiffre analogue à celui qui figure dans le travail de M. Villermé. Il semble que beaucoup de prêts ne servent qu'à la débauche, et que quelques-uns soient inspirés par des vues intéressées. En effet, il paraît que les fabricants répugnent à opérer sur les salaires des ouvriers la retenue que nécessite l'inscription d'une avance faite par un précédent patron, et que, à cet égard, leur refus de recevoir l'ouvrier endetté produit à peu près les mêmes effets que la retenue du livret pouvait amener autrefois. Dès lors, on comprend que le fabricant puisse encore avoir intérêt à faire des avances qui seront bien difficilement remboursées, même si elles ne dépassent pas

30 francs, et qu'il lui sera bien facile de maintenir à ce chiffre. D'ailleurs, en réalité, l'inscription même d'une faible somme peut servir de garantie pour une créance bien supérieure; et, à moins d'imputer les paiements spécialement sur la somme inscrite, l'inscription ne devra disparaître que lorsque l'avance tout entière aura été remboursée. Peut-être y aurait-il lieu, en conséquence, de revenir au système proposé en 1850 par la commission de l'Assemblée législative, c'est-à-dire de supprimer tout à fait la garantie résultant de l'inscription des avances et de rentrer dans le droit commun. On éviterait ainsi une inégalité qui peut exciter des haines de classe à classe. La pratique de cette innovation ne serait nullement fâcheuse. Le rapporteur de la commission de 1850 disait que, dans le cas où les avances avaient été exceptionnellement nécessaires, elles avaient été recouvrées sans inscription sur le livret, et que la meilleure garantie du patron était la probité et les habitudes d'ordre de l'ouvrier.

§ 24.

LA SOCIÉTÉ DES CITÉS OUVRIÈRES DE MULHOUSE (HAUT-RHIN) PAR M. CHARLES THIERRY-MIEG.

Cette société avait pour objet d'assurer aux ouvriers la propriété de leur habitation. Elle fut fondée en 1853, sous l'inspiration de M. Jean Dollfus. Le capital était de 600,000 francs, et le gouvernement en avait fourni la moitié. La société réclamait seulement, pour ses actionnaires, un intérêt de 4 pour 100 sur le capital versé comme fonds de roulement de l'entreprise.

Les maisons de la cité ouvrière ont deux étages, une cave et un grenier; elles se composent de six pièces, trois à chaque étage. Chaque logement a une entrée séparée et un jardin distinct, d'une surface à peu près quadruple de celle de l'habitation. Il y a des maisons construites, par groupes de quatre, sous un toit commun, mais séparées par deux murs mitoyens en forme de croix, et d'autres formant des bâtiments allongés contenant chacun dix habitations juxtaposées par série de cinq de chaque côté. La cité ouvrière comprend aujourd'hui 560 maisons, dont

448 étaient vendues au 31 mars 1862; un grand bâtiment, à 17 chambres garnies, pour ouvriers célibataires; une vaste salle d'asile; un local où l'on donne gratuitement des consultations et des soins aux ouvriers malades; un établissement de bains et un lavoir (le bain à 0f 25 avec linge, et le lavage à 0f 05 pour deux heures); une boulangerie où l'on vend du pain au-dessous de la taxe, et un restaurant où l'on débite à très-bas prix des aliments substantiels et bien préparés. La vente des maisons se fait contre un premier versement de 300 à 400 francs (selon la valeur de la maison), auxquels doivent venir s'ajouter des versements réguliers de 18 à 25 francs par mois pendant 13 à 14 ans. Ainsi, pour un paiement mensuel qui ne dépasse pas le prix ordinaire des loyers d'ouvriers à Mulhouse, on peut devenir en quelques années propriétaire d'une maison valant de 2,650 à 3,300 francs. Les résultats d'une institution si utile ne se sont pas fait attendre. En huit années, 488 chefs de famille sont devenus propriétaires. Au 31 mars 1862, ils avaient acheté des maisons pour 1,340,225 francs; et sur 1,519,950 francs qui composaient à cette époque le montant de leur dette (en y ajoutant les contributions, les intérêts, les frais de contrat, etc.), ils avaient déjà payé 653,124 francs, c'est-à-dire 43 pour 100; et il ne restait dû que 866,826 francs. C'est une somme de 653,124 francs enlevée au cabaret, ou à d'autres dépenses infructueuses, et constituant l'épargne des familles. On a vu des militaires consacrer le prix de leur engagement à acheter une maison à leur famille: en 1861, 20 d'entre eux avaient acheté dans ces conditions. D'autres fois, ce sont de pauvres ouvriers, n'ayant pas de quoi payer l'avance de 300f 00 qui viennent supplier qu'on leur fasse crédit, en promettant de faire des versements mensuels plus forts, et qui parviennent, à force d'économies et de privations, à être, eux aussi, propriétaires. Ils sont même souvent plus réguliers dans leurs paiements que des ouvriers mieux salariés; car, malheureusement, un salaire élevé n'est pas toujours une cause de moralité; il faut avant tout le goût et l'habitude de l'économie. Cette habitude s'acquiert promptement, quand on poursuit avec ardeur un but déterminé: il n'est pas rare de voir des maisons entière-

ment payées au bout de peu d'années, tant le désir de se libérer devient de plus en plus fort.

Ainsi, la passion de la propriété a fait ce que n'avaient pu faire, ni la raison, ni les bons conseils; elle a réellement constitué le plus puissant encouragement à l'épargne, et, par suite, le plus vigoureux obstacle à l'imprévoyance et à l'inconduite qu'on ait encore trouvé. En outre, les ouvriers, devenus propriétaires, comprennent le danger des agitations politiques; ils ne songent qu'à élever paisiblement leur famille, et quelques-uns parviennent par leur travail et leur économie à entrer dans les rangs de la bourgeoisie.

§ 25.

NOTICE SUR LES SOCIÉTÉS DE SECOURS MUTUELS DE SAINTE-MARIE-AUX-MINES.

Les anciennes sociétés de Sainte-Marie remontent au siècle dernier, où fut fondée la caisse des mineurs, qui existe encore et reçoit des ouvriers de toute profession. Ces sociétés sont au nombre de 26, sans compter quelques associations qui se bornent à donner des secours aux familles, en cas de décès d'un de leurs membres. Sur ce nombre, 5 seulement sont *approuvées*, en vertu du décret du 26 mars 1852, et ont leur président nommé par l'Empereur. Les autres sont libres et sont dirigées par un conseil d'administration, composé ordinairement de six membres qui s'adjoignent un secrétaire. Ce conseil est nommé chaque année par les sociétaires en assemblée générale, ainsi que le médecin ou les deux médecins avec lesquels la société prend un abonnement. Les sociétés d'assistance de Sainte-Marie-aux-Mines se divisent en plusieurs catégories :

1° Les sociétés de secours mutuels proprement dites, qui donnent droit aux soins du médecin et aux médicaments, et accordent une indemnité pendant la maladie;

2° Les sociétés dites caisses supplémentaires qui ne donnent qu'une indemnité;

3° Les sociétés ne donnant des secours qu'en cas de décès.

Les sociétés de secours mutuels proprement dites sont au nombre de 16. Onze de ces sociétés sont libres et ont été créées antérieurement au décret du 26 mars 1852; elles ont leur siége dans des auberges. Les cinq autres sont approuvées en vertu de ce décret et ont établi leur siége dans des endroits moins dangereux pour leurs ressources financières. Ces sociétés sont les suivantes : la Caisse générale; la Société mixte d'assurance et de charité, annexe de la précédente, qui fait soigner ses membres malades dans un hôpital, en payant pour eux 0f 90 par jour, et qui reçoit de la ville une subvention de 500 francs; la Société de Prévoyance; la Prévoyante; la Bienfaisante. Dans quelques-unes de ces sociétés, le malade choisit lui-même le médecin par lequel il désire être traité. Dans d'autres, les soins sont donnés par un médecin désigné, chaque année, par les sociétaires, à la majorité des voix. Les médicaments sont fournis à des prix réduits.

Parmi les 16 sociétés, 14 n'admettent que des hommes. La Caisse générale reçoit des hommes et des femmes, et la Société mixte d'assurance et de charité reçoit des hommes, des femmes et des enfants de sociétaires. Le nombre des membres est très-variable pour chaque société[1]. Ainsi, la Société des tisserands renferme 203 hommes, tandis que la Prévoyante n'en a que 40; la Société mixte d'assurance et de charité compte 137 hommes, 475 femmes et 331 enfants : en tout 943 affiliés. Le nombre total des membres est de 3,248, ainsi répartis : hommes, 1,947; femmes, 970; enfants, 331. Le nombre moyen des membres par société est de 203; le nombre moyen des hommes, 121. Les cotisations mensuelles sont de 0f 50 à 1f 00 pour les hommes, de 0f 40 pour les femmes et de 0f 12 pour les enfants. Le produit mensuel total des cotisations des hommes est de 1,389f 93, ce qui donne 0f 71 pour la cotisation mensuelle moyenne de chacun d'eux. Les sociétés donnent, en cas de maladie, un secours en argent de 0f 71 à 1f 00 par jour pour les hommes et de 0f 40 pour les femmes; les enfants d'une famille abonnée n'ont droit

1. Les nombres qui suivent se rapportent à l'exercice 1862.

qu'aux remèdes et aux soins du médecin. Le nombre total des jours de maladie a été, en 1862, de 13,323; et la somme des secours en argent accordée aux sociétaires a été de 11,713f 00; l'indemnité moyenne a donc été de 0f 88 par jour. Cette indemnité a été, pour les hommes seulement, de 0f 84.

Les sociétés de Sainte-Marie possèdent une réserve totale de 16,674f 00. Cependant elles sont loin d'être en général dans une situation prospère, soit parce que leurs charges augmentent avec l'âge des sociétaires plus rapidement que leurs ressources, soit parce que, contrairement au principe généralement adopté en France, elles accordent une indemnité quotidienne plus forte que la cotisation mensuelle. Voici, pour l'exercice 1862, les recettes des 16 sociétés de secours mutuels de Sainte-Marie : cotisation des membres participants, 21,812f 00; — souscription des membres honoraires des sociétés approuvées et subvention de la ville à l'une d'elles, 2,690f 00. — Total, 24,502f 00.

Les dépenses sont réparties ainsi qu'il suit : indemnités en argent aux sociétaires malades, 11,713f 00; — visites des médecins, 3,585f 00; — médicaments, 6,549f 00; — frais généraux, 2,655f 00. — Total, 24,502f 00.

Les sociétés dites *Caisses supplémentaires* sont au nombre de 10. Ce sont des associations libres, sans contrôle, qui ne reçoivent que des personnes déjà membres de sociétés ordinaires. Elles ne donnent droit, ni aux médicaments, ni aux soins de médecin; mais elles accordent un supplément d'indemnité aux malades. Elles ont en tout de 600 à 700 membres. Neuf de ces sociétés se réunissent dans des auberges ou dans des cafés, et une d'elles a son siége à la mairie : c'est celle des anciens soldats, dont la création a été provoquée par l'administration, et qui compte 100 membres. Toutes ces sociétés exigent une cotisation de 0f 30 à 0f 40 par mois et donnent aux malades un supplément de 0f 57 par jour.

Les sociétés donnant des secours aux familles de leurs membres décédés sont de création récente et comptent de 1,000 à 1,200 participants. La plus nombreuse a 315 affiliés : hommes ou femmes, célibataires, mariés ou veufs, adultes ou enfants.

Les indemnités en argent des sociétés de secours mutuels, jointes à celles des caisses supplémentaires, approchent trop du salaire de l'ouvrier. Des secours aussi avantageux affaiblissent l'énergie de celui qui reçoit, et le portent, malgré las urveillance réciproque des sociétaires, à feindre des maladies ou à prolonger la convalescence.

A ce sujet, tout en accordant un juste tribut d'éloges aux sociétés de secours mutuels, il faut reconnaître qu'elles ne sont qu'un palliatif aux maux de l'imprévoyance. Il est même à craindre, quand elles sont trop développées, comme à Sainte-Marie-aux-Mines, qu'elles ne nuisent aux habitudes d'épargne, qui peuvent le plus sûrement conduire les ouvriers à l'indépendance et au bien-être. On ne doit donc pas fonder toute la sécurité des classes ouvrières sur la mutualité, et on doit chercher à rétablir en même temps ces mœurs sévères qui donnent à certaines populations tant d'initiative et d'énergie.

§ 26.

ORGANISATION DES SOCIÉTÉS DE SECOURS MUTUELS EN FRANCE.

PAR M. LE VICOMTE DE MELUN, membre de la Commission supérieure d'encouragement et de surveillance des Sociétés de secours mutuels.

Au commencement du XIXe siècle, après l'abolition complète de l'ancienne organisation du travail et des institutions par lesquelles les diverses industries cherchaient à se défendre de la concurrence, les ouvriers, trop souvent abandonnés à tous les dangers de l'isolement par l'affaiblissement du patronage, sentirent le besoin de demander à l'association libre des forces et des ressources pour lutter contre les principales difficultés de leur vie. Les sociétés de secours mutuels, qui existaient déjà en germe sous le régime ancien, se développèrent. Quelques-unes eurent pour but de venir en aide aux ouvriers pendant la maladie, le chômage et aux jours de la vieillesse; le plus grand nombre ne promirent de secours qu'aux malades et aux vieillards; presque toutes se composèrent d'ouvriers de même profession, rapprochés les uns des autres par la communauté de l'atelier et du travail, et par l'égalité des chances d'accidents et de maladies.

Les statuts de la plupart des sociétés se ressemblent. Le sociétaire s'engage à payer, chaque mois, une cotisation ordinairement un peu inférieure au salaire d'un jour; il reçoit, quand il tombe malade, les secours d'un médecin, les médicaments et une indemnité quotidienne égale à la cotisation mensuelle. Arrivé à l'âge où il ne peut plus travailler, et après un certain nombre d'années passées dans la société, il a droit à une pension de retraite; à sa mort, les devoirs funèbres lui sont rendus par ses associés, et une somme est allouée pour les frais de son convoi. Les sociétés de secours mutuels administrées par des membres élus furent soumises à la loi qui régit toutes les associations; elles ne purent se former et se réunir qu'avec l'autorisation toujours révocable de l'administration publique. Sous ce régime, la mutualité s'organisa dans les grands centres de population, mais resta presque inconnue à tout le reste de la France, les petites villes ne fournissant pas un assez grand nombre d'ouvriers de même état, et les habitants des campagnes appliquant exclusivement leur prévoyance à acheter des terres au moyen de leurs épargnes.

Le plus grand nombre des sociétés dirigées avec probité et avec intelligence commencèrent à prospérer après quelques années d'existence. Elles avaient chacune une réserve qui pouvait faire croire à la solidité de leur constitution, mais elles portaient toutes dans leurs statuts un article qui devait tôt ou tard amener leur ruine : celui qui donnait droit à la pension de retraite. A mesure qu'elle vieillissait, chaque société voyait un plus grand nombre de ses membres se changer en pensionnaires et exiger d'elle des sacrifices qui excédaient les ressources des associations les plus riches. Celles dont la réserve était la plus considérable furent obligées, pour ne pas se mettre en liquidation, de diminuer de beaucoup les pensions promises, en manquant aux engagements de leurs statuts. Un calcul bien simple établit l'impossibilité de tirer à la fois de la cotisation l'indemnité du malade et la pension du vieillard.

D'après une statistique sérieuse et souvent vérifiée, les sociétés de secours mutuels ont, par an, une moyenne de six jours de maladie par sociétaire. Elles accordent généralement aux malades une indemnité quotidienne égale à la contribution mensuelle. Lorsqu'elles demandent une cotisation de 1f 50 par mois ou de 18f00 par an (taux moyen des cotisations), elles dépensent : pour indemnités de maladie, 9f00; pour visites de médecins et de médicaments, 4f00; pour frais funéraires, 0f 50; pour frais d'administration, 1f 00. — Total, 14f 50. Il ne reste donc en réserve, à la fin de l'année, que 3f 50 par sociétaire, c'est-à-dire 350 ou 700 francs, si la société compte 100 ou 200 membres. Les droits d'entrée et les amendes sont absorbés par les frais accessoires, tels que location d'une salle et l'achat du mobilier, sans compter les dépenses extraordinaires qui peuvent résulter d'une épidémie, ou de ces catastrophes industrielles qui rendent très-difficiles, pendant quelque temps, la rentrée des cotisations.

Le taux des pensions étant de 100 francs au moins, on voit qu'il n'est pas possible aux sociétés de se former, même par l'accumulation de toutes leurs économies, un capital suffisant pour servir une pension annuelle aux sociétaires qui, au bout de quelques années, viennent en grand nombre réclamer l'exécution des promesses faites par les statuts. D'un autre côté, les sociétés qui assuraient un secours contre le chômage donnaient lieu aux réclamations de l'autorité chargée de la police : on leur reprochait d'appliquer leurs ressources à favoriser des coalitions et à entretenir les grèves. Aussi la loi de 1850, qui donna aux sociétés de secours mutuels la faculté de se faire reconnaître comme institutions d'utilité publique et d'acquérir les avantages de la personnalité civile, eut-elle soin de stipuler qu'elles s'appliqueraient exclusivement aux cas de maladie, et ne promettraient pas de pension de retraite. Soit en raison de l'agitation de l'époque où la loi fut promulguée, soit à cause des formalités exigées et de l'interdiction d'accorder aux vieillards des secours auxquels les ouvriers attachaient un grand prix, la loi de 1850 n'eut aucune influence sur le développement de la mutualité. Les sociétés ne demandèrent pas à profiter des avantages qu'elle leur offrait. Il n'en fut pas de même du décret du 26 mars 1852. Ce décret, en laissant aux sociétés existantes la liberté de conserver leurs anciens statuts et de vivre sous le régime de la simple autorisation, créa, pour celles qui voulaient se soumettre à ses prescriptions, une situation nouvelle, dite de l'*approbation*.

Pour obtenir l'approbation, les sociétés durent faire homologuer leurs statuts par l'administration, s'interdire toute promesse de secours en cas de chômage, admettre des membres honoraires payant la cotisation et n'ayant aucun droit aux secours, et faire nommer leur président par le chef de l'État. Elles purent accorder à leurs membres des pensions de retraite, mais seulement sur les ressources provenant des souscriptions des membres honoraires, des dons, des legs et des subventions.

Les sociétés approuvées, sortant du régime de l'autorisation qui n'accorde aucun droit civil, purent posséder, recevoir et agir dans de certaines limites, et jouirent, dans des proportions restreintes, des avantages de la personnalité légale. Elles reçurent de l'État une dotation de dix millions. Le décret prescrivit aux autorités municipales de provoquer et d'encourager la fondation de sociétés approuvées, composées, non plus d'ouvriers de même profession, mais d'habitants de la même commune et du même quartier. Le décret de 1852 donna une vive impulsion au développement de la mutualité. Les administrations des départements et des communes se mirent à l'œuvre et provoquèrent la fondation de sociétés nouvelles; un grand nombre de sociétés anciennes demandèrent à jouir des bénéfices de l'approbation, et le dernier rapport de la société supérieure d'encouragement et de surveillance constate que, pendant les dix années qui se sont écoulées depuis la promulgation du décret, le nombre des sociétés a doublé.

Il existait, au 1er janvier 1852, 2,237 sociétés; elles sont, au 1er janvier 1862, au nombre de 4,410. Elles comptent 605,346 membres au lieu de 255,472. La réserve s'est élevée de 7,649,660f à 27,905,537f. Une caisse de retraite, fondée en 1857, et destinée à mettre à la disposition des sociétés des pensions viagères qu'elles peuvent appliquer aux plus anciens et aux plus âgés de leurs membres, a reçu la somme de 5,313,845f 00.

Malgré de tels résultats, les conditions imposées par le décret ont soulevé plusieurs objections de la part des ouvriers et des personnes qui regardent la liberté comme la première et la plus essentielle des conditions d'une association de secours mutuels. La nomination du président par le chef de l'État leur a paru une intervention regrettable du gouvernement dans une institution qui, se soutenant par l'adhésion et les sacrifices volontaires de ses membres, devait être régulièrement dirigée et administrée par eux. Le président, nommé par l'Empereur, n'est plus l'homme de la société, mais celui de l'État; l'autorité même qu'il puise dans l'origine de son pouvoir enlève à la société toute liberté d'action et entrave le droit de la société à se gouverner elle-même. L'admission forcée des membres honoraires tend à introduire un principe d'inégalité, un système de tutelle et de patronage, et une forme d'aumône, inconciliables avec le caractère des sociétés de secours mutuels. Celles-ci doivent vivre uniquement des contributions de leurs membres, admis tous aux mêmes titres, ayant les mêmes droits et les mêmes obligations; elles n'ont pas besoin de ces dons gratuits, de cette intervention charitable, qui les assimilent aux bureaux de bienfaisance et aux œuvres de charité.

La substitution des sociétés communales ou d'arrondissement aux sociétés corporatives est peu en faveur auprès des ouvriers, auxquels leurs voisins les plus proches sont souvent inconnus, et qui sont souvent appelés, par la nécessité de leur travail, à changer de quartier, tandis que la société corporative réunit naturellement des hommes déjà liés entre eux par l'habitude du travail en commun et l'identité de la profession. Enfin la richesse de la dotation elle-même a été signalée comme un danger. N'a-t-elle pas pour résultat de mettre le secours du gouvernement à la place de la cotisation des sociétaires et d'habituer l'ouvrier à compter moins sur sa prévoyance que sur la générosité de l'État?

A ce luxe de dépendance, de protection et de secours, on a

opposé l'exemple de la mutualité anglaise, bien plus populaire, bien plus répandue que la nôtre, et qui marche et progresse sans appui, sans tutelle et sans subvention. La meilleure réponse à ces objections, dont on ne saurait méconnaître la valeur, est dans la disposition, et, nous ne craignons pas de le dire, dans le caractère du pays pour lequel a été fait le décret, et dans la manière large et libérale dont il a été appliqué. Jusqu'à la promulgation du décret, les sociétés de secours mutuels étaient renfermées dans les grands centres industriels. Sans l'initiative, sans l'impulsion du gouvernement, jamais la mutualité n'aurait pénétré dans les villes de second ordre et dans les campagnes; sans les secours et la direction de l'État, les premières dépenses n'auraient pas été couvertes, et les statuts, comme ne l'a que trop prouvé l'expérience du passé, n'auraient trop souvent renfermé que des promesses illusoires et des espérances chimériques. Sans les membres honoraires et la dotation, les secours pour la vieillesse, si chers aux ouvriers, étaient impossibles.

Le choix de l'Empereur est toujours tombé sur l'homme que la société désirait pour son président et qu'elle aurait élu elle-même, et partout l'administration a été conférée à un conseil nommé par tous les sociétaires. L'admission des membres honoraires a dû être inscrite dans les statuts; mais aucune société n'a été forcée d'en chercher : un grand nombre n'en comptent qu'un ou deux; plusieurs n'en possèdent pas un seul, et jouissent cependant de tous les priviléges de l'approbation. Là où les membres honoraires sont nombreux, leur expérience des affaires et leur zèle ont rendu de grands services à l'administration des sociétés, et leurs cotisations ont contribué à l'établissement des secours pour la vieillesse. En prescrivant aux municipalités de former des associations communales, le décret n'exclut de l'approbation, ni les sociétés corporatives anciennes, ni même celles que forment aujourd'hui les ouvriers de même profession; l'approbation n'a jamais été refusée qu'à celles dont les éléments paraissaient de nature à faire dévier l'institution de son véritable but et à compromettre l'ordre et la sécurité.

Quant à la dotation, la manière dont ses revenus sont distribués prévient les abus que l'on redoute : une somme très-minime est employée chaque année à faciliter la formation de sociétés nouvelles, en pourvoyant aux dépenses de premier établissement, et à venir en aide aux sociétés anciennes, en cas de calamités imprévues comme les épidémies, ou comme, dans ces derniers temps, la crise cotonnière; tout le reste est appliqué à la caisse des retraites, c'est-à-dire à un service auquel les cotisations des sociétaires participants n'ont jamais pu pourvoir. Il est juste cependant de reconnaître que, malgré ses avantages, ses résultats et le libéralisme de son application, le régime du décret de 1852 n'est pas l'état normal des sociétés de secours mutuels. Il a rendu de grands services; il a donné une impulsion puissante; au moment de son application, il a épargné beaucoup d'erreurs, et sauvé de beaucoup de ruines. Aujourd'hui même encore, si son action était suspendue ou supprimée, le développement des sociétés de secours mutuels en recevrait une grave atteinte. Il a fait, sous le point de vue de la mutualité, l'éducation de notre pays, et cette éducation n'est pas encore achevée chez un peuple qui, pour l'administration de ses affaires les plus personnelles, a l'habitude d'attendre l'initiative de l'État et de réclamer de lui des secours.

Mais cette impulsion, cette initiative et ces secours ne sont nécessaires que pour soutenir une faiblesse, guérir une infirmité, et faire faire à une population inexpérimentée l'apprentissage de la prévoyance. Espérons donc qu'en cette matière, comme en toute autre, avec le temps et la pratique, les enfants deviendront des hommes, les apprentis des ouvriers, et que, dans les sociétés de secours mutuels, comme dans toutes les autres institutions, le véritable progrès sera l'initiative des individus!

CHAPITRE VI

CHIFFONNIER

DE PARIS

OUVRIER-CHEF DE MÉTIER

dans le système du travail sans engagements,

AVEC UN PRÉCIS DE LA MONOGRAPHIE AYANT POUR OBJET

LA LINGÈRE DE LILLE (20),

D'APRÈS LES RENSEIGNEMENTS RECUEILLIS SUR LES LIEUX,
EN 1849 ET EN 1851,

PAR MM. A. COCHIN, E. LANDSBERG ET F. LE PLAY.

OBSERVATIONS PRÉLIMINAIRES

DÉFINISSANT LA CONDITION DES DIVERS MEMBRES DE LA FAMILLE.

Définition du lieu, de l'organisation industrielle et de la famille.

§ 1.

ÉTAT DU SOL, DE L'INDUSTRIE ET DE LA POPULATION.

L'ouvrier habite à Paris une rue peu fréquentée, mais large et proprement tenue, située entre le Panthéon et le Val-de-Grâce, aux confins du faubourg Saint-Marceau. Il a récemment quitté le centre de ce faubourg, dont les rues étroites et malpropres forment la résidence habituelle des chiffonniers. Dans le choix de sa nouvelle habitation, la famille décrite dans la présente monographie a été guidée, d'un côté, par des motifs de santé (4), de l'autre, par la convenance de se rapprocher des marchands auxquels l'ouvrier vend, tous les deux ou trois jours, les produits de son industrie. Les chiffonniers trouvent rarement à se loger hors de certains quartiers, en raison des inconvénients qui sont attachés à leur métier, et qui font repousser leur voisinage par les autres classes d'habitants. L'exception faite en faveur de cette famille s'explique, en grande partie, par des habitudes recommandables d'ordre et de propreté. Au surplus, ces habitudes ne sont point un accident spécial à la famille décrite. Elles se retrouvent chez un certain nombre d'individus de la même profession. Sous des influences qui ne sont point dégradantes, ces individus n'ont pu prendre place dans le milieu social où ils sont nés (17). Toutefois, dans leur chute, ils ont conservé certaines qualités qui, sous quelques rapports, les classent au-dessus de beaucoup d'ouvriers émigrants (18) ou sédentaires (19) de la ville de Paris.

On donne quelquefois, à tort, le nom de chiffonniers à des brocanteurs ambulants (VII, 21) qui achètent dans les villes de France des débris de vêtements, de la ferraille, des os, de vieux papiers et autres objets. Ce nom doit être réservé à la profession décrite dans la présente monographie. Le vrai chiffonnier n'existe guère qu'à Paris; et il diffère du brocanteur parisien en ce qu'il récolte exclusivement, et à titre gratuit, ces mêmes objets sur les voies publiques. Le chiffonnier ne sort guère que la nuit. Porteur d'une hotte, armé d'un croc et d'une lanterne, il ramasse, surtout dans les rues et dans les carrefours, les os, les chiffons et les papiers, mêlés aux tas de détritus qui proviennent de l'intérieur des maisons et qui n'ont pas encore été enlevés par le service de salubrité. Ces produits, soigneusement triés et classés, sont ensuite revendus à des marchands en gros, qui en font un commerce spécial. Les chiffonniers vivent en grande partie dans le voisinage de la place Maubert (V[e] arrondissement).

Le nombre des chiffonniers s'accroît à Paris plus rapidement que celui des autres habitants. Ils viennent de toutes les contrées du monde. Ils montrent une grande variété de mœurs parmi lesquelles le mal domine souvent, sans que le bien fasse jamais défaut.

§ 2.

ÉTAT CIVIL DE LA FAMILLE.

La famille se compose des deux époux et d'une fille unique, savoir :

1. GIUSEPPE NIERI, chef de la famille, marié depuis 4 ans, né à Materano (Piémont)........ 47 ans.
2. MAGDELEINE SCHWARTZ, sa femme, née à Colmar........ 42 —
3. Louise Nieri, leur fille unique, née à Paris........ 8 —

La naissance de l'enfant a été légitimée aussitôt que l'ouvrier a pu faire venir de son pays les papiers nécessaires pour contracter le mariage.

§ 3.

RELIGION ET HABITUDES MORALES.

La famille professe la religion catholique romaine, tout en recevant d'une relation accidentelle une propension au protestantisme (7 et 10). L'ouvrier est profondément imbu du sentiment religieux ; il est honnête et serviable pour ses voisins; il supporte avec résignation un sort peu fortuné ; il remercie Dieu chaque jour de lui avoir donné le nécessaire, et se confie en lui pour son avenir. Il aime à lire, en famille, la Bible ou d'autres livres religieux, dont il s'est formé une petite bibliothèque (10). Né en Italie, l'ouvrier a conservé la connaissance de l'italien; il parle, lit et écrit convenablement le français. Sa conversation révèle une élévation intellectuelle, une tendance au dévouement et une naïveté de croyance qui, dans l'état actuel des mœurs françaises, sont moins rares peut-être dans les villes que dans les campagnes. La femme, d'un bon naturel, mais d'une intelligence bornée, suit docilement l'impulsion donnée par le mari. Celui-ci montre pour la femme, et les deux époux montrent pour leur petite fille, une sollicitude touchante. Cette enfant, mieux habillée et plus soigneusement nourrie que les parents, fréquente une école protestante, aux frais d'une personne de ce culte appartenant à la classe bourgeoise, et dont le bienveillant patronage exerce une grande influence sur le bien-être de la famille (7).

§ 4.

HYGIÈNE ET SERVICE DE SANTÉ.

L'ouvrier et la petite fille jouissent d'une bonne santé. La femme, au contraire, est depuis plusieurs années valétudinaire. Souvent elle est retenue au lit par la maladie; et, dans ce cas, elle reçoit à titre gratuit les soins d'un médecin envoyé par une congrégation de religieuses. Lorsqu'elle peut marcher, elle se rend dans la maison de la congrégation, pour réclamer les conseils de ce médecin et les médicaments. L'ouvrier, de son côté, s'assure des secours en cas de maladie en s'affiliant à une société de secours mutuels (13).

§ 5.

RANG DE LA FAMILLE.

L'ouvrier, quelque infime que soit sa position, appartient à la catégorie des chefs de métier; mais son industrie offre cette particularité qu'elle peut s'exercer avec une mise de fonds qui n'excède pas 2f 20 (6). L'industrie du chiffonnier n'exige pas de clientèle. Elle se rapproche, par son principe, des exploitations entreprises sur les productions spontanées par les chasseurs, les pêcheurs et diverses catégories de sauvages. Les objets que le chiffonnier recueille, à titre gratuit, sur les voies publiques, sont, dans les grandes villes, le seul équivalent de cette multitude de produits que fournissent, dans les pays peu habités, les forêts, les friches, les rivières et les lacs. Enfin, bien que l'intelligence et l'habitude de la profession exercent, ici comme partout, une certaine influence, cette profession n'exige, en somme, qu'un court apprentissage. Ces circonstances expliquent pourquoi l'industrie du chiffonnier est le refuge de ceux qui n'ont point les ressources et la persévérance nécessaires pour se créer une autre carrière. Une jeunesse dissipée, une irrésistible inclination pour le changement, la brusque interruption de son industrie (12), le défaut de prévoyance et enfin l'absence de tout désir du gain ont placé dans cette condition l'ouvrier décrit dans la présente monographie, et ne lui ont pas permis de se maintenir dans les conditions meilleures qui se sont offertes à lui. Mais, d'un autre côté, les sentiments religieux dont il est animé donnent à l'ensemble de sa conduite une distinction que l'on ne s'attend pas à trouver aux derniers rangs de la hiérarchie sociale. Cette distinction, fondée sur des qualités intellectuelles et morales, ne paraît pas être exceptionnelle, même dans les conditions les plus difficiles, parmi les ouvriers de Paris (19), et en général parmi les ouvriers des grandes villes de l'Occident (II, 22). On ne l'a jamais rencontrée au même dégré, dans le Nord ou dans l'Orient, parmi les ouvriers placés dans les meilleures conditions de bien-être et de moralité. Aucun exemple, peut-être, n'est plus propre à montrer les vertus que peut développer chez l'homme la complète possession du libre arbitre.

Moyens d'existence de la famille.

§ 6.

PROPRIÉTÉS.

(Mobilier et vêtements non compris.)

IMMEUBLES, ARGENT ET ANIMAUX DOMESTIQUES... 0f 00

La famille ne possède aucune propriété appartenant à l'une ou à l'autre de ces catégories. La plus grande somme d'argent dont elle dispose à la fois est le produit de la vente des objets que l'ouvrier a ramassés pendant les deux ou trois jours précédents. Souvent même les crédits accordés par l'épicier, par le boulanger et par d'autres fournisseurs, absorbent à l'avance la majeure partie de cette recette.

Matériel spécial des travaux et industries..... 3f 30

1° *Pour le chiffonnage.* — 1 hotte (panier légèrement conique en osier, porté à dos, ayant 0m 70 de hauteur et 0m 45 de diamètre moyen), 1f 00; — 1 bâton à crochet, 0f 20; — 1 lanterne, 1f 00. — Total, 2f 20.

2° *Pour le raccommodage des chaussures de la famille.* — 1 alène, 0f 15; — 1 marteau, 0f 50; — 1 forme, 0f 20; — 1 tranchet (couteau pour couper le cuir), 0f 25. — Total, 1f 10.

Droit éventuel aux allocations d'une société d'assurances mutuelles garantissant les secours de la médecine et de la chirurgie avec des subsides en argent à l'ouvrier malade (13). 0f 00

Valeur totale des propriétés......... 3f 30

§ 7.

SUBVENTIONS.

Dans les districts peu peuplés de l'Europe, les droits d'usage exercés par autorisation formelle ou par tolérance sur les propriétés voisines jouent un rôle important dans l'existence des familles ouvrières. A mesure qu'on s'approche des districts plus populeux, ces droits perdent de leur importance. Ils disparaissent complétement dans les villes, ou n'y sont plus représentés que par des équivalents d'une nature exceptionnelle. Les 4,000 chiffonniers qui récoltent à Paris les objets jetés sur les voies publiques exploitent un de ces droits d'usage spéciaux aux grandes villes, et y présentent un exemple remarquable d'une classe nombreuse, vivant exclusivement des produits d'une subvention.

L'existence de la famille décrite dans la présente monographie repose en partie sur des subventions émanant d'institutions bienfaisantes ou de la charité privée. La société de secours mutuels par laquelle l'ouvrier est assisté, en cas de maladie (13), est subventionnée par des patrons qui n'en réclament jamais rien pour eux-mêmes. La femme, de son côté, reçoit à titre gratuit, d'une maison de sœurs de Saint-Vincent-de-Paul, les secours médicaux et les médicaments. Des personnes charitables, qui s'imposent le devoir de visiter régulièrement les pauvres du quartier, et diverses personnes, pour lesquelles l'ouvrier fait, de temps en temps, quelques commissions, donnent à la famille des objets de vêtement (16, B). En outre, la famille est protégée, d'une manière toute spéciale, par une personne de la religion protestante, qui s'est donné pour mission de rechercher et d'assister les pauvres que recommandent leur moralité et leur bonne conduite. Ce patron généreux paie la majeure partie du loyer et une partie des vêtements. Il intervient surtout dans les dépenses qui concernent l'habillement et l'éducation de la petite fille.

Les employés chargés de la perception des droits d'octroi aux barrières de Paris sont autorisés à laisser entrer librement, par tolérance, de faibles quantités d'huile et de vin. L'ouvrier chiffonnier profite de ses excursions dans la banlieue pour acheter plusieurs de ses approvisionnements; et cette exemption d'impôt peut, à certains égards, être considérée comme une subvention accordée par l'administration de la ville de Paris.

§ 8.

TRAVAUX ET INDUSTRIES.

TRAVAUX DE L'OUVRIER. — Le travail principal a pour objet la récolte, le triage et la vente des objets de natures très-diverses qu'on trouve dans les rues de Paris et dans celles de la banlieue. En été, l'ouvrier sort presque tous les jours à 6 heures du matin, à jeun, pour chiffonner dans Paris; il rentre à 9 heures, pour déjeuner; à 10 heures 1/2, il part de nouveau pour se rendre dans la banlieue, d'où il rentre à 5 heures du soir, pour dîner; le soir, il chiffonne de nouveau dans Paris de 7 heures à minuit. Quelquefois, il ne sort plus le soir; dans ce cas, il commence la journée suivante à 3 heures du matin.

En hiver, l'ouvrier sort à 7 heures du matin et rentre à 10 heures; le reste de la journée est à peu près employé comme en été. L'ouvrier ne sort point lorsqu'il tombe de la pluie ou de la neige.

La régularité de ces habitudes est interrompue, tous les

deux ou trois jours, par la nécessité de trier et de vendre les chiffons. Parmi les travaux secondaires figurent, au premier rang, les commissions que l'ouvrier exécute pour diverses personnes du voisinage, et en particulier pour le patron de la famille (7). Les autres travaux secondaires sont : le raccommodage des chaussures de la famille, que l'ouvrier exécute tant bien que mal sans avoir jamais appris le métier de cordonnier; l'entretien du mobilier du ménage; et enfin l'achat des provisions du ménage aux marchés de Paris et de la banlieue (9).

Travaux de la femme. — Le travail principal a pour objet les travaux de ménage. La femme consacre chaque jour deux heures à la cuisson des aliments. Elle donne tous les soins possibles à la propreté du logement et du mobilier, où rien ne révèle la profession du chef de famille. Ayant exercé avant son mariage la profession de couturière, elle peut avantageusement continuer le soir, à sa petite fille, les leçons de couture et de tricotage que celle-ci reçoit à l'école pendant la journée. Enfin elle confectionne et elle entretient les vêtements de la famille avec un succès qui n'est ordinairement obtenu que par les couturières de profession. Son état habituel de maladie ne lui permet pas d'entreprendre d'autres travaux secondaires.

Industries entreprises au compte de la famille. — La récolte des chiffons, objet du travail principal de l'ouvrier, est aussi l'unique industrie qui donne un bénéfice à la famille.

Mode d'existence de la famille.

§ 9.

ALIMENTS ET REPAS.

La famille fait régulièrement deux repas par jour; la petite fille emporte avec elle, en allant à l'école, des aliments pour un troisième repas.

Déjeuner (en été à 9 heures, en hiver à 10 heures) : café au lait et au sucre. On verse 1 litre d'eau dans un poêlon en terre, avec 10 grammes de chicorée; quand l'eau est en ébullition, on y ajoute 30 grammes de café; on a fait bouillir en même temps 0 lit 75 de lait dans une grande marmite, et l'on y ajoute la décoction de café en la faisant passer dans un filtre. On sucre le café et l'on y trempe du pain.

Dîner (5 heures du soir) : — 1° pendant 4 mois de l'hiver : soupe à la graisse (voir ci-dessous) et au pain; un deuxième plat, composé : 2 jours par semaine de lentilles ou de haricots, 1 jour de riz, un autre jour de vermicelle, 1 cinquième jour de viande achetée toute cuite au marché Saint-Honoré, 1 sixième jour de pommes de terre ou d'oignons, le dernier jour, enfin, de fromage de Brie; quelquefois on ajoute à chacun des mets ci-dessus indiqués du fromage de Brie, des pommes de terre ou des oignons frits; — 2° pendant 3 mois d'été : 1 fois par semaine on achète de la viande de bœuf ou de vache chez le boucher; on en mange, le 1er jour, une partie bouillie et chaude, puis, le 2e jour, le reste, froid, avec de l'huile et du vinaigre; on mange, deux autres jours, de la soupe au pain et de la salade; pendant les trois autres jours, on mange diverses sortes de légumes (16, Son 1), achetés ordinairement dans le temps où ils abondent, parfois aussi en temps de primeur.

L'ouvrier prend quelquefois, en rentrant le soir, un morceau de pain. L'enfant emporte chaque matin, en s'en allant à l'école, deux tartines faites avec du pain tendre (0f 10) et une compote de fruits. Celle-ci s'achète toute faite chez l'épicier (0f 10 par jour), ou bien la femme la prépare elle-même avec des pommes et de la cassonade. La famille mange une assez grande quantité de fruits, et elle fait, comme réjouissance, quatre repas copieux chaque année (11). La boisson ordinaire de la famille est l'eau coupée avec un peu de vinaigre. On ne boit du vin que par exception (11), mais chaque soir on boit de l'eau sucrée.

La famille a recours à diverses combinaisons particulières pour se procurer les aliments. Le pain est acheté, pour la majeure partie, au marché, en fragments, qui sont payés au poids, d'autant plus cher qu'ils sont plus secs. Le corps gras, acheté, comme la viande cuite, au même marché, se compose de beurre mélangé de graisses de lard et de volailles, provenant de résidus des cuisines bourgeoises. Pour purifier ces mélanges et les conserver pendant une quinzaine, l'ouvrier les soumet à la fusion et y ajoute un peu de sel blanc. La salade, dont la famille fait une assez grande consommation, est en partie ramassée par l'ouvrier pendant le chiffonnage dans la banlieue, près des jardins des maraîchers. Le vinaigre et l'huile que consomme la famille sont achetés, en petites doses, dans la banlieue et importés à Paris sans paiement des droits d'octroi (7)

§ 10.

HABITATION, MOBILIER ET VÊTEMENTS.

L'habitation, située à un deuxième étage, où se trouvent aussi plusieurs autres logements, consiste en une grande chambre (6 mètres sur 3 mètres), carrelée, avec une cheminée et une armoire, ayant vue, par une grande fenêtre, sur un jardin. A côté, se trouve un petit corridor obscur où l'on dépose les chiffons et le matériel. Le triage des chiffons doit se faire dans la chambre, qui, à cette exception près, est toujours tenue avec une extrême propreté.

Le mobilier est proprement entretenu; il est simple, sans indiquer le dénûment. Quelques objets, tels qu'un fauteuil, une montre, une bibliothèque, indiquent la tendance au luxe bourgeois qui sollicite presque tous les ouvriers des villes.

Meubles : tenus avec une extrême propreté ... 158f 00

1° *Lits*. — 1 lit pour les deux époux : bois de lit, paillasse, matelas de laine et de plume, traversin, oreiller, 2 couvertures, 1 couvre-pieds, rideaux, 55f 00; — 1 lit pour la petite fille : bois de lit en fer, paillasse, matelas, oreiller, 2 couvertures, rideaux, 16f 00. — Total, 71f 00.

2° *Mobilier*. — 2 tables, 8f 00; — 4 chaises de paille, 6f 00; — 1 fauteuil (reçu en cadeau), 4f 00; — 1 table de nuit, 1f 50; — 1 commode à 3 tiroirs, 6f 00; — 1 petite commode pour les vêtements de la petite fille, 3f 00; — 1 poêle avec tuyaux (servant pour chauffer et pour faire cuire les aliments; en été on le place sous la cheminée, en hiver au milieu de la chambre), 6f 00; — 1 montre suspendue au mur, 10f 00; — 1 petite glace, 0f 50; — rideaux de la cheminée et de la fenêtre (grands et petits), 4f 00; — 1 crucifix, 4 tableaux religieux, 1 bénitier, etc., 6,00. — Total, 55f 00.

3° *Livres.* — 1 petite bibliothèque composée d'une trentaine de livres, religieux ou destinés à l'amusement des enfants : ils ont été en partie achetés par l'ouvrier, en partie donnés à la famille par un religieux de la société de Jésus ou par la personne qui se plaît à la patronner (7). On y a remarqué les ouvrages indiqués ci-après : la Sainte Bible ; 2 Nouveaux Testaments, l'un catholique, l'autre protestant; 2 exemplaires des Psaumes de David; l'Imitation de Jésus-Christ, par le père Gonnelieu, de la compagnie de Jésus; Histoire sainte, par Fleury; le Trésor de la prière (traduction de sermons allemands protestants); le Trésor des fidèles (livre catholique); le Témoignage de Dieu annoncé dans des sermons, des Homélies et des Instructions familières, par César Malan (livre protestant); Dissertation sur le pouvoir de Saint-Pierre dans l'Église et sur l'adoration de Marie (livre protestant); la Jeunesse morale et religieuse; l'Ami de la jeunesse; les Enfants (contes par Mme Guizot); Silvio Pellico (traduction française); la Patrie du vieillard (traduction d'un petit ouvrage anglais, publié par la librairie protestante de Toulouse); Trois Mois sous la neige; almanachs; etc., etc. — Valeur approximative, 32f 00.

USTENSILES : suffisants pour les besoins et proprement tenus........................ 28f 75

1° *Pour le service de l'alimentation.* — 2 marmites en fonte, 3f 75; — 4 poêlons en terre, 1f 00; — 1 plat, 0f 50; — 8 assiettes, 0f 80; — 1 carafe, 0f 50; — 4 bouteilles, 0f 40; — 1 boîte à lait en fer-blanc, 0f 60; — 1 moulin à café, 1f 00; — 1 filtre à café, 0f 75; — 6 verres, 0f 60; — 4 couteaux, 0f 60; — 6 fourchettes, 0f 50; — 6 cuillers, 0f 60; — 1 cuiller à pot et 1 écumoire, 1f 00. — Total, 12f 60.

2° *Pour usages divers.* — 1 fontaine, 2f 50; — 1 boîte à sel et 2 paniers, 1f 00; — 1 cabas, 1f 25; — 1 petit panier pour la petite fille, 0f 75; — 1 cuvette avec pot à eau, 1f 00; — 1 balai en crin, 1f 25; — 1 chandelier, 0f 50; — 2 fers à repasser, 1f 00; — 1 encrier, 0f 10; — lunettes de l'ouvrier et de la femme, 1f 80; — 1 ardoise à écrire, 1f 00; — 2 paires de ciseaux, 1f 00; — 1 parapluie et 1 ombrelle, 3f 00. — Total, 16f 15.

LINGE DE MÉNAGE : peu nombreux et très-soigné . 36f 50

5 paires de draps pour le lit des deux époux, 25f 00; — 4 paires pour la petite fille, 11f 50.

VÊTEMENTS : tenus avec propreté, et réparés avec grand soin; ceux de la petite fille ont un certain degré d'élégance.. 205f 45

VÊTEMENTS DE L'OUVRIER (74f 85).

1 capuchon acheté avec de l'argent reçu à cet effet, à l'occasion d'un voyage que l'ouvrier a fait en qualité de domestique, 15f 00; — 2 paletots en drap reçus en cadeau, 8f 00; — 1 paletot, 3f 00; — 3 gilets reçus en cadeau, 3f 75; — 2 pantalons d'été en toile, reçus en cadeau, 2f 00; — 1 pantalon d'hiver en drap, reçu en cadeau, 10f 00; — 6 mouchoirs ramassés dans les rues, 3f 00; — 4 cravates reçues en cadeau, 4f 00; — 6 paires de chaussettes, 2f 10; — 1 paire de souliers, 4f 00; — 4 chemises en calicot, 8f 00; — 2 chemises en toile de marin, 8f 00; — 1 chapeau et 1 casquette ramassés dans les rues, 2f 00; — 1 médaille de chiffonnier en cuivre, 2f 00.

VÊTEMENTS DE LA FEMME : une grande partie des vêtements de la femme ont été confectionnés par elle-même avec de l'étoffe qui lui a été donnée par des personnes charitables (75f 10).

2 robes d'indienne, 10f 00; — 1 robe en mérinos, 12f 00; — 2 jupons en laine et

coton, 8f 00; — 2 tabliers en indienne, 3f 00; — 2 camisoles en indienne, 4f 00; — 4 mouchoirs, 1f 00; — 2 paires de bas de laine, 3f 00; — 4 paires de bas de coton, 2f 40; — 1 paire de souliers, 2f 00; — 1 paire de sabots, 0f 70; — 4 paires de pantoufles, 0f 40; — 6 chemises en toile, 12f 00; — 2 bonnets, 2f 00; — 1 pelisse, 4f 00; — 2 châles, 10f 00.

Vêtements de la petite fille : même observation que pour les vêtements de la mère (55f 50).

1 robe en mérinos, 6f 00; — 1 robe en mousseline de laine, 5f 00; — 3 robes en indienne, 12f 00; — 3 pantalons, 2f 50; — 8 mouchoirs, 7f 00; — 6 chemises en calicot, 10f 00; — 4 paires de bas de coton, 2f 00; — 2 paires de souliers, 4f 00; — 1 chapeau de paille, 1f 50; — 1 bonnet de velours, 0f 75; — 1 pardessus, 4f 00; — manchettes, 0f 75.

Valeur totale du mobilier et des vêtements... 428f 70

§ 11.

RÉCRÉATIONS.

Les principales qualités de l'ouvrier, le développement de l'esprit religieux, l'habitude de la réflexion et l'amour de la famille, se révèlent dans le choix de ses récréations. Toutefois celles-ci se ressentent aussi de l'état de pénurie du ménage. La distraction la plus habituelle du père de famille est de s'entretenir avec sa petite fille et de lire à haute voix la Bible ou un autre livre religieux, en accompagnant cette lecture de réflexions et de commentaires souvent empreints d'une profonde connaissance de la vie et du cœur humain. Les plus grands plaisirs de la famille sont les quatre repas des jours de Noël, du mardi gras, de Pâques et de la Pentecôte. Le mets composant ces repas est un macaroni au beurre et au fromage qui rappelle à l'ouvrier son pays natal (12); on y ajoute un litre de vin. L'ouvrier ne fréquente point les autres familles de chiffonniers; il ne boit jamais avec eux, et, contrairement à l'habitude adoptée par les personnes de cette profession, il ne les tutoie point. Huit fois par an environ, il va faire un petit repas à la barrière; mais, dans ce cas, il partage toujours ce plaisir avec sa femme et sa fille. L'ouvrier mâche, par récréation, des bouts de cigares qu'il ramasse dans la rue. La femme achète, pour sa consommation, du tabac à priser. L'un des plus grands plaisirs des parents est de faire, de temps en temps, un petit cadeau à leur enfant.

Histoire de la famille.

§ 12.

PHASES PRINCIPALES DE L'EXISTENCE.

Dans une grande ville, où affluent des étrangers de tous pays et où les conditions de l'existence offrent, en raison même de cette diversité d'origine, une multitude de nuances, on ne peut pas toujours citer des traits généraux applicables à l'ensemble des ouvriers d'une même profession. La famille décrite dans la présente monographie est particulièrement dans ce cas; et les indications données ci-après ne sont nullement applicables à la classe entière des chiffonniers.

L'ouvrier est né en 1805, à Materano (en Piémont). Encore tout enfant lorsqu'il perdit son père, il resta pendant toute sa jeunesse auprès de sa mère, qui vivait d'un petit patrimoine et surtout des secours qu'elle recevait de deux fils aînés, l'un cordonnier à Mantoue, l'autre ouvrier-domestique dans une métairie du duché de Gênes. L'ouvrier a mené une vie agitée et vagabonde jusqu'à l'époque où il s'est définitivement fixé à Paris. Placé d'abord en service chez un médecin de Gênes, il n'avait pu encore, à 21 ans, se créer une existence indépendante, et il se rappelle encore avec reconnaissance l'indulgence extrême avec laquelle sa mère subvenait à ses dépenses. Tourmenté par cet insatiable désir de changement qui est commun en Occident, l'ouvrier s'empressa de quitter le pays natal, dès qu'il eut perdu sa mère, en 1826. Il s'engagea successivement, en qualité de soldat, dans l'armée du pape jusqu'en 1832, puis dans la légion étrangère de l'Algérie jusqu'en 1834. Réformé à cette époque par suite d'une blessure au bras, il vint à Carcassonne (Aude) apprendre à exercer le métier d'imprimeur. Mais bientôt l'emploi des presses à la mécanique, le défaut de persévérance et un goût chaque jour plus prononcé pour les aventures le déterminèrent à venir chercher fortune à Paris. Ne pouvant y trouver du travail, et ayant vécu quelque temps de secours donnés par plusieurs compatriotes, il se décida enfin, suivant les conseils de son logeur, à exercer la profession de chiffonnier. Mais les riches trouvailles qu'il rêvait d'abord n'arrivant pas, il ne tarda pas à se dégoûter de ce travail et à émigrer dans les pays voisins pour y reprendre le métier d'imprimeur. Ayant encore échoué dans cette tentative, il se décida à s'enrôler comme soldat en Hollande, dans l'armée de la compagnie des Indes; puis, effrayé des récits qui lui furent faits du sort réservé aux soldats expédiés dans ce pays, il déserta, et parvint à gagner l'Allemagne, en traversant la Hollande, sans connaître un mot des langues de ces deux pays. Décidé enfin à se fixer après tant d'épreuves, il se trouva heureux de regagner Paris et d'y reprendre l'industrie indépendante du chiffonnier. Là il ne tarda pas à se lier avec une couturière en gilets, née en Alsace et venue elle-même à Paris par suite d'un concours varié de circonstances. Il se maria enfin et légitima l'enfant issu de cette union, dès qu'il eut reçu de son pays natal, par l'intervention d'une société charitable, les papiers nécessaires. Depuis cette époque, il n'a cessé d'exercer la profession de chiffonnier, à cela près d'une interruption qui a exercé une grande influence sur l'existence de la famille. Ayant accompagné en qualité de domestique, pendant un voyage de quelques mois, l'une de ces personnes charitables qui mettent leur bonheur à assister les pauvres, il remplit cette mission avec tant de zèle et d'intelligence qu'à dater de cette époque le patronage de cette personne est resté acquis à la famille (7).

§ 13.

MŒURS ET INSTITUTIONS ASSURANT LE BIEN-ÊTRE PHYSIQUE ET MORAL DE LA FAMILLE.

L'ouvrier est assisté par une section ou conférence de la société de Saint-Vincent-de-Paul, qui, fondée à Paris, où se trouve toujours le chef-lieu de l'œuvre, est maintenant représentée dans toutes les parties du monde habitées par les catholiques romains.

Les membres de cette société s'imposent tous l'obligation de se conformer, dans leur conduite, aux préceptes de la religion. Tous aussi doivent, chaque semaine, visiter personnellement des familles indigentes et y porter des secours matériels, des conseils et des consolations. L'ouvrier appartient, en outre, à une société de secours mutuels, dite de *Saint-François-Xavier*, où se manifestent parfois quelques sentiments de méfiance envers les patrons (IV, IV, 20). Cette société se compose à la fois de personnes aisées, qui n'y interviennent qu'avec une pensée de sacrifice et de dévouement, et d'ouvriers pauvres qui, au moyen d'une souscription mensuelle de 0f 75, reçoivent, en cas de maladie, les secours de médecine et de pharmacie, avec un subside journalier de 1f 00.

La femme, qui vit dans un état habituel de maladie, reçoit, à titre gratuit, les secours médicaux d'une congrégation de sœurs de Saint-Vincent-de-Paul. La famille trouve encore une certaine sécurité dans la permanence et la gratuité des objets sur lesquels s'exerce l'industrie du chiffonnier (5). Elle tire également un grand secours de la charité publique, et surtout du patronage exercé sur elle par une personne bienfaisante (7). A Paris, comme dans la plupart des grandes villes (V, I, 7), la bienfaisance organisée au profit des familles de condition analogue se manifeste particulièrement par des allocations de vêtements.

L'étude des familles placées à Paris dans une situation gênée révèle l'existence d'une multitude de personnes bienfaisantes et de sociétés charitables qui se dévouent à soulager toutes les formes du dénûment. Il est fort rare, au contraire, de rencontrer des hommes qui se préoccupent d'en tarir la source par la réforme des institutions. Cependant les classes dirigeantes ne doivent pas s'abandonner à la pensée qu'en organisant la charité, publique ou privée, elles font tout leur devoir. Les pauvres, en recevant l'aumône, ressentent l'impression de regret et de méfiance signalée ci-dessus. A mesure que le paupérisme se développe, il devient plus évident que la suprême garantie de la paix sociale est, non pas l'organisation de la charité, mais l'assurance, pour chacun, d'un moyen régulier de travail.

§ 14. — BUDGET DES RECETTES DE L'ANNÉE.

SOURCES DES RECETTES.	ÉVALUATION approximative des sources de recettes.
	Valeur des propriétés.
SECTION Ire.	
Propriétés possédées par la famille.	
Art. 1er. — Propriétés immobilières.	
(La famille ne possède aucune propriété de ce genre.)	»
Art. 2. — Valeurs mobilières.	
Matériel spécial des travaux et industries :	
Mobilier, ustensiles et outils pour le chiffonnage (6)	2f 20
Outils pour le raccommodage des chaussures	1 10
Art. 3. — Droit aux allocations de sociétés d'assurances mutuelles.	
Société répartissant immédiatement les souscriptions de la famille :	
Droit éventuel à des secours de médecine et à des subsides en argent, en cas de maladie de l'ouvrier (6)	»
Valeur totale des propriétés (sauf déduction des dettes mentionnées, 15, Son V)	3 30

SECTION II.

Subventions reçues par la famille.

Art. 1er. — Propriétés reçues en usufruit.

(La famille ne reçoit aucune propriété en usufruit)........

Art. 2. — Droits d'usage sur les propriétés voisines.

Droit sur divers objets jetés sur les voies publiques et qui forment l'objet spécial de l'industrie du chiffonnier.

Art. 3. — Allocations d'objets et de services.

Allocations concernant la nourriture........

— concernant le logement........

— concernant les vêtements........

— concernant les besoins moraux........

— concernant l'hygiène........

— concernant les industries........

§ 14. — BUDGET DES RECETTES DE L'ANNÉE.

RECETTES.	MONTANT DES RECETTES.	
	VALEUR des objets reçus en nature.	RECETTES en argent.
SECTION Ire. — Revenus des propriétés.		
ART. 1er. — REVENUS DES PROPRIÉTÉS IMMOBILIÈRES.		
(La famille ne jouit d'aucun revenu de ce genre.)............	»	»
ART. 2. — REVENUS DES VALEURS MOBILIÈRES.		
Intérêt (5 p. 100) de la valeur de ces objets............	»	0f 11
— — de ces outils : insignifiant............	»	»
ART. 3. — ALLOCATIONS DES SOCIÉTÉS D'ASSURANCES MUTUELLES.		
Valeur de l'allocation supposée égale en moyenne à la contribution annuelle de l'ouvrier (voir aussi S^on^ II), 9f 00. — Cette recette, n'étant que la rentrée d'une valeur égale versée à la caisse de la société d'assurances, est omise ici, comme la dépense qui la balance (15, S^on^ V)............	»	»
TOTAL des revenus des propriétés............	»	0 11
SECTION II. — Produits des subventions.		
ART. 1er. — PRODUITS DES PROPRIÉTÉS REÇUES EN USUFRUIT.		
(La famille ne jouit d'aucun produit de ce genre.)............	»	»
ART. 2. — PRODUITS DES DROITS D'USAGE.		
(La valeur de cette subvention est comprise dans le total du salaire obtenu par l'ouvrier, S^on^ III)............	»	»
ART. 3. — OBJETS ET SERVICES ALLOUÉS.		
Exemption des droits d'octroi pour plusieurs objets de consommation achetés en faibles quantités dans la banlieue de Paris (pour mémoire)............	»	»
Partie du loyer payée par le patron de la famille (7)............	»	60 00
Vêtements ou étoffes pour vêtements donnés en cadeau par diverses personnes charitables : pour l'ouvrier, 14f 35; — pour la femme, 13f 78; — pour la petite fille, 12f 17............ (16, B)	40f 30	»
Frais d'école payés par le patron de la famille............	48 00	»
Contribution de personnes charitables à la société d'assurances mutuelles qui alloue des secours dans les cas de maladie de l'ouvrier............	6 00	»
Secours médicaux et médicaments fournis à la femme par l'entremise des sœurs de Saint-Vincent-de-Paul : par an en moyenne............	20 00	»
Exemption des droits d'octroi pour l'huile d'éclairage achetée, pour le chiffonnage, en faibles quantités, dans la banlieue de Paris (pour mémoire)............	»	»
TOTAUX des produits des subventions............	114 30	60 00

§ 14. — BUDGET DES RECETTES DE L'ANNÉE (SUITE).

SOURCES DES RECETTES (SUITE).

DÉSIGNATION DES TRAVAUX ET DE L'EMPLOI DU TEMPS.	QUANTITÉ de travail effectué.	
	père.	mère.
	journées	journées
SECTION III.		
Travaux exécutés par la famille.		
TRAVAIL PRINCIPAL, exécuté au compte de la famille :		
Chiffonnage dans les rues de Paris et de la banlieue..........		
Triage des chiffons..........	330	»
Vente des chiffons..........		
Travaux de ménage : préparation des aliments; soins, leçons de couture et de tricotage donnés à l'enfant; soins de propreté concernant la maison et le mobilier..........	»	110
TRAVAUX SECONDAIRES :		
Travaux de ménage : achat de provisions au marché et hors des barrières..........	6	»
Entretien des vêtements..........	»	90
Commissions faites pour divers..........	20	»
Entretien des chaussures de la famille..........	4	»
Entretien du mobilier de la famille..........	1	»
Confection de vêtements et tricotage de bas (pour la petite fille)..........	»	37
TOTAUX des journées de tous les membres de la famille..........	361	237

SECTION IV.

Industries entreprises par la famille (à son propre compte).

INDUSTRIE principale de l'ouvrier..........

INDUSTRIES accessoires :

Travaux de cordonnerie, de menuiserie, etc., pour les besoins du ménage..........

§ 14. — BUDGET DES RECETTES DE L'ANNÉE (SUITE).

PRIX des salaires journaliers.		RECETTES (SUITE).	MONTANT DES RECETTES.	
père.	mère.		VALEUR des objets reçus en nature.	RECETTES en argent.
fr. c.	fr. c.	SECTION III.		
		Salaires.		
2 036	»	Salaire total attribué à ces travaux..........................	101f 02	571f 01
»	»	(Aucun salaire ne peut être attribué à ces travaux.)............	»	»
»	»	— — —	»	»
»	0 30	Salaire total attribué à ce travail............................	27 00	»
4 000	»	— —	»	80 00
1 000	»	— —	4 00	»
1 000	»	— —	1 00	»
»	0 80	— —	11 25	»
		TOTAUX des salaires de la famille............	141 27	651 01
		SECTION IV.		
		Bénéfices des industries.		
		Bénéfice résultant de l'industrie, compris dans le salaire attribué au travail de l'ouvrier (Son III)..............................(16, A)	»	»
		(Aucun bénéfice ne peut être attribué à ces travaux, Son III)......................	»	»
		TOTAL des bénéfices résultant des industries............	»	»
		NOTA. — Outre les recettes portées ci-dessus en compte, les industries donnent lieu à une recette de 26f18 (16, A), qui est appliquée de nouveau à ces mêmes industries; cette recette et les dépenses qui la balancent (15, Son V) ont été omises dans l'un et dans l'autre budget.		
		TOTAUX DES RECETTES de l'année (balançant les dépenses)...... (969f 69)...	258 57	711 12

§ 15. — BUDGET DES DÉPENSES DE L'ANNÉE.

DÉSIGNATION DES DÉPENSES.	POIDS et PRIX des ALIMENTS		MONTANT DES DÉPENSES.	
	POIDS consommé	PRIX par kilogr.	VALEUR des objets consommés en nature.	DÉPENSES en argent.
SECTION Ire.				
Dépenses concernant la nourriture.				
ART. 1er. — ALIMENTS CONSOMMÉS DANS LE MÉNAGE.				
(Par l'ouvrier, la femme et 1 fille de 8 ans, pendant 365 jours.)				
CÉRÉALES :				
Froment : évalué à l'état de pain ordinaire : acheté frais chez le boulanger, 54^k à 0^f30, 16^f20 ; — acheté sec et en morceaux au marché, 493^k à 0^f20, 98^f60 ; — évalué à l'état de petits pains (pour l'enfant), 91^k à 0^f32, 29^f12 ; — évalué à l'état de vermicelle, 2^k2 à 0^f60, 1^f32 ; — évalué à l'état de macaroni (9), 2^k à 0^f80, 1^f60	642^k2	0^f229	»	146^f84
Riz	2 2	0 400	»	0 88
Poids total et prix moyen	644 4	0 229		
CORPS GRAS :				
Beurre (pour assaisonner le macaroni (9) et divers autres mets)	0 5	2 000	»	1 00
Graisses animales diverses : beurre, graisses de bœuf et de volailles, etc.	25 0	1 060	»	26 50
Huile (pour assaisonner la salade et quelquefois la viande)	4 4	1 600	»	7 04
Poids total et prix moyen	29 9	1 155		
LAITAGES ET ŒUFS :				
Lait de vache	274 0	0 200	»	54 80
Fromage : de Brie, 3^k4 à 1^f00, 3^f40 ; — de Gruyère ou de Hollande (pour macaroni), 0^k7 à 1^f70, 1^f20	4 1	1 122	»	4 60
Poids total et prix moyen	278 1	0 213		
VIANDES ET POISSONS :				
Viandes de boucherie : viande de bœuf ou de vache : achetée crue chez le boucher, 24^k à 0^f70, 16^f80 ; — achetée cuite au marché, 8^k5 à 0^f40, 3^f40	32 5	0 622	»	20 20
Volailles : demi-poulet (pour la Pentecôte)	0 7	0 571	»	0 40
Poissons (ils n'entrent qu'exceptionnellement dans la consommation du ménage)	»	»	»	»
Poids total et prix moyen	33 2	0 620		
LÉGUMES ET FRUITS :				
Tubercules : Pommes de terre	22 0	0 150	»	3 30
Légumes farineux secs : lentilles et haricots	12 0	0 280	»	3 36
Légumes verts à cuire : haricots verts, 24^k à 0^f15, 3^f60 ; — petits pois, 0^k8 à 0^f50, 0^f40	24 8	0 161	»	4 00

§ 15. — BUDGET DES DÉPENSES DE L'ANNÉE (SUITE).

DÉSIGNATION DES DÉPENSES (SUITE).	POIDS ET PRIX DES ALIMENTS		MONTANT DES DÉPENSES.	
	POIDS consommé	PRIX par kilogr.	VALEUR des objets consommés en nature.	DÉPENSES en argent.
SECTION Ire.				
Dépenses concernant la nourriture (suite).				
LÉGUMES ET FRUITS (SUITE) :				
Légumes épices : oignons (mangés avec viande ou comme mets spécial)	8k0	0f200	»	1f60
Salade : achetée, 19k ; — ramassée dans la banlieue (16, A), 34k.	53 0	0 070	2f38	1 33
Fruits à pepin et à noyau : pommes (mangées crues ou cuites), 24k à 0f10, 2f40 ; — cerises, 10k à 0f30, 3f00 ; — raisins, 15k à 0f30, 4f50 ; — abricots, 0k2 à 0f10, 0f20	49 2	0 205	»	10 10
Fruits baies : groseilles	1 0	0 500	»	0 50
Poids total et prix moyen	170 0	0 156		
CONDIMENTS ET STIMULANTS :				
Sel	16 7	0 300	»	5 00
Épices	0 1	4 000	»	0 40
Vinaigre [acheté hors de la barrière et introduit dans Paris en quantités ne dépassant pas un litre (9)]	12 0	0 500	»	6 00
Matières sucrées : Cassonade (pour café et eau sucrée), 68 kil. à 1f20, 81f60 ; — compote de prunes ou de groseilles achetée chez l'épicier (pour l'enfant), 7k8 à 2f50, 19f50 ; — compote de pommes faite dans le ménage, 18k (avec cassonade) revenant à 7f00	93 8	1 152	»	108 10
Boissons aromatiques : Café, 12k à 3f75, 45f00 ; — chicorée, 3k6 à 1f25, 4f50	15 6	3 173	»	49 50
Poids total et prix moyen	138 2	1 223		
BOISSONS FERMENTÉES :				
Vin [pris seulement les jours de fête (11)]	4 0	0 500	»	2 00
ART. 2. — ALIMENTS PRÉPARÉS ET CONSOMMÉS EN DEHORS DU MÉNAGE.				
[Aucune nourriture, à l'exception de celle qui est mentionnée parmi les récréations (Son IV), n'est consommée en dehors du ménage]			»	»
TOTAUX des dépenses concernant la nourriture			2 38	457 45
SECTION II.				
Dépenses concernant l'habitation.				
LOGEMENT :				
Loyer de l'appartement			»	90 00

§ 15. — BUDGET DES DÉPENSES DE L'ANNÉE (SUITE).

DÉSIGNATION DES DÉPENSES (SUITE).	MONTANT DES DÉPENSES. Valeur des objets consommés en nature.	Dépenses en argent.
SECTION II.		
Dépenses concernant l'habitation (suite).		
Mobilier :		
Entretien : Travaux exécutés par l'ouvrier (14, Son III)...	1f00	»
Chauffage :		
Bois, escarbilles, morceaux de houille, ramassés par l'ouvrier dans les rues : équivalant à 1,100 kil. de houille à 5f00 par 100 kil., 55f00; — houille achetée, 50 kil., 2f50...	55 00	2f50
Éclairage :		
Chandelle pour la maison : 35 kil. à 0f80, 28f00; — huile pour le chiffonnage [portée au compte (16, A)]...	»	28 00
Totaux des dépenses concernant l'habitation...	56 00	120 50
SECTION III.		
Dépenses concernant les vêtements.		
Vêtements de l'ouvrier :		
Achats; objets confectionnés par la famille, ramassés par l'ouvrier ou reçus en cadeau... (16, B)	34 35	22 98
Vêtements de la femme :		
Achats; objets confectionnés par la famille, ramassés par l'ouvrier ou reçus en cadeau... (16, B)	27 43	10 78
Vêtements de l'enfant :		
Achats; objets confectionnés par la famille, ramassés par l'ouvrier ou reçus en cadeau... (16, B)	29 96	4 00
Blanchissage et soins de propreté :		
Blanchissage (fait par une blanchisseuse), 52f00; — savon, 1 kil, 1f20; — pommade, 0f60; — cirage, 1f00; — repassage du rasoir (payé au moyen de canifs ramassés par l'ouvrier), 0f45...	0 45	54 80
Totaux des dépenses concernant les vêtements...	92 19	92 56
SECTION IV.		
Dépenses concernant les besoins moraux, les récréations et le service de santé.		
Culte :		
(L'exercice du culte ne donne lieu à aucune dépense)...	»	»
Instruction des enfants :		
Frais d'école payés par le patron de la famille, 48f00; — livres achetés, 1f45...	48 00	1 45
Secours et aumônes :		
(Les ouvriers de cette condition ne donnent point ordinairement d'aumônes.)...	»	»
Récréations et solennités :		
Repas pris par la famille entière à l'une des barrières de Paris (huit excursions par an) : vin, pain et pommes de terre frites, 8f00; — repas de macaroni au beurre et au fromage et vin pris les jours de Noël, du mardi-gras, de Pâques et de la Pentecôte : dépenses comprises dans la Son I; — tabac à chiquer pour l'ouvrier (bouts de cigares ramassés par l'ouvrier), 6k8 valant, à 5f00, 34f00; — tabac à priser pour la femme (acheté), 2k33, 18f66; — joujoux et autres cadeaux donnés à l'enfant, 1f00.	34 00	27 66

§ 15. — BUDGET DES DÉPENSES DE L'ANNÉE (SUITE).

DÉSIGNATION DES DÉPENSES (SUITE).	MONTANT DES DÉPENSES. Valeur des objets consommés en nature.	Dépenses en argent.
SECTION IV.		
Dépenses concernant les besoins moraux, les récréations et le service de santé (suite).		
SERVICE DE SANTÉ :		
Soins médicaux et médicaments fournis à l'ouvrier par une société d'assurances mutuelles, moyennant une contribution annuelle de 9f 00 : valeur, 15f 00 (14, Sons I et II); — fournis à la femme par l'entremise des sœurs de Saint-Vincent-de-Paul, valeur, 20f 00.	20f 00	9f 00
CORRESPONDANCE AVEC LES PARENTS :		
Lettres des frères de l'ouvrier demeurant en Italie : une par an en moyenne.	»	0 50
TOTAUX des dépenses concernant les besoins moraux, les récréations et le service de santé.	108 00	38 61
SECTION V.		
Dépenses concernant les industries, les dettes, les impôts et les assurances.		
DÉPENSES CONCERNANT LES INDUSTRIES :		
NOTA. — Les dépenses concernant les industries entreprises au compte de la famille montent à. 698f 32		
Elles sont remboursées par les recettes provenant de ces mêmes industries, savoir :		
Objets vendus pour employer l'argent résultant de la vente aux consommations du ménage : dépenses portées à ce titre dans le présent budget. 672f 14 } 698 32		
Recettes appliquées de nouveau aux industries (14, Son IV) comme emploi momentané du fonds de roulement, et qui ne peuvent conséquemment figurer parmi les dépenses du ménage. 26 18 }		
INTÉRÊTS DES DETTES :		
Intérêt (100 p. 100) des objets de consommation achetés à crédit (2f 00), par sommes très-faibles (quelques centimes), prélevé par les marchands sous forme d'augmentation des prix de vente au comptant portés dans le présent budget.	»	2 00
IMPÔTS :		
(La famille ne paie point d'impôts directs.)	»	»
ASSURANCES CONCOURANT A GARANTIR LE BIEN-ÊTRE PHYSIQUE ET MORAL DE LA FAMILLE :		
Assurances contre les maladies : Contribution annuelle à une société d'assurances mutuelles (13) : souscription annuelle de l'ouvrier, 9f 00. — Cette somme ne fait que passer par la caisse de la société, pour revenir à la famille qui la consomme sous forme de secours médicaux (Son IV); on a donc pu l'omettre ici comme la recette (14, Son I) qui la balance.	»	»
Contribution de personnes bienfaisantes qui patronnent la société, 6f 00. — Cette somme est dépensée par l'ouvrier sous forme de secours médicaux et portée à ce titre ci-dessus (Son IV).	»	»
NOTA. — La ressource principale de la famille en cas d'accidents se trouve dans la bienfaisance privée.		
TOTAL des dépenses concernant les industries, les dettes, les impôts et les assurances.	»	2 00
ÉPARGNE DE L'ANNÉE :		
L'ouvrier, entièrement dépourvu de prévoyance, désireux surtout de donner à sa femme et à sa petite fille tout le bien-être compatible avec leur condition, ne fait jamais d'épargne : il dépense, jour par jour, tout ce qu'il gagne.	»	»
TOTAUX DES DÉPENSES de l'année (balançant les recettes)..... (969f 69)	258 57	711 12

§ 16.

COMPTES ANNEXÉS AUX BUDGETS.

SECTION I.

COMPTES DES BÉNÉFICES

Résultant des industries entreprises par la famille (à son propre compte).

A. — Balance des recettes et des dépenses de l'industrie du chiffonnier.

	Valeurs en nature.	Valeurs en argent.
RECETTES.		
Objets ramassés sur les voies publiques (dans les rues de Paris et de la banlieue) :		
Porcelaine et cristal .... 150 kil. à 15f00 par 100k.	»	22f50
Os .... 1,600 — 10 00 —	»	160 00
Chiffons de toile ou d'indienne de couleur, non lavés .... 1,600 — 8 00 — ...	»	128 00
Papier vendu à l'état mouillé .... 1,600 — 8 00 — ...	»	128 00
Verre blanc .... 650 — 5 00 — ...	»	32 50
Croûtes de pain (vendues pour la nourriture des porcs) .... 750 — 5 00 — ...	»	37 50
Chiffons de drap (laine) et crin .... 20 — 4 00 —	»	0 80
Chiffons blancs, non lavés .... 900 — 2 00 — ...	»	18 00
Bouchons .... 10,000 pièces à 0f10 par 100 pièces.	»	10 00
Bois, escarbilles, morceaux de houille : équivalant à 1,100 kil. de houille à 5f00 par 100 kil. (pour le chauffage domestique)	55f00	»
Salade ramassée dans la banlieue (consommée par la famille) : 34 kil. à 0f07 ...	2 38	»
Objets de vêtements servant pour l'ouvrier, 5f00; — pour la femme, 1f40; — pour la petite fille, 2f79 .... (B)	9 19	»
Tabac (bouts de cigares) que l'ouvrier consomme en le mâchant, 6k8 à 5f00	34 00	»
Objets divers à vendre ou à échanger (objets de vêtement, couteaux, canifs, etc.) ..	»	50 00
Quelques canifs, que l'ouvrier emploie pour payer le repassage de son rasoir	0 45	»
Pièces de monnaie	»	10 00
Totaux	101 02	597 30
DÉPENSES.		
Huile d'éclairage achetée en faibles quantités dans la banlieue de Paris et importée avec exemption des droits d'octroi (7), 20 kil. à 1f20	»	24 00
Frais du matériel spécial :		
Intérêt (5 p. 100) de la valeur du mobilier, des ustensiles et des outils (2f20) ..	»	0 11
Entretien de ces objets : 1 hotte d'osier à 1f00 durant 3 ans; par an .... 0f33; 1 bâton à 0f10 durant 1 an; par an .... 0 10; 35 crochets neufs de bâton échangés contre des vieux : à 0f05; par an 1 75	»	2 18
Valeur à attribuer aux objets avant qu'on ne les ramasse : comprise dans le salaire de l'ouvrier	»	»
Salaires et bénéfices évalués en bloc	101 02	571 01
Totaux comme ci-dessus	101 02	597 30

Ce compte peut se résumer comme suit :

	Valeurs en nature.	Valeurs en argent.
RECETTES.		
Objets employés en nature pour la nourriture de la famille ...... (15, Son I)	2 38	»
Objets employés en nature pour l'habitation de la famille ...... (15, Son II)	55 00	»
Objets employés en nature pour les vêtements de la famille .... (15, Son III)	9 64	»
Objets employés en nature pour les récréations de la famille ... (15, Son IV)	34 00	»
Recettes en argent à employer pour les industries elles-mêmes	»	26 18
Recettes en argent appliquées aux dépenses du ménage	»	571 12
Totaux	101 02	597 30

DÉPENSES.	VALEURS en nature.	VALEURS en argent.
Intérêts des propriétés possédées par la famille et employées par elle aux industries.......... (14, Son I)	»	0f 11
Produits des subventions reçues par la famille et employées par elle aux industries (valeur comprise dans l'article suivant)............	»	»
Salaires (et bénéfices) afférents aux travaux exécutés par l'ouvrier pour les industries.......... (14, Son III)	101f 02	571 01
Dépenses en argent qui doivent être remboursées par les recettes résultant des industries..............	»	26 18
Totaux des dépenses (698f 32)............	101 02	597 30
Bénéfice résultant de l'industrie : valeur comprise dans la somme attribuée aux salaires de l'ouvrier..............	»	»
Totaux comme ci-contre............	101 02	597 30

SECTION II.

COMPTES RELATIFS AUX SUBVENTIONS.

Nota. — Ces comptes ont été établis dans le budget même; le compte de la subvention résultant pour l'ouvrier du droit de récolter divers objets sur les voies publiques est compris dans le compte (A).

SECTION III.

COMPTES DIVERS.

B. — Compte de la dépense annuelle pour vêtements.

Art. 1er — *Vêtements de l'ouvrier.*	Prix d'achat ou valeur de l'objet neuf.	Durée.	Dépense annuelle en nature : Travaux de la famille.	Objets ramassés par l'ouvrier.	Objets reçus en cadeau.	Dépense totale en nature.	Dépense annuelle en argent.
1 capuchon acheté avec de l'argent reçu à cet effet, à l'occasion d'un voyage que l'ouvrier a fait en qualité de domestique........	20f 00	20 ans.	»	»	1f 00	1f 00	»
2 paletots de drap reçus en cadeau de personnes s'occupant d'œuvres de charité...	10 00	10	»	»	1 00	1 00	»
1 paletot acheté avec de l'argent reçu à cet effet du patron de la famille (7)..........	3 50	10	»	»	0 35	0 35	»
3 gilets reçus de diverses personnes pour lesquelles l'ouvrier fait ordinairement des commissions..................	5 00	2	»	»	2 50	2 50	»
2 pantalons d'été, en toile, reçus de diverses personnes pour lesquelles l'ouvrier fait des commissions..................	2 50	1	»	»	2 50	2 50	»
1 pantalon d'hiver, en drap : acheté avec de l'argent reçu de personnes s'occupant d'œuvres de charité..................	12 00	6	»	»	2 00	2 00	»
6 mouchoirs : ramassés dans les rues.......	3 00	1	»	3f 00	»	3 00	»
4 cravates : reçues de diverses personnes pour lesquelles l'ouvrier fait ordinairement des commissions..................	5 00	1	»	»	5 00	5 00	»
6 paires de chaussettes à 0f 45 (achetées)...	2 70	1	»	»	»	»	2f 70
1 paire de souliers (achetés)..............	6 00	1	»	»	»	»	6 00
Réparations : clous, fil poissé, poix, 0f 85; — travaux de l'ouvrier, 2f 00..........	»	»	2f 00	»	»	2 00	0 85
4 chemises en calicot (achetées)...........	10 00	1	»	»	»	»	10 00
2 chemises en toile de marin (achetées)...	10 00	8	»	»	»	»	3 33
Chapeau : ramassé dans les rues.........	1 00	1	»	1 00	»	1 00	»
Casquette : ramassée dans les rues........	1 00	1	»	1 00	»	1 00	»
Médaille de chiffonnier, en cuivre (portant un numéro d'ordre, le nom et l'indication du métier)..................	2 00	20	»	»	»	»	0 10
Travaux de réparation exécutés par la femme.	»	»	»	»	»	13 00	»
Totaux..................	93 70	»	13 00 / 15 00	5 00	14 35	34 35	22 98

	PRIX d'achat ou valeur de l'objet neuf.	DURÉE.	DÉPENSE ANNUELLE en nature. Travaux de la famille.	Objets ramassés par l'ouvrier.	Objets reçus en cadeau.	Dépense totale en nature.	en argent.
Art. 2. — *Vêtements de la femme.*							
2 robes en indienne : confectionnées par la femme avec de l'étoffe reçue en cadeau de personnes charitables	14f00	4 ans.	0f75	»	2f75	3f50	»
1 robe en mérinos : confectionnée par la femme avec de l'étoffe reçue en cadeau de personnes charitables	14 00	8	0 35	»	1 40	1 75	»
2 jupons en laine et coton : confectionnés par la femme avec de l'étoffe reçue de personnes charitables	10 00	8	0 15	»	1 10	1 25	»
2 tabliers en indienne : confectionnés par la femme avec de l'étoffe reçue de personnes charitables	3 40	1	1 00	»	2 40	3 40	»
2 camisoles en indienne : confectionnées par la femme avec de l'étoffe reçue de personnes charitables	5 60	1	2 00	»	3 60	5 60	»
4 mouchoirs : en partie achetés, en partie ramassés par l'ouvrier	2 00	1	»	1f00	»	1 00	1f00
2 paires de bas de laine : reçus de personnes charitables	4 00	4	»	»	1 00	1 00	»
4 paires de bas de coton : reçus de personnes charitables	4 00	4	»	»	1 00	1 00	»
Souliers (achetés)	2 50	5	»	»	»	»	0 50
Sabots (achetés)	0 90	2	»	»	»	»	0 45
Réparations de souliers et de sabots faites par l'ouvrier	»	»	1 00	»	»	1 00	»
4 paires de pantoufles ramassées par l'ouvrier	0 40	1	»	0 40	»	0 40	»
6 chemises en toile achetées d'occasion	15 00	3	»	»	»	»	5 00
2 bonnets (achetés)	2 50	1	»	»	»	»	2 50
1 pelisse (achetée)	5 00	5	»	»	»	»	1 00
1 châle (acheté)	5 00	15	»	»	»	»	0 33
1 châle reçu en cadeau	8 00	15	»	»	0 53	0 53	»
Travaux de réparation exécutés par la femme	»	»	7 00	»	»	7 00	»
Totaux	96 30	»	12 25	1 40	13 78	27 43	10 78
Art. 3. — *Vêtements de la petite fille.*							
1 robe en mérinos : confectionnée par la femme avec de l'étoffe reçue en cadeau de personnes charitables	8 00	4	0 50	»	1 50	2 00	»
1 robe en mousseline de laine : confectionnée par la femme avec de l'étoffe reçue en cadeau du patron de la famille	6 50	4	0 50	»	1 12	1 62	»
3 robes en indienne : confectionnées par la femme avec de l'étoffe reçue en cadeau du patron de la famille	16 00	4	1 50	»	2 50	4 00	»
3 pantalons : confectionnés par la femme avec des morceaux d'étoffes ramassés ou achetés	3 00	2	0 75	0 37	0 38	1 50	»
8 mouchoirs : ramassés par l'ouvrier	10 00	6	»	1 67	»	1 67	»
6 chemises en calicot : confectionnées par la femme avec de l'étoffe achetée	12 00	3	1 00	»	»	1 00	3 00
4 paires de bas tricotés par la femme avec du fil de coton blanc acheté	3 00	1	2 00	»	»	2 00	1 00
2 paires de souliers reçus en cadeau du patron de la famille	5 00	1	»	»	5 00	5 00	»
Réparations faites par l'ouvrier	»	»	1 00	»	»	1 00	»
1 chapeau de paille reçu en cadeau du patron de la famille	2 00	3	»	»	0 67	0 67	»
1 bonnet de velours reçu en cadeau du patron de la famille	1 00	2	»	»	0 50	0 50	»
1 pardessus fait par la femme avec des chiffons ramassés par l'ouvrier	6 00	4	0 75	0 75	»	1 50	»
Manchettes	1 00	2	»	»	0 50	0 50	»
Travaux de réparation exécutés par la femme	»	»	7 00	»	»	7 00	»
Totaux	73 50	»	15 00	2 79	12 17	29 96	4 00

ÉLÉMENTS DIVERS DE LA CONSTITUTION SOCIALE.

FAITS IMPORTANTS D'ORGANISATION SOCIALE; PARTICULARITÉS REMARQUABLES; APPRÉCIATIONS GÉNÉRALES; CONCLUSIONS.

§ 17.

ÉLÉMENTS DE DÉSORGANISATION SOCIALE ET D'EXISTENCE RÉGULIÈRE QUI SE FONT CONTRE-POIDS DANS LA PROFESSION DU CHIFFONNIER DE PARIS.

Les amis qui s'intéressaient depuis longtemps à mes études sociales commencèrent à s'y associer plus intimement après les terribles journées de juin 1848. Pensant que ces études pourraient fournir quelque lumière à l'opinion égarée, ils me pressèrent de les publier. Nous commençâmes ce travail en faisant un premier classement des faits que je recueillais depuis 1829, et que je groupais depuis 1835 sous forme de monographies. Nous reconnûmes tout d'abord qu'en Europe les populations ouvrières de l'Orient et du Nord, objet principal de mes observations, étaient placées aux vraies sources de la stabilité et de la paix, et que ces deux biens précieux devenaient plus rares à mesure qu'on avançait vers l'Occident. Nous nous accordâmes à penser que plusieurs classes de la population parisienne constituaient le principal foyer de l'instabilité et de la discorde. Nous vîmes clairement que le bien-être et la quiétude de l'Orient se liaient à la simplicité des goûts et des idées. Il nous sembla, en outre, que le malaise et les agitations de l'Occident avaient pour origine la complication et les abus qu'engendrent les développements donnés aux richesses, aux sciences et aux pouvoirs publics. Prenant, pour mesure de la prospérité et de la souffrance, la condition des familles adonnées aux travaux manuels, nous adoptâmes provisoirement, comme termes extrêmes du bien-être et du malaise, le

Bachkir nomade de l'Oural et le chiffonnier de Paris. Nous résolûmes de consacrer plusieurs années au contrôle de ce classement provisoire; je me chargeai de revoir le Nord et l'Orient; mes amis voulurent bien m'aider à vérifier beaucoup de faits relatifs à l'Occident; enfin Augustin Cochin, dont le nom figure en tête de cette monographie, me seconda particulièrement dans les études qui avaient pour objet la ville de Paris. Sept nouvelles années d'observations méthodiques ont justifié, dans ses termes généraux, le premier classement établi en 1848. La région de la paix et du bonheur est bien celle qui s'étend des rivages polaires aux steppes de l'Oural. La région de la discorde et de la souffrance se concentre de plus en plus à Paris. Toutefois, nous avions fait erreur en ce qui touche le classement social du chiffonnier : il s'en faut de beaucoup que celui-ci représente le terme extrême de la désorganisation parisienne. Nous avons trouvé ce terme dans des professions qui se présentent avec des dehors moins incultes; et nous nous sommes expliqué ainsi les erreurs classiques de certains lettrés[1]. Le respect dû au lecteur ne me permet pas de décrire, avec leurs détails repoussants, les types de la désorganisation parisienne; mais je crois utile d'indiquer ici comment l'observation a modifié dans notre esprit le classement social que nous avait d'abord suggéré l'opinion dominante. A cet effet, j'ai à signaler les tendances qui, en se faisant contrepoids, après un long exercice du métier, empêchent le chiffonnier de tomber aux derniers rangs de la population.

Les détails que nous avons recueillis sur l'histoire spéciale d'un grand nombre de chiffonniers concordent avec ceux qui se rapportent à l'individu décrit dans la présente monographie (12). Venus de tous les points de la France et de l'Europe, les quatre mille chiffonniers parisiens ont eu pour point de départ commun certaines tendances naturelles, où le bien et le mal se balançaient mutuellement. L'action de la famille a toujours été imparfaite : elle n'a point eu la force nécessaire pour plier l'individu aux dures contraintes qu'il doit subir, chez les populations agglomé-

1. Voir par exemple : La Bruyère, *Les Caractères*, ch. XI, *De l'homme*.

rées de l'Occident, en vue qde conuàérir son profit, d'assurer à sa famille et surtout de transmettre à ses rejetons, la jouissance régulière du pain quotidien. Dans leur enfance, les futurs chiffonniers ont été abandonnés aux aspirations qui ne peuvent être satisfaites que pour des familles éparses sur un vaste territoire. Au début de leur carrière, ils gardent, sans en avoir conscience, l'attrait qui devient tout d'abord irrésistible chez les jeunes gens des races, plus ou moins rapprochées de l'état sauvage, qui ont, pour moyen principal de subsistance, la chasse, la pêche et la cueillette. Or, chez les races sédentaires agglomérées, les productions spontanées ne sont plus, comme dans la vie sauvage, à la disposition du premier occupant. La communauté, la propriété individuelle et le patronage (IV, In. 2) en attribuent exclusivement la jouissance aux trois classes de propriétaires. Pour les individus dépourvus de toute propriété, le gibier, le poisson et les plantes des terres ou des eaux libres ont, pour équivalent unique, les objets, délaissés sur les voies publiques (V, VII, 13). Ces sortes d'objets se rencontrent probablement dans toutes les villes; mais ils n'abondent qu'à Paris : là seulement ils constituent une industrie lucrative; et c'est pourquoi cette industrie devient, tôt ou tard, le refuge des individus chez lesquels persiste l'inclination que je signale.

Comme je l'ai d'abord indiqué, ces individus se lancent ordinairement dans la vie sans être guidés par les conseils et l'autorité d'un père. Obéissant aux instincts de la vie sauvage, ils ont une répugnance prononcée pour les efforts qu'il faut faire afin de s'élever au bien-être que comporte la vie sédentaire. Ils n'obéissent point volontiers à un maître. Ils sont encore moins disposés à entreprendre l'apprentissage d'une profession difficile, et à conquérir par le travail et l'épargne le droit de commander à des serviteurs. Ils s'attachent volontiers aux armées, avec l'espoir de s'y élever rapidement par des actions d'éclat : pour ces individus, le succès se fait toujours attendre, tandis que le poids de la discipline devient promptement intolérable; et l'engagement volontaire est souvent résilié par la désertion. Ces sortes de déclassés ne réussissent pas mieux dans les entreprises aventureuses qu'ils recherchent avec empressement dans le cours de leur vie errante : c'est ainsi qu'ils échouent habituellement dans leurs essais de voyages, d'excursions maritimes, de colonisation, de colportage et d'autres métiers ambulants. Rebutés par tant d'échecs et pressés par la faim, ils se partagent tôt ou tard en deux catégories. Les plus nombreux demandent à des combinaisons coupables leurs moyens d'existence. La minorité, fidèle à certaines impulsions premières vers le bien, veut à tout prix respecter les grandes prescriptions de la loi morale. Ces hommes ont à résoudre un problème difficile. Ils doivent se créer une résidence fixe et une existence régulière, sans posséder aucune des ressources nécessaires à la subsistance de chaque jour, sans avoir acquis aucune des trois aptitudes qui sont indispensables aux trois classes d'ouvriers sédentaires : commander, s'associer, obéir. La solution de ce problème n'est donnée que par une seule industrie et qu'en un seul lieu : c'est celle qu'a trouvée le chiffonnier de Paris. Elle est due à un concours de circonstances qui ne se trouvent réunies en aucun autre lieu de l'Occident.

Paris contraste, en effet, avec toutes les capitales de l'Europe, en ce que ses magistrats laissent une liberté absolue d'accès et de séjour à ceux qui peuvent recruter le corps des chiffonniers. C'est également la seule ville qui offre, sur ses voies publiques, la matière première d'une industrie dont les produits dépassent une valeur de quatre millions. Cette matière comprend, outre les débris de vêtements, une variété infinie d'objets gênants ou inutiles qui, après avoir été retirés des habitations, sont déposés dans les rues. Au milieu de ces objets se trouvent quelquefois mêlés des linges de luxe, des bijoux, des monnaies et autres métaux précieux façonnés, qui sont balayés, par mégarde, sur le plancher des habitations, ou qui ont été perdus par les promeneurs. Certaines découvertes de ce genre sont classiques dans l'histoire de la chiffonnerie. Elles exaltent les imaginations de ceux qui ont subi les échecs signalés précédemment; et les récits qu'on en fait sont souvent le motif déterminant des déclassés qui débutent dans la profession. Bientôt, il est vrai, l'apprenti chiffonnier éprouve à cet égard une nouvelle déception. La même mobilité d'esprit, qui l'a déjà fait passer par tant de métiers, le détermine encore à déserter la chiffonnerie. Cependant il y revient toujours, après quelques nouveaux mécomptes. Sa vocation est enfin décidée quand il a constaté que là seulement il peut gagner honnêtement le pain quotidien, sans posséder aucune des qualités qui l'assurent aux ouvriers sédentaires.

J'ai dit précédemment que l'industrie du chiffonnier n'existe, à vrai dire, qu'à Paris. Cette spécialité est la conséquence d'une coutume qui tranche avec celle de toutes les grandes villes européennes. L'administration de la police autorise les habitants à déposer dans les rues tous les objets qu'ils ont à rejeter par suite du nettoyage des cuisines, des ateliers domestiques et des locaux habités. Ces dépôts sont interdits pendant le jour et ils ont lieu à deux époques principales : le soir, à nuit close, et le matin, avant l'heure où passent les tombereaux et les gens préposés à l'enlèvement de ces matières. Les chiffonniers, armés de leur lanterne, de leur crochet, de leur hotte ou de leur sac, commencent leur récolte lorsque le dépôt du soir est effectué, et ils la terminent au jour naissant, avant le passage des tombereaux. On conçoit que l'industrie du chiffonnage soit privée de sa matière première dans les villes où la police, pour assurer le service de propreté, interdit le dépôt dans les rues et contraint les habitants à l'opérer directement dans les tombereaux. Jusqu'à ce jour, la police parisienne a reculé devant cette contrainte; et, à cet égard, elle a toujours pris en considération les intérêts de la classe souffrante et inoffensive des chiffonniers.

F. L.-P.

§ 18.

CONTRASTE QU'OFFRENT A PARIS LES MŒURS DES OUVRIERS SÉDENTAIRES ET DES OUVRIERS IMMIGRANTS.

Les ouvriers-émigrants, qui composent presque exclusivement le fond de la population ouvrière des grandes villes de la Russie, n'ont aujourd'hui, dans la population parisienne, qu'une faible importance relative. Ils forment deux classes principales :

les *émigrants à stations périodiques*, qui, tels que les maçons, viennent travailler à Paris pendant la belle saison, et retournent chaque hiver au pays, sur une petite propriété agricole constituée à la fois par l'héritage et par les épargnes du chef de famille ; les *émigrants à stations prolongées*, tels que les porteurs d'eau, les portefaix, les poêliers-fumistes, les petits marchands de combustibles et les brocanteurs de vieux objets, qui, avec le concours de leurs parents, emploient leurs épargnes, dans le pays natal, à l'acquisition et à l'accroissement d'une petite propriété sur laquelle ils se retirent dans leurs vieux jours. Les premiers habitent surtout le massif de la France centrale et particulièrement la Marche et le Limousin, c'est-à-dire la lisière de ce massif la plus rapprochée de Paris. Les seconds peuvent, sans inconvénient, venir de plus grandes distances. Ils partent surtout des montagnes du Rouergue et de l'Auvergne ; d'autres émigrent de la Savoie, et même des hautes vallées du Piémont. C'est ainsi que, depuis plus de deux siècles, les poêliers-fumistes de Paris se recrutent exclusivement dans la vallée de Domo-d'Ossola, au nord du lac Majeur.

Les maçons, dont les mœurs sont plus tranchées que celles des autres émigrants, appartiennent ordinairement à des familles de petits propriétaires-cultivateurs établis dans des communes rurales pourvues de pâturages indivis, comportant au moins l'entretien d'une vache laitière par famille. Les enfants, vers l'âge de neuf ans, commencent l'apprentissage du travail en conduisant au pâturage les animaux domestiques de la famille, ou ceux qui leur sont confiés par des propriétaires ou des fermiers du voisinage. Vers l'âge de 16 ans, les garçons prennent la direction spéciale qu'ils doivent suivre dorénavant. Les plus intelligents et les mieux constitués sont adoptés comme apprentis par les principaux artisans ruraux de la contrée. Ceux qui se classent au dernier rang, sous le rapport de la force physique ou du développement intellectuel, se placent comme bergers ou comme domestiques chez les propriétaires et chez les fermiers, ou s'établissent simplement comme journaliers-agriculteurs. Les autres s'attachent, en qualité d'aides, à leur père, à un parent ou à quelque ami de la famille exerçant depuis longtemps la profession de maçon-émigrant, et ils viennent à Paris, sous sa conduite, faire l'apprentissage du métier.

Initié aux travaux et aux habitudes modestes de la profession par son maître, qui exerce sur lui une autorité ferme, le jeune ouvrier, rétribué, dans la première campagne, à raison de 2 francs par jour[1], peut rapporter chaque année à sa famille une épargne de 70 francs. Vers la quatrième campagne, le salaire s'élève à 2f 50, et l'épargne à 110 francs; enfin, vers la neuvième, le salaire atteint 3f 50, et l'épargne annuelle un total de 200 francs. Agé de 25 à 26 ans, le maçon se marie au pays natal, jamais à Paris. La comparaison qu'il peut faire, en ces deux localités, des mœurs de la classe ouvrière lui démontre, en effet, qu'il trouverait difficilement dans une femme parisienne les habitudes de simplicité et d'épargne, l'aptitude pour les travaux des champs et l'énergique volonté qui sont nécessaires pour l'aider à constituer une petite propriété territoriale. Pendant son séjour à Paris, le maçon vit avec toute l'économie que comporte la situation de célibataire; sa nourriture, composée de soupe à la viande ou aux légumes, de pain, de bœuf bouilli, de légumes, de salade et de fromage, d'une quantité modérée de vin et d'eau-de-vie, lui revient à 38 francs par mois. Le logement, y compris le bouillon de la soupe du soir, coûte seulement 8 francs par mois. Dix ouvriers de même profession sont ordinairement réunis dans une même chambre, où ils couchent deux à deux. Cette chambre n'est point chauffée; les compagnons l'éclairent au moyen d'une chandelle de suif, qu'ils fournissent à tour de rôle. Dans le temps qui s'écoule entre la cessation du travail et le coucher, les camarades de chambrée se tiennent dans la cuisine où la maîtresse de l'établissement prépare leur souper. Le vêtement, composé d'une blouse, d'un pantalon, d'une chemise de toile, d'un gilet, d'une cravate, d'une casquette et de souliers, donne lieu à une dépense mensuelle de 7 à 8 francs. Le blanchissage de ces vêtements coûte 1f 50. La dépense relative à l'outillage

1. Ces prix ont été constatés dans le cours d'une étude faite en 1849; ils ont subi depuis cette époque un accroissement considérable.

se réduit à quelques francs pour la campagne entière. Dans ces conditions, en s'abstenant de la fréquentation du cabaret, et en se bornant à l'usage du tabac à fumer, le maçon peut maintenir à 60 francs sa dépense mensuelle. Il réalise l'épargne précédemment indiquée, alors même que surviennent quelques chômages accidentels. Cette épargne considérable est obtenue avec un salaire bien inférieur à celui de beaucoup d'ouvriers sédentaires, dont la dépense excède toujours la recette, ou du moins qui ne manquent jamais de s'endetter jusqu'à la limite fixée par la confiance des fournisseurs. Parvenu à l'âge de 45 ans, le maçon, ayant continué le même régime d'émigrations périodiques, possède ordinairement une maison, un jardin potager, un ou deux hectares de terre arable et de prairie, une vache et plusieurs animaux domestiques, ayant ensemble une valeur de 6,000 à 10,000 francs. Le chef de famille reste désormais sur sa propriété pour la cultiver lui-même, en employant le surplus de son temps pour le compte des propriétaires et des fermiers du voisinage. Il commence, dès lors, à jouir de l'aisance et de la considération qu'il doit à son travail et à sa prévoyance.

Ces mœurs forment un frappant contraste avec celles de la population sédentaire : cependant elles tendent visiblement à s'altérer, depuis quelques années, sous l'influence des événements qui ont interrompu les anciennes habitudes de travail, et imprimé une secousse à tous les esprits. Ainsi, pendant son séjour à Paris, le jeune maçon se montre moins éloigné qu'autrefois de contracter des unions illégitimes, de se livrer à des dépenses de vêtement et de se montrer dans les lieux de réunion et de plaisir. Dans le temps même où il devient moins capable de s'élever à la condition de propriétaire, il se trouve plus accessible aux sentiments de jalousie qui se développent contre les classes supérieures de la société. Cettè dépravation, contractée loin de l'influence de la famille par des hommes ayant gardé leur rudesse native, chez lesquels l'amour du gain s'est développé sans le contre-poids du sentiment religieux, prend parfois un caractère de grossièreté qui ne se trouve pas, même dans une condition moins aisée, chez l'ouvrier parisien sédentaire (10). Si ces tendances, encore en germe, devaient se développer, le régime des émigrations périodiques, au lieu de maintenir, comme par le passé, un heureux état d'équilibre, jetterait incessamment dans la société française des éléments de perturbation.

§ 19.

MŒURS DES OUVRIERS SÉDENTAIRES DE LA VILLE DE PARIS.

Les ouvriers sédentaires de la ville de Paris occupent une multitude de situations en rapport avec toutes les organisations industrielles comprises entre les grandes usines à engins mécaniques, appartenant à de riches fabricants, et les petits ateliers domestiques groupés sous le régime des fabriques collectives (VI, v, 18). Nonobstant cette diversité, ils se distinguent, en général, des ouvriers-émigrants (18), par un caractère commun: l'absence de toute propension à l'épargne. La cause de ce contraste est évidente. L'ouvrier parisien, quand il est porté à l'épargne, trouve mille occasions de s'élever, à l'aide de son petit capital, à l'une des nombreuses situations qui conduisent aux degrés supérieurs de la hiérarchie commerciale et industrielle. La classe ouvrière ne retient donc que les types dépourvus de cette vertu. En raison même du développement de son intelligence, et, en général, des facilités qu'il trouve pour entrer dans les rangs de la bourgeoisie, l'ouvrier prévoyant est relativement plus rare que dans les contrées où les rangs sont invariablement fixés. Les hommes prévoyants ne restent donc pas longtemps à Paris dans la situation d'ouvrier. Il résulte de là que les diverses sortes d'ouvriers parisiens se distinguent surtout par la nature de leurs dépenses, et particulièrement par celles qui se rattachent aux vêtements et aux récréations. Sous ce rapport, ils se divisent en deux catégories principales.

Les ouvriers de la première catégorie tranchent complétement avec la bourgeoisie par l'ensemble de leurs habitudes. Ils ne portent point d'autres vêtements que la blouse, la veste, ou, tout au plus, le paletot. Leur principale préoccupation est de se récréer hors des barrières, dans des cabarets et des guinguettes que fréquentent seulement leurs pareils, et qui abondent, soit à proximité du mur d'enceinte de l'octroi, soit dans les villages de Suresnes, Belleville, Charonne, Bagnolet, Romainville, Gentilly, Montrouge et Vaugirard. Ils ne lisent guère les journaux, et ne s'intéressent, en général, à la politique que lorsqu'elle se traduit en événements placés à leur portée. Ils envient leurs patrons, non pour leur disputer l'influence, mais avec le désir d'être moins astreints au travail et de prolonger au delà du lundi la débauche hebdomadaire. Les liaisons qu'ils contractent dans les lieux de plaisir sont ordinairement éphémères. Ils continuent ce genre d'existence jusqu'à la vieillesse, si l'influence d'une femme laborieuse et rangée ne les détermine pas à adopter, avec l'état de mariage, une vie plus régulière.

Les ouvriers de la seconde catégorie, par la nature même de leurs occupations, ou sous l'influence d'une certaine culture intellectuelle, développée par le milieu même où ils sont placés, sont incessamment excités à adopter le mobilier, les vêtements et les récréations de la petite bourgeoisie. Ils ont, comme les précédents, peu d'inclination pour le mariage, mais leurs unions sont plus stables ; souvent même ils exigent, pour leur maîtresse, les mêmes égards que pour une femme légitime. Ils fréquentent les théâtres, les petits cafés et les bals publics de l'intérieur de Paris, où ils se rencontrent avec les jeunes gens appartenant au commerce et à la petite bourgeoisie. Le ménage est rarement tenu avec soin. Le mobilier proprement dit est presque toujours négligé. Les vêtements forment au moins les deux tiers du capital. Les articles dont la valeur est le mieux réalisable sont ordinairement déposés aux établissements de prêt (Mont-de-piété), pour servir de gage à des emprunts. Il est rare qu'en tenant compte des chômages, dont le retour est périodique chaque année pour beaucoup de professions, l'ouvrier parisien puisse fournir plus de 280 journées de travail effectif. Quels que soient les besoins de la fabrique, le lundi est toujours consacré, non au repos, mais au plaisir. Les recettes du ménage sont absorbées : pour une moitié, par les achats d'aliments ; pour l'autre moitié et par parties égales, par les dépenses concernant le logement, les vêtements et les récréations. L'esprit religieux est, en général, éteint chez les ouvriers et même chez les femmes qu'ils fréquentent. Ils ne se présentent jamais à l'église et ils n'observent aucune des pratiques du culte. Souvent ils ne restent fidèles, ni l'un, ni l'autre, à la liaison qu'ils ont contractée. La femme a autorité pour conduire les affaires du ménage, et elle en use quelquefois pour introduire un peu d'ordre dans l'emploi de l'argent. Cette influence ne s'étend pas, toutefois, au choix des plaisirs, et souvent même la femme n'est point admise à y prendre part. Le mariage assure aux femmes une position plus digne, et plus utile à l'ouvrier. Les discussions relatives à la fixation du salaire, et surtout à la remise de l'ouvrage en temps convenu, entretiennent, entre les ouvriers et les maîtres, un germe permanent de méfiance et d'irritation. Cet antagonisme exerce, sur le caractère de l'un et de l'autre, une fâcheuse influence. Il dénature surtout les qualités de l'ouvrier, qui, dans de meilleures conditions, se montrerait dévoué et désintéressé. Les chômages et la mauvaise concurrence viennent encore accroître les inconvénients de ce régime et ceux qui résultent de l'imprévoyance de l'ouvrier. Celui-ci est donc exposé, pendant toute sa vie, à des alternatives de dénûment et de jouissances démoralisantes; et celles-ci sont toujours suivies d'une vieillesse misérable.

Dans ces derniers temps, les sentiments d'antagonisme provoqués par cette organisation sociale ont été excités par des intérêts qui espèrent en tirer profit, ou par des partis politiques qui y ont cherché des auxiliaires. L'ouvrier parisien a été ainsi amené accidentellement à prendre part aux débats politiques plus que ne le comportent son inclination naturelle et le niveau intellectuel qu'il a atteint. L'ouvrier tailleur, qui constitue la classe la plus nombreuse, et auquel s'appliquent, pour la plupart, les traits indiqués ci-dessus, est l'un des types chez lesquels ce goût s'est le plus développé depuis trois ans[1]. Il recherche

1. Écrit en 1851. — Ces habitudes accidentelles se sont complétement modifiées à l'époque où cette monographie a été mise sous presse (1855).

avec empressement les écrits qui, admettant l'antagonisme actuel des ouvriers et des patrons comme un fait nécessaire, laissent entrevoir la possibilité d'un ordre social dans lequel des ouvriers, sans cesser d'être imprévoyants, auraient cependant plus de prépondérance. Il ne suit pas volontiers le développement des systèmes sociaux proposés pour atteindre ce but. Les réunions provoquées, en 1848, pour la discussion méthodique de ces systèmes l'ont toujours laissé indifférent. Il se borne à accorder ses sympathies aux écrivains qui proposent la réalisation d'un tel ordre de choses. Les lectures favorites de l'ouvrier tailleur sont les histoires de la Révolution de 1789. Il aime à y voir développér la pensée que cette révolution était désirable et qu'elle a amélioré la condition des classes populaires. Il s'exalte à l'aspect dramatique donné aux hommes et aux événements par plusieurs auteurs célèbres. Il se passionne pour les récits présentant sous un jour favorable les personnages qui ont le plus contribué, par leurs talents, leur énergie ou leurs passions, à la destruction de l'ancien régime. N'apercevant pas que la principale cause de son infériorité sociale est en lui-même, il aime à penser que ces hommes sont les modèles de ceux qui, réalisant un nouveau progrès, le soustrairont aux calamités de tous genres qui pèsent encore sur lui. L'éloge de ces héros populaires revient souvent dans la conversation des ateliers. Les ouvriers qui en racontent le mieux les actions, ceux qui réussissent à réciter quelques bribes des discours prononcés aux assemblées révolutionnaires, prennent sur leurs camarades un ascendant décidé. On remarque particulièrement l'impression que ces connaissances historiques exercent sur les jeunes ouvriers venant des provinces, où tant de science est encore inconnue. Au reste, dans cette aspiration vague vers les révolutions politiques et sociales, l'ouvrier parisien, l'ouvrier tailleur en particulier, ne se préoccupe pas seulement de son propre intérêt; il espère qu'en donnant son concours à de nouveaux bouleversements il contribuera au progrès général de la société et à la grandeur de l'État.

Ces qualités ont joué un grand rôle dans la création des communautés d'ouvriers qui, à la suite des événements de 1848 ont vivement excité l'attention publique. Ces associations ont été suscitées par un esprit d'antagonisme contre les maîtres, et surtout contre les petits entrepreneurs sortant de la classe ouvrière, qui, sous le régime des fabriques collectives de Paris, s'interposent souvent entre les ouvriers producteurs et les marchands. Elles ont aussi été fondées avec l'espoir que l'entreprise des travaux, sous le régime de la communauté, assurerait aux ouvriers, indépendamment de l'ancien salaire, les bénéfices qui sont aujourd'hui attribués aux intermédiaires et aux marchands. Animés, d'ailleurs, de généreuses intentions, convaincus qu'ils attireraient progressivement à eux toute la population ouvrière, les promoteurs de ces associations ont voulu assurer des avantages égaux à tous les associés, quelle que fût leur aptitude, et à toute époque de leur admission dans la communauté. Ces sentiments, cette confiance, ont d'abord provoqué, dans plusieurs communautés, les plus louables efforts. Pour constituer les premiers éléments du fonds social, les associés se sont soumis à des privations incomparablement plus rigoureuses que celles qu'ils avaient précédemment supportées sous le régime ordinaire. Des administrateurs d'un rare mérite se sont dévoués à gérer les affaires communes, en se contentant de la rétribution accordée à un simple ouvrier. Cependant, après ces premiers élans, bien dignes d'admiration, ces entreprises n'ont point produit les résultats qu'on en avait attendus. Les bonnes mœurs, l'assiduité au travail et l'épargne, que le point d'honneur imposait aux associés, ont, comme sous tout autre régime, assuré des avantages réels; mais le mécanisme de ces institutions n'a présenté, dans la pratique, aucune supériorité qui lui fût propre. Les ouvriers les plus habiles, les commerçants les plus intelligents, ont bientôt compris que le régime ordinaire garantissait mieux leur indépendance, et qu'ils y trouvaient plus facilement les moyens de s'élever dans la hiérarchie sociale. A quelques exceptions près, les communautés écloses sous l'inspiration du mouvement de 1848 n'ont pas tardé à déchoir. Elles n'ont jamais groupé avec succès que cette catégorie, fort restreinte, de la population ouvrière qui, par la distinction de ses sentiments, se prête aux exigences du travail en commun, sans avoir l'énergie et l'initiative nécesssaires pour prospérer sous le régime du libre arbitre. L'histoire même de ces entreprises, telle qu'elle a été écrite par leurs partisans, vient à l'appui des autres faits constatés dans cet ouvrage. Selon toute apparence, le travail en communauté ne satisfera guère les aspirations vagues que des souffrances réelles développent maintenant parmi les ouvriers.

L'ouvrier parisien joint souvent à ses défauts des qualités remarquables. Il est disposé à comprendre les sentiments les plus généreux, la compassion, le désintéressement et l'enthousiasme. Mais, dans la situation gênée où le place sans cesse le défaut de prévoyance, ces facultés ne trouvent guère occasion de s'exercer, et restent, en quelque sorte, à l'état latent. C'est ainsi que l'entraînement immodéré pour le plaisir et la pénurie, qui en est la conséquence, le conduisent à laisser dans le dénûment de vieux parents qu'il aimerait à secourir, si la débauche hebdomadaire ne lui en enlevait constamment les moyens.

Le dommage qu'apporte à la moralité de l'ouvrier imprévoyant la substitution de l'antagonisme à la solidarité consiste surtout en ce qu'elle lui fait perdre l'occasion d'exercer ses vertus naturelles sous la seule forme à laquelle il puisse pratiquement atteindre. Le dévouement qui se révèle par le désir de bien faire, par la sollicitude pour l'intérêt du patron, par le sacrifice des goûts et des passions inconciliables avec la régularité du travail, est en effet plus accessible à l'ouvrier que le dévouement qui consiste à assister les siens au moyen d'une somme d'argent. Le sentiment du devoir que la solidarité fait naître communique donc aux populations les moins distinguées des habitudes qui, à la longue, élèvent leur moralité; tandis que le germe acquis des sentiments les plus généreux reste souvent stérile, faute de moyens de développement, lorsque ceux-ci s'exercent isolément d'ouvrier à ouvrier. La vertu qui assiste et qui protége avec suite est surtout l'attribut des classes supérieures. Elle peut se révéler, chez les ouvriers, par un élan immédiat et de courte durée; mais celle qui est le plus à leur portée se manifeste par l'accomplissement du devoir envers le patron. La solidarité, détruite aujourd'hui dans beaucoup d'ateliers parisiens et dans une grande partie de la société française, se maintient dans les États du Nord et de l'Orient, non parce que les deux classes de la société y sont animées de sentiments plus élevés touchant leurs devoirs réciproques, mais parce que la tradition, appuyée sur des règlements positifs, y prévient les conséquences fâcheuses de l'imperfection morale des individus. Les sociétés les plus prospères et les plus stables ont su concilier, avec la suppression des liens qui entravaient l'action individuelle, la conservation de l'harmonie sociale; mais elles n'ont pu atteindre ce but que par l'intervention tutélaire de la religion. C'est par cette cause surtout que l'Angleterre a été préservée jusqu'ici des épreuves que subit l'Occident. Les études comparées n'assignent d'ailleurs, sous ce rapport, aucune infériorité aux classes ouvrières de la France et de l'Allemagne. La responsabilité de cette décadence temporaire retombe donc surtout sur les classes supérieures de la société. Nous avons souvent constaté, dans le cours de ces études, les fâcheuses conséquences dues à l'amoindrissement de l'esprit religieux et au développement des habitudes de luxe chez les patrons de l'industrie parisienne. C'est à ces nouvelles mœurs qu'il faut surtout attribuer l'extinction graduelle des sentiments de patronage et de solidarité, et, si l'on peut s'exprimer ainsi, de l'esprit de famille, qui formaient encore, au commencement de ce siècle, le trait caractéristique de la fabrique de Paris. Le cadre de cet ouvrage ne nous permet pas d'aborder ici cette étude, qui serait si féconde en enseignements. Nous nous bornons à en signaler l'importance et à constater qu'on peut trouver encore aujourd'hui, dans les ateliers parisiens, tous les éléments d'une comparaison méthodique entre l'ancien et le nouveau régime[1].

1. Cette étude donnerait souvent occasion d'apercevoir les garanties d'ordre et de bonne harmonie qui résultaient des anciennes habitudes du commerce et de la propriété. Les commerçants de Paris admettaient dans leurs familles les jeunes gens des deux sexes attachés à leurs maisons, et les soumettaient ainsi à une surveillance paternelle, dont la suppression se fait vivement sentir aujourd'hui. Les propriétaires de maisons auraient regardé comme un acte d'indélicatesse l'augmentation de la rente

Au nombre des principales catégories d'ouvriers parisiens, on doit citer les modeleurs, les dessinateurs, les ciseleurs et les graveurs, qui prennent une part si importante à la production des objets d'art, de goût et de luxe, dont la renommée est établie dans le monde entier. C'est une question de savoir si le séjour dans une grande ville développe, dans les masses, les aptitudes artistiques et les qualités éminentes qui se produisent spontanément, par la méditation et la contemplation, dans l'isolement de la vie pastorale; mais il est incontestable que le goût et l'adresse manuelle des ouvriers offrent d'admirables moyens d'exécution pour les conceptions artistiques, c'est-à-dire pour le principal élément de succès de la fabrique de Paris. Ces ouvriers, qui, en raison même de leur habileté, disposent des salaires les plus élevés, sont ceux chez lesquels on constate le moins d'inclination pour l'épargne et pour la prévoyance; ce sont eux aussi qui représentent le mieux le type dominant dont on vient de décrire les principaux traits. Le tableau, tracé ci-dessus, des mœurs de la population ouvrière de Paris ne concerne nullement cette estimable minorité, chez laquelle les bonnes mœurs se concilient avec l'imprévoyance. C'est précisément ce type remarquable dont nous avons voulu présenter la description à nos lecteurs dans la présente monographie. En le choisissant dans une profession placée aux derniers degrés de la hiérarchie sociale, nous indiquons assez qu'il n'existe point seulement à Paris à l'état d'exception. En aucun lieu du monde, sans même en excepter la ville de Genève, si remarquable sous ce rapport, l'ouvrier religieux ne s'élève à un niveau moral plus élevé. On en aperçoit bientôt la raison, quand on analyse les influences auxquelles il est journellement soumis, et la force des épreuves qui donnent la mesure de sa supériorité. L'ouvrier

imposée à un ancien locataire : ces sentiments, conservés par quelques propriétaires d'un âge avancé, ou par ceux qui se croient moralement tenus de continuer, sous ce rapport, la tradition paternelle, forment un contraste frappant avec les idées qui dominent à notre époque, où les contrats de location offrent la même mobilité que les valeurs de bourse. Il ne faut pas oublier que c'est sous l'influence de ces anciennes mœurs que la bourgeoisie française a conquis la haute position qui lui a été faite à la suite de la révolution de 1789.

doit souvent résister à l'exemple donné par des maîtres imbus de l'esprit sceptique du dernier siècle, et aux mauvaises influences dérivant d'une organisation qui le prive des récréations les plus légitimes. Par un effort moral, rare dans toutes les conditions, il doit subir, sans irritation et sans honte, les railleries de ses camarades. Il doit avoir assez d'empire sur ses passions pour ne point céder aux excitations des lieux de plaisir, où l'immoralité, organisée avec un art infini, est mise à la portée de toutes les bourses et de toutes les intelligences. Sans insister davantage sur les détails de leur existence, on indique assez que ces hommes doivent s'attacher au sentiment religieux, leur seul soutien au milieu de tant d'épreuves, avec une énergie et une distinction peu communes.

Beaucoup d'ouvriers, abandonnés, sans protection et sans conseils, à l'isolement que le nouveau régime crée au milieu des grandes agglomérations d'hommes, détournés, d'ailleurs, par la générosité même de leurs sentiments, des calculs et des combinaisons que conseille la prévoyance, se trouvent exposés, tantôt sans relations de famille, tantôt avec les charges qu'impose une famille nombreuse, à tous les maux provenant de l'inégalité des salaires, des chômages et des maladies. L'un des types les plus touchants que présentent, en ce genre, les villes de Paris et de Londres est celui des jeunes filles vivant chez elles, dans une position gênée et précaire, des produits d'un travail peu rétribué et qui leur manque trop souvent. Elles ne peuvent subvenir que par des prodiges d'énergie et de sobriété aux plus impérieuses nécessités de l'existence; mais, soutenues par la pratique religieuse, elles résistent, avec une vertu presque surhumaine, aux exemples les plus contagieux, aux obsessions les plus criminelles! Le prêtre qui les assiste de ses conseils, le médecin bienfaisant ou la femme charitable, qui les soutiennent dans les moments les plus difficiles, peuvent seuls apprécier l'étendue de leurs privations, l'élévation ou la délicatesse de leurs sentiments. Au milieu du découragement que produit trop souvent l'étude des misères de notre société, on entrevoit l'aurore d'un meilleur avenir, en voyant ces patrons du pauvre déclarer que

Paris est l'une des villes d'Europe où l'ouvrier religieux atteint, dans l'ordre moral, à la plus grande hauteur.

Quant aux types nombreux, signalés ci-dessus, qui, à la faveur d'un travail soutenu et d'une sévère économie, s'élèvent rapidement au-dessus de la condition où ils sont nés, ils joignent ordinairement, aux qualités qui les distinguent, les défauts qui se rencontrent également ailleurs à ce même niveau de la hiérarchie sociale. Une incessante préoccupation pour le gain et l'épargne développe chez eux la dureté et l'égoïsme ; et cette disposition réagit d'une manière fâcheuse sur les inférieurs et même sur la famille. De là des haines qui n'ont pas toujours été sans influence sur les commotions sociales de ces dernières années. C'est ainsi qu'au milieu de l'effervescence produite par les événements de 1848 les ouvriers de Paris manifestaient surtout leur animosité contre les petits entrepreneurs, appelés *marchandeurs*, qui se recrutent dans la classe ouvrière elle-même et qui s'interposent ordinairement, sous le régime des fabriques collectives, entre l'ouvrier et le négociant. Un sentiment irréfléchi, ou la conscience de leur propre infériorité, portait donc les classes populaires à détruire précisément ce qui, dans l'organisation actuelle de la fabrique de Paris, contribue le plus efficacement à l'élévation des ouvriers d'élite.

L'imperfection morale de ceux qui sortent immédiatement des rangs de la classe ouvrière résulte de la nature même de l'homme. La prévoyance et l'esprit de calcul, qui seuls peuvent élever l'ouvrier au-dessus de la condition où il est né, l'obligent incessamment à résister aux inspirations du cœur. Le premier mouvement de l'homme soumis à leur empire est de résister à l'attrait qui porte à satisfaire, au prix d'une dépense, les sens ou les sentiments moraux. Si donc il n'est pas disposé, par une organisation exceptionnelle, à l'amour du prochain, il s'abandonne aux défauts qu'engendre l'exagération de l'intérêt personnel. Il en est autrement de l'ouvrier proprement dit, chez lequel se révèle presque toujours, avec des caractères touchants, une générosité instinctive, exempte de tout calcul. L'imprévoyance qui le caractérise laisse un libre essor à ses propensions naturelles; il cède à l'impulsion de l'âme, qui lui commande d'assister son semblable, comme à l'excitation des sens, qui le porte à l'abus des jouissances physiques. Sous ce rapport, il est vrai de dire que l'oubli du sentiment religieux exerce sur le caractère du pauvre une influence moins délétère que sur celui du riche[1]. Le riche, en effet, doit d'abord combattre le mal en lui-même pour son amélioration personnelle; mais il lui incombe, en outre, de donner l'exemple de la soumission à la loi de Dieu. De là, on peut conclure, contrairement à l'opinion souvent émise comme un axiome de sagesse humaine, que la religion du riche importe plus que celle du pauvre au maintien de l'harmonie sociale.

En Angleterre, la constitution de l'État se maintient fermement sous la direction de chefs éminemment religieux, en présence de masses étrangères pour la plupart à toute idée de religion; mais une révolution deviendrait bientôt imminente, si les classes dirigeantes perdaient, avec l'esprit religieux, le sentiment de leurs obligations envers les classes inférieures. L'observation attentive des sociétés européennes a constamment fourni la confirmation de cette vérité. Dans celles où le sentiment religieux est peu développé, les ouvriers n'échappent aux écueils de l'imprévoyance que pour donner contre ceux de l'égoïsme. Les maîtres ne voient, dans un accroissement de richesses, qu'une occasion de développer leur luxe et de s'éloigner du pauvre. Chez les peuples religieux, au contraire, l'ouvrier enrichi conserve souvent un dévouement chaleureux aux souffrances d'autrui, et le patron, en augmentant sa fortune, ne renonce, ni à la simplicité d'existence, ni aux rapports affectueux avec les inférieurs. C'est là seulement qu'on peut voir une énergique application aux spéculations de l'industrie et du commerce se concilier, dans toutes les classes, avec la pratique de la charité.

1. C'est incontestablement à cette disposition du cœur humain, et à cette infériorité relative des classes riches, que l'Évangile fait allusion par ce passage : — « Je vous le dis encore une fois : il est plus aisé qu'un chameau (ou un câble) passe par le trou d'une aiguille, qu'il ne l'est qu'un riche entre dans le royaume des cieux. » (*Saint Mathieu*, chapitre XIX, 24. Traduction de Sacy.)

§ 20.

PRÉCIS DE LA MONOGRAPHIE AYANT POUR OBJET

LA LINGÈRE DE LILLE.

I. Définition du lieu, de l'organisation industrielle et de la famille.

La lingère présentement décrite se rattache à la catégorie des ouvriers-tâcherons. En créant les rapports qui la lient à sa clientèle, elle a été placée, malgré son inclination personnelle, dans le système du travail sans engagements.

L'ouvrière habite Lille, chef-lieu du département du Nord. Cette ville, étant située à 70 kilomètres du rivage de la Manche, subit l'effet des brusques variations qui émanent de cette mer. Il y pleut souvent. La ville est entrecoupée de canaux dont l'eau n'a que peu ou point de courant, à cause de l'horizontalité presque parfaite du sol. Elle est entourée d'une triple ceinture de glacis et de fossés remplis d'une eau stagnante où croissent plusieurs espèces de plantes aquatiques. Le sol présente à sa surface une couche épaisse d'humus, qui, comme une éponge, retient constamment de l'humidité. Dans un milieu aussi insalubre (21), et dans l'état de pénurie et d'intempérance où vivent beaucoup d'ouvriers (22), une partie de la population offre un aspect déplorable. On y trouve toutes les infirmités et toutes les difformités qui affligent l'espèce humaine. Lille compte environ 800 ouvrières spécialement occupées à la fabrication du linge de corps; il faut ajouter à ce nombre les personnes recueillies dans des établissements pieux et les femmes détenues, dont le nombre s'élève parfois à 300. La ville de Lille a conservé pour la lingerie les meilleures traditions. On y fabrique les trousseaux de grand prix pour plusieurs départements et même pour Paris, où les femmes ne peuvent guère trouver désormais dans la lingerie la juste rémunération de leur temps et de leurs fatigues; car la lingerie fine exige des soins minutieux et une grande habileté. Il est probable même qu'un temps viendra où les ateliers de Paris, ne faisant plus d'élèves, auront recours exclusivement à la province pour ces articles de luxe. La lingerie commune se fabrique surtout dans les prisons, dans les couvents et dans des maisons dirigées par des religieuses, où l'on prend des jeunes filles en apprentissage, moyennant une faible rétribution annuelle et quelquefois même sans rétribution. Ces concurrences sont redoutables pour les ouvrières libres, car, les premiers besoins de la vie étant assurés, dans les prisons par le gouvernement, dans les maisons religieuses par des quêtes et des dons pieux, les chefs de ces établissements se montrent peu exigeants sur les prix de vente, qui vont toujours en diminuant. Cet état de choses existe aujourd'hui presque partout. Il aura, dans un temps donné, des résultats fâcheux pour la lingerie, s'il n'est pas balancé par la cause opposée, c'est-à-dire par la rareté des bras qui tend à se manifester dans la majeure partie de la France.

L'ouvrière a subi le sort commun à un trop grand nombre de filles (24). Elle a été séduite par un ouvrier serrurier, déjà père d'un enfant naturel dont la mère est morte de chagrin. Il est résulté de cette liaison un enfant du sexe masculin. Le ménage décrit est séparé de sa famille; il comprend seulement deux personnes : la lingère, née à Lille, âgée de 39 ans; un enfant naturel, né également à Lille, et âgé de 7 ans. Le père et la mère de l'ouvrière sont décédés depuis longtemps; il ne reste, en fait d'ascendants, qu'une aïeule maternelle, âgée aujourd'hui de près de 100 ans, et une tante célibataire, âgée de 50 ans. L'ouvrière a 4 frères et 3 sœurs. Tous sont nés à Lille et y demeurent actuellement. Trois des frères exercent la profession de retordeurs de fil; le quatrième, le plus jeune, en ce moment sous les drapeaux, a appris l'art de tailler le diamant. Des trois sœurs de la lingère, la première est mariée à un serrurier, la seconde est femme de chambre, et la troisième est entrée dans un couvent. La tante est dentelière. Elle n'a absolument pour vivre que le produit de son travail. Ce produit dépasse rarement, en temps ordinaire, 40 à 50 centimes par jour.

L'ouvrière est née de parents catholiques. Élevée par sa mère dans des sentiments pieux, elle les a toujours conservés. Malgré sa pauvreté et la nécessité de consacrer tous ses instants au travail, elle va chaque dimanche à une messe du matin. Toutefois son éducation religieuse a été peu soignée; elle pratique, mais plutôt par tradition que par une foi éclairée. Sa condition ne lui permet guère de suivre les prescriptions de l'Église touchant les aliments gras ou maigres. Sa nourriture, comme celle de son enfant, est une abstinence à peu près perpétuelle. L'ouvrière a de l'intelligence, de l'esprit, un dévouement inaltérable pour son enfant et un fond de gaieté qui l'abandonne rarement. Son heureux caractère lui fait supporter aisément ses souffrances physiques. Dans l'hiver, lorsqu'elle est sans feu et n'a pour passer la nuit sur son grabat qu'une mince couverture de coton gris, elle entasse ses vêtements sur l'enfant pour le garantir du froid. Sa conduite n'a pas toujours été pure; mais les circonstances dans lesquelles la malheureuse fille a succombé, les souffrances morales et physiques qu'elle a endurées, son dévouement pour son enfant, semblent racheter sa faute. Un ouvrier serrurier, qui avait déjà semé le déshonneur dans une famille, l'a séduite après lui avoir promis de l'épouser. Elle devint enceinte, et son état, bientôt découvert, la mit en butte aux reproches et même aux injures de ceux qui l'entouraient. Deux de ses frères, cependant, allèrent trouver le séducteur et l'engagèrent à réparer sa faute par un mariage. La peur lui fit promettre ce qu'il avait l'intention de ne pas tenir. Alléguant qu'il était sans ressources, il demanda un délai de trois mois pour exécuter sa promesse. Satisfait d'une réponse qui rétablissait l'honneur d'une famille, un des frères offrit au séducteur de lui prêter 300 francs pour les premiers achats d'objets de ménage. Tout fut accepté et convenu; la future acheta de la toile et commença même à faire une paillasse et des draps. Les trois mois écoulés, les deux frères allèrent de nouveau chez le séducteur; il promit une seconde fois de se marier, et tous prirent rendez-vous pour se rendre le lendemain à la mairie, afin de demander la publication des bans. Mais, le lendemain matin, cet homme partait par le chemin de fer pour

Paris. La colère de toute la famille retomba sur la malheureuse abandonnée; ce fut à qui la repousserait. Cependant, elle put faire ses couches dans un faubourg, chez sa vieille tante. L'ouvrière, n'ayant pu continuer à suivre les exercices de l'école après le décès de son père, lorsqu'elle était seulement âgée de 8 ans, sait lire assez bien, mais non écrire. Elle chante avec goût, et sans aucune notion musicale, des chansons en patois flamand. Elle envoie son enfant à l'école des frères de la Doctrine chrétienne, et elle paraît attacher beaucoup d'importance à ce qu'il y fasse des progrès. Elle désire qu'il devienne *commis*, parce qu'elle est persuadée que l'enfant n'est pas assez robuste pour exercer un état manuel. L'ouvrière ne semble pas avoir conscience de sa misère. Elle ne songe guère à l'avenir que pour son enfant. Il lui est souvent arrivé, en 1848 et 1849, de manquer de travail et par conséquent de pain, et cependant elle a eu assez de dignité pour ne pas tendre la main. Les secours qu'elle a reçus à cette époque lui ont été offerts spontanément par des personnes dont elle avait gagné l'estime par sa bonne conduite habituelle.

L'ouvrière a un tempérament lymphatique. Elle est de taille moyenne ($1^{m}60$). Ses cheveux sont châtain-clair et peu abondants. Tout en elle annonce une constitution affaiblie par les privations, l'excès de travail et les souffrances physiques. Elle est sujette à de violentes migraines dont la durée est de plusieurs jours. Cette affection, qui semble l'anéantir et la rendre incapable de tout travail, est accompagnée de vomissements dus à un état d'irritabilité nerveuse de l'estomac. Cet état chronique de maladie n'affecte en rien le bon caractère de l'ouvrière. Elle est généralement gaie et paraît souffrir avec beaucoup de patience. Il est probable que dans d'autres conditions d'existence, telles qu'un travail modéré, une bonne alimentation et de chauds vêtements, l'ouvrière aurait vu disparaître des accidents qui sont dus, très-probablement, à un accouchement effectué dans les circonstances les plus affligeantes. Enceinte, et délaissée par son séducteur, comme on l'a vu plus haut, repoussée par une partie de sa famille, elle n'a pu recevoir tous les soins que son état aurait exigés. Après des souffrances physiques et morales qu'il serait difficile de décrire, il lui eût fallu du repos et une nourriture réparatrice. Malheureusement, l'ouvrière fut obligée de se remettre promptement au travail, et ces tristes circonstances ont, depuis lors, laissé sur sa santé des traces profondes. L'ouvrière ne reçoit point de soins médicaux. Si elle éprouvait autre chose que ses migraines périodiques, elle devrait recourir au médecin des pauvres. L'enfant est pâle et maigre; toute sa constitution est empreinte de débilité. Il est, toutefois, mieux portant que ne le semble comporter la vie misérable à laquelle il est voué. A l'exception d'une forte fluxion de poitrine qui a duré six semaines, il n'a pas eu d'autres maladies que celles qui affectent généralement l'enfance, telles que la rougeole et la scarlatine. Sa faiblesse de constitution ne semble pas permettre qu'on lui donne un état manuel.

L'état de fille-mère place l'ouvrière au dernier rang de la société. Elle rencontre peu de sympathie et de pitié. Vivant dans un quartier pauvre et n'ayant pas l'espoir de s'élever à une condition meilleure, l'ouvrière semble résignée à demeurer dans le cercle étroit que le sort lui a tracé. En effet, elle n'a rien à espérer de l'avenir; ses frères sont des ouvriers qui suffisent à peine, par le travail, à leurs besoins, et ses sœurs sont elles-mêmes dans une position précaire. Un mariage pourrait la faire sortir de l'état d'isolement où elle se trouve, et lui rendre la vie moins pénible. Des propositions lui ont été faites, mais elles les a repoussées, dans l'intérêt de son enfant.

II. Moyens d'existence de la famille.

Immeubles et argent : l'ouvrière n'a aucune propriété immobilière, et son salaire est ordinairement absorbé d'avance par de petites dettes contractées envers les fournisseurs. — *Matériel spécial des travaux et industries :* objets indispensables pour le métier de lingère, 0f 95. — *Valeur totale des propriétés*, 0f 95.

La plus importante subvention dont profite l'ouvrière consiste dans le paiement de son loyer par un de ses frères. Sa famille, composée d'ouvriers, est dans la gêne et ne peut lui fournir d'autres secours. Une couple de chemises lui sont données annuellement par son patron ; et des vêtements hors de service, qu'une personne bienfaisante lui envoie de temps à autre, servent à habiller l'enfant. Celui-ci reçoit en outre l'éducation gratis chez les frères de la Doctrine chrétienne; cependant cette éducation entraîne, pour la mère, une dépense d'environ 6f 00 par an pour achats de plumes et de livres. La subvention du loyer est de 72f 00 par an. Quant aux dons en nature, c'est-à-dire en linge ou vêtements vieux, on peut les évaluer pour l'année à 14f 00, savoir : chemises, 6f 00 ; vieux vêtements, 8f 00.

Tout le travail de l'ouvrière est exécuté chez elle, au compte d'un patron et à la pièce. L'ouvrière monte des chemises d'hommes ou *tire des fils*. Ce dernier travail consiste à tirer, de place en place, à 1 centimètre de distance par exemple, un fil de chaîne de la toile destinée à former le devant d'une chemise. Quand tous les fils sont tirés, on rejoint, deux à deux, les espaces libres du fil de chaîne et on y place une couture. Il en résulte un tube de toile, qui, aplati par le fer à repasser, donne un pli d'un demi-centimètre de largeur. Ce mode de préparation a pour but de rendre les plis d'une largeur parfaitement égale. Le tirage des fils n'est confié dans les ateliers qu'aux meilleures ouvrières ; c'est le travail le plus fatigant, mais aussi le mieux rétribué. Avec la couture qui forme les plis des devants, le tirage des fils est payé, à Lille, dans les maisons où se fabrique la lingerie de luxe, à raison de 3f 50 les cent plis. Aux ouvrières d'une habileté secondaire, on livre la toile des devants avec les fils tout tirés, de sorte qu'il ne leur reste plus à faire que la couture ; elles reçoivent alors 2f 50 seulement pour les cent plis. Le temps nécessaire pour tirer les fils et coudre 100 plis est au moins de 20 heures de travail. L'ouvrière, consacrant 10 heures par jour à sa besogne, gagne donc 1f 75 quotidiennement ; mais il y a lieu de déduire un quart de produit pour chômages résultant des déplacements et des maladies. L'ouvrière consacre le dimanche au nettoyage de sa chambre, au blanchissage, à la confection et au raccommodage de ses vêtements et de ceux de son enfant. Elle est attachée depuis 13 ans à la même maison de lingerie, où elle a trouvé, sans interruption, pendant cette longue période, un travail payé aussitôt la livraison effectuée. L'enfant, âgé de 7 ans, n'exécute aucun travail manuel; il fait quelques commissions pour sa mère, ce qui représente pour celle-ci une économie de temps d'à peu près une heure par jour.

III. Mode d'existence de la famille.

L'ouvrière et son enfant font généralement quatre repas par jour, en y comprenant un goûter qui est d'usage dans le pays.

Le déjeuner (huit heures) : pain légèrement beurré, trempé dans du lait pur (avec ou sans chicorée), et quelquefois dans un lait spécial, dit *lait de beurre*, dont la matière butyreuse a été séparée par le battage.

Le dîner (midi) : pain et légumes (le plus souvent des pommes de terre) auxquelles s'ajoutent parfois un peu de viande. Autant que possible l'ouvrière met le pot-au-feu deux fois par semaine, mais avec des morceaux de viande de qualité inférieure et en quantité trop minime pour qu'il en résulte un aliment suffisamment substantiel.

Le goûter (quatre heures) : une *tartine*, longue et mince tranche de pain légèrement beurrée.

Le souper (huit heures) : comme le déjeuner; pain trempé dans du lait pur ou mélangé.

L'ouvrière ne consomme aucune boisson fermentée. La bière, breuvage du pays, est beaucoup trop chère (21), la première qualité coûtant 25 centimes, et la seconde de 10 à 12 centimes et demi la *canette* (mesure qui est égale à notre litre[1]). Cette dernière boisson, dite *petite bière*, est généralement si faible que les ouvriers du pays n'en consomment presque pas. Elle ne figure

1. *Canette*, expression très-usitée aujourd'hui pour désigner une mesure de bière égale au litre, nous vient du vieux mot hollandais *kan*, pot, qui fait au diminutif *kannetje*, petit pot, d'où sort *canette*. Le *kan* hollandais contenait un peu plus de 2 litres, et, par conséquent, la *canette* serait d'un peu plus d'un litre, mais il s'est fait ici la même transformation que pour notre aune, qui n'était que de 119 centimètres; afin de la mettre en rapport avec le système décimal, on l'a allongée à 120 centimètres, tandis que la *canette* a été réduite et ajustée à la contenance du litre.

guère que sur la table des petits bourgeois où l'insuffisance de cette boisson est compensée par l'emploi fréquent du café et par une nourriture substantielle. Il est regrettable que l'ouvrière ne puisse faire usage de cette boisson tout à la fois tonique et nourrissante. Le café ne doit être mentionné ici qu'à titre d'exception, et n'est pris que dans de très-rares occasions; si économiquement qu'il soit fait, son prix de revient est toujours trop élevé pour entrer régulièrement dans l'alimentation de l'ouvrière, qui mêle ordinairement à son lait une infusion de chicorée.

L'ouvrière habite, à Lille, dans la rue de Fives, une seule pièce située au deuxième et dernier étage de la maison. Cette chambre reçoit l'air et le jour par une seule fenêtre, ouverte au sud-est et donnant sur les remparts. Cette fenêtre est fort élevée au-dessus du sol, de sorte qu'il faut monter sur une chaise pour voir à l'extérieur. La surface totale de la pièce est de 10 mètres, et la hauteur de 2^{m} 50. Les murs sont absolument nus. Il n'y a point de cheminée; celle-ci est remplacée par un poêle. Dans les premiers jours de la semaine, l'intérieur est assez propre. Le plancher, composé de carreaux, est lavé chaque dimanche selon la coutume lilloise. Le loyer de cette chambre est coté 6^{f}00 par mois; mais il est fait remise de cette dépense à l'ouvrière par un de ses frères, qui est principal locataire de la maison. Le mobilier a l'aspect le plus triste; il se compose des objets suivants.

Meubles : 1 lit composé de 4 planches réunies par des pieux, dit lit de choléra[1], 1 paillasse, 1 couverture de coton gris et 1 traversin de paille, 1 petite table et 2 chaises, 7^{f} 00. — *Ustensiles :* 2 cuillers, 1 fourchette et 1 couteau, 1 poêlon en terre, 2 assiettes et 2 tasses, 1 poêle et ses accessoires, 1 lampe, 10^{f} 00. — *Vêtements de l'ouvrière :* vêtements du dimanche : 2 châles, 1 manteau de drap, 2 robes en mérinos, 1 robe en mousseline de laine, 6 chemises en toile, 1 mantelet en soie (tous ces objets sont engagés au Mont-de-Piété), 124^{f} 00; — vêtements de travail : 2 chemises, 2 jupons, 1 paire de bas, 3 robes, 2 mou-

1. Ce genre de lit a été fabriqué à la hâte en 1849, aux frais de la ville de Lille, lors de l'épidémie cholérique, pour les nombreux malades qu'on retirait des caves où ils étaient logés. De là, la dénomination de lit de choléra.

choirs, 1 paire de vieux souliers, 1 paire de sabots, 20f 00. — *Vêtements de l'enfant :* ces vêtements sont confectionnés avec d'autres vêtements hors d'usage, 17f 00. — *Valeur totale*, 178f 00.

L'ouvrière ne peut se livrer à aucune récréation; son état de pénurie en est la cause. Toutefois, comme elle appartient à une famille nombreuse, elle trouve çà et là quelques soirées de délassement, telles que : la solennité des Rois, fête traditionnelle du pays, dont un lapin, assaisonné avec des oignons et des pruneaux, fait tout les frais; le mardi gras, où se mange la tête de veau; enfin la fête du *Broquelet*, fête des gens qui travaillent le fil, et qui se célèbre dans la famille, parce que, de père en fils, on y a exercé la profession de retordeur. Le Broquelet (23) est une fête presque nationale, car c'est celle de tous les corps de métiers qui, directement ou indirectement, manient le fil. Depuis que la vapeur a pris place presque partout à côté du travail de l'homme, le Broquelet comprend même les mécaniciens attachés aux filatures de lin.

IV. Histoire de la famille.

La vie de l'ouvrière ne présente rien qui sorte du cercle des faits les plus ordinaires. Il n'en est pas de même de celle de sa famille, dont les vicissitudes méritent d'être mentionnées. Le père était né à Marcq-en-Barœul (faubourg de Lille), en 1792, pendant le célèbre bombardement de Lille. Il apprit de bonne heure la profession de retordeur, qui était celle de ses ancêtres. En 1810, il fut appelé sous les drapeaux, et ne rentra dans ses foyers qu'à la chute de l'Empire. Il épousa, en 1817, une dentelière, née à Lille en 1798, dont il eut neuf enfants. Sa mort fut tout à fait prématurée : un de ses enfants, la fille dont il est question dans ce précis, tomba un jour dans une fosse d'aisances peu profonde. Le père se fit aussitôt suspendre par les pieds pour sauver l'enfant; il y parvint après des tentatives réitérées. On était en hiver : la secousse morale, le froid et la fatigue qu'il avait éprouvés altérèrent sa santé, et il mourut, laissant une veuve avec huit enfants encore en bas âge, mais heureusement avec une profession assez lucrative, qui avait permis à la famille d'amasser de notables économies. En 1842, la veuve prospérait, malgré ses lourdes charges, quand, à cette époque, elle se vit complétement ruinée par la fuite, à l'étranger, du patron qui jusque-là lui avait fourni du travail, et qui, à ce titre, était dépositaire de tout l'avoir de la famille. La mère de famille mourut quelque temps après d'une tumeur au sein. A la suite de ce funeste événement, l'ouvrière dont il est question dans le présent résumé entra immédiatement dans un atelier de lingerie. Élevée par une mère laborieuse, et laborieuse elle-même, elle ne tarda pas à être en mesure de suffire à ses premiers besoins. Elle eût trouvé dans le mariage la situation habituellement acquise aux classes ouvrières de la localité, si la séduction dont elle a été victime n'avait brisé son avenir.

V. Budget domestique annuel et avenir de la famille.

Recettes de la famille. — Produits des subventions, 152f 00; — salaires, 451f 00. — *Total des recettes*, 603f 00.

Dépenses de la famille. — Nourriture, 311f 00; — habitation, 127f 00; — vêtements, 87f 00; — besoins moraux, récréations et service de santé, 72f 00; — industries, dettes, impôts et assurances, 6f 00. — *Total des dépenses*, 603f 00.

L'ouvrière ne fait partie d'aucune corporation civile ou religieuse qui puisse l'aider en cas de besoin. Sa position de fille-mère lui crée des embarras auprès des institutions de bienfaisance, et la place, lorsque les secours sont limités, dans une condition un peu différente de celle d'une mère de famille réduite aux mêmes nécessités. L'enfant subit dans sa classe les effets de cette malheureuse et fausse situation. Les frères de la Doctrine chrétienne, contraints par les règlements de la ville, lui font payer 6f 00 par an pour des livres et des fournitures qu'ils pourraient donner gratis aux enfants légitimes. Cette rigueur pour les enfants naturels se retrouve quelquefois en France dans certains règlements d'œuvres charitables. Elle a sans doute pour but de prévenir l'inconduite; mais il est douteux que ce but soit atteint, tandis qu'elle aggrave assurément des malheurs irréparables. Sous ce rapport, la réforme des règlements municipaux s'impose à l'attention des gouvernants.

§ 21.

CONDITION ACTUELLE DES CLASSES OUVRIÈRES A LILLE.

Après Lyon, Lille est peut-être en France le centre industriel le plus intéressant à étudier. Il y a environ vingt ans, cette ville fut, de la part de M. Blanqui, membre de l'Institut, l'objet d'une enquête qui attira l'attention générale sur la condition de ses ouvriers. Le savant économiste y rencontra d'épouvantables misères, qu'il dut aller découvrir au fond de bouges infects; il les dépeignit avec autant de chaleur que de talent. Son travail souleva de vives réclamations de la part de l'édilité lilloise; mais il eut néanmoins pour résultat de faire fermer la majeure partie des caves humides et obscures qui servaient d'habitations à une foule d'ouvriers. La triste situation décrite par M. Blanqui s'est beaucoup améliorée; mais elle est bien mauvaise encore. Le mal est dû à plusieurs causes : à l'insalubrité d'un climat constamment humide; à la stagnation, dans les canaux, des eaux qui traversent la ville et qui, corrompues par un grand nombre de produits industriels, exhalent des miasmes malsains; à l'insuffisance des salaires, amenée par le fait de la concurrence des ouvriers belges (22) qui abandonnent leur pays où le travail est encore moins rétribué; à l'infériorité de la nourriture, composée surtout de pommes de terre, dont la qualité décroît chaque année; à la privation à peu près complète de boissons fortifiantes, la bière étant constamment à un prix trop élevé pour entrer dans l'alimentation journalière des ouvriers; enfin, à l'emploi trop fréquent des alcools de grain, sous forme de genièvre ou d'hydromel, au lieu de bière ou de vin.

En ce qui touche particulièrement la situation des filles-mères, la nécessité d'une réforme est démontrée par les faits déplorables qui viennent d'être décrits et qui se présentent également dans beaucoup de villes manufacturières. A cet égard, depuis 1791, tous les pouvoirs publics manquent à leur devoir.

§ 22.

INFLUENCE DE L'IMMIGRATION DES BELGES SUR LE SALAIRE DES OUVRIERS LILLOIS.

Le voisinage de la Belgique est, pour la population ouvrière du département du Nord, une cause permanente de malaise. Des légions de pauvres éhontés, affamés, dangereux, parcourent incessamment les Flandres de Belgique, comme autrefois les bandes de bohémiens parcouraient l'Europe. Parmi ces mendiants, il s'en trouve de valides et de bonne volonté; ils passent la frontière et viennent demander, aux fabriques de Tourcoing, de Roubaix et de Lille, du travail à tout prix, du travail pour avoir du pain. Cette immigration en France est telle, qu'elle a fourni à Lille une population d'au moins 50,000 Belges sur les 150,000 habitants que contient l'enceinte nouvelle. Ce flot humain, qui marche sans cesse de l'est à l'ouest, est composé de gens peu exigeants sur les conditions du travail. Ils ne demandent qu'une chose: pouvoir subvenir à leurs premiers besoins. Il résulte de cette concurrence que les salaires ne s'élèvent pas toujours autant que le prix des objets nécessaires à la vie. Mais, comme presque partout, c'est particulièrement le salaire des femmes qui présente sous ce rapport les faits les plus désolants. Les ouvrières qui fabriquent la lingerie commune et la dentelle sont les plus maltraitées. Leurs salaires sont aujourd'hui complétement insuffisants.

Parmi les causes diverses qui rendent la vie des ouvriers si pénible dans les grands centres manufacturiers, et notamment à Lille, on peut mettre en première ligne la nécessité pour l'ouvrier de vivre dans l'intérieur d'une ville étroitement murée, où un grand nombre de personnes, riches par leur patrimoine ou leur profession, entretiennent la cherté de l'alimentation. A cette cherté vient s'ajouter celle des loyers résultant du défaut d'espace, qui se fait sentir à Lille comme dans toutes les places fortes. L'ouvrier lillois est, en général, peu disposé à s'assurer, par son initiative, un meilleur avenir; il est, du reste, mal placé pour cela. Les ouvriers les mieux rétribués sont eux-mêmes peu enclins à améliorer leur condition, parce qu'ils s'adonnent à l'ivrognerie et aux autres récréations ruineuses.

En résumé, ici, comme il arrive souvent, c'est dans le vice et dans l'imprévoyance que se trouve la cause principale des privations que subit l'ouvrier.

§ 23.

FÊTE POPULAIRE, DITE BROQUELET.

Broquelet est un mot laissé dans le patois de la Flandre (le *rouchi*) par la domination espagnole. Il est assez curieux de voir quelle filiation il a suivie pour arriver jusqu'à nous. Broquelet n'est pas autre chose que *Broquelete* en espagnol, diminutif de *Broquel*[1] (bouclier, appui). Or, les dentelières, assises sur une chaise très-basse, travaillent sur un carreau d'étoffe, renflé par le milieu, qui a la forme d'un bouclier carré, et sur lequel, en outre, elles *s'appuient* pour faire jouer les fuseaux entre leurs doigts. Il serait à désirer que beaucoup d'étymologies présentassent autant de certitude. Le Broquelet a donc dû être primitivement la fête des dentelières travaillant sur le carreau; puis sont venus se joindre à elles les fileurs et les retordeurs de fil, et, de nos jours, les mécaniciens. L'industrie se développant d'année en année, le goût des fêtes, qui règne dans le pays, a fait choisir le Broquelet pour fête patronale par d'autres corps de métiers se rattachant de près ou de loin à l'emploi du fil; tels sont les fileurs de coton et de fil d'Écosse.

Le Broquelet, comme presque toutes les fêtes d'ouvriers, est un jour de réjouissances, de libations démesurées, de repas prolongés et de danses de jour et de nuit. Dès le matin, les ouvriers se rendent au cabaret pour boire du genièvre (produit de la distillation de l'alcool sur des baies de genévrier); le choc des verres conduit à midi, heure traditionnelle du dîner. Ce

1. On trouve dans Ducange (Dictionnaire de la basse latinité) *brochelerium*, inter arma vetita, in jure Vicontino, lib. 3, *scuto*, *brochelerio*, vel alio insigni armorum defensibilium. — Nôtre mot *bouclier* ne semble pas venir de là; on en retrouve la véritable racine dans le mot celtique *buklari*, qui signifie bouclier, et vient lui-même de *bukr*, ventre.

repas, qui réunit les membres de toute une famille et presque toujours des amis, se compose ordinairement d'un lapin, assaisonné d'oignons et de pruneaux, de saucissons et d'une tête de veau à l'huile; la boisson est invariablement la bière, suivie par le café et les liqueurs fortes. On reprend ensuite la bière, et les pipes s'allument jusqu'au moment de partir pour le bal.

Jusqu'à ces dernières années, un seul établissement semblait avoir le privilége de servir à toutes les fêtes patronales : c'était la *Nouvelle-Aventure,* ancienne maison de campagne princière, située en dehors des murs, à 2 kilomètres environ de la ville, et formée d'un long bâtiment flanqué de kiosques surhaussés. L'établissement avait par devant une grande cour close de grilles, et par derrière une vaste pelouse et des avenues couvertes de feuillage et impénétrables aux rayons du soleil. Les danses commençaient vers deux heures de l'après-midi et se prolongeaient jusqu'à minuit, et quelquefois jusqu'au lendemain matin. La Nouvelle-Aventure, établissement unique en France pour ses dispositions grandioses, tant à l'intérieur qu'à l'extérieur, pouvait recevoir au moins 20,000 personnes. Aujourd'hui, abandonné et tombé en ruines, il doit être démoli pour faire place à une grande artère de la ville nouvelle. Les ouvriers les plus aisés se rendent au bal en voiture, d'autres en *vinaigrette,* sorte de chaise à porteurs, montée sur deux roues, que traîne un homme attelé comme un cheval, et que pousse une femme, obligée pour cela de se mettre dans la position la plus fatigante. On ne trouverait probablement plus ce dernier véhicule ailleurs qu'à Lille. Ce n'est pas à regretter, car il n'est rien de plus affligeant que de rencontrer un être humain transformé en bête de trait; et il n'est pas rare, en été, par les grandes chaleurs, de voir quelques-uns de ceux qui traînent les *vinaigrettes* tomber d'apoplexie au bout d'une course.

Il y a 25 ou 30 ans, les ouvriers du Broquelet ornaient leur voiture de fête avec des guirlandes... de saucisses, entremêlées de fleurs, qu'on allait faire cuire dans un cabaret, où l'on dînait, chantait et dansait. Le lendemain de la fête, il est d'usage de se rendre en pèlerinage à Loos, petit village à une lieue de Lille, où se trouve un vaste établissement pénitentiaire. Là, après avoir allumé un cierge à Notre-Dame, on va boire et l'on danse. Ce sont les derniers éclats de joie de la solennité du Broquelet.

La fête du Broquelet entraîne tous les ouvriers qui la célèbrent dans de grandes dépenses, et, pour y faire face, ils ont recours à tous les moyens. Trois mois avant la solennité, qui a lieu le 9 mai chaque année, on commence à faire des économies, non-seulement sur le nécessaire, mais même sur l'indispensable, sans toutefois toucher au superflu. Dans le dernier mois qui précède la fête, on ne paie, ni le boulanger, ni le boucher, ni l'épicier (appelé *graissier*[1] dans le pays). On recourt au besoin à l'emprunt chez des amis. Enfin, la veille du grand jour, on demande l'avance d'une quinzaine au patron. On peut ainsi réunir 100 ou 120 francs, qui disparaîtront le lendemain sans laisser de traces. Il est vrai qu'avec une partie de cet argent on aura dégagé des vêtements neufs du Mont-de-piété, où on pourra les reporter après la fête pour subvenir aux premiers besoins de l'existence. Mais si l'on considère les économies que font ces ouvriers pendant trois mois, les dettes qu'ils contractent et les avances qu'ils prennent chez le patron, on peut dire qu'ils dépensent en un jour, au détriment de leur santé, six mois de bien-être et de vie paisible. Puisse un jour l'ouvrier lillois consacrer cette dépense annuelle à l'acquisition d'une habitation, selon la coutume de Mulhouse (v, 24), et remplacer une récréation grossière en une jouissance morale!

§ 24.

COMPARAISON DES DIVERSES LÉGISLATIONS CONCERNANT LA SÉDUCTION.

L'observation des faits de séduction, qui se multiplient avec une si déplorable facilité parmi les populations ouvrières de nos grandes villes, conduit à se demander jusqu'à quel point la législation actuelle permet d'arrêter le développement de ce mal, et

1. Graissier ne vient pas de *graisse;* il sort du mot danois *krydder* (pron. kruzzer), épice, qui fait en hollandais *kruid*, épice, plante aromatique, et *kruidenier*, épicier. On retrouve une autre transformation du mot danois *krydder* dans le mot anglais *grocer*, épicier, qui se rapproche beaucoup de graissier.

quelles modifications pourraient être introduites dans nos lois pour suppléer à ce qu'elles ont encore d'insuffisant. Il convient d'en examiner successivement les dispositions, au point de vue de la répression pénale et de la réparation civile.

L'ancien droit français, suivant en ce point les principes du droit romain, plaçait, au nombre des crimes et délits, le *stupre*, c'est-à-dire le fait d'abuser d'une fille honnête au moyen d'une promesse de mariage ou d'un autre artifice. La peine était arbitraire et proportionnée aux circonstances qui avaient accompagné le fait. La répression était, dans certains cas, d'une extrême rigueur. D'après la coutume de Bordeaux, généralisée par la déclaration royale du 22 novembre 1730, la peine capitale était applicable au domestique qui avait suborné « la femme, la fille ou la nièce du logis ».

Cette législation fut modifiée par l'Assemblée constituante. La loi pénale se borne à punir ce que l'ancien droit nommait le *rapt de violence* exercé à l'égard d'une mineure, et le détournement, même sans violence ni fraude, d'une jeune fille de moins de 16 ans. Il est curieux, pour apprécier les motifs de cette réforme, de se reporter au singulier langage du rapporteur du Code pénal du 25 septembre 1791.

« Nous avons pensé, dit-il, que, lorsqu'il s'agit d'une fille de 16 ans, la séduction, que la nature n'avait pas mise au rang des crimes, ne pouvait y être placée par la société. Il est si difficile, à cette époque de la vie, où la précocité du sexe ajoute à une excessive sensibilité, de démêler l'effet de la séduction de l'abandon volontaire ! Quand les atteintes portées au cœur peuvent être réciproques, comment distinguer le trait qui l'a blessé ? Comment reconnaître l'agresseur dans un combat où le vainqueur et le vaincu sont moins ennemis que complices. »

Le Code pénal de 1810 s'est conformé, en cette matière, aux dispositions du Code de 1791. L'article 354 punit de la reclusion le fait d'avoir détourné un mineur de l'un ou de l'autre sexe, et de l'avoir soustrait à l'autorité de ses parents, quel que soit d'ailleurs le but de ce détournement. Les articles 355 et 356 punissent des travaux forcés à temps l'enlèvement, avec ou sans violence, d'une jeune fille mineure de 16 ans. La peine de l'emprisonnement est seule prononcée, lorsque le ravisseur est lui-même âgé de moins de 21 ans. Comme on le voit par la lecture de ces articles, ce qui constitue la criminalité de l'acte, c'est le fait matériel de *l'enlèvement*. Quant à la séduction elle-même, elle est impunie, quel que soit l'âge de la personne séduite, quels que soient les moyens employés par le séducteur pour tromper et entraîner sa victime. Cependant, quelques jurisconsultes, frappés du caractère de gravité que pouvaient présenter, dans certains cas, les faits de séduction, ont pensé que les circonstances dans lesquelles ces faits se seraient produits pourraient justifier quelquefois l'application des dispositions de l'art. 334 du Code pénal ainsi conçu :

« Quiconque aura attenté aux mœurs, en excitant, favorisant ou facilitant habituellement la débauche ou la corruption de la jeunesse, de l'un ou de l'autre sexe, au-dessous de l'âge de 21 ans, sera puni d'un emprisonnement de 6 mois à 2 ans et d'une amende de 50 à 200 francs. Si la prostitution ou la corruption a été excitée, favorisée ou facilitée, par leurs pères, mères, tuteurs, ou autres personnes chargées de leur surveillance, la peine sera de 2 ans à 5 ans d'emprisonnement et de 300 à 1,000 francs d'amende. »

La Cour de cassation avait admis cette interprétation, non sans quelque hésitation, sur deux arrêts de la chambre criminelle du 18 avril 1828 et du 17 août 1839. Mais la jurisprudence s'est, depuis cette époque, fixée en sens contraire. Un arrêt du 18 juin 1840, rendu, toutes chambres réunies, sur les conclusions de M. le procureur général Dupin, a jugé que l'art. 334 n'était applicable qu'aux proxénètes, et ne pouvait être étendu à ceux qui excitent ou favorisent la corruption d'autrui pour satisfaire leurs passions personnelles. Cette jurisprudence, qui a été consacrée en Belgique, par voie d'interprétation législative, le 31 mars 1844, a été invariablement maintenue par la Cour suprême (voir notamment les arrêts des 17 mai 1848, 24 mars 1853, 19 août 1853, 17 avril 1854). Il faut reconnaître que cette jurisprudence repose sur une saine interprétation de la loi. L'examen des discussions qui ont précédé le Code pénal de 1791 et celui de 1810 prouve jusqu'à l'évidence que le législateur a eu uniquement en vue, selon les termes du message adressé le 17 nivôse an IV par le Directoire exécutif au conseil des Cinq-Cents, « *le métier infâme de ceux qui débauchent et prostituent la jeunesse.* » Il est difficile d'ailleurs d'appliquer les mêmes dispositions pénales à cette honteuse industrie et aux faits de séduction, quelque coupables qu'ils puissent être. Aussi l'ancienne législation, qui punissait à la fois le proxénétisme et la séduction, en avait-elle fait deux délits distincts, soumis à des peines différentes. Il resterait à examiner s'il serait utile de remettre en vigueur ces dispositions de notre ancien droit. Nous croyons qu'une semblable tentative soulèverait de sérieuses objections. Nous n'invoquerions pas pour la repousser les arguments du rapporteur du Code de 1791, mais nous nous rattacherions volontiers à l'opinion d'un des écrivains qui ont porté, dans l'étude du droit pénal, les inspirations les plus élevées et les plus pures.

« En voulant punir certaines infractions aux lois de la chasteté et de la pudeur, a dit M. Rossi, la justice sociale dépasserait son droit, parce qu'elle n'a pas les moyens de vérifier ces faits, et qu'en essayant ces preuves elle produirait plus de mal, par le scandale des poursuites, que la menace de la peine ne produirait d'avantages. » (ROSSI, *Traité du droit pénal*, 1er vol., p. 277.)

Si l'on ne peut trouver dans la loi pénale un remède à ces désordres, la législation civile sera-t-elle également impuissante? Le séducteur n'aura-t-il à encourir aucune responsabilité? La fille séduite ne pourra-t-elle obtenir aucune réparation? Dans l'ancien droit, la réponse à ces questions était facile. Si le séducteur avait promis le mariage, il pouvait être sommé devant la justice de remplir sa promesse. Les promesses de mariage étaient assimilées aux fiançailles, et leur inexécution donnait lieu à des dommages-intérêts. Si la fille séduite était devenue mère, elle pouvait également obtenir des dommages-intérêts, alors même qu'aucune promesse de mariage n'était intervenue. La recherche de la paternité était permise, et le père qui n'avait pas reconnu son enfant n'en était pas moins obligé de pourvoir à à l'entretien de cet enfant[1]. La question est plus complexe sous l'empire du code Napoléon.

Aux termes de l'art. 1382 de ce code, tout fait quelconque, de l'homme qui cause à autrui un dommage, oblige celui par la faute duquel le mal est arrivé à le réparer. Une fille abusée par une promesse de mariage, séduite et devenue mère, peut incontestablement se prévaloir de cet article pour intenter contre son séducteur une demande en dommages-intérêts. Mais, d'un autre côté, l'art. 340 du code interdit la recherche de la paternité, et la Cour de cassation a constamment jugé que les promesses de mariage devaient être tenues pour nulles, comme contraires au principe de la liberté des mariages. (Arrêts des 7 mars 1836 et 30 mai 1838. *Sirey*, 38, 1, 492.)

La jurisprudence a eu quelque peine à concilier ces dispositions entre elles. Voici cependant ce qu'il est permis de conclure au milieu de la divergence des arrêts rendus et des opinions des auteurs.

La promesse de mariage est nulle : la personne à qui elle a été faite ne peut en réclamer l'exécution ; mais si, par suite de cette promesse, un préjudice a été éprouvé, l'auteur de ce préjudice en doit la réparation ; la promesse de mariage sera la *cause* du préjudice, et le titre écrit qui le constatera pourra être invoqué à l'appui d'une demande en dommages-intérêts (Cass., 24 mars 1845. *Dalloz*, 45, 1, 177.). Quant à la nature de préjudice qui donnera ouverture à une semblable demande, la jurisprudence n'est pas fixée : tantôt elle a admis que le préjudice matériel pouvait être invoqué (Colmar, 23 janvier 1833. *Dalloz*,

1. On trouve, dans le *Journal des audiences*, un arrêt du 21 février 1650, qui a condamné le sieur de La Gotterie à payer 4,800 livres parisis à la demoiselle Marie Choquel, pour dommages et intérêts, et pour aider à la marier, si mieux il n'aimait l'épouser (ce qu'il serait tenu d'opter dans les trois jours), et à une aumône de 160 livres pour le pain des prisonniers. Le même recueil rapporte un autre arrêt du 19 juillet 1600, par lequel Étienne Bodin, docteur en médecine, et Nicolas Bodin, son fils mineur, sont condamnés à se charger de l'enfant dont Marie Fionière était accouchée, à le faire nourrir, etc., et aux dépens. Par le même arrêt, Nicolas Bodin et Marie Fionière ont été condamnés à payer chacun une amende de 16 livres pour le pain des prisonniers.

38, 2, 201) ; tantôt elle a étendu l'application de l'article 1382 au préjudice moral (Toulouse, 13 mai 1842. *Dalloz*, 43, 1, 31.). Il est incontestable, dans tous les cas, que la fille séduite et abandonnée, après avoir été rendue mère, éprouve un préjudice matériel. Mais pourra-t-elle intenter contre son séducteur une action en dommages-intérêts sans violer la règle de l'art. 340 qui interdit la recherche de la paternité? Plusieurs arrêts de la Cour de cassation et des cours impériales ont résolu la question affirmativement (Cass., 26 mars 1845. Caen, 6 juin 1850. Montpellier, 10 mai 1851.). Voici le texte de l'arrêt de la Cour de cassation du 24 mars 1845 :

« Attendu qu'il ne s'agissait pas devant la Cour royale de rechercher quel était le père de l'enfant dont la demoiselle Baysse est accouchée; que l'enfant, étranger au débat, ne pouvait en aucun cas, ni souffrir, ni profiter de la décision à intervenir; que l'unique question soumise aux juges d'appel était de savoir si le demandeur en cassation avait causé à la demoiselle Baysse un préjudice qu'il fût tenu de réparer ;

« *Attendu qu'il est constaté par l'arrêt que Labia a délaissé la fille Baysse après l'avoir séduite, qu'il est la seule et unique cause du dommage considérable qu'elle éprouve;* que la conséquence légale de ces faits était pour Labia l'obligation de réparer un tort qui ne pouvait être imputé qu'à lui; qu'ainsi c'est avec juste raison que l'arrêt attaqué lui a fait l'application du principe de responsabilité, posé dans l'art. 1382 du Code civil... »

Ces principes ont été plus récemment appliqués par un arrêt de la Cour de Bourges, rapporté dans la *Gazette des Tribunaux* du 29 septembre 1857, et intervenu dans les circonstances suivantes :

En 1854, un sieur M... entretint des relations intimes avec une demoiselle V... Celle-ci, étant devenue grosse, quitta le domicile de ses parents et alla accoucher à Clamecy. Pendant ce temps-là, M..., qui lui avait promis de l'épouser, avait quitté le pays et était venu se fixer à Paris. Le 28 avril 1856, la demoiselle V... l'assigna en paiement de 20,000 francs de dommages-intérêts pour le tort provenant de la séduction et de l'abandon dont elle avait été victime, et demanda pour l'enfant né des œuvres de M..., jusqu'à la majorité de cet enfant, une pension de 1,200 francs. Elle produisait à l'appui de sa demande deux lettres que M... lui avait adressées pendant sa grossesse. Le tribunal de Clamecy condamna le sieur M..., par un jugement du 26 octobre 1856, à payer à la demoiselle V... une somme de 4,000 francs comme *réparation du dommage causé par le délaissement*. Le jugement fut confirmé par la Cour de Bourges, qui adopta les motifs des premiers juges. Cette doctrine, qui tend à restreindre l'application de l'article 340 au cas où la paternité est recherchée par l'enfant lui-même, repose sur des arguments fort sérieux[1]. Autre chose, dit-on, est la recherche de la paternité formée par l'enfant ou en son nom, afin de faire constater sa filiation et d'en obtenir les effets contre l'homme qu'il prétend être son père, et autre chose l'action en dommages-intérêts formée par la femme pour la réparation du préjudice qui lui a été causé par un homme sur la foi d'une promesse de mariage dont il s'est joué ensuite. Tous les éléments de fait peuvent alors être pris en considération, et par conséquent être admis en preuve, sans excepter le point de savoir si celui qui oppose à la femme l'état de grossesse pour l'abandonner n'est pas lui-même l'auteur de cet état. Ces deux actions diffèrent sous un double rapport : 1° les personnes qui y figurent ne sont pas les mêmes : dans l'une, c'est l'enfant seulement sans la femme; dans l'autre, c'est la femme sans l'enfant; 2° les intérêts en jeu sont également différents dans les deux cas : dans la première action, il s'agit de fixer l'état de l'enfant; dans la seconde, il n'est question que de dommages-intérêts à allouer à la femme. En un mot, si l'art. 340 s'oppose à l'exercice de la première de ces actions, l'art. 1362 justifie la seconde.

Toutefois il faut reconnaître que cette distinction très-judicieuse n'a été jusqu'ici acceptée par la jurisprudence qu'avec

1. Elle a été très-ingénieusement développée par un jurisconsulte éminent, M. Demolombe, dans une dissertation sur plusieurs arrêts rendus par la Cour de Caen en ces matières. (*Journal du Palais*, 1852, t. II, p. 536.)

beaucoup d'indécision. La latitude qui est laissée en ces matières à l'interprétation des tribunaux place les intéressés dans une incertitude que le législateur seul pourrait faire cesser. Si la crainte du scandale et les dispositions de l'opinion faisaient repousser l'idée d'une abrogation complète de l'art. 340, il serait possible, à ce qu'il semble, de modifier la rédaction de cet article, et d'en restreindre expressément l'application à la demande formée par l'enfant pour faire établir sa filiation. Le principe de la réparation civile due par le séducteur à la femme qu'il a abusée par des promesses mensongères se trouverait ainsi nettement consacré. Peut-être serait-ce, dans l'état de notre société et de nos mœurs, le frein le plus efficace qui pût être opposé à de semblables désordres.

Il reste, pour compléter cette étude, à rapprocher, de la législation française sur cette matière, les dispositions de quelques législations étrangères. En Angleterre, la coutume (*common law*), fondée sur l'usage immémorial, donne au père de la femme ou de la fille séduite le droit d'intenter une action contre le séducteur; mais le principe de cette action n'est pas, comme on serait tenté de le croire, le préjudice moral souffert par la famille : c'est uniquement le tort matériel qui résulte pour elle de la perte des services que la fille doit à son père (*loss of services*). Il s'ensuit nécessairement que l'action ne peut être intentée qu'autant que la fille séduite est jusqu'à un certain point au service de ses parents; d'un autre côté, comme le droit de poursuivre repose sur des rapports de maître à serviteur, il n'appartient pas seulement au père, à la mère et aux parents plus éloignés de la fille séduite, mais à toute personne à qui la cessation des services de cette fille a pu causer un préjudice matériel. Les juges n'ont pas non plus à tenir compte de l'âge plus ou moins avancé de la personne séduite. La séduction d'une femme mariée, éloignée de son mari, vivant dans sa famille ou placée chez un maître, donnerait également lieu à l'exercice de l'action. Mais bien qu'*en théorie* la perte de services soit la seule base légale de l'action, et qu'il soit difficile de concilier avec ce principe, dans l'appréciation des dommages, le tort moral fait à la famille et à la personne séduite, l'usage de considérer surtout à ce dernier point de vue les faits de séduction est devenu constant. On n'exige même plus du plaignant la preuve des services qu'il est obligé d'alléguer à l'appui de sa demande. L'influence des mœurs anglaises et les sentiments de haute moralité des magistrats ont donné à ce système, malgré le vice de son principe, une incontestable efficacité. Cependant, il est une conséquence déplorable de ce principe, devant laquelle la magistrature anglaise s'est jusqu'ici trouvée impuissante. Un père ne pouvant poursuivre personnellement le séducteur de sa fille, fût-elle mineure, lorsqu'elle est au service d'un tiers, il en résulte que, lorsque le maître est lui-même le séducteur, l'action ne peut être exercée. L'opinion s'est émue en Angleterre de ce déplorable résultat ; on s'accorde aujourd'hui à réclamer l'intervention exclusive des parents dans les actions à exercer contre les séducteurs, et la substitution en principe de l'idée du préjudice moral à celle du tort matériel. Quant à l'action directe de la personne séduite, elle n'est pas populaire en Angleterre. Il en est autrement en Écosse : la jeune fille peut elle-même intenter l'action, lorsque le séducteur lui a promis le mariage, ou lorsque l'assiduité, la manière d'être, le langage de celui-ci, ont été de nature à faire croire à des intentions de mariage. Mais, si l'on s'en rapporte au sentiment général du public anglais, le système qui paraît devoir prédominer consisterait à voir dans la séduction une offense faite à la famille et à donner à celle-ci, à l'exclusion de la personne séduite, le droit d'en poursuivre la réparation.

Les lois des États-Unis d'Amérique attestent également le soin qu'a pris le législateur de protéger les femmes contre les mauvaises mœurs. La loi de l'État de New-York punit de peines pécuniaires et d'emprisonnement la séduction d'une femme âgée de moins de 25 ans, sans préjudice de l'action en dommages-intérêts qui peut toujours être intentée. Le Code Livingston, qui régit l'État de la Louisiane, contient la disposition suivante : « Quiconque aura séduit une femme de bonne réputation sous promesse de mariage, et violera cette promesse, sera passible d'une amende de 100 à 1,000 dollars, ou d'un emprisonnement de 1 à 6 mois. »

Dans l'État de Virginie, la séduction avait été envisagée pendant longtemps comme en Angleterre, au point de vue du préjudice matériel; mais une loi nouvelle a décidé que l'action peut être intentée contre le séducteur « sans allégation ni preuve d'aucune perte de services résultant de l'offense commise ».

Les lois de la Prusse punissent les faits d'immoralité avec une sévérité particulière : elles privent, de tous les droits et avantages attachés à leur position, les pères, mères, tuteurs et maîtres, qui, par des conversations ou des actes licencieux, auraient jeté la démoralisation parmi les personnes placées sous leur autorité ou leur surveillance. Ceux qui corrompent ou excitent à la débauche des filles ou des femmes mariées sont punis d'un emprisonnement de 6 mois avec travaux forcés. La personne séduite a droit, dans tous les cas, à une réparation pécuniaire. Enfin, une disposition remarquable de la législation prussienne fait peser sur le séducteur une part de responsabilité dans le meurtre ou l'abandon des enfants par la mère.

Parmi les divers systèmes qui viennent d'être indiqués, il serait assurément injuste d'assigner le premier rang au système anglais, dont le principe est monstrueux et l'application incomplète. Peut-être cependant aucune des législations européennes n'obtient-elle en ces matières la même efficacité. Il faut attribuer en grande partie cette efficacité aux efforts énergiques du peuple anglais pour l'amélioration de la moralité publique. Des sociétés libres et puissantes ont été formées pour atteindre cet heureux résultat. Sous leur inspiration, des règlements administratifs ont été rendus, et des lois ont été votées par le parlement; en outre, ces sociétés provoquent une rigoureuse application des lois pénales, en recherchant et en dénonçant aux tribunaux les offenses à la morale publique qui parviennent à leur connaissance. Une de ces sociétés, connue sous la dénomination de *Société pour la suppression du vice*, et établie depuis 1802, annonce dans un de ses rapports annuels qu'elle a provoqué deux actes du parlement ayant pour objet la suppression des maisons de jeu (*gaming houses*) et des maisons où l'on fait des paris pour les courses (*betting houses*). Elle ajoute qu'un projet élaboré dans son sein et destiné à restreindre les progrès de la prostitution doit bientôt être présenté aux chambres par le gouvernement.

Grâce aux efforts de cette société, la police a pu saisir un grand nombre de gravures, livres et objets obscènes, savoir : 126,230 gravures ou peintures, 16,073 livres, 4,644 recueils de chansons, 5,399 cartes, tabatières et autres objets, 844 planches gravées, de cuivre ou d'acier, 424 pierres lithographiques, 91 bois gravés, 11 presses à imprimer, avec accessoires, et 28 quintaux de types, y compris les compositions.

Ces chiffres donnent une idée suffisante de l'activité que l'on déploie en Angleterre pour lutter contre les progrès de la démoralisation. On peut rapprocher de ces faits l'exemple d'un meeting tenu récemment dans le but d'arracher de malheureuses femmes à la prostitution. Des personnages du plus haut rang et du caractère le plus considérable y assistaient ; et un capital important a été formé, à l'aide de souscriptions, pour fournir des moyens d'existence à celles de ces malheureuses qui veulent changer de vie et se réhabiliter par le travail. C'est à cette énergie des efforts individuels et à cette préoccupation élevée de l'opinion publique qu'il faut attribuer, bien plus qu'à la perfection des lois, les heureux résultats obtenus en Angleterre.

ALBERT GIGOT.

CHAPITRE VII

MANŒUVRE

A FAMILLE NOMBREUSE

DE PARIS

OUVRIER-JOURNALIER

dans le système des engagements momentanés,

AVEC UN PRÉCIS DE LA MONOGRAPHIE AYANT POUR OBJET

L'AUVERGNAT-BROCANTEUR (EN BOUTIQUE) DE PARIS (21),

D'APRÈS LES RENSEIGNEMENTS RECUEILLIS SUR LES LIEUX, EN JUILLET ET AOÛT 1860,

PAR MM. COURTEILLE ET J. GAUTIER.

OBSERVATIONS PRÉLIMINAIRES

DÉFINISSANT LA CONDITION DES DIVERS MEMBRES DE LA FAMILLE.

Définition du lieu, de l'organisation industrielle et de la famille.

§ 1.

ÉTAT DU SOL, DE L'INDUSTRIE ET DE LA POPULATION.

La famille décrite dans la présente monographie habite le faubourg Saint-Martin, sur la rive droite de la Seine, près de l'ancien mur d'octroi. La modicité du prix de logement et la proximité de l'ancienne barrière de La Villette avaient déterminé la famille à se fixer dans cette partie de la ville. D'une part, elle trouvait dans le voisinage de la banlieue le moyen d'acquérir à meilleur compte les denrées alimentaires, en les introduisant dans Paris par petites quantités, et par conséquent franches de droits; et, d'un autre côté, le nombre considérable de ses enfants l'ayant fait refuser dans beaucoup de maisons, Bernard D** avait réussi à surmonter cette difficulté et à rencontrer dans son habitation actuelle un logement salubre et convenable. Pourvue d'une très-grande cour, cette demeure offrait également à l'ouvrier une ressource précieuse pour la santé et l'agrément des jeunes enfants, qui pouvaient ainsi se livrer aux amusements de leur âge sous la surveillance de leur mère. Cette proximité de La Villette permettait aussi au chef de famille, alors occupé comme homme de peine sur les ports de cette commune, de prendre tous ses repas chez lui. Employé maintenant par une administration établie dans un quartier fort éloigné de son habitation, il se trouve aujourd'hui dans la nécessité de déjeuner dehors et de supporter ainsi un surcroît de dépenses (9).

Le faubourg Saint-Martin, un des quartiers les plus populeux de la capitale, est le siége de diverses industries importantes. Le canal Saint-Martin, dont les quais sont bordés par de nombreuses usines, et qui coule non loin de là, y amène une immense population ouvrière. Beaucoup de ménages pauvres y ont été attirés, comme celui de Bernard D**, par les ressources qu'offrait la banlieue avant l'annexion. Cette partie du faubourg Saint-Martin, qui touche à l'ancienne barrière de La Villette, s'est à peine modifiée depuis quelques années. Sous ce rapport, elle présente à l'observateur un coup d'œil intéressant. Ici, ce ne sont plus les boutiques aux riches devantures, où l'industrie étale ses produits, où la lumière éclate à la nuit tombante. On n'y rencontre point l'étranger curieux qui ne voit de Paris que la surface polie. Au lieu des voitures de luxe, les lourdes charrettes roulent sur la chaussée; et le courant des piétons est emporté par le mouvement rapide d'une circulation affairée; le fashionable et l'homme du monde sont remplacés par l'ouvrier. C'est le travail sous toutes ses formes qui vous coudoie à chaque pas. Large, bien aéré, planté d'arbres dans une grande partie de son parcours, garni dans toute sa longueur de fontaines et de vespasiennes en bronze, peu distantes les unes des autres, ce quartier est un des plus beaux faubourgs de Paris, surtout dans sa partie haute. Les maisons, qui bordent comme deux quais ce torrent industriel, n'ont point l'aspect grandiose des nouveaux quartiers de Paris. Elles n'ont point encore été touchées par le marteau des démolisseurs; aussi renferment-elles toujours des logements accessibles aux classes nécessiteuses, ressource qui tend à disparaître sous le nouveau système d'édilité.

La maison qu'habite Bernard D** avec sa famille est occupée par soixante-cinq ménages d'ouvriers, appartenant tous à diverses professions. Elle est composée de plusieurs corps de logis, séparés par une très-grande cour : les uns sont élevés de deux ou trois étages; d'autres n'offrent qu'un rez-de-chaussée où sont installés des ateliers de forgerons, de cloutiers et de taillandiers. Cette immense construction est à la fois mal bâtie et dénuée de régularité dans son architecture; mais elle est fort bien tenue et offre un aspect aussi animé que varié. La valeur moyenne des locations peut être évaluée à 200 francs. Le logement qu'occupe Bernard D** est un des plus chers et des plus grands (10). Cette sorte de cité ouvrière, dans laquelle vivent plus de 200 personnes, est pour son propriétaire une source importante de revenus. C'est la forme de propriété qui tranche le plus avec la coutume des populations stables. Le régime de location des foyers domestiques est aussi la nouveauté qui compromet le plus le règne de la paix et de la stabilité dans les agglomérations manufacturières de l'Occident.

Le changement survenu dans la situation des barrières d'octroi de la ville de Paris a, comme on l'a dit ci-dessus, privé la famille de certains avantages qu'elle s'était assurés en choisissant sa demeure à proximité de l'une des anciennes barrières. Mais ce n'est qu'un détail parmi les inconvénients qu'impose à l'ouvrier parisien l'instabilité qui règne dans les conditions de son logement et dans ses rapports avec les patrons. Il arrive souvent que le propriétaire du logement établit une augmentation du prix de location, dans le temps même où le patron fait subir une réduction au salaire.

§ 2.

ÉTAT CIVIL DE LA FAMILLE.

La famille comprend les deux époux, la mère de la femme et quinze enfants.

1.	BERNARD D**, chef de la famille, marié depuis 1832, né au Village-Neuf, près d'Huningue (Haut-Rhin)	59 ans.
2.	MARIE-REINE P**, sa femme, née à Huningue	43 —
	Hortense D**, née à Huningue (servante à Paris)	27 —
	Jules D**, né à Huningue (brigadier aux chasseurs de la garde impériale)	25 —
	Élisa D**, née à Huningue	23 —
	Joséphine D**, née à Huningue	20 —
	Pauline D**, née à Huningue	19 —
3.	Paul D**, né à Huningue	17 — 1/2.
4.	Marie D**, née à Huningue	16 —
5.	Rosalie D**, née à Huningue	14 —
6.	Charles D**, né à Huningue	13 —
	Léonie D**, née à Huningue (élevée à Huningue, chez un oncle)	11 — 1/2.
	Louise D**, née à Huningue (admise au couvent de Conflans)	10 — 1/2.
7.	Cécile D**, née à Huningue	9 — 1/2.
8.	Anatole D**, né à Mulhouse	7 — 1/2.
9.	Lucien D**, né à Mulhouse	6 —
10.	Eugénie D**, née à Paris	3 —
11.	Rosalie C***, veuve H***, mère de Marie-Reine P***	75 —

Sur la liste précédente, on a omis le numéro d'ordre des sept enfants qui sont établis hors du foyer paternel. La famille n'a donc plus que onze personnes à nourrir. Elle serait encore plus nombreuse, sans la perte de quatre enfants qui sont morts : l'un (brûlé), à l'âge de dix-huit mois ; le 2e, à l'âge de quatre ans ; le 3e, à six mois ; et le 4e, à neuf mois. La femme D** est enceinte de son vingtième enfant.

Le chef de la famille n'a plus ni père, ni mère. Son père est mort à 86 ans, ne laissant aucun bien à huit enfants qui sont aujourd'hui tous vivants. Bernard D** est le second fils ; son frère aîné est boucher à Altkirck (Haut-Rhin) ; les autres sont, l'un rentier au Village-Neuf, un deuxième officier-comptable à l'intendance de Belfort, un troisième artiste peintre à Mulhouse, et le quatrième charcutier à Huningue ; en outre, deux sœurs sont avantageusement mariées en Alsace. La femme de Bernard D** a encore sa mère, veuve d'un ancien officier de l'Empire; celle-ci, demeurée sans ressources, est venue vivre avec son gendre et sa fille, qui l'entourent de soins et d'égards.

Le chef de la famille, après avoir élevé quinze enfants, en a encore huit à sa charge. L'un d'eux cependant, Paul, ayant depuis peu fini son apprentissage d'ouvrier-mécanicien, apporte dans le ménage 2f 50 par jour, pour sa nourriture et son entretien. Une des filles, Léonie, a été recueillie, dès son plus jeune âge, par un frère de son père, qui l'élève avec soin. Une autre a été admise, il y a deux ans, au couvent de Conflans, où l'on pourvoit à tous ses besoins. Suivant l'exemple donné par son frère Paul, la fille aînée, placée dans une maison riche, remet à ses parents la majeure partie de ses gages. Tous deux témoignent à leurs parents un dévouement inspiré par les sentiments de religion qui leur ont été inculqués dans leur jeunesse. Les autres enfants ne sont pas encore en position d'être utiles à la famille.

Les trois filles, Élisa, Joséphine et Pauline, se sont mariées, en 1860, le même jour, à la même heure, à la mairie du dixième arrondissement, et à l'église Saint-Laurent. Ce triple mariage a laissé d'heureux et profonds souvenirs. Toutes trois ont épousé d'honnêtes ouvriers; mais les besoins de ces jeunes ménages absorbent entièrement les modiques salaires journaliers.

§ 3.

RELIGION ET HABITUDES MORALES.

Les époux D** professent la religion catholique; leurs enfants ont tous été élevés dans cette même religion, dont les principes et les prescriptions sont respectés et cultivés avec ferveur. Le chef de la famille, retenu par ses travaux, ne peut se soumettre entièrement aux exigences du culte; mais une piété ferme et véritable le soutient sans cesse au milieu de ses luttes contre les besoins de la vie. C'est dans ces sentiments que les époux D** ont puisé le courage et la résignation nécessaires pour traverser des jours difficiles. Ils ont l'un pour l'autre une vive affection et consacrent au travail toutes leurs forces, ayant constamment en vue l'amélioration de leur position, la conservation de leur santé et la prospérité de leur nombreuse famille.

Tous les matins et tous les soirs, la femme D** récite à haute voix les prières que les enfants, agenouillés au pied de leurs lits, répètent avec elle. Il en est de même à tous les repas; et les offices du dimanche sont suivis avec soin. Enfin, la vie de Paris n'a pu faire perdre à cette famille les traditions pieuses qu'elle a reçues en province.

Bernard D**, toujours dévoué aux obligations que lui impose son rude métier de manœuvre, se lève chaque jour à cinq heures; et il est toujours un des premiers arrivés au travail. Il en a été de même dans toutes les positions qu'il a occupées. Il a reçu l'instruction première, commune à tous les enfants de la classe ouvrière. Il a fréquenté dans son jeune âge l'école primaire de son pays. D'abord soldat, ensuite boucher à Huningue, il s'est trouvé dans des conditions sociales assez heureuses. La rude existence à laquelle il s'est voué, depuis les changements qui l'ont obligé à quitter son état et à venir vivre à Paris pour y trouver les moyens de pourvoir aux besoins de sa famille, est une preuve évidente des qualités qui distinguent cet honnête ouvrier. Persévérant, actif et courageux, Bernard D** ne se préoccupe pas de lui-même. S'il jette parfois un regard en arrière, c'est pour sa famille; c'est aussi pour sa famille qu'il travaille sans cesse, supportant les plus dures privations et s'imposant des sacrifices que l'on doit facilement apprécier, en songeant qu'avec un salaire modique Bernard D** a élevé 15 enfants dans d'excellentes conditions d'ordre, de bonne conduite et d'esprit de famille. Il abandonne à sa femme l'administration intérieure et la libre disposition de toutes les ressources du ménage.

Marie-Reine P**, fille d'un ancien officier de l'Empire, a reçu une instruction en rapport avec les conditions de sa naissance. Elle se recommande aussi par des qualités morales qu'entretiennent à la fois l'amour de la famille et une foi sincère. C'est elle qui préside à l'éducation des enfants, en réprimant les écarts de leur caractère et en développant chez eux les bonnes dispositions naturelles. Cette sollicitude incessante et ces soins intelligents ont jeté de bonne heure dans le cœur de ces enfants des germes qui s'épanouissent aujourd'hui en piété et en dévouement pour l'autorité paternelle. Ces sentiments, au contraire, disparaissent de plus en plus au sein des classes ouvrières de Paris; et, malheureusement, cette décadence morale marche de front avec la perte du respect dû aux pouvoirs sociaux. Mais c'est surtout par la fécondité traditionnelle de l'Alsace, son pays natal, que la famille présentement décrite contraste avec le milieu social où elle est placée. La multiplicité des enfants, l'énergie des sentiments religieux et la solidité des habitudes morales tranchent absolument avec les mœurs dominantes de la population ouvrière de Paris (18).

§ 4.

HYGIÈNE ET SERVICE DE SANTÉ.

Bernard D** est doué d'une constitution très-robuste; sa taille mesure 1m 81. Gros en proportion, il offre l'apparence d'une santé des plus vigoureuses. Ses forces n'ont jamais été affaiblies par les travaux pénibles auxquels il se livre, ni par les privations qu'il s'impose.

Marie-Reine P** jouit aussi d'une bonne santé. Quoique vaccinée dans son jeune âge, elle a été atteinte de la petite vérole, il y a six mois. Elle n'a gardé aucune trace de cette maladie, qui a donné de vives inquiétudes à la famille. Quatre enfants ont eu la même maladie, mais sans symptômes inquiétants. Une autre, la dernière fille (2), atteinte d'une manière assez sérieuse, a été parfaitement guérie. Marie-Reine P** a nourri tous ses enfants, sans que sa santé en ait souffert. Ses nombreuses couches ont été heureuses. Tous les enfants sont forts et bien portants. Les soins de propreté que l'on prend chaque jour dans ce ménage exercent une influence très-heureuse sur l'hygiène de tous. C'est même à ces soins intelligents et empressés que Bernard D** attribue l'état de santé qui règne au milieu de sa famille, dépourvue des superfluités dont s'entourent les classes supérieures de la société.

Dans une situation aussi prospère au point de vue de la santé, Bernard D** ne s'impose que très-peu de dépenses pour le service médical de sa famille. Cependant, quand il est fortuitement dans la nécessité d'avoir recours à des soins médicaux ou à quelques remèdes, il s'adresse aux sœurs de charité de son quartier, qui, avec le dévouement dont elles sont toujours animées, donnent des conseils, fournissent une tisane ou une potion. En cas de maladie ou d'indisposition grave, la famille reçoit les visites gratuites du médecin envoyé par le bureau de bienfaisance. Ce même établissement fournit alors les médicaments ordonnés.

§ 5.

RANG DE LA FAMILLE.

La famille de Bernard D** a occupé une certaine position sociale. Le père de Bernard était boucher à Huningue. Après avoir perdu sa fortune, à la suite des invasions de 1813 et de 1815, et avoir donné à ses huit enfants une éducation en harmonie avec ses ressources, il fut lui-même obligé de descendre à la condition de salarié pour se procurer les moyens d'existence. Décédé en 1850, il ne laissa pour tout patrimoine, à sa nombreuse famille, que l'exemple d'une conduite honorable, les idées d'ordre et d'économie et les principes du bien.

Bernard D**, comme ses frères et sœurs, a librement choisi sa profession. Il devint soldat, poussé par un goût habituel à la jeunesse alsacienne, et par le désir de devancer l'épreuve de la conscription. Après avoir servi huit ans, il s'établit boucher à Huningue, position qu'il dut abandonner par suite de revers de fortune. Venu à Paris presque sans ressources avec une famille déjà nombreuse, il ne put jamais s'élever au-dessus de la position d'homme de peine qui, dans ce moment encore, est son unique moyen d'existence. Des personnes influentes, qui se sont intéressées à lui, lui font espérer un emploi rétribué sur les fonds municipaux. Il a sollicité et il attend.

Marie-Reine P** est également issue d'une famille recommandable. Plusieurs membres de cette famille occupent des positions honorables; et il en est de même des frères et sœurs du chef de famille (2), qui sont parvenus à se créer des positions sociales au-dessus de leur naissance. Bernard D** se persuade que, s'il n'eût pas eu à élever une si nombreuse famille (2), et s'il n'avait pas échoué dans son commerce, il aurait pu, comme les autres membres de sa famille, conquérir par le travail une aisance honorable et une position plus en harmonie avec ses antécédents. Toutefois, dans la situation où il se trouve, il sait déployer toutes les qualités énergiques qui excusent la pauvreté; et, s'il n'a pas la considération qu'on accorde généralement au talent et à la fortune, il jouit du moins de l'estime due à l'esprit de devoir et de résignation.

Moyens d'existence de la famille.

§ 6.

PROPRIÉTÉS.

(Mobilier et vêtements non compris.)

IMMEUBLES. 0f 00

La famille ne possède aucune propriété et ne conçoit aucun espoir d'en acquérir jamais. C'est cependant ici le lieu de remarquer que l'éducation morale donnée à de nombreux enfants (2) équivaut à une véritable propriété et garantit un avenir aux parents.

ARGENT. 0f 00

La famille ne possède actuellement aucune espèce de capital.

ANIMAUX DOMESTIQUES 0f 00

La famille ne possède aucun animal domestique.

MATÉRIEL SPÉCIAL des travaux et industries 0f 00

Bernard D**, employé en ce moment en qualité d'homme de peine dans une administration publique (les pompes funèbres), reçoit de celle-ci le matériel nécessaire à son travail : une blouse, une paire de sabots, une brosse et un balai.

VALEUR TOTALE des propriétés 0f 00

En parcourant les monographies de cet ouvrage, on peut constater que l'absence de toute espèce de propriété est un fait extrêmement rare. La situation de la famille présentement décrite est d'autant plus digne de remarque que les deux époux se distinguent par d'excellentes mœurs et qu'ils ont été récemment favorisés par une recette considérable et inattendue (19). Aucun exemple n'est plus propre à montrer l'influence fâcheuse qu'exerce sur la condition des ouvriers l'absence de toute propension à l'épargne. Dans cette famille, comme dans beaucoup d'autres, une tendance irrésistible porte le ménage entier à toujours élever la dépense au niveau de la recette. Cette disposition est profondément empreinte dans les cœurs et les esprits. Elle est particulièrement marquée chez Bernard D** : elle se lie à des qualités honorables et charmantes; mais elle l'empêchera toujours de s'élever à l'indépendance par sa propre initiative.

Cependant, les subventions accordées aux parents par les enfants qu'ils ont élevés peuvent, à la rigueur, être assimilées aux pensions que certains vieillards s'assurent en recourant aux principes combinés de l'épargne et de la mutualité. A ce point de vue, les allocations reçues de la fille aînée pourraient être considérées comme le produit d'une propriété.

§ 7.

SUBVENTIONS.

L'achat avantageux des denrées alimentaires sur les marchés de la banlieue, avant l'annexion qui en a été faite à la ville de

Paris, était une précieuse ressource pour Bernard D**. L'économie qui résultait de ces acquisitions constituait, avant le 1er janvier 1860, une véritable subvention au profit du ménage. C'est cette considération qui l'avait engagé à choisir son logement à l'extrémité du faubourg Saint-Martin, vers la barrière de La Villette (1). Depuis que l'extension de Paris a mis fin à cette subvention, le budget de la famille se trouve notablement grevé. En raison des habitudes invétérées d'imprévoyance, l'ancien régime ne procurait aucune épargne à la famille (6). Le nouveau régime a imposé une diminution de bien-être; mais il est accepté avec résignation.

Parmi les subventions les plus importantes que l'ouvrier reçoit en ce moment, on doit placer l'assistance du bureau de bienfaisance; les secours, en médecine et médicaments, qui lui sont donnés en cas de maladie; le placement d'une de ses filles au couvent de Conflans, et l'éducation fournie également à Léonie, âgée de 11 ans, par un oncle, charcutier à Huningue. Les autres enfants fréquentent l'école des frères de la doctrine chrétienne ou des sœurs de charité; enfin, la fille aînée remet périodiquement à ses parents des sommes d'argent qui, réunies, peuvent être évaluées environ à 380 francs par an. Ces subventions viennent efficacement en aide au chef de famille.

On doit faire entrer, dans la catégorie des subventions qui sont venues en aide à la famille, le prix fondé par M. de Reverdy. Cette fondation alloue, tous les deux ans, une somme de 3,000 francs à l'ouvrier parisien qui, élevant une famille nombreuse et honnête, assure à ses enfants une éducation en rapport avec sa condition sociale (10). Ce prix a été décerné à Bernard D**. A cette époque, il vivait dans les conditions les plus difficiles, et il trouva un secours précieux dans la décision du Conseil municipal qui lui alloua le prix en 1859.

L'argent touché dans cette circonstance (3,000f 00) a permis de dégager une grande partie des effets mobiliers engagés depuis longtemps au Mont-de-piété, de payer des dettes nombreuses et criardes et de pourvoir à quelques achats urgents qui avaient été remis faute d'argent. Cette somme, dont le restant avait été conservé pour aider aux dépenses journalières du ménage, est aujourd'hui complétement épuisée (20). Aucune recette provenant de cette source ne figure ci-après dans le budget dressé pour l'année 1860.

D'après ces antécédents, il est aisé de prévoir que Bernard D** ne fait partie d'aucune association de secours mutuels. Cet excellent ouvrier est également incapable, soit de réserver la moindre somme sur une grosse recette inattendue, soit de prélever la plus faible cotisation sur sa recette journalière pour conjurer les privations qu'amènerait la maladie.

§ 8.

TRAVAUX ET INDUSTRIES.

Travaux de l'ouvrier. — Le travail principal est exécuté actuellement pour le compte de l'administration des pompes funèbres, hors de la maison et à la journée. Il consiste à laver les chars et les voitures de cette administration et à faire tout ce qui constitue la qualité de manœuvre. Ce travail commence à 5 heures du matin et finit à 7 heures du soir. Il est accordé deux heures dans la journée pour prendre les repas, le matin de 9 à 10 heures, et le soir de 2 à 3 heures. L'ouvrier est rétribué à raison de 2f50 par jour. En dehors du temps consacré à son occupation journalière, il lui est difficile d'entreprendre aucune autre espèce d'industrie. Il a travaillé pendant six ans, en qualité d'homme de peine et de manœuvre, sur les ports du canal Saint-Martin; et il a toujours été soumis au système des engagements momentanés. Comme aujourd'hui, il gagnait 2f 50 par jour, salaire moyen des hommes de peine à Paris. S'étant trouvé longtemps sans ouvrage pendant l'hiver dernier, Bernard D** faisait le courtage des charbons. Cette opération, qui consiste à aller dans les maisons bourgeoises et à y vendre aux particuliers du charbon de chauffage pour le compte d'un marchand en gros, rapportait, en moyenne, de 2f 50 à 3f 00. L'été ayant ensuite ramené le travail ordinaire des ports, l'ouvrier reprit ses occupations de manœuvre, et fut occupé à décharger des pavés, conduits à Paris sur des bateaux venant de Belgique. Dans le système des engagements momentanés, l'ouvrier conserve plus d'indépendance vis-à-vis du patron qui l'occupe. Il peut, dans une circonstance heureuse, trouver le moyen d'élever un instant son salaire; mais ces avantages sont précaires, en raison des fluctuations qui placent sans cesse l'ouvrier dans l'alternative de perdre son emploi. Ce système, sans offrir plus de ressources pour acquérir un certain rang, ne permet pas à l'ouvrier d'améliorer sa position d'une manière stable. Depuis huit ans qu'il se livre au métier de manœuvre, Bernard a parcouru tous les degrés de cette dure position; et, dans les diverses industries où il a été employé en cette qualité, son salaire ne s'est jamais élevé au-dessus d'une moyenne de 2f 50 par jour, malgré sa bonne conduite et, selon toute apparence, en raison du faible développement de certaines aptitudes professionnelles.

Travaux de la femme. — La femme consacre tout son temps aux soins du ménage. L'entretien du linge, la confection des vêtements des enfants, l'achat, la préparation et la cuisson des aliments, absorbent ses journées tout entières. Elle n'a jamais pu trouver le loisir de se livrer à une occupation quelconque qui pût concourir, par le plus léger salaire, au bien-être de la famille.

Travaux de la grand'mère. — Agée de 75 ans et infirme. la grand'mère ne fait aucun travail rétribué. Elle emploie son temps à tricoter des bas et à soigner les enfants en bas âge.

Travaux des enfants. — La fille aînée est placée comme servante. Le jeune Paul (2) travaille depuis quatre mois en qualité d'ouvrier-mécanicien. Ils versent l'un et l'autre dans la communauté une partie de leur salaire (14, Son II). Les autres enfants sont hors d'état de rien gagner. Deux filles sont en ce moment en apprentissage : l'une apprend l'état de modiste, l'autre celui de couturière. Elles touchent au terme de leur apprentissage; et le père de famille espère que leurs travaux, prochainement rétribués, viendront en aide aux dépenses de la communauté.

INDUSTRIES ENTREPRISES PAR LA FAMILLE. — En dehors des travaux ci-dessus indiqués, la famille ne peut entreprendre chez elle aucune industrie. Le temps et l'espace manqueraient pour une telle entreprise.

Mode d'existence de la famille.

§ 9.

ALIMENTS ET REPAS.

La famille ne fait pour ainsi dire qu'un seul repas par jour, à 7 heures du soir. Avant ce repas substantiel, on prend tous les matins le café avec du pain, et à midi on mange seulement du pain avec quelques fruits ou du fromage. Cette dernière collation ne se fait pas en famille. Les enfants partent tous les matins à 7 heures 1/2 pour l'école; ils emportent chacun, dans un petit panier, les aliments ci-dessus indiqués pour leur repas du milieu du jour.

Le dîner du soir, auquel assiste toujours le père de famille, se compose généralement d'une soupe et de légumes, selon la saison; parfois les légumes cuits sont remplacés par une salade. Une fois par semaine, le dimanche, on met le pot-au-feu. La femme achète 2 kilog. de tête de bœuf, qu'elle fait cuire dans de l'eau, dont on fait une soupe grasse et une viande bouillie qui se mange à part. Le prix élevé de cette denrée alimentaire ne permet pas d'en acheter de meilleure qualité, ni d'en faire aussi fréquemment usage que la famille le désirerait. On ne boit jamais de vin, cette boisson étant trop chère; on ne la remplace pas non plus par une boisson artificielle, comme cela se pratique chez beaucoup d'ouvriers parisiens. L'eau est le seul liquide en usage sur la table de Bernard D**. Les légumes sont accommodés avec un saindoux, mélange de graisse de bœuf et de graisse de porc fondues ensemble.

Le mari, forcé de faire deux repas hors de chez lui, à cause de l'éloignement du lieu de son travail, dépense pour sa nourriture une somme qui s'élève à 160 francs par année. C'est une très-lourde charge pour son budget. L'ouvrier sort de chez lui à 5 heures du matin pour se rendre à son travail. A 9 heures, il fait son premier repas chez un petit restaurateur du voisinage. Ce repas se compose d'un bouillon, d'un plat de viande et d'un canon de vin (13 centilitres). A 2 heures après midi, l'ouvrier prend 26 centilitres de vin, dans lequel il trempe le restant de son pain du déjeuner. Chaque jour il emporte ce pain de la maison, et la quantité en peut être évaluée à un demi-kilog. environ. En aucune circonstance la famille ne change son mode d'alimentation, dans lequel la viande n'entre qu'en très-minime quantité. Le régime se compose essentiellement de pain, de soupe et de légumes, tels que pommes de terre et haricots verts ou secs, selon les saisons. Le chiffre du salaire de l'ouvrier et ses modiques ressources ne lui permettent, à cause de sa nombreuse famille, aucunes dépenses autres que celles que nous venons d'indiquer pour la nourriture. Il les considérerait presque comme superflues, parce que sa famille et lui jouissent d'une excellente santé avec ce mode d'alimentation.

§ 10.

HABITATION, MOBILIER ET VÊTEMENTS.

La famille loge au deuxième étage d'une maison d'assez belle apparence et proprement tenue (1). L'escalier principal est celui qui conduit au logement. Cet escalier, assez vaste, est construit en pierres et continue dans les mêmes proportions jusqu'aux étages supérieurs de la maison.

Le logement de l'ouvrier se compose de trois pièces. La première, haute de 3 mètres, offre une surface de 18 mètres carrés; elle prend jour sur la rue du Faubourg-Saint-Martin par une grande et belle fenêtre. Cette pièce est celle où la femme se tient le plus habituellement dans la journée. On pénètre ensuite dans deux pièces contiguës et séparées par une cloison. La hauteur de ces deux chambres est de 2m 80; mais, mansardées dans la plus grande partie du plafond, elles ne présentent qu'une hauteur moyenne de 2 mètres. La première de ces deux chambres est éclairée par la pièce d'entrée; la seconde, qui distribue quelque lumière à sa voisine par la porte vitrée qui les sépare, reçoit le jour par deux fenêtres, pratiquées dans la chambre et aboutissant à la toiture, et par une autre petite croisée donnant sur la cour. Devant cette croisée se balancent quelques fleurs grimpantes, cultivées par la famille.

La première pièce contient une grande armoire en bois de noyer, une table et quelques chaises; un portrait du chef de famille, peint à l'époque de sa jeunesse, en est le seul ornement. Les murs sont tapissés d'un papier d'une propreté convenable. La première chambre renferme deux lits. L'un est la couche des époux D**; l'autre est une espèce de divan, couvert en vieux damas rouge : dans la journée il est employé comme meuble; le soir, il sert à coucher deux enfants. Dans la seconde pièce sont installés trois autres lits et un berceau, que se partagent la grand'mère et les autres enfants. C'est encore dans cette pièce, pourvue d'un poêle en fonte, que se fait la cuisine. Ce poêle, chauffé l'hiver, distribue la chaleur dans tout l'appartement. L'aspect de propreté et d'aisance de ce logement étonne tout d'abord, eu égard à la position gênée de cette intéressante famille. La distribution des lits est faite de manière que les enfants soient convenablement séparés.

Le prix du loyer est de 300 francs par an, payable, suivant l'usage, par trimestre. Il serait difficile aux époux D** de se loger d'une façon plus saine et plus convenable.

Meubles : ils annoncent l'ordre et la propreté et marquent une tendance particulière vers les habitudes bourgeoises. Presque tous ces meubles ont été achetés l'an dernier avec le prix de 3,000 francs qu'a touché Bernard D** (19)..... 699f 00

1° *Lits.* — 1 bois de lit en noyer servant aux époux, 50f 00; — 1 paillasse, 5f 00; — 2 matelas, 80f 00; — 1 couverture de laine, 15f 00; — 1 oreiller en plumes, 10f 00; — 1 édredon en duvet, 20f 00; — 1 bois de lit en noyer servant à la grand'mère, 25f 00; — 1 paillasse, 5f 00; — 1 matelas, 30f 00; — 1 couverture en coton, 8f 00; — 1 oreiller en plumes, 5f 00; — 1 édredon en plumes, 10f 00; — 1 lit en fer (pour enfants), 15f 00; — 1 sommier, 15f 00; — 1 matelas, 25f 00; — 1 couverture de coton, 6f 00; — 1 oreiller, 5f 00; — 1 édredon en plumes, 10f 00; — 1 lit en fer (pour enfants), 15f 00; — 1 sommier, 15f 00; — 1 matelas, 25f 00; — 1 couverture, 8f 00; — 1 oreiller, 5f 00; — 1 édredon, 10f 00; — 1 bois de lit en bois blanc (pour enfants), 6f 00; — 1 paillasse, 2f 00; — 1 matelas, 6f 00; — 1 couverture, 2f 00; — 1 oreiller, 2f 00; — 1 bois de lit en bois blanc (pour enfants), 3f 00; — 1 paillasse remplie de paille d'avoine, 2f 00; — 1 couverture, 2f 00; — 1 oreiller, 3f 00; — 1 lit-canapé, 20f 00; — 1 matelas, 8f 00; — 1 couverture, 6f 00; — 1 oreiller, 2f 00; — 1 berceau, 3f 00; — 1 paillasse remplie de paille d'avoine, 1f 50; — 1 oreiller, 2f 00; — 1 couverture, 2f 00. — Total, 489f 50.

2° *Meubles des deux chambres et de la pièce d'entrée.* — 1 armoire en noyer, 60f 00; — 1 commode en noyer, 60f 00; — 1 table de nuit, 6f 00; — 1 buffet en noyer, 6f 00; — 1 table en bois blanc, 6f 00; — 1 table, 2f 00; — 6 chaises garnies en paille, 25f 00; — 6 chaises moins bonnes que les premières, 10f 00; — 1 glace, 1f 00; — 3 tableaux de famille (sans valeur vénale); — 4 rideaux de croisées, 2f 00. — Total, 178f 00.

3° *Objets relatifs au culte domestique.* — 1 crucifix, 5f 00; — 1 tableau religieux, 1f 00; — 2 bénitiers, 2f 50; — 4 tableaux de la Vierge, 8f 00; — 1 tableau de Saint-Joseph, 15f 00. — Total, 31f 50.

LINGE DE MÉNAGE : déposé en partie au Mont-de-piété. 95f 25

Linge conservé à la maison : 6 paires de draps (y compris les draps servant aux enfants, refaits avec de vieux draps coupés), 41f 00; — 3 paires de draps de rechange, 18f 00; — 4 taies d'oreillers, 4f 00; — 6 serviettes, 3f 00; — 8 torchons de cuisine, 1f 25. — Total, 67f 25.

Linge déposé au Mont-de-piété : 6 nappes, 8f 00; — 4 draps, 10f 00; — 2 petits draps, 5f 00; — 2 rideaux de lit, 5f 00. — Total, 28f 00.

USTENSILES : bien que renouvelés en partie avec l'argent provenant du prix de M. de Reverdy (10), ils témoignent de l'état de pénurie de la famille.......................... 69f 75

1° *Pour le service de l'alimentation.* — 3 marmites en fonte, 6f 00; — 1 seau en fer-blanc, 2f 00; — 1 poêlon en fer-blanc, 0f 75; — 1 soupière en faïence, 1f 25; — 2 plats en terre, 1f 00; — 18 assiettes en faïence, 2f 50; — 1 saladier en faïence, 1f 00; — 1 pot pour le lait, 0f 50; — 1 cruche à eau en terre, 0f 50; — 1 douzaine de tasses de faïence, 1f 25; — 1 douzaine de cuillers en étain, 1f 80; — 1 douzaine de fourchettes en fer, 1f 20; — 8 couteaux de table, 1f 50; — 1 poche en fer pour la soupe, 0f 50; — 1 écumoire en fer, 0f 50; — 2 cuillers en bois, 0f 15; — 1 cafetière en fer-blanc, 1f 25; — 1 burette à huile en fer-blanc, 0f 75; — 1 douzaine 1/2 de verres à boire, 0f 60. — Total, 25f 00.

2° *Pour usages divers.* — 1 fontaine, 10f 00; — 1 poêle en fonte avec ses tuyaux, 20f 00; — 1 terrine en terre pour laver la vaisselle, 0f 50; — 2 cuvettes en terre pour usages domestiques, 0f 50; — 1 balai, 1f 00; — 1 panier, 0f 75; — 2 fers à repasser, 2f 00; — 1 lampe, 4f 00; — 1 lampe de cuisine, 0f 50; — 1 chandelier, 0f 50; — 1 scie, 2f 50; — 1 hache, 2f 50. — Total, 44f 75.

VÊTEMENTS : ils sont peu abondants, mais propres et bien entretenus. Ceux de l'ouvrier notamment sont assez élégants, et semblables à ceux de la bourgeoisie. Ils ont été, comme le mobilier, en partie renouvelés avec l'argent provenant du prix Reverdy (19)............................ 653f 25

VÊTEMENTS DE L'OUVRIER (151f 25).

1° *Vêtements du dimanche.* — 1 paletot en drap noir, 50f 00; — 1 pantalon en drap noir, 25f 00; — 1 gilet en soie noire (usé), 6f 00; — 1 chapeau noir (haute forme), 5f 00; — 1 cravate en satin, 2f 00; — 1 chemise blanche en coton, 5f 00; — 1 paire de chaussettes, 0f 50; — 1 paire de souliers, 6f 00. — Total, 99f 50.

2° *Vêtements de travail.* — 2 blouses en toile de coton, 8f 00; — 1 pantalon en velours, 8f 00; — 1 gilet en velours, 3f 00; — 1 casquette, 2f 50; — 2 paires de chaussettes, 1f 50; — 1 cravate, 1f 00; — 1 paire de souliers, 5f 00; — 3 chemises de couleur, 9f 00; — 3 mouchoirs de poche de couleur, 1f 00; — 1 vieux chapeau gris, 0f 75. — Total, 39f 75.

3° *Bijoux.* — 1 montre en argent avec chaîne (cet objet est en ce moment au Mont-de-piété), 12f 00.

VÊTEMENTS DE LA FEMME (113f 00).

1° *Vêtements du dimanche.* — 1 robe en orléans noir, 20f 00; — 1 châle noir broché, 25f 00; — 1 châle d'hiver (en ce moment au Mont-de-piété), 17f 00; — 1 tablier noir, 2f 00; — 1 paire de bas, 0f 75; — 1 bonnet en mousseline, 3f 00; — 1 paire de souliers, 5f 00; — 1 jupon noir, 4f 00. — Total, 76f 75.

2° *Vêtements de travail.* — 1 robe en indienne, 6f 00; — 2 camisoles en indienne, 6f 00; — 2 jupes en indienne, 6f 00; — 2 bonnets en jaconas blanc, 2f 00; — 2 paires de bas de couleur, 2f 50; — 1 paire de chaussons en lisière, 2f 00; — 4 chemises en cretonne, 8f 00; — 3 fichus blancs, 0f 75; — 3 mouchoirs de couleur, 1f 00; — 2 tabliers en coton, 2f 00. — Total, 36f 25.

VÊTEMENTS DE LA GRAND'MÈRE (53f 50).

1° *Vêtements du dimanche.* — 1 robe en orléans, 8f 00; — 1 châle gris en laine, 6f 00; — 1 tablier noir, 2f 00; — 1 bonnet en jaconas, 0f 50; — 1 paire de bas, 0f 75; — 1 paire de souliers, 5f 00; — 1 jupon, 4f 00. — Total, 26f 25.

2° *Vêtements de travail.* — 2 camisoles d'indienne, 6f 00; — 2 jupons d'indienne, 6f 00; — 2 tabliers en coton, 2f 00; — 2 bonnets, 2f 00; — 2 paires de bas de couleur, 1f 50; — 3 chemises de coton, 6f 00; — 1 paire de chaussons en lisière, 2f 00; — 3 mouchoirs de couleur, 1f 00; — 3 fichus, 0f 75. — Total, 27f 25.

VÊTEMENTS DU SECOND FILS (PAUL D**) (72f 50).

1° *Vêtements du dimanche.* — 1 paletot en drap, 15f 00; — 1 pantalon, 9f 00; — 1 gilet, 6f 00; — 1 casquette, 2f 50; — 1 cravate, 1f 00; — 1 chemise, 4f 00; — 1 paire de chaussettes, 0f 50; — 1 paire de souliers, 6f 00. — Total, 44f 00.

2° *Vêtements de travail.* — 2 blouses en toile de coton blanc, 6f 00; — 1 pantalon en velours, 5f 00; — 1 gilet en velours, 2f 50; — 2 cravates, 0f 50; — 3 chemises de couleur, 7f 50; — 2 paires de chaussettes, 1f 00; — 1 paire de souliers, 5f 00; — 3 mouchoirs, 1f 00. — Total, 28f 50.

VÊTEMENTS DE LA CINQUIÈME FILLE (MARIE D**) (61f 00).

1° *Vêtements du dimanche.* — 1 robe de fantaisie, 10f 00; — 1 châle en laine, 7f 00; — 1 bonnet de mousseline, 3f 00; — 1 tablier noir, 2f 00; — 1 col et 1 paire de manches, 2f 50; — 1 jupon noir, 3f 00; — 1 paire de bas, 0f 75; — 1 paire de souliers, 5f 00. — Total, 33f 25.

2° *Vêtements de travail.* — 2 robes d'indienne, 12f 00; — 2 tabliers en coton

1f 50; — 2 paires de bas de couleur, 1f 50; — 1 paire de souliers, 5f 00; — 3 chemises de coton, 6f 00; — 3 mouchoirs, 1f 00; — 3 fichus blancs, 0f 75. — Total, 27f 75.

VÊTEMENTS DES AUTRES ENFANTS INDISTINCTEMENT (202f 00).

1° *Vêtements de 4 garçons.* — 1 veste en étoffe d'été, 6f 00; — 1 gilet, 2f 00; — 1 pantalon, 3f 00: — 1 cravate, 0f 75; — 2 blouses en coton bleu, 4f 50; — 2 pantalons d'été, 6f 00; — 1 gilet, 1f 50; — 3 chemises, 5f 00; — 1 cravate, 0f 50; — 2 paires de chaussettes, 1f 00; — 1 paire de souliers, 5f 00; — 3 mouchoirs de couleur, 1f 00; — 2 blouses de laine, 6f 00; — 2 blouses, 4f 00; — 2 pantalons, 4f 00; — 2 paires de bas, 1f 25; — 3 chemises, 4f 00; — 1 casquette, 1f 50; — 1 paire de souliers, 4f 00; — 2 mouchoirs, 0f 75; — 1 cravate, 0f 50; — 1 pantalon, 3f 00; — 2 blouses bleues, 4f 00; — 2 paires de bas, 1f 25; — 3 chemises, 4f 00; — 1 casquette, 1f 50; — 1 paire de souliers, 4f 00; — 2 mouchoirs, 1 cravate, 0f 50. — Total, 80f 50.

2° *Vêtements de 6 filles.* — 1 robe de fantaisie, 10f 00; — 1 châle de mousseline de laine, 7f 00; — 1 tablier noir, 2f 00; — 1 bonnet de mousseline, 3f 00; — 1 paire de bas, 0f 75; — 1 paire de souliers, 5f 00; — 1 jupon noir, 3f 00; — 1 col, 1 paire de manches, 2f 00; — 2 robes d'indienne, 12f 00; — 2 tabliers, 1f 50; — 2 paires de bas, 1f 50; — 1 paire de souliers, 5f 00; — 3 chemises, 6f 00; — 3 mouchoirs, 1f 00; — 3 fichus blancs, 0f 75; — 2 robes d'indienne, 9f 50; — 2 tabliers noirs, 3f 00; — 2 pèlerines noires, 4f 00; — 2 robes d'indienne, 8f 00; — 3 tabliers en coton, 4f 50; — 2 jupons, 4f 00; — 2 paires de bas, 1f 50; — 3 chemises, 4f 50; — 2 mouchoirs, 0f 75; — 6 fichus, 1f 50; — 1 paire de souliers, 4f 00; — 3 cols d'indienne, 4f 50; — 3 jupons, 2f 50; — 3 bonnets, 0f 75; — 4 chemises, 2f 00; — 3 tabliers, 1f 50; — 3 paires de bas, 1f 50; — 1 paire de souliers, 2f 00; — 4 fichus, 1f 00. — Total, 121f 50.

VALEUR TOTALE du mobilier et des vêtements (déduction faite d'une valeur de 57f 00 empruntés au Mont-de-piété : linge, 28f 00; bijoux, 12f 00; châle, 17f 00)..   1,460f 25

§ 11.

RÉCRÉATIONS.

Les récréations n'occupent qu'une fort petite place dans l'existence de cette famille. Sous ce rapport, celle-ci offre un contraste complet avec plusieurs catégories d'ouvriers parisiens, qui dépensent, en plaisirs nuisibles à leur santé et à leur bien-être, une somme supérieure à la recette annuelle de la majeure partie des ouvriers ruraux.

L'ouvrier ne prend point de récréation au cabaret, à part les rares circonstances où il est invité par un ami ou un camarade. Il ne fait pas usage du tabac. De temps à autre, mais rarement, quand le temps le permet, les époux, accompagnés de leurs enfants, vont faire une promenade, soit au Jardin des plantes, soit dans toute autre promenade publique. Mais, contrairement à l'usage habituel des ouvriers parisiens, on ne s'arrête, ni chez le restaurateur pour y faire collation, ni chez le marchand de vin pour y prendre un rafraîchissement quelconque. Le budget du ménage ne saurait permettre aucun écart de cette nature. Quelquefois les époux dînent chez des amis, ou chez leurs gendres; mais ces sortes de récréations sont rares et irrégulières. Lorsque son travail le permet, le père de famille se rend le dimanche aux offices du soir. C'est une récréation qu'il aime à se procurer, mais dont il ne peut jouir qu'assez rarement. Les récréations ayant pour objet les conversations, les lectures et les récits amusants, ne se rencontrent point chez la famille présentement décrite. Les enfants se couchent de bonne heure; le chef de famille rentré chez lui se livre au repos; et la femme occupe ses soirées aux travaux du ménage.

Histoire de la famille.

§ 12.

PHASES PRINCIPALES DE L'EXISTENCE.

L'ouvrier est né à Huningue (Haut-Rhin) en 1801. Son père était maître-boucher. Celui-ci avait une certaine aisance; et, son commerce prospérant, il put donner à ses enfants l'éducation que reçoivent les enfants de cette condition dans les grandes villes. A l'âge de 16 ans, Bernard D**, destiné à prendre l'industrie de son père, fut envoyé à Belfort, chez un de ses oncles, en qualité de garçon boucher. Il resta dans cette ville quatre ans; puis en 1820, le sort ne lui ayant pas été favorable, il devança l'appel et s'engagea dans le 1er régiment d'artillerie de la garde royale. D'abord soldat, et ne pouvant aspirer aux grades dans une arme spéciale, il devint plus tard artificier. Libéré du service en 1829, Bernard D** rentra dans la vie civile, malgré les instances de son chef de corps, qui l'avait désigné pour remplir dans la maison du duc d'Orléans un emploi de piqueur. Les avantages attachés à cette position ne purent le retenir. Il avait la maladie du pays ; et le désir du mariage le poussait, d'ailleurs, à quitter pour toujours la carrière des armes. Plein de jeunesse, de force et de courage, Bernard D**, à qui son père (5) n'avait pu laisser aucune espèce de patrimoine, ne recula pas devant l'obligation de se créer seul une position dans la vie civile. A peine libéré, il se fit placer chez un maître-boucher d'Altkirck, chez lequel il passa une année en qualité de garçon, pour se remettre à son premier métier. Il vint ensuite à Huningue; et, une de ses tantes lui ayant prêté de l'argent (600f 00), Bernard D** établit une boucherie dans sa ville natale. Au bout d'un an d'exercice, il remboursait la somme qui lui avait été prêtée ; et, à l'aide de quelques épargnes, il commençait à réunir un petit capital que les années et le travail firent heureusement fructifier. Deux ans plus tard, dans le cours de l'année 1832, après avoir amassé une somme de 4,000 francs environ, Bernard D** épousait la fille d'un ancien officier de l'Empire, lequel exploitait à Huningue avec ses enfants un petit restaurant, dont le produit, ajouté à une pension de retraite, assurait le bien-être de la famille.

Grâce à ses bonnes qualités, le jeune ménage conserva son établissement jusqu'en 1842. Mais, à partir de cette époque, les affaires commencèrent à décliner, par deux causes principales. Bernard D** ne put soutenir la concurrence d'un boucher qui vint s'établir à Huningue ; et il eut à supporter des charges pour assister la famille de sa femme, quand survint la mort de son beau-père. Il lutta longtemps avec courage contre les difficultés de cette situation. Mais il dut enfin se décider à venir chercher à Paris des moyens d'existence. N'ayant plus que 50f 00 pour toute ressource, il partit, au commencement de 1852, emmenant sa femme, la mère de celle-ci et 14 enfants.

En se décidant à venir à Paris, Bernard D** avait fondé ses principales espérances de succès sur la protection d'un de ses anciens chefs dont il avait gagné la bienveillance pendant le temps de son service au régiment. Ce protecteur tenta de lui procurer un emploi; mais ces tentatives échouèrent, à ce qu'il semble, par le manque d'aptitude du protégé. Bernard D** comprit enfin que la force musculaire dont il était doué constituait sa vraie ressource : il débuta sur le canal de La Villette, en qualité de manœuvre, pour la manipulation des charbons. Depuis lors, au milieu de diverses vicissitudes (5,8), il n'a pu s'élever au-dessus de cette condition.

L'histoire de cette excellente famille peut donc se résumer en quelques traits simples. Le père a été empêché, par certaines défaillances intellectuelles, d'atteindre le but qui a été pour lui l'objet d'un désir incessant : remonter dans les rangs de la petite bourgeoisie, où il se trouvait placé dans son enfance. Malheureusement, il n'a jamais compris qu'une épargne sévère était, dans sa situation déchue, le seul moyen de succès. Il a employé ses ressources à se donner, dans le mobilier et le costume, quelques apparences de la bourgeoisie, espérant toujours qu'un événement heureux, ou une protection bienveillante, lui en procurerait la réalité. C'est ainsi qu'il a gaspillé improductivement une somme de 3,000 francs, qui a été le fruit du hasard le plus imprévu (19) et qui eût été la source d'une fortune rapide s'il avait été doué des aptitudes que possède le chef de la famille décrite ci-après (21). Heureusement ces lacunes d'intelligence et de jugement ont été compensées par une précieuse vertu : Bernard D** a transmis à ses nombreux enfants le respect de Dieu avec l'amour des parents; et il s'est assuré ainsi des ressources qui équivalent déjà à celles que pourrait donner la possession d'un capital produisant un revenu (2).

§ 13.

MŒURS ET INSTITUTIONS ASSURANT LE BIEN-ÊTRE PHYSIQUE ET MORAL DE LA FAMILLE.

La famille ne fait partie d'aucune société d'assurances mutuelles. Bernard D** n'a jamais songé à se créer par ce moyen quelques conditions de sécurité. Dans le cas où la maladie viendrait à mettre ce dernier hors d'état de travailler, la famille ne serait pas, cependant, réduite au seul appui de la bienfaisance pour combattre les embarras où la plongerait un pareil malheur. Elle se procurerait quelques ressources momentanées en faisant un nouvel emprunt sur le mobilier; elle rencontrerait d'ailleurs, à coup sûr, dans les enfants adultes des auxiliaires sérieux. Élevés dans d'excellents sentiments, tous ces enfants soutiendraient, sans aucun doute, leurs parents s'ils tombaient dans le besoin. Ils ont déjà concouru par leur travail aux charges de la vie commune (2); et, sous ce raport, ils ont toujours trouvé, chez leur père, le bon exemple. La famille continuera, d'ailleurs, à trouver d'importantes ressources dans les subventions variées qu'elle a reçues jusqu'à ce jour de la bienfaisance publique (14, S^{on} II).

En coordonnant les principaux traits de l'existence de cette famille, on aperçoit bientôt que l'absence de toute propension à l'épargne (6 et 10) est la véritable cause de la situation précaire dans laquelle elle se trouve. Cependant, les excellentes mœurs de la communauté lui assurent pour l'avenir, ainsi que cela a eu lieu jusqu'à présent, de sérieux moyens de sécurité. Les habitudes laborieuses du chef de famille continueront probablement, pendant longtemps encore, à lui assurer le pain quotidien; et, d'un autre côté, les nombreux enfants (2) que les deux époux ont élevés, dans les meilleures conditions de moralité, viendront sûrement en aide aux vieux parents, à mesure que le progrès de l'âge leur permettra moins de se suffire à eux-mêmes. En résumé, la pratique des lois divines et humaines qui commandent la fécondité n'aura pas été seulement pour les époux D** l'accomplissement d'un devoir; elle aura été en outre le seul acte de prévoyance qui fût compatible avec leur inaptitude à l'épargne et avec la propension peu judicieuse qui les porte à s'attribuer, dans le mobilier et dans le costume, le confort et tout au moins certaines apparences de la vie bourgeoise (20).

Cette disposition des deux époux est le contre-pied de celle qui a fait la fortune du ménage décrit dans le précis annexé (21).

§ 14. — BUDGET DES RECETTES DE L'ANNÉE.

SOURCES DES RECETTES.	ÉVALUATION approximative des sources de recettes. VALEUR des propriétés.
SECTION Ire.	
Propriétés possédées par la famille.	
ART. Ier. — PROPRIÉTÉS IMMOBILIÈRES.	
(La famille ne possède aucune propriété de ce genre)	»
ART. 2. — VALEURS MOBILIÈRES	
MATÉRIEL SPÉCIAL des travaux et industries :	
(La famille n'a aucun matériel spécial pour ces travaux)	»
ART. 3. — DROITS AUX ALLOCATIONS DE SOCIÉTÉS D'ASSURANCES MUTUELLES.	
(La famille ne participe à aucun droit de ce genre)	»
VALEUR TOTALE des propriétés	»

SECTION II.

Subventions reçues par la famille.

ART. Ier. — PROPRIÉTÉS REÇUES EN USUFRUIT.

(La famille ne reçoit aucune propriété en usufruit) ....

ART. 2. — DROITS D'USAGE SUR LES PROPRIÉTÉS VOISINES

(La famille ne jouit d'aucun droit de ce genre) ....

ART. 3. — ALLOCATIONS D'OBJETS ET DE SERVICES.

ALLOCATIONS concernant la nourriture ....

— — le service de santé ....

— — les besoins moraux ....

§ 14. — BUDGET DES RECETTES DE L'ANNÉE.

RECETTES.	MONTANT DES RECETTES.	
	VALEUR des objets reçus en nature.	RECETTES en argent.
SECTION Ire.		
Revenus des propriétés.		
ART. 1er. — REVENUS DES PROPRIÉTÉS IMMOBILIÈRES.		
(La famille ne jouit d'aucun revenu de ce genre)	»	»
ART. 2. — REVENUS DES VALEURS MOBILIÈRES.		
(La famille, n'ayant pas de matériel, ne jouit d'aucun revenu de ce genre)	»	»
ART. 3. — ALLOCATIONS DES SOCIÉTÉS D'ASSURANCES MUTUELLES.		
La famille ne jouit d'aucune allocation de ce genre ; cependant on pourrait, à la rigueur (6), porter ici la somme donnée à titre de subvention (14, Sec II) par la fille aînée............	»	»
TOTAUX des revenus des propriétés............	»	»
SECTION II.		
Produits des subventions.		
ART. 1er. — PRODUITS DES PROPRIÉTÉS REÇUES EN USUFRUIT.		
(La famille ne jouit d'aucun produit de ce genre)	»	»
ART. 2. — PRODUITS DES DROITS D'USAGE.		
(La famille ne jouit d'aucun produit de ce genre)	»	»
ART. 3. — OBJETS ET SERVICES ALLOUÉS.		
Bons de pain donnés par le bureau de bienfaisance............	38f 40	»
Bons de charbon — —	29 25	»
Sommes d'argent données par la fille aînée sur le produit de ses gages (7)	»	381f 75
Remèdes fournis par les sœurs de charité et le bureau de bienfaisance	22 50	»
Soins donnés par le médecin du bureau de bienfaisance : 20 visites à 3f 00	60 00	»
Instruction primaire accordée gratuitement aux enfants par la ville de Paris	200 00	»
TOTAUX des produits des subventions............	350 15	381 75

§ 14. — BUDGET DES RECETTES DE L'ANNÉE (SUITE).

SOURCES DES RECETTES (SUITE).

DÉSIGNATION DES TRAVAUX ET DE L'EMPLOI DU TEMPS.	QUANTITÉ de travail effectué.		
	homme.	femme.	2e fils.
SECTION III.			
Travaux exécutés par la famille.			
Travail de manœuvre, exécuté à la journée au compte d'une administration particulière	332	»	»
Travail du fils, ouvrier mécanicien	»	»	313
Travaux de ménage : achat et préparation des aliments, soins donnés aux enfants, soins de propreté concernant l'habitation et le mobilier	»	180	»
Entretien des vêtements et du linge	»	125	»
Totaux des journées des divers membres de la famille	332	305	313

SECTION IV.

Industries entreprises par la famille

(à son propre compte).

(La famille n'entreprend aucune industrie à son propre compte)

§ 14. — BUDGET DES RECETTES DE L'ANNÉE (SUITE).

PRIX des salaires journaliers.			RECETTES (SUITE).	MONTANT DES RECETTES.	
homme.	femme.	2e fils.		VALEUR des objets reçus en nature.	RECETTES en argent.
fr. c.	fr. c.	fr. c.			
			SECTION III.		
			Salaires.		
2 50	»	»	Salaire total attribué à ce travail....................	»	830f 00
»	»	2 50	Portion du salaire (de 3f 00 par jour) versée dans la communauté..................................	»	782 50
»	»	»	(Aucun salaire ne peut être attribué à ces travaux)...	»	»
»	1 00	»	Salaire total attribué à ce travail....................	125f 00	»
			Totaux des salaires de la famille..........	125 00	1,612 50
			SECTION IV.		
			Bénéfices des industries.		
La famille ne fait aucun bénéfice de ce genre			....	»	»
			Total des bénéfices résultant de ces industries................	»	»
			Totaux des recettes de l'année (balançant les dépenses)....... (2,469f 40)	475 15	1,994 25

§ 15. — BUDGET DES DÉPENSES DE L'ANNÉE.

DÉSIGNATION DES DÉPENSES.	POIDS et PRIX des ALIMENTS		MONTANT DES DÉPENSES.	
	POIDS consommé	PRIX par kilogr.	VALEUR des objets consommés en nature.	DÉPENSES en argent.
SECTION Ire.				
Dépenses concernant la nourriture.				
ART. 1er. — ALIMENTS CONSOMMÉS DANS LE MÉNAGE (par l'ouvrier, sa femme, sa belle-mère et 8 enfants, pendant 365 jours).				
CÉRÉALES :				
Pains ronds de première qualité	1,460^k0	0^f200	38^f40	253^f60
Farine de froment pour la cuisine	6 0	0 700	»	4 20
Riz pour soupes et mets divers	10 0	0 600	»	6 00
Poids total et prix moyen	1,476 0	0 205		
CORPS GRAS :				
Beurre pour la cuisine	20 0	2 400	»	48 00
Graisse de porc employée pour la cuisine	20 0	1 800	»	36 00
Graisse de bœuf employée pour la cuisine	18 0	1 400	»	25 20
Huile blanche pour les salades	4 0	2 000	»	8 00
Poids total et prix moyen	62 0	1 890		
LAITAGES ET ŒUFS :				
Lait écrémé, pour le café	720 0	0 400	»	288 00
Fromages de diverses sortes	5 0	0 900	»	4 50
Œufs : 140 pièces à 0^f06	8 4	1 000	»	8 40
Poids total et prix moyen	733 4	0 410		
VIANDES ET POISSONS :				
Viande de bœuf	113 0	0 700	»	79 10
LÉGUMES ET FRUITS :				
Tubercules : Pommes de terre	912 0	0 248	»	226 50
Légumes secs : Haricots blancs	30 0	0 600	»	18 00
— verts à cuire : Choux, 150 pièces	420 0	0 070	»	29 40
— racines : Carottes	10 0	0 100	»	1 00
— épices : Oignons	15 0	0 200	»	3 00
Salades diverses	22 0	0 100	»	2 20
Poids total et prix moyen	1,409 0	0 199		
CONDIMENTS ET STIMULANTS :				
Sel gris	24 0	0 250	»	6 00
Épices : Poivre	0 5	3 000	»	1 50
Vinaigre	10 0	0 750	»	7 50
Matières sucrées : Sucre blanc	30 0	1 400	»	42 00
Boissons aromatiques : Café en grain	12 0	3 200	»	38 40
— — Chicorée pour mêler au café	6 0	0 600	»	3 60
Poids total et prix moyen	82 5	1 200		

§ 15. — BUDGET DES DÉPENSES DE L'ANNÉE (SUITE).

DÉSIGNATION DES DÉPENSES (SUITE).	POIDS et PRIX des ALIMENTS: POIDS consommé	PRIX par kilogr	MONTANT DES DÉPENSES: VALEUR des objets consommés en nature.	DÉPENSES en argent.
SECTION Ire.				
Dépenses concernant la nourriture (suite).				
BOISSONS FERMENTÉES :				
Vin pris en quelques rares circonstances	15k0	0f700	»	10f50
ART. 2. — ALIMENTS PRÉPARÉS ET CONSOMMÉS EN DEHORS DU MÉNAGE.				
Bouillon, viande et vin, consommés chaque jour de travail (332 journées) chez un cabaretier, par l'ouvrier, non compris 1/2 kil. de pain emporté de la maison			»	158 85
TOTAUX des dépenses concernant la nourriture			38f40	1,300 45
SECTION II.				
Dépenses concernant l'habitation.				
LOGEMENT :				
Loyer de 3 pièces au deuxième étage (10)			»	300 00
MOBILIER :				
Achat d'ustensiles			»	4 00
CHAUFFAGE :				
Charbon de bois, charbon de terre et petit bois			29 25	14 75
ÉCLAIRAGE :				
Chandelle, 1f95 ; — huile à brûler, 14k à 1f30, 18f20 ; — mèches de coton, 0f60 ; — allumettes, 0f35			»	21 10
TOTAUX des dépenses concernant l'habitation			29 25	339 85
SECTION III.				
Dépenses concernant les vêtements.				
VÊTEMENTS :				
Vêtements du chef de famille : du dimanche, 17f00 ; — de travail, 11f25 ; — frais d'entretien, 18f00 (16, A)			15 00	31 25
— de la femme : du dimanche, 7f75 ; — de travail, 11f00 ; — frais d'entretien, 12f50 (16, A)			10 50	20 75
— de la grand'mère			3 00	11 50
— du second fils (Paul)			10 00	35 90
— de la cinquième fille (Marie)			10 00	32 80
— des trois autres garçons			22 50	47 30
— des trois autres filles			25 00	56 35
LINGE DE MÉNAGE :				
Frais d'achat et de réparation			25 00	0 80
BLANCHISSAGE des vêtements et du linge, fait au dehors			»	90 00
TOTAUX des dépenses concernant les vêtements			125 00	335 65

§ 15. — BUDGET DES DÉPENSES DE L'ANNÉE (SUITE).

DÉSIGNATION DES DÉPENSES (SUITE).	MONTANT DES DÉPENSES.	
	VALEUR des objets consommés en nature.	DÉPENSES en argent.
SECTION IV.		
Dépenses concernant les besoins moraux, les récréations et le service de santé.		
CULTE :		
(Il ne donne lieu à aucune dépense)..	»	»
INSTRUCTION DES ENFANTS :		
Donnée gratuitement par la ville de Paris..	200f 00	»
SECOURS ET AUMÔNES :		
(La famille, dans une situation gênée, ne fait aucune dépense de ce genre)..........	»	»
RÉCRÉATIONS ET SOLENNITÉS :		
(Elles ne donnent lieu à aucune dépense)..	»	»
SERVICE DE SANTÉ :		
Médicaments fournis par le bureau de bienfaisance, 22f 50; — soins gratuits du médecin de ce bureau, 60f 00..	82 50	»
TOTAL des dépenses concernant les besoins moraux, les récréations et le service de santé..	282 50	»
SECTION V.		
Dépenses concernant les industries, les dettes, les impôts et les assurances.		
DÉPENSES CONCERNANT LES INDUSTRIES :		
(Les travaux de la famille n'exigent aucun matériel spécial et n'entraînent aucune dépense de ce genre)..	»	»
INTÉRÊTS DES DETTES :		
Intérêts des effets engagés au Mont-de-piété..	»	9f 30
IMPÔTS :		
(La famille ne supporte directement aucun impôt)..	»	»
ASSURANCES CONCOURANT A GARANTIR LE BIEN-ÊTRE PHYSIQUE ET MORAL DE LA FAMILLE :		
(La famille ne participe à aucune assurance de ce genre)..	»	»
TOTAL des dépenses concernant les industries, les dettes, les impôts et les assurances..	»	9 30
ÉPARGNE DE L'ANNÉE :		
La famille, sans jamais se livrer à une dépense inutile, consacre toutes ses ressources, même celles qui résultent de circonstances imprévues (7, 8), à se donner tout le bien-être que comporte sa situation. Sa véritable épargne consiste à élever religieusement de nombreux enfants qui se dévoueront un jour à soigner la vieillesse des parents...	»	»
TOTAUX DES DÉPENSES de l'année (balançant les recettes).... (2,469f 40)	475 15	1,994 25

§ 16.

COMPTES ANNEXÉS AUX BUDGETS.

SECTION I.

COMPTES DES BÉNÉFICES.

Résultant des industries entreprises par la famille (à son propre compte).

	VALEURS en argent.	VALEURS en nature.
Par une exception fort rare, la famille n'entreprend à son compte aucune industrie. Au fond, le but essentiel de son activité est d'élever de nombreux enfants chez lesquels s'accumule une véritable épargne (6 et 13)........	»	»

SECTION II.

COMPTES RELATIFS AUX SUBVENTIONS.

	VALEURS en argent.	VALEURS en nature.
Les subventions dont jouit la famille consistent surtout en allocations d'argent, d'objets et de services, qui n'exigent l'établissement d'aucun compte.....	»	»

SECTION III.

COMPTES DIVERS.

A. — Compte de la dépense annuelle concernant les vêtements.

Art. 1er. — *Vêtements de l'ouvrier.*

	PRIX d'achat.	DURÉE.	DÉPENSE annuelle.
Vêtements du dimanche :			
1 paletot de drap noir........	60f 00	10 ans.	6f 00
1 pantalon —	25 00	5	5 00
1 gilet de soie noire........	12 00	8	1 50
1 chapeau noir........	10 00	10	1 00
1 cravate de satin........	4 00	8	0 50
1 chemise blanche de coton........	5 00	5	1 00
1 paire de chaussettes........	1 00	2	0 50
1 paire de souliers........	6 00	4	1 50
A reporter........	......	......	17f 00

	PRIX d'achat.	DURÉE.	DÉPENSE annuelle.
ART. 1er. — *Vêtements de l'ouvrier* (suite).			
Report	»		17f 00
Vêtements de travail :			
2 blouses en toile de coton	8f 00	4 ans	2 00
1 pantalon de velours de coton	12 00	8	1 50
1 gilet —	4 00	8	0 50
1 casquette	2 50	5	0 50
2 paires de chaussettes	2 00	2	1 00
1 cravate	1 50	6	0 25
1 paire de souliers	6 00	2	3 00
2 chemises de couleur	12 00	8	1 50
3 mouchoirs de poche de couleur	3 00	6	0 50
1 chapeau de feutre gris	4 00	8	0 50
Total	....	....	28 25
ART. 2. — *Vêtements de la femme.*			
Vêtements du dimanche :			
1 robe d'orléans noir	20 00	10	2 00
1 châle noir broché	30 00	20	1 50
1 châle d'hiver	25 00	25	1 00
1 tablier noir	2 00	8	0 25
1 paire de bas	1 50	2	0 75
1 bonnet de mousseline	3 00	6	0 50
1 paire de souliers	5 00	4	1 25
1 jupon noir	4 00	8	0 50
Vêtements de travail :			
1 robe d'indienne	10 00	5	2 00
2 camisoles d'indienne	6 00	6	1 00
2 jupes d'indienne	6 00	6	1 00
9 bonnets de jaconas blanc	2 00	4	0 50
2 paires de bas de couleur	3 00	3	1 00
1 paire de chaussons de lisière	2 25	3	0 75
4 chemises de toile cretonne	12 00	4	3 00
3 fichus blancs	2 25	3	0 75
3 mouchoirs de couleur	3 00	6	0 50
9 tabliers de coton	3 00	6	0 50
Total	....	....	18 75
ART. 2. — *Vêtements de la grand'mère.*			
1 robe d'orléans	10 00	10	1 00
1 châle de laine gris	10 00	20	0 50
1 tablier noir	2 00	8	0 25
1 bonnet de jaconas	1 00	2	0 50
1 paire de bas	1 00	2	0 50
1 paire de souliers	5 00	4	1 25
1 jupon	4 00	8	0 50
2 camisoles et 2 jupes d'indienne	16 00	8	2 00
2 tabliers, 2 bonnets	6 00	6	1 00
2 paires de bas de couleur, 3 mouchoirs, 3 fichus, 3 chemises de coton	16 00	8	2 00
1 paire de chaussons de lisière	2 00	2	1 00
Total	....	....	10 50

ART. 4. — *Vêtements du second fils (Paul).*	PRIX d'achat.	DURÉE.	DÉPENSE annuelle
1 paletot de drap	30f 00	6 ans.	5f 00
1 pantalon	12 00	4	3 00
1 gilet	6 00	6	1 00
1 casquette	2 40	4	0 60
1 cravate	1 00	2	0 50
1 chemise de coton blanc	4 00	4	1 00
3 paires de chaussettes	2 50	1 1/2	2 00
1 — de souliers	6 00	2	3 00
2 blouses de toile de coton bleu	8 00	4	2 00
1 pantalon de velours	6 00	3	2 00
1 gilet de velours	2 40	4	0 60
2 cravates	1 00	2	0 50
3 chemises de couleur	9 00	2	4 50
3 mouchoirs de poche	2 10	3	0 70
1 paire de gros souliers	10 00	1 1/3	7 50
Total	......	......	33 90

ART. 5. — *Vêtements de la cinquième fille (Marie).*	PRIX d'achat.	DURÉE.	DÉPENSE annuelle
1 robe fantaisie	18 00	3	6 00
1 châle de laine	12 00	6	2 00
1 bonnet de mousseline	4 00	2	2 00
1 col	1 50	3	0 50
1 paire de manches	2 40	4	0 60
1 jupon noir	5 00	5	1 00
1 paire de bas	1 00	2	0 50
1 — de souliers	5 00	2	2 50
2 robes d'indienne	20 00	4	5 00
2 tabliers de toile de coton	2 00	2	1 00
2 paires de bas de couleur	2 00	2	1 00
1 paire de souliers à moitié usés	5 00	1	5 00
3 chemises de coton	6 00	3	2 00
3 mouchoirs, 3 fichus	3 50	5	0 70
Total	......	......	29 80

ART. 6. — *Vêtements des petits garçons.*	PRIX d'achat.	DURÉE.	DÉPENSE annuelle
1 veste en étoffe d'été	6 00	3	2 00
2 gilets	4 00	2	2 00
2 pantalons d'été	8 00	2	4 00
4 pantalons	16 00	2	8 00
2 blouses de coton bleu	6 00	3	2 00
2 blouses de laine	8 00	4	2 00
2 blouses de coton à moitié usées	4 00	2	2 00
3 chemises	6 00	2	3 00
2 paires de chaussettes	1 50	2	0 75
4 — de bas	4 00	2	2 00
7 mouchoirs	5 00	4	1 25
2 cravates	1 20	4	0 30
2 casquettes	3 00	3	1 00
3 paires de souliers	12 00	1	12 00
Total	......	......	42 30

Art. 7. — *Vêtements des petites filles*	PRIX d'achat.	DURÉE.	DÉPENSE annuelle
1 robe d'étoffe de fantaisie	14f 00	4 ans.	3f 50
9 robes d'indienne	48 00	6	8 00
2 pèlerines noires	5 00	5	1 00
6 jupons de laine	20 00	4	5 00
1 châle de mousseline de laine	7 00	7	1 00
1 tablier noir	2 25	3	0 75
10 tabliers de cotonnade	18 00	4	4 50
1 bonnet de mousseline	3 00	3	1 00
1 col et 1 paire de manches	2 40	4	0 60
13 fichus	12 50	5	2 50
10 chemises	20 00	4	5 00
5 mouchoirs	4 00	4	1 00
7 paires de bas	7 00	2	3 50
3 — —	10 00	5	2 00
4 — de souliers	16 00	1 1/3	12 00
Total	......	....	51 35

Art. 8. — *Linge de ménage.*	PRIX d'achat.	DURÉE.	DÉPENSE annuelle
6 paires de draps	90 00	15	6 00
3 — —	15 75	15	1 05
4 taies d'oreiller	10 00	20	0 50
6 serviettes	10 00	20	0 50
8 torchons	8 00	8	1 00
Total	....	....	9 05

B. — Compte de la dépense annuelle pour l'entretien des vêtements et du linge de la famille.

Art. 1er. — *Dépense pour le ménage tout entier.*	VALEURS en nature.	VALEURS en argent.
Achat de fournitures diverses	»	21f 75
125 journées de travail de la femme, estimées à 1f 00 par jour	125f 00	»
Totaux	125 00	21 75

Art. 2. — *Distribution de cette dépense sur les divers membres du ménage.*	en nature.	en argent.
Dépense pour l'entretien des vêtements et du linge :		
Du chef de famille	15 00	3 00
De la femme	10 50	2 00
De la grand'mère	7 00	1 00
Du second fils (Paul)	10 00	2 00
De la cinquième fille (Marie)	10 00	3 00
Des trois petits garçons	22 50	5 00
Des trois petites filles	25 00	5 00
Du linge de ménage	25 00	0 75
Totaux comme ci-dessus	125 00	21 75

ÉLÉMENTS DIVERS DE LA CONSTITUTION SOCIALE

FAITS IMPORTANTS D'ORGANISATION SOCIALE; PARTICULARITÉS REMARQUABLES; APPRÉCIATIONS GÉNÉRALES; CONCLUSIONS.

§ 17.

COMMENT LA DÉSORGANISATION ACTUELLE DE LA FAMILLE CONDAMNE A LA SOUFFRANCE BEAUCOUP D'INDIVIDUS QUI EUSSENT TROUVÉ LE BIEN-ÊTRE SOUS LE RÉGIME DE LA FAMILLE-SOUCHE.

Chez les races à familles autonomes, et dans les situations modestes qui constituent la masse d'une nation, le père de famille réussit, en général, à assurer le sort le plus heureux à chacun de ses enfants. Conformément au premier devoir que lui impose la tradition, il choisit d'abord, parmi ses aînés, l'héritier le plus capable de diriger pendant une nouvelle génération l'humble atelier de travail des ancêtres. Dès que l'association est conclue par le mariage de l'héritier au foyer paternel, les produits du travail commun sont employés à doter successivement tous les autres enfants et à les établir au dehors dans les meilleures situations que comportent l'épargne annuelle de la famille-souche et les facultés spéciales à chaque rejeton.

Dans les circonstances ordinaires, les frères et les sœurs de l'héritier, parvenus à l'âge où ils doivent s'établir, ont acquis les aptitudes morales, intellectuelles et professionnelles, que leur a données naturellement le séjour dans la famille, ou l'apprentissage d'un métier dans quelques ateliers du voisinage. En employant judicieusement leur dot, en s'aidant surtout des conseils et du patronage des parents, ils parviennent à se créer une situation en rapport avec celle de la maison-souche. Cependant, en ce qui touche l'établissement de leurs rejetons, les familles-souches se trouvent placées exceptionnellement en présence de deux circonstances. Dans le premier cas, l'un des enfants se montre doué d'aptitudes supérieures, qui présagent de grands succès. Tous les membres de la famille, conseillés et aidés par les influences locales, emploient alors les ressources fournies par le travail commun pour acheminer l'individualité éminente vers de hautes destinées : en se dévouant ainsi à l'essor d'une supériorité sociale, ils assurent par la voie la plus directe le bien-être de la communauté entière. Dans le second cas, au contraire, un enfant, qui profite, comme les autres, des influences morales émanant de l'excellent milieu où il est élevé, montre depuis sa naissance certaines défectuosités physiques ou intellectuelles; et il est incapable de s'élever, comme chef de maison, à la hauteur de tous ses proches. Les sentiments propres à la famille-souche amènent encore naturellement la solution qui convient le mieux à cette situation pénible. L'affection des parents garantit le disgracié de la nature contre une déchéance complète et le retient dans la classe où il est né. Le foyer paternel assure une situation heureuse à ces faibles de corps et d'esprit qui gardent le célibat.

Issus de deux familles instables de la petite bourgeoisie, les deux époux qui ont fondé la famille décrite dans la présente monographie n'ont point trouvé de telles satisfactions auprès de leurs parents. Ils ont été élevés, comme leurs frères et sœurs, dans un milieu social où personne n'attendait rien de la communauté, où chaque membre cherchait dans l'isolement à conquérir une situation. Avant leur mariage, les deux époux ont vu plusieurs frères et sœurs s'élever, grâce à certaines qualités, à la condition de leur père; mais ils n'ont pas compris que, faute des aptitudes nécessaires aux chefs de maison, le même succès leur était interdit. Ils ont encore accru leurs défaillances personnelles en les associant par le mariage. Par cette alliance, ils se sont exclus définitivement de la bourgeoisie; et ils sont même tombés à ce rang inférieur de la classe ouvrière, où le salaire est attribué exclusivement à l'effort des bras. Ils ont augmenté par l'habitude l'impuissance dont le principe se trouvait en eux-mêmes; et, en même temps, ils ont ressenti plus vivement le désir d'atteindre un but impossible. Ils vivent donc dans la situation d'esprit qui porte les natures ardentes à se révolter contre l'ordre social auquel elles sont soumises. C'est ainsi que le règne de la famille instable, imposé à la France depuis 1793, a été, pour notre race, un des plus terribles instruments de la désorganisation actuelle.

Heureusement, les deux époux ont trouvé, dans leurs tendances innées et dans l'éducation donnée à leur enfance, un correctif aux sentiments de révolte qu'eût développés, sous d'autres influences, la triste situation qui leur est faite. L'impulsion naturelle d'un caractère charmant et surtout les conseils de la religion ont conjuré l'irritation et la haine que nos institutions révolutionnaires pouvaient déchaîner dans ce pauvre ménage. Mais, en étudiant avec attention cette famille, on comprend que cette résignation touchante a dû constamment réagir contre des désappointements et des humiliations. De là des souffrances qui, malgré les correctifs indiqués ci-dessus, ont lourdement pesé sur l'existence des deux époux. Ces souffrances ont été singulièrement aggravées par la désorganisation sociale qui, en France, arrache les familles déchues à l'influence tutélaire du lieu natal, pour les agglomérer à Paris, où elles vivent dans l'isolement au milieu de foules innombrables, et dans le dénûment au contact de richesses étalées à profusion sous leurs yeux.

Les vérités que je viens de rappeler apparaîtront en toute évidence à l'observateur qui fera le moindre effort pour échapper aux idées fausses propagées en France, depuis 90 ans, sous l'influence du régime révolutionnaire. Pour apprécier les ravages du fléau déchaîné en 1793 par la Terreur, et fortifié sous le Consulat par le Code civil, un Français dévoué au salut de sa patrie ne saurait mieux faire que d'aller vivre pendant quelques jours au milieu des admirables familles-souches du Nord. Même sans passer la frontière, il peut revenir au vrai en allant étudier, sur les hautes montagnes de l'Auvergne, les derniers restes de la tradition nationale. Enfin, l'étude seule de la présente monographie suffit à la rigueur pour lui faire entrevoir les conditions de la réforme sociale en France. Le mal actuel a surtout pour causes les habitudes de mollesse contractées, dans les villes et les plaines fertiles, par les familles instables de Bernard D*** et de ses pareils. Le remède est dans les mœurs rudes transmises dès l'enfance à l'Auvergnat-brocanteur (21), sur les plateaux herbus de ses montagnes.

F. L.-P.

§ 18.

CLASSES D'OUVRIERS PARISIENS QUI SE DISTINGUENT PAR LA FÉCONDITÉ.

Le trait le plus remarquable de l'existence de cette famille est le nombre considérable des enfants qu'elle a élevés. Cette circonstance, assez rare dans le milieu parisien, est loin cependant de constituer un cas unique. Diverses catégories d'ouvriers présentent encore cette fécondité qui distinguait, au dernier siècle, la bourgeoisie et les classes ouvrières. On peut dire, en général, de ces ouvriers à famille nombreuse, qu'ils sont originaires des pays situés, en Allemagne et en France, près de la frontière commune de ces deux pays, et qu'ils sont chargés, à Paris, des travaux de force qui n'exigent pas un apprentissage spécial.

L'œuvre de *Saint-Joseph-des-Allemands*, fondée au faubourg Saint-Antoine, en 1850, par le père Chable, et continuée avec un dévouement admirable par les successeurs de ce saint homme, réunit dans son église cinq à six mille personnes des deux sexes, qui ont quitté leur pays natal pour s'établir à Paris, ou qui se sont fixées dans cette ville où elles étaient venues avec le dessein de se rendre en Amérique. Ces émigrants présentent, pour la plupart, des mariages féconds : une moitié environ est née en Lorraine ou en Alsace ; les autres sont originaires du Luxembourg, du Palatinat ou de la Province rhénane.

L'Alsace envoie surtout des jeunes gens, attirés dans la capitale par le besoin de gagner un salaire plus élevé, et par le désir de se perfectionner dans leur état ou dans la connaissance de la langue française. Les professions auxquelles ils s'adonnent de préférence sont celles de mécanicien, de menuisier, d'ébéniste et de tailleur. Ces Alsaciens forment de beaucoup la portion la plus intelligente et la plus active de la colonie du faubourg. Ils se marient quelquefois avec des filles qu'ils nomment *Françaises* parce qu'elles sont nées à Paris ou dans des provinces où l'on parle la langue française. Ordinairement, ils s'unissent avec des filles qui sont nées dans la colonie du faubourg et qui sont désignées par eux sous le nom d'*Allemandes*.

La partie la plus nombreuse de la colonie, la plus ignorante et la plus misérable, est formée de familles qui viennent de la Lorraine, du Luxembourg et du Palatinat. On les retrouve encore çà et là, groupées dans d'autres quartiers et entassées dans les mêmes maisons. Ces familles sortent presque en totalité de souches adonnées à l'agriculture. Un des motifs les plus ordinaires de leur émigration est le désir de conserver quelque petite propriété qu'elles possèdent au pays natal. Cette propriété consiste ordinairement en une chaumière grevée d'hypothèques : elle est louée au moment de leur départ ; et le prix de cette location ainsi que le fruit de leurs économies sont destinés par elles à dégrever un jour l'héritage paternel. Il faut dire que bien souvent ce projet ne se réalise pas, et que l'épargne la plus réelle, la plus sûre, de ces familles, réside dans la fécondité qui doit assurer aux vieux parents l'assistance de leurs enfants : ces familles, en effet, ont, en moyenne, cinq enfants. Les professions qu'elles exercent n'exigent point une adresse ou une intelligence développées. Les hommes sont surtout chiffonniers, balayeurs de rues, manœuvres, terrassiers, ouvriers des usines à gaz. D'autres, à un rang un peu plus élevé, sont carriers ou maçons, assez souvent aussi hommes d'équipe dans les chemins de fer et ouvriers dans les verreries, les fonderies, les raffineries de sucre. Les femmes exercent l'industrie des allumettes chimiques, ou bien elles travaillent dans des filatures de coton ou dans des fabriques de boutons et de passementeries.

Telles sont les diverses catégories d'ouvriers chez lesquels se retrouve encore cette fécondité des mariages, qui contraste d'une façon si frappante avec la stérilité calculée et quelquefois criminelle des ménages parisiens, appartenant aux différentes classes de la société. C'est seulement dans les classes les plus inférieures, les plus pauvres, souvent même les plus dégradées, que se rencontrent encore les familles nombreuses, soit parce que les hommes ne peuvent se donner le luxe de la débauche, soit parce que les secours qu'ils reçoivent des institutions charitables sont proportionnés au nombre de leurs enfants.

De la constatation des faits qui précèdent, on peut s'élever au problème général de la fécondité et de la stérilité des mariages, en s'appuyant sur les données des enquêtes et de la statistique.

Au premier rang des causes de stérilité, il convient de placer l'état de trouble mental et d'anarchie morale qui, depuis le dernier siècle, n'a cessé de s'accroître, surtout dans les centres manufacturiers. Cette situation, qui affecte les sentiments plus encore que les idées, entraîne comme première conséquence l'exaltation de l'égoïsme et l'affaiblissement de l'instinct maternel. L'éducation d'une famille nombreuse exige un dévouement de tous les instants, des privations de toutes sortes, dont le poids paraît aujourd'hui trop lourd à supporter. De 1771 à 1775, il y avait en France 1 naissance annuelle sur 25 habitants; de 1846 à 1850, il y en a eu 1 sur 37. Il y a 50 ans, il naissait 16 enfants légitimes par chaque centaine d'individus; il n'en naît plus aujourd'hui que 12. Dans l'espace de 30 ans (de 1821 à 1851), le nombre des femmes mariées nécessaires pour obtenir une naissance annuelle a augmenté de 5,8 à 7,6.

Ce désordre social qui caractérise notre époque se traduit encore par une perturbation organique, imputable, soit à la débauche, soit à la réaction exercée par l'état moral sur l'organisation physique. On a observé que les cas de stérilité involontaire vont toujours en augmentant, ainsi que celui des accouchements malheureux. Ainsi on trouve en France :

De 1841 à 1845......	1	mort-né sur	29	naissances.
De 1846 à 1850......	1	—	27	—
En 1853	1	—	21	—

Les agglomérations des villes, produites par le développement excessif de l'industrie et par l'abandon de l'agriculture, ont donné lieu à un autre inconvénient de la vie collective. Plus la population ouvrière est condensée, plus la vie est chère et difficile, plus sont répandues les habitudes de luxe, de débauche et d'imprévoyance, plus aussi, nonobstant l'élévation du salaire, les moyens d'existence deviennent insuffisants, plus enfin diminuent les subventions qui, dans les districts ruraux, concourent si heureusement au bien-être des familles. Dans ces circonstances, les familles s'habituent naturellement à la pensée que les enfants imposent des charges trop considérables.

Une autre cause de stérilité est l'obligation du service militaire qui détruit chez les jeunes gens les habitudes de simplicité de la vie domestique. Elle crée des besoins factices; et elle prive surtout les parents des ressources qu'ils pourraient trouver dans le travail des enfants qu'ils ont élevés en s'imposant de durs sacrifices.

Enfin, dans les campagnes comme dans les villes, notre régime de partages forcés a conduit à une stérilité systématique : c'est, en effet, le seul moyen laissé aux parents d'éviter la trop grande division des héritages. Au surplus, la monographie de l'armurier de Solingen (III, IV) fait ressortir par des faits les conséquences d'un tel régime, en même temps qu'elle indique les trois conditions principales dans lesquelles se trouvent les familles pourvues de nombreux enfants (III, IV, 19). Dans les contrées où la loi morale a conservé son empire, où rien n'entrave le libre développement des tendances naturelles, les pères de famille ont un motif principal pour conserver la fécondité. Ils veulent instituer un héritier capable de continuer les bonnes traditions des ancêtres; et leur choix est d'autant meilleur qu'il peut être fait dans une progéniture plus nombreuse.

C'est ici le lieu de remarquer que les listes dressées tous les deux ans, pour la distribution du prix de M. de Reverdy (19), pourraient fournir des documents précieux pour l'étude des causes de la fécondité qui persiste, contrairement aux tendances générales de la population, chez certaines catégories d'ouvriers parisiens. Il suffirait que les maires chargés de dresser ces listes y comprissent à l'avenir quelques indications concernant les habitudes morales, le lieu de naissance et l'époque d'émigration des candidats.

§ 19.

LEGS INSTITUÉ EN FAVEUR DES FAMILLES PAUVRES DE PARIS QUI SE DISTINGUENT PAR LA FÉCONDITÉ UNIE A L'HONNÊTETÉ.

M. de Reverdy, décédé à Bruxelles en 1852, a légué aux classes nécessiteuses une fortune considérable (900,000 francs environ). L'hospice Saint-Brice de Chartres (Eure-et-Loir) a eu la plus grande part dans ses libéralités ; et cette ville elle-même a reçu un legs d'au moins 200,000 francs, pour la fondation d'une école destinée aux enfants pauvres. En dehors de ces dispositions, Paris a été l'objet d'une libéralité toute particulière : M. de Reverdy a déclaré dans son testament léguer à cette ville une inscription de 1,500 francs de rente, pour fonder à perpétuité un prix de 3,000 francs, qui doit être distribué tous les deux ans par le conseil municipal de Paris à l'ouvrier demeurant dans la capitale avec la famille la plus nombreuse. Le lauréat doit, en outre, s'être efforcé, par un travail assidu, honnête et intelligent, de donner à ses enfants une éducation en rapport avec sa position sociale et des habitudes d'ordre et de piété, toujours nécessaires dans les diverses conditions de la vie.

Les formalités nécessaires pour la délivrance de ce legs charitable ont été remplies par l'administration, et les opérations de liquidation de la succession de M. de Reverdy ont été complétées en 1858.

Le conseil municipal a été appelé à décerner pour la première fois, au mois de février 1859, le prix de 3,000 francs fondé par cet homme de bien. Les candidats présentés par les douze mairies de Paris étaient nombreux, et, pour la plupart, dignes du plus grand intérêt. Celui qui a été l'objet du choix du conseil municipal est Bernard D**. En prenant cette décision, on a considéré qu'il a réussi, avec son modique salaire d'homme de peine, à élever 15 enfants (2) dans les meilleures conditions d'ordre, de bonne conduite et d'esprit de famille. Ses concurrents étaient au nombre de 42; mais aucun d'eux ne présentait une famille aussi nombreuse. Le second sur la liste avait 11 enfants; le troisième et le quatrième, 9 enfants; venaient ensuite huit familles de 8 enfants, dix familles de 7 enfants, huit familles de 6 enfants et neuf familles de 5 enfants. Les quatre derniers candidats avaient seulement 3 ou 4 enfants. Les professions qui reviennent le plus fréquemment sur la liste de présentation sont celles de manœuvre, de maçon et de tailleur; c'est dans les deux premières que se classent les ouvriers qui offraient les familles les plus fécondes. Cette même particularité vient de se représenter identiquement sur la liste dressée pour 1861. Le choix s'est porté cette fois sur un maçon, père de 11 enfants. La liste comprend 55 candidats; 12 de plus qu'en 1859. On ne saurait tirer aucune conséquence de cette augmentation qui s'explique par la présence sur la liste d'un nombre équivalent de familles peu chargées d'enfants. Ces cinquante-cinq familles comptaient, savoir : trois, 11 enfants; trois, 10 enfants; deux, 9 enfants; cinq, 8 enfants; quinze, 7 enfants; quatorze, 6 enfants, et quatre de 5 enfants à 1 enfant.

§ 20.

L'IMPRÉVOYANCE, CAUSE PRINCIPALE D'INSUCCÈS POUR LA FAMILLE DÉCRITE.

Les réflexions qui se présentent naturellement à la pensée, lorsqu'on examine dans ses détails la situation de la famille étudiée dans la présente monographie, portent principalement sur deux points : sur la manière de vivre de la famille; sur l'emploi et la distribution de ses ressources pécuniaires.

Un examen attentif révèle chez le chef de famille un défaut de prévoyance et d'épargne et un besoin de bien-être, suffisamment accusés aux §§ 7, 10, 12 et 13 de la monographie, sans qu'on puisse cependant méconnaître les qualités qui lui ont mérité l'honneur du prix fondé par M. de Reverdy. L'histoire de la famille nous montre Bernard D** quittant le service militaire, pour entreprendre un commerce qui paraît être de nature à lui assurer un avenir heureux au pays natal. La ruine qui a déterminé l'interruption de ce commerce a été un sujet d'affliction pour les parents et les amis de cet excellent homme; mais elle avait été généralement prévue par ceux qui vivaient dans son intimité et qui connaissaient les défaillances de son caractère. L'insuccès de Bernard D** est dû surtout à la confiance exagérée qu'il avait en lui-même, et à l'idée fausse qui le portait à croire qu'il s'élèverait tôt ou tard dans la hiérarchie sociale en se donnant, malgré son défaut d'aptitude et l'insuffisance de ses ressources, le logement, le mobilier, le costume et les autres apparences extérieures de la petite bourgeoisie.

Cette tendance se révèle, en effet, dans tous les détails de la présente monographie : dans la mise de Bernard D**, dans l'installation recherchée de son habitation, dans ses aspirations persistantes et non justifiées vers la vie bourgeoise. On aperçoit tout d'abord que, sans les qualités morales qui distinguent cet ouvrier, sans la direction intelligente donnée aux soins du ménage par la femme, cette intéressante famille eût été infailliblement vouée au plus affreux dénûment. Bernard D** n'a guère montré plus de discernement dans le parti qu'il a pris pour réparer l'insuccès de sa première entreprise.

Ruiné, il part pour Paris; et c'est avec 50 francs pour toute ressource qu'il entreprend d'établir sa famille dans cette ville immense, où il n'a que des relations peu capables de le mettre à même de gagner son pain de chaque jour et celui de la famille. Le prix de M. de Reverdy lui arrive enfin après une série d'années malheureuses, après une lutte longue et pénible contre les difficultés de la vie. L'expérience qu'il a faite de l'instabilité des choses humaines, la pénurie, le dénûment, la perspective des charges de famille qni s'accroissent chaque jour, et la vieillesse qui s'approche, doivent conseiller à Bernard D** de faire un usage circonspect du capital dont il est redevable à la libéralité de M. de Reverdy et à la bienveillance de l'administration municipale. Ce capital peut être pour lui le point de départ d'une condition qui, s'améliorant par le temps, le mettrait peut-être un jour à l'abri d'une vieillesse malheureuse. Dans cette prévision, il devrait le conserver avec sollicitude, le garantir de son mieux contre toutes fâcheuses éventualités. La prévoyance est un fruit qu'à défaut d'éducation première devraient faire mûrir le malheur, l'expérience et la raison. Dans cette situation, quel usage a fait Bernard D** d'une ressource aussi inattendue? Obéissant à l'instinct de bien-être qui paraît le dominer, il dépasse la limite de ses véritables besoins et de ceux de sa famille; il ne se contente pas de payer quelques dettes, de retirer quelques effets engagés au Mont-de-piété dans un moment de détresse : il achète des vêtements d'une certaine recherche; il se procure des meubles en harmonie avec ses goûts et ses tendances vers la bourgeoisie. Il agit comme si son capital était inépuisable. En un mot, il dépense en peu de temps une somme de trois mille francs qui, placée entre les mains d'un Auvergnat (21), fût devenue la source d'une fortune. Ce même esprit d'imprévoyance et le défaut d'épargne se retrouvent encore dans l'espoir que Bernard D** nourrit de reconquérir sa première position sociale; en outre, les démarches incessantes qu'il fait pour parvenir à un emploi l'obligent, non-seulement à négliger son travail principal, mais encore à se livrer, pour son vêtement, à des dépenses que ne ferait point, dans une telle situation, un homme prudent et économe.

Ce n'est pas sans intention que nous avons opposé l'ouvrier de l'Auvergne au chef de famille que nous venons d'étudier; car le caractère de ce peuple curieux, tourné tout entier vers l'amour du gain et de l'épargne, prouve jusqu'à l'évidence que l'éducation, plus que la race, le sol et le climat, joue un rôle prépondérant dans les tendances économiques et, en général, dans la vie domestique des familles.

La description des mœurs de l'Auvergne (21; IV, IV, 19) signale les véritables influences qui poussent à l'épargne les populations de cette contrée. Dès son enfance, l'habitant des montagnes du Cantal et du Puy-de-Dôme est plié à l'épargne par la rude vie de l'émigration. Il comprend de bonne heure que ses chances d'avenir sont proportionnées au pécule qu'il doit chaque année rapporter à sa famille; que l'épargne annuelle est le principal élément du patrimoine qu'il possédera un jour; et que c'est surtout à l'importance de cette épargne que se mesurera la considération publique qui lui assurera, au pays natal, un mariage avantageux.

L'initiation à la prévoyance et à l'épargne, qui imprime leur principal caractère à beaucoup de populations décrites dans cet ouvrage, paraît avoir complétement manqué à la jeunesse de Bernard D** et à celle de sa femme. Cette lacune, dans l'éducation première, semble être également un trait caractéristique pour la plupart des ouvriers qui, comme ce dernier, occupent à Paris la situation de manœuvre.

§ 21.

PRÉCIS DE LA MONOGRAPHIE AYANT POUR OBJET L'AUVERGNAT-BROCANTEUR (EN BOUTIQUE) DE PARIS.

I. Définition du lieu, de l'organisation industrielle et de la famille.

Le brocanteur présentement décrit est un chef de métier propriétaire, dans le système du travail sans engagement. Au début de sa carrière, il a été complétement privé de ressources; et, sous ce rapport, il s'est trouvé dans les mêmes conditions que le manœuvre, objet principal de la présente monographie. Dressé de bonne heure, par les traditions de l'Auvergne, aux privations, à l'épargne et à la prévoyance, il a marché constamment d'un pas sûr vers la propriété; tandis que ce même succès a toujours été interdit, dans la même ville de Paris, au manœuvre venu de l'Alsace.

La famille habite à Paris le quartier Sainte-Avoie. Ce quartier, qui fait partie du troisième arrondissement, est borné : au nord, par les rues du Grand-Hurleur, des Gravilliers, Pastourelle; à l'est, par celles du Chaume et du Grand-Chantier : au sud, par la rue de Rambuteau; à l'ouest, par le boulevard de Sébastopol. Il tire son nom de l'ancienne rue Sainte-Avoie, confondue maintenant avec la rue du Temple, et ainsi appelée elle-même parce qu'une communauté de femmes s'y était établie, au XIIIe siècle, sous l'invocation de sainte Avoie. Les rues en sont étroites et tortueuses, et d'un accès difficile aux voitures; un grand nombre d'entre elles sont les aboutissants d'obscurs passages ou d'impasses dans lesquels le soleil n'a jamais pénétré. Depuis les démolitions opérées pour l'embellissement de la capitale, ce quartier a servi de refuge à une nombreuse population industrielle appartenant à divers corps d'état. Il compte aujourd'hui près de 30,000 habitants; et les ouvriers qui y travaillent sans y résider sont à peu près aussi nombreux. La chapellerie et la bijouterie y occupent un grand nombre de bras; mais il est occupé surtout par l'industrie des brocanteurs, ambulants et en boutique, de chiffons et de ferraille. Cette agglomération doit être attribuée à la proximité du Temple, vaste marché où l'on trouve l'écoulement de toutes sortes d'objets hors d'usage. Il existe dans le quartier Sainte-Avoie plus de 300 marchands de vin, achalandés par les ouvriers que l'éloignement de leur domicile oblige à manger hors de chez eux, et par ceux qu'y conduisent leurs goûts d'intempérance. La famille décrite habite la rue Simon-le-Franc, qui ne renferme qu'un petit nombre de maisons très-anciennes, occupées par des fabricants de chapeaux et par des brocanteurs.

La famille se compose de cinq personnes, dont trois seulement vivent ensemble : un chef de famille, né au Pouget (Puy-de-Dôme), marié depuis 35 ans, âgé de 59 ans; sa femme, née à Sauvagnat (Puy-de-Dôme), âgée de 55 ans; la sœur de la femme, née à Sauvagnat (Puy-de-Dôme), âgée de 38 ans, célibataire, vivant avec les deux époux depuis 23 ans. Deux enfants sont mariés et établis hors du ménage, savoir : un fils, né à Paris, marié depuis 4 ans, âgé de 34 ans; une fille, née à Paris, mariée depuis 8 ans, âgée de 26 ans. Le fils est marchand de meubles, en boutique, à Paris. La fille est mariée à un limonadier, à la Chapelle-Saint-Denis. Le chef de famille a pourvu à l'établissement de ses enfants. Chacun d'eux a reçu cinq mille francs le jour de son mariage. Grâce à cette petite dot, à leur travail et à leur intelligence, ils sont tous en voie de prospérité. La sœur, célibataire, travaille dans le ménage, et surtout dans le commerce de son beau-frère, qui pourvoit à tous ses besoins, et lui alloue en outre un salaire annuel de 300 francs. Elle est parfaitement au courant des affaires de la maison, et remplace le chef de famille pour les achats et la vente à la boutique. Investie de toute la confiance de son beau-frère, elle possède le maniement des fonds. Elle rend des services fort appréciés du chef de famille. Le père de l'ouvrier est mort, il y a quatre ans, au pays natal; la mère est décédée il y a douze ans. L'ouvrier a un frère qui est également établi à Paris, comme brocanteur en boutique, dans le quartier Saint-Marceau. C'est l'aîné de la famille. Il est marié, et a des enfants; son commerce est très-prospère. Un autre frère est marchand mercier, près de Libourne (Gironde). Une sœur cadette est restée en Auvergne. Elle est mariée à un cultivateur qui, pendant l'hiver, laisse sa famille au pays pour venir à Paris exercer le métier de brocanteur ambulant. Les autres frères et sœurs de l'ouvrier sont morts.

Les deux époux sont nés de parents catholiques. Dans le Puy-de-Dôme, et surtout dans les parties montagneuses de ce département, la religion catholique romaine est enseignée avec soin aux enfants, dont les notions scolaires sont d'ailleurs faibles et négligées. Les idées chrétiennes, inculquées de bonne heure, laissent, dans le cœur de ces habitants des montagnes, des germes profonds qui, à travers leurs habitudes d'émigration, se retrouvent dans toutes les phases de leur existence. Ils conservent, avec une certaine indépendance dans le caractère et un esprit rare d'initiative individuelle, une déférence intelligente et raisonnée pour les supériorités sociales, déférence qu'on ne rencontre plus guère aujourd'hui parmi les classes ouvrières. Le chef de famille n'a pas perdu, au contact des mœurs des grandes villes, ses principes religieux. Un respect absolu pour ce qui regarde le culte et les ministres du culte domine son caractère, exempt à la fois d'un préjugé aveugle et d'une ferveur exagérée. Il tient à sa religion; le temps seul lui manque pour en observer les préceptes. Jusqu'à l'âge de trente ans, l'ouvrier s'est assujetti aux pratiques religieuses, avec autant de régularité qu'un ouvrier peut le faire quand il est obligé, comme l'a été celui-ci pendant de longues années, de mener une existence nomade. Absorbé par la surveillance de ses intérêts matériels, il s'affranchit aujourd'hui presque complétement des prescriptions du culte chrétien. Il ne va à l'église que dans des circonstances exceptionnelles, pour un baptême, pour une noce, pour un enterrement, et ne tient aucun compte des commandements relatifs à la nature des aliments. Cette indifférence pour l'observation des règles du culte offre un étrange contraste avec la foi religieuse de l'ouvrier. Elle est due à cet âpre amour du gain, à cette passion de l'épargne, qui sont les traits caractéristiques du caractère auvergnat. Sans doute, à l'âge de la vieillesse, lorsqu'il sentira le besoin du repos, et qu'il ne sera plus détourné par les occupations de son commerce, l'ouvrier reviendra, plein de foi, à la pratique des devoirs qu'il néglige aujourd'hui. La femme et sa sœur ont conservé les sentiments pieux qu'elles doivent à leur éducation. La première va assez régulièrement à la messe le dimanche : c'est la seule pratique religieuse qu'elle concilie avec ses occupations; sa sœur, plus retenue encore par les besoins du commerce, s'y rend quelquefois. A défaut des exemples et des exhortations de l'Église, l'esprit de famille et l'influence des principes religieux conservent la pureté des mœurs dans les habitudes journalières de la vie. En résumé, la religion est dans cette famille ce qu'elle est encore dans beaucoup de ménages parisiens. Mais déjà, chez un grand nombre d'ouvriers de la capitale, on voit apparaître l'indifférence, à laquelle succèdent bientôt le scepticisme et même le mépris des croyances. Les brocanteurs forment par leurs mœurs une catégorie distincte. Ils se concentrent dans les mêmes quartiers de la ville et ne se mêlent pas aux autres ouvriers. Les lieux publics où ils se rendent ne sont en général fréquentés que par eux; les marchands de vin chez lesquels ils se réunissent, soit pour chercher des distractions, soit plutôt pour les besoins de leurs affaires qu'ils traitent souvent le verre à la main, ne comptent dans leur clientèle suivie que des ouvriers de cette profession. Au milieu de la population parisienne, dont ils ne partagent, ni les habitudes, ni les plaisirs, les Auvergnats immigrés vivent dans un cercle fermé; ils n'en franchissent les limites que pour les besoins de leur commerce, et ils ne cherchent nullement à se créer au dehors des relations de société, d'amitié ou de famille. L'ouvrier sait lire et un peu écrire. Il tient lui-même, tant bien que mal, les comptes de sa maison. Ce n'est que dans le cours de sa carrière qu'il a pu, grâce à l'instruction donnée par les écoles publiques des grandes villes, et grâce à un travail assidu pendant ses soirées, acquérir ces notions élémentaires. Dans son enfance, il n'a jamais fréquenté l'école de son village; à dix-neuf ans, il ne connaissait pas la première lettre de l'alphabet. La femme et la belle-sœur de l'ouvrier ne savent, ni lire, ni écrire.

L'ouvrier est de petite taille (1m55). Ses épaules larges, sa poitrine développée, annoncent une constitution robuste et une force peu commune. Dans sa démarche, dans sa tenue, dans son maintien, dans son langage, même dans les traits généraux de sa physionomie, il offre le type particulier aux individus de son pays. Des yeux petits, mais pleins de vivacité, donnent à son large visage un air d'intelligence que rehausse encore un front élevé. L'ensemble de son extérieur décèle une nature douée à la fois de la force physique et de la vigueur morale, qualités qui se rencontrent assez généralement parmi les Auvergnats. Quoique près d'atteindre sa soixantième année, malgré les fatigues de son métier et les privations de sa jeunesse, l'ouvrier jouit d'une parfaite santé qui ne s'est jamais altérée. Ses traits surtout sont loin d'accuser son âge; ses cheveux abondants sont à peine grisonnants. Quelques rhumatismes, dont il surmonte assez facilement les douleurs, excitent seuls ses plaintes, surtout lorsqu'ils l'empêchent d'agir, ce qui arrive rarement. La femme, d'une taille un peu plus élevée que celle de son mari, a l'apparence d'une constitution assez délicate; néanmoins sa santé est bonne. Quant à la sœur, elle est dans toute la force de l'âge. D'une corpulence puissante, active, robuste, elle est douée d'une santé à toute épreuve. Elle remplace un homme pour le travail, et porte journellement sans fatigue d'énormes fardeaux. En somme, dans cette famille, les soins qu'on donne à l'hygiène sont sans importance, grâce à de vigoureuses constitutions et à une bonne nourriture, complétée par un vin naturel, dont la famille fait usage. Quoique nés et élevés à Paris, les enfants sont dans des conditions de santé aussi heureuses que celles de leurs parents.

Parmi les ferrailleurs et fripiers, la seule supériorité est celle de l'argent, et les marchands en boutique occupent le premier rang. La possession des capitaux nécessaires à leur commerce les place au-dessus des brocanteurs ambulants, dont l'industrie n'exige qu'une mise de fonds insignifiante. Il y a là, comme dans d'autres classes de la société, une ligne de démarcation tracée par la fortune; c'est au chiffre de cette dernière que les brocanteurs mesurent le degré de considération qu'ils s'accordent entre eux. L'argent seul peut d'ailleurs établir une distinction entre des gens de même profession ou de même origine, ayant reçu la même éducation, également ignorants, possédant les mêmes mœurs et la même manière de vivre. Presque tous les brocanteurs, qui, par l'épargne ou la bonne direction de leurs affaires et des chances heureuses, sont parvenus à fonder ou à acheter un fonds de commerce, ont commencé leur carrière par les plus humbles conditions. Beaucoup d'entre eux se sont vus pour ainsi dire expulsés, dès l'enfance, du foyer paternel. Ils ont été forcés d'émigrer, de quitter une famille et un sol qui ne leur offraient pas des moyens suffisants d'existence. Il y a de ces enfants, de ces petits ramoneurs, qu'on voyait naguère mendier dans les rues, et qui sont arrivés, à force de travail, de persévérance et de privations, à une aisance relative et même quelquefois à la fortune. Ceux qui s'élèvent ainsi au-dessus des autres, par un avoir très-considérable, sont rares; il en est cependant qui ont accumulé de véritables richesses. Souvent ils atteignent à un certain bien-être matériel, mais ils ne s'élèvent pas au-dessus du rang dans lequel leur naissance et leur existence laborieuse les ont placés. En se retirant des affaires, ils deviennent propriétaires ou rentiers. Ils pourraient alors quelquefois entrer dans la bourgeoisie, si leur défaut d'instruction et leurs habitudes parcimonieuses ne les empêchaient de gravir cet échelon. Ils marient ordinairement leurs enfants avec des ouvriers-chefs-de-métier. Le chef de famille occupe parmi ses compatriotes un certain rang, qu'il a acquis, d'un côté par sa fortune, et de l'autre par ses bonnes mœurs et sa réputation d'homme de bien. Mais, comme eux, il ne pourra jamais sortir de ce milieu, dans lequel il déclare, du reste, se trouver parfaitement heureux. La prospérité de son commerce et l'augmentation progressive de son patrimoine paraissent être toute son ambition.

II. Moyens d'existence de la famille.

Les propriétés appartenant à la famille sont évaluées comme suit : *Immeubles*, 60,000f 00 (une maison à Paris, 45,000f 00, et une autre à Ivry (Seine), 15,000f 00) ; — *argent*, 1,500f 00 ; — *marchandises*, 18,500f 00 ; — *matériel spécial des travaux et industries*, 219f 00. — *Total*, 80,219f 00. — La somme de 1,500f 00 en argent est destinée à payer les marchandises achetées au comptant et les dépenses domestiques.

La famille ne jouit, à proprement parler, d'aucune subvention. On peut cependant faire figurer sous ce titre quelques provisions apportées à l'ouvrier par des amis de son pays et les cadeaux qu'il reçoit de ses enfants.

Travaux de l'ouvrier. — Le travail principal consiste : 1° à se rendre en ville chez les particuliers qui le font demander, pour acheter les objets dont ils veulent se débarrasser ; 2° à faire les achats de marchandises qu'apportent les brocanteurs ambulants; 3° à vendre ses marchandises, soit au public, soit aux marchands du Temple, soit aux marchands en gros, qui approvisionnent les fabriques et les usines; enfin, à se transporter, partout où besoin est, pour vendre, échanger ou acheter. L'ouvrier reçoit en outre la marchandise, et en effectue le triage et le classement dans la boutique. Ces travaux absorbent 300 journées évaluées à 1,200f 00. L'ouvrier emploie, plusieurs jours par mois, des journaliers qui sont spécialement engagés pour emballer et charger les marchandises vendues en gros. Ces ouvriers sont aussi des Auvergnats. Ils sont payés à façon, et gagnent en moyenne de 5 à 6 francs par jour. — *Travaux de la femme.* — La femme a pour occupation spéciale les soins du ménage, la préparation des aliments, l'entretien du linge et des vêtements. En dehors de ces travaux, elle a sous sa direction le magasin des chiffons. Les chiffons achetés sont triés par elle, collectionnés et lavés. Cette opération consiste d'abord à séparer les chiffons blancs de ceux de moindre qualité, à les laver avec du savon à la rivière, et à les classer ensuite dans le magasin. Durée du travail, 319 journées évaluées à 438f 00. — *Travaux de la sœur.* — La sœur de la femme donne tout son temps aux soins du commerce. Parfaitement au courant des affaires, elle remplace le chef de famille, surtout pour les achats et les ventes au détail. Elle aide son beau-frère à trier les os, les peaux de lapin et la ferraille (vieux ustensiles de cuivre, de plomb, de zinc). Elle dirige les ouvriers, pour l'emballage et le chargement des marchandises vendues en gros. Ses occupations demandent de la force et de l'activité. Son travail commence en effet le matin, de bonne heure, et se termine en été à la chute du jour; pendant les soirées d'hiver, elle travaille, avec une lanterne, dans le magasin et dans la cave du brocanteur. En cas d'indisposition ou d'absence de la femme, elle la remplace pour les soins du ménage et la préparation des aliments. Le travail qu'elle produit peut s'estimer à 320 journées, évaluées à 900f 00.

III. Mode d'existence de la famille.

L'alimentation de cette famille est saine et abondante, et se rapproche de celle des familles bourgeoises. L'usage d'un bon vin, que l'ouvrier achète, en pièces, à un vigneron de la Bourgogne, rend ce régime plus fortifiant encore. C'est à cette boisson que l'ouvrier attribue l'état prospère de sa santé et de celle de sa famille. Au cabaret, il ne consomme généralement que du vin; mais la boisson qu'il trouve là ne ressemble guère à son vin naturel. La mauvaise qualité des vins vendus au détail exerce une influence malheureusement trop grande sur la santé des ouvriers parisiens. Le matin, dès l'ouverture de sa boutique, l'ouvrier se rend chez le marchand de vin du voisinage, et là, en compagnie de quelques compatriotes, prêts à partir pour leur tournée, il prend en hiver un verre d'eau-de-vie, en été un verre de vin blanc. Cette *goutte*, comme il l'appelle, est quelquefois l'occasion d'une affaire importante. La famille fait par jour trois repas. — 1° Déjeuner (9 heures du matin) : soupe, fromage et vin. — 2° Dîner (2 heures) : viande, légumes, fromage, fruits et vin. A ce repas, on mange fréquemment du bœuf bouilli ou du lard, quelquefois aussi du veau et du mouton. De temps en temps, le dimanche ou un jour de fête, on fait cuire un poulet. Les légumes dont la famille fait surtout usage sont : les pommes de terre, les haricots, les choux, les lentilles et les petits pois. La femme achète du poisson lorsqu'il est à bon marché. Quelquefois, ce repas est suivi de café noir ; l'ouvrier, cependant, n'en prend jamais, parce qu'il ne peut le supporter sans fatigue. La famille a aussi quelques liqueurs, mais elle n'y touche que dans les cas exceptionnels. — 3° Souper (de 8 à 9 heures) : soupe (grasse ou maigre), salade, omelette, ou les restes du dîner. Ce repas est, en général, assez léger ; on y boit un peu de vin. Pendant la journée, la femme de l'ouvrier mange, dans la saison, des fruits qu'elle paraît aimer beaucoup.

La maison dans laquelle habite l'ouvrier lui appartient ; elle est composée d'un rez-de-chaussée et de cinq étages ; elle a deux fenêtres de façade sur la rue Simon-le-Franc. Le logement de la famille est au premier étage, immédiatement au-dessus de la boutique ; on y arrive par l'escalier de la maison, commun à tous les locataires. L'ouvrier a fait pratiquer un *judas* dans le plafond de son magasin, vers la porte d'entrée. Ce judas correspond à la principale pièce du logement et se ferme au moyen d'une trappe ; on peut voir par là de la chambre ce qui se passe dans la boutique, et communiquer verbalement avec les personnes qui s'y trouvent. Ce logement se compose, en entrant, d'une cuisine obscure assez exiguë, suivie d'une chambre qui prend jour sur la rue par une très-large croisée ; c'est la chambre où couche la sœur et dans laquelle on prend habituellement les repas. Elle communique, par une porte vitrée, avec une grande pièce éclairée de la même manière, par une fenêtre donnant sur la rue. Cette chambre rappelle à la fois, par son aspect, l'intérieur du bourgeois et celui de l'ouvrier. On y remarque deux grandes pendules dorées, d'un certain prix, placées, l'une sur la commode, l'autre sur la cheminée, qu'ornent en outre différents petits tableaux, les photographies de la famille, et deux vases de fleurs artificielles recouverts de cylindres en verre. Dans une grande alcôve, fermée par des rideaux, sont deux larges lits où couchent l'ouvrier et sa femme. La maison est fort ancienne, et le plafond de cet appartement a une hauteur qu'on ne trouve guère dans les constructions modernes. Quoique tout soit tenu avec propreté, l'ensemble de cet intérieur rappelle la nature de l'industrie. Celle-ci a son siége dans la boutique du rez-de-chaussée. Cette boutique a 4 mètres de façade sur la rue Simon-le-Franc; elle est ornée à l'extérieur d'objets de toute nature de la plus grande vétusté. A côté d'un chapeau de tôle rouillée, qui a servi d'enseigne à un chapelier, pendent des rideaux troués et des embrasses qui rappellent un somptueux salon. Des marmites cassées, de vieilles casseroles font vis-à-vis à un équipement de garde national; près de là se groupent des échantillons de friperie de toutes sortes et d'un aspect aussi bizarre que curieux. Le magasin n'est pas large, mais il est long de 21 mètres, et haut de 2m 50. Derrière ce magasin, à travers la lanterne d'un ciel ouvert, un jour douteux filtre sur des objets impossibles à décrire. Des os, des drilles, du vieux fer, des chiffons de toute espèce et de toutes couleurs, des peaux de lapin, des vêtements délabrés, des verres cassés, du suif et des débris de papier encombrent littéralement l'intérieur de ce long bazar. Il paraît impossible de se reconnaître au milieu de ces montagnes de marchandises; mais ce désordre n'est qu'apparent: tout est méthodiquement classé et facilement trouvé par les personnes de la maison. A l'extrémité du magasin, plusieurs marches conduisent à une longue cave; les marchandises s'y pressent de manière à ne laisser libre qu'un étroit passage; et elles envahissent même l'escalier. Au premier et au second étage, l'ouvrier occupe encore deux grandes pièces, remplies par les marchandises de son commerce. Au milieu de tous ces débris amoncelés, il se reconnaît aussi bien que pourrait le faire un négociant dans le magasin le mieux arrangé. La famille s'est réservé, dans la maison d'Ivry, composée d'un rez-de-chaussée et de deux étages, l'appartement du premier; et elle s'y rend souvent le dimanche.

Le mobilier peut être évalué, avec les vêtements, à un total de 5,187f 00, savoir : *Meubles*, 1,546f 00; — *linge de ménage*, 282f 00; — *ustensiles*, 578f 00; — *vêtements*, 2,781f 00. Les vêtements sont propres, solides et bien entretenus. Ils n'ont pas le cachet de ceux que se procurent, dans les maisons de confection, les ouvriers de Paris; mais ils rachètent la simplicité de la forme par la bonne qualité de l'étoffe. On se préoccupe surtout de l'utilité; et on ne sacrifie rien à l'apparence.

L'habitude généralement répandue parmi les brocanteurs, ambulants ou en boutique, de se rendre chez le marchand de vin pour y traiter leurs affaires, peut être considérée, à certains égards, comme une récréation. C'est là que se concluent souvent d'importants marchés; mais ces libations dégénèrent très-rarement en orgie. L'ouvrier, comme ses confrères, se rend presque chaque jour chez un des marchands de vin du quartier. Il y prend un verre de vin et y fait quelquefois une partie de cartes, toujours l' « écarté », le seul jeu qu'il connaisse. Cette partie paraît lui procurer un certain plaisir; il n'y engage jamais cependant de fortes sommes; une ou deux bouteilles de vin sont en général la seule dépense à la charge du perdant. L'ouvrier trouve dans ses habitudes d'ordre et d'économie un frein salutaire contre la passion du jeu. A l'occasion d'un marché de quelque importance, il dîne quelquefois au restaurant, soit que ce repas ait été imposé au vendeur ou à l'acheteur par les conditions mêmes du marché, soit que chacun paie son écot. Dans certaines circonstances solennelles, telles qu'une fête religieuse ou la fête de l'ouvrier, celui-ci invite à dîner chez lui ses enfants et son frère. Dans les longues soirées d'hiver, quelques amis se rendent chez l'ouvrier, et une conversation de quelques heures, sur le pays natal et sur les affaires commerciales, fait tous les frais de ces réunions intimes. La plus grande distraction de l'ouvrier et de sa femme est d'aller le dimanche à leur maison d'Ivry, qu'ils appellent leur maison de campagne. Ils se sont réservé, en outre du logement, la jouissance du jardin, et les fruits qui en proviennent. Ils permettent cependant à leurs locataires de s'y promener. Quelquefois la femme y reste seule, en été, pendant deux ou trois jours, et c'est pour elle un très-grand plaisir. La famille y va chaque dimanche, pendant la belle saison, et assez fréquemment, en hiver, quand le temps le permet. Elle y passe la journée, elle y dîne; et, le soir, elle revient à pied en rapportant un gros bouquet de fleurs ou un panier de fruits. Une autre récréation de la femme est d'aller visiter ses enfants. La distraction du théâtre, si goûtée des ouvriers parisiens, l'est fort peu dans la classe des brocanteurs. Le chef de famille, depuis 37 ans qu'il habite Paris, n'y est allé que cinq ou six fois, et dans des circonstances où il avait été, pour ainsi dire, entraîné.

IV. Histoire de la famille.

Les traits principaux de l'existence de l'ouvrier se retrouveraient dans l'histoire d'une grande partie des individus du même pays, ayant parcouru une carrière analogue. L'ouvrier est né dans le département du Puy-de-Dôme. Ses parents étaient de pauvres cultivateurs, ne possédant aucun bien, et chargés de famille. Ils avaient huit enfants; l'ouvrier ici décrit était le troisième; l'aîné de tous était un garçon qui, de bonne heure, avait commencé, dans le pays, le métier de ramoneur. Quant à l'ouvrier, il se souvient qu'il gardait, étant fort jeune encore, les bestiaux avec sa sœur aînée. Il venait d'atteindre sa sixième année quand son père, ne trouvant plus sur le sol natal les moyens d'élever une famille qui augmentait rapidement, résolut d'émigrer. Accompagné de ses deux fils aînés, le père quitta l'Auvergne et se dirigea vers le midi de la France pour s'y livrer au ramonage. Suivant un usage qui s'explique, autant par la nécessité de laisser la femme et les jeunes enfants au logis, que par l'industrie même du ramonage, beaucoup plus productif en hiver qu'en été, le père et ses fils retournaient périodiquement au pays. Ils revenaient tous les trois au printemps reprendre les travaux des champs, et ils repartaient en automne, à pied, portant le racloir et la besace. Ils parcouraient les villes déjà visitées et en visitaient de nouvelles, amassant le plus d'argent possible par leur travail et ne craignant pas même de faire appel à la charité publique. L'ouvrier raconte qu'après de laborieuses journées il courait avec son père, dans les promenades publiques et dans les rues, après les *bons messieurs*, jusqu'à ce que ceux-ci se fussent débarrassés de leurs importunités en jetant *un petit sou*. Dans leur langage, ils appellent «*faire la demi-aune* » cette action de tendre la main. Ces aumônes, quelquefois abondantes, augmentaient le salaire quotidien; et, grâce à une manière de vivre des plus économiques, le père de l'ouvrier pouvait, à la fin de la campagne, rentrer au foyer domestique avec un petit pécule. Après avoir parcouru ainsi, dans une période de plusieurs années, Tulle, Bordeaux, Cahors, Carcassonne, Nîmes, Montpellier et un grand nombre d'autres villes, l'ouvrier, qui avait atteint l'âge de quatorze ans, conçut, avec son frère aîné, le projet de se rendre à Paris. Leur père, déjà vieux, avait alors renoncé aux voyages. Ils le laissèrent au pays et se dirigèrent tous les deux vers la capitale, au commencement de l'année 1813. Jusqu'à l'âge de dix-huit ans, l'ouvrier resta associé avec son frère pour l'exploitation du ramonage des cheminées, soit à Paris, soit dans la banlieue. Ils n'exerçaient cette industrie que du mois d'octobre au mois de mars; et ils retournaient habiter l'Auvergne pendant le reste de l'année. Ils s'y employaient, soit comme domestiques, soit comme gardiens des troupeaux dans les montagnes, soit comme manœuvres-agriculteurs dans les vallées. A dix-huit ans, l'ouvrier commença avec son frère le métier de *chineur*[1] (brocanteur ambulant). Ils furent amenés à entreprendre ce métier en pratiquant le ramonage. En effet, admis dans l'intérieur des maisons, ils y trouvaient l'occasion d'acheter à bas prix, ou même de recevoir à titre gratuit, une multitude d'objets, et notamment des os, des chiffons, du vieux fer et des peaux; et ils les revendaient aussitôt à des brocanteurs permissionnés, en réalisant d'assez gros bénéfices. Initiés ainsi naturellement à cette nouvelle industrie, ils parvinrent à économiser une somme de 2,000 francs; mais quelques

1. *Chineur* est un terme de l'argot du brocantage. Ce mot, fort ancien, dont on ignore l'étymologie, s'applique surtout à ceux des brocanteurs qui achètent spécialement les os, les peaux, la ferraille et les chiffons.

achats de marchandises, faits dans de mauvaises conditions, leur eurent bientôt fait perdre ce petit capital. Sans se décourager, les deux frères recommencèrent à ramoner, et ce n'est qu'à l'âge de vingt-deux ans qu'ils abandonnèrent de nouveau cet état et se firent admettre, chacun pour son compte, au nombre des brocanteurs ambulants. L'ouvrier pensa alors qu'il devait renoncer aux émigrations périodiques; et il se fixa définitivement à Paris. Il parcourait la capitale et la banlieue, achetant et revendant de tous côtés, profitant de toutes les bonnes occasions, dépensant le moins possible et économisant même aux dépens de sa santé. En 1829, il avait acquis un avoir relativement considérable; et il se maria avec une fille de son pays, qui exerçait aussi le commerce de brocanteuse. Pour accroître les profits de ce commerce, la femme entreprit l'industrie de coupeuse de poil. Elle se livra à ce travail, d'abord seule; puis elle s'adjoignit successivement plusieurs ouvrières, à mesure qu'augmentait l'importance de ce métier. Grâce aux spéculations heureuses de l'ouvrier et au travail assidu de la femme, le jeune ménage prospéra. Le capital s'accumula; et, vers 1840, les époux s'établirent brocanteurs en boutique, d'abord près du Panthéon, puis dans la maison qu'ils habitent aujourd'hui. Plus tard, ils ont acheté cette maison ainsi que leur campagne d'Ivry, tout en donnant une dot de 5,000 fr. à chacun de leurs enfants.

V. Budget domestique annuel et avenir de la famille.

Recettes de la famille. — Revenus des propriétés, 6,060f 00; — produits des subventions, 60f 00; — salaires, 2,538f 00; — bénéfices des industries, 2,107f 00. — *Total des recettes*, 10,765f 00.

Dépenses de la famille. — Nourriture, 1,600f 00; — habitation, 1,296f 00; — vêtements, 758f 00; — besoins moraux, récréations et service de santé. 684f 00; — dettes, impôts et assurances, 244f 00. — *Total des dépenses*, 4,582f 00.

L'épargne, convertie en marchandises ou en immeubles, s'élève donc, pour l'année, au chiffre considérable de 6,183f 00.

L'avenir de la famille est assuré par l'aisance qu'elle a déjà acquise et par les habitudes d'économie qui lui permettront de l'augmenter encore. L'ouvrier ne fait partie d'aucune société de secours mutuels. Ce trait lui est commun, soit avec la plupart de ses compatriotes, soit avec presque tous les individus qui s'adonnent au brocantage. Il pense que nul mieux que lui-même ne peut le garantir contre les éventualités de la misère. Conserver par l'épargne la plus grande partie possible de ce que le travail produit, telle est pour lui la solution la plus simple et la plus sûre du problème de la prévoyance. Il trouve dans ces mœurs, contre la maladie et le chômage des affaires, les mêmes garanties que lui donnerait la mutualité. Il y trouvera, en outre, quand viendra l'époque de la vieillesse et des infirmités, des ressources plus abondantes. De plus, il a pu élever sa famille à une position de bien-être qu'elle n'aurait jamais atteinte, s'il s'était contenté de la sécurité momentanée que donnent les sociétés de secours mutuels. L'ouvrier n'a recours à l'assurance que pour mettre ses immeubles et ses marchandises à l'abri des mauvaises chances de l'incendie. En général, lorsqu'un brocanteur a ramassé quelque argent, il le convertit en marchandises, ou il achète des terres dans son pays. Quelques-uns avaient essayé à une certaine époque de se livrer à des jeux de bourse, mais les pertes qu'ils éprouvèrent leur firent abandonner cette spéculation. C'est surtout dans le commerce que les plus hardis cherchent à faire fructifier leurs économies. Les brocanteurs se servent également très-peu de la caisse d'épargne et de la caisse de retraite pour la vieillesse. Ces institutions modernes ont pour eux peu d'attraits. La propriété immobilière est le stimulant le plus efficace de leurs efforts; c'est l'amour de la terre, fortifié par les traditions du pays, qui les porte à accomplir les travaux les plus rudes et à supporter les privations les plus pénibles.

CHAPITRE VIII

TAILLEUR D'HABITS

DE PARIS

OUVRIER-TACHERON ET CHEF DE MÉTIER

dans le système des engagements momentanés,

D'APRÈS LES RENSEIGNEMENTS RECUEILLIS SUR LES LIEUX,
EN AOÛT ET SEPTEMBRE 1856,

PAR M. AD. FOCILLON.

OBSERVATIONS PRÉLIMINAIRES

DÉFINISSANT LA CONDITION DES DIVERS MEMBRES DE LA FAMILLE.

Définition du lieu, de l'organisation industrielle et de la famille.

§ 1.

ÉTAT DU SOL, DE L'INDUSTRIE ET DE LA POPULATION.

L'ouvrier décrit dans la présente monographie habite à Paris non loin de la barrière Blanche (2e arrondissement). Il appartient à la nombreuse catégorie des ouvriers tailleurs d'habits; et les conditions auxquelles il travaille (8) le rattachent à cette classe qu'ils désignent entre eux sous la dénomination d'*apiéceur* (ouvrier rétribué à la pièce) (18). Avec l'ouvrier habite une femme qu'il a instruite dans son état et qui est devenue pour lui un aide indispensable dans sa profession. Grâce au secours qu'elle lui donne, il entreprend, en outre, à son propre compte, la confection des habits pour une clientèle qu'il s'est créée aux environs de sa demeure. Ce genre d'entreprise est très-répandu à Paris parmi les tailleurs tâcherons qui ont une certaine habileté; et, dans le langage vulgaire, on désigne ceux qui s'y livrent sous le nom de *petits tailleurs* (18), ou *tailleurs à façon*. Quelques-uns d'entre eux se bornent en effet à exécuter la *façon*, c'est-à-dire la coupe et la couture des habits dont leurs pratiques leur fournissent l'étoffe; mais la plupart, comme celui dont il s'agit, se chargent à la fois d'acquérir l'étoffe et de faire le vêtement.

L'industrie à laquelle se rattache l'ouvrier a été autrefois très-florissante à Paris; mais elle est entrée dans une période de décadence depuis que les entrepreneurs de vêtements confectionnés, vulgairement nommés *confectionneurs*, se sont multipliés et ont livré aux consommateurs des habillements beaucoup moins coûteux. Cette concurrence a presque fait disparaître les ateliers tenus par les maîtres peu habiles; et, en même temps, les ouvriers que leurs talents ne mettaient pas à même de choisir l'ouvrage le mieux rétribué ont vu diminuer leurs gains et se sont parfois trouvés en butte aux spéculations de certains entrepreneurs subalternes (18). Ces faits ont d'abord donné lieu à un antagonisme violent des maîtres-tailleurs et des ouvriers contre les confectionneurs. Toutefois, cet antagonisme a beaucoup diminué aujourd'hui. L'industrie a pris, sous l'influence de la confection, des habitudes nouvelles. Profitable aux consommateurs peu fortunés, cette concurrence est accusée d'avoir abaissé le niveau de l'industrie, rendu l'habileté et le goût plus rares parmi les jeunes ouvriers. On ne peut nier qu'elle n'ait considérablement modifié la condition des ouvriers tailleurs. La majeure partie de ces ouvriers se forment en province, et principalement à Lyon, Bordeaux, Toulouse, Marseille; le petit nombre d'ouvriers formés à Paris s'instruit chez les *tâcherons apiéceurs*. D'ailleurs, les ouvriers tailleurs de Paris sont en grande partie des étrangers, surtout des Belges et des Allemands. Les Français forment environ les trois cinquièmes du nombre total; c'est seulement par exception qu'on trouve parmi eux des Parisiens. Quelques ouvriers tailleurs de la province, peut-être un sur dix, retournent dans leur pays aux époques de chômage; ce ne sont pas les plus habiles. Ces chômages ont lieu en été du 15 juin au 15 septembre, et à la fin de l'hiver, pendant six semaines environ (du 15 février au 1er avril), vers l'époque où cessent les réceptions et les bals dans la société parisienne. L'habileté d'un ouvrier peut lui permettre de ne ressentir ces époques critiques que par une moindre abondance de travaux; mais, en général, les ouvriers de cette profession en sont frappés d'autant plus durement que leur imprévoyance et leur goût pour la dissipation et les plaisirs les empêchent d'en prévenir les effets. Un certain nombre de femmes se rattachent à cette profession, non-seulement, comme dans le cas présent, à titre d'aides, mais aussi comme ouvrières sous les noms de *giletières* et *culottières*. La femme qui partage la vie et les travaux de l'ouvrier participe aussi de cette condition, car les *petites pièces* (gilets, pantalons) lui sont spécialement dévolues.

En 1848, les tailleurs de Paris, maîtres et ouvriers, furent mis en demeure de fournir au gouvernement des renseignements concernant cette industrie et en vue des mesures que pourraient exiger ses intérêts. Voici quelle était alors, suivant eux, la composition de ce corps d'état. Tailleurs payant l'impôt nommé *patente* : 1re classe, maîtres-tailleurs tenant magasin d'étoffes, 224; — 2e classe, maîtres-tailleurs vendant sur échantillon, 538; — 3e classe, tailleurs à façon, 1,156; — 4e classe, marchands d'habits neufs (confectionneurs), 99. — Total des tailleurs patentés, 2,017. On estimait qu'il fallait compter 5 ouvriers par tailleur patenté, soit 10,085, et environ 2 ouvrières, soit 4,034, celles-ci presque toutes Françaises. Depuis cette époque, le nombre des tailleurs confectionneurs a notablement augmenté. On ne compte aujourd'hui pas moins de 270 maisons établies à Paris; 220 ne vendent qu'au détail, 50 vendent en gros pour l'intérieur ou pour l'exportation. Les autres catégories de maîtres-tailleurs ont diminué en proportion de cet accroissement. Le nombre des ouvriers et des ouvrières s'est élevé à 20,000 environ. Mais en même temps ces nouvelles conditions industrielles ont rendu plus difficile et plus rare leur avénement à la condition de patrons. De fréquentes coalitions ont tenté de modifier les rapports des ouvriers avec les maîtres-tailleurs; elles n'ont jamais amené de résultats durables; et les violences y ont eu peu de part. La concurrence des confectionneurs a amené quelque rapprochement entre les deux classes par le sentiment d'une certaine communauté d'intérêts; mais ni l'une ni l'autre ne possédait les éléments nécessaires pour organiser un système de protection commune, car en réalité elles sont séparées par une indifférence réciproque.

§ 2.

ÉTAT CIVIL DE LA FAMILLE.

La famille comprend quatre personnes, savoir :

1. François P**, né à Bruxelles (Belgique)............... 40 ans.
2. Marie-Geneviève J**, née à A*** (Loiret) près d'Orléans. 31 —
3. Charles P**, leur fils aîné, né à Paris................ 3 —
4. Dieudonné P**, leur fils cadet, né à Paris............ 2 —

L'ouvrier n'est pas marié, mais il a reconnu ses enfants en les présentant à l'officier de l'état civil et au prêtre qui les a baptisés. Le fait du concubinage n'est pas particulier à cette famille : certaines causes spéciales le rendent commun parmi les ouvriers tailleurs, dits apiéceurs (19). L'ouvrier a eu, de la même femme, deux autres enfants morts en bas âge. Le père de François P*** vit actuellement à Bruxelles du fruit de ses épargnes. La mère est morte depuis cinq ans. Le père de Marie J*** a quitté sa famille à la suite d'une vie de désordres qui y avait introduit la misère. La mère vit à Orléans auprès d'une autre fille mariée et établie; et, bien qu'âgée de soixante ans, elle travaille encore comme journalière. Marie J*** a deux sœurs, toutes deux mariées, et un frère qui a disparu avec le père et qui partage ses débauches.

§ 3.

RELIGION ET HABITUDES MORALES.

L'ouvrier a été soumis au culte catholique, dans des habitudes religieuses que lui imposait la volonté paternelle. Mais il était excité à la révolte par des influences étrangères à la famille. Il a donc depuis longtemps abandonné toute pratique religieuse; et n'a jamais possédé aucune croyance. A ses yeux, la religion est une puérile faiblesse chez quelques-uns; elle est, chez beaucoup d'autres, un moyen hypocrite d'enchaîner la liberté des ouvriers et de les dominer par la superstition. Il se croit, comme ses camarades, bien au-dessus d'une si honteuse servitude. Ce qu'il nomme leur émancipation repose sur une indifférence, qui se traduit souvent en termes cyniques, et qu'il regarde comme une des plus heureuses conséquences du progrès des lumières. Tout ce qu'il peut admettre, et cela au nom de la liberté seule, c'est que l'exercice du culte soit permis à ceux qui y attachent quelque prix. Aucune pensée élevée n'a d'ailleurs pris la place de la religion oubliée. Ce dernier trait a pour cause l'ignorance et la démoralisation de l'ouvrier (17). Il ne se retrouve pas absolument chez tous ceux qui sont atteints de la même indifférence. Souvent une sorte de morale philosophique, reflet des vérités universellement reconnues par les sociétés chrétiennes, les guide encore dans l'exercice de quelques actes charitables et leur inspire un certain désintéressement; mais ils n'y puisent pas la force nécessaire pour commander à leurs passions et pour se soumettre aux préceptes de la loi morale (19).

L'ouvrier décrit dans la présente monographie a d'ailleurs une conduite fort débauchée, qui est commune parmi les ouvriers de cette profession. Il unit, aux grossiers désordres de l'ivrognerie, les vices plus raffinés qui sont spéciaux aux grandes villes. Initié dès l'âge de 14 ans aux déportements de plusieurs jeunes gens de sa ville natale, transporté de bonne heure au milieu des plaisirs faciles de Paris, il y a puisé pour le reste de sa vie le goût des débauches sans frein et le besoin irrésistible d'une licencieuse indépendance. Ces penchants, qui n'ont trouvé chez lui aucun contre-poids, l'ont jeté de bonne heure dans les tripots et les mauvais lieux; et il n'a pas cessé de dissiper ainsi les gains élevés que lui assurait sa grande habileté. A ce degré de démoralisation, la notion du bien et du mal est obscurcie à tel point qu'il raconte complaisamment ses débauches comme des espiègleries d'une jeunesse aventureuse. Bien qu'il ait toujours gagné de 5 à 7 francs par jour, quand il a voulu travailler, il a laissé dans les villes qu'il a parcourues des dettes nombreuses qu'il dit *n'avoir pu payer;* les ruses par lesquelles il a dupé plus d'un créancier ne lui semblent d'ailleurs que de piquantes anecdotes de sa vie vagabonde (19). Un pareil dévergondage n'a cependant pas éloigné de l'ouvrier ses camarades de la même profession. Estimé pour son habileté, il a parmi eux la réputation d'un hardi *bohémien*, sans qu'il s'y attache une sérieuse désapprobation de sa conduite. Dans ce corps d'état, le nombre des ouvriers démoralisés est considérable. A cet égard, tous les renseignements sont tombés d'accord (11). Par compensation, les ouvriers rangés que l'on y compte montrent des qualités et une ferveur religieuse d'autant plus solides qu'il leur a fallu résister à l'influence du milieu dans lequel ils se trouvaient placés (VI, 19).

Les désordres précoces de sa jeunesse ont éloigné l'ouvrier de toute étude; aussi est-il peu instruit, surtout si on le compare à certains ouvriers de la même profession. Il écrit très-imparfaitement; et il n'a aucun goût pour la lecture. Ce trait ne saurait s'appliquer à la généralité des ouvriers tailleurs. Beaucoup d'entre eux, au contraire, doivent surtout une instruction superficielle aux lectures faites et commentées dans l'atelier; lectures trop souvent immorales jusqu'à l'obscénité, ou choisies de manière à exalter les passions politiques les plus violentes. L'ouvrier décrit présentement n'a lui-même aucune idée politique; mais il est familiarisé avec les préoccupations de ce genre; et il revendique comme un trait honorable l'ardeur que ses camarades ont montrée plus d'une fois dans les émotions populaires. Il nourrit d'ailleurs un envieux dédain pour les classes élevées de la société, et ne témoigne, pour ses patrons, ni confiance, ni affection, ni respect. Il se plaint de sa position et ne semble pas soupçonner qu'on puisse lui reprocher aucune dissipation. Il s'apitoie volontiers sur le sort des camarades qui ont partagé ses désordres et ses travaux. Il déplore l'indifférence des patrons pour ceux que les infirmités mettent hors d'état de travailler. En même temps, il regarde comme un devoir pour les ouvriers de s'assister entre eux dans de semblables détresses. C'est ainsi qu'avec quelques-uns de ses amis il vient au secours d'un vieux camarade frappé de paralysie; et ils lui donnent le dîner à tour de rôle. Du reste, les défauts mêmes de l'ouvrier se lient à une libéralité insouciante qui compense un peu les vices dont il est atteint. Il ne se montre pas parcimonieux pour les dépenses du ménage et se résigne sans peine au surcroît que lui impose la mauvaise santé de l'aîné des enfants. Enfin, comme il a quitté son père il y a 23 ans, et qu'il n'a jamais tenté de le revoir, il paraît en même temps avoir perdu le souvenir du bien que celui-ci possède; et il n'a aucun souci de savoir s'il lui en reviendra la moindre parcelle.

La femme qui vit avec l'ouvrier a été choisie avec sagacité pour le métier qu'il lui voulait faire exercer (19). Douce, soumise, assidue au travail, subjuguée par la supériorité professionnelle de l'ouvrier qui, en lui enseignant son état, lui a mis dans les mains une précieuse ressource pour gagner sa vie, elle remplit sans murmurer la tâche qu'il lui a imposée. Contrainte, par l'irrégularité même de sa position, d'accepter les habitudes antérieures de l'ouvrier, elle lui laisse pleine liberté. Elle tolère sans se plaindre qu'il passe dehors toutes les soirées, tandis que seule, près des enfants endormis, elle continue jusqu'à onze heures du soir sa tâche journalière. Elle est d'ailleurs bien traitée par l'ouvrier, qui n'est, ni méchant, ni grondeur. La conduite antérieure de cette femme ne paraît pas avoir été déréglée, et peut-être avait-elle été complétement sage jusqu'au jour où, par une coupable entremise (12), elle a fait connaissance avec l'ouvrier. Élevée dans de malheureuses circonstances, Marie J***, quoiqu'elle ait complétement oublié les enseignements de la religion, a été préservée de toute pensée envieuse par une infériorité intellectuelle qui, chez elle, coïncide avec certaines qualités du cœur. Elle est du reste entièrement privée d'instruction. Dans cette famille sans lien, les enfants rencontrent des soins et de l'affection ; mais il est trop facile de prévoir que l'éducation y est impossible. Les parents ne peuvent donner à leurs enfants la moralité qui leur manque à eux-mêmes, ni songer à un avenir que la liberté réciproque de l'un et de l'autre compromet inévitablement.

§ 4.

HYGIÈNE ET SERVICE DE SANTÉ.

L'ouvrier a une taille de 1^m 73; il est assez vigoureusement constitué, mais amaigri et pâle. Ses cheveux blonds commencent à devenir rares, son visage est fatigué. Malgré les excès qu'il a commis, il n'a presque jamais été malade. Son enfance a été saine; et, depuis l'âge adulte, il n'a guère éprouvé que quelques maux passagers engendrés par la débauche. L'abus des boissons fermentées lui a fait contracter un impérieux besoin d'eau-de-vie; lorsqu'il en est privé, il se plaint de maux de tête et de nausées (9). Il prétend aussi que son estomac s'accommode mal des légumes, des salades, des fruits, et ne peut supporter les potages quels qu'ils soient, ni le café au lait. L'usage de ces aliments lui donnerait des coliques qu'il ne peut arrêter qu'en buvant un verre d'eau-de-vie.

La femme est d'un aspect chétif, bien que d'une taille assez élevée (1^m 69). Son visage pâle et ses formes grêles annoncent la fatigue d'une vie laborieuse et de quatre couches successives en 5 ans. Elle porte les traces peu marquées de la petite vérole qu'elle a eue vers l'âge de 8 ans. A 14 ans, elle a souffert pendant huit mois d'une jaunisse (ictère) dont elle ne peut indiquer la cause. Elle est néanmoins bien portante et ses couches ont été heureuses; mais elle a toute l'apparence d'une femme anémique. Son teint blond, avec des yeux bleus, a une matité générale qu'interrompt seul un coloris assez vif sur le sommet des pommettes. Elle n'a jamais souffert de la poitrine, ni toussé d'une manière habituelle. Ses forces physiques ne pourraient suffire à des travaux manuels grossiers.

Les deux premiers enfants ont succombé de bonne heure, l'un à une maladie lente, et sans doute scrofuleuse, des intestins; l'autre à une rougeole (roséole des enfants). Le troisième est très-scrofuleux; son corps maigre, ses chairs flétries, son visage hâve, souffreteux, sa tête forte couverte de rares cheveux blonds, ses articulations noueuses, annoncent, au premier abord, cette triste maladie. Il a, dans sa courte existence, été retenu au lit pendant huit mois une première fois, et une seconde fois quatre mois. Les parents entourent le malade de soins affectueux et persévérants. Tous les quinze jours, ou tous les mois, on le porte chez un médecin du voisinage, qui donne gratuitement ses conseils. On y joint aussi, selon la coutume des ouvriers, les avis du pharmacien chez lequel on va chercher les médicaments. On s'astreint à fournir à l'enfant l'alimentation fortifiante qui lui est prescrite, et on lui administre avec exactitude de l'huile de foie de morue et quelques autres antiscrofuleux. L'autre fils est frais et blond, assez bien portant jusqu'à présent, quoique sa carnation puisse faire craindre qu'il ne porte en lui les mêmes prédispositions. Le service de santé ne concerne guère que l'enfant malade; l'ouvrier et la femme n'ont pas eu besoin d'y avoir recours, sauf pour les couches de celle-ci, qui ont eu lieu chez elle avec le secours d'une sage-femme. Celle-ci a été rétribuée à raison de 10 francs chaque fois.

§ 5.

RANG DE LA FAMILLE.

L'ouvrier est d'une grande habileté dans les travaux de son métier; et il a toujours dû à cette circonstance un gain très-élevé, en rapport avec celui qu'il s'assure aujourd'hui. Sa supériorité consiste à faire vite et bien les grandes pièces, dont il se charge exclusivement. Tout ouvrier tailleur parvenu à ce degré d'habileté est au-dessus des fâcheuses influences dont se plaignent la plupart de ces ouvriers. Il peut choisir parmi les patrons ceux qui lui fournissent le travail le plus durable, se garantir du chômage (8), ne pas travailler pour les marchands d'habits neufs dont les prix sont trop bas. Enfin, cette même habileté, qui rend l'ouvrier propre à tous les travaux de son état, lui permet de devenir chef d'industrie. Dans tous ces travaux, il lui faut un aide qui exécute les parties les plus faciles de sa tâche et qui le laisse utiliser son habileté à ne faire que des travaux dignes de son talent. C'est chez ces ouvriers doués de talents exceptionnels que se forment les meilleurs apprentis. Ceux-ci entrent habituellement, à l'âge de 13 à 14 ans, chez les maîtres-apiéceurs, en vertu de contrats qui sont souvent la source de contestations. Ils restent auprès de leurs maîtres 4 ou 5 ans s'ils ne paient pas leur apprentissage. Ce délai est réduit à 3 ou 4 ans dans le cas contraire. Ces aides-apprentis sont connus parmi les tailleurs sous le nom de *tartares*. L'ouvrier ici décrit est habituellement recherché, en qualité de maître, par les parents des apprentis. Au moment où la famille est étudiée, le dernier apprenti est formé. Le maître lui donne 6 à 10 francs sur chaque pièce confectionnée, ce qui correspond à un salaire de 1 franc à 1f 50 par jour. Les apprentis sont devenus très-rares aujourd'hui; et, en général, ils sont remplacés, auprès des tâcherons apiéceurs, par des femmes comme celle qui habite avec l'ouvrier. En résumé, l'ouvrier présentement décrit occupe par son talent un rang très-élevé, et les ressources dont il dispose sont abondantes. Mais ses habitudes dispendieuses le mettent dans la position précaire de tous les ouvriers imprévoyants : elles l'éloignent à jamais d'une meilleure condition; et, d'ailleurs il ne se montre pas désireux de l'obtenir. Le concubinage où il vit laisse à son caprice l'avenir de sa compagne. La famille subsiste sous la protection d'un intérêt de métier et des instincts d'affection qui unissent l'homme quel qu'il soit à ses enfants. Les maîtres-tailleurs et leurs ouvriers ont introduit, dans leurs rapports, la plus complète indépendance. Les patrons sont heureux de n'avoir point à prendre souci des hommes qui travaillent pour eux; et, le salaire une fois payé, ils sont déchargés de tout soin. Le seul service qu'ils leur rendent est de leur faire des avances désignées par les ouvriers sous des noms bizarres (18); mais cela n'a guère lieu que dans les ateliers. D'une autre part, les ouvriers se plaignent, il est vrai, de cette indifférence de leurs patrons; mais leurs mœurs peu régulières leur font chérir avant tout l'indépendance absolue; et ils ne toléreraient pas, dans l'état actuel des choses, la moindre pratique de patronage. Ce n'est qu'en présence des misères de quelques compagnons infirmes ou accablés de vieillesse qu'ils accusent cet isolement, dont ils n'apprécient dans leur jeunesse que les tristes avantages.

Moyens d'existence de la famille.

§ 6.

PROPRIÉTÉS.

(Mobilier et vêtements non compris.)

IMMEUBLES 0f 00

La famille n'a aucune propriété immobilière, et n'a aucun désir d'en posséder.

ARGENT 0f 00

L'ouvrier ne fait et n'a jamais fait aucune épargne. Sa famille, établie à Bruxelles, a une certaine aisance, et lui laissera peut-être quelque argent. Mais il ne paraît pas songer à cet héritage : il n'entretient que fort peu de relations avec son père ; il ne l'a pas vu depuis 23 ans ; et il ne connaît point ses affaires. L'ouvrier se rend parfaitement compte de son incapacité absolue à garder une somme d'argent ; et il ne compte que sur son travail.

MATÉRIEL SPÉCIAL DES TRAVAUX ET INDUSTRIES. 31f 20

Planche de 1m 56, sur laquelle se place l'ouvrier pour travailler, 7f 00 ; — tréteaux pour la supporter, 5f 00 ; — planche, dite *six-francs*, de la forme et des dimensions convenables pour être introduite dans les entournures et servir à rabattre les coutures, 3f 00 ; — planche, dite *passe-carreau*, de la forme et des dimensions convenables pour être introduite dans les manches et servir à rabattre les coutures, 1f 50 ; — 2 fers ou *carreaux* pour rabattre (*ouvrir*, en terme de tailleur) les coutures, 7f 00 ; — 1 brosse de chiendent pour nettoyer les habits que l'ouvrier vient de terminer, 0f 40 ; — 3 douzaines d'aiguilles à coudre, 0f 35 ; — cire pour le fil, 0f 05 ; — toile noire en coton, dite *toilette*, mesurant 1m 40 sur 1m 00, 2f 40 ; — 2 paires de ciseaux, 4f 20 ; — 2 rubans divisés en centimètres, 0f 10 ; — carnet pour inscrire les mesures, crayon, 0f 20.

Les tailleurs à façon ont habituellement un abonnement à un journal qui les tient au courant des modes. Les ouvriers habiles, qui sont à la fois tâcherons et chefs d'industrie, peuvent, comme celui-ci, éviter cette dépense. Les étoffes remises toutes coupées, par les maîtres pour lesquels ils travaillent, leur fournissent les moyens de prendre les modèles des nouvelles coupes et de les utiliser pour leur industrie personnelle. L'ouvrier possède ainsi une grande quantité de ces modèles qui lui rendent de très-grands services. Cependant, il ne leur a été attribué ci-dessus aucune valeur, puisqu'ils ne sont pas un objet de commerce.

VALEUR TOTALE des propriétés................	31ᶠ 20

§ 7.

SUBVENTIONS.

Les subventions dont jouit la famille sont peu importantes; mais leur origine mérite d'être signalée. Aucune d'elles ne provient des patrons (5) pour lesquels travaille l'ouvrier; la complaisance des voisins, celle du médecin commandée d'ailleurs par l'opinion publique, enfin la bienfaisance de la commune ou de l'État, sont les dernières sources de subventions que les mœurs actuelles laissent à la plupart des ouvriers des villes. Le tailleur décrit dans la présente monographie doit la plus forte recette de ce genre à une concession faite par la ville sur l'impôt de l'octroi. La femme va deux fois par jour acheter en dehors de la barrière un demi-litre de vin qui lui est vendu à raison de 0ᶠ 50 le litre, au lieu de 0ᶠ 70 qu'il lui faudrait payer dans Paris. Par une tolérance qui a pour but le soulagement des classes ouvrières, il est permis d'entrer, exempte de tous droits, une quantité de vin inférieure à un litre. La famille réalise ainsi par an une économie qu'il faut évaluer à 72ᶠ 00. En dehors de cette subvention publique, on ne peut plus compter que des recettes insignifiantes: les consultations gratuites données par le médecin lorsqu'on va chez lui; le prêt du matériel de blanchissage fait périodiquement par une voisine obligeante. Ces dernières subventions représentent, dans la vie urbaine, les dernières traces de celles qui jouent parfois un rôle prépondérant dans la vie rurale. Avant d'envoyer le fils aîné à l'école, où on le tient en garde, la mère avait eu recours à la *crèche*, lieu d'asile ouvert par la charité privée pour recevoir, pendant le jour, les enfants âgés de moins de deux ans dont la surveillance serait une charge pour les familles d'ouvriers. L'enfant étant tombé malade, les parents attribuèrent au défaut de soin les accidents qu'il éprouva; et ils renoncèrent aux avantages de cette subvention.

§ 8.

TRAVAUX ET INDUSTRIES.

TRAVAUX DE L'OUVRIER. — L'ouvrier travaille à la tâche au compte de deux patrons. Il en reçoit tout coupés, mais non cousus, les divers morceaux d'un habit, d'une redingote ou d'un surtout, dit *paletot*, et il doit rendre le vêtement confectionné. Son travail consiste donc à assembler les morceaux et à poser les doublures, poches et pièces diverses, que l'on place sous l'étoffe dans certaines parties; puis il coud le vêtement, pose les boutons et fait les boutonnières. Il n'exécute que les *grandes pièces*. Jamais il ne confectionne pour le compte des patrons un gilet ni un pantalon. L'ouvrier est désigné, dans le langage des tailleurs, comme un *apiéceur faisant l'habit bourgeois*. Le travail que l'ouvrier exécute comme tâcheron n'est pas rétribué à la journée, même dans les ateliers des maîtres-tailleurs (18); cependant, le salaire journalier peut être évalué à 4f 50. Les patrons paient habituellement à la fin de chaque semaine, lorsqu'on rend l'ouvrage fait pendant cet espace de temps. Les ouvriers habiles augmentent beaucoup leur salaire par la rapidité avec laquelle ils confectionnent une pièce. Certains ouvriers ne font habituellement qu'une seule pièce par semaine; et alors le gain se réduit à 20 ou 25 francs, c'est-à-dire 3f 30 ou 4f 00 par jour. Les plus habiles, au contraire, sont capables de faire, dans le même temps, une pièce et demie ou deux pièces. L'ouvrier ici décrit doit à son habileté l'élévation de son salaire journalier moyen jusqu'à 7f 00. Dans les temps où l'ouvrage abonde, il peut, avec l'aide de la femme, faire au compte d'un patron 2 pièces 1/2 et même 3 pièces par semaine, ce qui, pour ces périodes, fixe à 60f 00 environ le gain hebdomadaire de la famille. Aux époques de chômages, ce gain diminue à peu près de moitié.

Les tâcherons qui, comme l'ouvrier, travaillent chez eux

sont obligés de consacrer chaque semaine un certain temps pour aller prendre l'ouvrage chez le patron et le rapporter. Vu les distances, on a pu évaluer à 6 heures par semaine le temps employé à ces courses. Très-disséminés dans Paris, les ouvriers tâcherons, dits apiéceurs, ne demeurent guère dans le voisinage de leurs patrons, qui sont réunis en grand nombre autour du Palais-Royal. Ce serait donc une condition défavorable pour les ouvriers tailleurs que de travailler chez eux, si l'indépendance qui en résulte ne leur permettait des spéculations et des industries qui augmentent notablement leurs ressources. Afin de se garantir des mauvaises chances du chômage, l'ouvrier travaille habituellement pour deux maîtres-tailleurs. Grâce à cette précaution, il est occupé toute l'année : il n'éprouve qu'un ralentissement de travail et une diminution de salaire, aux époques où d'autres ouvriers du même état n'ont plus d'occupation. Pour arriver à ce résultat, il faut être connu comme bon ouvrier et recherché, à ce titre, par les maîtres-tailleurs. Avec le concours de sa concubine, l'ouvrier parvient à exécuter, au compte de ses deux patrons, jusqu'à 99 grandes pièces en une année; chacune d'elles est rétribuée de 18 à 22 francs. Outre ce premier avantage de sa position indépendante, l'ouvrier lui doit encore la faculté de travailler comme chef d'industrie pour une clientèle qui lui appartient. Cette entreprise lui assure un bénéfice important et élève jusqu'à 11f 00 le salaire journalier moyen de la famille. Pendant son travail, l'ouvrier est assis, les jambes croisées, sur une large planche, devant l'unique fenêtre de la chambre habitée par la famille. Il ajuste ensemble et unit les morceaux des vêtements, fait les travaux d'aiguille pénibles ou difficiles et rabat les coutures avec le fer chaud. Les autres ouvrages, qui exigent moins de force ou d'habileté, sont laissés à la femme. L'ouvrier travaille en été 11 à 12 heures par jour, et 10 heures environ en hiver. De ce temps il faut déduire à peine trois quarts d'heure pour le déjeuner du matin et le dîner de midi (9). Tous les jours, il quitte le travail à l'heure du repas du soir, à 5 heures en hiver, à 6 heures ou 6 heures 1/2 en été. Pendant la soirée, il ne travaille jamais (11), non plus que les dimanches et les jours de fête. Il n'a pas l'habitude de se reposer le lundi, comme le font la plupart des ouvriers tailleurs; mais cela lui arrive aussi quelquefois. Il travaille alors un peu le dimanche qui précède, si c'est à une époque où l'ouvrage abonde. A certains moments de loisir, il confectionne quelques menus objets de vêtement pour les enfants. Le reste de son temps est consacré aux travaux concernant les industries entreprises au compte de la famille.

TRAVAUX DE LA FEMME. — Le travail principal est exécuté en commun avec l'ouvrier. La femme aide ce dernier dans les travaux de confection d'habits, soit exécutés au compte des patrons, soit entrepris au compte de la famille. Assise sur une chaise, près de la planche sur laquelle se trouve l'ouvrier, la femme reçoit sans cesse de lui la besogne préparée et les instructions nécessaires pour s'en acquitter convenablement. On peut évaluer à 3f 00 par jour le salaire d'un aide dans les conditions où la femme se trouve placée; mais, d'une part, en travaillant à la tâche, elle élève ce salaire jusqu'à 4f 00; et, d'autre part, elle prolonge la journée de travail, après le repas du soir, jusqu'à 11 heures. Dans ces conditions, la totalité des heures employées par elle a dû être évaluée à 365 journées de 12 heures. Pendant ces heures laborieuses, la femme, outre le travail fait en commun avec l'ouvrier, s'occupe des soins du ménage. Elle approprie la chambre, fait les lits, habille les enfants, et prépare les aliments pour les repas. Toutes les semaines, elle blanchit le gros linge du ménage, les vêtements des enfants, et même ses robes quand il y a lieu. Elle savonne ces objets chez elle dans une terrine en terre vernissée, puis elle descend dans la cour de la maison, auprès de la pompe qui y est établie, pour laver à grande eau, dans deux baquets que lui prête une de ses voisines. Elle utilise les moments de liberté que lui laisse le ralentissement des travaux, aux époques de chômage, pour raccommoder les vêtements des enfants, son linge et celui de l'ouvrier. Enfin, une part considérable de son temps est employée à seconder l'ouvrier dans la confection des vêtements qu'il entreprend pour la clientèle.

Les enfants sont beaucoup trop jeunes pour se livrer à aucun travail, même concernant leur instruction. Si l'aîné a été envoyé à une école, c'est pour y être tenu en garde pendant la journée et laisser ainsi à la mère plus de liberté pour se livrer aux travaux habituels.

Industries entreprises par la famille. — La substitution du travail à la tâche au travail à la journée est une spéculation très-lucrative : elle est passée en habitude dans ce corps d'état; et l'initiative n'en appartient pas à l'ouvrier. Il a suivi aussi la coutume de ses camarades pour augmenter les bénéfices de cette spéculation, en s'adjoignant une concubine. C'est aussi avec ce concours qu'il entreprend les travaux qui concernent sa clientèle. L'ouvrier achète les étoffes nécessaires pour la confection des vêtements destinés à ses pratiques; il coupe ces étoffes et travaille lui-même aux grandes pièces (habits, redingotes, surtouts). La femme l'aide dans cette confection et s'occupe spécialement, en outre, de celle des petites pièces (gilets, pantalons). Par cette combinaison, ils peuvent, dans une année, exécuter, en dehors du travail au compte des patrons, 21 grandes pièces et 20 petites pour leurs clients. Parmi ces dernières, il en est quelques-unes, surtout des pantalons, que, faute de temps, l'ouvrier est contraint de donner à coudre à des camarades, dont cette confection est la spécialité. Il les paie à raison de 4f 00 par pièce de deux manières : partie en nature, parce qu'il leur coud leurs paletots ou leurs redingotes; partie en argent. Cette industrie importante assure à l'ouvrier des bénéfices assez élevés ; mais rarement il reçoit comptant le prix de l'ouvrage qu'il livre à ses pratiques. Les maîtres-tailleurs et les ouvriers tailleurs à façon subissent, à cet égard, la même nécessité de livrer à crédit. L'ouvrier ici décrit ne reçoit que par tempéraments une partie considérable (16, B) de l'argent auquel il a droit; comme il fournit les étoffes, il serait contraint de faire des avances importantes, si le marchand de draps ne lui faisait pas crédit lorsqu'il en a besoin et ne lui laissait pas la facilité de solder sa dette par à-compte. L'ouvrier jouit d'une source de bénéfices peu licites, aux dépens des patrons qui lui confient de l'ouvrage. Il détourne des morceaux d'étoffes et les utilise à son profit, soit en les fournissant à sa propre clientèle, soit en les employant à son usage. Ces détournements, que les patrons n'ignorent pas, mais qu'ils ne peuvent empêcher sans une surveillance trop pénible, représentent, pour l'ouvrier, une recette annuelle qu'on a dû évaluer à 83f 60 pour l'année (16, A).

Comme industries secondaires, il convient de mentionner la confection des vêtements de l'ouvrier (16, c), exécutée dans les mêmes conditions que l'industrie concernant la clientèle; enfin, le blanchissage du gros linge et des vêtements entrepris par la femme.

Mode d'existence de la famille.

§ 9.

ALIMENTS ET REPAS.

La famille fait trois repas par jour, mais ils ne sont pas distribués comme le sont ordinairement ceux des autres ouvriers parisiens qui travaillent chez eux. Le repas principal a lieu dans le jour, selon la coutume flamande, vers l'heure de midi. L'ouvrier l'appelle le dîner.

Déjeuner (8 heures) : café noir sans sucre et 6 centilitres d'eau-de-vie. La femme prend, avec les enfants, le café au lait avec du pain concassé et trempé dedans.

Dîner (11 heures ou midi) : plat de viande, bœuf bouilli, ragoût, ou viande rôtie accommodée avec des légumes et surtout des pommes de terre. Le poisson, lorsque le prix n'est pas trop élevé, figure parfois dans ce repas. Le dîner se termine par une tasse de café noir. Les dimanches et les jours de fête, la famille va dîner chez un traiteur de la banlieue. La dépense s'élève à 3f 50 et se répartit comme suit: 2 parts de gibelotte, 0f 50; 1 part de tête de veau, 0f 40; 1 plat de légumes ou une salade, 0f 40; 2 litres de vin, 1f 40; prune confite dans l'eau-de-vie, 0f 10; café noir pour la femme, 0f 20; pain, 0f 50. Assez ordinairement, dans ces occasions et pendant la promenade, l'ouvrier boit, en dehors du repas, du vin et de l'eau-de-vie (11).

Souper (5 heures en hiver, 7 heures en été) : potage, quelques débris du dîner, fromage et quelques fruits pour la femme et les enfants. L'ouvrier se rend, tous les soirs, dans un cabaret voisin situé hors de la barrière, où il soupe avec des camarades et passe la soirée. Ce repas lui occasionne une dépense journalière de 1f 50, ainsi répartie : 1 plat de viande, 0f 40 ; 1 plat de légumes, 0f 30 ; pain, 0f 10 ; vin, 0f 70.

Une fois par an, on achète une oie, lorsqu'on en juge le prix peu élevé. L'alimentation ne présente d'ailleurs aucune particularité remarquable, lorsqu'on la compare à celle des autres ouvriers de Paris. La famille consomme ordinairement chaque jour un demi-litre de vin ; depuis quelque temps, le prix élevé de cette boisson lui a fait substituer l'usage de l'eau, rendue sapide par la macération de quelques morceaux de racine de réglisse (*Glycyrrhiza glabra*, Linné).

Les autres ouvriers-tâcherons du même état ont d'autres habitudes que l'ouvrier belge présentement décrit. Vers 7 heures du matin, ils prennent habituellement un premier déjeuner, composé d'un potage ou de café au lait. A 11 heures ou midi, ils font un second déjeuner à la fourchette, où figurent les restes du dîner de la veille avec quelques légumes, des fruits ou du fromage. Le principal repas se fait vers 6 ou 7 heures : il se compose d'un potage, d'un plat de viande, et se termine ordinairement par des légumes et quelques fruits de la saison. Il résulte de ces habitudes, que beaucoup d'ouvriers de cette condition mangent de la viande jusqu'à deux fois par jour. L'usage de l'eau-de-vie est très-répandu parmi les ouvriers tailleurs ; mais, en général, les apiéceurs ne suivent pas la coutume de l'ouvrier décrit dans la présente monographie. Ils achètent le matin 1 décilitre d'eau-de-vie (0f 20), et le consomment peu à peu pendant leur travail. Souvent la femme en a aussi sa part.

§ 10.

HABITATION, MOBILIER ET VÊTEMENTS.

L'ouvrier loge au cinquième étage d'une maison de belle apparence et très-proprement tenue. Les quatre premiers étages sont des logements occupés par des personnes de la classe bourgeoise. Un petit escalier roide et étroit, faisant suite à celui des étages inférieurs, conduit au cinquième étage situé sous les combles et composé d'un corridor sur lequel s'ouvrent 12 chambres analogues à celle que la famille habite. Celle-ci est une pièce, à peu près carrée, de 4m 60 sur 4 mètres ; sa hauteur est de 2m 40 ; mais le lambris qui règne dans une partie du plafond ne lui laisse qu'une hauteur moyenne de 1m 98. Dans cette seule pièce, qui ne mesure pas plus de 36 mètres cubes, vivent constamment l'ouvrier, la femme et les deux enfants. Si l'on tient compte de la place des meubles et de celle des personnes, il reste à peine 28 mètres cubes d'air. La porte, habituellement fermée, ne peut servir à renouveler l'air. L'aération se fait uniquement par une fenêtre-lucarne de 0mq 77 d'ouverture et par une cheminée de 0mq 30. Ces conditions sont insuffisantes pour les exigences de l'hygiène, et ne sont qu'incomplétement compensées par la bonne tenue de la maison et la libre aération des étages supérieurs.

L'ouvrier et la femme couchent dans un même lit avec le plus jeune enfant ; au pied de ce lit commun est la couchette de l'aîné. Les conditions morales paraissent aussi fâcheuses que les conditions hygiéniques, lorsqu'on songe aux mœurs de l'ouvrier, à sa position de concubinage et à cette cohabitation trop intime des enfants avec les parents. Si l'on jette un coup d'œil sur l'ensemble des recettes et des dépenses de la famille, on voit qu'il lui serait facile, en faisant un meilleur usage de ses ressources, de se loger d'une manière plus saine et plus convenable. Le loyer annuel est de 140 francs, payé par termes de trois mois. L'ouvrier ne trouve pas ce prix élevé et tient à conserver cette chambre qu'il occupe depuis 4 ans. Au renouvellement de chaque année, il donne 3 francs d'étrennes au portier.

Meubles. Ils annoncent l'incurie et le désordre de l'ouvrier, en même temps que la propreté de la femme. Ils ne peuvent satisfaire qu'aux premières nécessités, et ils ne comportent pas le plus modeste bien-être. Valeur actuelle.............. 195f 75

1° *Lits.* — 1 bois de lit en noyer, acheté d'occasion il y a 5 ans, 50f 00 ; — 1 matelas, acheté d'occasion à la même époque, 31f 00 ; — 1 lit de plumes (même origine), 14f 00 ; — 1 couverture de laine échangée contre un gilet confectionné, 11f 00 ; — 1 couverture de coton achetée neuve, 7f 00; — 2 oreillers, 7f 00; — 1 couchette d'enfant, en acajou, obtenue d'occasion, il y a 2 ans, en échange d'un pantalon confectionné, 14f00; — 1 paillasse remplie avec de la fougère (*Filix mas,* Linné), donnée par un camarade, 5f 00; — 2 coussins remplis avec de la paille d'avoine (*Avena sativa,* Linné), 3f 50. — Total, 142f 50.

2° *Meubles de la chambre.* — 1 commode en noyer, achetée d'occasion par la femme il y a 10 ans, 12f 00; — 1 table à manger en noyer, provenant du mobilier de la femme, 4f 00; — 4 chaises mal garnies de paille, achetées d'occasion, 3f 00; — 1 fontaine, achetée d'occasion il y a 4 ans, 6f 00; — 1 toile cirée pour recouvrir la table à manger, 2f 00; — 1 poêle rond en fonte avec tuyaux, 8f 00; — 1 miroir de 0mq 27, 5f 00; — 4 vases de porcelaine donnés à la femme par des connaissances, le jour de sa fête, 7f 00; — 1 petite commode en noyer, jouet d'enfant, servant de coffret, 2f 50; — 2 cages pour les oiseaux, 3f 75. — Total, 53f 25.

Linge de ménage : à peine suffisant pour l'usage journalier; chaque pièce est remplacée au fur et à mesure qu'elle est entièrement usée.............................. 48f 90

4 paires de draps en toile de lin, à 2f 65 le mètre, 40f 00; — 6 taies d'oreiller, en calicot, à 0f 80 le mètre, 2f 40; — 5 draps d'enfants faits avec de vieux draps coupés, 2f00; — 6 serviettes en toile de chanvre pour la toilette, 4f 50.

Ustensiles : achetés au jour le jour; ils sont vieux ou neufs selon le hasard des besoins; ils sont mal entretenus par la femme qui est accablée d'autres travaux............... 31f 00

1° *Dépendant de la cheminée.* — 1 pelle et 1 pincette, 0f 50.

2° *Employés pour le service de l'alimentation.* — 2 pots en terre vernissée, dits *poêlons,* 1f 20; — 1 marmite en terre vernissée pour le pot-au-feu, 0f 75; — 1 casserole en fer battu pour le café, 0f 60; — 6 assiettes en porcelaine, 1f 00; — 5 verres à boire, 0f 50; — 6 couverts en fer étamé, 1f 80; — 4 vieux couteaux, 0f 60; — 4 tasses évasées, dites *bols,* dont 2 ont été gagnées à une loterie foraine, à la fête de Montmartre, 1f 40; — menues poteries, 0f 75; — 1 fourneau à main en terre et en tôle, 3f 75; — 7 bouteilles communes, 1f 05. — Total, 13f 40.

3° *Employés pour les soins de propreté.* — 2 pots à eau avec leurs cuvettes, 2f 50; — 2 peignes et 1 brosse pour les cheveux, 2f 25; — 1 rasoir, 3f 00; — 1 miroir à barbe, 0f 15. — Total, 7f 90.

4° *Employés pour usages divers.* — 2 fers à repasser le linge, 2f 00; — 1 vieux chandelier, 0f 20; — 1 lampe à modérateur avec abat-jour, 7f 00. — Total, 9f 20.

Vêtements : Selon l'usage des ouvriers tailleurs de Paris, l'ouvrier porte les vêtements de la classe bourgeoise : sa tenue est assurée; sa démarche hardie est celle qu'on observe chez les jeunes étudiants d'une vie dissipée. La femme est mise comme les ouvrières de la ville : elle porte le bonnet et offre quelques traces du costume bourgeois dans le reste des vêtements... 491f 10

Vêtements de l'ouvrier : tenus avec une certaine négligence, les vêtements du dimanche servent toutes les fois que l'ouvrier sort, même dans la semaine (238f 95).

1° *Vêtements du dimanche.* — 1 habit de drap noir, 35f 00; — 1 redingote de drap noir, 40f 00; — 1 paletot de drap castor, 50f 00; — 2 pantalons de drap de couleur foncée, 30f 00; — 3 gilets blancs ou de couleur, 15f 00; — 1 chapeau en feutre de soie, 10f 00; — 3 cravates carrées en soie noire, 11f 00; — 1 cravate longue en soie noire, 7f 00; — 6 faux-cols de chemise, 1f 20. — Total, 199f 20.

2° *Vêtements de travail.* — 1 pantalon en toile verte (chanvre et coton), 0f 50; — 1 vieux gilet, 0f 75; — 1 bonnet, fait habituellement avec la coiffe d'un vieux chapeau, 0f 10; — 4 chemises en calicot, achetées toutes faites, 12f 00; — 6 paires de chaussettes, 4f 20; — 2 paires de souliers, 18f 00; — 6 mouchoirs blancs en toile de lin, 4f 20. — Total, 39f 75.

VÊTEMENTS DE LA FEMME : costume simple, propre et convenable (201f 05).

1° *Vêtements du dimanche.* — 2 robes en laine mérinos noire ou de couleur foncée, 50f 00; — 2 bonnets blancs en percale, avec des ornements de même étoffe, 8f 00; — 3 jupons blancs en étoffe de coton, 8f 25; — 1 paire de bottines, 9f 00; — 1 châle en étoffe de laine, avec des dessins de couleur sur fond blanc, 30f 00; — 5 cols brodés, 7f 50. — Total, 112f 75.

2° *Vêtements de travail.* — 2 robes en étoffes de laine, l'une à petits carreaux noirs et blancs, l'autre à dessins bleus et verts, 20f 00; — 2 tabliers en étoffe de laine noire, 4f 00; — 4 bonnets en percale, 6f 40; — 6 chemises en toile de lin et 2 vieilles, 20f 00; — 2 jupons de couleur faits avec de vieilles robes, 5f 00; — 1 corset, 5f 00; — 4 paires de bas en coton, 4f 00; — 1 paire de bas en laine, 2f 50; — 1 paire de souliers, 4f 50; — 1 châle en étoffe de laine brune, 12f 00; — 6 mouchoirs de couleur, 3f 00; — 3 petits fichus, dits *pointes de cou,* 0f 90; — 2 cols unis, 1f 00. — Total, 88f 30.

VÊTEMENTS DES 2 ENFANTS : assez proprement tenus (51f 10).

1° *Vêtements du fils aîné.* — 3 blouses en laine, 9f 00; — 3 tabliers de couleur, qui servent aussi à son frère, 1f 80; — 5 chemises en toile de lin, qui servent également au frère, 6f 00; — 2 corsages en toile, dite de coutil, 0f 80; — 2 pantalons, 2f 00; — 2 paires de bas en coton, 1f 00; — 1 paire de souliers, 2f 00; — 1 paire de chaussures en étoffe, faite par le père, 1f 00; — 1 casquette en paille, 1f 80. — Total, 25f 40.

2° *Vêtements du second enfant.* — 5 petites robes en laine, 15f 00; — 4 tabliers blancs, 2f 40; — 4 jupons de couleur, 1f 20; — 3 paires de chaussettes en coton, 0f 90; — 3 paires de bas de laine, 2f 70; — 1 chapeau de paille, 1f 25; — 1 paire de souliers, 1f 25; — 1 paire de chaussures en étoffe, faites par le père, 1f 00. — Total, 25f 70.

VALEUR TOTALE du mobilier et des vêtements.. 766f 75

§ 11.

RÉCRÉATIONS.

Les récréations jouent un rôle important dans la vie de l'ouvrier et provoquent de sa part des dépenses considérables. Ce trait de mœurs ne lui est pas particulier, il est très-commun parmi les ouvriers tailleurs (3). Ces ouvriers recherchent des plaisirs très-variés ; ils se rendent souvent chez les traiteurs de la banlieue, voisins des barrières, pour y faire de joyeux repas. Ils fréquentent les bals publics où vont habituellement les filles qui sont en service dans des maisons bourgeoises, les femmes de chambre et les ouvrières de toutes sortes. Leurs rapports avec des pratiques appartenant à la classe bourgeoise obligent les tailleurs à une mise plus recherchée que celle des autres ouvriers, et développent en eux le goût de la toilette. Par suite, ils sont très-débauchés et se vantent volontiers de leur dépravation élégante. Le dimanche et le lundi, beaucoup d'entre eux vont au bois de Boulogne avec des femmes parfois même assez bien mises; ils louent des chevaux pour quelques heures, paient à leurs compagnes de nombreux rafraîchissements dont ils ont leur part, et terminent la journée par le repas à la barrière, souvent suivi de la danse. La fréquentation des filles de mauvaise vie est habituelle parmi ces ouvriers; et, au milieu de cette débauche, ils prennent rapidement le goût du vin et des liqueurs fortes. L'usage du tabac à fumer est général parmi eux. Leurs récréations se rapprochent d'ailleurs quelque peu de celles des jeunes dissipateurs des classes plus élevées; et on y remarque ordinairement une certaine recherche des plaisirs artistiques, tels que les réunions chantantes, dites *goguettes* (20), les courses en canot sur la Seine, et la fréquentation des théâtres. Il en est un certain nombre qui s'adonnent spécialement à ce dernier genre de plaisirs; et ils finissent par y trouver la source d'une industrie bizarre. Il est d'usage dans les théâtres de Paris que l'administration fasse placer dans la salle un certain nombre de personnes qui doivent applaudir à des endroits que leur désigne un signal convenu. On nomme vulgairement ces approbateurs mercenaires *la claque* ou *les romains du lustre*. Un homme, désigné sous le nom de *chef de claque*, traite avec l'administration et se charge, moyennant un certain nombre de places qu'on met à sa disposition et une somme qu'on lui alloue, de se pourvoir de *claqueurs*, selon les désirs du directeur de théâtre. Les chefs de claque recherchent beaucoup les ouvriers tailleurs qui ont en général une bonne tenue et peuvent passer pour appartenir à la classe bourgeoise. Il en est, parmi ces ouvriers, qui s'enrôlent comme claqueurs moyennant la place qu'on leur donne au théâtre. Rarement ils obtiennent d'être payés, à moins que leur tenue et leurs manières soient assez distinguées pour qu'on puisse les placer isolément dans les loges ou aux galeries. Ces claqueurs de choix doivent être capables d'applaudir avec discernement, de parler même pendant les entr'actes en faveur de la pièce et des acteurs. Quelquefois aussi ils s'échappent, grâce à leur isolement, vendent leur contremarque et vont souper avec le produit de ce commerce frauduleux. Ces relations peu estimables avec les théâtres conduisent ceux qui ont la meilleure tenue, et les qualités extérieures nécessaires, à paraître comme *figurants* sur la scène, moyennant une rétribution qui varie selon les théâtres et selon les pièces. Néanmoins, les ouvriers tailleurs, qui, en général, unissent à leur dissipation une fierté prétentieuse concernant leur état, estiment peu ceux qui demandent à de pareilles industries de misérables bénéfices; ils les regardent comme des paresseux peu dignes de tenir une aiguille. Les distractions intellectuelles sont assez recherchées des ouvriers tailleurs; la plupart d'entre eux, surtout dans les ateliers, lisent beaucoup les ouvrages à bon marché qui renferment des connaissances historiques, et ces notions, plus ou moins exactes, servent d'aliment à leurs préoccupations politiques (VI, 19).

L'ouvrier décrit dans la présente monographie s'est surtout adonné aux femmes et à l'usage immodéré des boissons. Cependant, aujourd'hui, comme son industrie de tailleur à façon exige qu'il habite une maison bourgeoise et qu'il y conserve une conduite décente, il a, en quelque sorte, réglé ses désordres : ainsi, il s'interdit de boire jusqu'à l'ivresse évidente et il prend toutes ses récréations hors de chez lui. La femme n'est associée qu'à un petit nombre de ces parties (3 et 8). Chaque dimanche et chaque jour de fête, la famille va se promener vers 4 ou 5 heures, et dîne chez un traiteur de la banlieue (9). L'ouvrier, pendant la promenade, boit un peu de vin ou d'eau-de-vie. Chez lui, pendant le travail, il fume une forte dose de tabac (20 grammes par jour). Le verre d'eau-de-vie qu'il boit chaque matin est à la fois une récréation et un besoin résultant de l'habitude. Comme d'autres ouvriers sédentaires de Paris, il se plaît à entendre, en travaillant, le chant d'un serin (*Fringilla Canaria,* Lin.) et le babil criard d'un sansonnet (*Sturnus vulgaris,* Lin.).

Chaque soir, sauf le dimanche et les jours de fête, l'ouvrier s'amuse hors de chez lui; il va chez le traiteur, vers 5 ou 6 heures, prendre son souper; et il y retrouve des camarades avec lesquels il boit, joue aux cartes et, parfois même va dans les mauvais lieux. Ces soirées de débauches lui occasionnent une dépense de 12 à 13 francs par semaine. Jusque dans ces dernières années, il « tenait goguette » (20), c'est-à-dire qu'il dirigeait, comme vice-président, une réunion chantante, siégeant le soir dans un cabaret. Il y a renoncé parce que la police, soupçonnant certain but politique à ces réunions fréquentes et nombreuses, leur a suscité des difficultés et même les a plus tard fait cesser. En 1850, l'ouvrier faisait de nombreuses parties de navigation; il entretenait alors une petite barque sur la Seine. Il l'avait achetée d'occasion pour 40f 00; et il l'a conservée pendant 3 ans. Elle était remisée à Saint-Ouen, moyennant une rétribution de 1f 00 par mois; il l'a revendue 25f00. Les nombreux voyages que l'ouvrier a faits, tout en travaillant (12), donnaient satisfaction à ses goûts aventureux; et ils lui permettaient de varier, suivant les pays, ses plaisirs et les moyens de s'y livrer.

On remarque chez cet ouvrier un fait assez ordinaire dans les villes françaises, c'est l'oubli complet de toute espèce de fête solennelle, quelle qu'en soit la nature. Il suffit d'étudier les populations qui ont conservé leurs fêtes consacrées, pour s'apercevoir que ces solennités sont un trait important des mœurs publiques et tendent à les fortifier. La religion ou les traditions nationales y associent le repos à quelque sentiment élevé. Ces joies, partagées par toute une commune ou même par toute une nation, resserrent les liens sociaux. La famille entière y participe, la jeunesse qui y prend la plus large part n'est pas éloignée, dans ses plaisirs, des personnes plus âgées. Ces récréations d'ailleurs ont une direction fixée par l'usage et diminuent les occasions de débauche. L'examen des mœurs qui prévalent chez les ouvriers parisiens donne lieu de constater que ces avantages y font défaut; et l'on ne peut pas invoquer ici la nécessité de travailler pour vivre;

car les plus laborieux chôment au moins 12 ou 15 journées dans une année. Ces chômages isolés reposent le corps, il est vrai ; mais ils ne parlent point à l'âme. Trop souvent, ils donnent occasion de satisfaire des passions individuelles réprouvées par la morale.

Histoire de la famille.

§ 12.

PHASES PRINCIPALES DE L'EXISTENCE.

L'ouvrier est né à Bruxelles (Belgique), en 1816. Son père, maître-tailleur, tenait un atelier de 17 à 18 ouvriers; et il a su acquérir, selon l'expression même du fils, « un morceau de pain » pour la vieillesse. La mère de l'ouvrier a vécu près de son mari jusqu'en 1851 L'éducation de François P** fut celle des enfants des petits commerçants dans les grandes villes. A l'âge de 8 ans, on l'envoyait, moyennant une rétribution de 1f 50 par mois, dans une pension où il ne paraît avoir rien appris, mais où il noua quelques mauvaises liaisons. Sa première communion, faite assez légèrement vers l'âge de 13 ans, n'exerça sur lui aucune influence morale. Immédiatement après, il entra comme apprenti chez un maître-chapelier; mais, inquiets de sa conduite, ses parents crurent devoir le placer chez un maître-tailleur. Après avoir pris part à la révolution belge, quoique âgé de 15 ans seulement, il acheva d'apprendre son état; et, libéré du service militaire, il partit en 1834 pour commencer une vie d'aventures et de dissipations, en voyageant de ville en ville, selon l'usage des jeunes ouvriers de son état. Cette coutume, utile à l'instruction de l'ouvrier, est salutaire lorsqu'une surveillance active, comme celle d'un compagnonnage (V, IX, 18), le préserve des dangers de cette vie errante. Mais, vu l'esprit d'indépendance et l'avidité des jouissances matérielles que l'on peut observer aujourd'hui chez les ouvriers tailleurs, il faut reconnaître que, s'ils acquièrent, en faisant leur *tour de France*, une habileté incontestable, ils y perdent, pour la plupart, les principales qualités qui rendent l'homme utile à la société. Oubli des liens de la famille, libertinage effréné, mépris des lois du pays, habitude de contracter des dettes sans les payer et de se soustraire, avec une coupable adresse, à l'œil de la police aussi bien qu'aux légitimes réclamations des créanciers, tels sont trop souvent les traits de cette existence vagabonde. Rentrés dans la vie sédentaire, ils y rapportent des mœurs dépravées, une indépendance sans frein et l'esprit de révolte contre l'ordre social qu'ils ont bravé pendant plusieurs années. L'ouvrier décrit dans la présente monographie offre un exemple de ces faits déplorables. A peine âgé de 20 ans, il quitte tout à coup ses parents, sans leur dire adieu, sans même les prévenir; et jamais depuis lors il ne les a revus. Avec un camarade de son âge et de son état, compagnon de ses premiers désordres dans sa ville natale, il part peu muni d'argent, et sans papiers qui puissent le faire connaître, n'emportant de son pays que l'instruction professionnelle et des goûts de dissipation. Il marche à l'aventure vers Paris, où il pense trouver des salaires élevés et des plaisirs faciles. Voyageant à pied, couchant chez les paysans, échappant aux douaniers et aux gendarmes, il arrive, et trouve bientôt de l'ouvrage. Mais, au bout de quelques mois, il reconnaît que, pour être habile et gagner beaucoup, il lui faut faire son tour de France. Il se remet donc en route dès la fin de l'année 1836; et, pendant trois ans, il parcourt le midi de la France, gagnant partout de l'argent qu'il dissipe aussitôt, ne payant presque jamais son logement, ni sa nourriture, dédaignant de porter sur lui, ni papiers, ni passeport, et s'adonnant partout à ses goûts d'intempérance et de libertinage (19). C'est ainsi qu'il passe successivement à Châtellerault, à Saint-Maixent, près de Niort, à Bordeaux, où il commence à travailler comme tâcheron et se signale en gagnant une prime d'habileté proposée par un patron de la ville. Pendant son séjour dans cette dernière ville, en 1837, les ouvriers tailleurs tentent, sans succès, une grève (18), à laquelle l'ouvrier, qui ne pouvait se passer d'argent, renonce au bout de quelques jours. De Bordeaux, il va travailler à Toulouse, Marseille, Toulon, Lyon et Genève. Arrêté deux fois par la gendarmerie, il s'échappe avec adresse, et il rentre à Paris en 1839, ouvrier consommé dans son état, mais dégradé par la débauche. Il travaille, dès lors, dans les bons ateliers de Paris, gagnant, comme tâcheron, 45 à 50 francs par semaine. En 1845, il est engagé pour diriger un atelier dans une grande ville de la Russie. Il lui est alloué dans cette condition 2,200 francs par an, la nourriture, le logement, le blanchissage, et 400 francs environ de pourboire. Mais il se déplaît dans ce pays, et il revient en 1847 à Paris. Son retour à travers l'Allemagne est un voyage d'agrément où il dépense 700 francs, en passant quelques jours dans les principales villes. Depuis ce retour, il gagne 45 à 50 francs par semaine. En 1851, il se décide à travailler chez lui avec l'aide d'une concubine. Une vieille femme lui fait connaître une jeune ouvrière qui consent à venir habiter avec lui.

Cette fille, nommé Marie J**, est née dans un village à 23 kilomètres d'Orléans; son père était vigneron et cultivait un petit bien qu'il possédait dans le pays. Les mauvaises mœurs du père ont ruiné la famille et amené la dissolution du ménage, 20 ans après le mariage. La mère a vécu abandonnée depuis 1842; et elle a achevé d'élever deux de ses trois filles, avec le produit de son travail comme ouvrière en journée. La jeune Marie J** ne reçut, au milieu de ce désordre, aucune éducation. Employée à quelques travaux intérieurs, elle jouait le reste du temps dans les rues du village; toutefois, le dimanche, elle assistait à la messe. Amenée à Orléans en 1833, lorsque son père ruiné vint y chercher quelque ouvrage, elle fit sa première communion à 12 ans, après 6 mois seulement de catéchisme; et, 2 ans après, elle entra en service chez diverses personnes de la province. A 19 ans, elle vint à Paris et y servit dans deux maisons jusqu'en 1847. C'est à cette époque que, d'après les conseils d'une dame âgée qui l'employait habituellement, elle se décida à travailler comme ouvrière, logeant dans sa chambre. Cette enfance, flétrie par l'inconduite et l'abandon d'un père, mais protégée encore par les efforts d'une mère honnête, explique assez bien les défauts et les qualités que l'observation révèle chez Marie J** (3); et, si la misère ne l'eût pas éloignée du toit maternel, et jetée ignorante et sans expérience au milieu d'une grande ville, elle serait sans doute demeurée une honnête fille.

§ 13.

MŒURS ET INSTITUTIONS ASSURANT LE BIEN-ÊTRE PHYSIQUE ET MORAL DE LA FAMILLE.

Le premier trait qui frappe l'esprit, quand on étudie le ménage décrit dans la présente monographie, c'est que la famille n'existe pas. Au premier revers qui diminuerait notablement ses ressources, l'ouvrier pourrait se séparer de sa compagne et la laisser dans l'isolement. Le concubinage étant en quelque sorte une habitude régulière, parmi les tailleurs-tâcherons, l'ouvrier ne semble avoir aucune tendance à en sortir par le mariage; et la femme ne paraît pas moins indifférente à l'inconvenance et à l'incertitude de sa position. On doit cependant ajouter que ces ouvriers ne sont guère dans l'usage d'abandonner leurs concubines. Les tailleurs d'habits sont généralement peu disposés à la prévoyance. L'épargne s'offre à leur esprit comme un trait d'avarice; et souvent, plus ils sont habiles, plus ils se font gloire de montrer, par leurs prodigalités, quelle condition facile ils doivent à leur talent. L'indépendance que leur procure l'indifférence des patrons leur est chère; mais ils se plaignent amèrement de ce que, suivant leur expression, « les vieux ouvriers meurent sur le pavé ». Il faut ajouter que malheureusement les maîtres-tailleurs sont dans la coutume de considérer, comme vieux et incapables de travailler avec goût, les ouvriers qui approchent de 45 à 50 ans. Certes, la plupart de ceux-ci pourraient épargner; mais la présente description indique le mauvais emploi qu'ils font de leurs ressources. D'une autre part, l'ouvrier n'a aucune tendance à s'affilier à des sociétés de secours mutuels : il se croit trop habile pour avoir recours à de pareils moyens. D'ailleurs, le prélèvement que ferait sur son gain une cotisation quelconque lui paraîtrait trop onéreux.

En général, les ouvriers tailleurs montrent le même éloignement pour les institutions de prévoyance. Épris de leurs droits et oublieux de leurs devoirs, ils voudraient que la société fût organisée de façon que, sans dépendre de personne, sans s'astreindre aux rigueurs de l'épargne, ils fussent assurés d'avoir, dans leur vieillesse, les moyens de vivre lorsqu'ils ne peuvent plus travailler. Il existe, il est vrai, quelques sociétés d'assurances mutuelles spéciales à ce corps d'état ; mais elles ont peu d'adhérents. On peut remarquer ici l'une des conséquences les plus curieuses de la nouvelle constitution sociale. Les ouvriers tailleurs doués de prévoyance, et disposés à l'épargne, sortent promptement de la position d'ouvriers. Les plus capables deviennent maîtres (18); les autres unissent à leur métier quelque industrie sédentaire qui les soustrait à la condition précaire où les moins prévoyants se plaisent à rester. C'est ainsi qu'un grand nombre de tailleurs à façon, rangés et économes, se placent comme concierges dans les maisons bourgeoises, ou recherchent de petites places du même genre. Il résulte de là que la classe des ouvriers tailleurs perd continuellement les bons éléments de son personnel et garde les mauvais.

En résumé, la liberté la plus complète laisse aux ouvriers de ce corps d'état toute la responsabilité de leur avenir. Quelques-uns sont au niveau de cette responsabilité, et tirent parti de cette liberté pour s'élever à la condition de chefs d'industrie. D'autres, voués à l'imprévoyance et incapables de parvenir à une situation meilleure, souffrent vivement des suites de cette incapacité. Ils constituent une classe d'ouvriers remuants, aigris par les maux qu'ils ne sav[illegible]s éviter et dont rien ne les garantit.

Trois traits de mœurs, signalés ci-dessus, sont fréquents chez les populations désorganisées de l'Occident. Les forts salaires développent la corruption chez l'ouvrier et, par le mauvais exemple, chez ses camarades. L'état de concubinage condamne la femme à une dure dépendance, et notamment à des travaux excessifs. D'un autre côté, au milieu de ce désordre, l'amour paternel procure aux enfants un état relatif de bien-être. Ces faits ne donnent guère confiance dans certains novateurs qui prétendent rendre heureux les trois éléments de la population, savoir : les ouvriers, en augmentant les salaires; les femmes, en instituant la liberté des unions ; les enfants, en détruisant les restes de l'autorité paternelle.

§ 14. — BUDGET DES RECETTES DE L'ANNÉE.

SOURCES DES RECETTES.	ÉVALUATION approximative des sources de recettes.
SECTION Ire. **Propriétés possédées par la famille.**	VALEUR des propriétés.
ART. 1er. — PROPRIÉTÉS IMMOBILIÈRES.	
(La famille ne possède aucune propriété de ce genre)	»
ART. 2. — VALEURS MOBILIÈRES.	
MATÉRIEL SPÉCIAL des travaux et industries : Matériel du métier de tailleur d'habits	31f20
ART. 3. — DROIT AUX ALLOCATIONS DE SOCIÉTÉS D'ASSURANCES MUTUELLES.	
(La famille ne participe à aucun droit de ce genre)	»
VALEUR TOTALE des propriétés	31 20

SECTION II.

Subventions reçues par la famille.

ART. 1er. — PROPRIÉTÉS REÇUES EN USUFRUIT.

(La famille ne reçoit aucune propriété en usufruit)

ART. 2. — DROITS D'USAGE SUR LES PROPRIÉTÉS VOISINES.

(La famille ne participe à aucun droit de ce genre)

ART. 3. — ALLOCATIONS D'OBJETS ET DE SERVICES.

ALLOCATIONS concernant la nourriture

— concernant le service de santé

— concernant les industries

§ 14. — BUDGET DES RECETTES DE L'ANNÉE.

RECETTES.	MONTANT DES RECETTES. Valeur des objets reçus en nature.	Recettes en argent.
SECTION Ire.		
Revenus des propriétés.		
ART. 1er. — REVENUS DES PROPRIÉTÉS IMMOBILIÈRES.		
(La famille ne jouit d'aucun revenu de ce genre)	»	»
ART. 2. — REVENUS DES VALEURS MOBILIÈRES.		
Intérêt (5 pour 100) de ce matériel	»	1f 56
ART. 3. — ALLOCATIONS DES SOCIÉTÉS D'ASSURANCES MUTUELLES.		
(La famille ne jouit d'aucune allocation de ce genre)	»	»
TOTAL des revenus des propriétés	»	1 56
SECTION II.		
Produits des subventions.		
ART. 1er. — PRODUITS DES PROPRIÉTÉS REÇUES EN USUFRUIT.		
(La famille ne jouit d'aucun revenu de ce genre)	»	»
ART. 2. — PRODUITS DES DROITS D'USAGE.		
(La famille ne jouit d'aucun produit de ce genre)	»	»
ART. 3. — OBJETS ET SERVICES ALLOUÉS.		
Remise des droits d'octroi, concédée par la ville, sur le vin acheté hors barrière et rapporté en ville par quantités moindres que 1 litre	»	72 00
Consultations gratuites du médecin	6f 00	»
Matériel de blanchissage prêté chaque semaine par une voisine	0 20	»
TOTAUX des produits des subventions	6 20	72 00

§ 14. — BUDGET DES RECETTES DE L'ANNÉE (SUITE).

SOURCES DES RECETTES (SUITE).

DÉSIGNATION DES TRAVAUX ET DE L'EMPLOI DU TEMPS.	QUANTITÉ de travail effectué. ouvrier.	femme.
	journées	journées
SECTION III.		
Travaux exécutés par la famille.		
Confection d'habits bourgeois (habits et redingotes) entreprise à la tâche au compte de deux chefs d'industrie	198	198
Confection de vêtements d'hommes entreprise au compte de la famille, par l'ouvrier, comme chef d'industrie	51	66 9
Confection des vêtements de l'ouvrier entreprise par la famille	2 5	4
Travaux de couture, raccommodage des vêtements et du linge de la famille	3 3	10 6
Travaux domestiques	»	100
Blanchissage du linge	»	13
Courses pour apporter et reporter l'ouvrage et aller essayer chez les pratiques	47	»
Totaux des journées de tous les membres de la famille	301 8	392 5

SECTION IV.

Industries entreprises par la famille

(à son propre compte).

Spéculations relatives aux travaux de l'ouvrier comme couseur d'habits :

Substitution du travail à la tâche au travail à la journée.........

Industries entreprises au compte de la famille :

Confection de vêtements d'hommes pour une clientèle, et fourniture d'étoffes.........

— des vêtements de l'ouvrier.........

Blanchissage du linge et des vêtements.........

§ 14. — BUDGET DES RECETTES DE L'ANNÉE (SUITE).

PRIX des salaires journaliers. ouvrier.	femme.	RECETTES (SUITE).	MONTANT DES RECETTES. VALEUR des objets reçus en nature.	RECETTES en argent.
fr. c.	fr. c.			
		SECTION III.		
		Salaires.		
4 50	3 00	Salaire que recevraient un ouvrier et son aide par journée de travail	»	1,485f 00
4 50	3 00	Salaire total attribué à ce travail	»	430 20
4 50	3 00	— —	23f 25	»
3 50	1 25	— —	24 80	»
»	»	(Aucun salaire ne peut être attribué à ces travaux)	»	»
»	0 80	Salaire total attribué à ce travail	10 40	»
»	»	(Aucun salaire ne peut être attribué à ce travail)	»	»
		Totaux des salaires de la famille	58 45	1,915 20
		SECTION IV.		
		Bénéfices des industries.		
		Supplément de salaire provenant de la substitution du travail à la tâche au travail à la journée (16, A)	»	667 70
		Bénéfice résultant de cette industrie (16, B)	»	583 85
		— — (16, C)	»	31 31
		— — (16, D)	9 80	»
		Totaux des bénéfices résultant des industries	9 80	1,284 86
		Nota. — Outre les recettes portées ci-dessus en compte, les industries donnent lieu à une recette de 1,379f 30 (16, B) qui est appliquée de nouveau à ces mêmes industries. Cette recette et les dépenses qui la balancent (15, Son V) ont été omises dans l'un et l'autre budget.		
		Totaux des recettes de l'année (balançant les dépenses).... (3,348f 07)	74 45	3,273 62

§ 15. — BUDGET DES DÉPENSES DE L'ANNÉE.

DÉSIGNATION DES DÉPENSES.	POIDS et PRIX des ALIMENTS		MONTANT DES DÉPENSES.	
	POIDS consommé	PRIX par kilog	VALEUR des objets consommés en nature	DÉPENSES en argent.
SECTION Ire.				
Dépenses concernant la nourriture.				
ART. 1er. — ALIMENTS CONSOMMÉS DANS LE MÉNAGE.				
(**Par l'ouvrier, la femme et 2 enfants pendant 365 jours.**)				
CÉRÉALES :				
Pain acheté en détail, par morceaux de 0^{k}5 (pain de première qualité, ou pain blanc)........................	750^{k}0	0^{f}400	»	300^{f}00
Farine de froment pour la cuisine, ahetée par petits paquets de 0^{f}10.	1 0	0 500	»	0 50
Vermicelle pour potages........................	6 5	1 000	»	6 50
Macaroni........................	0 3	1 600	»	0 48
Gâteaux achetés chaque jour pour les enfants.	9 1	4 011	»	36 50
Poids total et prix moyen............	766 9	0 439		
CORPS GRAS :				
Beurre pour la cuisine........................	26 0	2 600	»	67 60
Graisse de porc, dite saindoux, pour préparer le potage aux choux.	1 5	1 600	»	2 40
Lard cuit avec les légumes pour remplacer une partie du beurre....	6 5	1 700	»	11 05
Graisse d'oie, extraite dans le ménage........................	0 5	2 000	»	1 00
Graisse de bœuf, extraite dans le ménage et réservée pour accommoder les fritures........................	1 4	1 300	»	1 82
Huile d'olive pour assaisonner les salades....	0 3	3 200	»	0 96
Poids total et prix moyen............	36 2	2 343		
LAITAGES ET ŒUFS :				
Lait de vache, écrémé pour le café........................	208 5	0 200	»	41 70
Fromage de Brie, fromages cylindriques, dits *bondons*, fromages de Gruyère pour macaroni........................	4 2	0 857	»	3 60
Fromage frais, dit *fromage blanc*........................	0 7	1 250	»	0 90
Œufs de poule, 144 pièces à 0^{f}107, prix moyen............	9 0	1 711	»	15 40
Poids total et prix moyen............	222 4	0 277		
VIANDES ET POISSONS :				
Viande de bœuf, 86 kil. à 0^{f}90, 77^{f}40, et 16^{k}3 à 1^{f}40, 22^{f}82 (déduction faite de 1^{k}4 de graisse à 1^{f}30, 1^{f}82)............	100 9	0 975	»	98 40
Viande de mouton, 30 kil. à 0^{f}824, 24^{f}72, et 6 kil. à 1^{f}40, 8^{f}40......	36 0	0 920	»	33 12
Viande de veau........................	10 0	1 200	»	12 00
Viande de porc, 7^{k}5 à 1^{f}30, 9^{f}75; — saucisses, 0^{k}5 à 10^{f}00, 5^{f}00; — boudin, 0^{k}2 à 7^{f}00, 1^{f}40; — cervelas, 1^{k}9 à 2^{f}053, 3^{f}90; — jambon, 0^{k}5 à 2^{f}40, 1^{f}20............	10 6	2 005	»	21 25
Volailles : 2 canards, 2^{k}5; — 1 oie, 3 kil. (déduction faite de 0^{k}5 de graisse)........................	5 5	1 545	»	8 50
Poissons : merlans, harengs, 23^{k}1 à 0^{f}858, 19^{f}80; — mollusques : moules, 36^{k}4 à 0^{f}286, 10^{f}40............	59 5	0 507	»	30 20
Poids total et prix moyen............	222 5	0 914		

§ 15. — BUDGET DES DÉPENSES DE L'ANNÉE (SUITE).

DÉSIGNATION DES DÉPENSES (SUITE).	POIDS et PRIX des ALIMENTS		MONTANT DES DÉPENSES	
	POIDS consommé	PRIX par kilogr.	VALEUR des objets consommés en nature.	DÉPENSES en argent.
SECTION 1re.				
Dépenses concernant la nourriture (suite).				
LÉGUMES ET FRUITS :				
Tubercules : Pommes de terre	94k7	0f144	»	13f63
Légumes farineux secs : Haricots blancs, 3k6 à 0f577, 2f07 ; — lentilles, 4k8 à 0f513, 2f46 ; — haricots rouges, 1k3 à 0f515, 0f67 ; — pois cassés, 2 kil. à 0f633, 1f26	11 7	0 552	»	6 46
Légumes verts à cuire : Haricots blancs, 1k1 à 0f830, 0f91 ; — haricots verts, 16 kil. à 0f450, 7f20 ; — pois verts, 5k5 à 1f064, 5f85 ; — choux-fleurs, 17k2 à 0f350, 6f02 ; — choux, 45k7 à 0f114, 5f21 ; — artichauts achetés tout cuits, 4 kil. à 0f500, 2f00 ; — asperges, 5k5 à 0f288, 1f58	95 0	0 303	»	29 77
Légumes racines : Carottes, 7k2 à 0f352, 2f53 ; — panais, 6k4 à 0f180, 1f15 ; — navets, 11k2 à 0f103, 1f15 ; — poireaux, 3k2 à 0f362, 1f15 ; — salsifis, 6k3 à 0f239, 1f50	34 3	0 218	»	7 48
Légumes épices : Oignons, 12k8 à 0f335, 4f29 ; — échalottes (*Allium Ascalonicum*, Lin.), 6 kil. à 0f400, 2f40 ; — persil, cerfeuil, 3k5 à 0f300, 1f05	22 3	0 347	»	7 71
Salades : Laitue, dite romaine	0 8	0 437	»	0 35
Cucurbitacées : Citrouille, 0k5 à 0f450, 0f22 ; — cornichons, 0k1 à 1f00, 0f10	0 6	0 533	»	0 32
Fruits, surtout pour les enfants : Cerises, 1 kil. à 0f600, 0f60 ; — groseilles, 0k5 à 0f600, 0f30 ; — prunes, 1 kil. à 0f680, 0f68 ; — poires, 0k5 à 1f360, 0f68 ; — pommes, 1k2 à 0f475, 0f57	4 2	0 674	»	2 83
Poids total et prix moyen	263 6	0 256		
CONDIMENTS ET STIMULANTS :				
Sel gris	6 0	0 300	»	1 80
Épices : Poivre, 0k05 à 5f600, 0f28 ; — oignons brûlés, 0k65 à 2f00, 1f30	0 7	2 257	»	1 58
Vinaigre	0 3	0 600	»	1 80
Matières sucrées : Sucre, 30 kil. à 1f700, 51f00 ; — cassonade, 2 kil. à 0f650, 1f30	32 0	1 634	»	52 30
Boissons aromatiques : Café, 6k5 à 4f00, 26f00 ; — thé, 0k02 à 10f00, 0f20 ; — chicorée, 3k25 à 0f800, 2f60	9 8	2 939	»	28 80
Poids total et prix moyen	48 8	1 768		
BOISSONS FERMENTÉES :				
Vin, acheté hors barrières (7) par demi-litres (14, Son II)	360 0	0 700	»	252 00
Eau-de-vie, chaque matin, 0l06 (9)	21 9	2 000	»	43 80
Poids total et prix moyen	381 9	0 775		
ART. 2. — ALIMENTS PRÉPARÉS ET CONSOMMÉS EN DEHORS DU MÉNAGE.				
Dîner pris par la famille, les dimanches et jours de fêtes, chez un traiteur de la banlieue (15, Son IV) (9)			»	210 00
Eau-de-vie et vin, bus en dehors du repas, ces mêmes jours, par l'ouvrier			»	7 50
Repas du soir pris par l'ouvrier, chez un traiteur, pendant 305 jours			»	457 50
Total des dépenses concernant la nourriture			»	1,818 54

§ 15. — BUDGET DES DÉPENSES DE L'ANNÉE (SUITE).

DÉSIGNATION DES DÉPENSES (SUITE).	MONTANT DES DÉPENSES.	
	VALEUR des objets consommés en nature.	DÉPENSES en argent.
SECTION II.		
Dépenses concernant l'habitation.		
LOGEMENT :		
Loyer d'une chambre lambrissée au cinquième étage, 140f00; — étrennes au portier, 3f00	»	143f00
Transport, par le porteur d'eau, de l'eau nécessaire aux usages domestiques, 6,240 kil. à 0f005	»	31 20
MOBILIER :		
Frais d'entretien, consistant surtout en rempaillages de chaises, 6f00; — achats d'ustensiles, 12f00; — achat de linge au fur et à mesure des besoins, 26f70	»	44 70
CHAUFFAGE :		
Menu coke, acheté au sac, 2,200 kil. à 2f25 les 100 kil., 49f52; — braise pour allumer le feu, 25 kil. à 0f40, 10f00	»	59 52
ÉCLAIRAGE :		
Chandelles, 10 kil. à 1f80, 18f00; — huile à brûler, 9 kil. à 1f80, 16f20; — allumettes, 3 kil. à 0f70, 2f10	»	36 30
TOTAL des dépenses concernant l'habitation	»	314 72
SECTION III.		
Dépenses concernant les vêtements.		
VÊTEMENTS :		
Vêtements de l'ouvrier : du dimanche, 191f81; — de travail, 21f90 (16, C et F)	23f25	190 46
— de la femme : du dimanche, 63f93; — de travail, 68f20 (16, F)	7 18	124 95
— des deux enfants, 69f00 (16, F)	17 62	51 38
BLANCHISSAGE :		
Blanchissage des vêtements et du gros linge (16, D)	20 40	18 60
— du linge fin, fait au dehors	»	7 80
TOTAUX des dépenses concernant les vêtements	68 45	393 19
SECTION IV.		
Dépenses concernant les besoins moraux, les récréations et le service de santé.		
CULTE :		
(La famille ne fait aucune dépense concernant le culte religieux)	»	»
INSTRUCTION DES ENFANTS :		
Frais d'école pour l'aîné, à raison de 3f00 par mois (11 mois 1/2)	»	34 50
SECOURS ET AUMÔNES :		
26 repas payés à un ancien camarade paralysé	»	20 80

§ 15. — BUDGET DES DÉPENSES DE L'ANNÉE (SUITE).

DÉSIGNATION DES DÉPENSES (SUITE).	MONTANT DES DÉPENSES.	
	VALEUR des objets consommés en nature.	DÉPENSES en argent.
SECTION IV.		
Dépenses concernant les besoins moraux, les récréations et le service de santé (suite).		
RÉCRÉATIONS ET SOLENNITÉS :		
Repas et boissons pris au dehors (15, Son I); dépenses de cabaret; entretien de deux oiseaux; tabac à fumer; gâteaux pour les enfants, jouets. . . . . (16, G)	»	667f34
SERVICE DE SANTÉ :		
Médicaments : Huile de foie de morue pour le fils aîné, 8f 00; — consultations gratuites du médecin, 6f00 (14, Son II).	6f00	8 00
TOTAUX des dépenses concernant les besoins moraux, les récréations et le service de santé.	6 00	730 64
SECTION V.		
Dépenses concernant les industries, les dettes, les impôts et les assurances.		
DÉPENSES CONCERNANT LES INDUSTRIES :		
Intérêt du matériel de l'état de tailleur d'habits, 1f56; — entretien de ce matériel, 14f97.	»	16 53
Les autres dépenses concernant les industries s'élèvent à une somme de. . . . 1,838f 55 Elles sont remboursées par des recettes provenant de ces industries elles-mêmes : Argent et objets employés pour la consommation du ménage et portés à ce titre dans le présent budget. . . . . 459f25 Argent appliqué de nouveau aux industries comme fonds de roulement et qui ne peut figurer parmi les dépenses de la famille. . . . . 1,379 30 } 1,838 55		
INTÉRÊTS DES DETTES :		
Les dettes contractées dans l'achat des objets de consommation n'excèdent pas 15f00 et ne se prolongent jamais, en moyenne, au delà d'une semaine.	»	»
IMPÔTS :		
(La famille ne supporte directement aucun impôt.).	»	»
ASSURANCES CONCOURANT A ASSURER LE BIEN-ÊTRE PHYSIQUE ET MORAL DE LA FAMILLE :		
(La famille ne participe à aucune assurance de ce genre.).	»	»
TOTAUX des dépenses concernant les industries, les dettes, les impôts et les assurances.	»	16 53
ÉPARGNE DE L'ANNÉE :		
La famille ne fait aucune épargne et ne manifeste aucune propension à s'imposer, dans ce but, la plus légère privation.	»	»
TOTAUX DES DÉPENSES de l'année (balançant les recettes). . . . . . (3,348f 07)	74 45	3,273 62

§ 16.

COMPTES ANNEXÉS AUX BUDGETS.

SECTION I.

COMPTES DES BÉNÉFICES

Résultant des industries entreprises par la famille (à son propre compte).

A. — Spéculations relatives a la substitution du travail a la tache au travail a la journée.

		VALEURS en nature.	VALEURS en argent.
RECETTES.			
Travail de l'ouvrier au compte du patron :			
Salaire qu'un journalier exécutant le même genre de travail recevrait par journée de 10 heures	4f 50		
Supplément résultant de l'entreprise du travail à la tâche, par journée.	2 50		
Le salaire effectif journalier s'élève donc à	7 00		
Recette totale pour le supplément acquis au tâcheron pendant 198 journées.		»	495f 00
Travail de la femme au compte du patron, comme aide de l'ouvrier :			
Salaire qu'un aide-journalier recevrait pour ce genre de travail	3f 00		
Supplément résultant de l'entreprise de ce travail à la tâche	1 00		
Le salaire effectif journalier s'élève donc à	4 00		
Recette totale pour le supplément acquis par le travail à la tâche, pendant 198 journées		»	198 00
Morceaux d'étoffes pour vêtements, prélevés sans le consentement du patron et malgré lui sur celles qu'il confie à l'ouvrier pour son travail		»	83 60
Total		»	776 60
DÉPENSES.			
Fournitures faites au patron pour la confection des vêtements qu'il confie : fil de lin, de coton et de soie; combustible pour chauffer le fer à rabattre les coutures, 1f 10 par pièce; soit, pour 99 pièces		»	108 90
Bénéfice résultant de ces spéculations		»	667 70
Total comme ci-dessus		»	776 60

B. — Confection de vêtements pour hommes, entreprise par l'ouvrier et la femme, au compte de la famille, pour une clientèle.

	en nature.	en argent.
RECETTES.		
5 habits en drap avec doublure en étoffe de coton, dite *percaline*, vendus 75f 00 la pièce	»	375 00
6 habits en drap avec doublure en étoffe de soie, vendus 80f 00 la pièce	»	480 00
3 redingotes doublées en percaline, vendues 70f 00 la pièce	»	210 00
2 redingotes doublées en étoffe de soie, vendues 75f 00 la pièce	»	150 00
4 surtouts, dits *paletots*, avec ou sans bordure en galon, vendus 80f 00 la pièce	»	320 00
1 paletot ouaté, vendu 90f 00	»	90 00
10 gilets droits et 2 gilets croisés, vendus 20f 00 la pièce	»	240 00
10 pantalons, vendus 34f 00 la pièce	»	340 00
Total	»	2,205 00

DÉPENSES.		VALEURS en nature.	VALEURS en argent.
Dépenses pour la confection d'un habit en drap doublé en étoffe dite percaline :			
Drap, 1m50 à 18f 00	27f 00		
Percaline pour les doublures, 1m50 à 0f85	1 30		
— pour faire les poches, 0m80 à 0f 85	0 70		
Toile de chanvre forte pour soutenir le col et les revers, ouate de coton cardé, boutons	2 05		
Fil, charbon pour chauffer les fers à rabattre les coutures	1 10		
Travail de l'ouvrier, 2 journées 1/2 à raison de 4f 50	11 25		
— de la femme, 2 journées 1/2 à raison de 3f 00	7 50		
Total	50 90		
Dépenses du même genre pour la confection d'un habit en drap, doublé en étoffe de soie. Total	57f 10		
Dépense annuelle pour 5 habits doublés en percaline		»	254f 50
— pour 6 habits doublés en étoffe de soie		»	342 60
Dépenses pour la confection d'une redingote doublée en percaline :			
Drap, 1m80 à 17f 00	30f 60		
Percaline pour les doublures, 1m50 à 0f 85	1 30		
Étoffe de soie pour doubler les pans sur le devant, 1m00 à 5f 00	5 00		
Menues fournitures énoncées ci-dessus	3 85		
Travail de l'ouvrier, 2 journées à raison de 4f 50	9 00		
— de la femme, 2 journées à raison de 3f 00	6 00		
Total	55 75		
Dépenses du même genre pour la confection d'une redingote entièrement doublée en étoffe de soie. Total	59 45		
Dépense annuelle pour 3 redingotes doublées en percaline		»	167 25
— pour 2 redingotes doublées en étoffe de soie		»	118 90
Dépenses pour la confection d'un surtout, dit *paletot*, non bordé :			
Drap, dit *castor*, 2m à 18f 00, 36f 00; — velours pour le collet, 0m40 à 12f 50, 5f 00	41f 00		
Étoffe en laine et soie, dite *satin de Chine*, pour doublure, 2m à 4f 25	8 50		
Toile de chanvre forte, boutons et autres menues fournitures	3 85		
Travail de l'ouvrier, 2 journées à raison de 4f 50	9 00		
— de la femme, 2 journées à raison de 3f 00	6 00		
Total	68 35		
Dépenses du même genre pour la confection d'un paletot bordé avec un galon de soie. Total	69 85		
Dépenses du même genre pour la confection d'un paletot ouaté. Total	73 10		
Dépense annuelle pour 2 paletots non bordés		»	136 70
— pour 2 paletots bordés		»	139 70
— pour 1 paletot ouaté		»	73 10
Dépenses pour la confection d'un gilet droit d'hiver ou d'été :			
Étoffe pour faire les devants du gilet	4f 00		
Percaline pour la doublure, 1m50 à 0f 85	1 30		
Forte toile de chanvre gommée, dite *bougran*, pour le collet, 0m 60 à 0f 50.	0 30		
Boutons, 0f 10 ; — menus frais, 0f 30 ; — boucle pour serrer la taille, 0f 05.	0 45		
Travail de la femme, 1 journée à 3f 00	3 00		
Total	9 05		
Dépenses du même genre pour la confection d'un gilet croisé.. Total..	9 20		
Dépense annuelle pour 10 gilets droits		»	90 50
— pour 2 gilets croisés		»	18 40
Dépenses pour la confection d'un pantalon :			
Drap léger, étoffe employée pour l'été, ou drap fort, dit *satin de laine*, 1m15 à 17f 00	19f 55		
Percaline pour les doublures et les poches, 0m 80 à 0f 85	0 70		
Menus frais énoncés ci-dessus, toile, boutons et boucle	1 00		
Travail de la femme, 1 journée 1/3 à raison de 3f 00	4 00		
Total	25 25		
A reporter		»	1.341 65

DÉPENSES (SUITE).	VALEURS en nature.	VALEURS en argent.
Report	»	1,341 65
Dépense annuelle pour 10 pantalons (4 d'entre eux environ sont cousus par des amis envers lesquels l'ouvrier s'acquitte partie en leur cousant des redingotes, partie en argent)	»	252 50
Intérêt (5 pour 100) d'une somme de 1,600f 00 qui lui est due, en moyenne pendant 6 mois, par des pratiques qui le paient par à-compte (déduction faite de l'intérêt d'une dette de 600f 00 qu'il contracte lui-même à cette occasion chez le marchand d'étoffes)	»	25 00
Bénéfice résultant de l'industrie	»	585 85
Total comme ci-contre	»	2,205 00

C. — Confection des vêtements de l'ouvrier par lui-même, aidé de la femme.

RECETTES.		
1 redingote, durant 4 ans, valant 75f 00 ; recette annuelle	3f 75	15 00
1 paletot, durant 2 ans, valant 80f 00 ; recette annuelle	7 50	32 50
2 pantalons, durant 2 ans 1/2, valant 34f 00 la pièce ; recette annuelle	3 20	21 00
2 gilets, durant 1 an 1/2, valant 20f 00 la pièce ; recette annuelle	4 00	22 66
Totaux	18 45	91 16

DÉPENSES.		
Fournitures pour 1 redingote, durant 4 ans, 44f 45 ; dépense annuelle	»	11 12
Travail de l'ouvrier et de la femme, 15f 00 ; dépense annuelle	3 75	»
Fourniture pour 1 paletot, durant 2 ans, 53f 35 ; dépense annuelle	»	26 67
Travail de l'ouvrier et de la femme, 15f 00 ; dépense annuelle	7 50	»
Fournitures pour 2 pantalons, durant 2 ans 1/2, 42f 50 ; dépense annuelle	»	17 00
Travail de la femme, 8f 00 ; dépense annuelle	3 20	»
Fournitures pour 2 gilets, durant 1 an 1/2, 12f 10 ; dépense annuelle	»	8 06
Travail de la femme, 6f 00 ; dépense annuelle	4 00	»
Bénéfice résultant de l'industrie	»	31 31
Totaux comme ci-dessus	18 45	91 16

D. — Blanchissage des vêtements d'enfants, des robes de la femme, et du gros linge de ménage.

RECETTES.		
Prix qui serait payé pour le blanchissage des mêmes objets	20 40	18 60

DÉPENSES.		
Savon, 2k, 2f 40 ; — bleu, 0f 60 ; — eau de javelle, 2f 60	»	5 60
Transport de l'eau des fontaines publiques jusqu'au domicile de la famille, effectué par le porteur d'eau	»	5 20
Combustible consommé pour chauffer l'eau	»	7 80
Intérêt du matériel de blanchissage prêté par une voisine (14, Son 11)	0 20	»
Travail de la femme : 13 journées, salaire évalué à 0f 80	10 40	»
Bénéfice résultant de l'industrie	9 80	»
Totaux comme ci-dessus	20 40	18 60

E. — Résumé des comptes des bénéfices résultant des industries (A à D).

	Valeurs en nature.	Valeurs en argent.
RECETTES TOTALES.		
Produits employés pour les vêtements............ (C et D)	38f85	»
Recettes en argent appliquées aux dépenses de la famille................	»	1,715f06
Recettes en argent à employer de nouveau pour les industries elles-mêmes..	»	1,379 30
Totaux (3,133f21)........................	38 85	3,094 36
DÉPENSES TOTALES.		
Produits des subventions reçues par la famille et employées par elle aux industries..	0 20	»
Salaires afférents aux travaux exécutés par la famille pour les industries...	28 85	430 20
Dépenses en argent qui devront être remboursées par des recettes provenant des industries..	»	1,379 30
Totaux des dépenses (1,838f55)..............................	29 05	1,809 50
Bénéfices totaux résultant des industries (1,294f66)................	9 80	1,284 86
Totaux comme ci-dessus (3,133f21)............	38 85	3,094 36

SECTION II.

COMPTES RELATIFS AUX SUBVENTIONS.

(Les subventions dont jouit la famille ne donnent lieu à aucun compte particulier.)

SECTION III.

COMPTES DIVERS.

F. — Compte de la dépense annuelle concernant les vêtements.

Art. 1er. — *Vêtements de l'ouvrier.*

	Prix d'achat des objets.	Valeurs en nature.	Valeurs en argent.
Vêtements du dimanche, portés en général les jours de sortie et chaque fois que l'ouvrier va en ville :			
L'ouvrier confectionne lui-même, avec l'aide de sa femme, ses redingotes, surtouts, pantalons et gilets ; le compte de cette industrie a été établi précédemment.......................... (C)	»	»	»
2 chapeaux en feutre..............................	26f00	»	26 0
3 cravates de soie noire, dont 2 carrées, 9f00, et 1 longue, 12f00.	21 00	»	7 0
3 paires de souliers à 11f00 la paire ; — raccommodages de chaussures, 10f00, par année..............................	43 00	»	43 0
Frais de toilette : savon pour la barbe, 2f40 ; — 4 coupes de cheveux, 0f80..............................	»	»	3 20
Vêtements de travail :			
3 pantalons de toile verte, en lin et coton....................	10 20	4 80	5 40
1 vieux gilet, porté les jours de sortie lorsqu'il était neuf......	12 00	»	»
1 bonnet..............................	3 50	»	0 70
4 chemises de calicot, achetées toutes faites à 4f50 l'une	18 00	»	4 50
2 paires de chaussettes..............................	3 50	»	3 5
6 mouchoirs blancs en toile de lin..............................	6 00	»	3 0
Totaux..................	»	4 80	96 3

Art. 2. — *Vêtements de la femme.*	PRIX d'achat des objets.	VALEURS en nature.	VALEURS en argent.
Vêtements du dimanche :			
1 robe en mérinos noir	30f 00	»	30f 00
2 jupons blancs confectionnés par la femme	7 50	0f 35	1 50
1 châle en laine	85 00	»	7 00
2 pointes ou fichus de cou en laine	1 50	»	0 75
2 cols plats brodés par la femme	5 00	2 33	1 00
2 bonnets en étoffe de coton, dite *percale*, avec des ornements	10 00	»	7 50
1 paire de bottines	12 00	»	12 00
Frais de toilette : 2 bains de propreté	»	»	1 50
Vêtements de travail :			
1 robe en étoffe de laine et de coton, à dessins de couleur	16 00	»	16 00
2 jupons de couleur, confectionnés par la femme avec de vieilles robes	2 50	2 50	»
2 tabliers en étoffe de laine noire, confectionnés par la femme	6 50	2 00	4 50
1 châle en laine, de couleur foncée	18 00	»	9 00
3 bonnets en étoffe de coton, dite *percale*	7 50	»	6 00
1 corset	7 00	»	2 00
2 chemises en toile de lin	8 00	»	8 00
2 cols plats, unis	1 50	»	1 50
2 paires de bas en coton	3 40	»	3 40
1 paire de bas en laine	2 50	»	2 50
6 mouchoirs de couleur, en coton	3 30	»	2 80
2 paires de souliers	12 00	»	8 00
Totaux	»	7 18	24 95

Art. 3. — *Vêtements des deux enfants.*	PRIX d'achat des objets.	VALEURS en nature.	VALEURS en argent.
Vêtements du dimanche et des jours ordinaires :			
6 robes ou blouses confectionnées dans la famille, avec des morceaux prélevés par l'ouvrier sur les étoffes de laine ou autres que lui confient les patrons pour lesquels il travaille (A)	27 00	1 02	25 98
7 tabliers, dont 3 en étoffe de couleur et 4 blancs ; confectionnés par la mère	5 95	1 75	4 20
5 chemises en vieille toile, de confection domestique	4 50	2 00	»
4 jupons faits par la mère avec de vieilles blouses	1 00	0 50	»
5 paires de chaussettes ou de bas en coton	4 10	»	4 10
4 paires de bas en laine	6 00	»	6 00
2 corsages de coutil prélevés sur l'étoffe confiée par les patrons, confectionnés par la mère (A)	1 20	0 80	0 40
2 pantalons faits par le père, avec des morceaux prélevés sur les étoffes confiées par les patrons (A)	5 00	3 55	1 45
3 paires de chaussures en morceaux de velours prélevés par le père sur les étoffes confiées par les patrons (A)	10 00	8 00	2 00
2 casquettes et 1 chapeau de paille	7 25	»	7 25
Totaux	»	17 62	51 38

G. — Compte de la dépense annuelle concernant les récréations.

	en nature	en argent
Dîner de la famille les dimanches et jours de fête, chez un traiteur de la banlieue (15, Son I), dépense comprise dans celle qui concerne la nourriture, 210f 00	»	»
Eau-de-vie et vin pris comme régal par l'ouvrier, ces mêmes jours (15, Son I), 7f 50	»	»
Repas du soir pris par l'ouvrier chez un traiteur, pendant 305 journées (15, Son I), 457f 50	»	»
Gâteaux achetés régulièrement chaque jour pour les enfants (15, Son I), 36f 50	»	»
Jouets pour les enfants	»	10 00
Nourriture de 2 oiseaux élevés par l'ouvrier	»	7 10
Tabac à fumer pour l'ouvrier	»	41 94
Dépenses faites au cabaret par l'ouvrier avec ses amis, pertes au jeu, débauches de table et autres (en moyenne 1f 99 par jour pendant 365 jours)	»	608 30
Total	»	667 34

ÉLÉMENTS DIVERS DE LA CONSTITUTION SOCIALE

FAITS IMPORTANTS D'ORGANISATION SOCIALE; PARTICULARITÉS REMARQUABLES; APPRÉCIATIONS GÉNÉRALES; CONCLUSIONS.

§ 17.

CARACTÈRES ACTUELS DE LA DÉSORGANISATION QUE PROPAGENT AUTOUR D'EUX LES OUVRIERS PARISIENS LES PLUS DÉGRADÉS.

Le respect dû au lecteur ne nous a pas permis de peindre dans tous ses détails l'état de dégradation où sont tombés certains ouvriers parisiens. On ne donne qu'une idée imparfaite de cette dégradation en disant que les plus dépravés ont oublié, ou tiennent en mépris, neuf commandements du Décalogue. Les individus ci-dessus décrits ne transgressent pas seulement la loi morale, en cédant à regret aux faiblesses inséparables de la nature humaine : ils se font gloire de ce qui a été considéré comme une honte chez tous les peuples prospères. Dans ce triste milieu. les enquêtes sociales sont d'autant plus faciles que les coupables eux-mêmes sont les premiers à publier leurs mauvaises actions. Une société qui ne serait composée que de tels éléments serait évidemment incapable de se perpétuer.

Les individus pénétrés de ces sentiments repoussent, avec une confiance superbe dans la supériorité de leur esprit, les trois premiers commandements du Décalogue : ils restent tout au moins indifférents aux pensées que soulèvent l'origine et la fin de l'homme; mais ils affichent, en toute occasion, leur haine ou leur mépris pour les institutions et les hommes qui rappellent les devoirs que chacun doit remplir envers Dieu. Les croyances traditionnelles des grandes races sont remplacées chez eux par des idées préconçues et des superstitions que condamnent l'expérience et la raison. Ils croient que l'enfant apporte en naissant toutes les conditions du bonheur ; et ils attribuent la souffrance actuelle des ouvriers aux idées, aux mœurs et aux institutions qu'ils déclarent conçues dans l'intérêt des riches. Ils accordent donc leur sympathie à toutes les nouveautés qui tendent à renverser le régime établi. Pris souvent au dépourvu par les inventions contemporaines qui modifient brusquement les conditions du travail, ils partagent l'engouement général qu'excitent ces transformations de l'ordre matériel. Ils ignorent les souffrances et les efforts de ceux qui en prennent l'initiative; et ils rêvent un nouvel ordre social dans lequel tout le profit serait assuré à ceux qui sont chargés de l'exécution manuelle. Étrangers à la connaissance du passé et trompés sur la cause des catastrophes contemporaines, les individus ainsi dévoyés croient au « progrès indéfini » de l'humanité; et ils attribuent à la perversité des classes dirigeantes la décadence dont ils subissent journellement le contre-coup. A ce point de vue, ils obéissent à l'impulsion des lettrés, qui désignent journellement le père de famille comme « la pratique usée et la résistance qu'il faut vaincre ». Le quatrième commandement leur paraît donc plus nuisible encore que les trois premiers. En effet, dans l'état de « progrès » auquel s'est élevée la ville de Paris, le jeune ouvrier est exempt de toute dépendance envers Dieu, tandis qu'il doit lutter contre son père qui prétend lui imprimer une direction et le soumettre à certaines obligations. Ainsi émancipé, « l'homme du progrès » n'a plus qu'une préoccupation : pourvoir, par ses inspirations personnelles, à son propre bien-être, sans autre souci que de ne point s'exposer aux rigueurs des lois arriérées. Il convoite sans remords le bien d'autrui : il n'a pas la pensée de se l'approprier, par l'homicide, en violation du cinquième commandement; mais il ne se fait point scrupule de se satisfaire, à ce sujet, en recourant au mensonge et à la fraude. Enfin, il tient en mépris l'institution du mariage; et il ne respecte pas plus la faiblesse de la femme que l'autorité du père et la toute-puissance de Dieu.

Ces pauvres ignorants désorganisent ainsi les ateliers de travail qui leur fournissent le moyen de subsistance; et, si un nouvel apostolat des Gaules ne les ramène pas au bien, ils pousseront la France à sa ruine, après être tombés les premiers, victimes de leurs vices et de leurs erreurs. Cependant, l'ouvrier perverti est moins coupable et moins dangereux que le lettré qui prétend l'instruire. Selon les érudits que j'ai consultés, la littérature du mal n'a jamais eu dans le passé la puissance qu'elle possède aujourd'hui. Les anciens ont égalé les modernes en ce qui touche la dépravation des sens; mais ils ont moins cultivé les désordres sociaux qui naissent, sous nos yeux, en Occident, de la corruption des esprits. Paris, Londres et Berlin, qui se révoltent contre Dieu, au nom d'une prétendue science déduite d'idées préconçues, sont des foyers de désorganisation plus redoutables que Sodome, Gomorrhe et Babylone. Nos capitales auront le même sort que ces villes maudites, si les erreurs contemporaines ne sont pas promptement réfutées par la science vraie qui s'induit de l'expérience par la raison.

§ 18.

ORGANISATION DU TRAVAIL CHEZ LES TAILLEURS DE PARIS.

Les tailleurs d'habits se chargent, à Paris, de la confection des vêtements d'homme : habits proprement dits, redingotes, vestes, surtouts, pantalons de toutes étoffes et gilets de tous genres. En général, ils fournissent les étoffes de telle façon que le client commande un vêtement sans prendre aucun autre soin, et le tailleur le lui livre prêt à être porté. Cette industrie est exercée (1) par des maîtres-tailleurs, des tailleurs à façon (1, 5 et 9) et des marchands d'habits neufs, vulgairement appelés « confectionneurs ».

Les maîtres-tailleurs offrent des degrés différents, en ce qui touche l'importance de leurs entreprises. Les uns ont un magasin d'étoffes et un atelier de confection; les autres vendent seulement d'après les échantillons qu'ils présentent au choix du client, et font exécuter les vêtements, soit dans un atelier qu'ils dirigent, soit par des tâcherons (apiéceurs) logeant chez eux (1). Quelques patrons ont débuté dans la profession en qualité d'ouvriers. Souvent, le maître-tailleur est simplement un entrepreneur qui met ses fonds dans cette industrie. Il en confie la direction à un *coupeur*, ouvrier habile, qui a monté tous les degrés de ce corps d'état.

Un atelier est ordinairement composé des éléments énumérés ci-après. — 1° Un *coupeur de grandes pièces* (habits, redingotes et paletots), habituellement rétribué à l'année et dont les appointements varient, suivant l'importance des ateliers, de 2,000 à 5,000 francs. — 2° Un *coupeur de petites pièces* (pantalons et gilets), rétribué sur le pied de 1,200 à 4,000 francs. Ces deux ouvriers ont pour mission de tailler dans les étoffes les morceaux qu'il faudra assembler pour faire le vêtement. Leur habileté fait la réputation d'une maison; et ils doivent être expérimentés dans leur état. — 3° Un *coureur*, ouvrier chargé d'aller chez les clients prendre les mesures, de porter les pièces chez eux pour les leur faire essayer, d'y indiquer alors les corrections, et enfin de livrer les vêtements complétement terminés. Ces fonctions exigent encore de l'habileté, à cause de l'essai des vêtements. Le coureur doit bien comprendre la coupe et avoir du coup d'œil; ses rapports avec les clients exigent en outre qu'il ait une bonne tenue, un certain tact, de la facilité à s'exprimer et un caractère patient et conciliant. Le coureur est encore rétribué à l'année, il gagne de 1,000 à 1,500 francs. Dans les petits ateliers, le coupeur réunit cette fonction à celle de coureur, mais cela ne se fait jamais dans les grandes maisons, où les coupeurs sont suffisamment occupés à l'atelier. Il est de règle qu'un coupeur ne doit pas sortir. — 4° Un *chef d'atelier*, ouvrier journalier à 5 et 6 francs par jour, qui va au magasin recevoir l'ouvrage tout taillé, le porte à l'atelier établi à proximité de ce magasin, le distribue aux ouvriers, en surveille l'exécution et revoit pendant le travail la coupe des revers des vêtements. Il travaille rarement de ses mains, si ce n'est pour démontrer aux ouvriers nouveaux ce qu'il faut faire et comment on le doit exécuter. — 5° Les *couseurs ordinaires*, qui confectionnent, sous la direction du chef d'atelier, les pièces coupées au magasin. Ce ne sont point des journaliers. On les rétribue à la pièce, à peu près de la manière suivante : habits, redingotes, 22f 00; surtouts, dits paletots, 20f 00 ; autres surtouts, nommés twines, cabans, cocheman, 9f 00; pantalons, 4f 00; gilets, 3f 50.

Le chef d'atelier reçoit des couseurs, à la fin de la semaine, les pièces terminées sur lesquelles ils attachent un morceau de papier portant l'indication du prix convenu et de ce qui leur est dû pour la semaine. Avec ces papiers il se présente à la caisse de la maison et reçoit le montant de la paie qu'il distribue. C'est lui aussi qui fait obtenir aux ouvriers certaines avances sur leur paie, ce qu'ils appellent *donner des coups de pied*, ou qui leur fait *donner les pigeons*, c'est-à-dire une avance de 10 francs sur les grandes pièces lorsqu'elles sont en état d'être essayées. — 6° Enfin quelques ouvriers destinés à faire des corrections aux vêtements qui vont mal, à retoucher les pièces rapportées par les clients pour faire quelques changements, en un mot à exécuter tous les travaux qui se présentent au magasin, qui exigent d'être faits sur-le-champ et interrompraient à tous moments les travaux de l'atelier. Les ouvriers chargés de cette besogne éventuelle doivent être très-habiles; il leur faut connaître très-bien la coupe, la confection de la pièce, pour retrouver juste les défauts et y remédier avec précision. Des noms bizarres sont habituellement employés parmi les tailleurs pour désigner ces ouvriers et leurs travaux. Les corrections que demande une pièce (nommée *bûche* en terme d'atelier) consistent à retrancher ou ajouter un certain morceau d'étoffe; ce morceau s'appelle un *poignard*. Les ouvriers chargés de mettre les poignards, ou, comme on dit, de *poignarder*, reçoivent de leurs camarades le nom de *pompiers*, et celui qui les dirige se nomme *chef de pompe*. Le chef de pompe exerce vis-à-vis des pompiers les mêmes fonctions que le chef d'atelier à l'égard des couseurs; il est rétribué à la journée et reçoit toujours 1 franc de plus par jour que les ouvriers qu'il dirige. Les pompiers sont distingués en deux catégories : ceux qui réparent les grandes pièces; et ceux qui, en langage d'atelier, *poignardent les culbutes*, c'est-à-dire, corrigent les *petites pièces*. Les pompiers sont rétribués à la journée et à raison de 4 ou 5 francs.

Telle est la composition d'un atelier. Outre le local nécessaire pour loger ce personnel, le patron doit fournir un matériel spécial pour chaque ouvrier, la planche sur laquelle il travaille, les planches et les fers pour rabattre les coutures, et le charbon. Ces charges ont rendu les ateliers onéreux pour les patrons et en ont engagé un grand nombre à s'adresser aux ouvriers-tâcherons logés au dehors. Il reste aujourd'hui à peine 180 ateliers de maîtres-tailleurs à Paris. Parmi les patrons qui en possèdent encore, il en est un bon nombre qui font exécuter en ville les ouvrages faciles, tels que livrées, pantalons et gilets. Lorsqu'un maître-tailleur n'a pas d'atelier, il a néanmoins chez lui 2 coupeurs, ou 1 seulement dans les petites maisons, 1 coureur et 1 garçon de magasin; parfois un seul et même ouvrier remplit ces doubles fonctions. Le garçon de magasin fait les corrections et reçoit les clients en l'absence du maître. Il gagne par an de 1,000 à 1,200 francs. Dans ce système d'entreprise, les pièces sont taillées au magasin par le coupeur, puis remises à ces tâcherons, logés au dehors, que l'on nomme apiéceurs (1). Les pantalons et les gilets sont souvent confiés à des ouvrières, nommées culotières ou giletières. Elles sont rétribuées à la pièce et gagnent en moyenne 3 francs par jour, dans les moments où le travail est en activité. Quant aux apiéceurs, la présente monographie fait connaître les détails de leur condition (5 et 9), ainsi que celle des aides dont le concours ajoute beaucoup aux ressources de l'ouvrier en utilisant mieux ses talents.

Les tailleurs à façon, nommés vulgairement *petits tailleurs*, sont de petits entrepreneurs qui établissent une transition insensible des maîtres-tailleurs aux ouvriers. Ils présentent toutes les conditions par lesquelles ceux-ci, lorsqu'ils ont quelques habitudes de prévoyance, peuvent s'élever dans leur corps d'état. L'ouvrier décrit dans cette monographie offre, pour une partie de son travail, l'exemple d'un tailleur à façon dans la condition la plus modeste; et il a su, par le concubinage, organiser son industrie en une sorte de petit atelier domestique.

L'industrie des marchands d'habits neufs, dits confectionneurs, n'existait pas encore dans le premier quart du siècle actuel. Depuis cette époque, elle a fait de rapides progrès, et elle joue aujourd'hui un rôle des plus importants dans le commerce intérieur et extérieur de la France.

L'organisation de ces établissements est simple. Au-dessous du chef de l'entreprise se trouvent un ou plusieurs coupeurs dont les appointements sont de 1,200, 1,500 et même 2,000 francs par an ; puis des coureurs dont le salaire journalier est de 2f 00 à 2f 50. Dans le magasin, un *distributeur d'ouvrage* tient note des entrées, des sorties, et reçoit les pièces confectionnées que livrent les ouvriers. On peut estimer en moyenne à 1,800 francs les appointements du distributeur. Enfin, l'établissement comprend encore quelques-uns des ouvriers dits pompiers, rétribués à raison de 4f 50 à 5f 00 par jour. Quant à la confection des vêtements, elle se fait par des apiéceurs qu'il faut partager en deux catégories : les simples apiéceurs, et ceux qu'on nomme apiéceurs à cheval. Les premiers sont des tâcherons travaillant pour des patrons et obtenant en outre des confectionneurs quelques pièces à faire dans les moments où leurs patrons les laisseraient chômer. L'ouvrier décrit dans la présente monographie a parfois recours à cette combinaison, qui lui permet d'avoir toujours de l'ouvrage sans être astreint à le rendre à jour fixe. Quant aux apiéceurs à cheval, ils travaillent principalement pour les confectionneurs. On appelle de ce nom singulier des ouvriers tailleurs qui entreprennent la confection des habits au moyen d'une sorte de petit atelier qu'ils ont organisé. Ils ont habituellement chez eux de 10 à 20 ouvriers peu instruits, souvent des jeunes gens nouvellement arrivés à Paris; ils leur fournissent les planches, les fourneaux, les fers, le charbon, le fil; ils font toutes les courses nécessaires pour apporter les pièces à coudre et rendre celles qui sont confectionnées, de telle sorte que leur journée est presque entièrement occupée de la sorte. Pour s'indemniser de l'emploi de leur temps et de la fourniture du matériel, ils prélèvent sur chaque pièce confectionnée chez eux une quote-part qui représente 15 ou 20 pour cent du prix de façon payé par la maison de confection; le salaire qui revient ainsi à l'apiéceur à cheval peut s'estimer à 7 et 8 francs par jour. Les maisons de confection ne donnent directement aux apiéceurs en chambre que certaines pièces plus soignées, à 10 francs et plus de façon. Les autres sont confiées aux apiéceurs à cheval. Les prix de façon ne s'élèvent pas au-dessus des taux suivants :

gilets, 2f 50; pantalons, 3f 00; paletots, 10f 00; redingotes, 12f 00; habits, 13f 00. On confie aux femmes certains pantalons communs dont la façon n'est payée que 1f 00 ou 0f 75. Les redingotes et habits faits sur commande ont pour prix de façon 15 et 16 francs; enfin, on confectionne, pour exposer dans les montres, quelques paletots qu'on ne vend pas, parce qu'il y aurait perte, et dont la façon a été payée jusqu'à 15 francs.

Les ouvriers tailleurs voient d'un très-mauvais œil l'industrie intermédiaire des apiéceurs à cheval. Ils lui reprochent: 1° de permettre à un certain nombre d'ouvriers industrieux, mais peu assidus au travail de la couture, de vivre en faisant travailler les autres; 2° d'empêcher l'éducation professionnelle des jeunes ouvriers en les occupant à établir des vêtements grossièrement faits, sans leur offrir jamais, ni l'occasion de mieux faire, ni les conseils nécessaires; 3° de maintenir, par l'ignorance même de leur profession, ces ouvriers dans la dépendance des entrepreneurs subalternes, de manière à créer un véritable système d'exploitation. Quant aux chefs de maisons de confection, ils aiment assez à n'avoir affaire qu'à un petit nombre de personnes pour faire exécuter leur ouvrage; ils aiment surtout à n'avoir pas besoin de chercher des ouvriers, ni de leur rien fournir. En considérant aussi impartialement que possible l'état actuel de l'industrie des tailleurs d'habits, on ne saurait juger l'industrie de la confection aussi sévèrement que le voudraient les maîtres-tailleurs et leurs apiéceurs habituels. Jusqu'au premier quart du siècle actuel, les tailleurs d'habits ont beaucoup abusé d'une situation très-prospère. L'industrie des confectionneurs a pris naissance pour répondre aux vives réclamations des consommateurs, et pour fournir du travail à un personnel sans emploi. Elle a donné de l'ouvrage à un grand nombre d'ouvriers inhabiles ou vieillis. Elle a surtout beaucoup occupé les femmes. Enfin, par les exigences même de la vente, elle fournit de l'ouvrage aux époques où chôment les maîtres-tailleurs. Ceux-ci, en effet, travaillent sur commande dans le temps où les besoins de la consommation obligent les établissements de confection à posséder leurs vêtements tout faits et prêts pour la vente, de telle sorte que les confectionneurs font fabriquer ces pièces, précisément aux époques où les maîtres-tailleurs attendent le retour des commandes. D'une autre part, les salaires que les maisons de confection donnent aux ouvriers qu'elles occupent ne sont pas inférieurs à ceux que les ouvriers d'une position moyenne gagnent dans d'autres corps d'état. Ces salaires paraissent extrêmement restreints aux tâcherons habiles accoutumés aux gains élevés de l'ancienne industrie, et même à ceux que les maîtres-tailleurs peuvent encore assurer aux ouvriers habiles. Au surplus, on ne saurait regretter beaucoup la multiplication de ces salaires élevés qui favorisent la dépravation signalée par la présente monographie. Il faut ajouter cependant que la dépendance extrême où se trouvent placés les ouvriers employés par la confection exige chez les patrons de cette industrie un sentiment d'équité qui n'a peut-être pas été suffisamment respecté par tous; que, d'une autre part, les entrepreneurs, dits apiéceurs à cheval, ont plus d'une fois cherché des gains considérables dans une véritable oppression des ouvriers peu capables, ou trop chargés de famille. Cet abus a été senti par quelques confectionneurs; et ils ont supprimé ces intermédiaires en se mettant directement en rapport avec les ouvriers.

La présente monographie a d'ailleurs montré qu'avant l'existence des maisons de confection les rapports des maîtres-tailleurs et de leurs ouvriers n'étaient pas satisfaisants. L'ouvrier qui y a été décrit a conservé le souvenir de tentatives de grèves organisées contre les patrons, et dont les motifs paraissent avoir été peu sérieux, en même temps que leur inefficacité a été complète. La principale grève se rapporte à 1837, et l'ouvrier était alors à Bordeaux. On quitta les ateliers pour obtenir une augmentation de salaire, bien que l'on pût gagner 40 à 45 francs par semaine. Cette suspension des travaux, que l'on avait eu soin de provoquer au moment où les commandes abondaient, fut maintenue pendant sept semaines. Les ouvriers avaient des réunions où l'on discutait beaucoup; on faisait donner de légères contributions pour certaines dépenses faites ou à faire dans l'intérêt commun. Au bout du temps indiqué ci-dessus, l'ouvrier se présenta à une de ces réunions et déclara qu'il avait besoin d'être secouru ou de travailler, parce qu' « *il n'avait plus, ni sou, ni crédit* ». Peu satisfait de la réponse qui lui fut faite par les chefs de la grève, et se méfiant d'ailleurs du rôle qu'ils y jouaient, il annonça qu'il recommencerait à travailler; et il le fit sans qu'on osât l'en empêcher. Beaucoup d'autres, pour les mêmes raisons, prirent le même parti; et la grève se termina d'elle-même sans aucun résultat. Les choses se passèrent autrement dans la grève des charpentiers de Paris (V, IX, 21); mais la différence des résultats s'explique par le contraste qui existe dans le caractère moral des deux corps d'état.

§ 19.

TRAITS DE DÉMORALISATION OBSERVÉS CHEZ LES OUVRIERS TAILLEURS DE PARIS.

La vie de l'ouvrier décrit dans la présente monographie offre certains traits de désordre, sur lesquels il est utile de revenir. Il est bon, en effet, de démontrer la déplorable existence que peuvent mener, dans les sociétés de l'Occident, les ouvriers de divers corps d'état. Le détail présenté ci-dessus (12) indique l'influence funeste exercée par le « tour de France » sur les mœurs des jeunes ouvriers tailleurs. Les habitudes dominantes des ouvriers attachés aux ateliers parisiens ne peuvent guère neutraliser les mauvais résultats de cet apprentissage.

Le séjour du jeune ouvrier chez un apiéceur, ou dans l'atelier d'un maître-tailleur, complète, il est vrai, l'apprentissage du tour de France; mais il continue aussi l'enseignement d'une précoce dépravation. Les ateliers, par les lectures qui s'y font, le familiarisent avec la plus révoltante obscénité, ou surexcitent jusqu'à l'exaltation les haines politiques et les passions envieuses dirigées contre les classes élevées. Souvent les ouvriers d'un même atelier se cotisent pour payer un soldat invalide qui vient leur faire la lecture à haute voix, à raison de 0f 40 à 0f 50 par heure. A défaut de cette ressource, chaque ouvrier lit à tour de rôle. Parfois, l'un des ouvriers, beau parleur d'atelier, leur raconte de grossières facéties ou des lambeaux d'histoire arrangés à son gré, et empruntés souvent aux plus sanglantes époques de la révolution française. En résumé, l'observation des faits démontre que, dans ce corps d'état, l'apprentissage qui doit assurer l'habileté professionnelle coïncide avec un véritable enseignement de la débauche et des idées que la société peut à bon droit redouter. L'élévation du salaire n'a pas, dans un pareil état de choses, un résultat utile. L'ouvrier moral, sensible aux joies du foyer domestique, capable de se préoccuper de l'avenir, peut tirer parti d'un salaire élevé pour améliorer son sort et celui de sa famille, pour assurer son avenir et pour s'élever au-dessus de sa position; mais l'ouvrier débauché, fuyant le mariage, avide de jouissances et de dissipations, insouciant de l'avenir, ne trouve dans l'augmentation du salaire qu'un nouveau moyen de dépravation. L'industrie des tailleurs offre en outre, pour les ouvriers, le danger des longs chômages, des habitudes et des goûts d'élégance extérieure, et des relations fréquentes avec les jeunes débauchés appartenant à des classes plus élevées.

La présente monographie permet encore d'étudier dans ses détails un fait très-commun parmi les ouvriers tailleurs : c'est le concubinage employé comme un moyen d'augmenter les profits de l'industrie. Il est plus difficile de rencontrer parmi les tâcherons apiéceurs un ouvrier marié que d'en trouver dix en état de concubinage. La cause première de ce fait est dans l'abaissement moral de la plupart de ces ouvriers. Les malheureuses qui vivent avec eux leur coûtent moins cher qu'un apprenti et s'astreignent, ou se laissent contraindre, à un travail beaucoup plus assidu. Celle qui figure dans ce chapitre (12) reproduit les traits généraux observés chez cette classe de femmes. Ce sont des filles dénuées de ressources, laborieuses, et qui désirent apprendre un état et avoir du travail assuré. Les ouvriers les choisissent comme l'a fait celui-ci; et, très-rarement, ils consentent à s'adjoindre une femme dissipée et paresseuse. Ils se livrent à l'immoralité en la justifiant par un véritable calcul; et ils ont tellement perdu le sentiment du bien qu'ils n'hésitent pas à expliquer leur position et à en faire ressortir les avantages au point de vue financier.

Après avoir constaté la démoralisation qui est généralement

répandue parmi les ouvriers tailleurs, il est utile de montrer sous quelles influences elle s'est perpétuée. Il semble incontestable, d'après tous les renseignements recueillis, que ce corps d'état, avant les vingt-cinq dernières années, a joui d'une très-grande prospérité; d'une autre part, c'est celui où les principes d'isolement individuel ont été le plus complétement mis en pratique. Il en est résulté une liberté exagérée, en l'absence de toute croyance religieuse, de toute action de la part des patrons, de toute idée de dignité professionnelle; et ces circonstances ont coïncidé avec le gain d'un salaire abondant. Dans ces conditions, les ouvriers ont contracté des goûts dispendieux; et ils ont bientôt trouvé les privations et la gêne, dans une situation où d'autres savent se procurer le bien-être; de là des rapports difficiles avec les patrons, des passions violentes et dangereuses qui ont peu à peu provoqué la dissolution des anciens ateliers. Plus l'isolement individuel a augmenté, plus l'influence des patrons s'est effacée, et plus la licence s'est accrue. Enfin, cette industrie désorganisée n'a pas pu repousser la concurrence des confectionneurs, lorsque ceux-ci ont tenté de soustraire les consommateurs aux exigences abusives des tailleurs d'habits. Aujourd'hui, par cette concurrence même, il s'opère dans l'ancienne industrie une transformation progressive qui aura peut-être pour effet d'en changer les mauvaises traditions.

L'étude des ouvriers tailleurs d'habits paraît bien propre à montrer quelle dangereuse situation l'on crée à une industrie lorsque, dans une société où la liberté n'a pas pour contre-poids la foi religieuse, on détruit chez les patrons l'influence dirigeante et chez les ouvriers l'esprit de corps qui oblige par point d'honneur à conserver de bonnes traditions. L'indépendance individuelle de l'ouvrier ne semble, en effet, pouvoir exister que dans les sociétés où la religion exerce sur les âmes un empire efficace. Quant aux ouvriers démoralisés que la présente étude fait connaître, ils exploitent toutes les ressources de la société où ils vivent, sans respecter ses lois, sans supporter ses charges et sans lui rendre service. Ils y constituent un danger permanent, et l'on doit voir d'un œil favorable tout ce qui peut changer les conditions actuelles d'un pareil corps d'état.

§ 20.

RÉUNIONS CHANTANTES, DITES GOGUETTES, CONSTITUÉES AU CABARET PAR CERTAINS OUVRIERS PARISIENS.

Les ouvriers de Paris nomment *goguettes* des réunions qui ont lieu le soir chez un cabaretier, et dont l'objet est de chanter et de boire. Les goguettes se tiennent habituellement dans le voisinage des barrières et en dehors du mur d'enceinte de la ville, parce que le vin y est moins cher que dans la ville, où les droits d'octroi sont perçus. La société se réunit à jours fixes, ordinairement plusieurs fois par semaine; elle est dirigée par un bureau composé d'un président, de deux vice-présidents et d'un secrétaire-trésorier. Chaque membre présent qui désire chanter se fait inscrire; et il prend la parole à son tour. Ils prennent pour sujets des chansons à boire, ou des chansons populaires de mauvais goût. L'auditoire boit en écoutant plus ou moins le chanteur, et se joint parfois à lui lorsque le chant lui est sympathique. L'ouvrier décrit dans la présente monographie a tenu une goguette à la chaussée de Clignancourt; cette société avait pris le nom des *Enfants du Désert*. Il a été vice-président d'une autre société du même genre, celle des *Enfants du Sans-Souci*. Les membres du bureau recevaient chacun une bouteille pour boire dans la soirée; mais, en général, ils réclamaient un supplément. Aux époques de commotion politique, le caractère des chants que l'on fait entendre dans les goguettes change complétement; et ces sociétés deviennent des foyers d'excitations séditieuses. L'autorité publique exerce sur ces réunions une surveillance aussi active que possible; et elle s'efforce d'en restreindre le nombre.

CHAPITRE IX

DÉBARDEUR DE PORT-MARLY

(BANLIEUE DE PARIS)

OUVRIER-JOURNALIER

dans le système des engagements momentanés,

D'APRÈS LES RENSEIGNEMENTS RECUEILLIS SUR LES LIEUX,
EN NOVEMBRE ET DÉCEMBRE 1858,

PAR M. T. CHALE.

OBSERVATIONS PRÉLIMINAIRES

DÉFINISSANT LA CONDITION DES DIVERS MEMBRES DE LA FAMILLE.

Définition du lieu, de l'organisation industrielle et de la famille.

§ 1.

ÉTAT DU SOL, DE L'INDUSTRIE ET DE LA POPULATION.

La famille décrite dans la présente monographie habite la commune de Port-Marly, canton de Marly-le-Roy, arrondissement de Versailles, située sur la rive gauche de la Seine et sur le bras de décharge de l'établissement hydraulique dit « Machine de Marly ». Cet ouvrage célèbre de Louis XIV, transformé, en 1826, par la substitution d'une machine à vapeur, a été récemment agrandi par Napoléon III; il a pour objet d'élever les eaux de la Seine à une hauteur suffisante (162 mètres) pour les distribuer dans la ville de Versailles. La commune de Port-Marly est à

2 kilomètres au nord de Marly-le-Roy, et à 16 kilomètres à l'ouest de Paris. Placée au bas de la colline qui porte Marly-le-Roy, elle est traversée par une des routes qui conduisent de Paris à Saint-Germain-en-Laye. Les habitations qui, dans le siècle dernier, se groupèrent autour de l'établissement hydraulique ne constituent une paroisse, et par conséquent une commune, que depuis 1775. A cette époque, cédant aux pressantes sollicitations de quelques pieuses dames de la cour, le roi Louis XVI fit construire, sur sa cassette, l'église actuelle, d'un aspect monumental, le presbytère et la maison d'école.

Le sol est composé de sable argileux, de craie et d'argile proprement dite. La colline où s'élève Marly-le-Roy est principalement formée de calcaire siliceux, de l'étage tertiaire inférieur, ou « calcaire siliceux de Saint-Ouen ». Sur la pente qui descend vers la Seine, se montrent les sables de ce même étage, que les géologues désignent sous le nom de « sables de Beauchamp ». Plus près du niveau du fleuve, viennent affleurer, sur la même pente, les couches, tour à tour calcaires et marneuses, du « calcaire pisolithique ». Au-dessous de celles-ci, se trouvent les vastes dépôts de craie blanche, dont les assises supérieures, mêlées d'un sable que le lavage en peut séparer, se prêtent à la fabrication de la matière connue dans l'industrie sous le nom de « blanc d'Espagne ».

Le territoire de la commune a une étendue de 141 hectares : c'est une des plus petites communes de France. Cette superficie restreinte est partagée en 1759 parcelles, dont la plus grande n'a qu'un hectare. La culture y est variée. Trente hectares environ sont consacrés à la vigne, qui produit en moyenne, par hectare, 90 hectolitres d'un vin de qualité commune. Le reste du sol est employé à la culture des céréales, des légumes et des arbres fruitiers. Le rendement des terres cultivées en froment est de neuf fois la semence, ou 20 hectolitres environ par hectare; et il serait bien supérieur, si le morcellement du sol n'occasionnait pas une perte considérable de semence. En effet, lorsqu'on sème les parcelles étroites, une partie du grain lancé à la volée par la main du semeur se trouve répandue sans utilité sur le champ voisin, consacré à une culture d'un autre genre. La majeure partie des nombreuses parcelles formant le territoire de la commune est possédée par des habitants des communes voisines, presque uniquement peuplées de cultivateurs.

Port-Marly possède 2 hectares de terrains communaux, comprenant le port et la place de fête plantée de marronniers d'Inde, dont les fruits remplacent aujourd'hui les céréales dans la fabrication de l'amidon. Étant peu étendue et traversée par plusieurs routes impériales, dans diverses directions, cette commune n'a pas de chemins vicinaux. Quant au port, il est formé d'un terrain vague, applicable au chargement ou au déchargement des bateaux. Aucun ouvrage d'utilité publique n'y favorise ces opérations. La commune n'a pas fait, jusqu'à présent, la dépense que nécessiteraient l'achat et l'installation d'une grue; personne n'y a même songé. Il n'y a pas de quai pour ménager l'approche des bateaux; ceux-ci communiquent, de leur bord au sommet de la berge, à l'aide de fortes planches ou de madriers jetés en travers. Le port reçoit chaque année une cinquantaine de bateaux, chargés presque exclusivement de houille d'origine belge, de tuiles et de briques, de pierres à plâtre (gypse) pour le service d'une plâtrière placée au bord du fleuve. Ces diverses marchandises sont de là transportées à Versailles, dont la commune ici décrite est en quelque sorte le port. Les bateaux qui ont fait le transport du charbon de terre retournent en Belgique sans chargement, ce qui contribue à maintenir élevé le prix du transport de ce combustible. Ce prix ne descend guère au-dessous de 9 francs la tonne, et il s'élève souvent jusqu'à 14 francs. Il n'y a aucun commerce d'escale le long de la rivière.

A son arrivée, chaque bateau effectue son déchargement au moyen de certains ouvriers de la localité, qui vont chercher la marchandise dans le bateau et la transportent sur le terrain du port. Ces ouvriers exécutent aussi le chargement des bateaux qui, parfois, remportent certains produits du pays. On leur donne le nom de « débardeurs »; et l'ouvrier, présentement décrit, se rattache à cette classe. Autrefois, leur industrie était florissante, grâce à l'abondance des bateaux à Port-Marly. Aujourd'hui, sous l'influence de la désorganisation des mœurs, les sources de cette industrie se sont taries peu à peu (19); et la plupart des débardeurs ont dû, comme dans le cas présent, chercher dans un autre travail l'emploi de leur temps et les ressources nécessaires à leur existence. Il existe dans la commune une plâtrière, une fabrique de chlore liquide, deux fabriques de blanc d'Espagne avec carrières à craie, une carrière de pierre tendre dite « moellon », et dix ateliers de blanchissage dont la principale clientèle est à Paris. Le commerce des boissons a un développement extraordinaire, dû aux habitudes d'intempérance des habitants de Port-Marly (19) : on y compte 18 cabarets, soit 1 cabaret pour 29 habitants. Il y existe un bal public et un établissement pour les bains froids, sur la rivière (3).

La population de la commune comprend 531 habitants. Les chefs de famille ou de maison et les ouvriers qu'ils emploient se répartissent, ainsi qu'il est indiqué ci-après, entre les diverses professions :

Culte et enseignement : le curé et le maître d'école	2
Service de santé	»
Alimentation : cabaretiers, 18; — charcutiers, 2; — épiciers, 8; — bouchers, 2; — boulangers, 2; — divers, 7	39
Vêtement : tailleur d'habits, 1; — blanchisseurs, 10; — cordonniers, 2.	13
Transport : charrons, 2; — marchands de foin et de grains, 4: — bourreliers, 2; — charretiers, cochers et divers, 10	18
Construction et ameublement : charpentiers, 2; — serrurier, 1; — zingueur, 1; — fabricant de plâtre, 1; — terrassiers et divers, 6	11
Industries diverses : fabricant de chlore liquide, 1; — fabricants de blanc d'Espagne, 2; — marchands de charbon, 4; — marchand de bois, 1; — divers, 8	16
Ouvriers : débardeurs, 12; — maçons, 10; — serruriers, 6; — charpentiers, 14; — charrons, 5; — cordonniers, 4; — blanchisseurs, 10; — divers, 14	75
Ouvrières (femmes et filles) : blanchisseuses, 80; — ouvrières en couture, 10; — diverses, 4	94
Propriétaires appartenant à la classe des rentiers	3
Total	271

Il existe dans cette commune 16 maisons de campagne possédées par des personnes résidant habituellement à Paris. Selon une habitude très-répandue parmi les Parisiens, ces personnes viennent habiter ces propriétés pendant la belle saison.

§ 2.

ÉTAT CIVIL DE LA FAMILLE.

La famille comprend les deux époux et cinq enfants, savoir :

PAUL B***, chef de famille, marié depuis 14 ans, né à Meudon (Seine-et-Oise)	40 ans.
AIMÉE M***, sa femme, née à Bougival (Seine-et-Oise)	30 —
Pauline B***, leur fille aînée, née à Port-Marly	14 —
Augustine B***, leur 2e fille, née à Port-Marly	10 — 1/2
Séraphine B***, leur 3e fille, née à Port-Marly	9 —
Paul B***, leur fils, né à Port-Marly	7 —
Virginie B***, leur 4e fille, née à Port-Marly	4 —

La famille a perdu deux autres enfants : l'un à 2 ans, l'autre à 5 mois. La femme est enceinte de son huitième enfant. Le chef de la famille n'a plus, ni père, ni mère. Son père était maître-carrier et fabricant de blanc d'Espagne (12); et il possédait une maison où étaient ses ateliers, une carrière de craie fournissant la matière première, des charrettes et des chevaux pour son exploitation. L'ouvrier a eu 9 frères et sœurs; il ne survit plus aujourd'hui que 3 frères qui exercent la profession de carriers piocheurs de craie; 2 autres frères ont péri écrasés dans les carrières en se livrant au même travail.

La femme a encore son père et sa mère. Ceux-ci habitent B***, et y vivent du revenu de quelques économies acquises dans une longue vie de travail, et placées à intérêt.

§ 3.

RELIGION ET HABITUDES MORALES.

Les deux époux sont catholiques; mais ils ne pratiquent la religion en aucune manière. Le père ne sait pas au juste s'il a une croyance religieuse; et le danger continuel auquel il est exposé, dans la carrière où il travaille, ne réveille pas chez lui l'idée de Dieu. Il n'a jamais placé à l'entrée de sa voie de travail, comme cela se pratique souvent, un buis béni, ni figuré à la pioche, sur les murailles de craie, l'image grossière du Christ, en vue d'obtenir la protection divine (18). Il entre seulement à l'église les jours d'enterrement d'un camarade : il aide à porter le cercueil au cimetière; puis il se rend, avec les assistants, au cabaret. Il procure le baptême à ses enfants : il souffre que ces derniers fassent leur première communion; mais, pour lui, cette solennité n'est qu'une charge regrettable, parce qu'elle occasionne certaines dépenses et prend un temps qu'il considère comme perdu. A quoi cela, suivant lui, peut-il servir? Le curé fait son état, comme lui fait le sien, voilà tout. L'ouvrier est d'un caractère tranquille; il désire qu'on le considère comme étant de bon compte; et il ne porte jamais une heure en trop à son rôle de quinzaine. Il est compatissant aux souffrances de ses camarades; et il partagerait volontiers avec eux son morceau de pain. Mais il est adonné depuis 15 ans à l'ivrognerie. Rien n'a pu le guérir; et il y trouve, dans son dénûment, les seuls moments, non de bonheur, mais d'oubli. Il fuit au cabaret la présence de sa famille dont la misère le chagrine. Il vit au jour le jour (21). Il n'espère plus rien : il n'a que le courage de sa tâche quotidienne[1]. Il se rend compte de sa position fâcheuse : il en éprouve une tristesse qui ne disparaît que les jours d'ivresse. Il ne se plaint pas d'avoir une nombreuse famille : il aime ses enfants; et c'est par là qu'il entre quelque joie dans son cœur. Il ne dit pas que le nombre de ses enfants soit la cause de son dénûment (22). Aucune préoc-

1. La présente étude a fourni un exemple des conséquences affligeantes qu'entraîne, pour les familles d'ouvriers, le vice de l'ivrognerie. Le 29 janvier 1859, le jour même où l'auteur présentait à la Société d'Économie sociale cette monographie, rédigée depuis plusieurs semaines, l'ouvrier Paul B***, revenant ivre, le long des rives de la Seine, d'un cabaret du Pecq à son logis, est tombé dans une fondrière, où on l'a trouvé, plus tard, les jambes brisées. Il est mort le 12 février suivant, après de vives souffrances, laissant sa famille dans un complet dénûment. Cette fin déplorable a jeté beaucoup d'émotion dans le pays : tous les ouvriers de la commune ont quitté leurs travaux pour accompagner à sa dernière demeure le corps de leur camarade. Une quête faite à la porte du cimetière, et à laquelle les plus pauvres ont apporté leur obole, a produit, au profit de la veuve et des orphelins, une somme de 162 francs. Cet événement a donc mis en évidence quelques restes des sentiments moraux qui distinguaient autrefois cette population; mais il n'a corrigé personne, et, le soir même de cette triste solennité, tous les camarades du défunt étaient plongés dans l'ivresse.

cupation politique ne complique chez ce malheureux les habitudes de laisser aller et d'imprévoyance. Tous les gouvernements lui paraissent également mauvais, parce que, dit-il, ils lèvent tous l'impôt et le distribuent à des gens qui ne font rien. La mère de famille a suivi, dans sa jeunesse, les pratiques de la religion; mais, depuis sa première faute, suivie d'ailleurs de son mariage civil et religieux, elle a cessé de fréquenter l'église; et les nécessités du travail l'ont rendue étrangère à toute dévotion. Elle est douée, au surplus, d'un caractère aimant. Elle est dévouée à son mari et à ses enfants. Elle subit, sans se plaindre, le vice du chef de famille : elle ne le condamne pas, elle l'excuse. En retour, l'ouvrier lui concède une certaine autorité dans le ménage. C'est elle qui tient la bourse de la maison : elle la défend contre le cabaret, souvent sans succès, mais toujours sans qu'il se produise aucune violence. C'est elle qui conserve la gaîté et le courage au milieu des privations de sa famille. Elle lutte surtout contre les apparences de la misère. Ses meubles sont cirés avec soin : son carreau est propre; ses hardes sont bien rangées dans son armoire. Elle a des rideaux aux fenêtres qui donnent sur la rue. Sa batterie de cuisine, cadeau de noces, est luisante et ne sert jamais. Ce qui la console, c'est de voir sa fille aînée gagner déjà 1f 25 à 1f 50 par jour. Elle se repent seulement de lui avoir donné un état qui l'expose, parmi des femmes presque toutes débauchées, à une corruption précoce. Si le père, par une bienveillance inerte et une bonhomie passive, ne se plaint pas du nombre de ses enfants, cause d'une gêne présente, la mère a quelque chose de plus élevé dans le cœur et l'esprit : elle est heureuse de sa fécondité. Elle se complaît à l'idée que les enfants, devenus grands, lui rendront à leur tour les soins qu'ils ont reçus d'elle. Elle place en eux l'espoir d'échapper au dénûment dans sa vieillesse. Si donc le nombre des enfants est, pour la mère, la cause actuelle de beaucoup de privations, c'est en même temps l'espoir de l'avenir. Elle serait dans le vrai, si, pénétrée de sentiments religieux, elle avait la volonté et la force d'élever ses enfants dans la pratique des devoirs du chrétien et du respect des vieux parents.

La fille aînée ne paraît pas être encore entrée dans la voie mauvaise où se trouvent engagées presque toutes ses compagnes. Elle a conservé au chevet de son lit l'image que le curé lui a donnée lors de sa première communion ; et elle a mis, en sautoir, sur l'image un petit chapelet à grains noirs, terminé par une croix blanche. Mais déjà on la laisse fréquenter, les dimanches, le bal du pays, sale réunion où l'obscénité des propos le dispute à l'obscénité des gestes, dès que le gendarme cesse un instant sa surveillance commandée par l'autorité publique, importune aux habitants.

§ 4.

HYGIÈNE ET SERVICE DE SANTÉ.

L'ouvrier est de moyenne taille (1 m 65), de force ordinaire et suffisante pour son travail. Il est maigre et nerveux, comme tous ceux qui, dans le pays, font un grand usage du vin. Quoiqu'il soit dans l'âge de la force, ses cheveux ont blanchi avant le temps, ses bras ont visiblement perdu de leur première vigueur ; et, s'il travaille avec la même habileté, il n'a plus la même énergie. Il n'a jamais été malade et supporte facilement le vin. Grâce à son adresse, il n'a jamais reçu de blessure grave dans l'exercice de sa profession. La femme est de taille élevée (1 m 60), d'une santé florissante malgré les privations et les fatigues. Les enfants sont bien portants, et n'ont jamais éprouvé que les maladies ordinaires de l'enfance. Cependant, le dernier né, mort à 5 mois, était venu chétif et malade, et comme conçu d'un père malsain et sans force. Il est mort sans maladie déterminée : n'ayant pas reçu la dose de vie suffisante, effet probable de l'ivresse du père. La vaccine est pratiquée dans le pays depuis longtemps ; et il est rare de voir sur les visages les traces de la petite vérole. L'usage des abonnements. pour les soins médicaux et les remèdes, n'existe pas dans cette localité. Les visites des médecins résidant au chef-lieu du canton, situé à 2 kilomètres, sont payées 1 f 50 par la majeure partie de la population.

L'excitation nerveuse que l'ivresse produit chez l'ouvrier ne se traduit pas, comme chez quelques ivrognes, en fureurs et en violences : il a, comme on dit, le vin joyeux. Si, sous l'empire de diverses circonstances, il est resté quelque temps sans boire, la passion du vin le saisit, pour ainsi dire, et l'emporte : il jette l'outil et court au cabaret. Il se trouve à ce moment dans une sorte de fièvre et de délire que tout est impuissant à éteindre et qui ne se calme que dans le vin. Est-ce l'effet d'un besoin physique des organes réclamant impérieusement une satisfaction à laquelle ils ont été habitués depuis longtemps (20) ? Est-ce l'effet d'une cause purement morale ?

Au moment où il jette l'outil et où il est en proie à ce délire, ses yeux sont ardents, sa lèvre sèche, sa bouche sans paroles, son humeur maussade, son esprit chagrin et disposé à la querelle. Enfin, le voilà sur le banc luisant du cabaret, les coudes sur la table : la bouteille est arrivée, le verre s'emplit ; et, aux premières gorgées du vin du cru, âpre et cuisant, la fièvre et le délire ont disparu. Les premières fumées du vin montées au cerveau ont produit un changement subit : la physionomie s'est éclaircie, la langue s'est déliée, les yeux ont repris d'abord leur douceur accoutumée. Puis, sous les chocs répétés des verres, l'homme s'anime et s'enflamme de cette ivresse joyeuse qui éclate en gros propos et en chansons, jusqu'à ce qu'enfin il s'abaisse au niveau de la brute et tombe sur le pavé gluant du cabaret. Chose singulière ! Ce n'est point chez lui que l'ouvrier s'enivrerait ainsi ; il lui faut le cabaret, et c'est là seulement qu'il peut bien boire. Il y trouve un attrait particulier. C'est comme le temple où se tient caché, et où doit être adoré, le dieu du vin.

§ 5.

RANG DE LA FAMILLE.

Le chef de famille appartient à la catégorie des ouvriers-journaliers, occasionnellement tâcherons. La famille est au dernier rang ; et cependant, si l'on veut se rendre compte de sa position exacte, il faut auparavant dire un mot du milieu où elle se trouve placée. Dans la commune, le classement des familles ne se fait pas, comme en certains lieux, d'après quelques idées morales, dérivées par exemple de l'ancienneté, de la considération acquise, et produisant une hiérarchie. On ne peut pas même dire qu'il s'opère en raison de la fortune possédée. Il y a une égalité absolue dans les rapports sociaux, un manque d'influence de la portion aisée de la population sur la portion pauvre. La seule influence qu'on pourrait remarquer serait celle qui naît de la possibilité où se trouvent quelques habitants d'assurer du travail; et encore, la facilité d'en trouver laisse la plupart des ouvriers en dehors de cette dépendance particulière. On peut dire qu'il existe une égalité de vices (19), une absence universelle de qualités morales, qui rabaissent tout le monde au même niveau.

Le cabaret, fréquenté par tous, établit dans les rapports une trivialité commune. Les individus sont égaux entre eux comme les verres sur la table du cabaret. Point de hiérarchie sociale fondée sur une cause morale. Point de rang entre les familles. Point de rang particulier, par conséquent, à assigner à la famille de l'ouvrier. Des familles aisées ou des familles pauvres : rien de plus et rien de moins.

Moyens d'existence de la famille.

§ 6.

PROPRIÉTÉS.

(Mobilier et vêtements non compris.)

IMMEUBLES.............................. 400f 00

La famille ne possède qu'une créance litigieuse sur l'héritage de la mère, créance qui peut être évaluée à 400f 00.

ARGENT.............................. 0f 00

La famille, loin d'avoir de l'argent comptant, est toujours endettée (15, Son v).

MATÉRIEL SPÉCIAL des travaux et industries.... 25f 50

1° *Matériel pour les travaux de carrier et de débardeur.* — Un panier à décharger le charbon, 3f 50; — une pelle, 2f 50; — crochets pour le déchargement des bateaux, 2f 00 ; — colletin, espèce de chapeau en cuir ayant une queue descendant sur les épaules et terminée par une sorte de bosse pour porter les paniers de charbon, 7f 50. — Total, 15f 50.

2° *Outils pour la culture du jardin.* — 1 houe, 4f 00.

3° *Matériel pour le blanchissage du linge.* — 1 brosse de chiendent, 0f 50 ; — 1 baquet, 2f 00 ; — 3 fers à repasser, 2f 25 ; — 1 battoir, 0f 25 ; — 1 tonneau coupé en forme de baquet, 1f 00. — Total, 6f 00.

VALEUR TOTALE des propriétés....... 425f 50

§ 7.

SUBVENTIONS.

La famille a refusé jusqu'à présent de se faire inscrire au bureau de charité de la commune. Elle a deux subventions principales. La première consiste dans la faculté, concédée d'ailleurs à qui veut en user, de ramasser les escarbilles de la pompe à feu de la machine de Marly. Le produit de cette subvention est bien inférieur en valeur au temps passé à le recueillir. On voit ainsi dans beaucoup de villages, voisins des grands bois, les femmes passer beaucoup de temps à faire un fagot d'une mince valeur; besogne utile sans doute, mais peu lucrative. La seconde subvention provient de la faculté, laissée d'ailleurs à tout le monde, de glaner les raisins oubliés par les vendangeurs. Le produit de ce glanage est bien une subvention, puisque l'objet recueilli est concédé gratuitement par les propriétaires des vignobles. Le fumier ramassé sur la voie publique par les enfants appartient au même genre de subventions.

La famille jouit aussi de subventions d'une autre nature : une personne riche et bienfaisante, habitant pendant l'été la commune, et la marraine de la dernière petite fille ont donné, cette année, aux enfants des vêtements pour une somme de 16f 30. Le jour de la fête de l'empereur, la famille a reçu 2 kilog. de viande de bœuf pour un pot-au-feu, d'une valeur de 2f 40. L'instruction reçue gratuitement par l'un des enfants constitue une dernière subvention; si la famille était obligée de payer pour cette instruction, elle ferait une dépense de 24 francs par an.

§ 8.

TRAVAUX ET INDUSTRIES.

Travaux de l'ouvrier. — L'ouvrier pioche, dans les carrières, la craie destinée à la fabrication du blanc d'Espagne. Cette fabrication consiste à broyer dans un manége, avec de l'eau, la craie cassée en fragments, puis à séparer par décantation la poussière crayeuse du sable siliceux. Le sable descend par son poids au fond des cuves; la craie, plus légère, reste suspendue dans l'eau.

L'eau est évacuée, et le carbonate de chaux, séché au soleil ou dans des séchoirs chauffés, constitue ce qu'on appelle le blanc d'Espagne, employé à divers usages dans les arts. L'ouvrier ne décharge les bateaux que de loin en loin et quand il est en avance de craie dans la carrière. La rareté des arrivages empêche que le déchargement puisse constituer pour lui une occupation quotidienne et réglée. L'ouvrier gagne, à piocher la craie, 4f 40 par jour. S'il entreprend le piochage à la tâche, il peut gagner de 4f 50 à 5f 00. S'il travaille, à la journée, au déchargement des bateaux, l'ouvrier gagne 0f 50 l'heure; et il a la faculté d'aller boire, de deux en deux heures, une *gobette* (0l 2 de vin). A la tâche, cas le plus commun, l'ouvrier est payé à raison de 1f 00 à 1f 60 par mille kilos, suivant que le magasin est éloigné du bateau de 10 à 80 mètres. Le travail le plus avantageux pour l'ouvrier est le piochage de la craie, parce qu'il est continuel et réglé, et qu'il ne lui donne pas, comme le déchargement des bateaux, l'occasion continuelle de s'enivrer. D'ailleurs, le danger constant, dans le piochage, force l'ouvrier à ne travailler que la tête saine, l'œil au guet, la main et le pied lestes, pour éviter les blocs dont la chute ne s'annonce pas. La culture d'un petit champ de 2 ares environ, loué au prix de 1f 80 l'are, pour y faire des légumes, peut être considéré comme un travail secondaire de l'ouvrier.

Travaux de la femme. — La femme consacre son temps aux soins du ménage, à la préparation des aliments, au blanchissage du linge, à la confection des vêtements, à quelques travaux de couture, au ramassage du coke et au glanage des grappes de raisin dans la saison. Le blanchissage du linge de la famille l'occupe quatre journées pleines par mois. Elle donne son linge à *couler* au blanchisseur, c'est elle qui l'*échange* avant le coulage, qui le lave et le repasse. Les travaux de couture qu'elle exécute pour le public ne lui rapportent pas plus de 15 francs par an, dérangée qu'elle est à chaque instant par les soins divers mentionnés ci-dessus.

Travaux des enfants. — La fille aînée a fini son apprentissage de repasseuse; et, depuis le mois de septembre de l'année dernière, elle gagne journellement de 1f25 à 1f50. Elle apporte exactement son gain à la maison. La seconde fille est en apprentissage chez une couturière du pays, et doit donner, sans être nourrie, deux ans et demi de son temps pour apprendre l'état. La troisième fille fréquente l'école et aide sa mère dans les soins du ménage et dans le ramassage du coke. Elle ramasse aussi le fumier sur les voies publiques.

Mode d'existence de la famille.

§ 9.

ALIMENTS ET REPAS.

La famille fait trois repas par jour, savoir :

Déjeuner (6 heures en été, 7 heures en hiver) : avant de partir à l'ouvrage, l'ouvrier prend un morceau de pain et boit une goutte au cabaret, s'il a quelque monnaie dans sa poche; au cas contraire, il ne boit rien. Le reste de la famille, un peu plus tard, prend le café au lait avec du pain, ou de la soupe, ou un morceau de pain, suivant l'argent disponible. Ce premier repas de la famille est évalué à 0f 75.

Dîner (11 heures) : il se compose en semaine de soupe, de haricots, de choux, quelquefois de pommes de terre. Les dimanches, de quinzaine en quinzaine, quelquefois plus souvent, les légumes sont remplacés par le pot-au-feu de bœuf ou de porc frais.

Souper (de 7 à 8 heures du soir) : il se compose de ce qui reste du plat du dîner et d'un peu de fromage de Brie ou de Gruyère, suivant la saison.

La famille boit de l'eau, hormis les jours qui suivent le glanage du raisin, et lorsqu'il vient un parent ou un ami. Dans ce dernier cas, on achète du vin au cabaret, au prix de 0f 50 le litre. On ne boit pas d'eau-de-vie. La famille ne fait pas usage des salades qui sont toujours rares et chères dans le pays.

§ 10.

HABITATION. MOBILIER ET VÊTEMENTS.

La famille habite, au second étage d'une maison située dans la rue principale du village, un logement composé de deux pièces et d'un petit grenier. Ce logement est exposé au nord-est, sain et bien aéré. Il est payé par an 65 francs, versables par trimestre, net de toute charge et soumis au congé de six semaines. La famille est heureuse de l'occuper ; elle estime qu'elle ne paie qu'un loyer modéré ; et, de fait, les ouvriers du pays paient davantage pour des logements, ou semblables, ou moins convenables. Sous ce rapport, elle se trouve presque exceptionnellement logée. L'invasion des maisons de campagne, la transformation des vieilles maisons en maisons bourgeoises, rendent de plus en plus rares et chers les logements d'ouvriers. Dans le pays, la tendance n'est pas à bâtir pour eux. La pièce servant de chambre à coucher a quatre mètres de long sur trois de large ; elle est éclairée par deux fenêtres donnant sur la rue, et reçoit un jour suffisant. Le sol est en carreaux de terre et ne présente pas d'humidité. La famille, au refus du propriétaire, a tapissé cette chambre de papier peint d'une valeur de 0f 30 le rouleau, ce qui lui a occasionné une dépense de 3f 50. Deux lits sont placés dans la chambre, un pour le père et la mère, avec des rideaux formant alcôve et fermeture ; un pour la fille aînée et la seconde fille. La plus jeune couche dans un berceau. La seconde pièce, servant de cuisine, a deux mètres de large sur quatre de longueur; elle est également pavée de carreaux de terre. La cheminée est surmontée d'un chambranle en bois. La cuisson des aliments se fait sur un poêle en fonte, dont le tuyau s'enfonce dans le coffre de la cheminée fermé par un paravent. Une fenêtre, ouverte sur la cour, donne à cette cuisine un jour convenable. La troisième fille et le petit garçon couchent dans cette cuisine et dans le même lit. On accède à ces deux pièces par un corridor ou palier d'un mètre de long sur 0m 70 de large. La superficie totale de l'habitation est de 20mq 70. La hauteur des pièces est de 2m 50. Enfin la famille jouit d'un petit grenier, placé sous les combles de la maison; et elle y dépose la provision de coke. Elle n'a pas de cave. La maison, dans son ensemble, est assez mal tenue; mais il y a de la propreté dans le logement de l'ouvrier.

Le mobilier est soigné autant que possible; en voici le détail et l'estimation.

MEUBLES : réduits au strict nécessaire........ 558f 05

1° *Lits.* — 1 bois de lit en noyer, 70f 00; — 1 matelas de laine, 40f 00; — 1 traversin de plume, 9f 00; — 2 bois de lit pour les enfants, 30f 00; — 3 matelas de laine, 90f 00; — 2 matelas de plume commune, 10f 00; — 2 couvertures de laine, 20f 00; — 1 couverture de coton, 6f 00; — 1 berceau en bois, 4f 00; — 2 paillasses en menue paille, 1f 00; — 1 couverture faite avec de vieux jupons, 0f 75; — 1 paire de rideaux de calicot, pour le lit de l'ouvrier et de sa femme, donnée par les parents de celle-ci, 20f 00. — Total, 300f 75.

2° *Meubles de la chambre.* — 1 armoire en noyer apportée en dot par la femme, 70f 00; — 1 commode en noyer avec dessus de marbre, donnée par la mère de la femme à l'époque du mariage, 60f 00; — 1 table de nuit en noyer, 20f 00; — 6 chaises en noyer, 36f 00; — 1 paire de rideaux aux deux fenêtres, 7f 00; — 1 image encadrée (sujet religieux) et 1 chapelet suspendus au-dessus du lit de la fille aînée (mémoire). — Total, 193f 00.

3° *Meubles de la pièce servant de cuisine.* — 1 buffet en noyer, 50f 00; — 1 poêle en fonte avec tuyaux, 12f 00; — 1 chaise en paille, 1f 00; — 1 boîte en bois blanc, 0f 50; — 2 paniers à charbon, 0f 80. — Total, 64f 30.

USTENSILES : insuffisants pour les besoins les plus ordinaires, sauf quelques objets provenant des cadeaux de noces. 107f 75

1° *Dépendant du poêle.* — 1 crochet en fer pour attiser le feu, 0f 20.

2° *Employés pour le service de l'alimentation.* — 1 pot en terre, 1f 25; — 8 casseroles en cuivre (cadeau de noces), 80f 00; — 12 assiettes en terre, 2f 40; — 4 plats en terre, 2f 80; — 1 soupière en terre, 1f 25; — 2 tasses, 0f 60; — 12 cuillers et

7 fourchettes en métal d'Alger (cadeau de noces), 10f 00; — 1 couteau, 0f 30; — 1 bouteille-litre, 0f 30; — 1 tasse, 0f 20 (il n'y a pas de verres à boire; on en emprunte quand il vient des amis). — Total, 99f 10.

3° *Employés pour les soins de propreté.* — 1 miroir, 0f 60; — 1 brosse à cheveux en chiendent pour les enfants, 0f 40 (l'ouvrier ne se rase pas lui-même). — Total, 1f 00.

4° *Employés pour usages divers.* — 2 chandeliers en cuivre, 2f 50; — 1 parapluie en étoffe de coton, 2f 95; — 1 panier pour la fille aînée, 2f 00. — Total, 7f 45.

LINGE DE MÉNAGE : insuffisant, témoignant de la pénurie de la famille 10f 00

1 nappe reçue en héritage, 10f 00; — torchons, vieilles loques sans valeur appréciable, 0f 00; — serviettes, point.

VÊTEMENTS : conformes au costume des ouvriers les moins recherchés dans leur costume 459f 00

VÊTEMENTS DE L'OUVRIER (145f 10).

Vêtements du dimanche. — 1 habit en drap noir, acheté pour le mariage, 60f 00; — 1 pantalon en drap noir, 20f 00; — 1 gilet de soie noire, 15f 00; — 1 cravate en satin, 6f 00; — 1 bourgeron bleu (blouse courte), 3f 00; — 1 chapeau de soie noire, 10f 00; — 1 paire de bottes, 12f 00; — 2 paires de chaussettes de coton, 0f 60; — 1 chemise en toile, 3f 00. — Total, 129f 60.

2° *Vêtements de travail.* — 1 pantalon en velours de coton, 6f 00; — 1 gilet reçu en cadeau, 1f 50; — 1 casquette, 2f 00; — 1 paire de chaussons en vieux drap, faits par la femme, 1f 00; — 1 paire de sabots, 0f 50; — 2 chemises en coton rayé, 4f 50. — Total, 15f 50.

VÊTEMENTS DE LA FEMME (160f 50).

1° *Vêtements du dimanche.* — 1 corsage en laine noire, 5f 00; — 1 robe de *stoff* noir, confectionnée par la femme, 10f 00; — 1 pelisse ouatée en mérinos noir, 25f 00; — 1 corset, 6f 00; — 3 jupons de calicot, 9f 00; — 1 bonnet de dentelle, du mariage, 40f 00; — 1 col brodé, 4f 00; — 1 paire de bas de laine noire, 2f 00; — 1 paire de bottines, 2f 00. — Total, 103f 00.

2° *Vêtements de travail.* — 1 robe d'indienne, 4f 00; — 1 tablier d'indienne, 1f 50; — 6 mouchoirs de tête, 1f 80; — 6 mouchoirs de poche, 1f 20; — 8 chemises de toile, 18f 00; — 1 paire de chaussons de lisières, 1f 00. — Total, 27f 50.

3° *Bijoux.* — Boucles et pendants d'oreilles, apportés en dot, 30f 00.

VÊTEMENTS DE LA FILLE AINÉE, annonçant le goût de la parure (99f 75).

1 robe de laine (tartanelle), 15f 00; — 1 robe en étoffe de coton, 10f 00; — 2 robes d'indienne, 8f 00; — 1 tablier de cotonnade, 2f 00; — 5 jupons de calicot, 12f 50; — 1 jupon en finette, 5f 00; — 6 chemises en toile, 18f 00; — 1 paire de bas de laine blanche, 2f 50; — 1 paire de bas de laine noire, 1f 25; — 2 paires de bas de coton, 1f 00; — 1 paire de bottines, 6f 00; — 1 paire de chaussons de lisières, 1f 00; — 1 paire de sabots, 0f 75; — 2 mouchoirs, 1f 00; — 1 bonnet de tulle à rubans, 6f 00; — 1 bonnet de toile de lin fine, 3f 75; — 3 cols, 6f 00. — Total, 99f 75.

VÊTEMENTS DE LA SECONDE FILLE (27f 60).

1 robe d'indienne, reçue en cadeau, 5f 00; — 3 vieilles robes provenant de la sœur aînée, 5f 50; — 1 paire de bottines, 4f 00; — 1 paire de chaussons, 1f 50; — 1 paire de

sabots, reçue en cadeau, 0f 80; — 2 bonnets, 3f 00; — 1 col reçu en cadeau, 1f 50; — 1 paire de bas de laine, 1f 50; — 1 fichu de cou, 0f 60; — 1 tablier, 1f 20; — 2 chemises de coton, 3f 00. — Total, 27f 60.

VÊTEMENTS DE LA TROISIÈME FILLE (6f 75).

1 robe d'indienne, reçue en cadeau, 2f 50; — 1 vieille robe de la sœur aînée (mémoire); — 2 chemises de coton, 2f 00; — 1 paire de vieux souliers, 1f 00; — 1 petit bonnet, 1f 25. — Total, 6f 75.

VÊTEMENTS DU PETIT GARÇON (9f 15).

1 petit paletot, reçu en cadeau, 1f 75; — 2 chemises reçues en cadeau, 2f 00; — 1 pantalon fait avec un vieux pantalon du père, 1f 50; — 2 paires de brodequins, 3f 00; — 1 paire de bas de laine, 0f 90. — Total, 9f 15.

VÊTEMENTS DE LA PLUS JEUNE FILLE (10f 15).

3 robes de laine données par la marraine, 6f 00; — 3 chemises de coton, 2f 25; — 1 paire de bas de laine, reçue en cadeau, 0f 90; — 1 paire de vieux souliers, 1f 00. — Total, 10f 15.

VALEUR TOTALE du mobilier et des vêtements.. 1124f 80

§ 11.

RÉCRÉATIONS.

L'ouvrier, comme tous les habitants de la commune, n'a guère d'autre récréation que le cabaret. Il fête le lundi et prolonge souvent l'interruption du travail le mardi et le mercredi. Les solennités religieuses n'existent pas pour lui. Plusieurs fois pendant l'année il va voir, à Meudon, ses anciens compagnons de travail. C'est une occasion de boire deux jours de suite. Le vin, boire du vin, est la préoccupation constante de l'ouvrier. Il en calcule les occasions; il les provoque, il est adroit à les faire naître. S'il survient un ami, on soupe à la maison, on achète en ce cas du vin au cabaret. Chaque année, à l'occasion de la fin de la vendange, après le glanage du raisin, on convoque les parents et les amis; sur 40 litres de vin qu'a pu produire le grappillage, ce jour-là on en boit la moitié.

Au cabaret, l'ouvrier ne joue pas : il cause en buvant. Il cause de son état, d'un bloc tombé au ras de son poignet, de l'arrivée d'un bateau, des soldats qui ont passé pour faire le rabat à la chasse de l'Empereur, de l'événement du jour, de la lettre qu'un tel soldat a écrite à sa famille. Quand on est en guerre et que la guerre est heureuse, il cause du courage qu'on a montré dans la bataille : les triomphes ou les défaites font battre les cœurs autour de la table. De tous les sentiments moraux de l'homme, qui s'effacent de plus en plus au milieu de cette population, il en est donc un qui survit encore : celui du courage guerrier et de l'honneur militaire (19).

La femme, quand il vient dans le pays des comédiens ambulants, ne manque pas de les aller voir, et conduit avec elle un de ses enfants; elle trouve les 15 centimes nécessaires pour s'asseoir aux secondes places. Elle assiste à la fête communale avec tous ses enfants : elle ne met guère que ce jour-là ses vêtements du dimanche. Elle aime la causerie avec les voisines, et le ramassage du coke en fournit une fréquente occasion. La fille aînée va déjà danser au bal du dimanche, leste et enrubannée. Les plus petits enfants vont nu-pieds, nu-tête, le long du ruisseau, ou courent les champs, dans la belle saison, et reviennent les lèvres barbouillées par les cerises ou les mûres sauvages.

Histoire de la famille.

§ 12.

PHASES PRINCIPALES DE L'EXISTENCE.

L'ouvrier est né à Meudon en 1819, d'un père qui était maître carrier (2). Il fit, à Versailles, l'apprentissage de la profession de doreur sur bois. Son patron ayant quitté Versailles, il revint chez son père et se livra à la fabrication du blanc d'Espagne. Quand le père mourut, il y a quelques années, quatre enfants seulement restaient des 10 qui avaient composé la famille. La succession consistait en une maison et une carrière, à Meudon, d'une valeur de 10,000f. On fixa par un accord amiable la part des enfants à 900f. La mère conserva la maison, et, de plus, les enfants, sur leurs parts, lui laissèrent 1,800f pour ses besoins. Le cadet des enfants garda la carrière et le commerce de blanc d'Espagne, à charge de rembourser ses frères sur les produits de l'exploitation; mais, ayant échoué faute de capital, il devint fou et mourut.

La mère de l'ouvrier est morte en 1858, avantageant par son testament les enfants du fils cadet d'environ 2,000f et laissant 900f de dettes. La maison qu'elle avait conservée a été vendue 6,000f, et l'on va plaider sur la portion dont elle a disposé. Tout compte fait, la justice et la liquidation ne laisseront à l'ouvrier aucun débris de la fortune paternelle.

Ainsi, la division du patrimoine, nécessitée par la loi des successions, empêchait, à la mort du père, le maintien du capital de la famille et sa transmission intégrale. Si le cadet, par un accord avec les autres enfants, conservait le commerce paternel, ce n'était qu'avec des charges qui en rendaient la possession onéreuse et précaire. Dans la réalité, l'attribution qui lui était faite ne valait pas mieux que le lot de ses cohéritiers, à cause des charges imposées; et il tombait dans la condition des journaliers. La mère avait résisté autant qu'elle avait pu à l'anéantissement de l'établissement qu'elle avait fondé avec son mari. Elle avait testé dans la vue d'aider le cadet, qui conservait le commerce, à se débarrasser des charges qui lui étaient imposées; mais, par l'effet de la loi, elle n'avait pu y parvenir. Sa volonté était restée impuissante; et, pour avoir voulu autre chose que la loi, elle laissait à ses enfants un procès, cause dernière de la ruine de tous.

Dans le cas présent, et dans tous les cas analogues, la loi des successions se charge, au décès du père, de faire descendre les enfants du rang où le père avait fait monter la famille. Elle opère contrairement à la coutume des meilleures constitutions : elle n'élève pas, elle rabaisse. Sans doute, la faculté de tester, et par conséquent la faculté de transmettre à l'un des enfants l'industrie de la famille, ne donne pas au père le pouvoir de placer et de maintenir tous les enfants au rang où lui-même s'était élevé; mais au moins c'est déjà beaucoup que l'un des enfants continue la situation, le rang et l'importance paternelle. Il reste ainsi un point d'appui pour ceux que le testament n'a pu pourvoir. C'est une force laissée à la famille; et, si celle-ci est chrétienne, on aperçoit bien vite le rôle tutélaire de l'héritier que le père a institué. Dans toutes les contrées où le testament donne à un héritier l'exploitation intégrale, puis la propriété, de l'atelier de travail, après une attribution momentanée du produit net aux cohéritiers, la famille-souche se perpétue avec son rang; et de nouvelles familles stables et prospères peuvent s'élever, avec l'assistance et les conseils de l'héritier.

La femme est née, en 1827, d'ouvriers aisés. Elle a appris l'état de couturière; mais, mariée et mère à 16 ans, elle n'a pu que rarement exercer sa profession.

§ 13.

MŒURS ET INSTITUTIONS ASSURANT LE BIEN-ÊTRE PHYSIQUE ET MORAL DE LA FAMILLE.

L'ouvrier s'est toujours trouvé dans un milieu social déplorable. Il a été élevé et a vécu au milieu d'une population dépravée. Personne autour de lui n'a prononcé les mots de prévoyance et d'avenir. Il a vu sans cesse l'épargne tournée en ridicule, ses compagnons vivant au jour le jour et noyant dans le vin le produit quotidien de leur travail. Il a bravé, le verre à la main, les chances fâcheuses de la vie humaine. Il a chanté en chœur la chanson bachique qui défie la mauvaise fortune et la mort. Il a demandé au destin, comme unique secours avant le trépas, une bouteille pour en régaler le vieux Caron, nautonier des sombres bords. Le mariage, précédé de désordres précoces, ne lui a pas inspiré, à l'origine, des idées sérieuses. Il n'a pas provoqué dans son esprit la réflexion, ni appelé son attention sur la nécessité de pourvoir, par l'économie, aux besoins de sa famille. Quand les charges sont venues, il les a oubliées au cabaret, laissant ses enfants pousser, comme l'herbe des champs, à la volonté de Dieu (22). Aussi n'a-t-il eu l'idée d'aucune association de prévoyance. Il est de ce nombre bien grand d'ouvriers qui s'abandonnent au hasard, confiants dans ce vieil adage, qu'après tout l'homme ne meurt pas de faim, et qu'il y a toujours quelque bonne âme pour donner un morceau de pain. C'est le sauvage qui se reproduit, dans la vie dite civilisée, par l'oubli de la loi morale.

§ 14. — BUDGET DES RECETTES DE L'ANNÉE.

SOURCES DES RECETTES.	ÉVALUATION approximative des sources de recettes.
	VALEUR des propriétés.
SECTION Ire.	
Propriétés possédées par la famille.	
ART. 1er. — PROPRIÉTÉS IMMOBILIÈRES.	
(La famille ne possède aucune propriété de ce genre)	»
ART. 2. — VALEURS MOBILIÈRES.	
CRÉANCE litigieuse sur la succession de la mère de l'ouvrier	400f 00
MATÉRIEL SPÉCIAL des travaux et industries :	
Pour les travaux de carrier et de débardeur	15 50
Pour la culture du champ	4 00
Pour le blanchissage du linge	6 00
ART. 3. — DROIT AUX ALLOCATIONS DE SOCIÉTÉS D'ASSURANCES MUTUELLES.	
(La famille ne participe à aucun droit de ce genre)	»
VALEUR TOTALE des propriétés	425 50

SECTION II.

Subventions reçues par la famille.

ART. 1er. — PROPRIÉTÉS REÇUES EN USUFRUIT.

(La famille ne reçoit aucune propriété en usufruit) .....

ART. 2. — DROITS D'USAGE SUR LES PROPRIÉTÉS VOISINES.

DROIT de ramasser le menu coke sur la voie publique.....
— de ramasser le fumier sur la voie publique.....
— de grappiller après la vendange.....

ART. 3. — ALLOCATIONS D'OBJETS ET DE SERVICES.

ALLOCATIONS concernant la nourriture.....
— concernant l'habitation.....
— concernant les vêtements.....
— concernant les besoins moraux.....

§ 14. — BUDGET DES RECETTES DE L'ANNÉE.

RECETTES.	MONTANT DES RECETTES.	
	VALEUR des objets reçus en nature.	RECETTES en argent.
SECTION Ire.		
Revenus des propriétés.		
ART. 1er. — REVENUS DES PROPRIÉTÉS IMMOBILIÈRES.		
(La famille ne jouit d'aucun revenu de ce genre)........	»	»
ART. 2. — REVENUS DES VALEURS MOBILIÈRES.		
Cette créance ne produit aucun revenu........	»	»
Intérêt (5 p. 100) de la valeur de ce matériel........	»	0f77
— —	0f20	»
— —	0 30	»
ART. 3. — ALLOCATIONS DES SOCIÉTÉS D'ASSURANCES MUTUELLES.		
(La famille ne jouit d'aucune allocation de ce genre)........	»	»
TOTAUX des revenus des propriétés........	0 50	0 77
SECTION II.		
Produits des subventions.		
ART. 1er. — PRODUITS DES PROPRIÉTÉS REÇUES EN USUFRUIT.		
(La famille ne jouit d'aucun produit de ce genre)........	»	»
ART. 2. — PRODUITS DES DROITS D'USAGE.		
Menu coke pour chauffage évalué avant le ramassage........ (16, D)	2 50	»
Fumier évalué avant le ramassage........ (16, E)	1 00	»
Raisin évalué avant le grappillage........ (16, F)	6 00	»
ART. 3. — OBJETS ET SERVICES ALLOUÉS.		
Viande donnée par la commune à l'occasion de la fête de l'Empereur........	2 40	»
Abandon par la précédente propriétaire de l'intérêt d'une dette de 400f 00........	20 00	»
Vêtements reçus en cadeau........	16 30	»
Instruction gratuite donnée à l'un des enfants par la commune........	24 00	»
TOTAL des produits des subventions........	72 80	»

§ 14. — BUDGET DES RECETTES DE L'ANNÉE (SUITE).

SOURCES DES RECETTES (SUITE).

DÉSIGNATION DES TRAVAUX ET DE L'EMPLOI DU TEMPS.	QUANTITÉ DE TRAVAIL EFFECTUÉ.				
	père.	mère.	2 filles aînées.	3e fille.	fils.
	journées	journées	journées	journées	journées
SECTION III.					
Travaux exécutés par la famille.					
TRAVAIL PRINCIPAL (exécuté à la journée et à la tâche, au compte d'un chef d'industrie) :					
Travail de la carrière	249	»	»	»	»
— de déchargement de bateaux de charbon	12	»	»	»	»
TRAVAUX SECONDAIRES :					
Travaux de ménage : achat et préparation des aliments, soins donnés aux enfants, soins de propreté concernant l'habitation et le mobilier	»	212	»	40	»
Travaux de repassage, exécutés à la journée par la fille aînée, âgée de 14 ans, au compte d'un chef d'industrie	»	»	285	»	»
Travail exécuté en apprentissage chez une lingère par la 2e fille, âgée de 10 ans 1/2	»	»	305	»	»
Culture du champ	4	»	»	»	»
Confection et entretien des vêtements à l'usage de la famille	»	15	»	»	»
Travaux de couture exécutés pour divers	»	15	»	»	»
Blanchissage du linge et des vêtements	»	48	»	»	»
Ramassage du coke sur la voie publique	»	20	»	10	»
Grappillage du raisin après la vendange	»	6	»	»	»
Ramassage du fumier sur la voie publique	»	»	»	4	4
TOTAUX des journées de tous les membres de la famille	265	316	590	54	4

SECTION IV.

Industries entreprises par la famille

(à son propre compte).

INDUSTRIES entreprises pour le compte de la famille :
Culture d'un petit champ
Blanchissage des vêtements et du linge de la famille

§ 14. — BUDGET DES RECETTES DE L'ANNÉE (SUITE).

PRIX DES SALAIRES JOURNALIERS.					RECETTES (SUITE).	MONTANT DES RECETTES.	
père.	mère.	2 filles aînées	3e fille.	fils.		VALEUR des objets reçus en nature.	RECETTES en argent.
fr. c.	fr. c.	fr. c.	fr. c.	fr. c.	SECTION III.		
					Salaires.		
4 40	»	»	»	»	Salaire total attribué à ce travail............	»	1,095f 60
5 00	»	»	»	»	— —	»	60 00
»	»	»	»	»	(Aucun salaire ne peut être attribué à ces travaux.)...............................	»	»
»	»	1 35	»	»	Salaire total attribué à ce travail............	»	384 75
»	»	»	»	»	Comme apprentie, la 2e fille ne reçoit aucun salaire..................................	»	»
0 50	»	»	»	»	Salaire total attribué à ce travail...........	2f 00	»
»	1 00	»	»	»	Salaire que recevrait une ouvrière exécutant le même travail..........................	15 00	»
»	1 00	»	»	»	Salaire que recevrait une ouvrière exécutant le même travail............................	»	15 00
»	2 00	»	»	»	Salaire que recevrait une ouvrière exécutant le même travail...........................	96 00	»
»	0 50	»	0 25	»	Salaire total attribué à ce travail..........	12 50	»
»	1 00	»	»	»	— —	6 00	»
»	»	»	0 25	0 15	— —	1 00	»
					Totaux des salaires de la famille...........	133 10	1,555 35

SECTION IV.

Bénéfices des industries.

	VALEUR des objets reçus en nature.	RECETTES en argent.
(La famille ne retire aucun bénéfice de cette industrie).................. (16, A)	»	»
Bénéfice résultant de cette industrie .... (16, B)	79 45	»
Total des bénéfices résultant des industries..........	79 45	»
Totaux des recettes de l'année (balançant les dépenses).... (1,841f 07)...	285 85	1,556 12

§ 15. — BUDGET DES DÉPENSES DE L'ANNÉE.

DÉSIGNATION DES DÉPENSES.	POIDS ET PRIX DES ALIMENTS		MONTANT DES DÉPENSES.	
	POIDS consommé	PRIX par kilogr.	VALEUR des objets consommés en nature.	DÉPENSES en argent.
SECTION Ire.				
Dépenses concernant la nourriture.				
ART. Ier. — ALIMENTS CONSOMMÉS DANS LE MÉNAGE.				
(Par l'ouvrier, la femme et les cinq enfants, pendant 365 jours.)				
CÉRÉALES :				
Pains de froment de première qualité	1,510k0	0f300	»	453f00
CORPS GRAS :				
Beurre pour la cuisine	30 0	2 100	»	63 00
Huile pour la cuisine	0 3	2 000	»	0 60
Poids total et prix moyen	30 3	2 099		
LAITAGES ET ŒUFS :				
Lait	180 0	0 300	»	54 00
Fromages divers	21 6	1 250	»	27 00
Poids total et prix moyen	201 6	0 402		
VIANDES ET POISSONS :				
Viande de bœuf, achetée, 75 kil. à 1f20, 90f00 ; — viande de bœuf reçue de la commune à l'occasion de la fête de l'Empereur, 2 kil. à 1f20, 2f40	77 0	1 200	2f40	90 00
Viande de porc	20 0	1 300	»	26 00
Poids total et prix moyen	97 0	1 220		
LÉGUMES ET FRUITS :				
Tubercules : Pommes de terre	148 0	0 120	»	17 76
Légumes farineux secs : Haricots blancs, achetés, 376 kil. à 0f40, 150f40 ; — provenant du jardin, 24 kil. à 0f40, 9f60 (16, A) ; — lentilles, 4 kil. à 0f60, 2f40	401 0	0 402	4 80	157 60
Légumes verts à cuire : Choux, 200 kil. à 0f10, 20f00 ; — pois verts, 15 kil. à 0f60, 9f00	215 0	0 135	»	29 00
Légumes racines : Carottes, 104 kil. à 0f10, 10f40 ; — navets, 26 kil. à 0f20, 5f20	130 0	0 120	»	15 60
Légumes épices : Oignons	15 0	0 170	»	2 55
Fruits pour les enfants : Pommes, 5 kil. à 0f30, 1f50 ; — noix, 4 kil. à 0f10, 0f40	9 0	0 211	»	1 90
Poids total et prix moyen	921 0	0 249		

§ 15. — BUDGET DES DÉPENSES DE L'ANNÉE (SUITE).

DÉSIGNATION DES DÉPENSES (SUITE).	POIDS et PRIX des ALIMENTS		MONTANT DES DÉPENSES.	
	POIDS consommé	PRIX par kilogr.	VALEUR des objets consommés en nature.	DÉPENSES en argent.
SECTION Ire.				
Dépenses concernant la nourriture (suite).				
CONDIMENTS ET STIMULANTS :				
Sel gris	12k0	0f200	»	2f40
Poivre	1 0	2 500	»	2 50
Vinaigre	2 0	0 800	»	1 60
Sucre	3 5	1 600	»	5 60
Boissons aromatiques : Café, 6 kil. à 4f00, 24f00 ; — chicorée, 3 kil. à 1f00, 3f00	9 0	3 000	»	27 00
Poids total et prix moyen	27 5	1 422		
BOISSONS FERMENTÉES :				
Vin acheté en diverses occasions, 10 kil. à 0f60, 6f00 ; — vin provenant de la fabrication domestique (16, F), 40 kil. à 0f30, 12f00	50 0	0 360	12f00	6 00
ART. 2. — ALIMENTS PRÉPARÉS ET CONSOMMÉS EN DEHORS DU MÉNAGE.				
Vin consommé par l'ouvrier au cabaret, 275 kil. à 0f60, 165f00 ; — eau-de-vie bue le matin en régal, 10 kil. à 2f00, 20f00			»	185 00
TOTAUX des dépenses concernant la nourriture			19 20	1,168 11
SECTION II.				
Dépenses concernant l'habitation.				
LOGEMENT :				
Loyer de deux pièces, 65f00 ; — entretien, 1f75			»	66 75
MOBILIER :				
Achat de quelques ustensiles de ménage			»	3 00
CHAUFFAGE :				
Menu coke ramassé sur la voie publique, 15f00 (16, D) ; — fanes de haricots, 0f60 (16, A)			15 60	»
ÉCLAIRAGE :				
Chandelle, 12 kil. à 1f80, 21f60 ; — huile à brûler, 5 kil. à 1f40, 7f00 ; — mèches de coton, 0f20 ; — allumettes, 20 paquets à 0f10, 2f00			»	30 80
TOTAUX des dépenses concernant l'habitation			15 60	100 55
SECTION III.				
Dépenses concernant les vêtements.				
VÊTEMENTS :				
De l'ouvrier : Frais d'achat et de confection domestique (16, G et H)			4 00	29 92
De la femme : — — (16, G et H)			4 00	22 00
Des enfants : — — (16, G et H)			23 30	85 27
BLANCHISSAGE :				
Blanchissage du linge et des vêtements (16, I)			175 75	124 25
TOTAUX des dépenses concernant les vêtements			207 05	261 44

§ 15. — BUDGET DES DÉPENSES DE L'ANNÉE (SUITE).

DÉSIGNATION DES DÉPENSES (SUITE).	MONTANT DES DÉPENSES.	
	VALEUR des objets consommés en nature.	DÉPENSES en argent.
SECTION IV.		
Dépenses concernant les besoins moraux, les récréations et le service de santé.		
CULTE :		
Dépense calculée sur la moyenne des 15 années écoulées depuis le mariage. . (16, J)	»	3f75
INSTRUCTION DES ENFANTS :		
Donnée gratuitement aux frais de la commune à l'un des enfants..............	24f00	»
SECOURS ET AUMÔNES :		
La famille ne fait aucune aumône..................................	»	»
RÉCRÉATIONS ET SOLENNITÉS :		
Boisson consommée par l'ouvrier au cabaret (11), eau-de-vie prise le matin par l'ouvrier, comme régal (dépenses portées à la Son 1 du budget des dépenses pour une somme de 185f00); — dépenses diverses faites par l'ouvrier avec ses camarades, 6f00; — dépenses diverses faites pour les enfants les jours de fêtes, 1f50........	»	7 50
SERVICE DE SANTÉ :		
Frais de médecins et médicaments..................................	»	11 00
TOTAUX des dépenses concernant les besoins moraux, les récréations et le service de santé..................................	24 00	22 25
SECTION V.		
Dépenses concernant les industries, les dettes, les impôts et les assurances.		
DÉPENSES CONCERNANT LES INDUSTRIES :		
Entretien du matériel pour les travaux de la carrière et du port, 3f00; — intérêt (5 p. 100) de la valeur de ce matériel, 0f77..................................	»	3 77
Les autres dépenses concernant les industries montent à (16, C)............ 230f75 Ces dépenses sont remboursées par les recettes provenant de ces mêmes industries.		
INTÉRÊTS DES DETTES :		
Intérêt (5 p. 100) d'une dette de 400f00 contractée envers la précédente propriétaire, et qui, n'étant pas exigée par cette créancière, est balancé (14, Son 11) par une subvention équivalente..................................	20 00	»
Dette de 600f00 contractée chez 5 cabaretiers du pays. L'intérêt de cette somme n'est point formellement exigé, mais il se trouve implicitement compris dans les bénéfices considérables que font les fournisseurs..................................	»	»
IMPÔTS :		
(La famille ne supporte directement aucun impôt)..................................	»	»
ASSURANCES CONCOURANT A GARANTIR LE BIEN-ÊTRE PHYSIQUE ET MORAL DE LA FAMILLE :		
(La famille ne participe à aucune assurance de ce genre)..................................	»	»
TOTAUX des dépenses concernant les industries, les dettes, les impôts et les assurances..................................	20 00	3 77
ÉPARGNE DE L'ANNÉE :		
La famille vit dans un état de gêne continuelle et n'a aucune idée d'épargne........	»	»
TOTAUX DES DÉPENSES de l'année (balançant les recettes)... (1.841f97)	825 85	1,556 12

§ 16.

COMPTES ANNEXÉS AUX DEUX BUDGETS.

SECTION I.

COMPTES DES BÉNÉFICES

Résultant des industries entreprises par la famille (à son propre compte).

A. — Culture d'un petit champ de 2 aers.

	VALEURS en nature.	VALEURS en argent.
RECETTES.		
Haricots blancs mangés secs, 24 litres à 0f 40	4f 80	4f 80
Fanes de haricots employées pour le chauffage (15, Son II)	0 60	»
Totaux	5 40	4 80
DÉPENSES.		
Loyer annuel	»	3 60
Achat de semences, 3 litres à 0f 40	»	1 20
Fumier ramassé par les enfants sur la voie publique, 400k à 0f 008 (14, Son II)	3 20	»
Intérêt (5 p. 100) du matériel spécial	0 20	»
Travail de l'ouvrier, 4 journées à 0f 50	2 00	»
(Cette culture ne produit aucun bénéfice à la famille, l'ouvrier ne sachant pas en tirer parti)	»	»
Totaux comme ci-dessus	5 40	4 [illegible]

B. — Blanchissage des vêtements et du linge de la famille.

	VALEURS en nature.	VALEURS en argent.
RECETTES.		
Prix qui serait payé pour le blanchissage des mêmes objets	175 75	124 25
DÉPENSES.		
Abonnement pour le lessivage du linge chez une blanchisseuse du pays (7f 00 par mois)	»	84 00
Achat de savon, 26k à 1f 20	»	31 20
— d'eau de javelle, de bleu, d'amidon	»	3 20
— de charbon de bois pour le repassage pendant les mois d'été, 130 litres à 0f 045	»	5 85
Intérêt (5 p. 100) de la valeur du matériel spécial	0 30	»
Travail de la femme, 48 journées à 2f 00	96 00	»
Bénéfice résultant de l'industrie	79 45	»
Totaux comme ci-dessus	175 75	124 25

C. — Résumé des comptes des bénéfices résultant des industries (A et B).

	VALEURS en nature.	VALEURS en argent.
RECETTES TOTALES.		
Produits employés pour la nourriture de la famille	4 80	4 80
— pour l'habitation	0 60	»
— pour les vêtements	175 75	124 25
Totaux	181 15	129 05
DÉPENSES TOTALES.		
Intérêt des propriétés possédées par la famille et employées par elle aux industries	0 50	»
Produits des subventions reçues par la famille et appliquées par elle aux industries	1 60	»
Salaires afférents aux travaux exécutés par la famille pour les industries	98 00	»
Salaires afférents à d'autres travaux exécutés par la famille et employés par elle aux industries	1 60	129 05
Totaux des dépenses (230f 75)	101 70	129 05
Bénéfice résultant des industries	79 45	»
Totaux comme ci-dessus	181 15	129 05

SECTION II.

COMPTES RELATIFS AUX SUBVENTIONS.

D. — Ramassage du coke sur la voie publique.

	Valeurs en nature.	Valeurs en argent.
RECETTES.		
Menu coke employé pour le chauffage, 30 hectolitres	15f 00	»
DÉPENSES.		
Travail de la femme : 20 journées à 0f 50	10 00	»
— de la 3e fille, 10 — à 0f 25	2 50	»
Coke évalué avant le ramassage	2 50	»
Total comme ci-dessus	15 00	»

E. — Ramassage du fumier sur la voie publique.

	Valeurs en nature.	Valeurs en argent.
RECETTES.		
Fumier, 400k à 0f 008	3 20	»
DÉPENSES.		
Travail de la 3e fille, 4 journées à 0f 25	1 00	»
— du petit garçon, 4 — à 0f 15	0 60	»
Fumier évalué avant le ramassage	1 60	»
Total comme ci-dessus	3 20	»

F. — Grappillage du raisin après la vendange.

	Valeurs en nature.	Valeurs en argent.
RECETTES.		
Vin de fabrication domestique consommé dans le ménage, 40 litres à 0f 30 le litre	12 00	»
DÉPENSES.		
Travail de la femme : pour le grappillage du raisin, 5 journées ; — pour la fabrication du vin, 1 journée ; — total : 6 journées à 1f 00	6 00	»
Valeur à attribuer au raisin avant le grappillage, 60k à 0f 10	6 00	»
Total comme ci-dessus	12 00	»

SECTION III.

COMPTES DIVERS.

G. — Compte de la dépense annuelle concernant les vêtements.

Art. 1er — Vêtements de l'ouvrier.

	Prix d'achat des objets	Valeurs en nature	Valeurs en argent
Vêtements du dimanche :			
1 habit de drap noir	90f 00	»	3f 00
1 pantalon de drap noir	30 00	»	1 00
1 gilet de soie noire	20 00	»	0 66
1 cravate en satin	8 00	»	0 26
1 bourgeron bleu (blouse courte)	3 50	»	1 15
1 chapeau de soie noire	15 00	»	1 00
1 paire de bottes	18 00	»	1 20
2 paires de chaussettes de coton	1 20	»	0 60
1 chemise en toile	5 00	»	1 00
Vêtements de travail :			
1 pantalon en velours de coton	10 00	»	10 00
1 gilet reçu en cadeau	1 50	0 75	»
1 casquette	3 00	»	1 00
1 paire de chaussons en vieux drap faits par la femme	1 50	0 75	»
1 paire de sabots	0 80	»	0 80
2 chemises en coton rayé	7 00	»	7 00
Totaux	......	1 50	28 67

Art. 2. — *Vêtements de la femme.*

	PRIX d'achat des objets	VALEURS en nature.	VALEURS en argent.
Vêtements du dimanche :			
1 corsage en laine noire	6f 50	»	0f 65
1 robe de stoff noir (étoffe achetée)	14 00	»	1 40
1 pelisse ouatée en mérinos noir	30 00	»	1 00
1 corset	8 00	»	1 60
3 jupons de calicot	12 00	»	0 40
1 bonnet de dentelle	50 00	»	1 65
1 col brodé	5 00	»	0 15
1 paire de bas de laine noire	2 50	»	1 25
1 paire de bottines	2 00	»	1 00
Vêtements de travail :			
1 robe d'indienne (étoffe achetée)	6 00	»	2 00
1 tablier d'indienne —	2 00	»	1 00
6 mouchoirs de tête	1 80	»	1 80
6 mouchoirs de poche	1 20	»	0 60
8 chemises de coton	18 00	»	4 50
1 paire de chaussons de lisières	1 00	»	1 00
Totaux	....	»	20 00

Art. 3. — *Vêtements de la fille aînée.*

	PRIX d'achat des objets	VALEURS en nature.	VALEURS en argent.
1 robe de laine (tartanelle)	18 00	»	6 00
1 robe en étoffe de coton	13 00	»	6 50
2 robes d'indienne	12 00	»	6 00
1 tablier de cotonnade	2 50	»	2 50
5 jupons de calicot	18 00	»	3 60
1 jupon en finette	8 00	»	1 00
6 chemises en toile	25 00	»	5 00
1 paire de bas de laine blanche	3 00	»	1 00
1 paire de bas de laine noire	2 00	»	1 00
2 paires de bas de coton	1 30	»	1 30
1 paire de bottines	10 00	»	10 00
1 paire de chaussons de lisières	1 80	»	1 80
1 paire de sabots	1 00	»	1 00
2 mouchoirs	1 20	»	1 20
1 bonnet de tulle à rubans	8 00	»	8 00
1 bonnet de linge	4 50	»	4 50
3 cols	3 00	»	3 00
Totaux	....	»	63 40

Art. 4. — *Vêtements de la seconde fille.*

	PRIX d'achat des objets	VALEURS en nature.	VALEURS en argent.
1 robe d'indienne reçue en cadeau	7 00	3f 50	»
1 paire de bottines	5 00	»	2 50
1 paire de chaussons	1 50	»	0 75
1 paire de sabots reçue en cadeau	0 80	0 80	»
1 paire de bas de laine	2 00	»	1 00
2 bonnets reçus en cadeau	4 00	2 00	»
1 col reçu en cadeau	1 50	0 75	»
1 fichu de cou	0 60	»	0 60
1 tablier	1 20	»	0 60
2 chemises de coton	3 00	»	1 50
Totaux	....	7 05	6 95

	PRIX d'achat des objets	VALEURS en nature.	VALEURS en argent.
ART. 5. — *Vêtements de la troisième fille.*			
1 robe d'indienne reçue en cadeau	2f50	1f25	»
2 chemises de coton	2 00	»	1f00
1 petit bonnet	1 25	»	1 25
Totaux	....	1 25	2 25
ART. 6. — *Vêtements du petit garçon.*			
1 petit paletot reçu en cadeau	1 75	1 75	»
2 chemises reçues en cadeau	2 00	1 00	»
2 paires de brodequins	4 50	»	8 00
1 paire de bas de laine	0 90	»	0 90
Totaux	....	2 75	3 90
ART. 7. — *Vêtements de la plus jeune fille.*			
3 robes de laine reçues en cadeau	7 50	3 75	»
3 chemises de coton	2 25	»	1 12
1 paire de bas de laine reçue en cadeau	0 90	»	0 90
Totaux	....	3 75	2 02

II. — COMPTE DE LA DÉPENSE ANNUELLE POUR LA CONFECTION DES VÊTEMENTS EN ÉTOFFES ACHETÉES, ET POUR L'ENTRETIEN DES VÊTEMENTS DE LA FAMILLE.

	en nature	en argent
ART. 1er. — *Dépenses pour le ménage tout entier.*		
Achat de merceries	»	10 00
Travail de la femme : 15 journées à 1f00	15 00	»
Totaux	15 00	10 00
ART. 2. — *Répartition de cette dépense sur les divers membres de la famille.*		
Dépenses pour la confection et l'entretien des vêtements :		
De l'ouvrier	2 50	1 25
De la femme	4 00	2 00
Des enfants	8 50	6 75
Totaux comme ci-dessus	15 00	10 00

J. — COMPTE DES DÉPENSES DU CULTE (PENDANT 15 ANNÉES).

	en nature	en argent
Frais de mariage	»	18 00
Frais de baptême (pour 7 enfants)	»	7 00
Frais de première communion (pour 2 enfants)	»	3 00
Frais d'enterrement (pour 2 décès)	»	28 00
Total	»	56 00
Dépense moyenne annuelle	»	3 75

ÉLÉMENTS DIVERS DE LA CONSTITUTION SOCIALE.

FAITS IMPORTANTS D'ORGANISATION SOCIALE;
PARTICULARITÉS REMARQUABLES;
APPRÉCIATIONS GÉNÉRALES; CONCLUSIONS.

§ 17.

RÉSUMÉ SUR L'ORIGINE DE LA DÉSORGANISATION SOCIALE OBSERVÉE A PARIS ET DANS LA BANLIEUE; SYMPTÔMES DE LA RÉFORME QUI COMMENCE A S'Y PRODUIRE.

Il a existé, à toutes les époques de l'histoire, des races d'hommes renommées par leur état de prospérité ou de souffrance. Ce contraste n'est pas moins fréquent de nos jours qu'il ne l'a été dans le passé. De loin en loin, chez les peuples frappés de grandes catastrophes, et par exemple chez les Grecs, aux temps de Socrate, de Xénophon, de Platon et d'Aristote, il s'est trouvé des sages qui ont indiqué clairement les causes de l'ancienne prospérité et les moyens de la rétablir. Dans les temps modernes, les catastrophes ont été aussi fréquentes que dans l'antiquité. Les sages ont eu souvent l'occasion de recommencer les mêmes études et de donner les mêmes conseils; et leur tâche est devenue plus facile, à mesure que les trésors de sagesse créés aux époques antérieures se sont multipliés et ont été mieux connus. La description du mal et de la souffrance a toujours été l'objet principal du travail des historiens : il serait certainement facile de découvrir, dans la lecture attentive de leurs écrits, beaucoup d'hommes qui ont aperçu la cause des désordres sociaux de leur temps, qui ont compris la nécessité de la réforme, et qui, à cet égard, ont donné de bons conseils. Mais, ce qui a toujours été rare, ce sont les gouvernants disposés à entendre et capables d'appliquer ces conseils. En France, le XIIIe siècle fut une des grandes époques de l'histoire, parce que l'ensemble des conditions nécessaires au règne du bien y furent momentanément réunies. La corruption, qui, depuis le IXe siècle, débordait peu à peu en Italie, avait fait naître le besoin de recourir à la sagesse des anciens. En France, Albert le Grand et saint Thomas d'Aquin trouvèrent dans leur science, secondée par les enseignements d'Aristote et ceux des pères de l'Église, les éléments contemporains de la paix sociale; Saint Louis et Blanche de Castille eurent la vertu nécessaire pour les restaurer ou les affermir.

Après la mort du roi, et avant la fin du siècle, l'œuvre de paix se trouva de nouveau compromise. Depuis lors, elle n'a plus retrouvé le degré de prospérité auquel le saint roi l'avait élevée. Pendant quatre siècles, elle n'a pas cessé d'osciller plus ou moins au-dessous de ce niveau; mais, à partir de 1661, elle n'a pas cessé de s'en éloigner. A dater de cette époque funeste, les sages n'ont plus été écoutés; et bientôt la parole leur a été interdite. On n'a plus vu à l'œuvre que des gouvernants corrompus, ou égarés successivement par des lettrés orgueilleux, par des conseillers rebelles aux prescriptions du Décalogue, et enfin par des hommes de violence, qui ont rompu avec les traditions du genre humain pour fonder par la Terreur un régime incompatible avec la nature de l'homme et la paix des sociétés. Depuis 1794, les gouvernants ont dû faire des efforts inouïs pour sortir des voies sans issue où les avaient poussés le vice, l'erreur et la violence; mais, après 113 années, pendant lesquelles toutes les conquêtes de la sagesse avaient été peu à peu expulsées des esprits, les classes dirigeantes ont continué par ces efforts mêmes à s'éloigner du but. Elles ont repoussé toute restauration de la loi morale, c'est-à-dire la seule réforme qui pouvait rendre à la France la prospérité. Elles se sont divisées en partis hostiles qui ont tous cherché leurs moyens d'action dans la violence et qui se sont multipliés à chaque révolution. Elles ont tiraillé la nation en tous sens et ont fait pénétrer leur propre corruption dans toutes les classes de la société. Les résultats de cette action corruptrice se sont surtout accumulés à Paris et dans la banlieue; et c'est ainsi que se sont formées les déplorables individualités décrites dans les deux dernières monographies de ce volume. Le mauvais exemple est toujours venu d'en haut. Dans l'intérieur de Paris, l'intensité du mal continue à croître avec l'accumulation rapide des richesses : à en juger par certaines personnalités scandaleuses qui s'étalent avec impudence, il semble même que la débauche d'une partie de la classe riche est plus envahissante que celle de l'ouvrier. Dans la banlieue, ainsi que je l'ai indiqué au volume précédent (V, VIII, 17), la répartition actuelle du mal dépend surtout des influences qui, au siècle dernier, se sont fait sentir dans les diverses localités. Les mauvais germes semés à cette époque ont fructifié. C'est ainsi que la corruption déborde spécialement dans la commune qui fait l'objet de la présente monographie (19) : cette localité, en effet, touchait sous les règnes de Louis XIV et de Louis XV, à un château royal, où la cour se réunissait souvent et donnait les plus déplorables exemples. L'influence funeste exercée par la corruption d'une classe dirigeante est vivement sentie par les populations qui en souffrent; et le souvenir en reste parfois dans la mémoire de leurs descendants. C'est ce qui est arrivé, par exemple, sur les rivages de la Méditerranée et des mers contiguës, où tant de races se sont successivement abîmées dans la corruption. On a souvent recueilli chez les pêcheurs de la Morée, et j'ai retrouvé moi-même chez ceux de la mer d'Azoff, cette vérité, exprimée dans un langage tiré de leur métier : « c'est par la tête que pourrit le poisson ».

Les révolutions politiques, qui se succèdent rapidement depuis 1789, ont singulièrement fortifié dans toute la France l'ère de désordre commencée en 1661 par les classes dirigeantes de l'ancien régime. C'est ce que je vérifie personnellement à Paris depuis l'hiver de 1829 à 1830, c'est-à-dire depuis l'époque où mon voyage dans la plaine saxonne et les montagnes du Hartz (III, III, 21) m'avait ouvert les yeux sur la fausse direction que plusieurs condisciples éminents imprimaient alors aux questions sociales. Pendant cet hiver, qui m'a laissé de longs souvenirs, j'ai pu constater la supériorité qu'offrait l'atelier parisien comparé à ceux que j'avais observés, l'été précédent, dans les villes du bassin de l'Elbe. Dans les principales fabriques, le foyer et l'atelier étaient encore unis par des liens intimes. Il y avait une succession régulière dans les générations successives des patrons et des ouvriers. Le patron dirigeait lui-même le personnel, présidait aux détails de la fabrication, distribuait l'éloge et le blâme. La femme avait en charge la vente, la caisse et la comptabilité : elle exerçait un patronage assidu sur les familles d'ouvriers; et elle les soutenait au milieu des épreuves de la vie. Certaines coutumes, liées à l'exercice du métier, établissaient des rapports intimes entre la famille du maître et celles des ouvriers. Tel était le cas pour la solennité appelée « fête de la lumière ». Chaque automne, par exemple, la veille du jour où l'on commençait à éclairer l'atelier pour le travail du soir, tous les ouvriers étaient réunis en un joyeux dîner présidé par la famille du patron : la soirée se terminait par une fête, à laquelle assistaient les femmes et les enfants. C'était l'une des solennités les plus chères aux ouvriers parisiens de cette époque. J'ai tenté, il y a peu d'années, d'en retrouver les traces; et j'ai constaté avec regret que le nom même de l'institution ne s'était point conservé dans le souvenir des ateliers où je l'avais vue en usage. En cette occasion, j'ai constaté des changements plus profonds, et, à vrai dire, une transformation complète des sentiments et des habitudes que j'avais observés, il y a un demi-siècle. Chez les plus riches, le changement est une révolution sociale : le maître ne dirige les travaux qu'au moyen d'agents subalternes; la femme ne connaît même pas l'atelier. Elle habite avec la famille un hôtel somptueux dans l'un des quartiers à la mode. Devenue étrangère au métier des ancêtres, elle a pris le costume et les habitudes des grands propriétaires, indigènes ou étrangers, qui, sauf au temps de la chasse, abandonnent leurs résidences rurales pour vivre dans l'oisiveté, pendant l'hiver à Paris, pendant l'été aux divers lieux de luxe et de plaisir. Quant à ces derniers, j'ai à peine besoin d'ajouter qu'ils ne donnent pas, en général, un meilleur exemple.

Cependant, cette décadence, qui, depuis 217 ans (1661-1878), se faisait surtout sentir à Paris, semble atteindre ses dernières limites. Les riches salons parisiens ont conservé leur luxe, leurs costumes scandaleux et leurs plaisirs futiles; mais on n'y prêche plus, comme au temps des encyclopédistes, la révolte contre Dieu et sa loi. Quelques esprits réfléchis, éclairés par l'insuccès de dix révolutions, ayant toutes la violence pour début et pour fin, commencent à voir le néant des faux dogmes de 1789. Une jeunesse classée par ses succès, dans l'opinion, comme une élite, secoue de plus en plus le joug des lettrés qui, depuis un siècle, égaraient la nation. Même au sein des classes qui cèdent encore trop aux impulsions émanant de la richesse, un mouvement de réforme est déjà visible. Le retour à la tradition nationale s'y manifeste souvent par le respect de la religion. On en voit maintenant sortir quelques jeunes gens qui renoncent aux satisfactions de la fortune pour se dévouer avec abnégation au ministère ecclésiastique. La présente monographie indique que cette réforme de Paris devient chaque année plus évidente dans la banlieue. Les riches bourgeois, qui viennent dans la belle saison habiter les maisons de campagne de la localité décrite, y fréquentent assidûment l'église que néglige toujours la population ouvrière (18). F. L.-P.

§ 18.

INDIFFÉRENCE DE LA POPULATION LOCALE TOUCHANT LA PRATIQUE DU CULTE.

Les familles bourgeoises, hommes et femmes, fréquentent assidûment l'église; et quelques-uns de leurs membres pratiquent tous les devoirs de la religion. Mais ces familles sont presque étrangères à la commune; elles n'appartiennent pas réellement à la population, car elles n'y séjournent que durant les mois d'été. Elles font partie de ce que les habitants appellent les *horsains*, c'est-à-dire gens du dehors. Parmi les fabricants et les agriculteurs de la commune, quelques personnes seulement vont aux offices. Le reste de la population, hommes, femmes, filles, garçons, demeure complétement étranger à toute pratique de religion. Ce n'est qu'avec la plus grande peine que le prêtre peut composer le personnel du culte. Il éprouve une véritable difficulté à trouver des enfants de chœur, malgré les petits profits qui leur sont réservés. Il n'a jamais pu réunir deux chantres, et le digne maître d'école chante tout seul les offices. L'antique et touchante coutume du « pain bénit » était autrefois observée avec bonheur par toutes les familles; et la plus pauvre eût été offensée, si, sous quelque prétexte, on l'avait privée de cet honneur. Aujourd'hui, le curé doit classer son monde pour le tour du pain bénit, afin de ne pas éprouver de refus.

Cependant, ce n'est pas de l'hostilité que rencontre le curé dans le zèle vraiment apostolique qu'il déploie : c'est de l'indifférence. On ne lui veut point de mal : on le salue à peu près quand il passe; c'est un vieillard. Il a été reçu avec assez de politesse dans ses visites pastorales, lors de son arrivée dans le pays. Mais, avec tout cela, l'église est déserte; et la moyenne des chrétiens à la messe, curé, enfants de chœur, fidèles, tout compris, n'excède pas, pendant l'hiver, le nombre de 20 à 25 sur 531 habitants. La fabrique n'a, ni biens, ni revenus : elle ne peut être riche des dons de pareilles ouailles. Mais la commune n'a pas refusé au curé les 200 francs de supplément accordés presque partout, en France, sur les centimes additionnels.

§ 19.

DÉPRAVATION DES MŒURS ET SES EFFETS SUR LE RÉGIME DU TRAVAIL.

Ce ne sont pas seulement les familles de Parisiens qui perpétuent dans la commune, pendant l'été, la pratique de l'ordre moral. En tout temps, quelques familles indigènes continuent à donner le bon exemple. Mais la majorité de la population est tombée dans un état de désorganisation qui égale souvent, et parfois dépasse, celui qui est décrit précédemment pour certaines campagnes (III, 17).

On ne saurait croire à quel abaissement moral est descendue cette partie de la population : un peu plus bas, ce serait, si ce n'est déjà, la barbarie. Le mariage est presque toujours précédé de relations illicites; il n'a lieu le plus souvent qu'à la veille de l'accouchement. Il y a des concubinages patents, publics; et ils n'excitent aucune réprobation. Des blanchisseuses, chefs d'industrie, ne se marient plus : cela lie trop. Elles prennent des jeunes gens comme auxiliaires dans les travaux de leur atelier; et elles en changent suivant le caprice du moment. Ces unions déplorables ne donnent pas d'enfants. La jeunesse est élevée au contact de tous ces vices; elle les comprend et en parle bientôt le langage. Ivrognes et débauchés, les enfants n'ont aucune idée du respect envers les parents. Le nom de puissance paternelle, s'il était prononcé devant eux, ne réveillerait certainement aucune idée. Il est commun de voir un fils battre son père ou se battre avec lui.

On ne doit pas songer à rencontrer dans cette population le respect des supériorités sociales. Y a-t-il à ses yeux des supériorités sociales? Il y a des riches et des pauvres; voilà tout. Elle sait qu'il y a des gens ayant la main longue; mais elle ne conçoit pas la hiérarchie, dérivée d'une cause morale, de la fonction, du grade, de la considération que doivent assurer les talents et les vertus. Il faut presque renoncer à trouver l'idée du plus simple devoir. La plupart des ouvriers qu'on emploie ne sentent pas qu'ils doivent du travail en retour du salaire qu'ils reçoivent. Ils abandonnent l'atelier, au moindre défaut de surveillance; cela s'appelle « couler le patron à 6 sous de l'heure ». Le vol n'inspire guère de répulsion pour ceux qui l'ont commis. Deux individus du pays ont été condamnés récemment, l'un à 6 mois, l'autre à 2 mois de prison, pour vol sur des bateaux. Ils ont subi leur peine, puis ils sont rentrés tranquillement chez eux. Ils boivent au cabaret avec tout le monde. On dirait qu'ils n'ont éprouvé qu'un simple accident.

Le sentiment militaire est le seul qui semble encore subsister et qui élève l'âme. A l'époque de la conscription, les conscrits vont en corps, tambour et musique en tête, drapeau déployé, au chef-lieu du canton; mais ils ne chantent plus comme autrefois ces chansons militaires qui élèvent le cœur des soldats. Ils chantent des chansons sales et obscènes; et ces réunions ne sont plus guère qu'un prétexte pour multiplier les jours d'ivrognerie. Ce serait une erreur de croire que ces mœurs dépravées n'appartiennent qu'aux ouvriers. Elles s'étendent à une partie des chefs d'industrie et même à ceux qui composent la classe aisée de la population. Ces derniers sont plus corrompus que les ouvriers. On ne retrouverait pas en eux le germe à demi effacé du bien, qu'on retrouve encore chez les simples salariés. Aux vices communs à tous, ils joignent plus de science dans le mal, plus de savoir-faire : quelque chose de pire que le vice, l'habileté dans le vice.

Les relations journalières en sont affectées d'une manière odieuse. Il n'y a pas à se fier à la parole des gens. On ne peut faire une convention qui reçoive une exécution loyale. L'appétit du gain les accoutume à toutes ces petites infamies qui détruisent la sécurité des affaires et la rondeur des transactions. Si vous faites faire une charpente, vous serez volé sur l'épaisseur du bois ; si vous faites peindre une grille, vous aurez de l'ocre rouge pour du minium ; si vous faites faire des terrassements, vous serez volé sur l'évaluation du cube ; si vous achetez du charbon, il sera mouillé et pèsera plus que le poids vrai ; et ainsi du reste. Au milieu de toutes ces fraudes, l'habileté professionnelle diminue ; on remarque chez les ouvriers et chez les patrons, soit par l'effet du mauvais vouloir, soit par l'effet de la négligence, une véritable ignorance de la profession qu'ils exercent.

Les industries qui voudraient s'établir dans le pays sont exposées à des dangers qui doublent pour elles la difficulté du travail. On ne peut obtenir de régularité, et l'on est dévoré par les frais généraux qui ne cessent de courir. Il y a des travaux devenus presque impossibles. Les transports, par exemple, reviennent à des prix énormes, à cause de l'ivrognerie et de l'infidélité des charretiers, des mauvais traitements infligés aux chevaux. On offre jusqu'à 120 francs par mois pour avoir des conducteurs convenables et l'on n'en trouve pas. Il est certain que ces causes réunies affectent la production d'une manière sensible et élèvent le prix des produits fabriqués dans de grandes proportions. C'est ainsi, par exemple, que beaucoup de négociants de Versailles ont abandonné cette localité, qui est leur port naturel, et font effectuer à Sèvres le débarquement des marchandises amenées sur la Seine. Les habitudes vicieuses de la population nécessitent des salaires hors de proportion avec le travail effectué. Il faut payer pour les vices de tous. Au demeurant, on peut définir en peu de mots la partie dégradée de cette population : elle est devenue, depuis 1830, une espèce de Bohême; ce n'est plus aujourd'hui une population chrétienne.

Sans doute, on serait à juste titre accusé d'exagération, si l'on n'ajoutait de suite qu'il y a des exceptions nombreuses, et qu'il existe encore des gens de bien. Mais, pour dire d'une population qu'elle est corrompue, faut-il attendre qu'il n'y reste plus un honnête homme? Ce qui est clair, c'est que la gangrène monte toujours et que le tableau précédent n'est pas chargé. Maintenant, quels efforts sont opposés à ce courant de vices? Comment le mal est-il combattu? Il y a le zèle du prêtre qui est incontestable; mais, tout seul, il n'est pas assez fort. Ne nous le cachons pas, la masse de la population est en dehors du christianisme. Elle s'y rattache à peine et d'une manière extérieure, par quelques pratiques conservées, par la force de l'habitude, comme le baptême, le mariage religieux, la première communion ; et encore, la première communion n'a plus guère lieu que parce que le prêtre va au domicile des parents et les force, pour ainsi dire, à supporter l'instruction religieuse donnée aux enfants. Quant aux honnêtes gens, ils n'ont pas ce courage actif, cette haine du mal, cette énergie morale et même physique, qui répriment tout au moins, s'ils ne corrigent pas, les méchants.

§ 20.

INCONVÉNIENTS OBSERVÉS A PORT-MARLY TOUCHANT LA CONSOMMATION DOMESTIQUE ET LE COMMERCE DES DENRÉES NÉCESSAIRES AUX OUVRIERS.

Les désordres sociaux, qui sont le caractère distinctif de la désorganisation sociale constatée par la présente monographie, ont pour conséquence directe la diminution du bien-être matériel, qui serait assuré à chacun par la pratique de l'ordre moral. Ce déplorable état de choses s'est souvent manifesté dans le cours des observations qui ont eu pour objet la famille décrite.

D'après une enquête faite dans la localité auprès des personnes les plus compétentes, la nourriture consommée par le chef de famille n'est point suffisante pour réparer complétement ses forces. La quantité de vin que boit l'ouvrier en dehors de la famille, pour se procurer le plaisir de l'ivresse, est loin d'égaler celle qui, régulièrement répartie, assurerait l'entretien normal des forces. C'est une vérité que je n'aurais pas soupçonnée avant l'observation du fait. Le vice de l'ivrognerie n'est donc pas dans l'abus, au point de vue de la quantité absolue, il est dans la consommation, à un moment donné, d'une quantité hors de rapport avec le besoin présent. Ne craignons pas, au surplus, de constater que la privation du vin à l'ordinaire, dérivant de l'insuffisance des ressources, conduit souvent les ouvriers à cet abus momentané dont l'effet est d'oblitérer leur sens moral et de les priver de la raison. Le vin consommé en ivrognerie par l'ouvrier s'élève à 275 litres par an et coûte 165 francs. Avec la même somme, beaucoup d'ouvriers plus avisés se procurent 410 litres de vin chez le vigneron. L'écart entre le prix payé au vigneron, hors de l'œil du fisc, et celui du cabaret, est de 20 centimes par litre. Il est donc clair que l'impôt et le cabaret font obstacle à ce que beaucoup d'ouvriers se procurent le vin nécessaire à leur consommation. Dans les années d'abondance, une grande partie du vin récolté se vend ainsi au préjudice du fisc et à la grande joie de la population.

Non-seulement la quantité des aliments est insuffisante, mais la qualité est presque toujours mauvaise et le prix plus élevé qu'il ne devrait être, eu égard au cours des denrées.

Pour le pain, les règlements et la taxe ne sont qu'une mesure illusoire et n'aboutissent qu'à le faire payer plus cher. Le boulanger échappe à la taxe en achetant des farines dont la qualité est inférieure à celle qui sert de base aux calculs de l'autorité publique chargée de présider au régime réglementaire. Si, par exemple, le prix officiel du pain s'établit sur les farines de première qualité, le boulanger n'emploie que la qualité inférieure. C'est une fraude que la surveillance publique, dans la campagne, est à peu près impuissante à atteindre, et que la taxe même facilite en empêchant l'acheteur de discuter le prix.

Les marchandises de mauvaise qualité, les cafés avariés, les poivres et les sels adultérés, les chocolats sans cacao, les beurres remaniés, les huiles mal épurées, les alcools teints au caramel, les vinaigres de bois, les chandelles de mauvaise fabrication, sont écoulés à haut prix dans la population ouvrière, qui, se trouvant presque toujours débitrice du détaillant en compte courant, n'ose pas se plaindre de la mauvaise qualité et de l'excès du prix. Les tabacs du gouvernement sont mouillés par les débitants, afin d'en augmenter le poids; et ils ne font que de la boue dans les pipes.

C'est ainsi que, par toutes sortes de causes réunies, le salaire se trouve indirectement réduit dans une forte proportion.

§ 21.

INFLUENCE FÂCHEUSE DE CERTAINS PRINCIPES DE L'ÉCONOMIE POLITIQUE SUR LES RAPPORTS MUTUELS DES MAÎTRES ET DES OUVRIERS.

Les doctrines économiques modernes ont réagi d'une manière fâcheuse sur les rapports des patrons et des ouvriers. Elles ont exercé un effet pernicieux à tous les degrés de la hiérarchie sociale. Elles ont persuadé aux maîtres qu'ils pouvaient, sans remords, rompre avec les devoirs imposés par la plus constante tradition de l'humanité. Elles ont faussé l'esprit des serviteurs en leur donnant lieu de croire que le maître, libre de toute obligation après le paiement du salaire, est inutile à la société. Elles ont brisé par conséquent les rapports mutuels de respect et de protection, de commandement et d'obéissance, qui sont la principale force d'une société prospère.

L'ancien patronage était en certains points l'image de la

famille. Le patron était obligé envers l'ouvrier, comme l'ouvrier l'était envers le patron. Il naissait de là une réciprocité d'attachement et de services, fondée sur des idées morales de hiérarchie et de devoir. Les secours ne faisaient pas défaut à l'ouvrier pendant les temps difficiles; le salaire ne subissait pas ces diminutions, calculées aujourd'hui sur la rareté du travail. On souffrait et l'on prospérait ensemble. L'ouvrier, surtout dans la petite et la moyenne industrie, était traité selon les inspirations de la fraternité chrétienne : chez les artisans, il avait place au foyer domestique (V, VIII, 21); chez les paysans, il était assimilé, touchant la nourriture et l'habitation, aux autres membres de la famille (IV, IX, 6 et 9). Il n'y avait pas non plus de ces augmentations subites de salaires, par exemple du simple au double, comme celles qui se sont produites récemment, et dont l'effet est de porter la perturbation dans les prévisions, les calculs, et par conséquent la fortune, des entrepreneurs d'industrie. Le salaire enfin échappait à cet état de hausse et de baisse, aussi nuisible aux ouvriers qu'il paraît dangereux pour le public et l'État.

Je ne conteste pas ce qu'il y a d'absolument exact dans les formules économiques, considérées indépendamment de la nature morale de l'homme. Le travail, suivant ces formules, est une marchandise, chère ou bon marché, suivant qu'on en a besoin, ou qu'on peut s'en passer : c'est une marchandise comme toute autre; et le prix doit en être fixé suivant la règle ordinaire de l'offre et de la demande. Mais on voit, au premier examen, ce qu'il y a de faux et de dangereux dans ces maximes, quand on les sépare des idées morales et religieuses qui doivent présider aux relations des hommes entre eux. Si je ne dois voir dans le travail de mes ouvriers qu'une marchandise, je ne suis plus obligé à rien vis-à-vis d'eux. Si je n'ai pas besoin de cette marchandise aujourd'hui, mes ouvriers n'ont qu'à mourir de faim, sans que je m'en occupe davantage. Enfin, si demain cette marchandise humaine m'est indispensable, ce sera leur tour : je devrai la payer le prix que mes ouvriers exigeront; je serai ruiné sans qu'ils aient à s'en préoccuper. Voilà l'antagonisme constitué; voilà les sentiments moraux effacés des rapports de la vie usuelle. Ces idées étaient à l'état latent dans l'esprit des lettrés réformateurs, à cette triste époque du XVIIIe siècle, où les hautes classes dirigeantes de la France et de la Grande-Bretagne donnaient l'exemple de la corruption. Elles furent formulées (en 1776, avant la réforme morale de George III), avec un caractère tout spécial de netteté, par un lettré écossais, étranger à toute connaissance pratique des ateliers de travail et forgeant de toutes pièces dans la solitude un nouveau système social (III, VII, 19). Depuis lors, elles se sont rapidement répandues. Elles avaient, pour envahir les esprits, toutes sortes de facilités. Elles les trouvaient vides en général de tout sentiment religieux, impatients de toute contrainte morale, et dans cet état de mollesse et de lâcheté qui est le fond des sociétés malades. Elles étaient commodes pour les maîtres et pour les riches. Elles étaient surtout d'une pratique facile : elles servaient à merveille les calculs de l'égoïsme ; et elles devinrent bientôt la règle ordinaire de conduite.

A Port-Marly, les chefs des petites industries sont pour la plupart imbus, sans d'ailleurs en posséder les formules, de ces doctrines économiques. Ils querellent souvent l'ouvrier sur le salaire, et l'ouvrier les querelle à son tour, suivant qu'il y a plus ou moins d'ouvrage dans le pays, que les journées sont longues ou courtes, que le temps est beau ou mauvais. Ils montrent un véritable mépris pour l'ouvrier; et ils n'ont pour lui aucune parole d'amitié. Ils sont d'ailleurs plus vicieux que leurs ouvriers, et ils ne reçoivent d'eux aucun témoignage de considération. Cependant, je crois les ouvriers beaucoup plus disposés qu'on ne le pense généralement à revenir aux pratiques de la religion et aux bons vieux sentiments du patronage (24). Beaucoup d'ouvriers rentreraient dans la tradition, si les maîtres prenaient l'initiative. J'en connais, à Port-Marly, qui n'aiment pas le changement d'atelier, qui recherchent la tranquillité d'un travail suivi, bien plus que l'élévation momentanée d'un salaire variable. Ces ouvriers, quand ils rencontrent une juste bienveillance, prononcent avec plaisir le mot de patron. Sous cette dépravation que j'ai signalée, on trouve encore le germe du bien. On éprouve, au contact journalier des ouvriers, une conviction profonde :

c'est qu'ils sont disposés à aimer ceux qui leur témoignent de bons sentiments, et que tout devient facile avec eux quand ils ont la certitude d'être aimés.

§ 22.

COMMENT LA FÉCONDITÉ SUPPLÉE A L'ÉPARGNE CHEZ LES FAMILLES PAUVRES.

On voit, en se reportant au budget, qu'il est difficile de le tenir en équilibre, malgré le salaire élevé attaché au travail de l'ouvrier. Si, voué à ses devoirs de père de famille, l'ouvrier employait au profit de celle-ci les journées qu'il passe à boire (11) et les sommes qu'il dépense au cabaret, il augmenterait le bien-être du ménage ; mais il n'aurait pas la volonté de convertir en épargne cet excédant de ressources. L'ouvrier ne présente pas, en effet, l'une de ces natures énergiques, si communes chez d'autres populations (VII, 21) : il est devenu incapable de créer l'épargne à l'aide du travail et des privations, quelles que soient d'ailleurs les charges imposées par la famille. Le nombre des natures d'élite, capables de s'élever à la propriété, diminue rapidement, depuis que les ouvriers sont privés de l'affection et des conseils des patrons. Chez les ouvriers que ne soutiennent pas le patronage ou certaines influences morales, le travail seul est impuissant à créer l'épargne, malgré les encouragements que certaines institutions donnent à leurs économies. La philanthropie des particuliers et des gouvernants est impuissante à créer la richesse, lorsque les sentiments moraux, qui en sont la source, ont disparu. Tous les établissements qu'elle enfante ne produisent d'effet qu'à la condition de demander au public des subventions sous la forme de contributions, volontaires ou forcées.

Au contraire, beaucoup d'ouvriers trouvent en eux-mêmes un excellent remède au mal dont ils souffrent. La multiplicité des enfants, qui, sous les régimes de fécondité, cause en partie la gêne de la famille, amène l'aisance quand une fois la famille est élevée. Si les enfants ont reçu l'éducation religieuse, s'ils ont les sentiments du chrétien, les vieux parents ne manqueront de rien dans la vieillesse ou la maladie; plus il y aura d'enfants, plus le pieux fardeau sera facile à porter.

Sans doute, la piété filiale est une vertu qui s'en va comme les autres dans une société pervertie. J'ai vu ici un exemple odieux de la cupidité d'un fils; j'ai vu hâter la mort d'un vieux père par le refus d'aliments, qu'un contrat réglé, et portant cession de biens, obligeait pourtant à donner. Mais je dois dire que cette vertu, après tout, a de telles racines, que, même au milieu de la corruption présente, on la rencontre encore tous les jours. C'est souvent la faute des pères de famille si cette vertu, qui est leur sécurité, s'affaiblit. Pères et fils perdent trop le sentiment de l'autorité paternelle : les pères laissent les fils s'en aller aussitôt que ceux-ci ont fini leur apprentissage, comme les petits oiseaux quittent le nid quand les ailes sont poussées; c'est trop tôt. Le faisceau puissant de la famille ne doit se délier que par une impérieuse nécessité. La famille, voilà l'institution toute faite qui ne demande aucun secours à personne et qui n'a pas besoin du concours de l'État. C'est à cette institution si intimement liée à la nature de l'homme qu'il faut surtout demander, pour l'avenir, les moyens de réformer le déplorable état de choses que je viens de décrire. Il ne faut pas trop compter sur les établissements de prévoyance que fondent l'État et les particuliers. Leur intervention, si utile aujourd'hui pour déterminer une réaction nécessaire au salut public, ne peut être qu'un palliatif temporaire.

Nous sommes voisins de l'hospice des Invalides civils, construit récemment dans le bois du Vésinet. Nous le voyons développer à notre horizon sa large façade. Les ouvriers qui ont le mieux conservé la trace des anciens sentiments d'honneur n'en aiment pas la vue. Ne se rendant pas compte des hautes vues de bien public qui ont provoqué cette fondation, ils en parlent peu; et, quand ils le font, c'est avec une sorte d'amertume. A leurs yeux, c'est le refuge de la paresse. Il serait honteux pour nous, disent-ils, de porter l'uniforme de la mendicité après avoir presque tous porté l'uniforme du soldat. Il faut mourir chez soi, sur le lit où l'on a dormi toute sa vie, au milieu des siens et loin des étrangers. Revenons donc à la règle simple et claire de l'Évangile : « aimez et respectez vos parents ». Tout est là. Une famille nombreuse, dont les membres s'unissent entre eux et restent soumis à la loi morale, sera toujours à l'abri du besoin.

§ 23.

MŒURS DES OUVRIERS IMMIGRANTS QUI VIENNENT PÉRIODIQUEMENT EXÉCUTER DES TRAVAUX DANS LA BANLIEUE DE PARIS.

La somme de travaux à exécuter chaque année, pendant la belle saison, à l'ouest de la banlieue de Paris, excède de beaucoup les forces de la population sédentaire. Il faut avoir recours, pour les exécuter, aux ouvriers immigrants. Ceux-ci arrivent périodiquement, attirés par des salaires supérieurs à ceux qu'ils reçoivent dans leur pays. Ils viennent faire ce qu'ils appellent une *campagne* et retournent chez eux à l'époque de la mauvaise saison. En général, ils arrivent à Port-Marly au mois de février et parcourent la commune, en quête de travail. Ceux qui ne sont pas engagés reprennent leur sac et vont plus loin. Ils se créent d'ailleurs, après une ou deux campagnes, des relations qui ramènent chaque année le même immigrant aux mêmes travaux. Les Bretons des Côtes-du-Nord et du Finistère, les Manceaux et les bas Normands, forment, dans l'ouest de la banlieue de Paris. le personnel de cette immigration annuelle, qu'il ne faut pas confondre avec le déplacement continuel des ouvriers nomades. L'immigration dont je parle ici se compose en général d'ouvriers respectables, pères de famille, presque tous amenés par l'appât d'un salaire plus élevé. Les ouvriers nomades venant isolément et à toutes les époques de l'année sont, au contraire, presque toujours chassés de leur pays par leurs vices et leurs méfaits. Ce sont eux surtout qui contribuent à introduire, dans cette partie de la banlieue, les déplorables traits de démoralisation que j'ai signalés dans la présente monographie. Il n'est pas sans intérêt de constater les habitudes et les mœurs des ouvriers de l'immigration périodique et de les comparer aux habitudes et aux mœurs des ouvriers sédentaires.

Parmi tous, les bas Bretons présentent un caractère tranché. Ils emportent avec eux tout juste l'argent nécessaire pour faire la route et subvenir aux premiers besoins. Ils viennent à pied, évitent s'ils le peuvent les auberges, ne mangent que du pain et du fromage, et ne boivent que de l'eau. Entrés à l'atelier, même attachés à de durs travaux, ils continuent pendant la campagne cette habitude d'excessive sobriété. Ainsi, le matin, ils se mettent, sans manger, au travail; à neuf heures, leur repas se compose d'un morceau de pain et d'un peu de beurre ou de fromage; même régime au repas de deux heures; au souper, une soupe, rarement de la viande, plus rarement un quart de litre de vin. J'en ai vu beaucoup qui ne mangeaient qu'à onze heures un morceau de pain sec, et qui attendaient ainsi leur maigre souper. Le dimanche, ils travaillent la demi-journée; et ils consacrent le reste du jour à leur lessive. La paie faite, leur dépense exactement soldée, ils envoient au pays le restant de leur salaire. Quelques-uns, dans une campagne, depuis la hausse des salaires, économisent 400 francs. S'ils sont lents au travail, on les trouve souvent animés des sentiments de devoir. Presque tous sont mesurés dans leurs propos, polis envers les patrons, honnêtes dans les relations d'intérêt. Ils ne fréquentent pas les offices, parce qu'on les oblige à travailler le dimanche; mais on peut constater chez eux la présence des sentiments religieux et la trace de l'éducation chrétienne. On s'étonne qu'ils puissent, en se nourrissant si mal, supporter le travail avec facilité. S'il est vrai d'admettre, dans une certaine mesure, que, chez les ouvriers, la puissance du travail soit en raison de la nourriture consommée, il faut aussi faire la part du fonds originaire de vigueur et de santé dû à des habitudes morales, à des mœurs régulières, pratiquées dès l'enfance. Chez les hommes débilités, dès leur jeunesse, par l'ivrognerie et les vices, la nécessité de réparer les forces est plus constante et plus impérieuse; il en résulte une dépense plus élevée et la nécessité d'un plus fort salaire. Les ouvriers qui travaillent le plus et au meilleur marché ont tous, par des habitudes réglées et des mœurs exemplaires, conquis, pendant la jeunesse, une santé robuste et une vigueur native. L'expérience réfute journellement, sous mes yeux, l'axiome de l'économie politique qui, sans tenir compte des influences morales, proportionne simplement la puissance du travail à la quantité des aliments consommés.

Les Manceaux ont souvent les mêmes qualités que les Bretons, avec plus de taille et de vigueur. On retrouve aussi chez eux le sentiment du devoir et les traces de l'éducation chrétienne. Au contraire, doués d'une grande force physique, d'une rare intelligence, les bas Normands n'ont guère les qualités qu'on rencontre dans les bas Bretons. Ils sont presque toujours dissolus, de mauvais compte, disputeurs et sensuels. Aussi trouvent-ils moins à s'embaucher. Dans la Brie, où ils faisaient autrefois les moissons, on les a remplacés par les Belges qui ont beaucoup des qualités des Bretons. On commence à ne plus vouloir des bas Normands dans l'ouest de la banlieue. Les entrepreneurs d'industrie s'appliquent à fixer les Bretons dans les communes où sont placés leurs ateliers. Ils mêlent ainsi à la partie mauvaise de la population suburbaine une population de bonnes mœurs et d'une discipline facile.

§ 24.

RÉFORMES MORALES QU'AMÈNERAIT, DANS CETTE LOCALITÉ, L'INFLUENCE COMBINÉE DE LA RELIGION ET DU PATRONAGE.

J'ai vivement signalé la démoralisation qui règne dans la commune que j'habite : il me paraît, en effet, que la connaissance du mal est le plus sûr moyen de provoquer le remède. Cette conclusion est évidente pour ces réformes qu'un peuple libre ne peut demander, ni à la loi, ni au gouvernement, et qui ne peuvent être accomplies que par la force des mœurs, c'est-à-dire par l'initiative intelligente des gens de bien. Je suis convaincu d'ailleurs qu'une foule d'hommes, plongés aujourd'hui dans la quiétude ou l'indifférence, se dévoueront à cette mission dès que les faits leur seront connus. Beaucoup de symptômes qui se produisent autour de nous ne laissent aucun doute à cet égard. Peut-être même est-il permis d'affirmer que les funestes influences qui agissent depuis deux siècles dans la banlieue de Paris tendent à être contre-balancées, en plusieurs localités, par des influences contraires, qui grandissent chaque jour. Encore quelques efforts, et la cause de la réforme sera définitivement gagnée contre l'invasion d'une barbarie sans nom et sans précédents!

Le mal présent date malheureusement de loin : il est dû surtout à ce que, pendant toute la durée du XVIIIe siècle, les classes supérieures, infidèles à leur principal devoir, ont donné à leurs subordonnés l'exemple du scepticisme et des mauvaises mœurs. Les ouvriers continuent à pratiquer ce que les patrons leur ont enseigné jusqu'à l'époque, encore récente, où de graves épreuves ont révélé à tous les hommes intelligents le danger de l'impulsion imprimée aux esprits depuis le règne funeste de Louis XIV. Cette situation changera dès que les riches, après s'être réformés eux-mêmes, donneront de nouveau le bon exemple. Le passé et l'avenir de Port-Marly, où l'on retrouve, à beaucoup d'égards, le tableau de la France entière, se résument dans un fait significatif : pendant le XVIIIe siècle, au contact[1] des orgies du Régent et de Louis XV, l'église de la commune n'était guère fréquentée que par les classes ouvrières qui conservaient seules, dans cette localité, le dépôt de la foi religieuse, tandis qu'aujourd'hui on n'y voit plus entrer que quelques personnes appartenant à la classe bourgeoise (18).

Quant aux désordres sociaux, produits par l'arrivée incessante d'ouvriers nomades (23), infestés de tous les genres de corruption, vrai rebut de la société actuelle, ils seront conjurés par les moyens qui ont été employés avec succès en d'autres contrées de la France (V, IV, 19). Les chefs d'industrie qui prétendent à la considération publique devront à l'avenir se conformer à certaines règles de conduite : se défendre d'une imprévoyante propension pour le gain; se garder d'étendre, à tout prix, leurs entreprises; renoncer à toute extension plutôt que de donner du travail à des ouvriers qui ne veulent pas remplir, envers eux-

1. Le château de Marly, séjour fréquent de ces souverains, est situé à 2 kilomètres de l'église de Port-Marly.

mêmes ou envers leur famille, les obligations que respectent tous les peuples prospères ; en un mot, faire régner chez eux, par la libre volonté des parties, la religion, les bonnes mœurs et le patronage, et, ce qui est le fondement de toute société, le principe salutaire de la permanence des engagements. Cette réforme s'accomplira, quand les maîtres voudront bien être de vrais patrons. Cette transformation deviendra facile dès que leurs efforts tendront tous à rétablir dans leurs ateliers la coutume principale du travail : « la permanence des engagements » (IV, VIII, 17). J'ai d'ailleurs signalé ci-dessus (21) la propension que montrent encore les ouvriers de cette malheureuse commune vers la religion et le patronage : il ne dépend donc que de nous d'y hâter, par le bon exemple, les réformes qui se manifestent déjà, sous ces influences, dans plusieurs autres communes de la banlieue de Paris. Il serait à désirer qu'une monographie concernant l'une de ces communes vînt offrir la contre-partie du tableau que j'ai tracé. Il ne faut pas exagérer la portée des institutions philanthropiques et religieuses qui fonctionnent avec succès dans la banlieue de Paris. Ces institutions ne conduiront jamais à une organisation définitive des sociétés. Elles ne sauraient, en effet, suppléer à l'influence de la famille chrétienne dirigeant elle-même ses propres membres. Toutefois, on peut aujourd'hui attendre un grand secours des œuvres qu'elles accomplissent. Déjà une monographie a constaté le bien opéré, dans la commune de Clichy, par la Société de Saint-Vincent-de-Paul (V, VIII, 13). Il ne serait pas moins opportun de signaler les réformes morales introduites, dans celles de Ménilmontant, de Gentilly, de Belleville, de Sceaux et de Saint-Denis, par l'œuvre du patronage des jeunes ouvrières, par la société de secours mutuels des jeunes ouvriers. Je disais, dans une précédente note (19), que la commune de Port-Marly était aujourd'hui en dehors du christianisme ; je résumerai d'un mot les conclusions que me suggère cette étude, en disant que la mission des gens de bien consiste à l'y ramener !

PRÉCIS

MÉTHODIQUE ET ALPHABÉTIQUE

INDIQUANT SURTOUT

LA DÉFINITION DES MOTS ESSENTIELS A LA SCIENCE SOCIALE ; LES INFLUENCES QUI DOMINENT DANS LA CONSTITUTION SOCIALE DES RACES DÉSORGANISÉES DE L'OCCIDENT ; LES DÉTAILS OBSERVÉS DE 1829 A 1855, TOUCHANT LES TRAVAUX, LA VIE DOMESTIQUE ET LA CONDITION MORALE DE LEURS POPULATIONS OUVRIÈRES.

COMPOSÉ POUR LE TOME SIXIÈME (2e ÉDITION).

SOMMAIRE

DU PRÉCIS

L'objet et la méthode du Précis. — Les éléments du Précis classés selon l'ordre alphabétique.

PRÉCIS
MÉTHODIQUE ET ALPHABÉTIQUE

L'OBJET ET LA MÉTHODE DU PRÉCIS.

Ce Précis du volume est aussi un *Dictionnaire de science sociale.* Il est spécialement appliqué à la connaissance des populations désorganisées de l'Occident. Outre les faits qui caractérisent partout les ateliers de travail, les foyers domestiques et les familles, ce dictionnaire mentionne ceux qui se rapportent plus particulièrement aux idées, aux mœurs et aux institutions des sociétés en décadence. On y trouvera surtout des renvois fréquents aux nouveautés qui portent maintenant les populations européennes à oublier les vertus et les coutumes essentielles à la prospérité des races, notamment : la soumission au Décalogue, l'obéissance à l'autorité paternelle, la prépondérance de la vie rurale sur la vie urbaine, la solidarité intime perpétuée par la tradition entre les trois éléments qui constituent la population des campagnes. Cependant, on y voit encore indiqués incidemment des lieux et des institutions locales qui conservent, tout au moins en apparence, les éléments fondamentaux de la paix sociale. On y signale surtout ceux qui assurent deux biens précieux aux classes extrêmes de la vie rurale : aux propriétaires, la récolte exclusive des produits créés par le travail ; aux ouvriers non-propriétaires, la récolte indivise de certaines productions spontanées du sol.

Ce dictionnaire est spécialement destiné au lecteur qui veut consulter à son heure, plutôt que lire avec suite, les détails exposés dans ce volume. Les mots, quoique mêlés selon l'ordre alphabétique, appartiennent à trois catégories distinctes.

Ceux de la première constituent un vocabulaire social : ils définissent le sens attribué aux termes employés dans l'ouvrage, sans renvoyer le lecteur à aucun passage spécial de ce volume.

Ceux de la seconde signalent les subdivisions du cadre commun à toutes les monographies de familles : pour chaque détail relatif à l'une de ces familles, ils renvoient le lecteur à une ou plusieurs des 16 subdivisions fixes de ce cadre et aux paragraphes qui les suivent en nombre variable.

Ceux de la troisième se rapportent aux particularités qui distinguent, soit les familles décrites, soit les constitutions sociales dont les éléments sont présentés dans l'introduction et dans les paragraphes qui complètent les 16 subdivisions fixes de chaque monographie. Les renvois placés à la suite de ces mots sont de deux sortes. Ceux qui se rapportent aux huit paragraphes de l'introduction sont faits par l'un des chiffres 1 à 8. Ceux qui sont relatifs aux neuf monographies sont marqués par deux chiffres : le premier (romain) indique le chapitre, et le second (arabe) le paragraphe de la monographie. Les faits locaux de la science sociale sont généralèment désignés par les mots propres à la localité. Les faits plus généraux, mais peu signalés jusqu'à ce jour, sont désignés par des mots choisis, dans le langage ordinaire, parmi ceux qui, dans l'une de leurs acceptions, ne repoussent pas le sens attribué par la définition.

Pour saisir complétement le sens d'un mot défini dans le Précis, il faut souvent recourir à d'autres mots qui entrent dans cette définition. Ces derniers sont toujours désignés par une lettre capitale. Le lecteur est ainsi averti (sans renvoi spécial) qu'il peut trouver, en se reportant à ces mots, un complément d'information sur le sujet principal de sa recherche.

LES ÉLÉMENTS DU PRÉCIS

CLASSÉS SELON L'ORDRE ALPHABÉTIQUE.

A

Absentéisme. — Habitude du propriétaire foncier qui ne réside pas sur l'Atelier de travail dans lequel il puise ses principaux moyens de subsistance. Elle est vicieuse au double point de vue moral et matériel; et elle est surtout répréhensible chez le propriétaire rural.

Abus de la Richesse. — Le premier écueil où échouent les peuples prospères, quand les riches oublient le devoir qui leur commande de servir la Loi morale par leur exemple et leurs leçons, In. 6.

Abus de la Science. — Le second écueil où échouent les peuples prospères, quand les savants et les Lettrés, par leurs enseignements, attaquent la loi morale, In. 7.

Abus des mots. — Corruption du langage qui propage l'erreur par deux moyens principaux : par le seul énoncé d'un mot détourné du sens qu'il avait aux époques de vertu; par l'introduction d'un mot non défini. De notre temps l'abus a souvent porté sur les mots Égalité, Liberté, Démocratie, Civilisation et Justice.

Abus du Pouvoir. — Le troisième écueil où échouent les peuples prospères, quand les Gouvernants opposent leur autorité aux prescriptions de la Loi morale, In. 8.

Activité dans le travail. — Développée à un haut degré, par l'Esprit de prévoyance et le désir de la Propriété, chez le Bordier-émigrant du Laonnais, III, 12, 13.

Adoption. — Des enfants trouvés, par les familles nourricières, III, 12; — des vieillards, par les familles charitables, V, 20.

Age mûr (L') ET LA VIEILLESSE. — Ils jouent un rôle prépondérant au sein des sociétés modèles : leur supériorité est due à l'Éducation qu'ils ont puisée dans la pratique de la vie; et c'est par ce motif qu'ils sont partout préposés à la direction de l'Enfance et de la Jeunesse.

Agglomérations manufacturières. — Récemment constituées en Suisse, II, 21.

Aliments (COMMERCE DES). — Inconvénients observés à ce sujet dans la commune de Port-Marly, IX, 20.

Allemagne méridionale (COMMUNES DE L'). — Principes

adoptés touchant l'Assistance des pauvres, I, 19.

Allemands (ÉTATS). — Insuffisance et immoralité des restrictions opposées à l'autorisation des Mariages, I, 18. — Modifications récemment introduites dans leur Constitution sociale, I, 20.

Alliance des Travaux de l'atelier ET DES INDUSTRIES DOMESTIQUES. — La troisième pratique de la Coutume des ateliers. — Organisation du travail dans laquelle la famille complète, par l'exercice des industries accomplies au Foyer, les ressources fournies à son chef par l'Atelier.

Allocations D'OBJETS ET DE SERVICES. — Accordées par les patrons à leurs ouvriers; énumérées et évaluées, dans chaque monographie de famille, aux §§ 7 et 14.

Alpes Juliennes. — Portion de la chaîne des Alpes à laquelle se rattache le chaînon où affleure la mine de mercure exploitée à Idria (Carniole), I, 1.

Alsace. — Région où est située la fabrique des Tissus de couleur de Sainte-Marie-aux-Mines, V, 21.

Animaux domestiques POSSÉDÉS PAR LES FAMILLES. — Ils sont énumérés et évalués, dans chaque monographie, aux §§ 6 et 14.

Antagonisme social.—L'un des caractères principaux de l'état de souffrance; il se manifeste par l'affaiblissement du principe d'autorité et par l'esprit de révolte dans la Famille, l'Atelier et les institutions de la Vie publique. — Dans l'Occident, il a été provoqué, en général, par les Maîtres, non par les Ouvriers.

Argent (SOMMES D') POSSÉDÉES PAR LES FAMILLES. — La mention en est faite, s'il y a lieu, dans chaque monographie, au § 6.

Aristocratie.—Un des quatre éléments de la Constitution modèle d'un grand État : c'est celui qui s'applique au gouvernement de la Province. — Portion de l'Autorité publique, exercée par des sages que désigne, soit la nature des rapports sociaux, soit le choix du monarque ou du peuple. Elle se fortifie en raison des services rendus au public.

Artisan rural.—Petit Chef de métier résidant à la campagne où il exerce, entre autres spécialités, les professions de forgeron, de charpentier, de maçon et de tisserand. Il possède ordinairement une Borderie qu'il exploite avec le concours de sa famille, quand il ne travaille pas, dans le Voisinage, pour le compte du Gentleman, des Paysans ou des Bordiers.

Arts libéraux. — Professions relatives au gouvernement, à la religion, à la justice, à la guerre, à la médecine et en général à la culture intellectuelle ou morale. Cette classe de professions est au moins représentée en chaque lieu par des individus veillant spécialement à la santé de l'âme et du corps.

Arts usuels. — Professions ayant pour objet la production ou l'extraction, les élaborations successives, le transport, la garde et la vente des objets matériels. C'est surtout cette classe de professions qui est exercée par les Sédentaires et notamment par les familles décrites dans les monographies.

Assistance des Pauvres. — Principes adoptés à ce sujet par les Communes de l'Allemagne méridionale, I, 19.

Associations de secours mutuels (Exemples d'). — Chez l'ouvrier Mineur d'Idria, I, 13; — chez l'ouvrier Horloger de Genève (Jeune ménage), II, 13; — chez le Chiffonnier de Paris, VI, 13.

Assurance (Société d'). — Institution en vertu de laquelle les associés allouent certains avantages à des souscripteurs en diverses éventualités.

Atelier de travail. — Lieu où s'exécutent les opérations caractéristiques de chaque profession usuelle ou libérale.

Ateliers (Grands ou Petits). — Préférence à accorder, selon les cas, aux uns ou aux autres, II, 19.

Ateliers nationaux. — Organisation spéciale de travaux établie en Suisse à la suite de la crise commerciale et politique de 1848. Subside fourni à l'Horloger de Genève (Jeune ménage), à cette occasion, II, 17.

Aunis. — Région qu'habite le Bordier-vigneron décrit au chapitre IV. — Précis sur la culture de la Vigne, IV, 18. — État de l'agriculture, IV, 19. — Ressources offertes par la Pêche-côtière, IV, 20. — Exploitation des Marais salants, IV, 21. — Altération des anciennes mœurs, et moyens d'y porter remède, IV, 22.

Autorité paternelle. — Un des sept éléments de l'Édifice social.

Autorités naturelles. — Individus dont le pouvoir est institué, dans la Vie privée, par la nature des hommes et des choses. Ces autorités sont : dans la Famille, le père; dans l'Atelier, le Patron; dans le Voisinage, le sage désigné par l'affection et l'intérêt de la population.

Autorités publiques. — Personnes ayant charge de la Paix sociale dans les quatre éléments de la Constitution modèle d'un grand État.

Autorités sociales. — Individus qui sont devenus, par leurs propres vertus, les modèles de la Vie privée; qui montrent une grande tendance vers le Bien, chez toutes les races, dans toutes les conditions et sous tous les régimes sociaux; qui, par l'exemple de leurs Foyers et de leurs Ateliers, comme par la scrupuleuse pratique du Décalogue et des Coutumes de la Paix sociale, conquièrent l'affection et le respect de tous ceux qui les entourent.

Autorités sociales (d'après Platon). — « Il se trouve toujours, parmi la foule, des hommes divins, peu nombreux, à la vérité, dont le commerce est d'un prix inestimable, qui ne naissent pas plutôt dans les États policés que dans les autres. Les citoyens qui vivent sous un bon gouvernement doivent

B

Boissons fermentées. — La nature, la quantité et la valeur en sont indiquées, dans chaque monographie de famille, au § 15.

Bordier - émigrant du Laonnais (MONOGRAPHIE DU). — Décrite au chapitre III.

Bordier - vigneron de l'Aunis (MONOGRAPHIE DU). — Décrite au chapitre IV.

Bordiers. — Propriétaires ou Tenanciers n'occupant guère que leur habitation, dite Borderie, avec quelques dépendances agricoles. Le Bordier fournit son travail au Gentleman ou aux Paysans du Voisinage en échange de Salaires ou de Subventions. Les autres membres de la famille exploitent la Borderie. Chez les populations rurales bien organisées, la Borderie comprend souvent, entre autres dépendances, un droit de parcours sur les biens communaux, un jardin potager, un champ pour la culture des pommes de terre, une prairie, une chènevière, un porc, une chèvre ou une vache laitière.

Bourguignon. — Village du Laonnais qu'habite le Bordier-émigrant décrit au chapitre III.

Brasserie. — Établissement où se débite la bière. — Fréquenté par l'ouvrier Tisserand des Vosges, V, 18.

Broquelet (FÊTE POPULAIRE, DITE). — Description de cette Fête des ouvriers lillois. Dépenses exorbitantes qu'elle leur cause, VI, 23.

C

Cabaret. — Établissement consacré à la vente des boissons spiritueuses. — Peu fréquenté: par l'ouvrier prévoyant du Laonnais, III, 11; — par le Manœuvre à famille nombreuse de Paris, VII, 11. — Très-fréquenté, au contraire: par le Manœuvre-agriculteur du Maine, III, 20; — par le Bordier-vigneron de l'Aunis, IV, 11. — par l'ouvrier Tisserand des Vosges, V, 20; — par l'ouvrier Tailleur d'habits de Paris, VIII, 11; — par le Débardeur de la banlieue de Paris, IX, 3, 4, 11.

Cadets. — Enfants dont la naissance est postérieure à celle de l'enfant aîné. — Exemple de la situation qui leur est faite chez les Pêcheurs-côtiers du Nord, In. 2.

Café. — Établissement public où l'on consomme l'infusion de ce nom et diverses autres boissons. — Fréquenté parfois: par l'ouvrier Horloger de Genève (Jeune ménage), II, 11; — par l'ouvrier Tailleur d'habits de Paris, VIII, 11.

Caisse d'épargne. — Établissement de prévoyance où l'ouvrier peut déposer, avec jouissance d'intérêts, ses moindres économies.

Caisse d'épargne (SOMMES POSSÉDÉES A LA). — Par l'ouvrier Horloger de Genève (Jeune ménage), au moment de son mariage, II, 12.

Cantons suisses. — Bonnes traditions de l'Oberland; — nouveautés fâcheuses des plaines con-

Claque. — Portion du public admise dans les théâtres pour y applaudir. — Avantage tiré de cet usage par l'ouvrier Tailleur d'habits de Paris, VIII, 11.

Classes sociales. — Groupes de familles entre lesquelles une hiérarchie est établie par la Naissance, les Professions, les Institutions ou les Mœurs.

Clergé. — Classe d'hommes employés à l'enseignement du Décalogue et à l'exercice du Culte, dans les contrées où le culte domestique de la vie patriarcale est devenu insuffisant.

Coaction gouvernementale. — Caractère distinctif du gouvernement des races réputées « contraintes » chez lesquelles les institutions confèrent surtout aux Autorités publiques le devoir de garder la Paix sociale.

Coaction paternelle.— Caractère distinctif des races réputées « libres » chez lesquelles les Institutions et les Mœurs confèrent surtout aux pères de famille le devoir de garder la Paix sociale.

Colonies. — Établissements créés hors du territoire de la mère patrie; nécessaires aux races fécondes. Ils sont essentiels à la constitution des Familles patriarcales et des Familles-souches.

Communauté. — L'un des trois régimes de la Propriété immobilière : la jouissance en est fréquente chez les Propriétaires ruraux groupés en Commune. — L'un des sept éléments de l'Édifice social.

Communautés. — Associations dont les membres exercent en commun, en tout ou en partie, les industries agricoles, manufacturières ou commerciales, et en général les travaux ayant le gain pour objet.

Communautés ouvrières. — Causes de leur insuccès, après 1848, VI, 19.

Commune. — Circonscription territoriale qui correspond au quatrième élément de la Constitution modèle d'un grand État : la Démocratie. Les familles s'y concertent en vue de pourvoir à certains besoins de la Vie publique. En Europe, dans les campagnes, elle se confond ordinairement avec la circonscription de la paroisse; dans les agglomérations urbaines, elle comprend habituellement plusieurs paroisses. Une solide organisation de la Famille-souche favorise le développement et l'indépendance des institutions communales.

Communes de l'Allemagne méridionale. — Principes adoptés touchant l'Assistance des Pauvres, I, 19.

Communisme. — Tendance à mettre en commun tous les biens, et notamment les immeubles ; — constatée chez les populations désorganisées de l'Aunis, IV, 3.

Concubinage. — Désordre nommé « vie à la parisienne » par les ouvriers des Vosges, V, 20. — Fréquent, à Paris, chez les ouvriers Tailleurs d'habits, VIII, 2, 19. — Accidentel, dans la Banlieue de Paris, chez les blanchisseuses, chefs d'industrie, IX, 1.

pieux repas offerts par l'obligé.

Coutume. — Ensemble des habitudes traditionnelles qui constituent les fondements de la vie morale et des intérêts matériels d'une Société. La Coutume prend naissance à l'origine des sociétés prospères; elle implique, plus que la Loi écrite, le Bien-être et l'indépendance des populations.

Coutume des ateliers. — Ensemble des six pratiques qui, chez toutes les races, conservent l'affection réciproque entre le Patron et les Ouvriers, en conjurant toute éclosion de l'Antagonisme social. Les six pratiques s'énoncent comme il suit: 1° Permanence des engagements; 2° Entente touchant le salaire; 3° Alliance des travaux de l'atelier et des industries domestiques; 4° Habitudes d'épargne; 5° Union indissoluble de la famille et du foyer; 6° Respect de la femme. Elles se résument dans la première qui implique les cinq autres.

Crèche. — Lieu d'asile gratuit, ouvert à l'enfant de l'ouvrier Tailleur d'habits de Paris, VIII, 7.

Crédit (INSTITUTIONS DE). — Coutumes adoptées à ce sujet en faveur des populations rurales, III, 23.

Croyances religieuses. — Elles attachent les fidèles à la pratique d'un culte et elles assurent le respect du Décalogue en enseignant que les dix commandements, étant révélés par Dieu, ne sauraient être améliorés par la raison.

Croyances religieuses (ÉTAT DES). — Il est indiqué, pour les familles décrites, dans chaque monographie, au § 3.

Cueillette. — L'un des moyens principaux de subsistance chez les Sauvages et l'un des moyens accessoires chez les Nomades pasteurs, les Pêcheurs-côtiers et les autres Sédentaires.

Culte. — Celui qui est professé par les familles est indiqué, dans chaque monographie, au § 3.

Culte (INDIFFÉRENCE TOUCHANT LE). — Chez la population de Port-Marly, IX, 18.

Culture intellectuelle (LA). — L'un des charmes et l'un des trois écueils de la Prospérité. — Sous le régime de la Famille-souche, l'esprit de Nouveauté, appliqué aux arts et aux sciences, la développe souvent, jusqu'à compromettre les traditions du Bien. — Sous le régime de la famille patriarcale, ce développement est souvent entravé par l'esprit de Tradition; mais parfois aussi il s'y opère dans une direction meilleure en s'appliquant, avec persistance, à l'ordre moral.

D

Débardeur de la banlieue de Paris (MONOGRAPHIE DU). — Décrite au chapitre IX.

Débauche (PRÉCOCITÉ DE LA). — L'un des caractères de la corruption : chez le Bordier-vigneron de l'Aunis, IV, 12; — chez l'ouvrier Tailleur d'habits de Paris, VIII, 3.

Décadence. — État d'une société où se propage la Corruption. Elle a généralement pour cause l'abus de la Richesse accumulée, de la Culture intellectuelle et de la Puissance politique, qui ont été développées, à une époque antérieure, par la pratique du Décalogue et des Coutumes de la Paix sociale.

Décadence actuelle de la France. — Elle a été lentement développée, de 1661 à 1789, par la corruption de l'ancien régime; depuis lors, elle a été fort accélérée par le Partage forcé et les mœurs qui en dérivent.

Décadence fatale. — Erreur qui, assimilant l'existence d'une race d'hommes à celle d'un individu, enseigne que chaque société doit fatalement passer par trois époques : la naissance, l'âge mûr, et la vieillesse, pour aboutir à la mort.

Décalogue éternel. — Réunion des dix préceptes de la loi divine qui, selon la croyance des peuples prospères, ont été révélés par Dieu au premier homme, et dont la pratique ou l'abandon a toujours entraîné, pour les sociétés, la Prospérité ou la Souffrance. — Le Décalogue éternel : 1° prescrit le culte de Dieu unique; 2° prescrit le respect de Dieu jusque dans son nom ; 3° prescrit le repos hebdomadaire ; 4° prescrit le respect du père et de la mère; 5° interdit le meurtre; 6° prescrit la chasteté ; 7° interdit le vol ; 8° interdit le faux témoignage ; 9° prescrit le respect de la femme et l'union dans le mariage ; 10° interdit la convoitise du bien d'autrui. — L'un des sept éléments de l'Édifice social.

Décalogue (VIOLATION DU). — L'une des causes de la désorganisation des sociétés.

Déclassement. — Opéré, sur une famille entière, par le Partage forcé de l'atelier patrimonial, IX, 12.

Déclassés. — Individus sortis du rang qu'ils occupaient dans la société, soit en descendant, soit en remontant les degrés de la hiérarchie sociale, VI, 17.

Déduction. — Système de raisonnement qui, partant d'un principe général admis comme certain, en tire, comme conséquences, des conclusions particulières.

Démocratie. — Un des quatre éléments de la Constitution modèle d'un grand État. — Portion de l'Autorité publique exercée dans chaque paroisse ou dans chaque commune pour la gestion d'intérêts spéciaux. — Elle comprend tout le gouvernement dans une petite société où les familles sont assez rapprochées, et assez soumises à la loi de Dieu, pour que le peuple assemblé puisse, tout en gardant la paix, régler souverainement ses intérêts communs.

Démoralisation (TRAITS DE). — Observés chez les ouvriers Tailleurs d'habits de Paris, VIII, 19.

Dentelle (FABRICATION DE LA). — Travail par lequel les femmes des mineurs d'Idria complètent les

l'association des vieux parents avec leur héritier.

Droit de révolte. — L'un des trois faux dogmes déduits du principe de 1789 (la Perfection originelle) par le raisonnement ci-après. Les hommes naissent parfaits : ils créeraient partout le règne du Bien, s'ils pouvaient tous y concourir dans les conditions de Liberté et d'Égalité. Or, tous les gouvernements ont jusqu'ici maintenu les hommes dans des conditions opposées; et de là résulte la prédominance universelle du Mal. Il faut donc renverser par la force tous les gouvernants qui tolèrent, en quoi que ce soit, les régimes de contrainte et d'inégalité.

Droit de vente du vin. — Subvention scolaire fondée à Idria sur l'affermage de ce droit, I, 7.

Droits d'usage POSSÉDÉS PAR LES FAMILLES. — La mention en est faite, dans chaque monographie, aux §§ 6, 7 et 14.

E

Ébranlement. — État de souffrance produit au sein des sociétés par les nouveautés qui troublent les Idées, les Mœurs et les Institutions.

Écoles. — Institutions dans lesquelles des professeurs spéciaux enseignent les connaissances et inspirent les sentiments qui ne sont pas suffisamment propagés par l'Éducation. Chez les Nomades pasteurs, soumis exclusivement à l'autorité patriarcale, le père est professeur au Foyer domestique, comme il y est pontife et roi. Les Sédentaires, agglomérés en cités immenses, créent des écoles innombrables; mais ils ne conservent la Paix que si les professeurs spéciaux, soumis à Dieu et au souverain, se considèrent comme les délégués du père.

Économie politique. — Influence fâcheuse exercée par l'un de ses principes sur les rapports mutuels des Maîtres et des Ouvriers, IX, 21.

Édifice social (SOCIÉTÉS HUMAINES COMPARÉES A UN). — Mention de ses sept éléments principaux distingués en trois groupes, savoir : « deux fondements » : le Décalogue éternel et l'Autorité paternelle; « deux ciments » : la Religion et la Souveraineté; « trois matériaux » : la Communauté, la Propriété individuelle et le Patronage.

Éducation. — La majeure partie de l'Instruction normale : celle qui est puisée par chacun dans les enseignements du Foyer domestique, dans les travaux de l'Atelier, dans les relations du Voisinage, dans l'observation des Faits sociaux et, en général, dans la pratique de la Vie privée et de la Vie publique.

Égalité. — Mot dont le sens légitime est fixé par le Décalogue et les Coutumes de la Paix sociale. On en abuse aujourd'hui pour masquer la loi d'Inégalité, établie par Dieu, démontrée par l'observation des Faits sociaux, développée par l'usage du libre arbitre, indispensable au bon ordre des sociétés.

Égalité providentielle. — L'un des trois faux dogmes déduits du principe de 1789 (la Perfection originelle) par le raisonnement ci-après. Tous les hommes, naissant également parfaits, devraient exercer le même pouvoir et jouir des mêmes avantages dans une société fondée sur la Justice. Or, jusqu'ici toutes les institutions sociales ont eu pour but de produire l'ordre de choses opposé. Il faut donc rétablir l'ordre providentiel, en détruisant les institutions qui tendent, en quoi que ce soit, à maintenir l'Inégalité des conditions.

Émigrant du Laonnais (MONOGRAPHIE DU BORDIER-). — Décrite au chapitre III.

Émigration. — Coutume propre aux races fécondes qui habitent un territoire complétement défriché. Elle attire dans les pays étrangers où la population fait défaut, et dans les colonies où le sol reste inculte, les individus qui ne peuvent s'établir convenablement au lieu natal. Dans les familles fécondes, on organise deux régimes opposés : l'*Émigration riche*, propre aux familles stables, qui transmettent intégralement à un seul héritier le domaine patrimonial; l'*Émigration pauvre*, propre aux familles instables, qui, en se partageant indéfiniment les domaines, tombent dans la condition de propriétaires-indigents. L'Émigration est *permanente*, quand elle a lieu sans retour; *momentanée*, quand l'émigrant revient se fixer au pays natal avec une fortune faite; *périodique*, quand l'émigrant revient chaque année après avoir accompli au loin certains travaux temporaires.

Émigration riche (RÉGIME D'). — Lié intimement à l'organisation des deux sortes de familles stables: à la famille patriarcale et à la famille-souche.

Emprunt (HABITUDE DE L'). — Défaut observé : chez le Tisserand des Vosges, V, 20 ; — chez les Ouvriers sédentaires de Paris, VI, 18 ; — chez le Débardeur de la banlieue de Paris, IX, 3.

Enfants trouvés (ADOPTION DES). — Par les familles nourricières, III, 12.

Engagements (LES TROIS SORTES D') ENTRE LES MAÎTRES-PATRONS ET LES OUVRIERS. — Ils correspondent à trois sortes de Constitutions, selon qu'ils sont *permanents forcés, permanents volontaires, momentanés.*

Engagements momentanés. — Organisation du travail dans laquelle les ouvriers sont liés, momentanément, à un Maître; souvent, en outre, à une Corporation; rarement à une Communauté.

Engagements momentanés (SYSTÈME DES). — En vigueur : chez l'Horloger de Genève (Jeune ménage), II, 1 ; — chez l'Horloger de Genève (Vieux ménage), II, 20;

— chez le Bordier-émigrant du Laonnais, III, 1; — chez le Manœuvre-agriculteur du Maine, III, 20; — chez le Bordier-vigneron de l'Aunis (France), IV, 1; — chez le Tisserand de Mamers (Maine), V, 1; — chez le Tisserand des Vosges, V, 20; — chez le Manœuvre de Paris, VII, 1; — chez le Tailleur d'habits de Paris, VIII, 1; — chez le Débardeur de la banlieue de Paris, IX, 1.

Engagements permanents forcés. — Organisation du travail où les Ouvriers sont attachés, en permanence, à un Patron; quelquefois à une Communauté, par la Coutume ou par la Loi écrite.

Engagements permanents volontaires. — Organisation du travail dans laquelle les Ouvriers sont attachés, en permanence, à un Patron par leur volonté, guidée elle-même par la Coutume ou fixée par des contrats à long terme; parfois à une Communauté.

Engagements permanents volontaires (SYSTÈME DES). — En vigueur : chez le Mineur d'Idria (Carniole), I, 1.

Enseignement scolaire. — La moindre partie de l'Instruction normale : celle qui est donnée par la doctrine et la pratique des Écoles.

Enseignement scolaire DES ENFANTS. — Les faits concernant cet enseignement et les frais qu'il impose sont mentionnés, dans chaque monographie de famille, aux §§ 3 et 15.

Enseignement secondaire. — Accordé comme subvention gratuite à la population de Genève, II, 7.

Entente touchant le salaire. — La deuxième pratique de la Coutume des Ateliers. Elle assure la stabilité des bons rapports établis dans l'Atelier par la Coutume, en évitant les débats contradictoires relatifs à la fixation du salaire.

Épargne. — Comment, chez les Familles pauvres, elle est remplacée utilement par la Fécondité du mariage, IX, 22.

Épargne (EXEMPLES D'). — Vertu très-développée, par l'Esprit de prévoyance et le désir de la Propriété, chez le Bordier-émigrant du Laonnais, III, 12, 13; — chez l'Auvergnat-brocanteur (en boutique) de Paris, VII, 21.

Épargne (HABITUDES D'). — La quatrième pratique de la Coutume des Ateliers. — Elles contribuent à la conservation de la famille par la frugalité et l'esprit d'économie qu'elles développent; elles assurent en même temps l'établissement des rejetons.

Erreur. — Ensemble des actes et des idées qui, plus encore que le vice, amènent la Souffrance des individus et des nations.

Escargots (CHASSE DES). — Subvention dont profite la famille du Bordier-vigneron de l'Aunis, IV, 8.

Esclavage. — Mot fréquemment employé en mauvaise part pour désigner la condition des Serviteurs, sous le régime des Engagements permanents forcés.

F

sous tous les régimes du travail, assure le moins la Paix sociale.

3me type : *la Famille-souche*. Elle conserve près des parents l'un des enfants marié et désigné comme héritier-associé. Elle établit au dehors du Foyer les autres rejetons de chaque génération, avec des dots formées par la totalité des produits de l'Atelier. Mieux que les deux autres, elle concilie ce qu'il y a de bon dans la Tradition et dans la Nouveauté. C'est le type qui, à défaut de la Famille patriarcale, conserve le mieux la Paix sociale au sein des cultures et des cités.

Familles pauvres. — Comment, chez ces familles, la Fécondité supplée à l'Épargne, IX, 22.

Fécondité DES FAMILLES. — Devenue parfois une cause de Désorganisation en Autriche, à défaut d'institutions convenables, I, 17. — Classes d'ouvriers parisiens qui se distinguent à cet égard, VII, 18. — Legs institué en faveur des Ouvriers parisiens à familles nombreuses et honnêtes, VII, 19. — Comment elle supplée à l'Épargne chez les Pauvres, IX, 22.

Femme de l'ouvrier (LA). — Influence heureuse qu'elle exerce souvent en France sur le Bien-être de la Famille, III, 18.

Femme (RESPECT DE LA). — La sixième pratique de la Coutume des Ateliers. — Elle concourt au bien-être des populations, en retenant au Foyer la femme mariée, et en protégeant la jeune fille contre la Séduction.

Féodalité. — Le régime qui assure le mieux le Bien-être de la classe inférieure. — Il a pour caractères : la dépendance réciproque du Patron et de l'Ouvrier; les devoirs d'assistance du Patron ; l'usufruit perpétuel du Foyer et de l'Atelier assuré à la famille de l'ouvrier.

Fête de la lumière. — Récréation parisienne, tombée en désuétude, que la famille du Patron offrait aux familles des ouvriers, au retour de l'automne, la veille du jour où recommençait l'éclairage des ateliers, IX, 17.

Fêtes et solennités DES FAMILLES. — Le détail en est donné, pour chaque monographie, aux §§ 11 et 15.

Fiançailles. — Institution fondamentale des races modèles. — Premier engagement du mariage, célébré en présence du ministre de la religion, des deux familles et de leurs amis. Selon les meilleures traditions des peuples prospères, elles intéressent les deux fiancés à s'assurer, par des efforts de travail et d'épargne, l'habitation, le mobilier et les vêtements qui seront nécessaires au futur ménage. Elles développent ainsi, grâce au plus puissant attrait de l'humanité, les habitudes et les vertus sur lesquelles sera fondé le bonheur des époux.

Flandre. — Province qu'habite la Lingère décrite au chapitre VI, 20.

Flottage. — Moyen employé à Idria pour transporter le bois nécessaire aux mines, aux usines et aux habitations, I, 1.

G

H

qu'on en extrait assure aujourd'hui, aux Usines à fer qui l'emploient, une supériorité irrésistible sur celles qui continuent à tirer des Forêts leur approvisionnement de combustible.

Houmeau (L'). — Commune de l'Aunis qu'habite le Bordier-vigneron décrit au chapitre IV.

Huîtres (EXPLOITATION DES). — Industrie pratiquée généralement par les populations riveraines du littoral de l'Aunis, IV, 6.

Hygiène. — Les conditions hygiéniques spéciales aux familles décrites sont indiquées, dans chaque monographie, au § 4.

Hypothèque (USAGE DE L'). — Interdit sous les régimes de Communauté et de Patronage, qui associent les classes imprévoyantes à la propriété du sol.

I

Idées dominantes. — Ensemble des opinions qui règnent chez un peuple; qui déterminent les Mœurs et les Institutions; qui engendrent la Prospérité ou la Souffrance, selon qu'elles sont conformes ou opposées au Décalogue.

Idria (CARNIOLE). — District minéral qu'habite le Mineur décrit au chapitre I.

Immeubles DES FAMILLES. — Propriétés qui comprennent presque exclusivement les Foyers domestiques et les Ateliers de travail. — Les immeubles possédés par les Ouvriers décrits et le caractère de la possession sont indiqués, dans chaque monographie de famille, aux §§ 6 et 14.

Immigration DES BELGES. — Son influence fâcheuse sur le salaire des ouvriers lillois, VI, 22.

Impôt (DÉPENSE CONCERNANT L'). — La mention en est faite, dans chaque monographie, au § 15.

Impôt (EXEMPTION D'). — Accordée, à titre de subvention, par la ville de Paris : au Chiffonnier, VI, 7; — au Manœuvre à famille nombreuse, VII, 7; — au Tailleur d'habits, VIII, 7.

Impôt (HOSTILITÉ A L'). — Manifestée par le Bordier-vigneron de l'Aunis, IV, 3.

Imprévoyance. — Défaut des personnes qui s'abandonnent à l'impulsion de leurs désirs et de leurs appétits, qui ne cherchent pas à conquérir, par le travail et l'épargne, une situation garantissant la possession du pain quotidien, et qui ne songent pas même à assurer, en toute éventualité, les moyens de subsistance à leur famille.

Imprévoyance (EXEMPLE D'). — Cause principale d'insuccès pour le Manœuvre à famille nombreuse de Paris, et pour un grand nombre d'ouvriers, VII, 20.

Indifférence religieuse. — Disposition d'esprit observée : chez le Bordier-vigneron de l'Aunis,

IV, 3; — chez les ouvriers sédentaires de Paris, VI, 19; — chez l'ouvrier Tailleur d'habits de Paris, VIII, 3; — chez le Débardeur de la banlieue de Paris, IX, 3.

Indigence (État habituel d'). — Produit chez les propriétaires d'Idria par le Morcellement du sol, I, 1.

Individualisme (Esprit d'). — Penchant qui nous porte à concentrer sur nous-mêmes l'amour et le dévouement dont l'Esprit de charité provoque, au contraire, l'expansion.

Individualisme (Exemple de l'esprit d'). — Chez le Bordier-vigneron de l'Aunis, IV, 3.

Induction. — Système de raisonnement par lequel, de plusieurs faits observés, on conclut la loi générale qui semble les gouverner tous.

Industrie. — Ensemble des procédés de travail qui constituent un Art usuel. Ces procédés forment neuf groupes principaux : la Cueillette, la Chasse, la Pêche, l'art des Mines, l'art des Forêts, le Pâturage, l'Agriculture, l'art des Manufactures et le Commerce.

Industrie (État de l'). — Décrit, dans chaque monographie, au § 1.

Industries domestiques. — La nature et les produits de ces industries sont indiqués, dans chaque monographie de famille, aux §§ 8, 14 et 16.

Inégalité. — L'un des caractères dominants des Sociétés humaines. Elle dérive toujours des diversités qui existent dans les lieux, les aptitudes individuelles, les sexes, les âges, les traditions de famille, les besoins sociaux et, en général, dans les emplois du libre arbitre.

Instabilité. — État de souffrance qui se manifeste, au sein des familles, par le changement brusque des conditions, parfois même par la privation momentanée des moyens de subsistance. — Dans l'Occident, elle a été, en général, provoquée par les Maîtres, non par les Ouvriers.

Instabilité en France. — Décadence, fruit du Partage forcé. — Ruineuse surtout pour la petite propriété, IX, 12.

Institutions. — Ensemble des Coutumes ou des Lois écrites qui règlent les rapports mutuels des individus, dans la Vie privée et dans la Vie publique.

Instruction normale. — Ensemble des connaissances et des sentiments qui, selon la diversité des lieux et des conditions sociales, complètent, dans une société prospère, le développement intellectuel et moral de l'individu. Elle est donnée essentiellement par l'Éducation, avec ou sans le concours de l'Enseignement scolaire. Conformément à l'opinion des races jouissant d'une paix complète, cet état de l'esprit et du cœur constitue la sagesse : il n'apparaît guère que dans l'Age mûr et ne se complète que dans la Vieillesse.

Intestat (SUCCESSION AB). — Mode d'héritage réglé, en l'absence du testament : sous les régimes de Contrainte, par la Loi écrite; sous les régimes de Liberté, par la Coutume.

Ivrognerie. — Vice habituel : chez le Bordier-vigneron de l'Aunis, IV, 3 ; — chez l'ouvrier Tailleur d'habits de Paris, VIII, 3; — chez le Débardeur de la banlieue de Paris, IX, 3.

J

Jardin potager EXPLOITÉ PAR LES FAMILLES. — Le mode de culture et les détails qui s'y rapportent sont mentionnés, dans chaque monographie, aux §§ 8 et 15. — Des détails complémentaires figurent, s'il y a lieu, dans les comptes annexés aux budgets domestiques.

Jeu DES CARTES. — Récréation fréquente chez le Tisserand de Mamers, V, 11.

Jeunesse (LA) ET L'ENFANCE. — Elles jouent un rôle subordonné au sein des Sociétés modèles. Leur infériorité est due à la persistance des Tendances innées vers le mal; et elles sont, par ce motif, l'objet d'une surveillance assidue et, au besoin, d'une sévère correction.

Journaliers (OUVRIERS-). — Chefs de ménage, salariés ou subventionnés, dont le Travail est mesuré par le nombre de journées qu'ils fournissent.

Justice. — Mot dont le vrai sens est défini par le Décalogue, mais dont on abuse souvent pour propager les trois faux dogmes déduits de la croyance à la Perfection originelle.

L

Laitage ET **Œufs** CONSOMMÉS PAR LES FAMILLES. — Le détail en est donné, dans chaque monographie, au § 15.

Laonnais. — Région qu'habite le Bordier-émigrant décrit au chapitre III.

Légistes. — Personnes qui, en France, ont aggravé sans raison les régimes de contrainte en codifiant les Coutumes et en multipliant les Lois écrites.

Legs. — Institué en faveur des familles pauvres de Paris qui se distinguent par la fécondité unie à l'honnêteté, VII, 19.

Légumes ET **Fruits** CONSOMMÉS PAR LES FAMILLES. — Le détail en est donné, dans chaque monographie, au § 15.

Lettrés. — Personnes ayant pour profession exclusive de produire des œuvres littéraires ou d'en propager la connaissance.

Liberté. — Mot qui exprime l'emploi de certaines facultés légitimes, mais dont on abuse souvent pour louer des idées ou des actes condamnés par le Décalogue et par les Coutumes de la Paix sociale.

Liberté systématique. — L'un des trois faux dogmes déduits du Principe de 1789 (la Perfection originelle) par le raisonnement ci-après. L'homme, naissant parfait, créerait partout le règne du Bien, s'il lui était permis de suivre ses inclinations naturelles. Or le Mal apparaît partout; et il ne peut provenir que des institutions coercitives qui jusqu'à présent ont été le fondement de toutes les sociétés. Il faut donc détruire systématiquement toutes les Institutions qui entravent, en quoi que ce soit, depuis les premiers âges, la Liberté des individus.

Liberté testamentaire. — L'un des trois régimes de Succession. Le père de famille y règle souverainement le mode de transmission de son héritage.

Lieu (DÉFINITION DU) HABITÉ PAR LA FAMILLE. — Elle est donnée, dans chaque monographie, au § 1.

Lille (FLANDRE). — Ville qu'habite la Lingère décrite au chapitre VI, 20. — Condition actuelle des classes ouvrières, VI, 21. — Influence de l'immigration des Belges sur le salaire des ouvriers lillois, VI, 22. — Fête populaire, dite Broquelet, VI, 23.

Linge de ménage EMPLOYÉ PAR LES FAMILLES. — La nature et la valeur en sont indiquées, dans chaque monographie, au § 10.

Lingère de Lille (PRÉCIS DE LA MONOGRAPHIE DE LA). — Exposé, comme appendice, au chapitre VI, 20.

Liqueurs alcooliques CONSOMMÉES PAR LES FAMILLES. — La nature, la quantité et la valeur en sont indiquées, dans chaque monographie, aux §§ 9 et 15.

Livrets des ouvriers. — Inconvénients attachés à la délivrance des livrets aux jeunes Ouvriers, V, 22.

Lois écrites. — Prescriptions imposées au peuple par le Pouvoir souverain, soit pour établir une pratique nouvelle, soit pour fixer ou modifier une Coutume.

Loterie publique. — Récréation habituelle chez les populations de l'Autriche, et spécialement chez le Mineur d'Idria, I, 11.

Louvigny. — Village du Maine qu'habite le Manœuvre-agriculteur, décrit au chapitre III, 20.

Luxe (TENDANCE AU). — Marquée, chez certains ouvriers européens, par l'imitation de la nourriture, du mobilier ou du vêtement des bourgeois. — Observée notamment : chez l'ouvrier Horloger de Genève (Jeune ménage), II, 5; — chez les ouvriers sédentaires de Paris, VI, 19; — chez le Manœuvre à famille nombreuse de Paris, VII, 5; — chez l'ouvrier Tailleur d'habits de Paris, VIII, 10.

M

N

Naissance (La). — Le hasard en vertu duquel les nouveau-nés possèdent les avantages ou subissent les inconvénients attachés à la condition et à l'habitation des parents. Dans les meilleures constitutions sociales, ces inégalités sont compensées par la sollicitude de la Famille, mieux que par l'intervention des gouvernants.

Narcotiques (Usage des). — La mention et l'évaluation des narcotiques consommés par les familles sont faites, dans chaque monographie, aux §§ 11 et 15.

Nationalités (Le faux principe des). — Erreur ou doctrine insidieuse de certains peuples conquérants qui s'appuient, soit sur la similitude des langages, soit sur l'histoire du passé, soit sur la nature des lieux, pour violer les règles du droit des gens.

Naturalisme. — Fausse doctrine propagée surtout par certains lettrés allemands. Elle prétend établir que les vrais principes du Gouvernement des hommes sont les lois physiques qui régissent les autres êtres de la création ; elle est souvent réfutée par les écrits mêmes de ses adeptes.

Noblesse (La). — L'élite des classes supérieures et dirigeantes, chez les Sociétés modèles. Les familles de la noblesse forment, d'après leur origine, deux catégories principales : les unes conservent, par les sentiments de devoir et de responsabilité, l'illustration conquise dans le cours d'une seule vie par les éclatants services d'un fondateur; les autres, sorties des derniers rangs de la société, perpétuent, sous l'inspiration des mêmes sentiments, des traditions qui ont élevé aux premiers rangs les générations successives de leurs ancêtres, par le travail et la sobriété, le talent, la soumission absolue à la loi morale et le dévouement aux intérêts publics. La vraie noblesse réside dans la transmission de ces deux dernières vertus, et non dans celle du sang, du nom et des titres. Sous les meilleures coutumes, le vrai noble se reconnaît aux caractères suivants. Il a pour résidence principale le grand domaine rural et forestier qui lui fournit ses moyens de subsistance. Il consacre gratuitement son temps et ses ressources au service public en qualité de soldat, de juge ou de gouvernant. Il atteint la perfection quand il concilie l'exercice de son devoir public avec celui d'une Autorité sociale, c'est-à-dire quand, dirigeant personnellement la population ouvrière attachée à la culture de son domaine, il conquiert, pour lui et pour sa famille, les sentiments de respect et de dévouement qui étaient accordés dans la localité à ses ancêtres. Il complète ces grands exemples en instituant, par son testament, l'héritier le plus capable de les continuer.

Nord de l'Europe (Le). — Région complétant, avec l'Orient et l'Occident, les 3 subdivisions adoptées dans cet ouvrage pour la description des Ouvriers européens. — Les populations de cette région sont représentées par neuf familles décrites dans le tome III.

Nouilles. — Farine de céréales façonnée en pâte, servant de base à diverses préparations alimentaires, employée notamment à Idria, I, 6.

Nouveauté (Esprit de). — Ensemble des tendances qui portent à modifier, dans un sens favorable ou fâcheux, le régime établi.

O

Oberland. — Région des six petits cantons suisses où se conservent à un degré éminent la Paix et la Stabilité, II, 17.

Occident de l'Europe (L'). — Région du sud-ouest complétant, avec l'Orient et le Nord, les 3 subdivisions adoptées dans cet ouvrage pour la description des Ouvriers européens. — Les populations de cette région sont subdivisées en trois catégories principales, savoir: les *stables* (tome IV); les *ébranlées* (tome V); les *désorganisées* (tome VI).

Occident et Orient. — Comparaison de l'état intellectuel des Ouvriers dans les deux régions, II, 22.

Organisation industrielle (Définition de l'). — Donnée, dans chaque monographie de famille, au § 1.

Orient de l'Europe (L'). — Région du nord-est comprenant la Russie, la Hongrie, la Turquie et complétant, avec le Nord et l'Occident, les 3 subdivisions adoptées dans cet ouvrage pour la description des Ouvriers européens. — Les populations de cette région sont représentées par neuf familles décrites dans le tome II.

Orient et Occident. — Comparaison de l'état intellectuel des ouvriers dans les deux régions, II, 22.

Ouvriers. — Personnes exécutant les travaux manuels des arts usuels. Ils s'élèvent souvent, par transitions insensibles, de la condition la plus modeste à la plus élevée. Selon les cas, ils sont Domestiques, Journaliers, Tâcherons, Tenanciers, Propriétaires, Bordiers, Artisans, Chefs de métier.

Ouvriers-chefs de métier. — Chefs de ménage, parvenus plus ou moins à la condition de Maîtres, exploitant un métier et rétribués par la totalité des produits de leur travail.

Ouvriers (Condition des). — Heureuse influence qu'exercent les subventions forestières; — principes

P

le principal caractère est la conservation de l'ordre public, sans le concours habituel d'une Force armée.

Palet (Jeu du petit). — Divertissement en usage parmi les jeunes gens du Laonnais. La conservation des pièces d'argent, qui sont le matériel de ce jeu, est un acheminement à l'Épargne pour la jeunessse, III, 11.

Paris. — Ville qu'habitent : le Chiffonnier décrit au chapitre VI; — le Manœuvre décrit au chapitre VII; — le Tailleur d'habits décrit au chapitre VIII. — Contraste des Ouvriers sédentaires et des Ouvriers immigrants, VI, 18. — Mœurs des ouvriers sédentaires, VI, 19. — Legs institué en faveur des ouvriers qui se distinguent par la Fécondité unie à l'honnêteté, VII, 19. — Organisation du travail chez les Tailleurs d'habits, VIII, 18. — Traits de Démoralisation observés chez les ouvriers Tailleurs, VIII, 19. — Réunions chantantes, dites *Goguettes*, constituées au cabaret, par certains ouvriers parisiens, VIII, 20.

Paris (Banlieue de). — Région qu'habite le Débardeur décrit au chapitre IX.

Partage forcé. — L'un des trois régimes de Succession. L'héritage des parents est attribué, par portions égales, aux héritiers désignés par la loi, en vertu de la Naissance, indépendamment de la volonté exprimée par le père de famille et de tout devoir accompli par les enfants.

Partage forcé (Régime du). — Ses fâcheux effets sont fréquemment signalés dans ce volume, notamment dans l'introduction et au § 17 des monographies.

Pasteurs. — Nomades ayant pour principal moyen de subsistance le Pâturage, plus ou moins complété par la Chasse, la Pêche et la Cueillette.

Patries de la vertu et de la simplicité. — Indication des deux régions qui peuvent être ainsi désignées : les steppes de l'Orient; les rivages septentrionaux de la mer du Nord.

Patronage. — L'un des trois régimes de la Propriété. Les immeubles y sont de deux sortes : le Propriétaire a la jouissance exclusive des premiers; il conserve la nue propriété des seconds, mais il en délègue, moyennant redevance, l'usufruit perpétuel à des Tenanciers. — L'un des sept éléments de l'édifice social. — Organisation de la propriété et du travail, dans laquelle les Maîtres et les Ouvriers respectent la Coutume des Ateliers. Partout les Ouvriers y restent attachés tant que les Patrons en remplissent les charges.

Patronage (Avantages du). — Réformes qu'amènerait son influence combinée avec celle de la Religion, IX, 24.

Patrons. — Personnes qui dirigent les Ateliers en observant les six pratiques de la Coutume. La principale de ces Coutumes est la permanence des engagements entre les Maîtres et les Ouvriers.

Pâturage. — Moyen de subsistance utilisé principalement par les Nomades pasteurs ; — conservé plus ou moins chez les Sédentaires.

Paupérisme. — État héréditaire de pauvreté, spécial à certains ouvriers de l'Occident, et sans exemple dans l'histoire. Il a pour caractères principaux : le manque de sécurité, la désorganisation de la famille et la permanence ou le retour périodique du dénûment.

Pauvres (ASSISTANCE DES). — Principes adoptés par les Communes de l'Allemagne méridionale, I, 19.

Pauvres (MARIAGES DES). — Insuffisance et immoralité des restrictions qui leur sont imposées en Autriche et dans d'autres États allemands, I, 18.

Paysans. — Propriétaires ou Tenanciers qui exploitent leur domaine avec le concours de leur famille, complétée exceptionnellement par des Ouvriers-domestiques. La famille trouve sur ce domaine l'emploi complet de ses bras, sans avoir jamais à chercher du travail au dehors. Elle exerce souvent un droit de parcours sur des terrains communaux.

Pêche. — Le principal moyen de subsistance chez les Pêcheurs-côtiers ; l'un des moyens principaux chez les Sauvages, et l'un des moyens accessoires chez les autres Sédentaires et les Nomades pasteurs.

Pêche-côtière. — Ressources qu'elle offre aux populations de l'Aunis, IV, 20.

Perfection originelle (CROYANCE A LA). — Erreur introduite en France, au XVIIIe siècle, par les Anglais; professée ensuite par J.-J. Rousseau; propagée par les salons parisiens; adoptée comme principe par les novateurs de 1789, de 1830, de 1848 et de 1870 ; admise, plus ou moins ostensiblement, par les théories modernes hostiles à l'esprit de Tradition. Tel est le cas pour les écoles de l'évolutionisme, du naturalisme et du Droit de révolte. Selon les adeptes de cette erreur, l'enfant naît avec une inclination exclusive vers le Bien ; et, en conséquence, le Mal qui apparaît partout provient de l'action corruptrice exercée par les institutions traditionnelles de l'humanité. Le Principe de 1789 ne repose donc que sur une affirmation dont la fausseté est universellement connue des mères, des nourrices, des médecins, des maîtres d'école; de tous ceux enfin qui sont en contact intime et journalier avec les enfants.

Permanence des engagements. — La première pratique de la Coutume des ateliers. Caractérisée par la dépendance réciproque du Patron et de l'Ouvrier; indispensable à l'ordre moral et matériel.

Politesse. — Manière d'agir et de parler qui est, pour chacun, un moyen usuel d'Éducation et, pour la société, un moyen efficace d'harmonie. Elle a surtout pour objet de marquer trois devoirs réciproques : le Patronage chez les supérieurs; la bienveillance entre les

— Horloger (Vieux ménage) de Genève, II, 20 ; — Manœuvre agriculteur du Maine, III, 20 ; — Tisserand des Vosges, V, 20 ; — Lingère de Lille, VI, 20 ; — Auvergnat-brocanteur de Paris, VII, 21.

Prêt d'argent sans intérêt — Exemple de ses heureux effets sur l'Ouvrier agricole du Maine, doué de prévoyance, III, 20.

Prêt sans intérêt. — Coutume du Patronage, touchant les besoins accidentels des ouvriers et les avances nécessaires aux jeunes ménages pour l'acquisition du logement, du mobilier et des animaux domestiques.

Prévoyance. — Qualité des personnes qui se tiennent en garde contre l'exagération de leurs désirs et de leurs appétits ; qui aspirent à conquérir par le travail et l'Épargne une situation plus élevée ; qui, tout au moins, se préoccupent d'assurer en toute éventualité les moyens de subsistance à leur famille.

Prévoyance (ESPRIT DE). — Les classes chez lesquelles il est développé n'ont aucune propension vers l'affiliation aux Sociétés de Secours mutuels. — Très-apparent : chez le Bordier-émigrant du Laonnais, III, 12, 13 ; — chez l'Ouvrier-agriculteur du Maine, III, 20 ; — chez beaucoup d'ouvriers des Cités ouvrières de Mulhouse (Haut-Rhin), V, 24 ; — chez l'Auvergnat-brocanteur (en boutique) de Paris, VII, 21.

Prime. — Addition au Salaire faite en vue d'exciter l'ouvrier à améliorer son travail.

Principe de 1789. — Ce prétendu principe, le seul qui soit propre aux révolutionnaires de 1789, repose sur un fait évidemment erroné : la Perfection originelle. On en déduit logiquement trois faux dogmes, lesquels désorganisent toutes les sociétés qui les adoptent, savoir : la Liberté systématique, l'Égalité providentielle, le Droit de révolte.

Prix faits (TARIF DES). — Adopté, pour l'exécution des travaux, aux mines et usines d'Idria (Carniole), I, 5.

Productions spontanées. — Moyens de subsistance que fournissent naturellement le sol et les eaux, sans le concours du travail humain ; qui, en outre, sont à la disposition du premier occupant.

Productions spontanées (ABONDANCE DES). — Comment elles constituent et perpétuent les familles stables, In. 2.

Productions spontanées (ABSENCE DES). — Comment les inconvénients de ce régime sont compensés par l'accroissement de sécurité matérielle dû à l'agriculture, In. 5.

Propriétaire-indigent. — Individu attaché à une localité par un lambeau de terre qui ne lui procure aucune ressource appréciable et qui l'empêche indirectement de trouver ailleurs une meilleure condition. Il est un des types sociaux les plus fâcheux produits par le Partage forcé des immeubles.

Propriétaires. — Personnes possédant les biens dits immeubles, c'est-à-dire les Foyers et les Ateliers ; ayant pour principal moyen d'existence les produits ou la location de leur propriété.

Propriétaires français (Petits). — Mœurs d'une catégorie nombreuse d'individus appartenant à cette classe, III, 19.

Propriété. — Nom générique qui, dans son sens le plus général, comprend les Meubles et les Immeubles. Souvent, quoique employé seul, il s'applique exclusivement à ces derniers. La propriété privée des immeubles ne comprend guère que les Foyers domestiques et les Ateliers de travail. Elle est constituée sous trois régimes principaux : la Communauté, la Propriété individuelle et le Patronage.

Propriété (Constitution modèle de la). — Fondée sur l'alliance de la Communauté, de la Propriété individuelle et du Patronage.

Propriété individuelle. — L'un des trois régimes de la Propriété immobilière. La jouissance en est attribuée exclusivement à un Propriétaire exploitant. — L'un des sept éléments de l'Édifice social.

Propriétés possédées par les familles. — Les Immeubles, l'Argent, les Meubles et les droits à diverses allocations d'argent sont indiqués, dans chaque monographie, aux §§ 6 et 14.

Propriété rurale (Petite). — Son instabilité actuelle en France, VI, 18.

Prospérité (Abus de la). — L'une des causes de la Désorganisation des sociétés.

Prospérité (La). — État d'une Société qui, en pratiquant le Décalogue, conserve le Bien-être. Elle a pour symptômes : la Paix sociale, les croyances religieuses, la frugalité, la simplicité des idées. Elle a pour écueils trois avantages qui développent l'orgueil et engendrent la souffrance, savoir : la Richesse accumulée, la Culture intellectuelle et la Puissance politique.

Province. — Circonscription territoriale formant le plus haut degré du gouvernement local. Elle pourvoit aux besoins très-généraux de la vie publique, que ne pourraient régler ou servir seules les Communes ou les circonscriptions intermédiaires. Le souverain y est habituellement représenté par un haut fonctionnaire auquel il délègue une partie de ses pouvoirs.

Puînés ou **Cadets.** — Exemple de la situation qui leur est faite chez les pêcheurs-côtiers du Nord, In. 2.

Puissance politique (La). — Ensemble des ressources qui fournissent à un Gouvernement le moyen d'assurer le règne de la Paix et, trop souvent, d'opprimer les sujets et les étrangers.

Q

Quilles (Jeu de). — Récréation exceptionnellement en usage chez les jeunes filles du Laonnais, III, 11.

R

Rang de la famille. — Les détails qui s'y rapportent sont mentionnés, dans chaque monographie, au § 5.

Rapports sociaux (RUPTURE DES BONS). — Dans l'Occident, elle a été provoquée, en général, par les Maîtres, non par les Ouvriers.

Recettes (BUDGET DES). — Subdivisé en 4 sections : *Propriétés; Subventions; Salaires des travaux; Industries de la famille;* — il forme, dans chaque monographie, le § 14.

Récréations des familles. —Elles sont indiquées, pour chaque monographie, au § 11.

Récréations (IMPORTANCE SOCIALE DES). — Lorsqu'elles sont consacrées par la tradition, elles ne devraient être supprimées, par raison de convenance, qu'à la condition d'être remplacées par un divertissement plus convenable, I, 1.

Récréations populaires. — Fête, dite « la Chasse au porc, » à Idria (Carniole), I, 11 ; — jeux dela Paume, du petit Palet, des Quilles, chez les jeunes gens du Laonnais, III, 11 ; — jeu des Cartes, chez le Tisserand de Mamers, V, 11 ; — Fête, dite « Broquelet », à Lille, VI, 23 ; — courses en canot, et Réunions chantantes, dites « Goguettes », constituées au cabaret par certains ouvriers de Paris, VIII, 20 ; — fréquentation du Bal par la fille du Débardeur de la banlieue de Paris, IX, 11.

Réforme morale. — Comment elle serait amenée à Port-Marly, par l'influence combinée de la Religion et du Patronage, IX, 24.

Religion. — Ensemble des dogmes, des rites et, en général, des Coutumes qui ont pour objet le Culte de Dieu. La Religion est l'institution qui seconde le mieux le père de famille pour assurer le règne de la Paix et la soumission au Décalogue.

Religion (AVANTAGES DE LA). — Réformes qu'amènerait son influence combinée avec celle du Patronage, IX, 24.

Religion et habitudes morales. — Elles sont indiquées, dans chaque monographie de famille, au § 3.

Religions d'État (RÉGIME DES). — L'une des institutions fondamentales chez les peuples prospères. Elle unit dans une haute vue de bien public les agents de Dieu et du souverain : les prêtres et les gouvernants.

Repas des familles. — Les heures et la composition des repas, chez les familles, sont généralement indiquées, dans chaque monographie, au § 9.

Respect de la femme. — La sixième pratique de la Coutume des ateliers. — Elle concourt au Bien-être des populations, en retenant au Foyer la femme mariée et en protégeant la jeune fille contre la séduction.

Réunions chantantes, DITES COGUETTES. — Constituées, au cabaret, par certains ouvriers parisiens, VIII, 20.

Révolutions du globe. — L'une des causes de la souffrance, et, en certains cas, de la désorganisation des sociétés.

Richesse (ABUS DE LA). — Le premier écueil où échouent les peuples prospères, quand les riches oublient le devoir qui leur commande de servir la Loi morale par leur exemple et leurs leçons, In. 6.

Richesse accumulée (LA). — Fruits du travail et de l'Épargne qui excèdent les besoins journaliers ou la consommation annuelle d'une Société, et qui constituent ses capitaux disponibles.

Routine (ESPRIT DE). — Exagération de l'esprit de Tradition, allant jusqu'à repousser les innovations utiles.

Ruine sociale. — Amenée, chez une nation, à défaut de réformes nécessaires, par des états successifs d'Instabilité, d'Ébranlement et de Désorganisation, In. 1.

S

Sagesse. — État de l'esprit et du cœur qui caractérise les sages et en fait partout les arbitres de la Paix sociale. Même chez les natures supérieures, il n'apparaît guère que dans l'Age mûr; et il ne se complète que dans la Vieillesse.

Sainte-Marie-aux-Mines. — Ville de l'Alsace qu'habite le Tisserand décrit au chapitre V, 20. — Notice sur les sociétés de Secours mutuels, V, 24.

Salaire. — Rétribution accordée à l'Ouvrier en échange de son travail. Chez les Sociétés modèles, elle comprend deux parties : l'une (le Salaire proprement dit) proportionnelle aux efforts de l'ouvrier; l'autre (les Subventions) proportionnelle aux besoins de sa famille.

Salaire DES FAMILLES. — L'évaluation en est faite, dans chaque monographie, aux §§ 7, 8 et 14.

Salaire (DÉTAILS RELATIFS AU). — Paiement, entre les mains des femmes, du salaire gagné par leurs maris, III, 18.

Saleté (HABITUDES DE). — Défaut de la famille du Bordier-vigneron de l'Aunis, IV, 10.

Santé (SERVICE DE). — La nature de ce service et les frais qu'il impose sont mentionnés, dans chaque monographie, aux §§ 4 et 15.

Saulnier-lettrier. — Organisation spéciale du travail dans les Marais salants de la Saintonge et de l'Aunis, IV, 21.

Sauvages. — Nomades ayant pour unique moyen de subsistance la récolte des Productions spontanées, par la Chasse, la Pêche et la Cueillette. Trois circonstances principales maintiennent ces formes de société. Dans la Polynésie, l'absence d'une tradition régulière touchant le respect du Décalogue. Dans le centre de l'Amérique équatoriale, la fréquence des fléaux naturels qui, sur des sols fertiles, empêchent la population de se développer au delà des moyens de subsistance offerts par les Productions spontanées. Dans les régions boréales, la rigueur du climat, qui ne permet pas à une seule famille de s'attacher au sol par le pâturage et l'agriculture.

Science (La). — Mot souvent détourné de son sens légitime pour affirmer une erreur, savoir : que les savants modernes remplacent utilement, par leurs découvertes, les vérités traditionnelles du genre humain.

Science (Abus de la). — Le second écueil où échouent les peuples prospères, quand les savants et les Lettrés, par leurs enseignements, attaquent la Loi morale, In. 7.

Science du monde (La). — Ensemble de connaissances que certains esprits d'élite acquièrent par l'Éducation, beaucoup plus que par l'Enseignement scolaire. Elles ont surtout pour objet les idées, l'activité sociale et les Institutions des races auxquelles la science doit s'appliquer. Ceux qui possèdent ces connaissances, lorsqu'ils sont soumis aux prescriptions du Décalogue, ont une aptitude toute spéciale pour concilier les intérêts matériels avec les intérêts moraux. La science du monde, ainsi définie, est donc indispensable aux gouvernants et aux prêtres dont le devoir consiste essentiellement à fonder, sur cette conciliation, le règne de la Paix sociale.

Science du monde selon Saint François de Xavier (La). — « En quelque lieu que vous soyez, n'y fussiez-vous qu'en passant, tâchez de savoir, par les habitants les plus honorables, les inclinations du peuple, les coutumes du pays, la forme du gouvernement, les opinions et tout ce qui touche à la vie civile... Cette connaissance acquise..., vous manierez plus facilement les esprits, vous aurez plus d'autorité sur eux, vous saurez sur quels points vous devez le plus appuyer dans la prédication... — On méprise souvent les avis des religieux, sous prétexte qu'ils ignorent le monde... Mais, lorsqu'on en rencontre un qui sait vivre et qui a l'expérience des choses humaines, on l'admire comme un homme extraordinaire... Tel est le fruit merveilleux de la science du monde. — Vous devez donc maintenant travailler à l'acquérir, avec autant de zèle que vous en aviez autrefois pour apprendre la doctrine des philosophes et des théologiens. Seulement, ce n'est pas dans les manuscrits, ce n'est pas dans les livres imprimés qu'on acquiert cette science : c'est dans les livres vivants, c'est dans les relations avec les personnes sûres et intelligentes. Avec cette science vous ferez plus de bien qu'avec tous les raisonnements des docteurs et toutes les subtilités de l'école. » (Instructions de Saint François de Xavier au père Gaspard Barzée partant pour la mission d'Ormuz, datées de Goa en 1549. — DAURIGNAC, *Histoire de Saint François de Xavier*, t. II, p. 34.)

Secours mutuels (SOCIÉTÉ DE). — Institution en vertu de laquelle les associés, ouvriers pour la plupart, se garantissent l'un l'autre certains avantages en diverses éventualités. On l'appelle aussi, parfois, société d'assurance mutuelle. — Les classes chez lesquelles l'Esprit de prévoyance est développé n'ont aucune propension pour l'affiliation à ces Sociétés, VII, 21.

Secours mutuels (SOCIÉTÉS DE). — Notice sur les sociétés de Sainte-Marie-aux-Mines, V, 20, 24. — Organisation de ces sociétés en France, V, 25.

Sécurité DES INDIVIDUS. — L'un des biens qui caractérisent la Prospérité. — Assurée aux Ouvriers par le respect du Décalogue et de l'Autorité paternelle, par l'abondance des Productions spontanées, par la Communauté, par la Propriété individuelle et le Patronage. — Exemple : le Bordier-émigrant du Laonnais, III, 13.

Sédentaires. — Peuples à demeures fixes, ayant pour principal moyen de subsistance l'Agriculture complétée par les Arts usuels. A ces moyens s'ajoutent souvent le Pâturage, la Chasse, la Pêche et la Cueillette.

Séduction. — Comparaison des diverses législations de l'Europe et de l'Amérique contre cette défaillance des mœurs, opposée à l'une des prescriptions formelles du Décalogue, VI, 24.

Servage. — Mot fréquemment employé, en mauvaise part, pour désigner la condition de certaines classes de Serviteurs.

Service de santé (LE). — La nature de ce service et les frais qu'il impose sont mentionnés, dans chaque monographie, aux §§ 4 et 15.

Serviteurs. — Auxiliaires permanents ou temporaires, de conditions diverses, secondant les Maîtres dans leurs travaux. Ils forment deux catégories principales : les Domestiques qui sont attachés au Foyer; les Ouvriers qui travaillent dans l'Atelier.

Société. — Groupe de familles vivant sur le même territoire, sous le même Gouvernement.

Sociétés (LES TROIS ÉTATS DES). — Caractérisés par le principal moyen de subsistance, savoir : chez les Sauvages, par la récolte des Productions spontanées; chez les Pasteurs, par le pâturage; chez les Sédentaires, par l'agriculture et par les autres industries extractives.

Sol disponible (ABONDANCE DU). — L'une des trois causes principales du Bien-être. — Comment, par les Productions spontanées qui en dérivent, elle constitue et perpétue les Familles stables, In. 2.

Sol disponible (ABSENCE DU). — Comment les inconvénients de cette situation, liée à l'absence des Productions spontanées, sont compensés par l'accroissement de sécurité dû à l'agriculture, In. 5.

Sol (État du). — Il est décrit, dans chaque monographie de famille, au § 1.

Solidarité sociale (Sentiments de). — Maintenus et développés par le dévouement des chefs d'industrie qui conjurent des maux dérivant du Chômage, de la vieillesse et de la maladie.

Souffrance. — État d'une Société qui, en abandonnant le Décalogue, perd l'harmonie, le Bien-être et la Sécurité.

Souveraineté. — Pouvoir suprême, exercé par le souverain, c'est-à-dire par la personne et les autorités complémentaires qui ont, tout au moins, le droit et le devoir de maintenir la Paix publique dans l'État. — Organisée, chez les peuples bien constitués, à l'image des deux types de familles stables, notamment en Turquie et chez les peuples du Nord. — L'un des sept éléments de l'Édifice social.

Stabilité. — Condition heureuse qui se manifeste surtout au sein des familles par la conservation des avantages acquis et par la régularité des moyens de subsistance.

Stabilité (Ancien état de). — Causes qui l'ébranlent en Suisse. II, 17.

Steppes. — Constituées, selon la latitude plus ou moins éloignée de l'équateur, par des plaines ou des plateaux dans lesquels la végétation abondante et exclusive des herbes est assurée par l'accumulation des neiges pendant l'hiver. Elles sont éminemment propres à l'exploitation des troupeaux et à l'existence des Nomades pasteurs. Le principal de ces plateaux est la Grande-steppe de l'Asie centrale, patrie des races modèles de l'Orient.

Stérilité du mariage. — Propension des petits Propriétaires français qui veulent conjurer le Morcellement imposé à leur héritage par le Partage forcé, III, 19.

Subventions. — Partie du salaire qui est réglée, moins par la quantité de travail de l'ouvrier que par l'étendue des besoins de sa famille.

Subventions des familles. — Elles sont indiquées, dans chaque monographie, aux §§ 7 et 14.

Subventions des Populations pauvres. — Comment elles se restreignent dans le Maine, III, 21.

Succession (Régimes de). — Ils sont au nombre de trois : la Conservation forcée, le Partage forcé et la Liberté testamentaire. Ce dernier régime, mieux que la Conservation forcée, assure la Stabilité et la Paix. Il est plus propre que le Partage forcé, à garantir le Bien-être de tous les descendants du testateur.

Suisse. — Ébranlement de l'ancien état de Stabilité, et symptômes de Désorganisation, II, 17. — Aperçu général du système manufacturier et organisation spéciale de la fabrique d'Horlogerie de Genève, II, 18. — Usines à engins mécaniques, II, 21.

T

Tabac à fumer. — Accordé, à prix réduits, aux ouvriers des mines et usines d'Idria (Carniole), I, 7. — Employé : par le Tisserand de Mamers, V, 11 ; — par l'ouvrier Tailleur d'habits de Paris, VIII, 11.

Tabac à priser. — Consommé : par le Tisserand des Vosges, V, 20 ; — par la femme du Chiffonnier de Paris, VI, 11.

Tâcherons (OUVRIERS-). — Chefs de ménage, salariés, dont le Travail a pour mesure la quantité de produits qu'ils fournissent.

Tailleur d'habits de Paris. — Organisation du travail dans cette profession, VIII, 18. — Comparaison entre l'industrie du Maître-tailleur et celle du confectionneur, VIII, 18. — Traits de Démoralisation observés chez les ouvriers Tailleurs, VIII, 19.

Tailleur d'habits de Paris (MONOGRAPHIE DU). — Décrite au chapitre VIII.

Tenanciers (OUVRIERS-). — Chefs de ménage et chefs d'industrie, exploitant des Immeubles fournis par un Propriétaire, produisant les matières brutes, rétribués, sauf le prélèvement du Propriétaire, par les produits de leur Travail.

Tendances innées VERS LE BIEN ET LE MAL. — Toujours unies dans la nature humaine. Celles qui portent au mal sont prédominantes chez le jeune enfant. Elles y sont excitées par les appétits physiques et par l'orgueil. Elles provoquent rapidement le malheur de l'individu et la ruine de la Société, quand elles ne sont pas réprimées par l'Autorité paternelle.

Testament (LE). — Acte par lequel le père de famille règle souverainement la transmission de ses biens. Après le respect du Décalogue, le respect du testament est le plus solide élément de Paix et de Stabilité.

Théocratie. — Un des quatre éléments de la Constitution modèle d'un grand État. Portion de l'autorité publique ou privée qui fait régner la paix dans le monde des âmes.

Tisserand de Mamers (MONOGRAPHIE DU). — Décrite au chapitre V.

Tisserand des Vosges (PRÉCIS DE LA MONOGRAPIE DU). — Exposé, comme appendice, au chapitre V, 20. — Organisation de la fabrique des Tissus de couleur de Sainte-Marie-aux-Mines, V, 21.

Tissus de couleur (FABRIQUE DES). — Son organisation à Sainte-Marie-aux-Mines, V, 21.

Tour de France. — Voyage exécuté, comme moyen d'apprentissage, par les ouvriers français.

Tours de France (EXEMPLE DE). — Exécuté par l'ouvrier Tailleur d'habits de Paris, VIII, 12, 19.

Tradition (ESPRIT DE). — Ensemble des tendances qui portent une race à conserver les avantages du régime établi. Quand il s'exagère au point de repousser des

U

V

ÉPILOGUE

DE 1878

(TOME SIXIÈME — 2e ÉDITION)

TOUCHANT

LES CHANGEMENTS PRINCIPAUX

SURVENUS, DEPUIS 1855,

[date de la 1re édition (in-folio) des *Ouvriers européens*]

DANS LA CONSTITUTION SOCIALE

DES POPULATIONS DÉSORGANISÉES DE L'OCCIDENT.

SOMMAIRE

DE L'ÉPILOGUE.

---

§ 1er. La désorganisation croissante des peuples européens, et les questions soulevées par le principe et la pratique de la réforme. — § 2. Le principe de la réforme : substituer, dans les idées, à l'erreur fondamentale du XVIIIe siècle, la vérité éternelle des peuples prospères. — § 3. La pratique de la réforme : substituer, dans les institutions, aux lois écrites dictées par l'erreur fondamentale, les coutumes émanées de la vérité éternelle. — § 4. L'initiative de la réforme prise, dans la vie privée, par les Unions de la paix sociale.

Exemple des signes de renvoi au § 3 de l'Épilogue employés :

dans le texte même de cet Épilogue.	3.
— les Épilogues des 5 autres volumes[1] des *Ouvriers européens*.	VI, Ép. 3.
— les autres ouvrages de la Bibliothèque	OE, VI, Ép. 3.

1. Le 1er volume est une préparation à la lecture des 5 autres. Chacun de ces derniers est un tableau de l'ordre de choses qu'offrait l'Europe en 1855, et comprend trois parties essentielles, savoir : l'*Introduction*, l'*Organisation des Familles* et le *Précis*. Aucune de ces parties invariables ne renvoie aux six *Épilogues* qui restent étrangers au corps de l'ouvrage, qui ne sont dans chaque volume qu'un complément relatif à l'époque de la dernière édition et qui, par conséquent, devront seuls être complétés dans les éditions successives.

ÉPILOGUE

DE 1878

§ 1.

LA DÉSORGANISATION CROISSANTE DES PEUPLES EUROPÉENS, ET LES QUESTIONS SOULEVÉES PAR LE PRINCIPE ET LA PRATIQUE DE LA RÉFORME.

Les faits sociaux recueillis méthodiquement depuis 1829, publiés pour la première fois dans l'in-folio de 1855, reproduits dans les six volumes de cette seconde édition, puis complétés par les Épilogues joints à chacun de ces volumes, conduisent à une triste conclusion. Les peuples européens sont presque tous entraînés vers une désorganisation que rien n'a pu encore arrêter, au moment où j'écris l'Épilogue de ce dernier volume. Dans ce mouvement, le peuple français entraîne tous ses contemporains. On a même pu croire un moment, en mai 1871, que Paris, entouré d'étrangers victorieux, désolé par la guerre civile, allait s'abîmer dans les incendies et les massacres comme les villes maudites de l'antiquité. Arrivé au terme de mon entreprise, je ne voudrais cependant pas que mon dur labeur, commencé, il y a un demi-siècle, pour remédier aux fléaux déchaînés par la révolution de 1830, eût un résultat contraire à mon dessein et contribuât à augmenter le mal. Les catastrophes qui viennent de détruire l'ascendant séculaire de la France, celles qui désolent maintenant nos voisins et qui menacent déjà le reste de l'Europe, ont fait naître, en Occident, chez les hommes de bien, un découragement dont l'expression m'est fréquemment apportée par de nombreux amis. Ce découragement, s'il augmentait toujours, paralyserait à la fin les forces qui suffisent encore amplement pour assurer le salut à la France et la réforme à l'Europe. Sous ce rapport, le présent volume, bien qu'il décrive les symptômes de nos maux les plus aigus, sera sans danger pour ceux qui, par la lecture préalable du tome Ier, se seront placés au point de vue d'où ils peuvent embrasser l'ensemble du mouvement européen.

Cependant, je sais qu'un seul volume de cette seconde édition épuisera souvent la dose d'attention que mes lecteurs voudront bien m'accorder. Dans cette prévision, j'ai voulu que chacun des six volumes restât indépendant des cinq autres et qu'il pût néanmoins suffire à placer sous son vrai jour, le sujet spécial qui y est traité. Pour appliquer mon programme à ce tome VI, j'ai donc à réagir contre le sentiment pénible qu'inspire à nos découragés ce tableau des populations désorganisées de l'Occident. Je dois résumer sommairement, en ce qui touche le mal et le remède, les faits et les considérations que le lecteur ne voudrait pas chercher lui-même dans le reste de l'ouvrage. Pour atteindre ce but, je vais d'abord expliquer ici en quelques mots la cause principale de la corruption qui envahit maintenant la majeure partie de l'Europe ; puis j'indiquerai, dans les trois paragraphes suivants, le principe, la pratique et les premiers symptômes de la réforme.

La corruption subite d'une race d'hommes, élevée par une longue pratique de la vertu à un haut degré de richesse, de science et de pouvoir, n'est point un fait spécial à notre temps. C'est au contraire l'un des phénomènes les plus habituels à l'humanité. Il offre même, dans l'histoire des hommes, une sorte de périodicité comparable à celle que présentent, dans l'histoire du globe terrestre, les grandes catastrophes du sol et de l'atmosphère. Le mal actuel est la croyance à la perfection originelle de l'enfant (II, In. 7). Dans l'antiquité, les races n'ont point subi d'aussi rudes épreuves. Elles se sont parfois désorganisées en s'abandonnant à des vices sensuels, contre lesquels elles n'ont point eu la force de réagir. Ces mêmes vices font encore leur œuvre funeste dans notre Occident; et ils s'étalent à Paris, comme ils le faisaient dans les villes maudites. Cependant, la force de résistance reste incarnée chez des hommes énergiques, qui réformeraient aisément la France et l'Occident, s'ils n'avaient point à lutter contre cette fausse croyance qui fut l'erreur fondamentale du XVIIIe siècle. Cette erreur désorganise depuis un siècle les constitutions sociales, parce qu'elle étouffe les vérités les plus évidentes sous le poids d'un fait matériellement faux. Le principe et la pratique de la réforme sont naturellement indiqués par cette situation qui s'étend, de proche en proche, de l'Occident à l'Europe entière.

Cependant, avant d'attirer sur ces deux parties de la réforme l'attention des découragés, je dois me rappeler que ce volume pourra être consulté par les optimistes : j'ai donc à compléter ce paragraphe par une remarque qui leur est spécialement destinée. La quiétude des hommes qui ne veulent pas voir le mal est encore plus dangereuse que le découragement de ceux qui sont enclins à l'exagérer. Elle est d'ailleurs moins justifiée par les faits. Voici, en effet, la situation des populations européennes, au moment où j'écris ces lignes.

La désorganisation, signalée en 1855 par les monographies précédentes, s'est encore aggravée. Les localités stables décrites à cette époque ont été restreintes par l'invasion du mal. Les sociétés ainsi envahies s'ébranlent ou se désorganisent de plus en plus : les institutions sont moins soutenues par le Décalogue et l'autorité paternelle. Les âmes sont moins fortifiées par la religion et la souveraineté. A mesure que les quatre forces morales se détruisent chez les diverses classes de sédentaires, l'esprit de solidarité né des trois formes de la propriété est remplacé par la haine (IV, In. 1, 2). De proche en proche, dans toutes les branches de l'activité sociale, la discorde se substitue à la paix. Les nations à existence compliquée arrivent à l'état de souffrance dont les causes sont indiquées au début de ce volume (In. 5). Les riches, les lettrés et les gouvernants oublient leurs devoirs et abusent de leurs avantages. Les peuples les plus désorganisés s'efforcent en vain de remédier au mal par les révolutions; mais, en fait, ils l'aggravent en multipliant les intérêts opposés et les passions hostiles. Cet état de choses se manifeste surtout en France, à la suite de onze révolutions. La nation est plongée dans le désordre dont le danger est signalé par la Bible [1] : elle s'émiette en petits groupes divisés par la haine ; et ces groupes, transformés constamment par le sentiment de leur impuissance, s'agitent dans une confusion inextricable.

§ 2.

LE PRINCIPE DE LA RÉFORME : SUBSTITUER, DANS LES IDÉES, A L'ERREUR FONDAMENTALE DU XVIIIe SIÈCLE, LA VÉRITÉ ÉTERNELLE DES PEUPLES PROSPÈRES.

Tout peuple envahi par la corruption et la discorde doit se réformer par un grand effort ou se condamner lui-

1. Tout royaume divisé contre lui-même sera ruiné, et toute ville ou maison qui est divisée contre elle-même ne pourra subsister (Saint Mathieu, XII, 25).

même à une ruine fatale. Le principe de cette réforme se trouve toujours dans le retour aux idées et aux mœurs qui, aux bonnes époques de son histoire, assuraient à ce peuple la vertu et la paix. Enfin, malgré la diversité infinie dérivant de la nature des lieux, ces époques de bonheur n'ont pu naître et durer que chez les races où les institutions étaient conformes à certains faits primordiaux, inséparables de la nature humaine.

Selon l'enseignement de tous les sages et la pratique de tous les peuples prospères, le fait qui doit sans cesse préoccuper les parents et qui met son empreinte sur une foule d'institutions sociales, est la tendance innée de l'enfant vers le mal. Les mères supportent le premier choc des souffrances physiques engendrées par cette disposition naturelle et, en quelque sorte, organique des nourrissons : partout, avec un admirable mélange de défense personnelle et d'amour pour le coupable, elles conjurent, à sa source, l'irruption du mal. Elles improvisent ainsi le premier élément des régimes de contrainte et de répression qui doivent être successivement opposés, pour tous les âges, aux manifestations persistantes du vice originel. Ces régimes naissent spontanément d'une nécessité impérieuse; car, après la mère et la nourrice, la famille, le voisinage, la commune, la province et l'État sentent le besoin de se défendre contre les inclinations perverses de l'individu.

Pour s'organiser avec les meilleures chances de paix, toute société doit tenir compte de ce trait essentiel à la nature humaine. A cet égard, elle est soumise à deux nécessités. En premier lieu, contraindre l'enfant à faire le bien et réprimer dans tous les âges la pratique du mal. En second lieu, confier aux hommes qui offrent les meilleures garanties de vertu le soin de combattre, par ces contraintes et ces répressions, les manifestations du vice; attribuer, par conséquent, une autorité positive aux personnes chargées des divers détails de cette fonction. Les constitutions modèles, qui, à toutes les époques et dans tous les lieux, ont assuré aux peuples la stabilité et la paix, ont subi, à cet égard, la nécessité imposée par la nature de l'homme : elles ont mis au premier rang de leurs moyens d'action « la contrainte et la hiérarchie ».

Cependant, les peuples modèles ont toujours prévu les inconvénients qu'entraîne l'abus des pouvoirs institués dans ce but. Ils ont voulu que les chefs de la hiérarchie préposée aux services de la contrainte respectassent les libertés et les égalités légitimes. Ils ont toujours résolu de la même manière cette partie du problème social. Ils ont confié autant que possible le pouvoir à l'autorité qui aime le mieux ses sujets, c'est-à-dire, au père de famille soumis lui-même au Décalogue. Malgré la corruption qui, depuis un quart de siècle, envahit la majeure partie de l'Europe, cette organisation du pouvoir conserve son efficacité en certains lieux. Les pères exercent la souveraineté au foyer et à l'atelier. Ceux qui remplissent le mieux ces devoirs de la vie privée, et qui conquièrent ainsi la confiance de leur voisinage, exercent dans le gouvernement les principales attributions de la vie publique. Au contraire, les peuples désorganisés par l'oubli du Décalogue, par la corruption des familles et par la tyrannie des gouvernants, confient tous les pouvoirs publics et la majeure partie des pouvoirs privés à des agents salariés, choisis par le souverain en dehors des localités qu'ils doivent gouverner. Dans la phraséologie de notre décadence, les constitutions de ces deux sortes de peuples sont appelées « régimes de liberté » et « régimes d'esclavage ». J'ai souvent indiqué que ces mots, pris ainsi dans un sens absolu, ne sont point conformes à la nature des choses. Je crois mieux peindre les deux régimes en les nommant « coaction paternelle » et « coaction gouvernementale ».

A la vue des maux déchaînés par les guerres de religion et par les abus de la souveraineté, les lettrés, anglais, allemands et français, ont cru que le moyen de guérison consistait, non pas à réformer, mais à détruire les institutions qui, après avoir donné le bonheur aux peuples prospères, ne préservaient plus de la souffrance les peuples corrompus. Éloignés, par leur métier même, des faits qui constituent la vie usuelle, ces lettrés ont conseillé de prendre, presque en toutes choses, le contre-pied de la coutume; et, pour justifier cette folle entreprise, ils ont nié, en ce qui touche la nature de l'homme, la vérité la plus évidente. Ils ont affirmé que l'enfant naît bon; et, de ce fait faux, ils ont induit logiquement la conséquence suivante, qui, énoncée ou sous-entendue, est le point de départ de leurs dangereux écrits. Le mal, qui envahit de plus en plus l'Europe, n'y est point introduit par les jeunes générations. Il a donc pour origine les idées et les institutions traditionnelles qui, depuis les premiers âges, pervertissent les sociétés. De cette fausse notion surgit une conséquence simple et d'une application facile : il faudrait changer les idées en détruisant les institutions. On rendrait ainsi les hommes également libres de suivre leurs tendances innées vers le bien; et l'on supprimerait la cause de la souffrance. A dater de 1762, cette fausse conception des sociétés humaines est cultivée sur le sol français avec une persévérance infatigable. Formulée par « le Contrat social », et prônée dans les salons parisiens, elle reçoit, en 1776, une première application, grâce à l'initiative du premier ministre, et malgré la résistance des représentants légitimes des intérêts publics ou privés. Ainsi dévoyés sous l'autorité d'un roi jeune et inexpérimenté, les esprits généreux se laissent entraîner aux actes les plus dangereux : en 1777, ils encouragent La Fayette et ses compagnons à intervenir aux États-Unis en faveur de sujets soulevés contre leur souverain légitime ; puis ils provoquent, en 1778, un traité par lequel le roi de France, s'alliant aux insurgés, sanctionne formellement « le droit de révolte » ; enfin, avec le concours de La Fayette popularisé par le traité de 1783, ils inoculent aux classes dirigeantes, avides de nouveauté, les deux erreurs : « la liberté systématique » et « l'égalité providentielle », dont le germe est déposé, en 1787, par Jefferson dans la constitution américaine. Soumis désormais à l'empire des trois faux dogmes, les anciennes classes dirigeantes provoquent indirectement la journée du 14 juillet 1789 ; elles livrent ainsi, à leur insu, le pouvoir souverain à l'école de la Terreur ; et, dans les cinq années suivantes, celle-ci porte les applications du Contrat social jusqu'à leurs plus extrêmes conséquences. Depuis lors, jusqu'au 4 septembre 1870, dix révolutions font tomber la France dans l'état de désorganisation que constate le présent volume.

Depuis 1762, l'erreur fondamentale du Contrat social a produit toutes les conséquences qui auraient dû éclairer l'opinion publique. Elle a été signalée tardivement par M. Guizot[1]; mais elle n'est point assez connue des lettrés, qui continuent à exercer le pouvoir usurpé, avec l'assen-

1. « C'était la conviction du XVIIIe siècle et de la génération formée à son école que l'homme est essentiellement bon et que, dans les sociétés humaines, le mal provient, non de la nature humaine, mais de la mauvaise organisation sociale et du mauvais régime politique. La confiance dans la bonté naturelle de l'homme était, en 1789, l'une des colonnes de l'orgueil humain. » (Guizot, *Mémoires*. — Introduction.)

timent des classes dirigeantes, depuis l'avénement de l'infortuné Louis XVI. Cependant, l'application en a été toujours repoussée par les mères et les nourrices, comme par tous ceux qui concourent à l'éducation de l'enfance et de la jeunesse. Les hommes qui, sous nos divers régimes, ont gouverné des adultes avec succès ont également résisté, autant qu'il dépendait d'eux, à l'erreur, aux trois faux dogmes et aux institutions que la Terreur en a déduites. C'est ainsi que la force des choses entrave encore les conséquences fatales de la conception malsaine du XVIIIe siècle. La population a d'ailleurs résisté directement aux transformations que les novateurs les plus ardents ont voulu lui imposer. Ceux-ci ont toujours renoncé aux trois faux dogmes de 1789 pour organiser leurs gouvernements éphémères; et, pour leur donner quelque durée, ils ont créé des contraintes plus lourdes, institué des hiérarchies plus impérieuses, et opposé à l'esprit de révolte des répressions plus cruelles. Au contraire, lorsque, selon leur fausse doctrine, ils ont laissé libre carrière aux tendances naturelles des races corrompues, ils ont eux-mêmes détruit leur pouvoir en tarissant les sources de la paix et de la stabilité.

En résumé, l'histoire de l'humanité et spécialement l'expérience poursuivie depuis un siècle par les Français condamnent à la fois l'erreur fondamentale de 1762 et les trois faux dogmes de 1789. L'application persistante qui en a été faite depuis quatre-vingt-dix ans conduit rapidement la France à sa ruine. Il est urgent de soustraire les Français, et les nations de l'Occident qui les imitent, aux discordes de notre triste époque et aux calamités décrites dans ce volume. Le principe de cette réforme est le retour à la vérité éternelle et à ses deux appuis fondamentaux : le Décalogue et l'autorité paternelle.

§ 3.

LA PRATIQUE DE LA RÉFORME : SUBSTITUER, DANS LES INSTITUTIONS, AUX LOIS ÉCRITES DICTÉES PAR L'ERREUR FONDAMENTALE, LES COUTUMES ÉMANÉES DE LA VÉRITÉ ÉTERNELLE.

Les sociétés qui ont une histoire naissent, prospèrent, se corrompent et se réforment dans les mêmes conditions. Elles se forment au moyen d'éléments simples, rapprochés par la connaissance de la vérité éternelle et la pratique de la vertu (In. 3). Elles se fortifient ensuite en défrichant le territoire, en l'adaptant à l'exploitation des arts usuels, en agglomérant les populations dans les ateliers de travail, enfin en développant, parmi les classes dirigeantes, la richesse, la science et le pouvoir (In. 4). Arrivés à ce point, les riches, les lettrés et les gouvernants vont se heurter au même écueil : ils abusent de ces avantages matériels, négligent ou violent leurs devoirs, oppriment leurs subordonnés ou leur donnent le mauvais exemple, enfin, sous ces influences réunies, propagent le vice et déchaînent la discorde. Ainsi ébranlés ou désorganisés, les peuples sentent le besoin de se réformer; mais, en ce qui touche la pratique de cette réforme, ils sont habituellement tiraillés, en sens contraires, par deux groupes de partis rivaux. Les uns mettent leur confiance dans le retour aux traditions; les autres cherchent le mieux dans l'extension des nouveautés. Les sages, guidés par leur pratique et par l'enseignement de l'histoire, ne se rattachent point exclusivement à l'un des deux systèmes de réforme. En effet, une ère de paix est ordinairement ouverte par une race, à existence simple, clair-semée sur son territoire. Dans l'ère de discorde qu'amène ensuite la prospérité (In. 3), les nouvelles générations se sont agglomérées sur le même territoire, envahi et transformé par une multitude d'arts usuels ou libéraux. En compliquant ainsi son existence, et surtout en créant la richesse, la population est tombée, il est vrai, dans un état de corruption auquel il faut, à tout prix, porter remède. Toutefois, elle a créé, dans l'ordre matériel, une multitude de nouveautés qui, considérées en elles-mêmes, indépendamment du mauvais usage qu'en ont fait les corrompus, constituent de légitimes conquêtes. Il serait donc peu judicieux et presque toujours impossible d'y renoncer sous prétexte de réforme; et l'on ne saurait, par exemple, détruire les cultures intensives du sol, qui rapprochent trop les hommes, pour revenir à certaines cultures pastorales qui, en éparpillant davantage les familles, conservent mieux parmi elles le règne de la vertu.

En se référant à l'étude de l'histoire et à l'enseignement des sages, on peut résumer, dans les trois règles suivantes, la pratique d'une judicieuse réforme. — 1° Condamner la nouveauté dans l'ordre moral, notamment en ce qui touche les deux fondements éternels : le Décalogue et l'autorité paternelle. — 2° Restaurer les institutions qui, ayant été en vigueur aux époques de la prospérité nationale, sont conservées ou améliorées chez les peuples contemporains, classés comme modèles par l'opinion publique[1]. — 3° Imiter les nouvelles coutumes adoptées par

1. Xénophon résume ainsi, dans un dialogue entre Socrate et Périclès, les causes de la décadence d'Athènes et les moyens de réforme. « Alors Périclès : Je m'étonne, Socrate, que notre ville ait ainsi décliné. — Pour moi, je pense, reprit Socrate, que, de même qu'on voit certains athlètes, qui l'emportent de beaucoup sur d'autres par la supériorité de leurs forces, s'abandonner à la nonchalance et descendre au-dessous de leurs adversaires, de même les Athéniens, se sentant supérieurs aux autres peuples, se sont négligés et ont dégénéré. — Et maintenant, que pourraient-ils faire pour recouvrer leur ancienne vertu? — Alors Socrate : Il n'y a point ici de mystère; il faut qu'ils reprennent les mœurs de leurs ancêtres, qu'ils n'y soient pas moins attachés qu'eux, et alors

les modèles. Les réformateurs, en résumé, doivent prendre pour point de départ de leurs efforts l'observation méthodique des sociétés qui ont prospéré dans tous les lieux et qui prospèrent encore de notre temps.

Malgré les haines et les discordes qui divisent la France, je n'y ai entendu contester ces règles par aucun parti; mais, depuis un demi-siècle, j'ai trouvé peu d'hommes disposés à en faire l'application. En France comme dans les autres régions de l'Occident, dans la vie publique comme dans la vie privée, les hommes qui, par leurs talents, auraient qualité pour accomplir la réforme se condamnent eux-mêmes à l'impuissance. Ils accueillent avec passion et discutent avec une verve intarissable les questions insolubles qui entretiennent les antagonismes nationaux, politiques et religieux. Ils deviennent froids et gardent le silence, dès qu'on leur propose de remettre en action les coutumes qui avaient créé la paix chez leurs pères et qui la conservent chez les modèles contemporains. Ardentes à se combattre pour défendre certaines tendances exclusives vers la tradition ou la nouveauté, les classes dirigeantes de notre époque s'accordent au fond dans une prédilection et une répugnance. Elles suivent, avec les apparences de l'agitation, mais en fait avec une béate quiétude, la douce ornière des idées

ils ne seront pas moins vaillants; sinon, qu'ils imitent du moins les peuples qui commandent aujourd'hui, qu'ils adoptent leurs institutions, qu'ils s'y attachent de même, et ils cesseront de leur être inférieurs; qu'ils aient plus d'émulation, ils les auront bientôt surpassés. » (*Mémoires sur Socrate*, livre III, chap. v.)

« Il y a beaucoup à gagner, en fait de mœurs, à garder les coutumes anciennes. Comme les peuples corrompus font rarement de grandes choses, et qu'au contraire ceux qui avaient des mœurs simples et austères ont fait la plupart des établissements, rappeler les hommes aux maximes anciennes, c'est ordinairement les ramener à la vertu. » (Montesquieu. *De l'Esprit des Lois*, liv. V, chap. VII.)

préconçues. Elles fuient le rude labeur qu'impose l'acquisition de la vraie science fondée sur l'étude de l'histoire et l'observation des faits contemporains. Elles se privent ainsi de la seule force qui leur permettrait de faire prévaloir ce qu'il y a de vrai dans leur idée dominante. Cette inertie et l'ignorance qui en résulte sont particulièrement dangereuses en politique. Au milieu des fléaux déchaînés, en Occident, par les nouveautés émanant de la croyance à la perfection originelle (2), le danger vient surtout des hommes qui s'inspirent en apparence de l'esprit de tradition; et le mal fait par ces hommes est d'autant plus grand qu'ils s'agitent dans une société plus désorganisée. Depuis 1871, la France est le pays où cette cause du danger social apparaît avec l'évidence la plus irrésistible. Pour conjurer le mal, un esprit droit doit suivre cinq règles principales. Constater, par l'étude sommaire du passé et du présent, qu'il n'y a jamais eu, pour un peuple, paix et stabilité, c'est-à-dire bonheur, en dehors de la vérité éternelle révélée par l'histoire (2). Tirer, par la méditation, de la connaissance des faits, une conviction raisonnée sur la distinction du bien et du mal en politique. Observer ensuite l'œuvre de destruction qui s'accomplit en France et s'étend à presque toute l'Europe. Rappeler respectueusement, en toute occasion, la vérité éternelle aux gouvernants. Enfin, se garder de toute alliance avec ceux qui nient cette vérité; mais donner un concours désintéressé à ceux qui l'adoptent comme base de leur politique. La conduite opposée est encore tenue, sous nos yeux, par des hommes qui auraient le pouvoir de faire la réforme; et de là résulte la désorganisation actuelle. Cependant, cette cause de souffrance ne date pas seulement du régime actuel et des dernières catastrophes : elle remonte dans le passé à plus de deux siècles.

Après la corruption des Valois, pendant l'époque de prospérité qui fut restaurée par le bon exemple de Louis XIII, la loi morale et ses deux soutiens, le Décalogue et l'autorité paternelle, avaient repris leur empire sur les esprits. La France touchait, comme au temps de Saint Louis, à un épanouissement de paix sociale, quand le gouvernement personnel de Louis XIV (1661-1715) vint ramener la discorde en discréditant les forces morales de la constitution française. Jusqu'en 1789, c'est-à-dire pendant 128 années, les classes dirigeantes, gardiennes de la tradition nationale, ne remplirent pas leurs devoirs. Retenues par un excès de loyauté envers la personne du monarque, elles n'opposèrent même point les règles de la vérité éternelle aux désordres qui émanaient de la royauté et de la cour. A dater de 1762, les lettrés s'attribuèrent, avec l'assentiment général, les devoirs désertés par les pouvoirs traditionnels. Étrangers aux arts utiles qui conservent l'esprit de tradition au sein d'une race d'hommes, ils ne purent s'acquitter, en apparence, d'une fonction usurpée mal à propos qu'en demandant leurs inspirations à l'esprit de nouveauté. Réunis en faisceau autour du Contrat social et de l'Encyclopédie, ils prirent un ascendant irrésistible sur une société désorganisée par la corruption des mœurs. Dès lors, ils s'appliquèrent à détruire, dans les esprits, la vérité éternelle qui, depuis douze siècles, avait toujours réformé les défaillances nationales. Ils se distinguèrent profondément, par cette tendance, de tous les hommes qui, dans le passé, avaient ébranlé la France. Il semble donc qu'en se référant à ce trait distinctif, et à l'année qui vit éclore la principale formule de leur doctrine, on peut les nommer : « les Novateurs de 1762 ». Ils atteignirent leur but en propageant, avec une ardeur infatigable, l'erreur fondamentale : les esprits élevés sous cette influence devaient donc perdre les aptitudes qui, sous les régimes antérieurs, portaient les hommes à la vérité. Cette conséquence pouvait être établie dès l'apparition du Contrat social par l'expérience des foyers domestiques; elle put l'être bientôt par celle de la nation entière. En effet, portés au pouvoir, en 1774, à l'avénement d'un roi de 20 ans, les novateurs ébranlèrent toutes les traditions, désorganisèrent le travail, propagèrent, avec le concours de Francklin et de Jefferson, leur doctrine parmi les révoltés des États-Unis, ramenèrent, avec La Fayette et ses compagnons, ces doctrines aggravées par le mépris de la constitution, et préludèrent, en 1789, à la ruine des institutions. Enfin, ils ne s'arrêtèrent que devant l'achèvement des œuvres de destruction, quand La Fayette, leur chef, dut fuir à l'étranger, laissant aux terroristes le soin de terminer l'abominable besogne. Depuis lors, dix révolutions ont développé, plutôt que restreint, l'erreur de 1762. Quelques gouvernements ont multiplié la richesse et les avantages de la vie matérielle : tous ont désorganisé la vie morale. L'esprit de tradition s'est conservé, il est vrai, chez certaines familles, avec les saines habitudes de la vie privée. Il a été restauré chez beaucoup d'autres à la vue de catastrophes inouïes. Les hommes animés de cet esprit sont, à certains égards, l'élite de la nation; mais ils sont, pour la plupart, incapables d'accomplir la réforme qui rendra à la France la paix et la stabilité. L'Assemblée nationale, où ces hommes furent en majorité pendant trois années (1871-1873), a porté en pleine lumière les causes de cette impuissance.

Les hommes qui se rapprochent plus ou moins de la tradition nationale, en ce qui touche la question la plus brûlante, celle de la souveraineté, parlent et agissent comme s'ils méritaient les reproches suivants, qui leur sont adressés, les uns par les hommes mêmes de leur parti, les autres par ceux du parti opposé. Ils s'inspirent souvent de l'erreur fondamentale (1), sans apercevoir qu'elle est condamnée par les traditions constantes de la religion et de la souveraineté. Ils professent ouvertement, sur plusieurs points, les faux dogmes de la liberté et de l'égalité; ou bien ils approuvent les lois édictées par les terroristes de 1793 contre l'autorité du père de famille[1]. Ceux qui consentent à substituer le vote des partis à la lutte des armées, dans les débats que soulève le choix du souverain, ont cependant, en beaucoup de cas, agité l'État par leur opposition tracassière aux souverainetés élues. Les partisans de l'institution monarchique ignorent, en général, les idées, les mœurs et surtout les coutumes qui l'ont établie, en France, aux diverses époques de l'histoire et qui la conservent chez les grandes nations prospères de l'époque actuelle. Ils ne connaissent même pas la cause de l'échec qu'ils viennent de subir, malgré la faveur que leur accordait la nation en 1871. On ne voit pas qu'ils s'accusent des fautes commises dans le passé, ni qu'ils se proposent de suivre à l'avenir un plan plus judicieux. Ils continuent à proclamer leur conviction en ce qui touche l'excellence de la souveraineté favorite; mais ils développent peu les motifs qui pourraient y rattacher les sympathies de la nation. Les hommes de tradition, qui, dans le passé, ont donné prise à ces reproches, en discréditant leur cause, doivent désormais adopter une meilleure pratique. Leur propre expérience trace les règles qu'ils

1. En 1855, des hommes attachés à la tradition et voués à l'enseignement de la jeunesse critiquèrent la réclamation faite, dans la première édition de cet ouvrage, en faveur de l'autorité paternelle. Ils blâmèrent l'un des journaux qui appuyèrent alors ma proposition; et, avec menace d'abandon, ils mirent le rédacteur de ce journal en demeure de se rétracter. Je suis heureux de constater que, depuis lors, ces hommes ont reconnu leur erreur.

ont à suivre : cesser des professions de foi stériles qui les divisent entre eux et irritent le parti opposé; provoquer, dans l'intérêt commun des deux partis, les réformes préalables sans lesquelles il n'y aura, ni salut pour la France, ni appui pour aucune souveraineté; démontrer, par l'histoire du passé et l'observation du présent, les avantages qu'ils croient inhérents à la souveraineté de leur choix ; indiquer surtout, d'après l'exemple des peuples prospères, les garanties qui, après la restauration de cette souveraineté, préviendraient le retour des abus et des catastrophes du passé.

Au moment où j'écris ces lignes, la tâche des hommes de nouveauté semble, à première vue, être plus agréable que le devoir de résignation imposé maintenant aux hommes de tradition par les fautes mêmes qu'ils commettent depuis 1871. Les novateurs qui ont triomphé dans les élections de 1877 n'ont plus à s'agiter pour conquérir les moyens d'action, si enviés en France, que donne la possession du pouvoir. Toutefois, les gouvernants de 1878 ne sont pas dans une situation plus commode que ceux qui se sont succédé depuis un siècle. L'importance exagérée que nous attribuons aux codes et aux constitutions écrites nous porte à croire que le problème à résoudre s'est simplifié. Au fond, la réforme se présente aux novateurs de 1877 dans les mêmes termes qu'à ceux de 1774. Il fallait alors remédier à la corruption des mœurs, propagées pendant 113 ans (1661-1774) par la monarchie en décadence et les courtisans; il fallait surtout arrêter l'éclosion des idées fausses émanant de l'erreur fondamentale, formulée en 1762. Aujourd'hui, dans l'ordre matériel, les abus criants de l'ancien régime ont été supprimés et des améliorations immenses ont été importées ou inventées; mais les souffrances qui ont leur source dans les défaillances morales ont augmenté. Les traits principaux de ces souffrances apparaissent dans le présent volume. Les moindres détails sont mis chaque jour en lumière par le journal, le livre, le théâtre et la cour d'assises. Celui qui voudrait fermer les yeux au spectacle de ces souffrances en subit, à chaque instant, le contre-coup à son foyer domestique et à son atelier de travail. Je n'ai pas besoin de sortir de mon sujet pour signaler les maux déchaînés en Europe par la guerre; il me suffit donc de constater que les éléments de la paix et de la stabilité ont diminué. pour la France, dans les rapports de la vie privée, publique et internationale. Les maux actuels et les essais infructueux faits depuis un siècle par tous les gouvernants tracent donc à ceux qui arrivent au pouvoir la pratique qu'ils doivent adopter. En premier lieu, ils ont à éviter l'abus des mots qui divise la France et à rallier leurs divers groupes sous quelque titre rappelant leur haute mission de réforme; et, à ce propos, il est juste de dire que, dans leurs essais, ils ont été moins mal avisés que leurs rivaux; ceux-ci, en effet, en se groupant sous le nom de « conservateurs », semblent protester contre cette mission. En second lieu, si, comme leurs prédécesseurs, ils fondent sur quelque nouveau mécanisme le gouvernement de leur choix, ils doivent éviter l'écueil contre lequel ont échoué les novateurs de 1789. Ils doivent conjurer l'exagération de l'esprit de nouveauté qui fit alors passer immédiatement le pouvoir à la pire espèce d'exagérés : aux terroristes. A cet égard, une garantie suffisante ne se trouvera point dans une constitution écrite réagissant, par un texte, contre l'erreur fondamentale qui pénètre dans tous les esprits, et les dispose à se révolter contre tout gouvernement établi. Le vrai remède naîtra, à la source même du mal, sous l'influence d'un enseignement scientifique fondé sur l'expérience et la raison. Les hommes de tradition seraient les moins rebelles à cet enseignement; et, une fois ramenés au vrai, ils s'efforceraient de le propager. En troisième lieu, enfin, après avoir détruit l'erreur fondamentale qui égare la société entière, on rétablirait aisément la vérité éternelle qui renferme, dans de justes limites, l'esprit de nouveauté. Sur ce point, les hommes imbus de cet esprit ne sauraient être arrêtés par leurs scrupules, car le Décalogue domine, de très-haut, les dissensions politiques. Il n'institue que deux autorités : celles du père et de la mère.

Les deux partis politiques, dès qu'ils se conformeront à ce plan de conduite, commenceront la guérison des maux déchaînés en 1793 sur la France par les terroristes. En effet, lorsque, dans chaque foyer, les enfants et les serviteurs respecteront le père et la mère soumis eux-mêmes à la loi morale, la société désorganisée par les trois faux dogmes sera rentrée dans les voies de la paix et de la stabilité. L'édifice social se reconstituera spontanément sur ses deux fondements éternels : le Décalogue et l'autorité paternelle. Les chefs de famille auront retrouvé la paix dans leur foyer. Ils pourront alors se concerter, en toute quiétude, pour rendre la stabilité à la nation en complétant dans ses détails l'abri commun offert par la souveraineté. En résumé, la pratique de la réforme est indiquée par trois règles principales. Écarter d'abord l'abus des mots, l'un des auxiliaires dangereux de la discorde auprès des honnêtes gens égarés. Dissiper, par un enseignement méthodique, l'erreur fondamentale fondée sur la croyance à la perfection originelle de l'enfant. Restaurer la vérité éternelle, manifestée, à tous les âges de l'histoire, par les idées, les mœurs et les institutions des peuples prospères.

§ 4.

L'INITIATIVE DE LA RÉFORME PRISE, DANS LA VIE PRIVÉE, PAR LES UNIONS DE LA PAIX SOCIALE.

Tel est précisément le programme qui fut d'abord entrevu à Paris après les terribles journées de juin 1848. Les hommes qui l'ont adopté se dévouent sans bruit au bien général. Chacun pratique de son mieux les devoirs spéciaux qui lui sont imposés à divers titres : dans la vie publique, par les coutumes et les statuts de sa nation ; dans la vie privée, par sa religion, ses convictions politiques, les coutumes de son voisinage, sa profession et sa famille. Les associés consacrent, pour la plupart, tout leur temps à l'exercice de ces devoirs ; toutefois, ceux mêmes qui ont le moins de loisirs se délassent volontiers, dans le cercle de la parenté et de l'amitié, en dirigeant leur pensée vers des devoirs plus généraux. Ils voudraient unir toutes les races par la vérité qui est leur patrimoine commun. Sous cette inspiration, ils ont stimulé le zèle des hommes capables d'observer et de décrire les faits qui rappellent des vérités trop oubliées. Peu à peu, sans idée préconçue, ils se sont groupés intellectuellement autour d'une bibliothèque qui, n'admettant aucune préoccupation exclusive de nationalité, de religion et de politique, cherche, dans l'observation des meilleures coutumes, l'enseignement des devoirs généraux de l'humanité. Ce besoin d'association devient plus vif depuis les catastrophes de 1871, à mesure que les hommes de tradition se montrent plus impuissants et que la bibliothèque répond mieux à sa destination.

Depuis 1874, les propriétaires de la bibliothèque indiquent au public, par le titre de leur œuvre, que « la paix sociale » est le but suprême de leurs efforts ; et, depuis lors, les adhérents qui demandent un appui à cette collection de livres, tout en contrôlant les éditions successives, se groupent sous le même nom. Mais chaque groupe, comme le Comité de la bibliothèque, reste, l'un devant l'autre, dans les conditions d'une complète indépendance. Les adhérents constituent de petites Unions locales, dont le cadre, essentiellement élastique et mobile, se prête aux convenances spéciales et aux rapports sociaux de chaque voisinage. Ces Unions s'accroissent et se multiplient spontanément, sans recourir aux stimulants offerts par la publicité. Tout en gardant leur indépendance, elles formeront un jour une vaste association intellectuelle, si elles conservent le dévouement qui les anime et si le Comité qui les rallie indirectement garde leur confiance, en restant fidèle aux devoirs qu'il s'est imposés. Elles se dissoudront, au contraire, si les défaillances surviennent. Elles ne veulent point se fortifier en obtenant de leurs gouvernements le droit de posséder des biens, sous un régime de communauté perpétuelle. Les Unions se privent ainsi d'une ressource qui a été fort utile, dans le passé, à des corporations célèbres ; mais, si elles doivent un jour, grâce à leur vertu individuelle, acquérir la renommée de ces institutions, elles seront moins exposées à se corrompre par l'orgueil du succès, par l'esprit de coterie et par l'abus d'un pouvoir riche et centralisé.

Au début de leur œuvre, les fondateurs des Unions ont rencontré, à chaque instant, l'erreur propagée depuis 1762 par le Contrat social, et depuis 1789 par les trois faux dogmes érigés en lois. Ils ont vu, dans les vérités de leur Bibliothèque, un moyen utile de réfutation ; mais ils ne s'en sont point exagéré l'importance. On s'abuse beaucoup de notre temps, en ce qui touche la part qu'il faut attribuer aux livres, pour la propagation du mal et du bien. Les écrits dérivés du Contrat social et de l'Encyclopédie ont contribué assurément à déchaîner les fléaux qui depuis un siècle désolent l'Occident; mais ils ne leur ont point donné naissance. Ces œuvres n'auraient point été publiées, ou bien elles seraient restées inaperçues, si, à l'époque où elles parurent, les gouvernants et les riches eussent continué à remplir leurs devoirs envers la société. Les succès de l'erreur écrite et les sympathies qui lui restent acquises ne sont, au fond, que la critique de la corruption semée au dernier siècle par les classes dirigeantes. Que ces classes reviennent à leur devoir, et l'erreur sera délaissée, malgré les mauvais livres.

Les membres des Unions trouvent, dans leur Bibliothèque, un moyen utile de provoquer cette réforme; mais leur vrai moyen d'action est dans les exemples et dans les leçons qu'ils donnent à ceux qui les entourent. Les méchants, qui font le mal par système, ne sont pas les seuls qui repoussent la vérité écrite. Les égarés de bonne foi, les indifférents et les découragés, qui constituent le grand réservoir de l'erreur contemporaine, ne sont guère plus enclins à rechercher la vérité dans nos livres. Au contraire, ils résistent peu à celle qui leur est enseignée par « les bons livres vivants », c'est-à-dire par les hommes qui possèdent à la fois la science et la vertu.

FIN DU TOME SIXIÈME ET DERNIER.

TABLE ANALYTIQUE

DES

MATIÈRES CONTENUES DANS LE TOME SIXIÈME.

INTRODUCTION

Touchant la constitution sociale des races désorganisées de l'Occ'dent,

D'après les faits observés, de 1829 à 1855, pour la 1re édition (in-folio) des *Ouvriers européens.*

L'ORGANISATION DES FAMILLES

Décrites, en neuf chapitres, sous forme de Monographies.

Études sur les travaux, la vie domestique et la condition morale des Ouvriers de l'Occident (IIIme série. — Populations désorganisées), d'après les faits observés, de 1829 à 1855, pour la 1re édition (in-folio) des *Ouvriers européens*.

CHAPITRE I. — MINEUR DES GITES DE MERCURE D'IDRIA.

(Autriche.)

MONOGRAPHIE DE LA FAMILLE.

ÉLÉMENTS DIVERS DE LA CONSTITUTION SOCIALE.

CHAPITRE II. — HORLOGER DE GENÈVE.

(Suisse.)

MONOGRAPHIE DE LA FAMILLE.

ÉLÉMENTS DIVERS DE LA CONSTITUTION SOCIALE.

CHAPITRE III. — BORDIER-ÉMIGRANT DU LAONNAIS.

(France.)

MONOGRAPHIE DE LA FAMILLE.

ÉLÉMENTS DIVERS DE LA CONSTITUTION SOCIALE.

CHAPITRE IV. — BORDIER-VIGNERON DE L'AUNIS.

(France.)

MONOGRAPHIE DE LA FAMILLE.

ÉLÉMENTS DIVERS DE LA CONSTITUTION SOCIALE.

CHAPITRE V. — TISSERAND DE MAMERS (MAINE).

(France.)

MONOGRAPHIE DE LA FAMILLE.

ÉLÉMENTS DIVERS DE LA CONSTITUTION SOCIALE.

CHAPITRE VI. — CHIFFONNIER

(de Paris).

MONOGRAPHIE DE LA FAMILLE.

ÉLÉMENTS DIVERS DE LA CONSTITUTION SOCIALE.

CH. VII. — MANŒUVRE A FAMILLE NOMBREUSE

(de Paris).

MONOGRAPHIE DE LA FAMILLE.

ÉLÉMENTS DIVERS DE LA CONSTITUTION SOCIALE.

CHAPITRE VIII. — TAILLEUR D'HABITS

(de Paris).

MONOGRAPHIE DE LA FAMILLE.

ÉLÉMENTS DIVERS DE LA CONSTITUTION SOCIALE.

CH. IX. — DÉBARDEUR DE PORT MARLY

(Banlieue de Paris).

MONOGRAPHIE DE LA FAMILLE.

ÉLÉMENTS DIVERS DE LA CONSTITUTION SOCIALE.

PRÉCIS MÉTHODIQUE ET ALPHABÉTIQUE

Sur

la Constitution sociale et l'Organisation des familles désorganisées de l'Occident.

ÉPILOGUE

DE 1878.

Les changements principaux survenus, depuis 1855, dans la Constitution sociale des populations désorganisées de l'Occident.

FIN DE LA TABLE DU TOME SIXIÈME ET DERNIER.

DEPOT LEGAL
4ème TRIMESTRE 1971

8963. — Tours, impr. Mame.

www.ingramcontent.com/pod-product-compliance
Lightning Source LLC
LaVergne TN
LVHW010518100826
845148LV00001B/40

9782012697317